Das Deutschbuch

für die Fachhochschulreife mit Lernsituationen

W0338325

Herausgegeben von
Sonja Hensel, Ralf Dettinger

Erarbeitet von
Birgit Brangs, Lena Decker, Ralf Dettinger, Susanne Heise, Sonja Hensel, Ina Kaplan, Samia Moussa, Britta Schmitz, Martina Schulz-Hamann

In Zusammenarbeit mit der Verlagsredaktion

Cornelsen

Inhaltsübersicht

Inhaltsübersicht

Inhaltsübersicht

Inhaltsübersicht

Sich mit Medien auseinandersetzen

Sprache und Sprachgebrauch reflektieren

Inhaltsübersicht

So ist dieses Schulbuch aufgebaut

Liebe Schülerinnen und Schüler,

Sie besuchen eine weiterführende Schule. Ihr Ziel ist die Fachhochschulreife. Das Unterrichtsfach Deutsch spielt dabei eine wesentliche Rolle: In Schule, Studium und Beruf wird es immer wichtiger, auf Kompetenzen im Sprechen, Schreiben, Lesen sowie im Umgang mit Texten und Medien zurückgreifen zu können.
Dieses Buch hilft Ihnen, diese Kompetenzen zu erwerben, zu festigen und auszubauen. „Das Deutschbuch" für die Fachhochschulreife mit Lernsituationen wurde zur Vorbereitung auf das Fachabitur konzipiert.

Das Schulbuch ist in folgende Anforderungssituationen unterteilt:

- Sprechen und Zuhören
- Lesen – mit Texten umgehen
- Schreiben
- Sich mit Sachtexten auseinandersetzen
- Sich mit fiktionalen Texten auseinandersetzen
- Sich mit Medien auseinandersetzen
- Sprache und Sprachgebrauch reflektieren
- Sich auf die Prüfung vorbereiten
- Methoden, Arbeitstechniken und Nachschlagen

Das bedeuten die Symbole

Differenzierung

Hier gibt es Starthilfen, sie unterstützen Sie bei der Lösung der jeweiligen Aufgabe.
★ Aufgaben zur Differenzierung können zusätzlich bearbeitet werden.
Bei diesen Zusatzaufgaben recherchieren Sie im Internet.
SPRACHE UND STIL Hier finden Sie hilfreiche Formulierungen.

Sozialformen

Je nach Aufgabenstellung arbeiten Sie allein, mit Partnern oder in Gruppen.

Cornelsen Lernen App

Sie können sich ein Erklärvideo in der Lernen App ansehen.
Sie können sich den Text in der Lernen App anhören.
Hier finden Sie eine interaktive Übung zu einem GUT ZU WISSEN.

Die Inhalte der Kapitel 23 und 24 (Methoden, Arbeitstechniken sowie Nachschlagen) sind flexibel zu den Schwerpunkten in den einzelnen Kapiteln einbaubar.
Auch die Inhalte der Kapitel 6 und 9 sind flexibel einsetzbar und helfen Ihnen, Ihr Wissen im Bereich **Grammatik, Rechtschreibung und Zitieren** zu festigen.

Die zweiseitigen Kapitelauftaktseiten zeigen Ihnen, welche **Kompetenzen** Sie mithilfe welcher **Arbeitstechniken** und **Methoden** erlangen werden. Außerdem finden Sie hier den Einstieg in die jeweilige **Lernsituation**, die einen Handlungsauftrag enthält. Am Ende des Kapitels sollten Sie in der Lage sein, die Lernsituation umzusetzen.

Das Kapitel 23 hilft Ihnen, die gängigen Aufsatzformen für die Abschlussprüfung zu trainieren.

In diesem Buch wird in den Formulierungen auf **geschlechtergerechte Sprache** geachtet. Wenn nur eine grammatische Form verwendet wurde, dient dies der besseren Lesbarkeit.

Viel Freude und Erfolg im Unterricht sowie auf Ihrem weiteren Ausbildungsweg wünschen Ihnen alle, die an diesem Buch mitgearbeitet haben.

So ist die Cornelsen Lernen App aufgebaut

Zusatzmaterialien in der Lernen App

„Das Deutschbuch“ bietet neue Möglichkeiten des individuellen Lernens: die Lernen App. Die zusätzlichen Materialien können zu Hause, unterwegs oder auch in der Klasse mit dem Smartphone oder dem Tablet direkt aus dem Buch heraus angesehen, angehört und bearbeitet werden.

So kommen Sie zu den Materialien in der Lernen App

1. Laden Sie die kostenlose Lernen App herunter. Sie können die Inhalte zu „Das Deutschbuch“ auf Ihrem Smartphone oder Tablet speichern und jederzeit aufrufen.
2. Rufen Sie über das Menü der Lernen App die entsprechende Seite aus dem Schulbuch auf, die eines der folgenden Symbole zeigt:

- Audioaufnahmen
- Erklärvideos
- Interaktive Übungen zu GUT ZU WISSEN

Das Material wird angezeigt und Sie können es direkt starten.

Alternativ können Sie auf alle Inhalte der App auch ohne Hilfe des Schülerbuchs über das Medienmenü der App zugreifen.

Auf Seite 374 finden Sie eine detaillierte Übersicht der Lernen App Materialien für „Das Deutschbuch“.

Auffrischen, wiederholen, üben

Die Materialien in der Lernen App sind vielfältig einsetzbar!

Audioaufnahmen zu ausgewählten Texten: Hier können Sie Texte hören, statt sie zu lesen, oder Sie können sie nach dem Lesen zur Auffrischung anhören.

Erklärvideos zu wichtigen Aufsatzformen: Hier bekommen Sie die Hauptinformation noch einmal erklärt und können sich auf Klassenarbeiten und Prüfungen vorbereiten.

Interaktive Übungen zu GUT ZU WISSEN-Texten: Hier können Sie zu ausgewählten GUT ZU WISSEN-Texten interaktiv üben und Ihre Antworten auswerten lassen.

So arbeiten Sie mit diesem Buch

So sind die Kapitel aufgebaut

Der **Pfeil** auf jeder Kapitelauftaktseite informiert Sie über den Aufbau des Kapitels und gibt Ihnen eine erste Übersicht über dessen Inhalte.

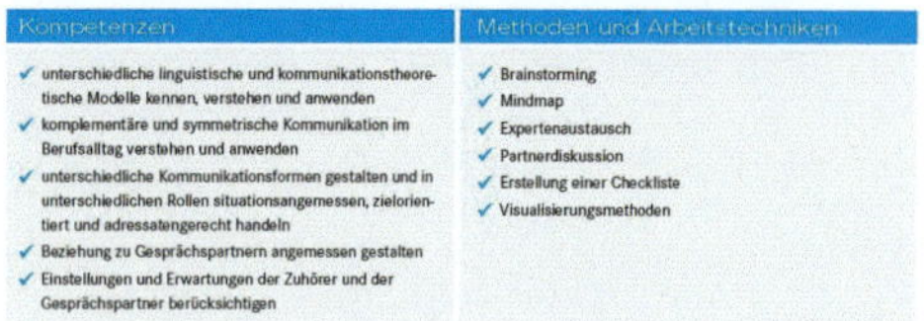

Auf jeder Kapitelauftaktseite erkennen Sie mithilfe der Übersicht **„Kompetenzen“** sowie **„Methoden und Arbeitstechniken“**, welche Kenntnisse Sie auf den folgenden Seiten erwerben, festigen und vertiefen.

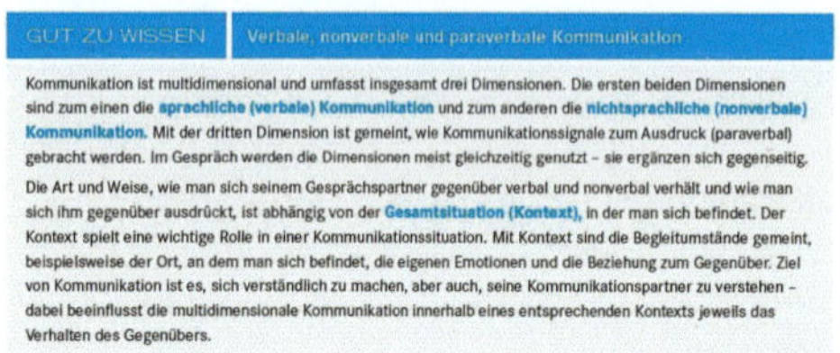

GUT ZU WISSEN fasst in kurzer, prägnanter und übersichtlicher Form das für Sie wesentliche Basiswissen zusammen.

Einige GUT ZU WISSEN können Sie auf der Lernen App interaktiv wiederholen.

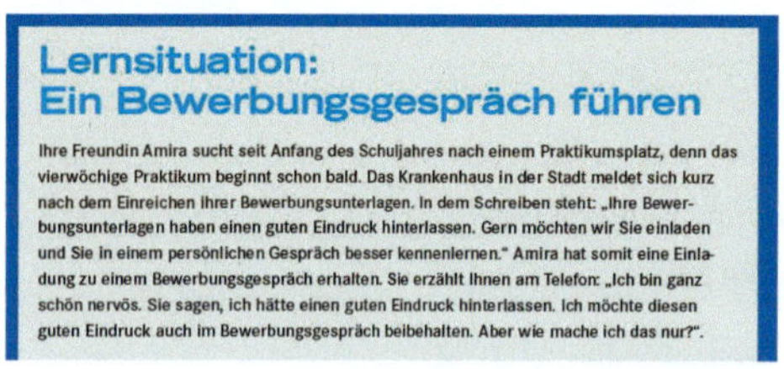

Die **Lernsituation** enthält einen Handlungsauftrag, der am Ende des Kapitels umgesetzt wird.

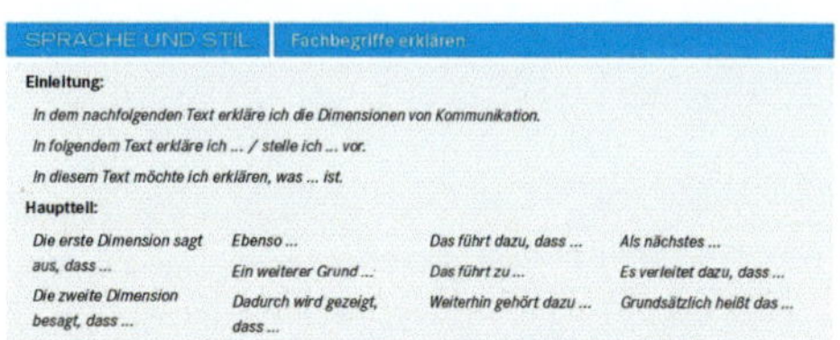

SPRACHE UND STIL enthält Formulierungshilfen für den „richtigen Schliff“ Ihrer Antworten und Texte.

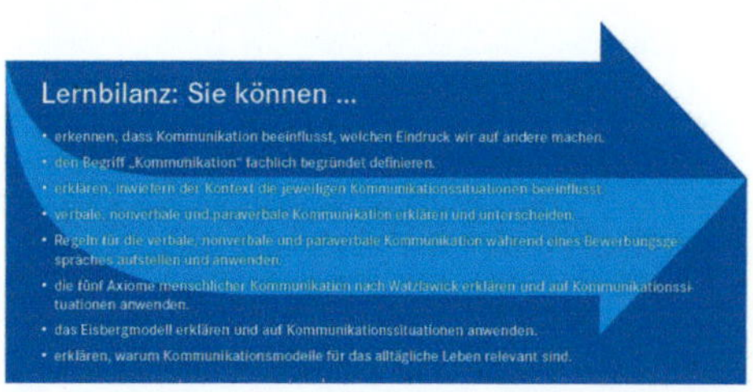

Die **Lernbilanz** am Ende eines Kapitels fasst das Gelernte, alle Kompetenzen und alle Teilschritte übersichtlich zusammen. Sie hilft Ihnen, Ihren Lernprozess zu reflektieren.

Nützliche Hinweise

Diese Lernsituationen finden Sie in den Kapiteln

Kapitel 1: Ein Bewerbungsgespräch führen
Kapitel 2: Konfliktsituationen im Alltag begegnen
Kapitel 3: Ein Referat gestalten
Kapitel 4: Textverständnis reflektieren
Kapitel 5: Schaubilder erstellen
Kapitel 6: Ein kommentiertes Quellenverzeichnis erstellen
Kapitel 7: Eine Broschüre erstellen
Kapitel 8: Sich bewerben
Kapitel 9: Ein Bewerbungsschreiben korrigieren
Kapitel 10: Einen Reader erstellen
Kapitel 11: In einem Brief Stellung beziehen
Kapitel 12: Ein Redemanuskript verfassen
Kapitel 13: Projekt: Eine Kurzgeschichte illustrieren
Kapitel 14: Projekt: An einem Poetry Slam teilnehmen
Kapitel 15: Projekt: Eine Szene als Hörspiel zum Leben erwecken
Kapitel 16: Ein Statement verfassen
Kapitel 17: Eine Zukunftswerkstatt durchführen
Kapitel 18: Einen Podcast produzieren
Kapitel 19: Eine Podiumsdiskussion durchführen
Kapitel 20: Ein Werbeplakat gestalten
Kapitel 21: Ein Sprachenporträt anfertigen

Nützliche Übersichten

Kapitel 22: Sich auf die Prüfung vorbereiten

- Materialgestütztes informierendes Schreiben
- Sachtextanalyse
- Materialgestütztes argumentierendes Schreiben
- Textgebundene Erörterung
- Analyse fiktionaler Texte: Epik
- Analyse fiktionaler Texte: Lyrik
- Analyse fiktionaler Texte: Drama

Kapitel 24: Nachschlagen

Vertiefen Sie Ihr Wissen zu literarischen Epochen:
24.1. Vom Barock bis zur Gegenwartsliteratur
24.2 Epochenüberblick mit Zeitstrahl

Schlagen Sie rhetorische Stilmittel nach, verstehen Sie sie und lernen deren Wirkung kennen:
24.3 Rhetorische Stilmittel

Verstehen und analysieren Sie Operatoren:
24.4 Arbeitsanweisungen verstehen - Operatoren kennen

Beschäftigen Sie sich mit Besonderheiten von Verben und verbessern Sie so Ihren sprachlichen Ausdruck:
24.5 Nachschlageliste: unregelmäßige Verben und Verben mit Präpositionalergänzungen

Kapitel 1

Kommunikation in Theorie und Praxis

Kommunikation ist die Grundlage für das soziale Miteinander. Sie ist der Austausch von Informationen zwischen Personen und dient als Verbindungsstück in zwischenmenschlichen Situationen. Menschen befinden sich im ständigen Austausch und beeinflussen durch bewusste und auch unbewusste Kommunikation das soziale Miteinander. Ob im privaten, schulischen oder auch im beruflichen Kontext – man ist Kommunikation ständig und überall ausgesetzt.

Kompetenzen

- ✓ unterschiedliche linguistische und kommunikationstheoretische Modelle kennen, verstehen und anwenden
- ✓ komplementäre und symmetrische Kommunikation im Berufsalltag verstehen und anwenden
- ✓ unterschiedliche Kommunikationsformen gestalten und in unterschiedlichen Rollen situationsangemessen, zielorientiert und adressatengerecht handeln
- ✓ Beziehung zu Gesprächspartnern angemessen gestalten
- ✓ Einstellungen und Erwartungen der Zuhörer und der Gesprächspartner berücksichtigen

Methoden und Arbeitstechniken

- ✓ Brainstorming
- ✓ Mindmap
- ✓ Expertenaustausch
- ✓ Partnerdiskussion
- ✓ Erstellung einer Checkliste
- ✓ Visualisierungsmethoden

Lernsituation: Ein Bewerbungsgespräch führen

Ihre Freundin Amira sucht seit Anfang des Schuljahres nach einem Praktikumsplatz, denn das vierwöchige Praktikum beginnt schon bald. Das Krankenhaus in der Stadt meldet sich kurz nach dem Einreichen ihrer Bewerbungsunterlagen. In dem Schreiben steht: „Ihre Bewerbungsunterlagen haben einen guten Eindruck hinterlassen. Gern möchten wir Sie einladen und Sie in einem persönlichen Gespräch besser kennenlernen." Amira hat somit eine Einladung zu einem Bewerbungsgespräch erhalten. Sie erzählt Ihnen am Telefon: „Ich bin ganz schön nervös. Sie sagen, ich hätte einen guten Eindruck hinterlassen. Ich möchte diesen guten Eindruck auch im Bewerbungsgespräch beibehalten. Aber wie mache ich das nur?".

Sie erinnern sich daran, dass in den letzten Jahren in der Schule schon ein paar Mal über Bewerbungsgespräche gesprochen wurde. Es gibt da einiges zu beachten. Sie bieten Amira an, sie bei der Vorbereitung auf das Gespräch zu unterstützen.

Die Frage, die Sie dabei im Hinterkopf behalten, ist folgende:

> Was muss ich bei dem Bewerbungsgespräch beachten, um „einen guten Eindruck" zu hinterlassen?

So können Sie vorgehen

Schritt 1 sich darüber klar werden, was Kommunikation ist

Schritt 2 herausfinden, auf welchen Ebenen kommuniziert wird

Schritt 3 lernen, Kommunikationssituationen (z. B. Gespräche) zu analysieren

Schritt 4 Tipps für ein Bewerbungsgespräch zusammenstellen

Was ist Kommunikation?

Im Alltag, in den Medien und auch in der Schule wird immer wieder über Kommunikation gesprochen. Aber was genau verstehen wir unter Kommunikation?

1 **Sammeln Sie in einem Brainstorming Assoziationen zum Thema „Einen guten Eindruck hinterlassen". Legen Sie dafür eine Mindmap an, um Ihre Ergebnisse zu strukturieren (↗ GUT ZU WISSEN „Textinhalte durch eine Mindmap oder ein Strukturbild visualisieren", Kapitel 4, S. 66).**

Amira schickt Ihnen eine Sprachnachricht und sagt:

„Meine Mutter sagte mir vorhin: ‚Eigentlich musst du gut reden können, also gut kommunizieren können, um einen guten Eindruck zu hinterlassen'. Hast du eine Idee, was meine Mutter damit meinen könnte?"

2 **Erkennen Sie ebenfalls einen Zusammenhang zwischen „Einen guten Eindruck hinterlassen" und „Kommunikation"? Nehmen Sie Stellung zu der Aussage von Amiras Mutter und beziehen Sie sich dabei auf Ihre Mindmap.**

Tipp: Markieren Sie in Ihrer Mindmap alle Aspekte, die Ihrer Ansicht nach mit Kommunikation zu tun haben.

Kommunikation hat einen Zusammenhang mit ‚Einen guten Eindruck hinterlassen', weil ...
Einen guten Eindruck zu hinterlassen bedeutet unter anderem ..., daher ...
Ich erkenne einen Zusammenhang, da ...
Zudem *kann man sagen, dass ...*
Ergänzend ist zu erwähnen, dass ...

3 **Vergleichen Sie Ihr bisheriges Ergebnis mit dem Ergebnis Ihres Lernpartners / Ihrer Lernpartnerin. Ergänzen Sie Ihre Notizen.**

4 **Tauschen Sie sich über die folgende Situation aus.**

a) Hat Ihre Klassenkameradin einen guten Eindruck hinterlassen?
b) Was hat diese Situation mit Kommunikation zu tun? Begründen Sie.

Situation

Eine Klassenkameradin erzählt Ihnen und Amira:
„Neulich war ich in einem Bewerbungsgespräch. Ich habe mit einer Frau aus der Personalabteilung und der Chefin gesprochen. Gleich als ich reinkam, fragte die Frau aus der Personalabteilung mich: ‚Wie geht es Ihnen?' Und ich antwortete darauf: ‚Geht klar!' Irgendwie haben die beiden darauf ganz komisch reagiert und sich mit großen Augen angeguckt. Aber mir ging es wirklich ganz gut!"

5 **Tauschen Sie sich mit Ihrer Lernpartnerin / Ihrem Lernpartner über Ihren Eindruck aus.**

6 **Nennen Sie Situationen aus Ihrem Alltag, bei denen Sie bereits die Erfahrung gemacht haben, dass es einen Zusammenhang zwischen „Einen guten Eindruck hinterlassen" und „Kommunikation" gibt.**

Was ist Kommunikation?

Es haben sich bereits viele Menschen mit dem Thema „Kommunikation“ auseinandergesetzt und eines ist ziemlich sicher: Es gibt viele sinnvolle und nachvollziehbare Definitionen für den Begriff „Kommunikation“, doch die eine richtige Definition gibt es nicht.

7 Was verstehen Sie genau unter dem Begriff „Kommunikation“? Sammeln Sie Ihre Gedanken dazu schriftlich.

Unter dem Begriff Kommunikation versteht man ...
Kommunikation bedeutet ...
Weiterhin ... Zudem kann man sagen, dass ...
Ergänzend ist zu erwähnen, dass ...

8 Vergleichen Sie Ihr bisheriges Ergebnis mit dem Ergebnis Ihres Lernpartners / Ihrer Lernpartnerin.

9 Vergleichen Sie Ihre Ergebnisse mit den folgenden Definitionen. Ergänzen Sie Ihre Notizen.

Definitionen von Kommunikation

„Verständigung untereinander; zwischenmenschlicher Verkehr besonders mithilfe von Sprache, Zeichen“

(www.duden.de)

„a) [...] Prozess der Übertragung von Nachrichten zwischen einem Sender und einem oder mehreren Empfängern.

b) [...] Austausch von Botschaften oder Informationen zwischen Personen. Als Kommunikationskanäle werden die Sprache einerseits sowie die Körpersprache (nonverbale Kommunikation), u. a. Mimik, Gestik, Blickkontakt, räumliche Distanz verwendet.“

(www.wirtschaftslexikon.gabler.de)

„Fakt ist, Kommunikation bildet DIE Basis für das menschliche Zusammenleben. In jeder Beziehung, in der wir stehen, läuft unbewusste oder bewusste Kommunikation ab, sodass kein Mensch sich davon freisprechen kann.“

(www.abiweb.de)

10 Verfassen Sie auf der Grundlage Ihrer Vergleiche eine gemeinsame Definition, die alle Definitionen berücksichtigt – auch Ihre eigene.

Kommunikation ist mehr als Sprechen

Verbale, nonverbale und paraverbale Kommunikation

Kommunikation ist vielschichtig und manchmal nicht direkt offensichtlich. Denn es ist nicht nur wichtig, was gesagt wird, sondern auch, wie es gesagt wird. Auch Mimik und Gestik spielen eine wichtige Rolle bei der Kommunikation.

Der Zusammenhang zwischen verbaler, nonverbaler und paraverbaler Kommunikation wird im Folgenden erläutert.

GUT ZU WISSEN – Verbale, nonverbale und paraverbale Kommunikation

Kommunikation ist multidimensional und umfasst insgesamt drei Dimensionen. Die ersten beiden Dimensionen sind zum einen die **sprachliche (verbale) Kommunikation** und zum anderen die **nichtsprachliche (nonverbale) Kommunikation.** Mit der dritten Dimension ist gemeint, wie Kommunikationssignale zum **Ausdruck (paraverbal)** gebracht werden. Im Gespräch werden die Dimensionen meist gleichzeitig genutzt – sie ergänzen sich gegenseitig.

Die Art und Weise, wie man sich seinem Gesprächspartner gegenüber verbal und nonverbal verhält und wie man sich ihm gegenüber ausdrückt, ist abhängig von der **Gesamtsituation (Kontext),** in der man sich befindet. Der Kontext spielt eine wichtige Rolle in einer Kommunikationssituation. Mit Kontext sind die Begleitumstände gemeint, beispielsweise der Ort, an dem man sich befindet, die eigenen Emotionen und die Beziehung zum Gegenüber. Ziel von Kommunikation ist es, sich verständlich zu machen, aber auch, seine Kommunikationspartner zu verstehen – dabei beeinflusst die multidimensionale Kommunikation innerhalb eines entsprechenden Kontexts jeweils das Verhalten des Gegenübers.

Kontext

Verbale Kommunikation	Nonverbale Kommunikation	Paraverbale Kommunikation
Kommunikation in dieser Dimension geschieht im direkten Gespräch – dabei ist sowohl das geschriebene als auch das gesprochene Wort gemeint.	Kommunikation in dieser Dimension geschieht ohne Worte, sondern durch Gestik und Mimik, also körpersprachliche Signale. Oftmals geschieht dies unbewusst. Diese Signale verraten, in welcher Verfassung sich eine Person befinden könnte. Bei der Interpretation von Körpersprache kann es jedoch zu Missverständnissen und Verständigungsproblemen kommen.	Bei der Kommunikation in dieser Dimension spielen Emotionen und die eigene Befindlichkeit eine große Rolle. So drückt sich jemand, der wütend ist, anders aus als jemand, der traurig ist. Auch das Sprechen in einer anderen Sprache oder in einem Dialekt ändert die Art und Weise, wie man sich ausdrückt.
Beispiele: Aussage, Gespräch, Nachricht, Brief, E-Mail, SMS, Sprachnotiz, Buch, Zeitung, Online-Artikel usw.	**Beispiele:** Gestik, Mimik, Handzeichen, Körperhaltung, erröten, Verhalten, Nähe, Distanz, Kleidung, Statussymbole usw.	**Beispiele:** Betonung, Sprechgeschwindigkeit, Stimmlage, Lautstärke, Tonfall, Dialekt usw.

1 Welche Dimensionen von Kommunikation gibt es? Erklären Sie diese schriftlich in eigenen Worten. Beachten Sie auch ↗ GUT ZU WISSEN „Verbale, nonverbale und paraverbale Kommunikation“.

★ **2** Die Abbildung oben zeigt eine Möglichkeit, um den Zusammenhang von verbaler, nonverbaler und paraverbaler Kommunikation darzustellen. Finden Sie weitere Möglichkeiten, um dies zu visualisieren.

Verbale, nonverbale und paraverbale Kommunikation

SPRACHE UND STIL | Fachbegriffe erklären

Einleitung:

In dem nachfolgenden Text erkläre ich die Dimensionen von Kommunikation.

In folgendem Text erkläre ich ... / stelle ich ... vor.

In diesem Text möchte ich erklären, was ... ist.

Hauptteil:

Die erste Dimension sagt aus, dass ...	*Ebenso ...*	*Das führt dazu, dass ...*	*Als nächstes ...*
	Ein weiterer Grund ...	*Das führt zu ...*	*Es verleitet dazu, dass ...*
Die zweite Dimension besagt, dass ...	*Dadurch wird gezeigt, dass ...*	*Weiterhin gehört dazu ...*	*Grundsätzlich heißt das ...*

Schluss:

Zu guter Letzt ...	*Zum Schluss ...*	*Schließlich heißt das dann ...*
Zusammengefasst ...	*Im Großen und Ganzen ...*	*Es lässt sich daraus schließen ...*

Situation

Im Deutschunterricht gibt Ihnen Ihre Lehrkraft die Aufgabe, anhand von vorgefertigten Fragen in Gruppenarbeit ein Bewerbungsgespräch zu üben. Amira ist die Praktikantin, Amal die Personalchefin. Bevor Sie beginnen, sagt Amira bereits: „Ich werde ja schon nervös, wenn ich mir diese Situation nur vorstelle, aber ok, ich versuche es mal." Sie führen das Protokoll und notieren auch Verhaltensweisen. Auf Ihrem Notizzettel steht Folgendes:

Praxisanleitung und Bewerberin sitzen sich gegenüber.
Amal: Guten Tag, ich heiße Sie herzlich willkommen.
Amira: Äh, hallo. [sitzt mit verschränkten Armen da und spricht leise]
Amal: Erzählen Sie von sich, wer sind Sie?
Amira: Ja, also, äh... [spielt mit ihren Händen und schaut dabei auf ihre Hände] ... ich heiße Amira und bin 17 Jahre alt und interessiere mich für die Arbeit im Krankenhaus. [wackelt auf dem Stuhl hin und her und schaut zwischendurch auf den Boden und in die Luft, während sie leise und zittrig spricht] Ich kann nicht viel zu mir sagen, ich chille gern [zuckt mit den Schultern und errötet leicht dabei], schaue gerne Disney-Filme und interessiere mich halt für die Arbeit im Krankenhaus. [verschränkt ihre Arme und lehnt sich zurück]
Amal: Erzählen Sie, wieso haben Sie sich für dieses Krankenhaus entschieden?
Amira: Ähm, ja, also, ... [atmet tief ein und aus] ...ich interessiere mich für diesen Beruf, weil ich gerne mit Menschen arbeite und gerne Menschen helfe. [wackelt mit ihren Füßen, so dass ein Geräusch entsteht, zuckt kurz zusammen, guckt peinlich berührt und verschränkt ihre Beine ebenfalls] Und, ach ja, ich wohne nicht so weit weg, dann ist mein Weg zur Praktikumsstelle nicht so weit. [zuckt mit den Armen und lächelt kurz].
Amal: Vielen Dank für dieses Bewerbungsgespräch. Wir werden uns bei Ihnen melden.

Verbale, nonverbale und paraverbale Kommunikation

3 „Die Art und Weise, wie man sich seinem Gesprächspartner gegenüber verbal und nonverbal verhält und wie man sich ihm gegenüber ausdrückt, ist abhängig von der Gesamtsituation (Kontext), in der man sich befindet." Nehmen Sie Stellung zu dieser Aussage und gehen Sie dabei auf das Kommunikationsverhalten von Amira ein.

a) In welchem Kontext befindet sich Amira bzw. welche Begleitumstände liegen vor?
b) Hat dies einen Einfluss auf Amiras Verhalten?
c) Würde Amira sich in Gegenwart ihrer Freunde ebenfalls so verhalten?

4 Arbeiten Sie die sprachlichen und nichtsprachlichen Signale von Amira aus der Situation heraus und ordnen Sie diese den Dimensionen von Kommunikation zu. Erstellen Sie dazu eine entsprechende Tabelle.

Verbale Kommunikation:	Nonverbale Kommunikation:	Paraverbale Kommunikation:
„Äh, hallo."		

5 Formulieren Sie die möglichen Gedanken, die Amira während der nichtsprachlichen Situationen durch den Kopf gegangen sein könnten.

6 Beschreiben Sie das Zusammenwirken von verbaler, nonverbaler und paraverbaler Kommunikation. Beziehen Sie sich dabei auf die möglichen Gedanken von Amira und gehen Sie auch auf die Wichtigkeit des Kontextes ein.

7 Worauf muss man in einem Bewerbungsgespräch achten? Formulieren Sie vorerst in Stichpunkten Regeln für gelingende verbale, nonverbale und paraverbale Kommunikation im Kontext „Bewerbungsgespräch".

Regeln gelingender verbaler Kommunikation	Regeln gelingender nonverbaler Kommunikation	Regeln gelingender paraverbaler Kommunikation

8 Geben Sie Amira schriftlich ein Feedback für ihr Verhalten im geprobten Bewerbungsgespräch. Berücksichtigen Sie die Ausgangsfrage „Was muss ich bei einem Bewerbungsgespräch beachten, um ‚einen guten Eindruck' zu hinterlassen?".

- Nutzen Sie dafür Ihr bisher erlerntes Fachwissen zu den Dimensionen von Kommunikation.
- Gehen Sie auf alle von Ihnen formulierten Stichpunkte zu den jeweiligen Regeln ein.
- Gehen Sie auf die Wichtigkeit des Kontextes während einer Kommunikationssituation ein.
- Inwieweit ist das Wissen über die Dimensionen von Kommunikation wichtig für eine Situation im Bewerbungsgespräch?
- Schreiben Sie in ganzen Sätzen.

SPRACHE UND STIL — Feedback formulieren

Ein Tipp von mir ist ...
Ich schlage dir vor, dass ...
Ich habe gehört, dass ...
Weiterhin möchte ich dir sagen, dass ...
Ein anderes Beispiel ist ...
Ich empfehle dir ...
Hilfreich ist ...
Dazu kommt, dass ...
Ein weiterer Tipp ist ...

Axiome menschlicher Kommunikation nach Paul Watzlawick

Paul Watzlawick entwickelte fünf Grundsätze menschlicher Kommunikation. Diese Axiome erklären die menschliche Kommunikation in ihrer Komplexität. Im Folgenden werden die einzelnen Axiome erklärt.

Situation

Amira ist immer noch sehr verzweifelt und weiß sich nicht zu helfen. Sie möchte das Praktikum unbedingt in dem Krankenhaus absolvieren und möchte einen guten Eindruck bei dem bevorstehenden Bewerbungsgespräch hinterlassen. Aus purer Verzweiflung schreibt sie Ihnen eine Textnachricht:

„Hey, ich bin sooo nervös. Am liebsten würde ich das Bewerbungsgespräch überspringen. Die Tipps, die du mir im Unterricht bisher gegeben hast, waren sehr hilfreich. Hast du noch weitere Tipps für mein Bewerbungsgespräch? Worauf kann ich noch achten?“

Paul Watzlawick: Die fünf Axiome

Axiom: Die Unmöglichkeit, nicht zu kommunizieren
Was immer wir in der Gegenwart eines anderen tun, wir kommunizieren. Wir müssen dabei nicht irgendetwas sagen oder sprechen, wir können uns völlig still und schweigsam verhalten, aber wir verhalten uns. [...] „Kommunikation ist, so folgt daraus, dass man, wie immer man es auch versuchen mag, nicht nicht kommunizieren kann.“

Axiom: Die Inhalts- und Beziehungsaspekte der Kommunikation
Wenn Sie kommunizieren, werden Sie vielfach Informationen mitteilen wie zum Beispiel „es regnet“, „Schalke hat gestern gewonnen“ oder „jetzt wird's dunkel“. Diese Mitteilungen können Sie mit völlig neutraler Stimme aussprechen und vermutlich wird Ihr Gesprächspartner verstehen, was Sie sagen wollen. Anders wird die Situation, wenn Sie z. B. die Frage stellen, ob Dortmund noch eine Chance habe. Sofort ist viel mehr als nur eine Information gemeint. Inhalte und auch Beziehungen werden angesprochen. Die Stimmungslage Ihres Gesprächspartners spielt eine Rolle, auch die Frage, wie sie zueinander stehen. [...] „Wir finden somit in jeder Kommunikation einen Inhalts- und einen Beziehungsaspekt.“ Und mit dem Beziehungsaspekt steigt der Grad der Komplexität in der Kommunikation.

Axiom: Die Interpunktion von Ereignisfolgen
Wenn Sie kommunizieren und speziell, wenn Sie merken, dass die Kommunikation gestört ist, Sie sich mit dem Partner nicht verstehen oder zanken, wird schnell die Frage aufgeworfen: „Wer hat Schuld?“ Darauf kann die erwartete Antwort laut Watzlawick nicht gegeben werden, weil Sie „schon immer“ kommunizieren (1. Axiom). Ihre Interaktionen bei Kommunikationen folgen einer Struktur, die Watzlawick „Interpunktion“ nennt. Wenn Sie sich in einer Struktur mit negativen Inhalten verfangen, können Sie in der Regel nur dadurch etwas verändern, dass Sie in den Bereich der Metakommunikation eintreten. Das heißt, dass Sie zusammen mit Ihrem Partner darüber sprechen, was Sie eigentlich gesagt haben und wie es so weit kommen konnte.

Axiom: Digitale und analoge Kommunikation
Kommunizieren ist mehr als der Austausch von Worten oder von körpersprachlichen Signalen allein. Beides kommt in der Regel zusammen, und zwar sowohl auf der Sender- als auch auf der Empfängerseite. Watzlawick hat dafür die Begriffe „digitale“ und „analoge“ Kommunikation gewählt. Das eine ist das gesprochene Wort, das andere die nonverbale Ausdrucksweise. „Der Unterschied zwischen digitaler und analoger Kommunikation wird vielleicht etwas klarer, wenn man sich vor Augen hält, daß bloßes Hören einer unbekannten Sprache, z. B. im Radio, niemals zum Verstehen dieser Sprache führen kann,

Axiome menschlicher Kommunikation nach Paul Watzlawick

während sich oft recht weitgehende Informationen relativ leicht aus der Beobachtung von Zeichensprachen und allgemeinen Ausdrucksgebärden ableiten lassen, selbst wenn die sie verwendende Person einer fremden Kultur angehört […].“

Axiom: Symmetrische und komplementäre Interaktionen

Wenn Sie sich mit Studienkollegen unterhalten, mit Freunden, mit Familienangehörigen, dann interagieren Personen auf einer Ebene, die sich kennen, die sich verstehen. Es besteht Symmetrie in der Kommunikation. Wenn Sie als Studierender beim Professor vorstellig werden, als Mitarbeiter beim Chef oder als Autofahrer vom Polizisten angehalten werden, dann sind die Beziehungsstrukturen anders gelagert. Es handelt sich um komplementäre Interaktionen, denen eine Ungleichheit der Gesprächspartner zugrunde liegt. […] „Um einem häufigen Missverständnis vorzubeugen, kann nicht eindrücklich genug darauf verwiesen werden, dass Symmetrie und Komplementarität nichts mit Werturteilen wie ‚gut‘ oder ‚schlecht‘, ‚normal‘ oder ‚abnormal‘ und dergleichen zu tun haben.“

(aus: Hans Kraft, Rhetorik und Gesprächsführung, 2016)

1 Erschließen Sie den Text mithilfe einer von Ihnen gewählten Visualisierungsmethode (↗ Visualisierungsmethoden, Kapitel 4, S. 62–66).

2 Bearbeiten Sie folgende Fragen und begründen Sie Ihre Antworten mit dem Fachtext „Paul Watzlawick: Die fünf Axiome“ von Hans Kraft.

a) Erklären Sie folgende Aussage: „Man kann nicht nicht kommunizieren“. Denken Sie, dass dies eine Auswirkung auf unser Kommunikationsverhalten hat?

b) Stellen Sie sich vor, Ihr Vorgesetzter erzählt Ihnen einen ziemlich schlechten Witz. Einen Tag später erzählt Ihr bester Freund Ihnen denselben ziemlich schlechten Witz. Würden Sie bei beiden Personen gleich reagieren? Welche Rolle spielen hierbei die Inhalts- und Beziehungsaspekte der Kommunikation nach Paul Watzlawick?

c) Ein Ehepaar streitet sich ständig. Die Frau schimpft darüber, dass der Mann nach der Arbeit keine Lust hat, Ausflüge mit ihr zu machen. Der Mann hingegen hat keine Lust, Ausflüge mit seiner Frau zu machen, weil sie sich oft beschwert. Wer hat nun Schuld an der kritischen Beziehungssituation? Beziehen Sie sich auf die Interpunktion von Ereignisfolgen nach Paul Watzlawick.

d) Eine Mutter sagt: „Immer dann, wenn ich meine Ruhe brauche, gebe ich meiner Tochter ein Küsschen, klopfe ihr auf die Schulter und setze mich gemütlich mit meiner Tasse Kaffee auf den Balkon – die kleine Maus gibt mir dann auch wirklich meine Zeit.“ Nehmen Sie Stellung zu dieser Situation und gehen Sie dabei auf die digitale und analoge Kommunikation nach Paul Watzlawick ein. Wieso gibt die Tochter ihrer Mutter möglicherweise ihre Zeit und welchen Zusammenhang hat dies mit der digitalen und analogen Kommunikation?

e) Eine Studentin erzählt: „Ich bin so gerne in der Uni und am liebsten sitze ich dort im Studierendencafé mit meiner besten Freundin. Wir lachen, erzählen uns die neusten Geschichten und haben sehr viel Spaß miteinander. Aber immer dann, wenn mein Professor sich dort einen Kaffee bestellt und sich in das Café setzt, bin ich ruhig und fast stumm. Ich möchte dann einfach nicht mehr sprechen.“ Inwieweit hat diese Situation mit der symmetrischen und komplementären Interaktion nach Paul Watzlawick zu tun? Können Sie diese Situation nachvollziehen?

Axiome menschlicher Kommunikation nach Paul Watzlawick

3 Vergleichen Sie Ihr bisheriges Ergebnis mit dem Ergebnis Ihres Lernpartners / Ihrer Lernpartnerin.

4 Nennen Sie für jedes Axiom jeweils eine Beispielsituation aus Ihrem privaten oder schulischen Alltag, um sich die Axiome menschlicher Kommunikation anhand von eigenen Beispielen zu erklären.

5 Bilden Sie Fünfergruppen und bearbeiten Sie folgende Aufgaben:

a) Teilen Sie die Axiome untereinander auf, sodass es eine Expertin / einen Experten pro Axiom gibt.

b) Erklären Sie sich die Axiome gegenseitig. Nennen Sie Beispielsituationen aus Ihrem Alltag.

c) Diskutieren und beurteilen Sie in Bezug auf Ihre selbst gewählten Beispielsituationen: Wann gelingt bzw. misslingt Kommunikation in Bezug auf die einzelnen Axiome?

6 Wieso ist das Wissen über die Axiome menschlicher Kommunikation wichtig für Ihr alltägliches Leben – sowohl privat, schulisch als auch beruflich? Führen Sie eine Partnerdiskussion durch. Gehen Sie dabei auf das Gelingen bzw. Misslingen von Kommunikation ein.

7 Antworten Sie mit einer Sprachnachricht auf Amiras Nachricht (↗ S. 19) und geben Sie ihr weitere Tipps (↗ SPRACHE UND STIL „Tipps geben I“), wie sie sich im Bewerbungsgespräch verhalten sollte. Beachten Sie dabei Folgendes:

- Nutzen Sie Ihr bisher erlerntes Fachwissen zu den Axiomen menschlicher Kommunikation nach Paul Watzlawick.
- Gehen Sie auf alle Stichpunkte zur Relevanz der Axiome menschlicher Kommunikation für das alltägliche Leben ein.
- Inwieweit ist das Wissen über die Axiome menschlicher Kommunikation wichtig für eine Situation im Bewerbungsgespräch?
- Entwerfen Sie Ihre Sprachnachricht schriftlich, bevor Sie sie aufnehmen.

SPRACHE UND STIL | Tipps geben I

Das erste Axiom sagt aus, dass ...

Das zweite Axiom besagt, dass ...

Nach Paul Watzlawick lautet der dritte Grundsatz menschlicher Kommunikation ...

Daher würde ich dir empfehlen ...

Ich möchte dir deshalb sagen, dass ...

Ein Tipp von mir ist daher ...

Weiterhin möchte ich dir sagen, dass ...

Ein weiterer Tipp ist ...

Ich empfehle dir ...

Das Eisbergmodell

Kommunikation ist sowohl bewusstes und unbewusstes als auch sichtbares und unsichtbares Kommunizieren, welches vom Gegenüber wahrgenommen und beobachtet werden kann.

Welche Faktoren beeinflussen Kommunikation?

Die Wahrnehmung des Gegenübers bestimmt den Verlauf einer Kommunikation. Dies liegt daran, dass das Sichtbare – also das Gesehene und Gehörte – des Gegenübers wahrgenommen und anschließend bewertet und interpretiert wird. Dieses sichtbare Verhalten ist von vielen Faktoren abhängig, die die eigene Lebenswelt eines Individuums betreffen.

So ist jemand, der sich gerade von seinem Partner getrennt hat, anders gestimmt als jemand, der frisch verliebt ist. Das Problem, das hierbei entsteht: Es wird das interpretiert und bewertet, was sichtbar ist – die unsichtbaren Faktoren werden nicht wahrgenommen. Woher soll der Gesprächspartner also wissen, dass jemand aufgrund einer Trennung so traurig guckt?

Das, was wahrgenommen wird, beeinflusst wiederum die Reaktion auf das Verhalten einer Person. So könnte interpretiert werden, dass das Problem bei einem selbst liegt und nicht etwa bei der Tatsache, dass sich die Person gegenüber von ihrem Partner getrennt hat.

Das Eisbergmodell besagt, dass die Kommunikationssituation nur zu einem geringen Teil von sichtbaren und bewussten Faktoren und Verhalten beeinflusst wird. Vielmehr sind es Faktoren und Verhaltensweisen, die unsichtbar bzw. unbewusst geschehen, die eine Kommunikationssituation beeinflussen und Spielraum für Interpretation zulassen. Zu diesen gehören unter anderem folgende Faktoren:

- Stimmung: Wie bin ich gestimmt?
- Befindlichkeit: Wie fühle ich mich gerade?

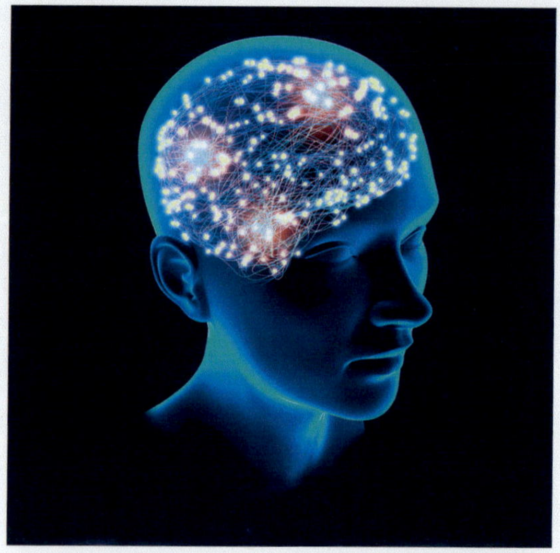

- Absicht bzw. Motiv: Welche Absicht bzw. welches Motiv habe ich?
- Ziel: Welches Ziel verfolge ich?
- Die eigene Lebenswelt: Welchen Umständen bin ich momentan und generell ausgesetzt?
- Das persönliche Weltwissen: Welches Wissen habe ich über das aktuelle Thema bzw. zur aktuellen Situation, in der ich mich befinde?
- Das eigene Selbstbild bzw. Selbstkonzept: Fühle ich mich der momentanen Kommunikationssituation gewachsen?
- Vorgeschichten zu dieser Kommunikationssituation: Habe ich so eine oder eine ähnliche Situation schon einmal erlebt?
- Erfahrungen mit dem Gesprächsteilnehmer: Habe ich so eine oder eine ähnliche Situation schon einmal mit dieser Person erlebt?

1 Haben Sie schon einmal eine Situation erlebt, bei der Ihr Gegenüber Sie möglicherweise falsch wahrgenommen hat? Erläutern Sie, in welcher konkreten Situation Sie waren.

2 Erläutern Sie: Woran hat es gelegen, dass Sie in Ihren Augen falsch wahrgenommen wurden? Beziehen Sie sich dabei auf den Text „Welche Faktoren beeinflussen die Kommunikation?“.

3 Tauschen Sie sich mit Ihrem Lernpartner / Ihrer Lernpartnerin über die erlebte Situation aus. Finden Sie Gemeinsamkeiten und Unterschiede?

Das Eisbergmodell

GUT ZU WISSEN | Das Eisbergmodell

Das Eisbergmodell stellt die **kommunizierende Person als Eisberg** dar:

4 **Erstellen Sie zu Ihrer erlebten Situation einen Eisberg. Notieren Sie, von welchen sichtbaren und unsichtbaren Faktoren Sie in der Kommunikationssituation beeinflusst waren.**
Tipp: Zeichnen Sie einen Eisberg in Ihr Heft.

5 **Was würden Sie aufgrund Ihres jetzigen Wissens zum Eisbergmodell an Ihrem Verhalten in der erlebten Situation ändern?**

Situation

Morgen ist nun das Bewerbungsgespräch von Amira. Um Amira abzulenken, laden Sie sie zu einem Filmabend ein. Sie haben sich bewusst für ihren Lieblingsfilm entschieden, damit Amira abschalten kann und das morgige Bewerbungsgespräch ein wenig vergisst. Sie wissen zwar, dass Amira nervös ist, sind aber trotzdem sehr verwundert über Amiras Verhalten: Normalerweise lacht Amira in fast jeder Minute dieses Films und spricht so gut wie den ganzen Film auswendig mit, heute sitzt sie mit verschränkten Armen auf der Couch und sagt kein einziges Wort. Nach dem Film fährt Amira sofort nach Hause. Normalerweise sitzen Sie immer noch gemütlich auf dem Balkon und unterhalten sich.

6 **Zeichnen Sie einen Eisberg für Amiras Situation in Ihr Heft. Beantworten Sie anschließend folgende Frage: Können Sie Amiras Verhalten nachvollziehen? Begründen Sie.**

7 **Tauschen Sie sich mit Ihrem Lernpartner / Ihrer Lernpartnerin über Amiras Situation aus und ergänzen Sie Ihre Notizen bei Bedarf.**

8 **Bewerten Sie die Relevanz des Eisbergmodells: Wieso ist das Wissen über das Eisbergmodell wichtig für Ihr alltägliches Leben – sowohl privat, schulisch, als auch beruflich?**

Das Eisbergmodell

9 **Das Verhalten von Amira geht Ihnen einfach nicht aus dem Kopf. Um ihr letzte Tipps für das morgige Bewerbungsgespräch zu geben, senden Sie ihr erneut eine Sprachnachricht (↗ SPRACHE UND STIL „Tipps geben II"): Was würden Sie Amira für ihre Situation raten – was muss sie also beachten in dem Bewerbungsgespräch? Nehmen Sie Bezug auf das Eisbergmodell. Beachten Sie dabei Folgendes:**

- Nutzen Sie dafür Ihr bisher erlerntes Fachwissen zu dem Eisbergmodell.
- Gehen Sie auf alle Stichpunkte zur Relevanz des Eisbergmodells für das alltägliche Leben ein.
- Inwieweit ist das Wissen über das Eisbergmodell wichtig für eine Situation im Bewerbungsgespräch?
- Entwerfen Sie Ihre Sprachnachricht schriftlich, bevor Sie sie aufnehmen.

SPRACHE UND STIL | Tipps geben II

Das Eisbergmodell sagt aus, dass ...

Daher würde ich dir empfehlen ...

Die Theorie des Eisbergs besagt, dass ... . Ich möchte dir deshalb sagen, dass ...

Die Theorie sagt aus, dass ... . Ich schlage dir deshalb vor ...

An deiner Stelle würde ich ...

Hilfreich ist ...

Dazu kommt, dass ...

Weiterhin ...

Ein anderes Beispiel ist ...

Lernbilanz: Sie können ...

- erkennen, dass Kommunikation beeinflusst, welchen Eindruck wir auf andere machen.
- den Begriff „Kommunikation" fachlich begründet definieren.
- erklären, inwiefern der Kontext die jeweiligen Kommunikationssituationen beeinflusst.
- verbale, nonverbale und paraverbale Kommunikation erklären und unterscheiden.
- Regeln für die verbale, nonverbale und paraverbale Kommunikation während eines Bewerbungsgespräches aufstellen und anwenden.
- die fünf Axiome menschlicher Kommunikation nach Watzlawick erklären und auf Kommunikationssituationen anwenden.
- das Eisbergmodell erklären und auf Kommunikationssituationen anwenden.
- erklären, warum Kommunikationsmodelle für das alltägliche Leben relevant sind.

Die Lernsituation umsetzen: Ein Bewerbungsgespräch führen

Sie waren Amira bisher eine große Hilfe und haben ihr durch Ihre Tipps eine hilfreiche Stütze geboten. Sofort, nachdem Amira das Bewerbungsgespräch hinter sich hat, schickt sie Ihnen folgende Sprachnachricht:

> Hey, ich kann es kaum glauben. Ich habe das Bewerbungsgespräch endlich hinter mir und habe den Praktikumsplatz bekommen. Die Tipps, die du mir gegeben hast, waren alle so hilfreich – sie waren offenbar echt begeistert von mir. Weißt du was?! Eigentlich sollte unsere ganze Klasse von deinen Tipps profitieren. Damit könnten sich alle angemessen auf ihre Bewerbungsgespräche vorbereiten.

1 **Ihre Aufgabe ist es, Amiras Idee umzusetzen. Erstellen Sie eine Checkliste zur angemessenen Vorbereitung auf ein Bewerbungsgespräch.**
Wichtig: Gehen Sie dabei auf alle bisher behandelten Theorien und die Tipps ein, die Sie Amira schon gegeben haben.

- Dimensionen von Kommunikation – verbale, nonverbale und paraverbale Kommunikation
- Axiome menschlicher Kommunikation nach Paul Watzlawick
- Das Eisbergmodell

Sie können dieses Muster für eine Checkliste in Ihr Heft übertragen und ergänzen.

CHECKLISTE	**Bewerbungsgespräch**

Vorbereitung auf Gespräch

→ Kleidung auswählen

→ Homepage der Firma sichten

→ ...

Während des Gesprächs

nonverbal

→ lächeln

→ ...

verbal

→ höfliche Begrüßung

→ ...

paraverbal

→ ...

Kapitel 2

Konflikte bewältigen – im Alltag kommunizieren

Menschen sind Kommunikation ständig und überall ausgesetzt. Ob im privaten, schulischen oder auch im beruflichen Kontext – überall kann es im Alltag passieren, dass man in Kommunikationssituationen gerät: in unterhaltsame Gespräche, Gespräche voller positiver Energie und Gelächter. Umgekehrt sind Menschen auch unangenehmen Kommunikationssituationen ausgesetzt: Streitgesprächen oder negativen Diskussionen, die kein Ende finden. Oftmals weiß man selbst nicht, wie man in solch eine Situation geraten ist, und möchte, dass dies so schnell wie möglich ein Ende hat.
Das folgende Kapitel soll Ihnen helfen, Konflikte im Alltag zu bewältigen.

Kompetenzen

- ✓ Kommunikationsmodelle kennen, verstehen und anwenden
- ✓ zielgerichtet und empathisch kommunizieren
- ✓ Redeabsichten erkennen
- ✓ in Konfliktsituationen angemessen reagieren
- ✓ situationsangemessen und adressatengerecht kommunizieren
- ✓ Einstellungen und Erwartungen der Zuhörer und Gesprächspartner berücksichtigen

Methoden und Arbeitstechniken

- ✓ Visualisierungsmethoden
- ✓ Rollenspiel
- ✓ Lernvideo

Lernsituation: Konfliktsituationen im Alltag begegnen

Ihr Freund Sami befindet sich in der ersten Woche seines vierwöchigen Praktikums im Krankenhaus in Ihrer Stadt. Sami erzählt:

„Ich bin zufrieden mit dem Praktikum, weiß nur manchmal nicht, wie ich auf Verhalten oder Aussagen reagieren soll. Ich möchte auf gar keinen Fall in einen Streit geraten. Gerade bei meiner Stationsleitung und einer Patientin habe ich das Gefühl, überfordert zu sein." Er schildert Ihnen zwei Situationen:

Situation 1:
„Ich war mit einer weiteren Praktikantin im Pausenraum. Die Pause war gerade vorbei und dann fiel der anderen Praktikantin ein, dass sie mir noch etwas erzählen möchte – ich wollte sie nicht unterbrechen und habe sie ausreden lassen und habe dadurch meine Pause ein wenig überzogen. Ich wollte gerade los und wieder arbeiten, als die Stationsleitung gestresst in den Pausenraum stürmte und mit grimmigem Blick sagte: *‚Na, da bist du also?!'*"

Situation 2:
„Ich verteile jeden Morgen das Frühstück an die Patienten und Patientinnen. Während ich mich mit einer Patientin unterhalten habe, rief die nächste Patientin ständig meinen Namen. Nach dem fünften Versuch, mein Gespräch zu unterbrechen, antwortete ich dann irgendwann, schon fast wütend: *‚Frau Mayer, Sie sehen doch, dass ich in einem Gespräch bin. Ich bin gleich bei Ihnen und dann können Sie mir die Frage stellen, die Ihnen auf dem Herzen liegt!'*"

Sami fragt Sie: „Hast du vielleicht Tipps für mich, wie ich in solchen Situationen meine Antwort so formulieren kann, dass kein Konflikt entsteht?"

Sie stellen gemeinsam fest:

- Erstens sollte Sami lernen, eine Äußerung zu analysieren, um zu wissen, was andere meinen könnten, damit kein Missverständnis entsteht.
- Zweitens sollte er sich darin üben, Sätze so zu formulieren, dass keine weiteren Konflikte entstehen, er aber trotzdem mitteilen kann, was er gerade möchte.

Sie nehmen sich vor, Sami zu helfen.

So können Sie vorgehen

Schritt 1 erkennen, wie Konflikte entstehen
Schritt 2 Kommunikationstheorien nutzen, um Konfliktsituationen zu analysieren
Schritt 3 Methoden entwickeln, um Konfliktsituationen zu lösen und sogar zu vermeiden
Schritt 4 Anderen helfen, Konfliktsituationen angemessen zu begegnen

Das Kommunikationsmodell nach Friedemann Schulz von Thun

Kommunikation auf unterschiedlichen Ebenen wahrnehmen

1 **Lesen Sie sich die Beispielsituationen auf S. 27 noch einmal durch. Bewerten Sie die Aussagen in kursiver Schrift hinsichtlich der Frage, ob die sprechenden Personen (die Stationsleitung, Sami) sich angemessen ausgedrückt haben.**

2 **Waren Sie schon einmal in einer Situation, in der Sie missverstanden wurden? Erzählen Sie, wie das Missverständnis zustande kam.**

a) Tauschen Sie sich mit einer Lernpartnerin / einem Lernpartner aus. Welche Gemeinsamkeiten können Sie bei Ihren Erlebnissen feststellen?

b) Tauschen Sie sich in der Klasse aus. Finden Sie weitere Gemeinsamkeiten?

3 **Wie können Missverständnisse vermieden werden?**

GUT ZU WISSEN – Das Kommunikationsquadrat

Der Psychologe und Kommunikationswissenschaftler Friedemann Schulz von Thun unterscheidet zwischen der **Sachebene**, der **Selbstkundgabe**, dem **Beziehungsaspekt** und dem **Appell**. Eine Äußerung kann auf vier Ebenen durch einen Sender gesendet und auf der anderen Seite auf vier Ebenen von einem Empfänger empfangen werden. Somit kann eine Äußerung **versteckte Botschaften** enthalten und **auf vier Ebenen gemeint** sein, aber auch auf vier Ebenen verstanden werden – je nach **Sprecherabsicht** dominiert eine Ebene in der Äußerung. Das Problem, das dabei entstehen kann: Der Empfänger erkennt die Sprecherabsicht nicht und interpretiert die Äußerung falsch – bekanntlich entstehen Konflikte oft dadurch, dass jemand etwas Bestimmtes meint, der Empfänger jedoch etwas anderes versteht.

Mithilfe von Kommunikationstheorien werden Sprechakte analysiert. Um herauszufinden, wie und warum Konflikte entstehen können, bietet sich die Kommunikationstheorie von Friedemann Schulz von Thun an. Das berühmteste Schaubild von Friedemann Schulz von Thun ist folgendes:

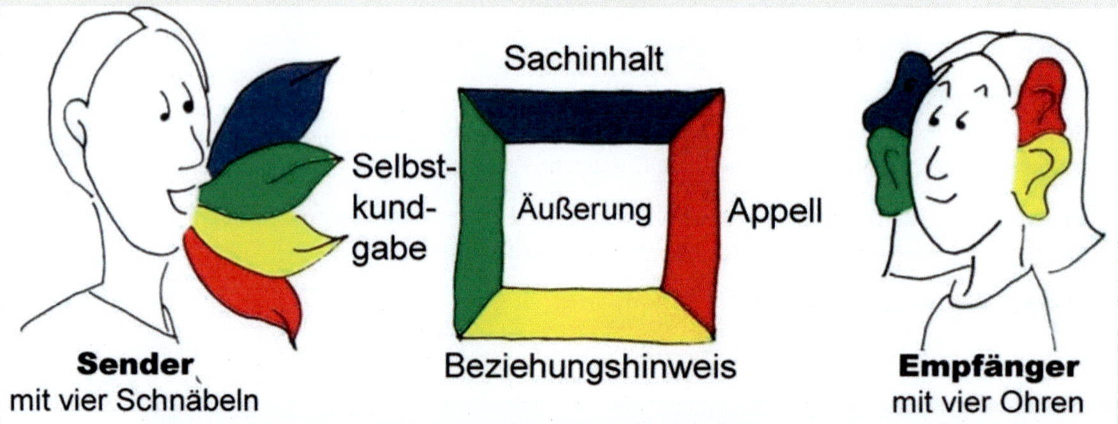

Die vier Schnäbel (oder Zungen) des Senders verdeutlichen die vier Seiten, die eine Äußerung haben kann. Der Empfänger hingegen nimmt diese Äußerung mit vier Ohren auf.

Kommunikation auf unterschiedlichen Ebenen wahrnehmen

Erinnern Sie sich an die erste Situation, die Sami Ihnen geschildert hat:

> Ich war mit einer weiteren Praktikantin im Pausenraum. Die Pause war gerade vorbei und dann fiel der anderen Praktikantin ein, dass sie mir noch etwas erzählen möchte – ich wollte sie nicht unterbrechen und habe sie ausreden lassen und habe dadurch meine Pause ein wenig überzogen. Ich wollte gerade los und wieder arbeiten, als die Stationsleitung gestresst in den Pausenraum stürmte und mit grimmigem Blick sagte: „Na, da bist du also?!"

4 Welche Botschaften können in der Aussage „Na, da bist du also?!" der Stationsleitung enthalten sein? Was erfahren Sie dadurch über die Stationsleitung?

5 In GUT ZU WISSEN „Das Kommunikationsquadrat" heißt es: „Das Problem, das [...] entstehen kann: Der Empfänger erkennt die Sprecherabsicht nicht und interpretiert die Äußerung falsch – bekanntlich entstehen Konflikte oft dadurch, dass jemand etwas Bestimmtes meint, der Empfänger jedoch etwas anderes versteht." Beziehen Sie diese Aussage auf Samis Situation.

6 Tauschen Sie sich mit Ihrem Lernpartner / Ihrer Lernpartnerin über Ihr bisheriges Ergebnis aus. Was meinen Sie, warum hat die Stationsleitung in der Situation so reagiert? Finden Sie mehr als eine mögliche Antwort.

Um diese Thematik verständlicher zu machen, folgen nun Erläuterungen in einem Fachtext von Friedemann Schulz von Thun selbst:

Das Kommunikationsquadrat

von Friedemann Schulz von Thun

Das Kommunikationsquadrat ist das bekannteste Modell von Friedemann Schulz von Thun und inzwischen auch über die Grenzen Deutschlands hinaus verbreitet. Bekannt geworden ist dieses Modell auch als „Vier-Ohren-Modell" oder „Nachrichtenquadrat".

Wenn ich als Mensch etwas von mir gebe, bin ich auf vierfache Weise wirksam. Jede meiner Äußerungen enthält, ob ich will oder nicht, vier Botschaften gleichzeitig:

- eine Sachinformation (worüber ich informiere) – blau
- eine Selbstkundgabe (was ich von mir zu erkennen gebe) – grün
- einen Beziehungshinweis (was ich von dir halte und wie ich zu dir stehe) – gelb
- einen Appell (was ich bei dir erreichen möchte) – rot

Ausgehend von dieser Erkenntnis hat Schulz von Thun 1981 die vier Seiten einer Äußerung als Quadrat dargestellt. Die Äußerung entstammt dabei den „vier Schnäbeln" des Senders und trifft auf die „vier Ohren" des Empfängers. Sowohl Sender als auch Empfänger sind für die Qualität der Kommunikation verantwortlich, wobei die unmissverständliche Kommunikation der Idealfall ist und nicht die Regel.

Die vier Ebenen der Kommunikation

Auf der Sachebene des Gesprächs steht die Sachinformation im Vordergrund, hier geht es um Daten, Fakten und Sachverhalte. Dabei gelten drei Kriterien:

- wahr oder unwahr (zutreffend / nicht zutreffend)

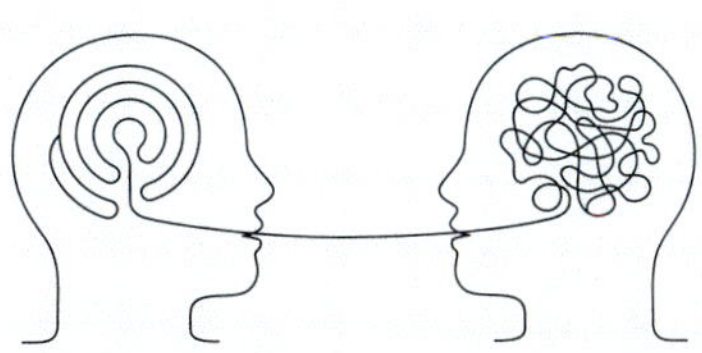

Kommunikation auf unterschiedlichen Ebenen wahrnehmen

- relevant oder irrelevant (Sind die aufgeführten Sachverhalte für das anstehende Thema von Belang / nicht von Belang?)
- hinlänglich oder unzureichend (Sind die angeführten Sachhinweise für das Thema ausreichend, oder muss vieles andere zusätzlich bedacht werden?)

Die Herausforderung für den Sender besteht auf der Sachebene darin, die Sachverhalte klar und verständlich auszudrücken. Der Empfänger kann auf dem Sachohr entsprechend der drei Kriterien reagieren.

Für die Selbstkundgabe gilt: Wenn jemand etwas von sich gibt, gibt er auch etwas von sich. Jede Äußerung enthält gewollt oder unfreiwillig eine Kostprobe der Persönlichkeit – der Gefühle, Werte, Eigenarten und Bedürfnisse. Dies kann explizit („Ich-Botschaft") oder implizit geschehen.

Während der Sender mit dem Selbstkundgabe-Schnabel implizit oder explizit, bewusst oder unbewusst, Informationen über sich preisgibt, nimmt der Empfänger diese mit dem Selbstkundgabe-Ohr auf: Was ist das für einer? Wie ist er gestimmt? Was ist mit ihm? usw.

Auf der Beziehungsseite gebe ich zu erkennen, wie ich zum Anderen stehe und was ich von ihm halte. Diese Beziehungshinweise werden durch Formulierung, Tonfall, Mimik und Gestik vermittelt. Der Sender transportiert diese Hinweise implizit oder explizit. Der Empfänger fühlt sich durch die auf dem Beziehungsohr eingehenden Informationen wertgeschätzt oder abgelehnt, missachtet oder geachtet, respektiert oder gedemütigt.

Die Einflussnahme auf den Empfänger geschieht auf der Appellseite. Wenn jemand das Wort ergreift, möchte er in aller Regel etwas erreichen. Er äußert Wünsche, Appelle, Ratschläge oder Handlungsanweisungen. Die Appelle werden offen oder verdeckt gesandt. Mit dem Appell-Ohr fragt sich der Empfänger: Was soll ich jetzt (nicht) machen, denken oder fühlen?

(www.schulz-von-thun.de)

7 **Erschließen Sie den Text mithilfe einer von Ihnen gewählten Visualisierungsmethode (↗ Visualisierungsmethoden, Kapitel 4, S. 62–66).**

8 **Bearbeiten Sie folgende Aufgaben und begründen Sie Ihre Antworten mit dem Text „Das Kommunikationsquadrat" von Friedemann Schulz von Thun:**

a) Nennen Sie Situationen aus Ihrem Alltag, bei denen vorwiegend der Inhalt des Gesagten zum Ausdruck kommt.

b) Es wird behauptet: Die Ursache von Konflikten liegt vorwiegend auf der Beziehungsseite einer Äußerung. Stimmen Sie dieser Behauptung zu? Begründen Sie Ihre Meinung fachlich.
Tipp: Denken Sie dabei an eine konkrete Situation.

c) Im Text steht: „Die Appelle werden offen oder verdeckt gesandt." Nennen Sie aus Ihrem Alltag jeweils ein Beispiel für einen offenen und ein Beispiel für einen verdeckten Appell. Begründen Sie, wieso es sich um einen offenen bzw. um einen verdeckten Appell handelt.

d) „Wer auf der Ebene der Selbstkundgabe spricht und hört, vermeidet Konflikte und sorgt für ein positives Miteinander." Dieser Aussage nach wäre es ein Unterschied, anstatt „Nerv mich nicht" die Worte „Ich fühle mich durch dein Verhalten gestört" zu wählen. Nehmen Sie Stellung zu dieser Aussage.
Ich stimme dieser Aussage zu, weil ...
Ich stimme dieser Aussage nicht zu, weil ...

Kommunikation auf unterschiedlichen Ebenen wahrnehmen

9 Im Text steht „Sowohl Sender als auch Empfänger sind für die Qualität der Kommunikation verantwortlich […]“. Erläutern Sie diese Aussage und beziehen Sie sich dabei auf die versteckten Botschaften innerhalb einer Äußerung. Nutzen Sie auch GUT ZU WISSEN „Die vier Botschaften einer Äußerung“ (S. 31).

10 Vergleichen Sie Ihre bisherigen Ergebnisse mit Ihrem Lernpartner / Ihrer Lernpartnerin. Ergänzen Sie Ihre Ergebnisse bei Bedarf.

Schulz von Thun definiert vier Ebenen, auf denen Kommunikation stattfindet. Diese vier Ebenen sind sowohl für den Empfänger als auch für den Sender einer Äußerung relevant. Die folgende Übersicht verdeutlicht dies.

GUT ZU WISSEN | **Die vier Botschaften einer Äußerung: Sender- und Empfängerseite**

Ebene	Senderseite	Empfängerseite
Sachebene	Worüber ich informiere.	Worüber informiert der Sender und wie ist der Sachverhalt zu verstehen?
Selbstkundgabe	Was ich von mir selbst kundgebe.	Was sagt mir das über den Sender? Was ist das für einer? Wie ist er gestimmt? Was ist mit ihm?
Beziehungsaspekt	Was ich von dir halte und wie ich zu dir stehe.	Wie fühle ich mich behandelt durch die Art, in der der Sender mit mir spricht? Was hält er von mir und wie steht er zu mir?
Appell	Was ich bei dir erreichen möchte.	Was soll ich jetzt (nicht) machen, denken oder fühlen?

11 Fassen Sie die wichtigsten Fakten zum Kommunikationsquadrat von Friedemann Schulz von Thun schriftlich in eigenen Worten zusammen.

12 Vergleichen Sie Ihre Notizen aus Aufgabe 11 mit denen Ihrer Lernpartnerin / Ihres Lernpartners. Klären Sie ggf. noch offene Verständnisfragen.

Kommunikation auf unterschiedlichen Ebenen analysieren

Sie wissen nun, dass Kommunikation auf unterschiedlichen Ebenen gesendet und auch verstanden werden kann und nur eine einzige Äußerung mehrere Botschaften beinhalten kann. Um einzelne Äußerungen einer Kommunikationssituation in ihrer Vielfalt zu verstehen, ist es notwendig, die enthaltenen Botschaften auf den verschiedenen Ebenen analysieren zu können.

Sie erinnern sich – Sami sagte Folgendes (Situation 1):

Ich war mit einer weiteren Praktikantin im Pausenraum. Die Pause war gerade vorbei und dann fiel der anderen Praktikantin ein, dass sie mir noch etwas erzählen möchte – ich wollte sie nicht unterbrechen und habe sie ausreden lassen und habe dadurch meine Pause ein wenig überzogen. Ich wollte gerade los und wieder arbeiten, als die Stationsleitung gestresst in den Pausenraum stürmte und mit grimmigem Blick sagte: „Na, da bist du also?!"

1 **Um sich eine Kommunikationssituation zu vergegenwärtigen, kann es helfen, sie nachzustellen.**

a) Bilden Sie Kleingruppen und spielen Sie die Situation mit verteilten Rollen nach.

b) Variieren Sie ein paarmal den Tonfall, in dem die Stationsleitung die Worte „Na, da bist du also?!" sagen könnte. Wie verändert sich die Wirkung dadurch?

c) Variieren Sie die Reaktion von Sami. Verändern Sie seine Haltung oder seinen Gesichtsausdruck. Wie verändert das die Wirkung?

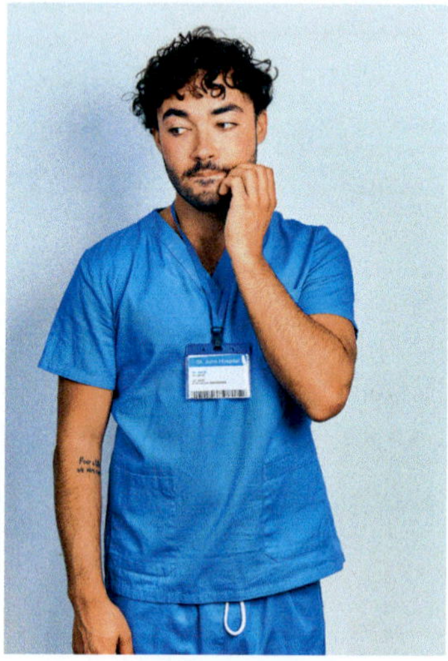

2 **Was könnte die Stationsleitung erlebt haben, bevor sie in den Pausenraum gekommen ist? Halten Sie Ihre Ideen in Stichpunkten fest.**

- *Verkehrschaos auf dem Weg zur Arbeit*
- *schwieriges Patientengespräch*
- …

Kommunikation auf unterschiedlichen Ebenen analysieren

3 Überlegen Sie mit Ihrem jetzigen Wissen erneut: Was könnte die Stationsleitung mit ihrer Aussage „Na, da bist du also?!" alles gesagt haben? Füllen Sie dafür die entsprechende Spalte in der folgenden Tabelle aus.

4 Überlegen Sie anschließend: Was könnte Sami durch die Äußerung der Stationsleitung verstanden haben? Füllen Sie dafür die entsprechende Spalte in der folgenden Tabelle aus.

Ebene	Senderseite	Das könnte die Stationsleitung gesagt haben:	Empfängerseite	Das könnte Sami verstanden haben:
Sachebene	Worüber ich informiere.	*Die Tatsache, dass du (Sami) dich im Pausenraum befindest.*	Worüber informiert der Sender und wie ist der Sachverhalt zu verstehen?	
Selbstkundgabe	Was ich von mir selbst kundgebe.		Was sagt mir das über den Sender? Was ist das für einer? Wie ist er gestimmt? Was ist mit ihm?	*Sie (die Stationsleitung) ist mit ihrer Arbeit überlastet, fühlt sich von mir alleingelassen und braucht meine Unterstützung.*
Beziehungsaspekt	Was ich von dir halte und wie ich zu dir stehe.		Wie fühle ich mich behandelt durch die Art, in der der Sender mit mir spricht? Was hält er von mir und wie steht er zu mir?	
Appell	Was ich bei dir erreichen möchte.	*Ich (die Stationsleitung) möchte, dass du pünktlich erscheinst und deine Arbeit zuverlässig erledigst.*	Was soll ich jetzt (nicht) machen, denken oder fühlen?	

Kommunikation auf unterschiedlichen Ebenen analysieren

Sami erzählt ebenfalls (Situation 2):

Ich verteile jeden Morgen das Frühstück an die Patienten und Patientinnen. Während ich mich mit einer Patientin unterhalten habe, rief die nächste Patientin, Frau Mayer, ständig meinen Namen. Nach dem fünften Versuch, mein Gespräch zu unterbrechen, antwortete ich dann irgendwann, schon fast wütend: „Frau Mayer, Sie sehen doch, dass ich in einem Gespräch bin. Ich bin gleich bei Ihnen und dann können Sie mir die Frage stellen, die Ihnen auf dem Herzen liegt."

5 Überlegen Sie mit Ihrem jetzigen Wissen:

a) Was könnte Sami mit seiner Aussage gesagt haben?

b) Was könnte Frau Mayer durch die Äußerung von Sami verstanden haben?
Erstellen Sie dafür eine Tabelle wie auf S. 33 und füllen Sie diese entsprechend aus.

6 Analysieren Sie folgende Aussagen gemeinsam mit Ihrem Lernpartner / Ihrer Lernpartnerin mithilfe der Theorie von Friedemann Schulz von Thun. Fertigen Sie für jede Aussage eine Tabelle an und füllen Sie diese entsprechend aus.

Situation

A) Wir befinden uns in einem Klassenraum. Der Unterricht beginnt um 8:15 Uhr und endet um 9:00 Uhr, denn um 9:00 Uhr beginnt dann die erste große Pause. Wir haben nun 9:01 Uhr und eine Schülerin ruft der Lehrkraft genervt zu:

Wir haben schon 9:01 Uhr!

B) Im Supermarkt läuft eine Kundin mit einer vollen Tüte Pfandflaschen zum Supermarkt-Mitarbeiter und sagt:

Der Pfandautomat funktioniert nicht.

7 Überlegen Sie sich anschließend gemeinsam Beispiele und analysieren Sie diese mithilfe der Theorie von Friedemann Schulz von Thun. Erstellen Sie dafür eine Tabelle wie in der auf S. 33 und füllen Sie diese entsprechend aus.

8 Bewerten Sie nun die Relevanz der Theorie von Friedemann Schulz von Thun: Wieso ist das Wissen darüber wichtig für Ihr alltägliches Leben – sowohl privat, schulisch als auch beruflich? Gehen Sie dabei auf die verschiedenen Ebenen, die enthaltenen Botschaften einer einzigen Äußerung, die implizite bzw. explizite Preisgabe von Informationen über sich selbst und speziell die Ebene der Selbstkundgabe ein.

Kommunikation auf unterschiedlichen Ebenen analysieren

Kommen wir zurück auf Situation 1. Teilen Sie Sami mit, wie Sie die Aussage der Stationsleitung verstehen.

Ich war mit einer weiteren Praktikantin im Pausenraum. Die Pause war gerade vorbei und dann fiel der anderen Praktikantin ein, dass sie mir noch etwas erzählen möchte – ich wollte sie nicht unterbrechen und habe sie ausreden lassen und habe dadurch meine Pause ein wenig überzogen. Ich wollte gerade los und wieder arbeiten, als die Stationsleitung gestresst in den Pausenraum stürmte und mit grimmigem Blick sagte: „Na, da bist du also?!"

9 Antworten Sie mit einer Sprachnachricht auf Samis Nachricht. Beachten Sie dabei Folgendes:

- Nutzen Sie Ihr bisher erlerntes Fachwissen zur Theorie von Friedemann Schulz von Thun.
- Gehen Sie auf alle Stichpunkte zur Relevanz der Theorie von Friedemann Schulz von Thun für das alltägliche Leben ein.
- Gehen Sie darauf ein, wie wichtig es ist, als Empfänger/-in die Konzentration auf die Selbstkundgabe des Senders zu lenken.
- Inwieweit ist das Wissen über die Theorie von Friedemann Schulz von Thun wichtig für Sami und seine Situation als Praktikant?
- Entwerfen Sie Ihre Sprachnachricht schriftlich, bevor Sie sie aufnehmen. Nutzen Sie zur Formulierung auch SPRACHE UND STIL „Tipps geben III".

SPRACHE UND STIL – Tipps geben III

Die Theorie von Friedemann Schulz von Thun sagt aus, dass ...

In der Theorie von Friedemann Schulz von Thun wird von ... gesprochen.

Eine Ebene ... besagt, dass ...

Nach Friedemann Schulz von Thun lautet eine weitere Ebene ...

Eine Botschaft sagt aus, dass ...

An deiner Stelle würde ich ...

Daher würde ich dir empfehlen ...

Weiterhin ...

Ich möchte dir deshalb sagen, dass ...

Ich schlage dir deshalb vor ...

Mein letzter Tipp für dich ist ...

Konfliktmanagement betreiben – Ich-Botschaften nach Thomas Gordon

Es gehört zum alltäglichen Leben dazu, kritische Situationen zu meistern. Sami hat bereits einige Situationen erlebt, in denen er während des Praktikums Kritik geäußert hat oder auch von anderen kritisiert wurde.
Sie sind nun in der Lage, Äußerungen zu analysieren, und wissen, welche Botschaften sich jeweils hinter einer Äußerung verstecken können. Ihre Aufgabe ist es jetzt, mit diesen kritischen Situationen umzugehen und diese zu bewältigen. Ziel ist es, Konfliktsituationen zu lösen bzw. zu vermeiden.

Sie erinnern sich – Sami sagt in seiner Sprachnachricht (Situation 2):

> Ich verteile jeden Morgen das Frühstück an die Patienten und Patientinnen. Während ich mich mit einer Patientin unterhalten habe, rief die nächste Patientin, Frau Mayer, ständig meinen Namen. Nach dem fünften Versuch, mein Gespräch zu unterbrechen, antwortete ich dann irgendwann, schon fast wütend: „Frau Mayer, Sie sehen doch, dass ich in einem Gespräch bin. Ich bin gleich bei Ihnen und dann können Sie mir die Frage stellen, die Ihnen auf dem Herzen liegt."

1 Bewerten Sie Samis Aussage in der erlebten Situation.

Ich halte die Reaktion für angemessen, weil ...
Ich halte die Reaktion für unangemessen, weil ...

2 Tauschen Sie sich mit Ihrem Lernpartner / Ihrer Lernpartnerin über Ihr bisheriges Ergebnis aus. Stellen Sie anschließend gemeinsam Vermutungen darüber auf, wie diese Situation ausgehen könnte. Begründen Sie Ihre Meinung und machen Sie sich Stichpunkte dazu.

a) Denken Sie, dass durch die Art und Weise, wie Sami in dieser Situation reagiert hat, weitere Konflikte entstehen?

b) Denken Sie, dass durch die Art und Weise, wie Sami in dieser Situation reagiert hat, weitere Konflikte vermieden bzw. gelöst werden?

3 Stellen Sie Ihre Ergebnisse im Plenum vor.

4 Wie hätten Sie anstelle von Sami reagiert und auf die jeweilige Situation geantwortet? Halten Sie Ihre Antwort schriftlich in einer Sprechblase fest.

> Frau Mayer, bitte warten Sie einen Augenblick ...

> Ich möchte ...

5 Lesen Sie anschließend den folgenden Text „Die konfrontative Ich-Botschaft" von Thomas Gordon und erschließen Sie den Text mithilfe einer von Ihnen gewählten Visualisierungsmethode (↗ Visualisierungsmethoden, Kapitel 4, S. 62–66).

Konfliktmanagement betreiben – Ich-Botschaften nach Thomas Gordon

Thomas Gordon prägte den Begriff „Ich-Botschaft". Er entwickelte Kommunikationsmodelle für die Kindererziehung, die sich auch auf andere Kommunikationssituationen übertragen lassen.

Die konfrontative Ich-Botschaft

von Thomas Gordon

Eine konfrontative Ich-Botschaft ist eine nicht-vorwurfsvolle, urteilslose Botschaft [...] als Reaktion auf ein inakzeptables Verhalten [...], wie bei den folgenden Botschaften:

„Wenn in der Klasse ein solcher Lärm herrscht, kann ich nicht hören, was ihr sagt."

Eines der Haupterziehungsziele [...] besteht darin, die Benutzung solcher Ich-Sprache zu fördern, als Alternative zu den traditionellen, vorwurfsvollen und oft mit Zwang verbundenen Du-Sätzen. Du-Botschaften aktivieren schwere Geschütze voll Schuld, Urteil, Einschätzung, Kritik und Zwang. Es sind Formulierungen von Erwachsenen, die bei Kindern „schlechtes Benehmen" anprangern, wie in den folgenden Beispielen:

„Du müsstest es besser wissen." …
„Du solltest dich schämen."
„Du machst mich verrückt." …
„Jetzt habe ich durch dich wieder Kopfschmerzen."

Ich-Botschaften belassen die Verantwortung beim Erwachsenen (denn es ist ja der Erwachsene, der das Problem „besitzt"), und sie veranlassen Kinder mit größter Wahrscheinlichkeit dazu, ihr Verhalten aus Rücksicht zu ändern. Wenn Kinder nicht aufgrund ihres Verhaltens beschuldigt oder herabgesetzt werden, sondern hören, dass jemand ein Problem mit ihnen hat, dann sind sie viel eher bereit, zu helfen und ihr Verhalten selbst zu ändern. [...]

Viele Menschen sind negativ überrascht, wenn sie zum ersten Mal entdecken, wie sehr ihre normalen Gespräche Du-Botschaften enthalten. Sie hatten immer den Eindruck, ehrlich zu sagen, was ihnen in den Sinn kam. [...]

Es scheint leichter, sich in Du-Botschaften auszudrücken. Man braucht dazu wenig Selbstreflexion, und sie gehen einem leicht von der Zunge. Man verlagert so die Verantwortung für seine Gefühle von sich auf andere. Sie liefern eine leichte, spontan wirkende Methode, denjenigen eins auszuwischen, die uns ein Problem bereiten. Doch sie erreichen in der Regel nicht ihr Ziel; tatsächlich bewirken Du-Botschaften Widerstand und Trotz [. . .] Darüber hinaus gilt dies für Du-Botschaften:

- Sie lösen destruktiven Streit und gegenseitige Beschimpfungen aus;
- sie bewirken, dass Kinder sich schuldig, herabgesetzt, kritisiert und verletzt fühlen;
- sie können bewirken, dass ein Kind sich an Ihnen rächen und Sie herabsetzen will;
- sie vermitteln mangelnden Respekt vor den Bedürfnissen des anderen.

Du-Botschaften aufzugeben und zu lernen, Ich-Botschaften zu benutzen, heißt jedoch mehr, als nur eine neue Fertigkeit zu lernen. Eltern [...] erleben dabei eine größere Veränderung in ihrer Wahrnehmung, wenn sie akzeptieren, dass es ihr Problem ist, wenn ein Verhalten eines Kindes für sie nicht akzeptabel ist.[...]

Ich-Botschaften bewegen Kinder nicht nur dazu, sich zu ändern [...]. Ich-Botschaften bedeuten, dass zwischen Erwachsenem und Kind eine annähernde Gleichheit besteht. Wir wissen auch, dass die auffällige Wirksamkeit von Ich-Botschaften daher rührt, dass sie [...] wie ein Appell wirken – als Bitte um Hilfe. Die dahinterliegende Botschaft ist: „Ich habe ein Problem mit deinem Verhalten und brauche deine Hilfe."

(aus: Die neue Familienkonferenz, 1993)

Konfliktmanagement betreiben – Ich-Botschaften nach Thomas Gordon

Ergänzend zu dem Fachtext sehen Sie nun den möglichen Aufbau einer vollständig formulierten konfrontativen Ich-Botschaft:

SPRACHE UND STIL | **Formulierung von konfrontativen Ich-Botschaften**

Eine vollständige konfrontative Ich-Botschaft besteht aus drei Komponenten:

1. Benennung des Anlasses/Grundes des unakzeptablen Verhaltens für die Reaktion (dies geschieht wertfrei, ohne die Person bzw. ihr Verhalten zu verurteilen):
   - *Ich habe festgestellt, dass ...*
   - *Mir ist aufgefallen, dass ...*
   - *Ich habe gesehen, dass ...*

2. Beschreibung der daraus entstehenden Gefühle, die das unakzeptable Verhalten des Gegenübers hervorruft:
   - *Ich bin ..., weil ...*
   - *Ich fühle mich ..., weil ...*
   - *Dieses Verhalten macht mich ..., weil ...*
3. Nennung einer jetzt ergreifbaren und möglichen Konsequenz/Erwartung/Hoffnung bzw. Wunsch:
   - *Dies sorgt dafür, dass ...*
   - *Ich erwarte, dass ...*
   - *Ich erhoffe mir, dass ...*
   - *Ich würde mir wünschen, dass ...*

6 Bearbeiten Sie folgende Aufgaben und begründen Sie Ihre Antworten mit dem Text „Die konfrontative Ich-Botschaften“ von Thomas Gordon:

a) Im Text steht zum einen: „Ich-Botschaften belassen die Verantwortung bei [dem Sender]“ und zum anderen: „Es scheint leichter, sich in Du-Botschaften auszudrücken. [...] Man verlagert so die Verantwortung für seine Gefühle von sich auf andere.“ Erläutern Sie, was mit „Verantwortung“ gemeint ist.

b) Nennen Sie Gründe, wieso eine Du-Botschaft nicht verwendet werden sollte.
Du-Botschaften sollten nicht verwendet werden, weil ...
Der Nachteil bei der Benutzung von Du-Botschaften ist ...

c) Im Text steht: „Eines der Haupterziehungsziele [...] besteht darin, die Benutzung solcher Ich-Sprache zu fördern“. Bewerten Sie diese Aussage und nennen Sie nachvollziehbare Gründe für die Verwendung der Ich-Sprache.
Ich finde es sinnvoll, die Ich-Sprache zu fördern, weil ...
Der Vorteil bei der Benutzung von Ich-Botschaften ist ...

7 Vergleichen Sie Ihre Ergebnisse mit Ihrer Lernpartnerin / Ihrem Lernpartner und ergänzen Sie Ihre Ergebnisse bei Bedarf.

Konfliktmanagement betreiben – Ich-Botschaften nach Thomas Gordon

Sie wissen nun, was Thomas Gordon mit der Ich-Sprache meint, und wissen auch, wie eine konfrontative Ich-Botschaft formuliert wird. Wir gehen gedanklich zurück auf Samis bisher erlebte Situation in seinem Praktikum und seine Frage diesbezüglich:

Ich verteile jeden Morgen das Frühstück an die Patienten und Patientinnen. Während ich mich mit einer Patientin unterhalten habe, rief die nächste Patientin, Frau Mayer, ständig meinen Namen. Nach dem fünften Versuch, mein Gespräch zu unterbrechen, antwortete ich dann irgendwann, schon fast wütend: „Frau Mayer, Sie sehen doch, dass ich in einem Gespräch bin. Ich bin gleich bei Ihnen und dann können Sie mir die Frage stellen, die Ihnen auf dem Herzen liegt."

Hast du vielleicht Tipps für mich, wie ich in solchen Situationen meine Antwort so formulieren kann, dass kein Konflikt entstehen könnte?

8 Ihre Aufgabe war es, schriftlich festzuhalten, wie Sie anstelle von Sami reagiert und in der jeweiligen Situation geantwortet hätten (↗ Aufgabe 4, S. 36). Überarbeiten Sie Ihre bisherige Äußerung bei Bedarf und beachten Sie dabei SPRACHE UND STIL „Formulierung von konfrontativen Ich-Botschaften" (S. 38).

9 Vergleichen Sie Ihre Ergebnisse nun mit Ihrem Lernpartner / Ihrer Lernpartnerin und ergänzen Sie Ihre Ergebnisse bei Bedarf.

10 Finden Sie gemeinsam Situationen aus Ihrem Alltag, in denen Ihnen Du-Botschaften begegnet sind. Wandeln Sie diese in Ich-Botschaften um. Nutzen Sie dafür auch SPRACHE UND STIL „Formulierung von konfrontativen Ich-Botschaften" (S. 38). Halten Sie Ihre Ergebnisse schriftlich fest.

11 Bewerten Sie die Relevanz der konfrontativen Ich-Botschaft nach Thomas Gordon: Wieso ist das Wissen darüber wichtig für Ihr alltägliches Leben – sowohl privat, schulisch als auch beruflich? Gehen Sie dabei auf die Gründe für die Verwendung der Ich-Sprache ein.

12 Antworten Sie mit einer Sprachnachricht auf Samis Nachricht und geben Sie ihm Tipps, wie er seine Antwort in solchen Situationen so formulieren kann, dass kein Konflikt entsteht. Beachten Sie dabei Folgendes:

- Nutzen Sie Ihr bisher erlerntes Fachwissen zur konfrontativen Ich-Botschaft nach Thomas Gordon.
- Gehen Sie dabei auf die Gründe für die Verwendung der Ich-Sprache ein.
- Gehen Sie auf alle Stichpunkte zur Relevanz der konfrontativen Ich-Botschaft nach Thomas Gordon für das alltägliche Leben ein.
- Inwieweit ist das Wissen über die Theorie von Thomas Gordon wichtig für Sami und seine Situation als Praktikant?
- Entwerfen Sie Ihre Sprachnachricht schriftlich, bevor Sie sie aufnehmen. Nutzen Sie auch SPRACHE UND STIL „Satzanfänge zur Formulierung Ihrer Nachricht".

Konfliktmanagement betreiben – Ich-Botschaften nach Thomas Gordon

SPRACHE UND STIL | **Satzanfänge zur Formulierung Ihrer Sprachnachricht**

Die konfrontative Ich-Botschaft nach Thomas Gordon sagt aus, dass ...

Dabei wird von ... gesprochen.

Sie ... besagt, dass ...

Nach Thomas Gordon ...

An deiner Stelle würde ich ...

Daher würde ich dir empfehlen ...

Hilfreich ist ...

Weiterhin möchte ich dir sagen, dass ...

Dazu kommt, dass ...

Ein weiterer Tipp ist ...

Weiterhin ...

Zudem ...

Ich möchte dir deshalb sagen, dass ...

Ich schlage dir deshalb vor ...

Ein Tipp von mir ist daher ...

Ein anderes Beispiel ist ...

Ich empfehle dir ...

13 Stellen Sie die Situation, die Sami beschreibt, szenisch nach.

a) Zeigen Sie, wie Frau Mayer auf Samis bisherige Antwort reagieren könnte. Beachten Sie dabei auch die nonverbale und paraverbale Kommunikation.

b) Spielen Sie die Szene erneut nach, doch nun so, dass Sami alle Tipps beherzigt und die Ich-Sprache (Ich-Botschaft) verwendet. Wie könnte Frau Mayer nun reagieren? Beachten Sie auch hier die nonverbale und paraverbale Kommunikation.

Lernbilanz: Sie können ...

- das Kommunikationsmodell nach Friedemann Schulz von Thun anwenden.
- erklären, dass nach Friedemann Schulz von Thun Kommunikation auf vier Ebenen geschieht.
- die vier Botschaften einer Äußerung sowohl auf der Sender- als auch auf der Empfängerseite beschreiben – also insgesamt acht Botschaften.
- die versteckten Botschaften der jeweiligen Ebenen erkennen und diese den verschiedenen Ebenen auf der Sender- und Empfängerseite zuordnen.
- mithilfe des Kommunikationsmodells von Friedemann Schulz von Thun Aussagen und Verhalten analysieren.
- nachvollziehen, dass die Qualität der Kommunikation sowohl in der Verantwortung des Senders als auch in der des Empfängers liegt.
- Konfliktsituationen erkennen und ihre Ursachen analysieren.
- angemessen in Konfliktsituationen reagieren, z.B., indem Sie auf der Ebene der Selbstkundgabe kommunizieren.
- die konfrontative Ich-Botschaft nach Thomas Gordon zur Lösung und Vermeidung von Konflikten nutzen.
- Ich-Botschaften im schulischen, privaten und beruflichen Alltag anwenden.

Die Lernsituation umsetzen: Konfliktsituationen im Alltag begegnen

Dank des Wissens über das Kommunikationsmodell nach Friedemann Schulz von Thun und der konfrontativen Ich-Botschaft nach Thomas Gordon weiß nun auch Sami, wie er Aussagen und Verhalten von anderen Menschen analysieren und Konflikte lösen bzw. vermeiden kann – in privaten, schulischen und auch in beruflichen Situationen.

Sami ist ganz nervös, denn offenbar ist auch seiner Praxisanleitung aufgefallen, dass Sami einen Fortschritt diesbezüglich gemacht hat. Sami schickt Ihnen eine Nachricht:

Meine Stationsleitung hat mir zurückgemeldet, dass ich mich in meinem Umgang mit anderen zum Positiven verbessert habe. Ich sagte ihr dann, dass ich gute Tipps erhalten habe. Sie war sehr interessiert und sagte dann: „Das interessiert mich jetzt aber und die anderen bestimmt auch. Du darfst dein neues Wissen gerne in der Teambesprechung vorstellen – vielleicht mit einem Lernvideo für alle?“

Kannst du mir dabei helfen?

1 Erstellen Sie ein Lernvideo zum Thema „Das Kommunikationsmodell nach Friedemann Schulz von Thun“. Nutzen Sie zur Hilfe die Lernbilanz (↗ S. 40) und verwenden Sie neben Samis Beispiel ein weiteres Beispiel zur Veranschaulichung der Thematik.

2 Erstellen Sie ein Lernvideo zum Thema „Die konfrontative Ich-Botschaft nach Thomas Gordon“. Nutzen Sie zur Hilfe die Lernbilanz (↗ S. 40) und verwenden Sie neben Samis Beispiel ein weiteres Beispiel zur Veranschaulichung der Thematik.

Kapitel 3

Referate und Vorträge präsentieren

Referate oder Vorträge zu halten, ist Alltag im schulischen Kontext. Ziel einer Präsentation ist es, in einer bestimmten Zeit Informationen zu einem bestimmten Thema an eine Zuhörerschaft zu vermitteln.
In diesem Kapitel werden Werkzeuge vorgestellt, die dabei helfen, eine Präsentation angemessen vorzubereiten und zu organisieren. Ziel ist es, Vorträge und Präsentationen zu gestalten, die einen Mehrwert schaffen – sowohl für die vortragenden Personen als auch für die Zuhörer/-innen.

Kompetenzen

- ✓ unterschiedliche Kommunikationsformen gestalten und in unterschiedlichen Rollen situationsangemessen und adressatengerecht handeln
- ✓ Einstellungen und Erwartungen der Zuhörer/-innen und Gesprächspartner/-innen berücksichtigen
- ✓ funktionale Medien auswählen
- ✓ Präsentationen planen und halten

Methoden und Arbeitstechniken

- ✓ Präsentation
- ✓ Brainstorming
- ✓ Partnerdiskussion
- ✓ Stichwortzettel
- ✓ Feedback

Lernsituation: Ein Referat gestalten

Mimo hat ein 4-wöchiges Praktikum im örtlichen Krankenhaus erfolgreich absolviert. Er ist der Einzige aus seiner Klasse, der das Praktikum in diesem Krankenhaus gemacht hat. Seine Aufgabe ist es jetzt, den Praktikumsbetrieb und seine Tätigkeiten im Praktikum in einem Referat vorzustellen. Das Referat soll vor der Klasse gehalten werden.

Nach der Unterrichtsstunde und all den Informationen, die Mimo von seiner Klassenlehrerin erhalten hat, schwirren ihm viele Fragen durch den Kopf:

Wie plane ich mein Referat?

Wie kann ich das Referat inhaltlich strukturieren?

Welche Hilfsmittel brauche ich?

Wie erreiche ich mein Publikum?

Welche Medien kann ich nutzen?

Sie merken, dass Mimo großen Unterstützungsbedarf hat, und versprechen, ihm zu helfen, seine Präsentation zu erarbeiten.

So können Sie vorgehen

Schritt 1 Arbeitsschritte festlegen und einen Zeitplan erstellen
Schritt 2 das Referat inhaltlich strukturieren
Schritt 3 geeignete Präsentationsmedien finden
Schritt 4 den Vortrag vorbereiten

Eine Präsentation planen

Eine Präsentation muss sorgfältig geplant werden. In diesem ersten Arbeitsschritt werden Thema und Zielpublikum festgelegt und das Informationsmaterial zusammengetragen.

1 Lesen Sie erneut Mimos Fragen auf S. 43. Sammeln Sie in einem Brainstorming erste Gedanken dazu und notieren Sie diese stichpunktartig.

Die folgende Tabelle hat Mimo von seiner Klassenlehrerin erhalten. Seine Aufgabe ist es, die Arbeitsschritte seiner eigenen Präsentation zu organisieren. Er hat diese Struktur für seine Planung bisher zum Teil genutzt:

MUSTER Mimos Plan

Arbeitsschritt	Erklärung	Mimos Norizen
1. Thema festlegen	Was ist das Thema Ihrer Präsentation? Die Nennung des Themas erweckt eine gewisse Erwartungshaltung bei der Zuhörerschaft.	*Mein Thema lautet: „Vorstellung meines Praktikums als Gesundheits- und Krankenpfleger im Praktikumsbetrieb Krankenhaus."*
2. Zielgruppe bestimmen	Wer ist Ihr Publikum? Es macht einen großen Unterschied, ob die Zuhörenden Vorwissen mitbringen oder zum ersten Mal mit dem Thema in Berührung kommen.	*Die Präsentation halte ich vor [...]* *Die Zuhörerschaft verfügt über (kein) Vorwissen zum Thema, deshalb [...]* *Die Zuhörerschaft erwartet [...]*
3. Informationen einholen	Welche Informationen benötigen Sie? Recherchieren Sie, wenn nötig, im Internet, in Bibliotheken usw. Fachartikel, Fachzeitschriften und Fachbücher sind nützliche Quellen. Wichtig ist die Überprüfung der genutzten Quellen: Sind sie zuverlässig, nachvollziehbar und beweiskräftig? Es werden so viele Informationen gesammelt wie möglich, auch wenn später nicht alle genutzt werden.	*Ich habe mir während des Praktikums Notizen gemacht. Ich werde mich auf der Internetseite des Krankenhauses informieren und werde zudem einen Termin mit meiner Praxisanleitung vereinbaren. Sie wird mir weiteres Informationsmaterial zur Verfügung stellen und auch medizinische Werkzeuge, die ich dann während meines Vortrags zeigen kann.*
4. Informationen sortieren	Welche Informationen präsentieren Sie? Die gesammelten Informationen werden gesichtet und geordnet. Unwichtiges wird aussortiert. Die für die Präsentation relevanten Informationen sollten schriftlich festgehalten werden. So entsteht bereits eine grobe Gliederung. Denken Sie daran, alle Quellen anzugeben.	*Mir ist aufgefallen, wie viele Informationen man zu einem Thema finden kann: die Informationen dazu, wie ich Arzt werden kann, habe ich aussortiert – das würde wahrscheinlich zu weit gehen und den Rahmen sprengen.*

2 Was muss Mimo für den Arbeitsschritt 2 beachten? Schreiben Sie die Satzanfänge aus der Tabelle ab und vervollständigen Sie sie. Nutzen Sie die Informationen von S. 43.

3 Fassen Sie mündlich zusammen, was bei der Planung einer Präsentation zu beachten ist.

Eine Präsentation planen

Mimo hat sich während des Praktikums Notizen gemacht, die er nun für sein Referat nutzen will.

Mimos Praktikumsnotizen

1. Mein Praktikumsbetrieb

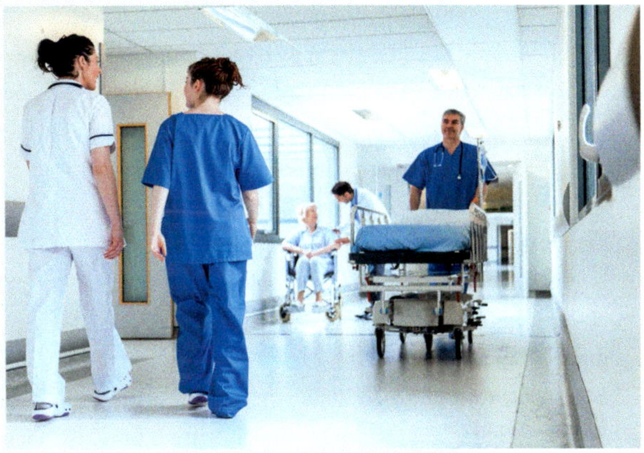

Das Krankenhaus, in dem ich das Praktikum gemacht habe, heißt „Das städtische Krankenhaus“ und besteht aus mehreren Bereichen: die Klinik für Geburtshilfe, die Klinik für Allgemeine Medizin, einer Orthopädie und Unfallchirurgie, und zuletzt die Klinik für Innere Medizin. In dem Krankenhaus arbeiten pro Bereich drei Chefärztinnen bzw. Chefärzte, zwei Stationsleitungen und bis zu zehn Kranken- und Gesundheitspfleger plus Praktikanten. Das Krankenhaus ist rund um die Uhr geöffnet und die dort arbeitenden Menschen arbeiten im Schichtdienst. Natürlich hat jeder Bereich auch seine Behandlungs- und OP-Räume. In der Klinik für Geburtshilfe werden die Räume, in denen die Kinder geboren werden, Kreißsäle genannt. Zudem gibt es pro Bereich Büros für die Verwaltungsarbeiten und auch die Büros der Chefärzte und Chefärztinnen. Die Kranken- und Gesundheitspflegenden teilen sich pro Bereich einen großen Umkleideraum und einen Pausenraum. Die Patientenzimmer sind unterschiedlich groß – es gibt Zimmer mit nur einem Bett und Zimmer mit maximal vier Betten. Das Krankenhaus verfügt über eine große Küche im Keller, in der das Essen für die Patienten zubereitet wird. Zusätzlich gibt es eine Cafeteria, die auch für Besucher zugänglich ist. Diese befindet sich direkt am Eingang des Krankenhauses neben dem großen Empfang und dem Warteraum für Patienten. Damit die Betten immer frisch bezogen werden können, gibt es außerdem eine große Wäscherei. Nicht zu vergessen sind die vielen Krankenwagen, die die Notfallpatienten über den Hintereingang des Krankenhauses einliefern. Hier helfen neben Ärzten, Ärztinnen und Gesundheits- und Krankenpflegern auch Notfallsanitäter aus. Es arbeiten natürlich auch Reinigungskräfte und Hausmeister in dem Krankenhaus.

2. Persönliche und fachliche Voraussetzungen für den Beruf eines Gesundheits- und Krankenpflegers

Um diese Ausbildung anzutreten, braucht man einen mittleren Schulabschluss. Außerdem sind bestimmte Fähigkeiten erforderlich, wie z. B. Einsatz- und Leistungsbereitschaft, Sorgfalt, Verantwortungsbewusstsein und auch die Bereitschaft, Verantwortung zu übernehmen, Entscheidungsfähigkeit, selbstständiges Arbeiten, Verschwiegenheit, psychische und physische Stabilität und Belastbarkeit, Kontaktfähigkeit, Empathie, Freundlichkeit und Durchsetzungsvermögen. Man sollte weiterhin folgende Kenntnisse und Fertigkeiten besitzen: mündliches und schriftliches Ausdrucksvermögen und Textverständnis. Körperlich sollte man fit sein und keine gesundheitlichen Einschränkungen haben.

3. Aufgabengebiete eines Gesundheits- und Krankenpflegers

Die Aufgaben bei der Gesundheits- und Krankenpflege sind das Betreuen und Versorgen von kranken und pflegebedürftigen Menschen. Das Pflegepersonal assistiert den Fachärzten bei Untersuchungen und Behandlungen, dokumentiert Patientendaten und beobachtet den Gesundheitszustand von Patienten und Patientinnen. Auch Organisations- und Verwaltungsaufgaben werden vom Pflegepersonal erledigt.

4. Der Ablauf der Ausbildung

Die klassische Ausbildung besteht aus einer Kombination von theoretischem Unterricht, der an einem Berufskolleg bzw. einer Krankenpflegeschule stattfindet, und praktischem Unterricht im Krankenhaus. Mit praktischem Unterricht ist die praktische Arbeit im Krankenhaus gemeint. Insgesamt dauert die Ausbildung drei Jahre in Vollzeit. Weiterhin ist es auch möglich, eine Teilzeitausbildung zu machen, die dann vier oder teilweise fünf Jahre dauert.

5. Der Verdienst während und nach der Ausbildung

Während der Ausbildung verdient man nach tariflichen Vereinbarungen des öffentlichen Dienstes brutto monatlich folgende Summen: im ersten Ausbildungsjahr 1.141 €, im zweiten Ausbildungsjahr 1.202 € und im dritten Ausbildungsjahr 1.303 €. Nach der Ausbildung beträgt das Einkommen monatlich nach tariflicher Bruttogrundvergütung im Tarifbereich „Öffentlicher Dienst“ ca. 2.796 € bis 3.297 €.

Mit „brutto“ ist gemeint, dass von dem, was man monatlich verdient, Steuern und Kosten für die Sozialversicherung (Krankenversicherung, Rentenversicherung, Arbeitslosenversicherung) abgezogen werden, die abhängig von der jeweiligen Steuerklasse der verdienenden Person sind.

6. Weitere Perspektiven nach der Ausbildung

Nach der Ausbildung gibt es verschiedene Möglichkeiten, sich im Pflegeberuf weiterzubilden. Dazu gehören z. B.:

- Aufstiegsweiterbildungen, um beruflich weiterzukommen und eventuell Führungspositionen zu übernehmen, z. B. als Fachwirt/-in im Gesundheits- und Sozialwesen, und
- ein Studium für weitere Chancen in Bezug auf Karriere und Beruf, z. B. ein Bachelorabschluss im Studienfach Pflegemanagement.

Weitere Informationen findet man im Internet auf den Seiten von Arbeitsagenturen.

7. Tätigkeiten während des Praktikums und Präsentation von medizinischen Werkzeugen

Wenn ich im Krankenhaus ankomme, gehe ich zuerst in den Umkleideraum und ziehe mir aus hygienischen Gründen meine Arbeitskleidung an – so schützen wir die Patienten vor weiteren Krankheiten durch Bakterien, die sich auf unserer Alltagskleidung befinden. Zu Beginn der Schicht sagt mir die Stationsleitung, welche Aufgaben ich für diesen Tag zu erledigen habe. Generell unterstütze ich das Pflegepersonal in seiner Arbeit, bringe den Patienten das Essen, räume die Tabletts wieder weg, helfe bei der Körperpflege, mache die Betten und bereite Zimmer für die nächsten Patienten vor. Manchmal darf ich auch bei Behandlungen und der Dokumentation zusehen, wenn nicht so viel los ist und die Patienten es erlauben. Ich darf täglich Fieber bei den Patienten messen. Die Fiebermessung unter den Achseln ist zwar die ungenaueste Methode, weil es ein Risiko von falschen Messwerten gibt und die Temperatur bis zu zwei Grad von der tatsächlichen Körpertemperatur abweichen kann, aber sie wird aus hygienischen Gründen bevorzugt. Es funktioniert so: Man klemmt den Messfühler, also das Messgerät, mithilfe des Oberarms fest in die Achsel, die Messzeit beträgt dabei mindestens fünf Minuten. Damit ich mir

Achsel (axillar)	Temperatur
Normaltemperatur	35,9 °C - 37,0 °C
Erhöhte Temperatur	37,1 °C - 37,5 °C
Leichtes Fieber	37,6 °C - 38,0 °C
Mäßiges Fieber	38,1 °C - 38,5 °C
Hohes Fieber	38,6 °C - 39,5 °C
Sehr hohes Fieber	39,6 °C - 42,0 °C

merken kann, wann es sich um Fieber handelt, habe ich mir eine Tabelle erstellt – die Informationen dazu habe ich von meiner Stationsleitung erhalten. Für andere Methoden der Fiebermessung gelten andere Werte.

4 Lesen Sie Mimos Notizen. Schlagen Sie Ihnen unbekannte Wörter nach.

5 Halten Sie schriftlich die wichtigsten Informationen aus jedem Abschnitt fest und sortieren Sie diese. Welche Abschnitte sind besonders wichtig für das Referat?

Eine Präsentation strukturieren

Mit Ihrer Hilfe hat Mimo seine Arbeitsschritte organisiert. Ziel ist es nun, die gesammelten und sortierten Informationen auszuwerten und zu gliedern. Eine klare Struktur und ein roter Faden für die Präsentation sorgen dafür, dass man einen Überblick behält und dass die Zuhörerschaft besser folgen kann.

1 Mimo hat eine Reihe von Gliederungspunkten für sein Referat erarbeitet. Bringen Sie diese in eine sinnvolle Reihenfolge.

- Weitere Perspektiven nach der Ausbildung
- Mein Praktikumsbetrieb
- Quellenangaben
- Der Verdienst während und nach der Ausbildung
- Aufgabengebiete eines Gesundheits- und Krankenpflegers
- Meine Tätigkeiten während des Praktikums und Präsentation von medizinischen Werkzeugen
- Persönliche und fachliche Voraussetzungen für den Beruf eines Gesundheits- und Krankenpflegers
- Mein persönliches Fazit zum Praktikum und Ausblick auf meine berufliche Zukunft
- Der Ablauf der Ausbildung

2 Ordnen Sie die Informationen aus Mimos Notizen (S. 45 ff.) den jeweiligen Gliederungspunkten zu.

a) Erstellen Sie eine Tabelle, in die Sie die Gliederungspunkte in der richtigen Reihenfolge festhalten.

b) Ergänzen Sie die Informationen. Nutzen Sie auch Ihr Ergebnis von Aufgabe 2, S. 44.

Gliederungspunkt	Informationen aus Mimos Notizen
Mein Praktikumsbetrieb	
Persönliche und fachliche Voraussetzungen für die Arbeit in der Krankenpflege	

Die Präsentation medienunterstützt gestalten und vortragen

Digitale Präsentationen gestalten

Mimo hat sich entschieden, eine digitale Präsentationsmethode zu nutzen. Sie überlegen, wie Sie Präsentationsfolien gestalten können.

1 Sammeln Sie stichpunktartig Kriterien für eine gelungene digitale Präsentation.

2 Vergleichen Sie Ihre Ergebnisse mit denen Ihrer Lernpartnerin / Ihres Lernpartners. Lesen Sie anschließend gemeinsam GUT ZU WISSEN „Regeln zur Erstellung einer digitalen Präsentation" und ergänzen Sie Ihre Stichpunkte bei Bedarf.

GUT ZU WISSEN — Regeln zur Erstellung einer digitalen Präsentation

Im Fokus sollte der **Inhalt der Präsentation** stehen, erst danach folgt die Konzentration auf die Visualisierung:

- Beschränken Sie sich auf zentrale Aussagen.
- Die Informationen sollten auf einen Blick erfasst werden können – Faustregel: maximal sieben Aussagen auf einer Folie, keine ausformulierten Sätze.
- Bei der **Gestaltung** gilt: Weniger ist mehr. Nutzen Sie schlichte Folien bzw. Vorlagen.
- Nutzen Sie einfache, unauffällige Effekte für das Einwerfen neuer Informationen.
- Achten Sie auf einen ausreichenden Rand und auf Zeilenabstände.
- Arbeiten Sie mit einer gut lesbaren Schriftart wie Arial, Century Gothic oder Times New Roman.
- Behalten Sie eine **Schriftgröße** bei. Die empfohlenen Schriftgrößen sind:
  - Titel: 60 Punkt
  - Untertitel: 24 Punkt
  - Hauptüberschrift: 44 Punkt
  - Zwischenüberschrift: 28 Punkt
  - Fließtext: 24 Punkt
  - Bildunterschrift: 20 Punkt
- Setzen Sie Hervorhebungen (z. B. Farben, Markierungen) nur dann ein, wenn es notwendig ist.
- Für **eingefügte Dateien** gilt:
  - Fügen Sie nur dann Dateien ein, wenn es für den Vortrag sinnvoll erscheint.
  - Textfolien sollten gut lesbar sein.
  - Vermeiden Sie zu viele Fotos und Bilder auf einer Folie – es sei denn, Sie möchten eine Bildcollage zeigen.
  - Neben Zitaten, Bildern und Fotos sind Videos bzw. Filme gut geeignet für einen Einstieg – hier empfiehlt es sich, einen Link in die Präsentation einzufügen, der zum Öffnen der Datei nur noch angeklickt werden muss.
- Beachten Sie Ihre verfügbare Präsentationszeit und bedenken Sie dabei die vorzutragenden Informationen auf einem Stichwortzettel bei der Gestaltung der Präsentation.

3 Nutzen Sie die Tabelle aus Aufgabe 2, S. 47 und erstellen Sie auf dieser Grundlage eine digitale Präsentation.

Mediengestützt präsentieren

Mimo macht sich Gedanken über weitere Medien, mit denen er seine digitale Präsentation ergänzen kann. Die Nutzung jedes einzelnen Mediums hat seine Vor- und Nachteile.

1 **Formulieren Sie die Vor- und Nachteile der einzelnen Präsentationsmedien.**
PowerPoint-Präsentation, Overhead-Projektor, Pinnwand, Flipchart, Plakat, Tafel, Diagramme, Video/CD, Anschauungsmaterial/Gegenstände, Bilder

Medium	Vorteile	Nachteile
PowerPoint-Präsentation		
Overhead-Projektor		
Pinnwand		
Flipchart		
Plakat		
Tafel		
Diagramm		

2 **Tauschen Sie sich mit Ihrer Lernpartnerin / Ihrem Lernpartner über Ihre Erfahrungen mit mediengestützten Präsentationen aus.**

a) Welche waren Ihnen bereits bekannt?
b) Welche Medien haben Sie davon bereits selbst genutzt?

3 **Ergänzen Sie gemeinsam mit Ihrer Lernpartnerin / Ihrem Lernpartner die Tabelle aus Aufgabe 1 mit weiteren Medien und ihren jeweiligen Vor- und Nachteilen.**

4 **Überlegen Sie gemeinsam: Welche Medien könnte Mimo außer der digitalen Präsentation noch für seinen Vortrag nutzen? Formulieren Sie eine Empfehlung für Mimo.**
Ich würde dir empfehlen … Für diesen Gliederungspunkt könntest du …

GUT ZU WISSEN – Mediengestützt präsentieren

Es gibt viele Möglichkeiten, seine Präsentation medial zu unterstützen. Die Gliederung ist hilfreich, um zu entscheiden, welche Medien man für welchen Gliederungspunkt nutzen möchte. Wichtig ist hierbei, die Medienauswahl auf das **Ziel der Präsentation** und auf die **Zielgruppe anzupassen**. Weiterhin muss vorher geprüft werden, ob an dem Ort, an dem vorgetragen wird, die geplanten medialen Möglichkeiten umsetzbar sind.

Eine Auseinandersetzung mit den allgemeinen und technischen Möglichkeiten vor dem Vortrag ist eine Voraussetzung für eine kompetente Umsetzung des Medieneinsatzes.

Zu empfehlen ist eine unterstützende Person für die Bedienung der Medien.

Mediengestützt präsentieren

Mimo hat sich Gedanken zu seiner Medienauswahl gemacht.

Mimos Medienauswahl

Für meinen Einstieg habe ich mir überlegt, dass ich das medizinische Werkzeug für die Beschreibung meiner Tätigkeiten und meine Arbeitskleidung auslege und meinen Mitschüler/-innen sage, dass ich im Laufe des Vortrags noch darauf eingehen werde – das wird bestimmt für Spannung sorgen.
Den Hauptteil gestalte ich mit einer digitalen Präsentation. Die Schule hat dafür alle technischen Möglichkeiten – das habe ich sicherheitshalber noch einmal überprüft. Sena, eine Klassenkameradin, kennt sich gut aus, sie wird mich bei dem Aufbau und der Bedienung der digitalen Geräte unterstützen.
Damit es aber nicht langweilig wird, habe ich das Unterthema „Meine Tätigkeiten während des Praktikums und Präsentation von medizinischen Werkzeugen" auf einer Flipchart formuliert. Hier würde ich eine Tätigkeit beschreiben und den jeweiligen Gegenstand zu der gestalteten Flipchart-Seite zeigen und vorführen. Ich werde das Messen des Fiebers vorführen, wofür ich ein Achselfieberthermometer mitbringen werde. Khaled, ein Klassenkamerad, wird mir dieses dann in die Hand reichen und mich dabei unterstützen. Er hat mir auch erlaubt, seine Temperatur für die Präsentation zu messen, um es einmal vorzuführen. Für diesen Teil der Präsentation werde ich dann auch meine Arbeitskleidung anziehen.

5 Verschaffen Sie sich einen Überblick darüber, welche Medien Mimo für seine jeweiligen Gliederungspunkte nutzen möchte. Erstellen Sie dafür eine Tabelle.

Gliederungspunkt	Medium	Hilfe durch/von
1. Mein Praktikumsbetrieb		
2. Persönliche und fachliche Voraussetzungen für die Arbeit in der Krankenpflege		

Einen Stichwortzettel erstellen und strukturieren

Mimo will zusätzlich zu seiner digitalen Präsentation auch Stichwortzettel erstellen, um sicherer vortragen zu können.

Mimos Fazit und Ausblick

Zusammenfassend kann ich sagen, dass ich im Praktikum viele Erfahrungen sammeln konnte und ein erlebnisreiches Praktikum hinter mich gebracht habe. Ich durfte zwar selbst nicht so viel

Einen Stichwortzettel erstellen und strukturieren

ausprobieren, weil ich nun einmal Praktikant in einem Krankenhaus war und in diesem Beruf Menschenleben auf dem Spiel stehen, aber daraus ziehe ich, wie wichtig den Menschen im Krankenhaus das Leben ihrer Patienten und Patientinnen ist. Durch die Tätigkeiten meiner Kolleginnen und Kollegen im Krankenhaus habe ich sehen können, was in bestimmten Situationen zu tun ist, und habe viel aus diesen Situationen lernen können. Mir hat das Praktikum wirklich sehr gefallen und am liebsten würde ich auch weiterhin täglich diese verantwortungsvolle Arbeit verrichten. Ich sehe mich zukünftig beruflich in genau dieser Rolle und hoffe, dass ich nach Erreichen meines Schulabschlusses eine Ausbildung zum Gesundheits- und Krankenpfleger starten kann – und wer weiß, vielleicht bieten sich in Zukunft ja auch Weiterbildungen oder ein Studium für mich an.

1 **Formulieren Sie einen Stichwortzettel für Mimo.**

a) Halten Sie den Inhalt des Fließtextes in Stichpunkten fest.

b) Gestalten Sie auf einem gesonderten Blatt einen Stichwortzettel.

GUT ZU WISSEN | **Erstellung und Strukturierung eines Stichwortzettels**

Stichwortzettel dienen der vortragenden Person als **Gedächtnisstütze und Wegweiser**. Ein verbindliches Muster für einen Stichwortzettel gibt es nicht. Allgemein sollten der Ablauf und die wesentlichen Inhalte des Vortrags schnell zu erfassen sein. Hilfreich ist es, den freien Vortrag mit Stichwortzetteln zu üben. Es sollte so wenig wie möglich abgelesen und **so frei wie möglich** gesprochen werden.

Folgende **Tipps** können hilfreich sein, um einen Stichwortzettel zu formulieren:

- starkes Papier bzw. Karton verwenden
- Größe der Stichwortzettel maximal DIN A5
- Kärtchen durchnummerieren
- Kärtchen nur einseitig beschriften
- Stichpunkte formulieren
- große Schrift verwenden
- wichtige Aspekte farbig hervorheben
- Symbole, Pfeile und kleine Skizzen verwenden

2 **Vergleichen Sie Ihren Stichwortzettel aus Aufgabe 1 mit dem Ihrer Lernpartnerin / Ihres Lernpartners. Überarbeiten Sie bei Bedarf.**

3 **Erstellen Sie anschließend gemeinsam Stichwortzettel für alle weiteren Gliederungspunkte von Mimos Präsentation.**

1. Mein Praktikumsbetrieb
2. Persönliche und fachliche Voraussetzungen für den Beruf einer Krankenschwester
3. Aufgabengebiete einer Krankenschwester
4. Der Ablauf der Ausbildung
5. Der Verdienst während und nach der Ausbildung
6. Weitere Perspektiven nach der Ausbildung
7. Meine Tätigkeiten während des Praktikums und Präsentation von medizinischen Werkzeugen
8. Mein persönliches Fazit und Ausblick auf meine berufliche Zukunft
9. Quellenangaben

4 **Nennen Sie die Vorteile der Nutzung von Stichwortzetteln im Vergleich zu ausformulierten Texten als Gedankenstütze für eine Präsentation.**

Ich halte es für sinnvoll, einen Stichwortzettel als Stütze für eine Präsentation zu nutzen, weil …

Die Zuhörerschaft erreichen

Nach der Erarbeitung der Präsentation kann Mimo sich nun darauf konzentrieren, wie er es schafft, die Zuhörerschaft zu motivieren, der Präsentation vom Anfang bis zum Ende zu folgen. Vor allem das eigene Auftreten rückt hierbei in den Fokus.

1 Machen Sie ein Brainstorming zu der Frage „Wie kann man die Zuhörer/-innen am besten erreichen und motivieren?".

2 Vergleichen Sie Ihre bisherigen Ergebnisse mit Ihrer Lernpartnerin / Ihrem Lernpartner und stellen Sie die besten Tipps schriftlich zusammen.

3 Stellen Sie Ihre Ergebnisse im Plenum vor.

SPRACHE UND STIL – Formulierungen für eine Präsentation

Es ist hilfreich, sich **im Vorhinein Gedanken darüber zu machen**, wie man seine Sätze formulieren möchte. Dadurch erreicht man auch, dass die Zuhörerschaft keine Möglichkeit hat, sich in kleinen, ungewollten Pausen von anderen Dingen ablenken zu lassen.

Im Folgenden finden Sie eine Tabelle mit **Satzformulierungen** für den Einstieg und den Schluss einer Präsentation.

Einstieg	
Begrüßung	*Ich begrüße Sie herzlich zu meinem Vortrag.* *Hallo, ich freue mich, Sie heute zu meinem Vortrag begrüßen zu dürfen.*
Eigene Vorstellung	*Mein Name ist/lautet ...* *Ich bin / Ich heiße ...*
Einführung in die Thematik und Begründung der Auswahl des Themas	*Das Thema dieses Vortrags lautet: ...* *Diese Präsentation beschäftigt sich mit dem Thema ...* *Ich habe mich für das Thema ... entschieden, weil ...* *Der Grund, weshalb ich mich mit ... beschäftigt habe, ist ...*
Einen Überblick verschaffen	*Um Ihnen einen Überblick zu verschaffen, stelle ich Ihnen zunächst das Inhaltsverzeichnis/die Gliederung vor.* *Der Aufbau des Vortrags sieht wie folgt aus: ...* *Zunächst beschäftigen wir uns mit ... Danach ... Zum Schluss ...*
Schluss	
Zusammenfassung	*Zusammenfassend kann/möchte ich sagen ...*
Schlussfolgerungen	*Abschließend lässt sich sagen ...* *Daraus kann nun geschlossen werden, dass ...* *Das sagt uns ...*
Einen Ausblick geben	*In die Zukunft blickend lässt sich sagen ...* *Für die Zukunft bedeutet es ...*

Die Zuhörerschaft erreichen

Einen Bogen zum Anfang spannen	*Wie bereits am Anfang erwähnt ...* *Wenn wir uns nun wieder den Anfang anschauen, lässt sich sagen ...*
Fragen aus dem Publikum	*Haben Sie Fragen zu diesem Vortrag?* *Nun haben Sie die Möglichkeit, Fragen zu stellen.*
Danksagung	*Vielen Dank für Ihre Aufmerksamkeit.* *Es war mir ein Vergnügen, Ihnen das Thema ... vorzustellen.* *Ich bedanke mich bei Ihnen und sage: Auf Wiedersehen!*

4 Fallen Ihnen weitere Satzformulierungen ein? Übertragen Sie die Tabelle in Ihr Heft und ergänzen Sie sie.

5 Vergleichen Sie Ihre bisherigen Ergebnisse mit Ihrer Lernpartnerin / Ihrem Lernpartner und ergänzen Sie Ihre Tabellen bei Bedarf.

6 Sie haben bereits Stichwortzettel für den Hauptteil von Mimos Präsentation erstellt. Verfassen Sie nun auch Stichwortzettel für den Einstieg und den Schluss.

Ein wichtiges Kriterium, um Zuhörer/-innen dazu zu motivieren, dem Vortrag aufmerksam zu folgen, ist das eigene Auftreten vor der Zuhörerschaft. Mimos Klassenlehrerin hat der gesamten Klasse eine Checkliste und gleichzeitig Feedback-Tabelle für angemessenes Auftreten während einer Präsentation zur Verfügung gestellt.

Checkliste und Feedback-Tabelle: Angemessenes Auftreten während einer Präsentation

Zu beachten	Erwartung	✓	Mein Tipp für dich
Sprache	deutlich		
	verständlich		
	Sprachrichtigkeit, fehlerfrei		
	Frei vorgetragen, ohne ständiges Ablesen (Einsatz von authentischen Satzformulierungen)		
Körperhaltung	locker, entspannt		
	sicher		
	natürlich/authentisch		
Gestik und Mimik	unterstreichen die Aussagen		
	freundlich		
	Blickkontakt		
	natürlich/authentisch		

Die Zuhörerschaft erreichen

7 **Tragen Sie sich gegenseitig die Präsentation zu Mimos Praktikumsbetrieb vor.**

a) Übertragen Sie die Feedback-Tabelle auf einen losen Zettel.

b) Halten Sie während der Präsentation Beobachtungen und Tipps für Ihre Lernpartnerin / Ihren Lernpartner fest.

c) Tauschen Sie die Rollen, damit beide sowohl präsentieren als auch Feedback geben können.

Mimo hat mit Ihrer Hilfe sein Referat vollständig erarbeitet. Abschließend stellt seine Klassenlehrerin ihm und der Klasse eine Checkliste zur Verfügung, die sie zur Vorbereitung des mündlichen Vortrags nutzen dürfen:

CHECKLISTE | Eine Präsentation vorbereiten

- ☑ Ich habe meine Stichwortzettel ein letztes Mal gelesen und Fehler korrigiert.
- ☑ Ich habe meine Stichwortzettel geordnet vorliegen.
- ☑ Ich habe meine digitale Präsentation ein letztes Mal gelesen und Fehler korrigiert.
- ☑ Ich habe geprüft, ob alle technischen Geräte für die Präsentation funktionieren.
- ☑ Ich habe alle Medien, die ich für die Präsentation nutzen möchte, geordnet vorliegen.
- ☑ Ich habe letzte Absprachen mit den mich unterstützenden Personen getroffen.
- ☑ Ich habe mir vor der Präsentation einen Moment für mich genommen, bin eventuell zur Toilette gegangen und habe eventuell einen Schluck Wasser getrunken.

Lernbilanz: Sie können ...

- eine Präsentation planen und strukturieren.
- eine Gliederung erstellen.
- eine Präsentation mit verschiedenen Medien unterstützen.
- Vor- und Nachteile verschiedener Präsentationsmedien aufzeigen.
- eine digitale Präsentation erstellen.
- einen Stichwortzettel erstellen.
- das Publikum zum Zuhören motivieren.
- angemessen auftreten.
- sich gewissenhaft auf eine Präsentation vorbereiten.

Die Lernsituation umsetzen: Ein Referat halten

Sie haben nun Schritt für Schritt Mimos Referat geplant, strukturiert und gestaltet. Ihr Wissen und Ihre Tipps für gutes Präsentieren können Sie nun weitergeben. Was wäre besser dafür geeignet, als dieses Wissen in Form eines eigenen Referats anzuwenden und umzusetzen?

1 Erstellen Sie für Ihr Referat zum Thema „Gutes Präsentieren“ eine Tabelle nach dem Muster auf S. 44.

a) Füllen Sie die ersten beiden Zeilen aus.
b) Erstellen Sie eine Sammlung von Informationen und Materialien zum Thema. Nutzen Sie ggf. auch Ihre eigenen Aufzeichnungen.
c) Sortieren Sie die Informationen anschließend.

2 Werten Sie Ihre Materialsammlung aus.

a) Entwickeln Sie Gliederungspunkte. Ordnen und strukturieren Sie diese, indem Sie sich eine sinnvolle Reihenfolge überlegen.
b) Erstellen Sie eine Tabelle und ordnen Sie die Informationen den einzelnen Gliederungspunkten zu.

Gliederungspunkt	Inhalt der gesammelten Informationen und Materialien

3 Überlegen Sie sich, welche Medien Sie für Ihren Vortrag nutzen möchten. Beachten Sie bei Nutzung einer digitalen Präsentation die Regeln zur Erstellung einer digitalen Präsentation (↗ S. 48 und S. 49).

Gliederungspunkt	Medium	Hilfestellung/Unterstützung

4 Erstellen Sie Stichwortzettel für Ihre Gliederungspunkte. Berücksichtigen Sie dabei die Tipps zur Erstellung und Strukturierung eines Stichwortzettels (↗ S. 51).

5 Ergänzen Sie Ihre Stichwortzettel um passende Formulierungen für den Einstieg und den Schluss (↗ SPRACHE UND STIL, S. 52).

6 Tragen Sie Ihre Präsentation zur Übung einer Lernpartnerin / einem Lernpartner vor und lassen Sie sich ein schriftliches Feedback geben (↗ Feedback-Tabelle, S. 53).

7 Prüfen Sie ein letztes Mal, ob Sie alle Vorbereitungen getroffen haben. Nutzen Sie dafür die Checkliste zur Vorbereitung einer Präsentation (↗ S. 54).

Kapitel 4

Texte verstehen

Lesen zählt wie Schreiben und Rechnen zu den relevanten Kulturtechniken. Warum man einen Text liest, kann sehr unterschiedliche Gründe haben. Für den einen ist es eine Möglichkeit, abzuschalten, in andere Welten abzutauchen, der andere möchte sich informieren.
In diesem Kapitel geht es um Sachtexte. In verschiedenen Lesephasen – vor, während und nach dem Leseprozess – nutzen wir unterschiedliche Strategien. Manchmal geht es darum, eine konkrete Information aus einem Text zu erhalten, dann wieder den ganzen Text zu verstehen und zusammenzufassen. Notizen, Zusammenfassungen, Visualisierungen sind hilfreich, um Wichtiges festzuhalten. Die Reflexion des Gelesenen ist ein elementarer Aspekt des Lesens.

Kompetenzen

- ✓ Methoden der Texterschließung anwenden
- ✓ Verständnisschwierigkeiten beim Verstehen von Texten benennen
- ✓ Inhalte erfassen
- ✓ Texte visualisieren
- ✓ Texte zusammenfassen

Methoden und Arbeitstechniken

- ✓ Lerntagebuch
- ✓ zielorientierte Lesetechniken
- ✓ Fünf-Schritt-Lesemethode
- ✓ Texte markieren
- ✓ Strukturbild
- ✓ Mindmap

Lernsituation: Textverständnis reflektieren

Sie lesen jeden Tag. Vielleicht lesen Sie Tageszeitungen oder informieren sich online über das tägliche Geschehen. Oder Sie lesen Nachrichten in Chats, die Ihre Freundinnen und Freunde Ihnen schicken.
In jedem Text stecken Informationen. In Schule und Alltag ist es wichtig, diese Informationen aus einem Text herausziehen zu können. Gehen Sie beim Lesen nach einer bestimmten Methode vor?
Um zu reflektieren, wie Sie selbst Texte erschließen, und um weitere Methoden kennenzulernen, empfiehlt sich das Führen eines Lerntagebuchs. Füllen Sie dieses nach und nach aus, während Sie sich mit Texten zum Thema „Veränderungen in der Arbeitswelt" auseinandersetzen.

GUT ZU WISSEN **Lerntagebuch**

In einem Lerntagebuch halten Sie Ihre **Gedanken** über Ihre Auseinandersetzung mit dem Lernstoff **schriftlich** fest (digital oder auf Papier) und können so Ihren Lernprozess reflektieren.

Voraussetzung ist, dass Sie **ehrlich** zu sich sind.

Ein Lerntagebuch kann auf verschiedene Art und Weise geführt werden. In Stil und Form sind Sie frei.

Ihre Einträge verfassen Sie **regelmäßig** und möglichst **zeitnah** zum Lernen. So können Sie sich vor Augen führen, was Sie geschafft haben, was gut oder weniger gelungen ist und was der Grund dafür war. Vielleicht haben Sie Ideen entwickelt, wie Sie mit Schwierigkeiten umgehen. Auch das sollten Sie festhalten.

So machen Sie sich Ihre Vorgehensweise und Ihren **Lernprozess bewusst** und können dies dann gegebenenfalls anpassen.

So können Sie vorgehen

Schritt 1 ein Lerntagebuch anlegen
Schritt 2 Texte mithilfe der Fünf-Schritt-Lesemethode erschließen
Schritt 3 wichtige Textpassagen markieren
Schritt 4 Mindmaps und Strukturbilder nutzen, um Informationen zu visualisieren
Schritt 5 Inhaltsangaben schreiben
Schritt 6 Lernerfahrungen im Lerntagebuch festhalten

Lesen – aber wie?

Zielorientiert lesen

Das Lesen und Verstehen von Texten ist ein Prozess, in dem man sich aktiv mit diesen auseinandersetzt. Dies fällt manchmal leicht, bisweilen schwer und kann auch zu einer Herausforderung werden.

1 Tauschen Sie sich über Ihr Leseverhalten mit Ihrer Lernpartnerin / Ihrem Lernpartner aus. Was lesen Sie? Zu welchem Zweck lesen Sie? Welche Medien nutzen Sie dazu?

2 Besprechen Sie mit Ihrer Lernpartnerin / Ihrem Lernpartner, welche Lesetechniken Sie im Alltag nutzen (↗ GUT ZU WISSEN „Zielorientierte Lesetechniken“).

Lesen Sie immer einen kompletten Text, z. B. in einem Online-Lexikon, wenn Sie im Internet nach bestimmten Informationen suchen? Wie lesen Sie Artikel, z. B. in einem Magazin, die Sie interessieren?

GUT ZU WISSEN – Zielorientierte Lesetechniken

Wenn man liest, hat man unterschiedliche Ziele, z. B. sucht man in einem Text nach Details oder man möchte sich einen Gesamtüberblick verschaffen, **je nach Leseabsicht kann man zwischen folgenden Lesetechniken wählen**:

Lesetechnik	Vorgehen	Ziel
Punktuelles/selektives Lesen	Der Text wird nach speziellen Begriffen durchsucht, dabei orientiert man sich an den Überschriften und liest nur relevante Abschnitte gründlich.	Es sollen Detailinformationen gefunden werden.
Diagonales Lesen	Der Text wird überflogen, dabei werden einzelne Passagen, hervorgehobene Textstellen und Überschriften gelesen, Sprünge beim Lesen sind sinnvoll.	Man möchte sich einen Überblick über den Text verschaffen und eine Entscheidung über die weitere Beschäftigung mit dem Text treffen.
Fortlaufendes Lesen	Der Text wird gründlich gelesen, wichtige Stellen werden markiert, Notizen werden gemacht.	Man möchte sich umfassend informieren.
Intensives Lesen	Der Text wird gründlich gelesen. Man konzentriert sich auf die Lösung einer vorgegebenen Aufgabe. Dazu werden Notizen gemacht, es wird markiert und unterstrichen.	Man möchte den gesamten Text vollständig erfassen, um sich ein Urteil über Autoren/Autorinnen und Absichten bilden zu können.

3 Halten Sie im Lerntagebuch (↗ GUT ZU WISSEN „Lerntagebuch“) fest, welche Lesetechniken Sie im Alltag bereits verwenden.

a) Schreiben Sie auf, wann Sie diese verwenden.

b) Notieren Sie, ob diese Lesetechniken Ihnen leichtfallen oder nicht.

Einen Text vollständig erschließen

Die Fünf-Schritt-Lesemethode

Eine gute Methode zur Erschließung eines (auch schwierigen) Textes ist die Fünf-Schritt-Lesemethode.

Arbeitswelt:

Was auf Beschäftigte zukommt

Welche Innovationen werden wichtig in der Arbeitswelt? Eine Studie analysiert und bewertet aktuelle Entwicklungen, die den Arbeitsalltag grundlegend verändern könnten.

von Norbert Malanowski

Die Veränderungen, auf die sich Arbeitnehmerinnen und Arbeitnehmer einstellen müssen, sind enorm: Produktionsprozesse sollen weltweit vernetzt, gleichzeitig nachhaltig sein. Völlig neuartige Werkstoffe kommen zum Einsatz. Es entstehen innovative digitale Dienstleistungen. Mobilität wird neu gedacht. Der Wandel geschieht auf so vielen Ebenen gleichzeitig, dass man leicht den Überblick verlieren kann. Was wird tatsächlich wichtig im Arbeitsalltag, welche Trends müssen weiter beobachtet werden?

Mit diesen Fragen hat sich ein Team um Norbert Malanowski vom VDI Technologiezentrum in Düsseldorf beschäftigt. In dem von der Hans-Böckler-Stiftung geförderten Projekt „Monitoring Innovations- und Technologiepolitik" haben die Wissenschaftlerinnen und Wissenschaftler 15 bedeutsame Innovationen identifiziert. Anschließend haben sie diese Trends gemeinsam mit Fachleuten aus Gewerkschaften, Wirtschaft und Wissenschaft bewertet. Die Analyse soll insbesondere Beteiligten auf Arbeitnehmerseite dazu dienen, Innovationen frühzeitig zu erkennen und im Sinne der Beschäftigten zu gestalten.

Als Entwicklungen, die dringendes oder sehr dringendes Handeln erfordern, betrachten die Forschenden:

1. Digitalisierung personennaher Dienstleistungen

Die Nachfrage nach sogenannten personennahen Dienstleistungen – zum Beispiel in Pflege oder Medizin – wird in den nächsten fünf bis zehn Jahren wachsen. Gleichzeitig dürfte hier ein Digitalisierungsschub nachgeholt werden, der in anderen Bereichen der Wirtschaft bereits stattgefunden hat. Die Bandbreite der möglichen und teils bereits existierenden digitalen Werkzeuge ist groß: von der Kommunikation, der Auswertung von Daten, digitalen Lehrangeboten, der softwaregestützten Planung von Arbeitsprozessen bis hin zur Fernüberwachung von Patientinnen und Patienten. Mit der Nutzung dieser Werkzeuge werden neue Anforderungen an die Mitarbeiterinnen und Mitarbeiter gestellt. Damit muss sich auch die Aus- und Weiterbildung verändern. Der Grad der Professionalisierung könnte steigen – zuungunsten der gering qualifizierten Beschäftigten. Bei einer Reihe von Tätigkeiten dürften Menschen durch Maschinen verdrängt werden.

2. Herausforderungen durch ökologische Transformation

Die Europäische Kommission hat mit dem „European Green Deal" eine neue Strategie für Wirtschaft, Nachhaltigkeit und Beschäftigung in Europa vorgestellt. Ziel ist eine klimaneutrale Wirtschaft bis zum Jahr 2050. Die Wirtschaft soll wachsen, ohne dass dafür immer mehr Ressourcen verbraucht werden. Das birgt Chancen für Unternehmen, die auf neue Technologien setzen. Gerade kleinere und mittelgroße Firmen könnten jedoch überfordert sein. Ihnen drohen Wettbewerbsnachteile sowie hohe finanzielle Belastungen. Einige Unternehmen könnten verschwinden, viele Beschäftigte ihren Arbeitsplatz verlieren. Es braucht bessere staatliche Förderung für kleine und mittlere Unternehmen in bisher wenig innovativen Branchen.

3. Innovationen beim Recycling großer Batterien

Die Aufbereitung von Groß-Batterien für Elektrofahrzeuge und in der Industrie wird in den kommenden

Die Fünf-Schritt-Lesemethode

Jahren große Bedeutung erlangen. Ausgemusterte Fahrzeugbatterien könnten als Speicher für eine private Photovoltaikanlage weiterverwendet werden, da dort eine niedrigere Kapazität ausreicht. Voraussetzung ist die Aufbereitung in speziellen Anlagen, die erst noch errichtet werden müssen. Mit dem Bau einer solchen Anlage in Brandenburg macht BASF einen ersten Schritt in diese Richtung. Ab 2023 sollen hier ausgediente Lithium-Ionen-Batterien recycelt werden. Der Bedarf an Fachkräften für das Batterie-Recycling wird steigen. Beim Umgang mit elektrisch geladenen und daher brandgefährlichen Produkten sowie Chemikalien wird Arbeitsschutz ein zentrales Thema.

4. Verarbeitung von Kohlendioxid als Brückentechnologie

Wie sich der Ausstoß von Treibhausgasen reduzieren lässt, ist eine der am meisten diskutierten Fragen in Gesellschaft, Politik und Wissenschaft. An erster Stelle steht die Vermeidung von Emissionen. Daneben ist es aber auch möglich, bereits ausgestoßene Treibhausgase zu kompensieren beziehungsweise der Atmosphäre zu entziehen. Ein – nicht unumstrittener – Vorschlag sieht vor, Kohlendioxid schon im Zuge der Freisetzung abzuspalten und unterirdisch einzulagern oder in folgenden industriellen Prozessen weiterzuverarbeiten. In Deutschland laufen dazu bisher lediglich Versuche. Die Technologien dazu sind überwiegend an Kohlekraftwerken angesiedelt und damit bei den Unternehmen, die am stärksten von Transformationsprozessen betroffen sein werden. Soll die Speicherung und Umwandlung von Kohlendioxid ausgeweitet werden, müssen die Beschäftigten der Kraftwerke gezielt fortgebildet werden. Auch in der Herstellung von Zement, Stahl und Beton sowie in der chemischen Industrie benötigen Beschäftigte Kenntnisse darüber, wie sich Kohlendioxid „auffangen" lässt. Auf diese Weise können Arbeitsplätze erhalten oder sogar neu geschaffen werden.

5. Arbeitserleichterung durch Spracherkennung

Spracherkennung ist inzwischen technisch weit fortgeschritten. Auch am Arbeitsplatz könnte sie künftig verstärkt zum Einsatz kommen und die Interaktion mit Maschinen erleichtern. Naheliegend ist der Einsatz im Büro, wenn Sprache in Text übersetzt werden soll. Bei der Dokumentation oder Protokollierung lässt sich Zeit sparen. Bereits heute kommt in manchen Callcentern eine besondere Software zum Einsatz, die Gespräche mithört, analysiert und beeinflusst. Sie überprüft in Echtzeit, welche Worte gesprochen werden, und unterstützt das Personal mit Vorschlägen, wie das Gespräch weitergeführt werden sollte. Auch in der Industrie sind sprachgesteuerte Prozesse denkbar. Zum einen müssen die Beschäftigten im Umgang mit Spracherkennung und Künstlicher Intelligenz weitergebildet werden. Zum anderen können digitale Assistenten, die ständig empfangsbereit sind und potenziell zuhören, erhebliche Probleme beim Datenschutz verursachen. Beschäftigte müssen vor unberechtigter Kontrolle geschützt werden.

6. Software durch Modulbausteine („Low Code")

Die Entwicklung von Software war früher die Aufgabe von Programmierern. Inzwischen existieren Plattformen, die es ermöglichen, Software beziehungsweise Apps fast ohne Programmierung zu erzeugen. Das Verfahren nennt sich „Low Code". Es greift zurück auf modular vorhandene Bausteine, aus denen sich maßgeschneiderte Anwendungen schnell und kostengünstig zusammensetzen lassen. Low Code könnte die Digitalisierung der deutschen Wirtschaft erheblich beschleunigen. Vor allem die Arbeitgeber sehen darin ein großes Potenzial. Auch Arbeitnehmerinnen und Arbeitnehmer, die bisher keine IT-Fachkenntnisse hatten, könnten eine gestaltende Rolle einnehmen.

Die Fünf-Schritt-Lesemethode

Allerdings gibt es Risiken: So wird der Schulungsaufwand trotz Einfachheit des Low-Code-Ansatzes manchmal unterschätzt. Zudem steigt die Abhängigkeit von Anbietern wie Google, Microsoft oder der Siemens-Tochter Mendix.

Unter Beobachtung

Neben den als dringlich und sehr dringlich eingeschätzten Entwicklungen arbeiten die Forschenden in ihrer Studie weitere Themen heraus, die sie als „beobachtenswert" einstufen. Dabei geht es unter anderem um den „Durchbruch des Supermaterials Graphen", bioelektronische Anwendungen in der Medizin, digitales Hygienemanagement im Lebensmittelhandel oder alternative Materialien in der Bauwirtschaft wie Carbonbeton.

(www.boeckler.de)

1 Erschließen Sie den Text mit der Fünf-Schritt-Lesemethode (↗ GUT ZU WISSEN „Die Fünf-Schritt-Lesemethode").

a) **Schritt 1:** Überfliegen Sie den Text und halten Sie grundsätzliche Informationen (Verfasser/-in, Thema, ...) fest.

b) **Schritt 2:** Formulieren Sie Fragen zum Text.
Welche Entwicklungen gibt es auf dem Arbeitsmarkt?
Welche Folgen haben diese Entwicklungen?

c) **Schritt 3:** Lesen Sie den Text nun genau. Versuchen Sie dabei, Ihre Fragen (vgl. Schritt 2) zu beantworten. Notieren Sie Stichworte zu wichtigen Textstellen. Klären Sie unbekannte Wörter.

d) **Schritt 4:** Gliedern Sie den Text nach inhaltlichen Aspekten. Finden Sie Zwischenüberschriften.
Sechs Entwicklungen: 1. ...
Notieren Sie die zentralen Aussagen in Ihren eigenen Worten.

e) **Schritt 5:** Geben Sie den Inhalt des gesamten Textes anhand Ihrer Notizen mündlich wieder.

GUT ZU WISSEN – Die Fünf-Schritt-Lesemethode

Wenn man sich Informationen aus einem Text für eine Klassenarbeit oder Prüfung merken oder diese in ein Referat einbauen möchte, kann man die Informationen mithilfe der Fünf-Schritt-Lesemethode in eigene Worte fassen:

Schritt 1 Überfliegen: Man überfliegt den Text zuerst grob und achtet dabei auf Titel, Untertitel, Hervorhebungen, Inhaltsverzeichnis, Autorin oder Autor. So erhält man einen Eindruck von Aufbau und Inhalt des Textes und findet heraus, welche Abschnitte für den eigenen Zweck relevant sind.

Schritt 2 Fragen: Beim ersten Lesen entstandene Fragen werden formuliert. Dies können reine Verständnisfragen sein, sie können sich aber auch auf alle Unklarheiten des Textes beziehen. Gut geeignet sind die W-Fragen.

Schritt 3 Lesen: Der Text wird gründlich gelesen und dabei wird versucht, auf die zuvor formulierten Fragen Antworten zu finden. Zu wichtigen Textstellen sollten Stichworte notiert werden, unbekannte Wörter in einem Wörterbuch nachgeschlagen werden. Schwierige Passagen sollten mehrmals gelesen werden.

Schritt 4 Schreiben: Den Inhalt des Textes abschnittsweise gliedern und Überschriften für die Abschnitte finden. Die zentralen Aussagen des Textes mit eigenen Worten wiedergeben.

Schritt 5 Wiederholen: Der Inhalt des Textes wird anhand der Notizen strukturiert wiedergegeben, Fehlendes wird ergänzt.

2 Tauschen Sie sich mit Ihrer Lernpartnerin / Ihrem Lernpartner aus, wie Sie mit dieser Lesemethode zurechtgekommen sind. Halten Sie Ihre Beobachtungen im Lerntagebuch fest.

Den Inhalt erfassen – visualisieren

Markieren

Um den Inhalt eines Textes zu erfassen, ist es gewinnbringend, wesentliche Inhalte zu markieren.

Das Leben leicht machen

Unser Leben ist zu vollgestopft: mit Gegenständen, mit Aktivitäten, mit überzogenen Selbstansprüchen und Selbstverpflichtungen. All das Zuviel ist eine stetige Quelle von Stress. Den Alltag und den Kopf entrümpeln, das fängt mit einer simplen Frage an: Was ist mir wirklich wichtig?

von Nele Langosch

Christof Herrmann hätte zufrieden sein können. Er hatte einen gut bezahlten Job als Informatiker, lebte in einer schönen Wohnung und in einer glücklichen Beziehung. Doch wenn er morgens und abends im Firmenwagen mit 200 Stundenkilometern über die Autobahn zu einem Kunden raste und wieder zurück, nagte der Zweifel an ihm. War das das Leben, das er sich wünschte? Die Arbeit nahm den größten Teil seiner Tage ein. Doch sie erfüllte ihn nicht. Als Ausgleich ging er shoppen, kaufte Berge an Büchern, CDs und Schallplatten – ohne die Zeit zu finden, sie zu lesen oder die Musik zu hören. Stattdessen wurden die Stapel der Dinge in seinem 2-Zimmer-Apartment immer höher. „Irgendwann ging kaum mehr etwas in die Wohnung hinein", erzählt er.

Um dem stressigen Alltag zu entkommen, flog er mehrmals pro Jahr in die Ferien. Doch die erwartete Erholung blieb aus. „Die Reisen strengten mich an, statt mich glücklich zu machen", sagt Christof Herrmann. Er fühlte sich zunehmend träger, irgendwann sogar „kurz vor dem Burnout". Die Last auf der Seele schlug sich im Gewicht nieder: Früher war er schlank gewesen, doch schon länger ernährte er sich ungesund, aß viele Süßigkeiten und machte kaum Sport. Schließlich zeigte die Waage fast 100 Kilogramm an – ein Schock, der den Mittdreißiger zum Umdenken brachte. „Mein Körper, meine Wohnung, mein ganzes Leben fühlte sich vollgestopft an", erzählt Christof Herrmann. „Es war höchste Zeit, die Reißleine zu ziehen."

Mehr, schneller, weiter: Die Welt um uns herum steckt voller Möglichkeiten. Sie bietet uns ein Leben ganz nach unseren Wünschen: Was wir brauchen oder wonach wir verlangen, ist immerzu erreichbar – genau in diesem Augenblick, nur einen Mausklick entfernt. Wer heute noch im winterlichen Deutschland sitzt, kann sich – sofern Corona nicht wieder einen Strich durch die Rechnung macht – schon morgen in einem fernen Land am Strand sonnen. Das günstigste Flugangebot buchen wir vom Sofa aus und bestellen gleich noch eine Taucherbrille. Wie bequem.

Doch die unendliche Vielfalt des Angebots macht das Leben auch deutlich komplizierter. Denn nicht nur der Konsum lockt: Viele Menschen müssen an mehreren Orten gleichzeitig sein, um alles zu schaffen, was sie sich vornehmen. Aus Angst, etwas zu passen, hetzen sie selbst in Zeiten von Homeoffice von einem Termin zum nächsten. Gleich fängt das Onlineseminar an. Das Telefon zeigt fünf verpasste Anrufe und die Kaffeemaschine verlangt nach einer gründlichen Reinigung. In kurzen Pausen checken sie die Nachrichten, während das Essen auf dem Herd brodelt, jetzt bloß nichts anbrennen lassen!

Das Versprechen, immer überall das Beste auswählen zu können, setzt uns unter Druck. Ständig sind wir aufgefordert, Entscheidungen zu treffen, überall. Gelegenheiten und Verpflichtungen. Das Leben fühlt sich schwer an.

„Das Alltagsgerödel nimmt zu", bestätigt Marcel Hunecke, Professor für allgemeine, Organisations- und Umweltpsychologie an der Fachhochschule Dortmund, der zu nachhaltigen Lebensstilen forscht. „Menschen, die voll im Leben stehen, müssen immer mehr selbst regeln, von der Steuererklärung bis zum IT-Problem." Nicht wenige fühlen sich inzwischen von den Reizen ihrer Umgebung überflutet – und von den Optionen überfordert. Sie sehnen sich nach Einfachheit. […]

Ein Weg, die Komplexität zu reduzieren, ist Minimalismus. Für die irische Soziologin und Publizistin

Markieren

Mary Conroy bedeutet der Begriff viel mehr als den Verzicht auf Besitz, mit dem er vor allem verbunden wird. Minimalismus stehe dafür, zu erkennen, was für ein sinnerfülltes Leben wirklich wichtig ist – und was bloße Ablenkung.

Entscheidend ist dabei die Frage: Was zählt für mich mehr? Die Zeit mit lieben Menschen würden die meisten wohl als deutlich wertvoller einschätzen als die Gewissheit, einen perfekten Haushalt zu führen. Und innerlich in Balance zu sein, ist in der Regel erstrebenswerter, als jeden Trend und jedes Event mitzumachen. Doch warum leben wir dann nicht so? Irgendwie scheint uns der Blick auf unsere wahren Werte verstellt zu sein. Wie also schaffen wir es, die verdeckten Bedürfnisse wieder klarer zu sehen, das Handeln nach den persönlichen Zielen auszurichten – um dann Kraft, Zeit und Geld in uns selbst zu investieren? […]

Auch Christof Hermann stieß sein materialistischer Lebensstil zunehmend sauer auf. Gemeinsam mit seiner Freundin fasste er den Entschluss, eine Auszeit zu nehmen und mit dem Fahrrad auf Weltreise zu gehen. Kurzerhand kündigten die beiden Jobs und Mietvertrag. Dann räumten sie die Wohnung aus. Nur die wichtigsten Sachen stellten sie bei den Eltern unter. Der Rest wurde verschenkt oder verkauft. „Da habe ich zum ersten Mal gespürt, wie gut es tut, Dinge loszulassen und wegzugeben", erzählt Christof Herrmann. „Das Gefühl, vollgestopft zu sein, wich einer Erleichterung im Körper. Ich hatte plötzlich viel mehr Energie, die Reise zu organisieren." […]

(aus: Psychologie heute, 2022)

1 Legen Sie ein transparentes Blatt über den gesamten Text und markieren Sie wichtige Informationen. Nutzen Sie auch GUT ZU WISSEN „Texte sinnvoll markieren".
Tipp: Orientieren Sie sich an den Markierungen des ersten Abschnitts.

2 Warum haben Sie diese Stellen markiert? Begründen Sie.

3 Mit welcher Art der Markierungen kommen Sie am besten zurecht? Mit welcher weniger? Notieren Sie Ihre Überlegungen in Ihrem Lerntagebuch.

4 Gehen Sie den Text ein zweites Mal durch und ergänzen bzw. entfernen Sie Markierungen.

GUT ZU WISSEN – Texte sinnvoll markieren

Farben und grafische Zeichen helfen, Wichtiges im Text zu markieren.

Farben: Mit farbigen Textmarkern überstreichen Sie Textteile; mit farbigen Stiften unterstreichen Sie Textteile. Schon die Wahl der Farbe kann einen Informationswert haben (z. B. Rot für Wichtiges).

Grafische Zeichen: Die markierten Textteile gewichten die Bedeutung für das Gesamtverständnis, je nachdem ob man Umrahmungen oder Kringel wählt oder nur verschiedene Stricharten beim Unterstreichen.

Symbole als Randmarkierung: Sie helfen dabei, den Text gezielt nachzubearbeiten. Zusätzlich können sie farblich verschieden sein. Beispiele:

- → wichtig
- ! besonders wichtig
- ↓ kritisch, stimme nicht zu
- ? unklar, nicht verstanden
- } gehört zusammen
- ▽ prüfen, weiterrecherchieren

Mindmap

Eine Mindmap oder ein Strukturbild sind hilfreich, um Textinhalte übersichtlich darzustellen.

Kaum Bewerbungen, viele freie Stellen

Corona-Krise verschärft den Nachwuchsmangel bei Fachkräften

von Christian Ebner / Irena Güttel

Wiesbaden/Nürnberg – In deutschen Betrieben und Verwaltungen werden immer weniger Menschen ausgebildet. Auch im zweiten Corona-Jahr 2021 lag die Zahl der neu abgeschlossenen Ausbildungsverträge deutlich unter dem Vorkrisen-Niveau, wie das Statistische Bundesamt auf der Grundlage vorläufiger Zahlen berichtete.

467.100 neue Verträge bedeuteten [...] zwar einen leichten Zuwachs nach dem historischen Tiefstand von 2020 (465.700), aber eben auch weiterhin eine große Lücke zum Niveau aus dem Jahr 2019, als noch 513.300 junge Menschen einen Ausbildungsvertrag unterzeichneten.

Fachkräftebedarf ist riesig

Dabei erscheint der Fachkräftebedarf in einigen Bereichen nahezu unermesslich, etwa wenn es um die konkrete Umsetzung von Klimaschutzmaßnahmen an Gebäuden oder den Ausbau der Erneuerbaren Energien geht. Bereits im Jahr 2025 werden allein für diese Regierungspläne rund 400.000 zusätzliche Fachkräfte benötigt, heißt es in einer aktuellen Studie des Bundesinstituts für Berufsbildung (BIBB). Gefragt seien diverse Bau- und Ausbauberufe, Maschinenbauer und Elektrotechniker, aber auch Fachkräfte für die personalintensivere ökologische Landwirtschaft.

In der alljährlichen BIBB-Hitliste der beliebtesten Ausbildungen lagen aber bei den Männern der klassische Kfz-Mechatroniker und bei den Frauen erstmals die medizinische Fachangestellte ganz vorn. Ebenfalls beliebt sind verschiedene kaufmännische Ausbildungen sowie Ausbildungen zum Fachinformatiker und zum Anlagenmechaniker für Sanitär-, Heizungs- und Klimatechnik.

Insgesamt fällt es den Unternehmen in Deutschland aber immer schwerer, Ausbildungsplätze zu besetzen, wie eine weitere aktuelle Studie zeigt. Bei einer repräsentativen Befragung des Instituts für Arbeitsmarkt- und Berufsforschung (IAB) in Nürnberg gab fast die Hälfte der Betriebe an, dass die Zahl der Bewerbungen zurückgegangen sei. Etwa 40 Prozent berichteten außerdem, dass die Qualität der Bewerbungen abgenommen habe.

Lehrstellen – unerfüllte Ausbildungswünsche

Allein im Handwerk sind nach Angaben des zuständigen Zentralverbands 20.000 Ausbildungsplätze unbesetzt geblieben, wie Handwerkspräsident Hans Peter Wollseifer dem „Handelsblatt“ sagte. „Die Auswirkungen spüren viele von uns bereits im Alltag: Die Wartezeiten auf einen Handwerkstermin sind lang.“ Man müsse kein Prophet sein, um vorauszusehen, dass die vielen zusätzlichen Vorhaben, besonders im Klima- und Umweltschutz, mit dem jetzigen Stamm an Beschäftigten kaum zu schaffen seien. [...]

Problemfeld duale Ausbildung

Die duale Berufsausbildung in Betrieb und Berufsschule sei wichtig, um den Fachkräftebedarf von Betrieben zu sichern, sagte IAB-Direktor Bernd Fitzenberger. „Voraussetzungen hierfür sind zunächst, dass sie die von ihnen angebotenen Ausbildungsplätze besetzen können und die Auszubildenden die Ausbildung erfolgreich abschließen können. Beides hat in der Pandemie deutlich gelitten.“ Den befragten Betrieben zufolge waren Prüfungen verschoben worden oder es war unter Pandemie-Bedingungen schlicht die Zeit zu knapp, um die geforderten Inhalte zu vermitteln.

Mindmap

Grundsätzlich leidet das duale Ausbildungssystem seit Jahren unter der Konkurrenz akademischer Bildungswege und den sinkenden Zahlen bei den Schulabsolventen. Die Zahl der Bewerberinnen und Bewerber auf nicht weniger als 540 verschiedene Berufsbilder ist seit Jahren rückläufig, nachdem es 2008 noch knapp 608.000 Ausbildungsanfänger gab. In der Corona-Krise sind zudem zahlreiche Informationsveranstaltungen an den Schulen sowie Betriebspraktika ausgefallen.

Ein Drittel der Betriebe berichtete der IAB-Studie zufolge, dass es in der Corona-Krise schwieriger gewesen sei, mit potenziellen Bewerberinnen und Bewerbern in Kontakt zu treten. 43 Prozent boten weniger oder gar keine Praktika für Schülerinnen und Schülern an – vor allem die Unternehmen, die besonders unter den wirtschaftlichen Folgen der Pandemie litten.

Viele Betriebe bilden weniger oder gar nicht mehr aus

Laut einer Studie der staatlichen KfW-Bank aus dem vergangenen Sommer haben sich während der Pandemie vor allem Kleinstbetriebe aus der Ausbildung zurückgezogen, während bei den mittleren Unternehmen mit mehr als 50 Beschäftigten die Azubi-Zahlen häufig rückläufig waren. Dabei tragen die kleinen und mittleren Unternehmen (KMU) die Ausbildung in Deutschland mit rund 90 Prozent der angebotenen Plätze. Gleichwohl bilden nur 12 Prozent der KMU tatsächlich selbst aus.

IG Metall-Vorstand Hans-Jürgen Urban sieht die Arbeitgeber in der Verantwortung. Sie machten es sich zu einfach, alles auf die Pandemie zu schieben, erklärte der Gewerkschafter in Frankfurt. „In der Metall- und Elektroindustrie gibt es über 10.000 Auszubildende weniger als im Vorjahr und der Rückgang ist nicht allein der Pandemie geschuldet." Die Arbeitgeber müssten endlich wieder mehr Potenziale heben und mehr Menschen ausbilden. Darüber hinaus müsse die im Koalitionsvertrag verankerte Ausbildungsgarantie schnellstmöglich mit Leben gefüllt werden, um einen weiteren Rückzug vieler Betriebe zu verhindern.

(dpa)

Eine Schülerin hat von dem ersten Abschnitt des Textes bereits eine Mindmap angelegt.

MUSTER

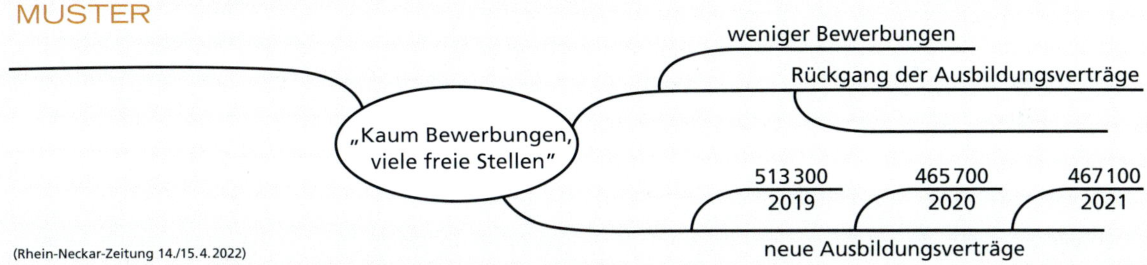

(Rhein-Neckar-Zeitung 14./15.4.2022)

1 Übertragen Sie zunächst die Mindmap in Ihr Heft. Vervollständigen Sie diese anschließend.

a) Ergänzen Sie eine weitere Information zu den neuen Ausbildungsverträgen. Berücksichtigen Sie dabei den Abschnitt „Problemfeld duale Ausbildung".
b) Ergänzen Sie den Hauptast „Rückgang der Ausbildungsverträge".
c) Gehen Sie nun abschnittsweise vor. Legen Sie für weitere Themen neue Hauptäste an.
d) Versehen Sie die Hauptäste mit relevanten Nebenästen.
e) Überprüfen Sie, ob neue Informationen auf bereits bestehenden Ästen festgehalten werden können.

2 Tauschen Sie sich mit einer Lernpartnerin / einem Lernpartner aus. Ergänzen Sie ggf.

Strukturbild

Auch mit einem Strukturbild geben Sie die wesentlichen inhaltlichen Aspekte eines Textes wieder.

1 Ein Schüler hat anhand des Textes „Kaum Bewerbungen, viele freie Stellen" ein Strukturbild angelegt. Für ihn sind die zentralen Inhalte: Rückgang der neuen Ausbildungsverträge – Probleme der dualen Ausbildung – Fachkräftemangel – Appell für die Zukunft.

Vergleichen Sie die Formulierung des zentralen Themas mit der Überschrift des Textes. Welche halten Sie für präziser? Begründen Sie Ihre Meinung.

MUSTER

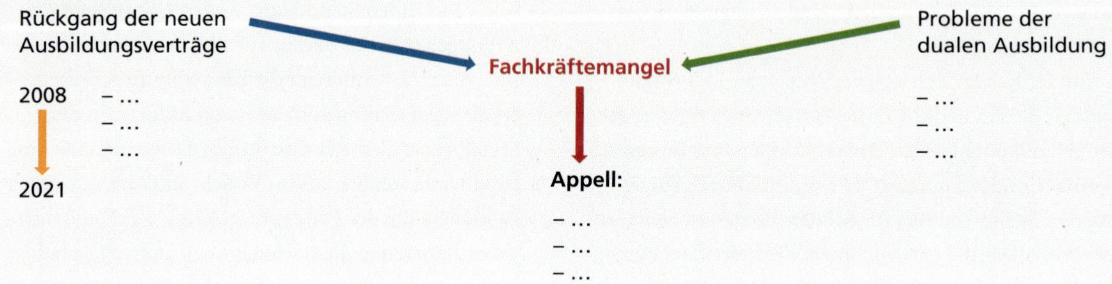

2 Ergänzen Sie fehlende Aspekte. Übertragen Sie dazu das Strukturbild in Ihr Heft.

3 Bei dem vorliegenden Teil des Strukturbildes wurden grafische Elemente benutzt. Welche Funktion erfüllen sie?

4 Ergänzen Sie gegebenenfalls weitere sinnvolle grafische Elemente.

GUT ZU WISSEN – Textinhalte durch eine Mindmap oder ein Strukturbild visualisieren

Eine Mindmap oder ein Strukturbild hilft, Texte auf zentrale Aussagen zu reduzieren und darzustellen, wie diese zusammenhängen.

Mindmap: Das zentrale Thema wird in die Mitte des Blattes geschrieben und eingekreist. Um das Thema herum ordnet man Hauptäste an, auf denen die Hauptaussagen stichwortartig festgehalten werden.

Für jeden neuen Aspekt legt man einen weiteren Ast an.

Zur weiteren Differenzierung dienen Nebenäste, die von den Hauptästen abgehen. Hier hält man die Unterbegriffe fest.

Durch Symbole kann man die Begriffe ergänzen.

Strukturbild: Bei einem Strukturbild kann man die Zusammenhänge zwischen den zentralen Aspekten hervorheben. Pfeile, Umkreisungen oder Symbole können unterstützend genutzt werden. Beachten Sie, dass weniger manchmal mehr sein kann. Bei komplexeren Texten kann es hilfreich sein, mehrere Strukturbilder anzufertigen.

5 Halten Sie in Ihrem Lerntagebuch die Vor- und Nachteile von Mindmaps und Strukturbildern fest.

6 Probieren Sie weitere Visualisierungen aus, z. B. Cluster, Zeitstrahl, …

Den Inhalt erfassen – eine Inhaltsangabe schreiben

Auch eine Inhaltsangabe dient der Ergebnissicherung. Zudem hilft sie anderen, den Inhalt des Textes nachzuvollziehen.

Fika – das kleine Pausen-Glück in Schweden

Für die Skandinavier bietet die Fika-Tradition eine willkommene Unterbrechung des Arbeitstages, um mit Kolleginnen oder Freunden Abstand vom beruflichen Stress zu gewinnen.

Stockholm (dpa) – Ein Deutscher und eine Schwedin gehen in ein Café, um während der Arbeit eine kleine Pause zu machen. Er bestellt Butterkuchen, sie eine Zimtschnecke. Das Getränk dazu ist dasselbe: Kaffee.

Und doch ist in der Regel etwas anders, wenn Schwedinnen und Schweden auf diese Weise für einen Moment innehalten: In regelmäßigen Kaffeepausen während des Arbeitsalltags und in der Freizeit füllen sie nicht nur ihren Koffeinhaushalt auf, sondern auch ihre Glücksreserven – und das hat Tradition im hohen Norden.

Fika nennt sich diese Tradition, die zu Schweden gehört wie Ikea, Abba und Greta Thunberg. Dem schwedischen Wörterbuch zufolge bedeutet dieses kleine Wörtchen heute ganz einfach „Kaffee trinken" oder „Kaffeepause machen". Für die Skandinavier ist die Fika aber viel mehr: Sie bietet eine willkommene Unterbrechung des Arbeitstages, um mit Kolleginnen oder Freunden Abstand vom beruflichen Stress zu gewinnen. Dem einen reicht in diesen Pausen etwas Gebäck, andere gönnen sich eine Zimtschnecke oder gar ein Stück Prinzessinnentorte. Kaum ein Weg führt dagegen an einem vorbei – am Kaffee.

Nun gelten die Menschen im benachbarten Finnland und Dänemark als noch ein Stückchen glücklicher, aber auch die Schweden zählen seit Langem zu den zufriedensten Bevölkerungen der Welt: Nach dem jüngsten Bericht anlässlich des Weltglückstages am 20. März landete Schweden auf Rang sieben, vor Deutschland auf Rang 14. Ob das auch am regelmäßigen Kaffeepäuschen liegen mag?

Tatsächlich sind solche Fika-Pausen den schwedischen Arbeitnehmern vertraglich zugesichert und auch Teil der bezahlten Arbeitszeit, wie Richard Tellström von der Universität Stockholm erzählt. Er gilt als einer der führenden Experten für die schwedische Essenskultur und -geschichte. Die Fika sei eine gemeinschaftliche Arbeitspause, die aus Lohnvereinbarungen mit den schwedischen Gewerkschaften entstanden sei, erzählt er. „Sie erlaubt Leuten, 20 Minuten Pause am Morgen und 20 Minuten Pause am Nachmittag zu machen."

Zu einer fixen Zeit verlassen Schwedinnen und Schweden somit schon seit Jahrzehnten ihren Arbeitsplatz, um miteinander Kaffee zu trinken, über die Arbeit zu sprechen und zu klönen. Anwesenheit ist dabei mehr oder weniger Pflicht. „Wenn du nicht daran teilnimmst, dann machst du dich verdächtig. Wieso willst du nicht mit uns Kaffee trinken? Magst du uns etwa nicht?", sagt der Essensforscher.

Nun gibt es Kaffeepausen auch in Deutschland. Etwas ist bei den Schweden aber anders: „Natürlich trinkt ihr auch in Deutschland Kaffee, wenn ihr Pause habt", sagt Tellström. „Aber ich glaube, dass ihr den Kaffeebecher mit an den Arbeitsplatz oder Computer nehmt. Hier ist das eine besondere, gemeinschaftliche Auszeit."

Und noch etwas unterscheidet sich: Auch der Chef ist in Schweden bei der Fika dabei, um mit seinen Angestellten über gewöhnliche Dinge wie das letzte

Den Inhalt erfassen – eine Inhaltsangabe schreiben

Wochenende, Fußball oder die Pläne für den Sommerurlaub zu sprechen. Hierarchien wie an manchen deutschen Arbeitsplätzen gebe es nicht. „Alle sind auf der gleichen Ebene“, sagt Tellström.

Die Tradition gilt somit als wichtiger Bestandteil der schwedischen Arbeitskultur. „Eine Fika kann wie Zeitverschwendung aussehen, ist aber tatsächlich wichtig, damit Angestellte Informationen über die Arbeit austauschen“, betont Tellström. Dies sei wichtig für die Effizienz, aber auch aus sozialer Hinsicht. „Es gibt dir auch das Gefühl, zu einer Gruppe zu gehören.“ Ob die Fika die Schweden somit glücklicher mache? „Ja, definitiv“, antwortet der Experte. [...] „Das ist besonders in Zeiten wie diesen wirklich sehr nett.“

Nachgefragt bei einem von Schwedens Aushängeschildern: Bei Ikea wird die Fika-Tradition weiter hochgehalten, alle Standorte sind eigens mit bestimmten Fika-Orten für die Mitarbeiterinnen und Mitarbeiter ausgestattet, wie Ikea-Deutschland-Sprecherin Sabine Nold erzählt. In Zeiten von Homeoffice und Corona-Beschränkungen sind die Pausen teils ins Internet verbannt worden, haben ihre Bedeutung für den Konzern aber nicht verloren – ganz einfach, weil

die Fika-Auszeiten nicht nur den Menschen, sondern auch der Arbeit zugutekommen.

„Überall da, wo Menschen eine gute Verbindung zueinander haben und wo sie gut miteinander arbeiten, herrscht ein sehr viel angenehmeres Arbeitsumfeld“, sagt Nold. Die regelmäßige Fika sorge dafür, dass man viel besser zusammenarbeiten und Probleme lösen könne. „Die ganze Arbeitsatmosphäre ist also eine andere. Das macht einen zufriedener, fördert den Zusammenhalt und ich bin fest davon überzeugt, dass es auch bessere Ergebnisse bringt.“

Übrigens: Ein Ikea-Produkt mit dem Namen „Fika“ gibt es noch nicht.

(dpa)

1 **Bearbeiten Sie den Text „Fika – das kleines Pausen-Glück in Schweden“ mithilfe der folgenden Aufgaben.**

a) Klären Sie, wer der Verfasser des Artikels ist.

b) Recherchieren Sie die Bedeutung von dpa.

c) Notieren Sie zunächst stichwortartig Wesentliches aus dem Text. Schlagen Sie unbekannte Wörter nach.

d) Finden Sie passende Zwischenüberschriften zu einzelnen Sinnabschnitten.

2 **Halten Sie die herausgearbeiteten wesentlichen Aussagen des Textes in einer Mindmap fest (↗ GUT ZU WISSEN „Textinhalte durch eine Mindmap und ein Strukturbild visualisieren“).**

3 **Überprüfen Sie die Inhaltsangabe in dem folgenden Muster anhand von ↗ GUT ZU WISSEN „Inhaltsangabe verfassen“. Ergänzen Sie Fehlendes und streichen Sie Unnötiges.**

Den Inhalt erfassen – eine Inhaltsangabe schreiben

Muster Inhaltsangabe

Achtung: Fehler!

Der Text „Fika – das kleine Pausen-Glück in Schweden", veröffentlicht am 18.3.2022 von der Deutschen Presse Agentur (dpa), handelt von der schwedischen Kaffeepause während der Arbeitszeit. Sie ist etwas Besonderes.

Fika heißt „Kaffee trinken, eine Kaffeepause machen" und unterscheidet sich wesentlich von anderen Kaffeepausen. Es ist eine besondere gemeinschaftliche Auszeit während der Arbeitszeit, die zu einer festgelegten Zeit zwar am Arbeitsort, aber nicht am Arbeitsplatz stattfindet. Als Beispiel wird Ikea genannt, das an allen Standorten auch in Deutschland Fika-Orte eingerichtet hat und auch bei Homeofficephasen Fikapausen vorsieht. Und Ikea gehört zu Schweden wie Abba und Greta Thunberg.

4 In einer Inhaltsangabe wird die wörtliche Rede in indirekter Rede wiedergeben. Verschaffen Sie sich einen Überblick über die Regeln auch mithilfe von GUT ZU WISSEN „Indirekte Rede" (↗ Kapitel 10, S. 148).

5 Ab Zeile 38 wechselt der Text von indirekter Rede in die direkte Rede. Schreiben Sie die Sätze heraus und markieren Sie die indirekte Rede.

6 Geben Sie die folgenden Aussagen aus dem Text in der indirekten Rede wieder.
„Eine Fika kann wie Zeitverschwendung aussehen, ist aber tatsächlich wichtig, damit Angestellte Informationen über die Arbeit austauschen", betont Tellström. [...] „Es gibt dir auch das Gefühl, zu einer Gruppe zu gehören." (Z. 67 f.)
„Das ist besonders in Zeiten wie diesen wirklich sehr nett." (Z. 75 f.)
„Überall da, wo Menschen eine gute Verbindung zueinander haben und wo sie gut miteinander arbeiten, herrscht ein sehr viel angenehmeres Arbeitsumfeld", sagt Nold. [...] „Die ganze Arbeitsatmosphäre ist also eine andere. Das macht einen zufriedener, fördert den Zusammenhalt und ich bin fest davon überzeugt, dass es auch bessere Ergebnisse bringt." (Z. 88 ff.)

7 Geben Sie die wichtigsten Aussagen des Artikels „Fika – das kleine Pausen-Glück aus Schweden" in eigenen Worten schriftlich wieder. Nutzen Sie das Muster auf der folgenden Seite.

GUT ZU WISSEN | Inhaltsangabe verfassen

Eine **Inhaltsangabe**, die den Inhalt eines Textes **knapp** und **sachlich** zusammenfasst, besteht aus einer Einleitung, einem Hauptteil und einem Schluss.

Die **Einleitung** der Inhaltsangabe enthält Angaben zur Autorin/zum Autor des Textes, den Titel, die Textsorte, das Erscheinungsdatum und das Publikationsorgan sowie die Thematik des Textes.

Im **Hauptteil** werden die wichtigsten Aussagen sachlich wiedergegeben. Die Reihenfolge der Ereignisse im Text wird meistens in der Inhaltsangabe beibehalten. Der Ort und die Zeit der Handlung sowie die Personen werden genannt, sofern diese Angaben im Text enthalten sind.

Im **Schlussteil** wird ein Fazit formuliert und die Hauptaussagen werden nochmals zusammengefasst.

Die Inhaltsangabe steht im **Präsens**. Wenn Aussagen zu einem Sachverhalt gemacht werden, der zeitlich davor liegt, schreibt man im Perfekt. Zur Wiedergabe von Aussagen wird nicht die direkte, sondern die **indirekte Rede** genutzt. Dazu verwendet man den **Konjunktiv**. In *dass*-Sätzen darf die indirekte Rede auch im Indikativ stehen.

Den Inhalt erfassen – eine Inhaltsangabe schreiben

Muster Beginn Hauptteil einer Inhaltsangabe

Im Artikel werden die Vorteile regelmäßiger, kleiner Kaffeepausen nach schwedischem Vorbild beschrieben. Die sogenannte Fika sei nicht einfach nur eine Pause, sondern trage auch zum Wohlbefinden am Arbeitsplatz bei. Der Artikel stellt die Theorie auf, die Fika sei ein Grund dafür, dass Schwedinnen und Schweden laut Studien zu den glücklichsten Menschen gehören …

8 Verfassen Sie den Schlussteil Ihrer Inhaltsangabe.

Eine Fika ist also …
Der Artikel beschreibt abschließend …
Abschließend wird gesagt …
Es wird resümiert …

9 Verfassen Sie auf Basis Ihrer Notizen nun eine vollständige Inhaltsangabe zum Text „Fika – das kleine Pausen-Glück in Schweden".

10 Korrigieren Sie Ihre Inhaltsangabe mithilfe einer Lernpartnerin / eines Lernpartners. Achten Sie dabei sowohl auf inhaltliche als auch auf formale Fehler.

11 Reflektieren Sie: Was müssen Sie beim Verfassen einer Inhaltsangabe besonders beachten?

a) Halten Sie persönliche Fehlerschwerpunkte in Ihrem Lerntagebuch fest.
z. B. Rechtschreibung, Konjunktiv I, sich kurzfassen …
b) Notieren Sie, wie Sie in Zukunft Fehler vermeiden können.

12 Recherchieren Sie nun selbst einen Text zum Thema „Veränderung in der Arbeitswelt".

a) Bearbeiten Sie diesen mithilfe einer selbstgewählten Methode.
b) Halten Sie im Lerntagebuch fest, ob Ihnen der Umgang mit dem unbekannten Text leicht fiel oder nicht.

Lernbilanz: Sie können …

- sich einen Überblick über Texte verschaffen, indem Sie Lesetechniken anwenden.
- Textinhalte mithilfe der Fünf-Schritt-Lesemethode erfassen.
- verschiedene Markierungen nutzen, um Wichtiges im Text hervorzuheben.
- Informationen aus Texten in einer Mindmap oder einem Strukturbild übersichtlich darstellen.
- eine Inhaltsangabe zu einem Text schreiben.
- Ihren Prozess zum Verstehen von Texten reflektieren.
- selbst geeignete Methoden wählen, um einen Text zu erschließen.

Die Lernsituation umsetzen: Textverständnis reflektieren

Sie haben in Ihrem Lerntagebuch Ihre persönlichen Erfahrungen mit den verschiedenen Methoden zur Texterschließung festgehalten. Reflektieren Sie nun Ihren Lernprozess. Gehen Sie dabei nach folgenden Leitfragen vor.

1 Verschaffen Sie sich zunächst einen Überblick über Ihr Lerntagebuch.

a) Wie haben Sie Ihr Lerntagebuch aufgebaut?
b) Haben Sie Visualisierungsmethoden genutzt? Welche?

2 Bilden Sie nun Kleingruppen.

a) Stellen Sie sich gegenseitig Ihre Lerntagebücher inkl. der verwendeten Visualisierungsmethoden vor.
b) Werten Sie alle Methoden aus und legen gemeinsam eine übersichtliche Tabelle an.

Methode	Vorteile	Nachteile
Zielorientiertes Lesen		
Punktuelles/selektives Lesen		
Diagonales Lesen		
Fortlaufendes Lesen		
Intensives Lesen		
Fünf-Schritt-Lesemethode		
Texte markieren		
Mindmap		
Strukturbild		
Inhaltsangabe		

c) Gibt es eine Methode, die Ihnen allen gefällt? Warum?
d) Kennen Sie weitere Methoden, die Sie anwenden? Recherchieren Sie ggf. im Internet.

3 Finden Sie eine ansprechende Form, Ihre Auswertung zu zeigen. Sie können z. B. einen Gallery Walk (↗ GUT ZU WISSEN „Gallery Walk“) veranstalten.

GUT ZU WISSEN — Gallery Walk

Bei einem Gallery Walk werden zunächst Aufgaben in Teams bearbeitet. Die Ergebnisse werden z. B. in Form von **Plakaten, Fotostorys oder Collagen** festgehalten und anschließend in der Klasse wie in einer **Ausstellung** präsentiert. Jedes Team wählt eine Person, die die Ergebnisse vorstellt und erklärt. Die anderen Teammitglieder wandern von „Ausstellungsstück“ zu „Ausstellungsstück“. Zum Schluss kommen alle Teilnehmenden im Plenum zusammen und **diskutieren über die Ergebnisse**.

Kapitel 5

Schaubilder analysieren

Es gibt Sachinformationen, die nicht in einem fortlaufenden Text vermittelt werden, sondern über Schaubilder und Grafiken. Diese Texte bezeichnet man als diskontinuierliche Texte. Sie dienen dazu, Sachverhalte zu veranschaulichen und komplexe Zusammenhänge verständlich zu machen. Informationen prägen sich so ein und sind leichter wieder abrufbar. Sie lernen verschiedene Arten der Darstellung kennen und sie zu analysieren. Wie andere Textarten müssen auch diskontinuierliche Texte kritisch untersucht werden. Denn man kann Informationen in Schaubildern leicht manipulieren: zum Beispiel Sachverhalte vernachlässigen oder andere wiederum besonders hervorheben.

Kompetenzen

- ✓ die Funktion nichtlinearer Texte erkennen
- ✓ verschiedene Diagramme kennen und analysieren
- ✓ grafische Darstellungen kritisch hinterfragen
- ✓ eine Schaubildanalyse verfassen

Methoden und Arbeitstechniken

- ✓ Think-Pair-Share
- ✓ Umfrage

Lernsituation: Schaubilder erstellen

Das Schuljahr ist inzwischen einige Monate „alt", der Schulalltag ist eingezogen und das Ende der Schulzeit scheint noch weit weg. Dennoch wissen Sie, wie schnell die Zeit vergehen kann. Bald müssen Sie sich für einen Beruf entscheiden. Doch wohin soll Sie der berufliche Weg führen?

Gemeinsam mit Ihrer Klasse informieren Sie sich zum Thema „Berufswelt", um sich auf die Berufswahl vorzubereiten. Bei Ihrer Recherche stößt ein Mitschüler auf einen Artikel, der die bevorzugten Berufe Ihrer Altersgenossen nennt:

Beliebteste Ausbildungsberufe Stand 2021 (Statistisches Bundesamt, 2022)

Rang	Beruf	Anzahl Auszubildende	Prozent
1	Kraftfahrzeugmechatroniker/-in	64.530	5,1
2	Kaufmann/Kauffrau für Büromanagement	60.432	4,8
3	Kaufmann/Kauffrau im Einzelhandel	49.602	4,0
4	Industriekauffrau/-mann	42.831	3,4
5	Elektroniker/-in	42.540	3,4
6	Fachinformatiker/-in	41.820	3,3
7	Medizinische/-r Fachangestellte/-r	38.997	3,1
8	Industriemechaniker/-in	38.748	3,1
9	Verkäufer/-in	37.782	3,0
10	Anlagenmechaniker/-in für Sanität-, Heizungs- und Klimatechnik	31.542	2,5

Aber ist für Sie das Wissen um eine solche Rangliste von Bedeutung? Was können überhaupt Gründe für eine Berufswahl sein? Über welche Aspekte machen Sie sich Gedanken?

Sie beschließen, Ihre Recherche auszuweiten und auch andere zu ihrer Berufswahl zu befragen. Die Auswertung der gewonnenen Daten wollen Sie den Parallelklassen in einer kleinen Ausstellung zur Verfügung stellen und möchten dies auf ansprechende Art und Weise gestalten. Eine Mitschülerin wirft den Begriff „Diagramme" in den Raum als übersichtliche Darstellung von Zahlen und Fakten. Aber welche Diagramme gibt es, wofür eignen sich unterschiedliche Schaubilder und wie werden sie erstellt?

So können Sie vorgehen

Schritt 1 Vorwissen aktivieren
Schritt 2 das Zusammenspiel von Text und Schaubild erkennen
Schritt 3 Diagrammarten kennenlernen und analysieren
Schritt 4 Manipulation durch die grafische Darstellungsform erkennen
Schritt 5 selbst Diagramme erstellen

Das Zusammenspiel von Text und Schaubild erkennen

Schaubilder setzen sich oft aus Symbolen, Textelementen, Bildern und Diagrammen zusammen und bieten den Vorteil, dass sie intuitiv erfasst werden können. Häufig sind sie mit Texten kombiniert.

1 Was wissen Sie bereits über Schaubilder? Tauschen Sie sich mit Ihrer Lernpartnerin / Ihrem Lernpartner darüber aus.

Schaubilder veranschaulichen ... Man findet sie in ...

Arbeit: Beschäftigung im Wandel

von Irene Dingeldey

Immer mehr Menschen in Deutschland sind erwerbstätig. Die Sozial- und Arbeitsmarktpolitik ermöglicht Übergänge zwischen Erwerbsformen, fördert Qualifikationen und gibt Starthilfen zur Selbstständigkeit.

Die große Mehrheit der Menschen in Deutschland ist erwerbstätig, um den Lebensunterhalt zu bestreiten. Arbeit definiert darüber hinaus die soziale und gesellschaftliche Stellung, bietet Möglichkeiten zur Persönlichkeitsentwicklung und Selbstverwirklichung. Die Zahl der Erwerbstätigen in Deutschland stieg in den Jahren 1991 bis 2020 von knapp 39 Millionen auf rund 45 Millionen an, davon sind 47 Prozent Frauen. Gut 33 Millionen Menschen sind sozialversicherungspflichtig beschäftigt, davon 1,7 Millionen verbeamtet, gut vier Millionen selbstständig oder mithelfende Familienangehörige, weitere gut sieben Millionen geringfügig beschäftigt.

Neue Strukturen auf dem Arbeitsmarkt

Die Arbeitslosenquote sank vom Höchststand 13 Prozent im Jahr 2005 auf 5,6 im September 2021. Die positive Entwicklung ging mit massiven Veränderungen am Arbeitsmarkt einher: Nur noch jeder vierte Mensch arbeitet in der Industrie, knapp 75 Prozent aller Erwerbstätigen sind mittlerweile im Dienstleistungssektor beschäftigt, wobei neben der großen

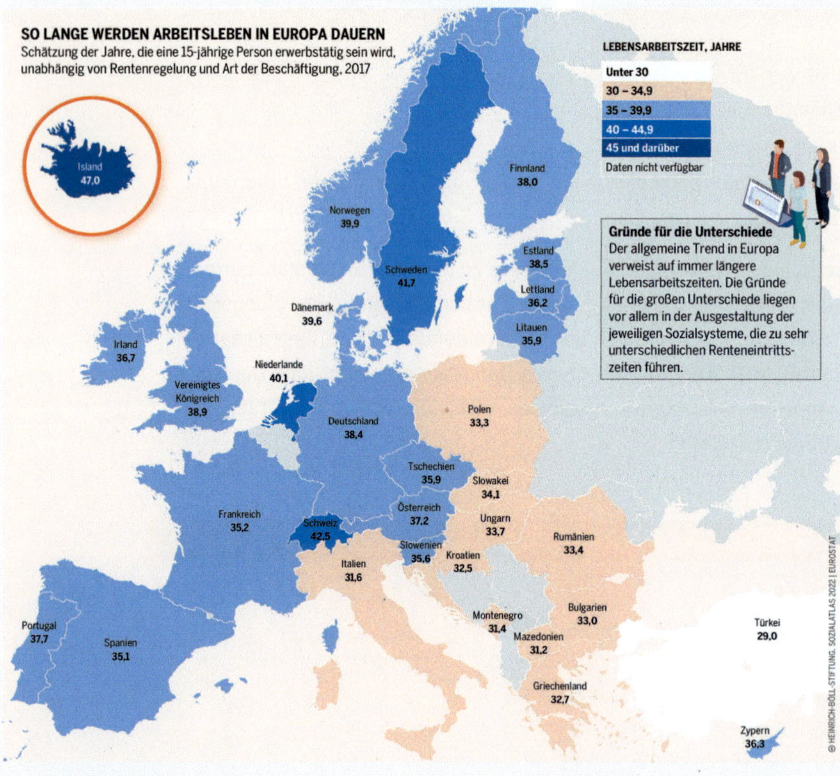

Im EU-Durchschnitt arbeiten Männer 38 und Frauen 33 Jahre, nur in Litauen liegt die Lebensarbeitszeit der Frauen mit 37 Jahren etwas höher als die der Männer.

Das Zusammenspiel von Text und Schaubild erkennen

Nachfrage nach Hochqualifizierten in der IT vor allem soziale und personenbezogene Dienstleistungen expandieren. Auch das hat dazu beigetragen, die Frauenerwerbsquote von 57 Prozent 1991 auf knapp 73 Prozent 2019 zu erhöhen.

Die neuen Strukturen verändern auch die Art und Weise, wie Menschen arbeiten: 2021 war schon jede beziehungsweise jeder fünfte Erwerbstätige „atypisch“ beschäftigt: Fast zehn Millionen Menschen arbeiteten in Teilzeit, davon gut vier Millionen in ausschließlich geringfügiger Beschäftigung. 4,6 Millionen Menschen haben befristete Arbeitsverträge und 780.000 sind bei Zeitarbeitsfirmen angestellt und werden an Unternehmen „ausgeliehen“.

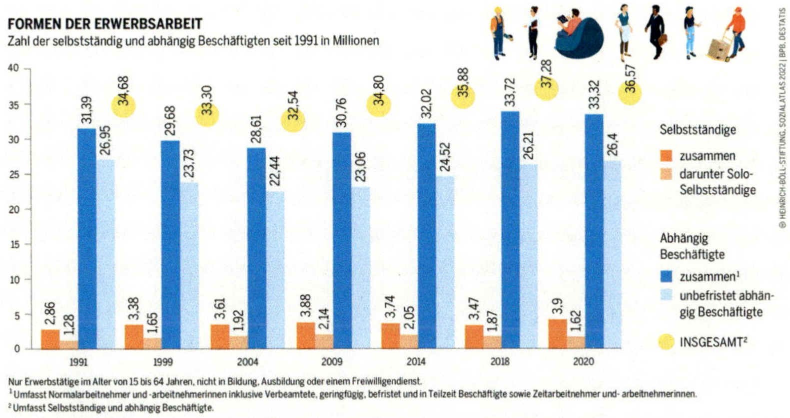

Immer mehr Niedriglöhne

Atypische Beschäftigung ist nicht zwingend Ausdruck eines Problems. Sie wird von einem Teil der Beschäftigten bewusst gewählt, um beispielsweise Familie und Beruf besser miteinander zu vereinbaren. Die sozialen Risiken liegen jedoch in der Unregelmäßigkeit von Arbeitsvolumen und Einkommen, etwa bei Befristungen. Auch das Niedriglohnrisiko in atypischer Beschäftigung erhöht sich. Niedriglohn bedeutet, dass weniger als zwei Drittel des mittleren bundesdeutschen Durchschnittslohns verdient werden […]

Für mehr Gleichberechtigung zwischen den Geschlechtern wäre zudem eine ausgewogenere Verteilung der Erwerbsarbeit anzustreben. Denn Teilzeit und geringfügige Beschäftigung sind in der Mehrheit nach wie vor „Frauensache“, was aufgrund der geminderten Rentenansprüche der Altersarmut von Frauen Vorschub leistet, aber auch ihren Aufstieg in Führungspositionen erschwert.

(www.boell.de)

2 **Bearbeiten Sie die folgenden Fragen nach der Methode Think-Pair-Share.**

a) Erläutern Sie, welche Bedeutung Arbeit für den Menschen hat.

b) Erklären Sie, welche grundlegenden Veränderungen es in dem Zeitraum 2005 bis 2021 auf dem Arbeitsmarkt gab.

c) Untersuchen Sie, welche Folgen sich aus atypischer Beschäftigung ergeben.

d) Tauschen Sie sich über Ihre Ergebnisse mit einer Lernpartnerin / einem Lernpartner aus und stellen Sie Ihre gemeinsamen Erkenntnisse im Plenum vor.

3 **Analysieren Sie die beiden Schaubilder „So lange werden Arbeitsleben in Europa dauern“ und „Formen der Erwerbsarbeit“ auch mithilfe von SPRACHE UND STIL „Schaubilder beschreiben“ (↗ S. 77) unter folgenden Fragestellungen:**

a) Welche Informationen enthalten sie?

b) Welche Funktion erfüllen sie?

4 **Erläutern Sie, welche Funktion die Kombination von Text und Schaubildern hat und wie diese auf Sie wirkt.**

Tipp: Berücksichtigen Sie den Leseanreiz und die Lesbarkeit.

Arten von Schaubildern kennenlernen und analysieren

Je nach Aussage- und Wirkungsabsicht lassen sich Inhalte vielfältig grafisch darstellen. Erste Informationen gibt GUT ZU WISSEN „Datenvisualisierung mit Diagrammen“ (↗ S. 79).

Liniendiagramm

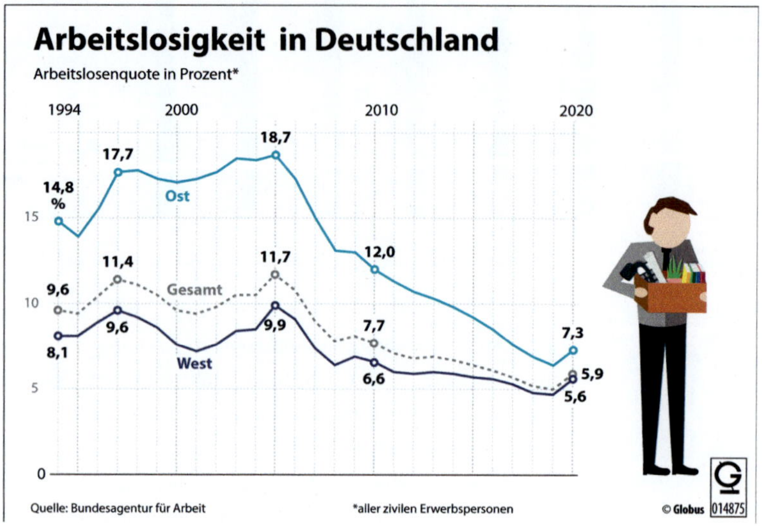

1 **Untersuchen Sie die Liniendiagramme „Arbeitslosigkeit in Deutschland“.**

a) Welche Personengruppe wurde befragt? Wer veröffentlichte die Ergebnisse?

b) Zu welchen Bereichen geben diese Diagramme Auskunft?

c) Formulieren Sie die wichtigsten Aussagen.

d) Diskutieren Sie, welche Vorzüge die gewählte Diagrammart hat.

Balkendiagramm

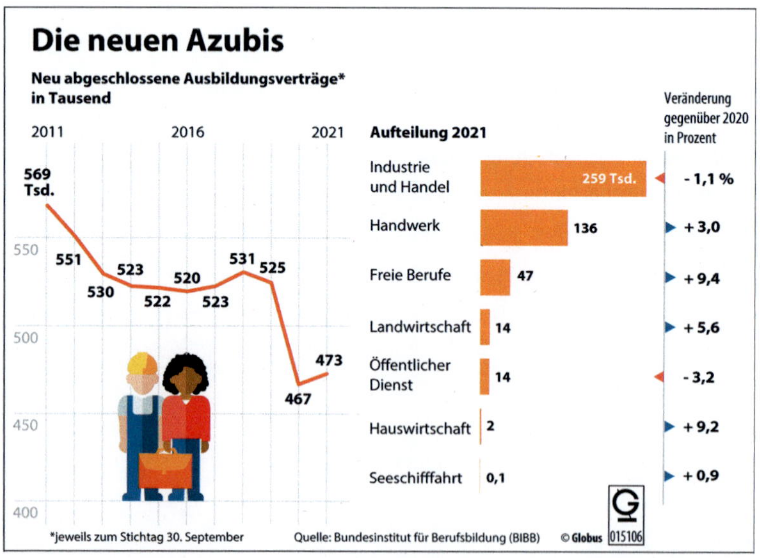

Arten von Schaubildern kennenlernen und analysieren

2 **Untersuchen Sie die Kombination von einem Liniendiagramm und einem Balkendiagramm anhand der Grafik „Die neuen Azubis“.**

a) Formulieren Sie die Aussage des Liniendiagramms. Beachten Sie Höhe- und Tiefpunkte.

b) In welchen beruflichen Bereichen ist eine positive oder negative Entwicklung feststellbar?

c) Diskutieren Sie, welche Vorzüge die Kombination der beiden gewählten Diagrammarten hat.

Säulen- und Kreisdiagramm

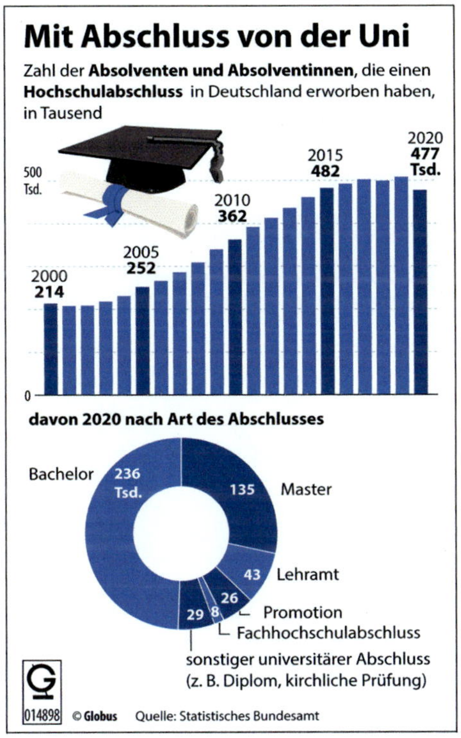

3 **Untersuchen Sie die Kombination von einem Säulen- und einem Kreisdiagramm anhand der Grafik „Mit Abschluss von der Uni“.**

a) Was sagt das Säulendiagramm aus?

b) Welche Funktion hat das Bild im Hintergrund?

c) Welche Schlussfolgerungen ergeben sich aus dem Kreisdiagramm?

d) Diskutieren Sie, welche Vorzüge die Kombination der beiden gewählten Diagrammarten mit sich bringt.

SPRACHE UND STIL – Schaubilder beschreiben

Geben Sie immer die **Quelle** bzw. den **Herausgeber** an.

Die Zahlen legte ... vor.

Das Schaubild stammt aus ... / wurde herausgegeben von ... / basiert auf den Daten von ...

Formulieren Sie das **Thema** knapp.

Das Schaubild zeigt ...

Aus dem Schaubild geht hervor, dass ...

Beschreiben Sie, wie die **grafische Gestaltung** Thema und Hauptaussage des Schaubilds unterstützt.

Die Symbole verdeutlichen ...

Die Auswahl der Farben zeigt, dass ...

Arten von Schaubildern kennenlernen und analysieren

Organigramm

Mithilfe eines Organigramms lässt sich sehr gut die Struktur bzw. der Aufbau eines Unternehmens oder einer Institution darstellen. Bei der Vorbereitung auf ein Bewerbungsgespräch kann es hilfreich sein, sich das Organigramm der jeweiligen Firma anzuschauen. Die folgende Grafik zeigt, wie das Organigramm einer Hochschule aussehen kann.

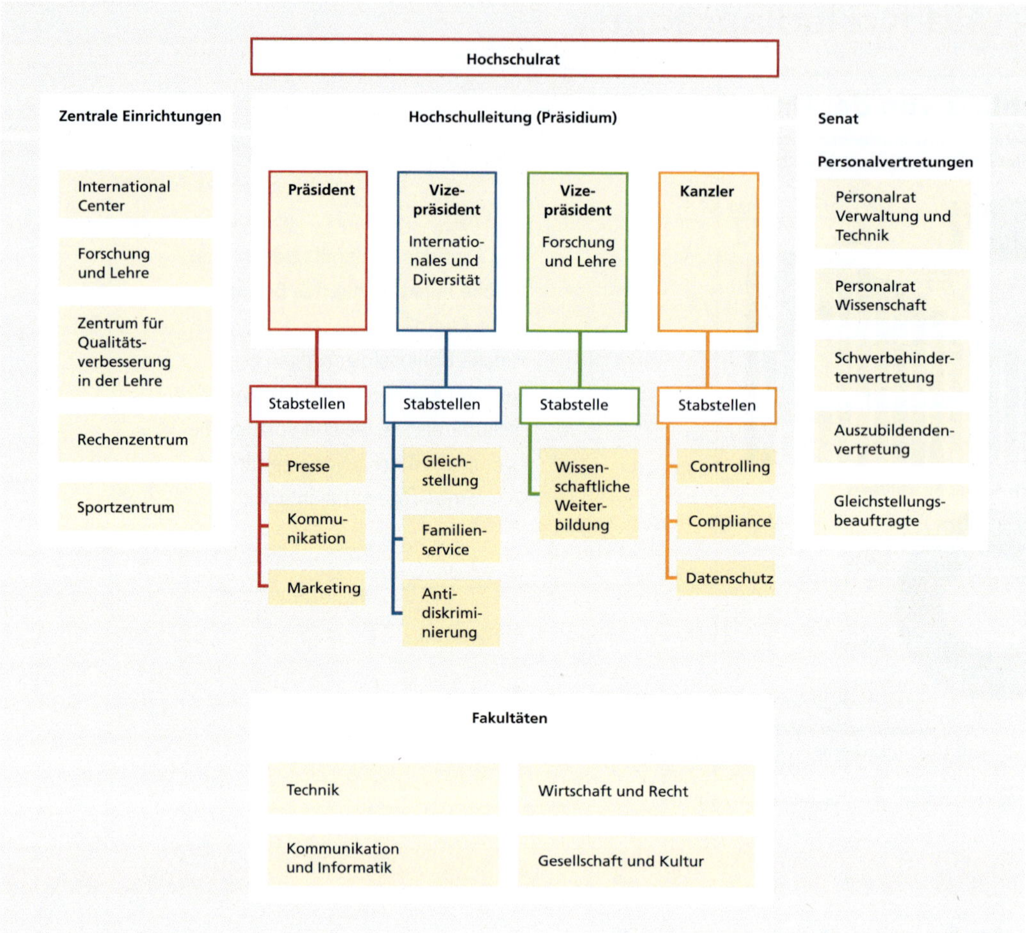

4 Untersuchen Sie das Organigramm.

a) Notieren Sie, welche Hauptaussagen getroffen werden.

b) Zeigen Sie auf, welcher Zweck mit dieser Art der Darstellung verfolgt wird.

Das Organigramm zeigt ...
Auf der obersten Ebene steht ...
... und ... sind nebeneinander angeordnet.
Auf unterster Ebene befinden sich ...

5 Gestalten Sie ein Organigramm für Ihre Klasse.

Wer hat welche Aufgabe?
Wer ist die „Bestimmerin“ / der „Bestimmer“?
...

Arten von Schaubildern kennenlernen und analysieren

GUT ZU WISSEN | **Datenvisualisierung mit Diagrammen**

Schaubilder sind **grafisch gestaltete Informationen** zu einem Sachverhalt. Sie können Bilder, Symbole, Diagramme und Textelemente enthalten, wobei die Wahl der Darstellung von der Aussageabsicht abhängig ist. Diagramme sind eine spezielle Form von Schaubildern.

Kurven-/Liniendiagramm: Es zeigt Entwicklungsverläufe in einem zeitlichen Rahmen.

Säulen-/Balkendiagramm: Es vermittelt einen Eindruck von Größenverhältnissen, die im Vergleich dargestellt werden. Im Balkendiagramm werden Daten durch waagerecht liegende, im Säulendiagramm durch senkrecht stehende Balken dargestellt.

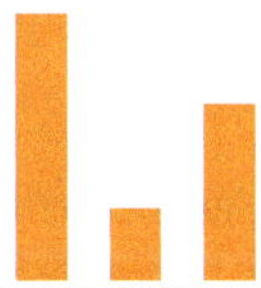

Kreisdiagramm: Es vermittelt Anteilsverhältnisse einer Gesamtheit (100 %); es wird unübersichtlich, wenn zu viele Aspekte visualisiert werden.

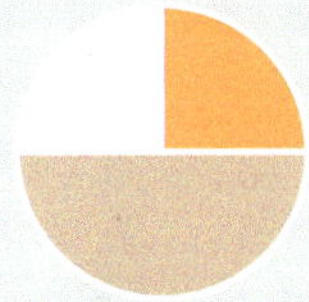

Organigramm: Es stellt Strukturen dar; organisatorische Einheiten sowie deren Aufgabenentwicklung und Kommunikationsbeziehungen werden ersichtlich.

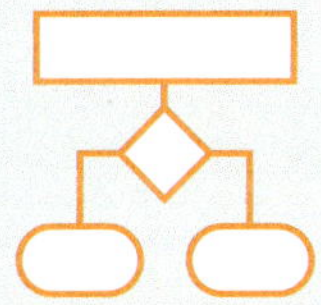

Eine **Infografik** stellt Gesamtzusammenhänge mit einer sinnvollen visuellen Gestaltung dar. Häufig werden hierbei Sachinformationen in ein Bild, z. B. eine Landkarte, eingebunden. Es ist auch möglich, dass verschiedene Arten von Diagrammen in der Grafik enthalten sind.

6 **Erweitern Sie Ihre Ausdrucksmöglichkeiten bei der Beschreibung von Schaubildern. Notieren Sie möglichst viele Verbindungen mit Verben, in denen die folgenden unterstrichenen Nomen vorkommen. Halten Sie Ihre Ergebnisse tabellarisch fest.**

In vielen Schaubildern werden Probleme benannt, Fragen aufgeworfen, Sachverhalte in Beziehung gesetzt, Zusammenhänge aufgezeigt und Schlussfolgerungen gezogen.

Nomen	Verbindung mit einem Verb
das Problem, die Probleme	*ein Problem beschreiben, Probleme haben, …*
die Frage, die Fragen	

Manipulation erkennen

Drei Firmen vergleichen ihre Umsatzentwicklung

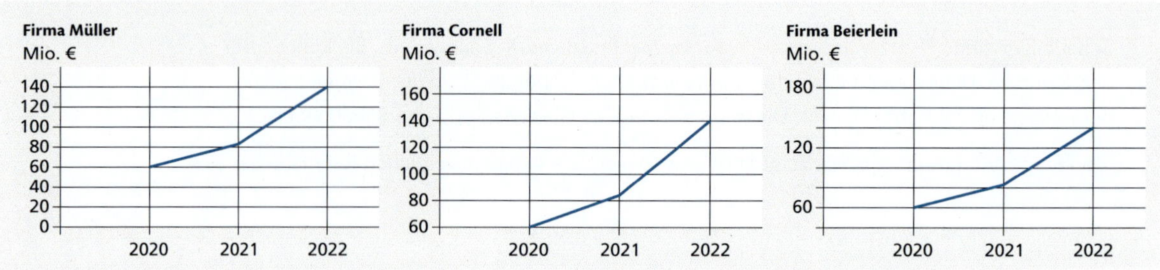

1 **Untersuchen Sie die grafischen Darstellungen zur Umsatzentwicklung.**

a) Welche Firma hat den höchsten Umsatz erzielt?

b) Notieren Sie Ursachen für die unterschiedliche Wirkung der Grafiken.

Die folgenden grafischen Darstellungen basieren auf denselben Informationen.

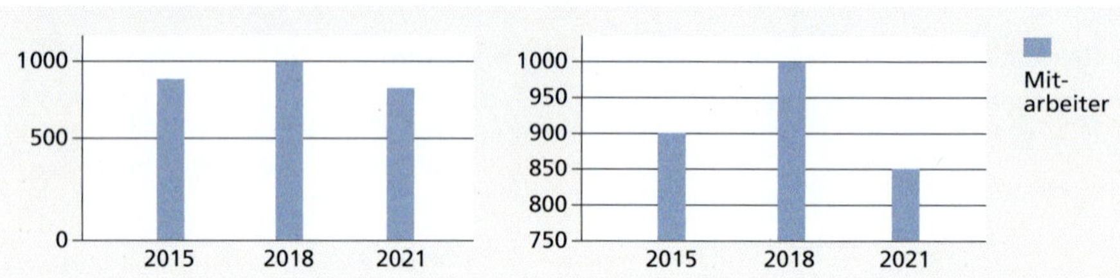

2 **Vergleichen Sie die beiden Säulendiagramme. Notieren Sie, wie der jeweils gewählte Maßstab (die Skalierung der Achsen) die Aussage beeinflusst.**

★ **3** **Analysieren Sie die grafische Darstellung. Beachten Sie auch die Hinweise in GUT ZU WISSEN „Manipulation durch die grafische Gestaltung“.**

a) Welcher Eindruck entsteht auf den ersten Blick durch die Skalierung der y-Achse?

b) Zeichnen Sie die Darstellung neu. Beginnen Sie dabei mit dem Wert 0 auf der Y-Achse.

c) Vergleichen Sie die Darstellungen.

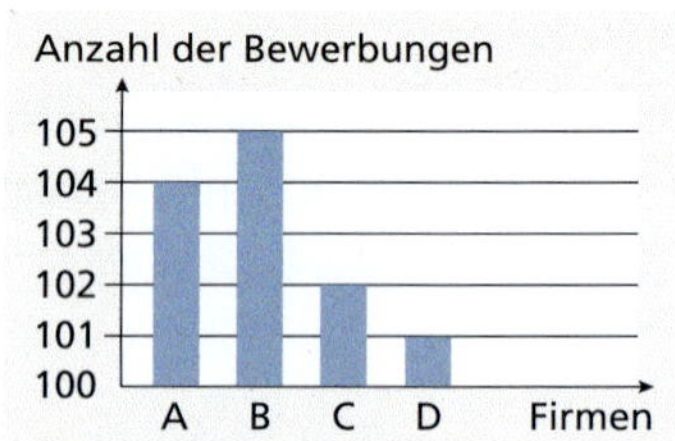

GUT ZU WISSEN – Manipulation durch die grafische Gestaltung erkennen

Diagramme und Schaubilder sind immer auch **kritisch zu lesen**. So können Zahlen und Größenunterschiede durch die Wahl der Maßeinheiten unterschiedlich wirken. Durch den **gewählten Maßstab** – die Skalierung der Achsen – können Darstellungen manipuliert werden. Illustrationen, Farben und Symbole können die Interpretation des Zahlenmaterials in eine bestimmte Richtung lenken. Eine **Farbwahl** in Rot und eine alarmierende Überschrift könnten beispielsweise dazu führen, dass die Aussage eines Schaubilds als warnend oder gefährlich wahrgenommen wird.

Eine Schaubildanalyse verfassen

Schaubilder enthalten oft mehrere Aussagen und grafische Elemente zu einem Thema.

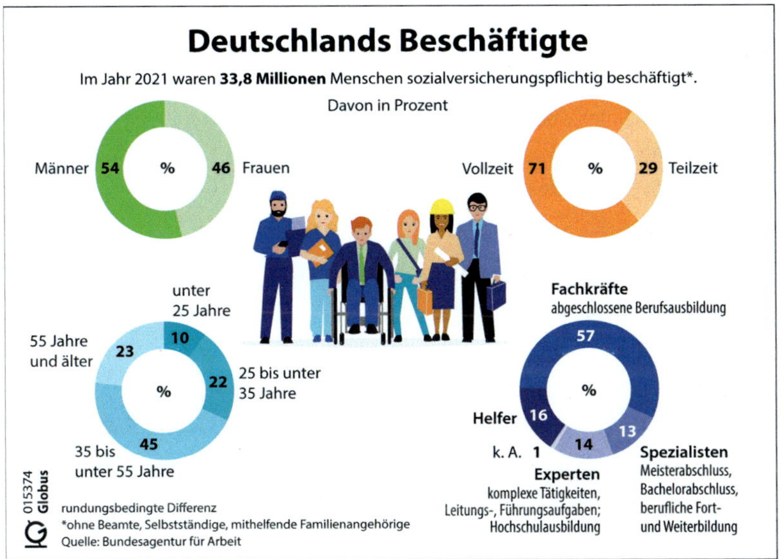

1 Untersuchen Sie das Schaubild „Deutschlands Beschäftigte".

a) Notieren Sie Stichworte zu folgenden Punkten:
- Herausgeber
- Quelle des Schaubilds
- Befragte
- Thema
- Art des Zahlenmaterials (absolute Zahlen/ Prozentzahlen/Schätzungen)
- Gewählte Diagrammart
- Symbole/Bilder
- Farbwahl
- Anordnung/Vorder- oder Hintergrund

b) Analysieren Sie die inhaltlichen Aspekte des Schaubilds. Notieren Sie: Werden Entwicklungen, Vergleiche, Strukturen oder Anteilsverhältnisse einer Gesamtheit aufgezeigt?

c) Formulieren Sie die Hauptaussagen in ganzen Sätzen. Versuchen Sie Aspekte zu bündeln.

d) Welche Schlussfolgerungen können gezogen werden?

e) Fehlen Informationen, die die Aussagekraft des Schaubilds erhöhen könnten?

MUSTER Auszug aus einer Schaubildanalyse

Das Schaubild „Deutschlands Beschäftigte" basiert auf Angaben der Bundesagentur für Arbeit und ist als Grafik 015347 am 6.5.2022 von Globus veröffentlicht worden.
Es stellt dar, wie sich 2021 die Zahl der sozialversicherungspflichtig Beschäftigten in Deutschland – 33,8 Millionen Menschen – aufteilen lässt. Dazu zählen unter anderem alle Arbeitnehmerinnen und Arbeitnehmer, die kranken-, renten- und pflegeversicherungspflichtig sind. Beamtinnen und Beamte, Selbstständige sowie mithelfende Familienangehörige sind davon ausgenommen.
In vier farblich verschieden gestalteten Kreisdiagrammen wird zwischen Männern und Frauen, Voll- und Teilzeit, Altersgruppen sowie beruflichem Status unterschieden. Die Angaben sind in Prozent.
Im Mittelpunkt des Schaubilds steht das Bild einer Gruppe von mehreren Menschen, die die Thematik der Kreisdiagramme verdeutlichen.

Eine Schaubildanalyse verfassen

2 **Ergänzen Sie das Muster. Nutzen Sie Ihre Ergebnisse aus Aufgabe 1 und schreiben Sie eine vollständige Analyse (↗ GUT ZU WISSEN „Eine Schaubildanalyse schreiben“).**

3 **Formulieren Sie die folgenden Vergleiche grammatikalisch richtig. Schreiben Sie die Sätze in Ihr Heft ab und setzen Sie „als“ oder „wie“ richtig ein.**

- 23 Prozent der Arbeitnehmerinnen und Arbeitnehmer würden Firmenprodukte an Freunde empfehlen. Das sind acht Prozent mehr _____ zehn Jahre zuvor.
- Viele führen sich heute mit dem Unternehmen, in dem sie arbeiten, weniger emotional verbunden _____ vor einigen Jahren.
- Psychische Erkrankungen sind ebenso die Folge ____ physische Beeinträchtigungen.
- Die Schäden, die Unternehmen dadurch entstehen, sind größer _____ gedacht.

GUT ZU WISSEN | Eine Schaubildanalyse schreiben

Die **Einleitung** sollte folgende Informationen enthalten, sofern sie gegeben sind: den Verfassenden, den Erscheinungsort, den Titel des Schaubilds, das Erscheinungsdatum, die Benennung des Themas und die Art der grafischen Gestaltung.

Der **Hauptteil** enthält eine genaue Beschreibung des Schaubilds:

- Es ist sinnvoll, zunächst mit der optischen Darstellung zu beginnen: schwarz-weiß/farbig, Farbwahl/ausgewählte Bilder und Symbole, Wahl der Diagrammart.
- Bei der anschließenden inhaltlichen Analyse werden die Hauptaussagen des Themas wiedergegeben. Achten Sie besonders auf das Zahlenmaterial: absolute Zahlen, Prozentzahlen, Schätzungen.
- Danach sollten Sie das Zusammenspiel von inhaltlichen Aussagen und grafischen Gestaltungen beurteilen – welche Intention (Aussageabsicht) wird mit dem Schaubild verfolgt (informell, appellativ), wie wirkt das Schaubild auf Sie?

Der **Schluss** rundet die Analyse ab. Weiterführende Überlegungen können Fragestellungen nach Themenschwerpunkten sein, die eventuell im Schaubild nicht erwähnt wurden oder zu kurz kamen.

Lernbilanz: Sie können ...

- die Besonderheiten von Schaubildern erklären.
- verschiedene Arten von Diagrammen unterscheiden und beschreiben.
- erklären, welche Vor- und Nachteile verschiedene Diagrammarten bei der Darstellung von Informationen haben.
- erkennen, wenn die Aussage eines Schaubilds von grafischen Elementen verzerrt wird.
- eine Schaubildanalyse verfassen.

Die Lernsituation umsetzen: Schaubilder erstellen

Vergegenwärtigen Sie sich noch einmal die Lernsituation am Anfang des Kapitels (↗ S. 73).
In diesem Kapitel haben Sie gelernt, dass man durch Diagramme Zahlen und Sachverhalte anschaulich darstellen kann. Also genau das, was Sie für Ihre Ausstellung zum Thema „Berufswelt“ erreichen wollen.

1 Reflektieren Sie:

a) Was ist Ihnen persönlich an Ihrem zukünftigen Beruf wichtig? Notieren Sie sich alle Wünsche, so utopisch Sie Ihnen auch erscheinen. Markieren Sie die fünf wichtigsten Gründe.

b) Vergleichen Sie Ihre Wünsche in der Klasse. Sind sie sich ähnlich? Erstellen Sie eine Rangliste für die ganze Klasse.

2 Finden Sie sich in Kleingruppen zusammen und planen Sie das weitere Vorgehen hinsichtlich der Ausstellung.

a) Recherchieren Sie weitere Informationen zur Berufswelt Jugendlicher, wie z. B.: Welche Wünsche habe Jugendliche an ihren zukünftigen Beruf? Welche Gründe nennen sie für ihre Berufswahl? Welche Berufe ergreifen junge Menschen?
Tipp: Aufschluss darüber können z. B. abgeschlossene Ausbildungsverträge geben. Die Zahlen dazu können über das Jobcenter erfragt werden.

b) Formulieren Sie Fragen für eine Umfrage unter Ihren Mitschüler/-innen.
Welchen Beruf hast du dir ausgesucht? Was waren die Gründe dafür? Welche Wünsche hast du grundsätzlich an deinen Beruf?

c) Spannend könnte auch sein, ältere Menschen zu befragen, um z. B. den Wandel der Wünsche darstellen zu können. Passen Sie dazu die Fragen ggf. an.

3 Tragen Sie die Fragen im Plenum zusammen und erstellen Sie die Umfrage.

4 Führen Sie die Umfrage durch und tragen Sie die Ergebnisse zusammen.

5 Reflektieren Sie nun alle möglichen Darstellungsformen von Schaubildern. Welche gibt es und welchen Sachverhalt stellen sie jeweils am besten dar?

6 Wählen Sie geeignete Darstellungsformen aus und erstellen Sie das Schaubild. Nutzen Sie unterschiedliche Schaubildarten.

7 Bringen Sie die Diagramme in eine präsentable Form (z. B. Packpapier auf Stellwänden) und präsentieren Sie sie anschließend in der Schule.

GUT ZU WISSEN – Diagramm erstellen

Mithilfe von Präsentationsprogrammen können Sie selbst Diagramme erstellen, indem Sie eine Vorlage wählen und die dazugehörige Tabelle mit Ihren Zahlen füllen. Das Programm baut dann das Diagramm auf. Wichtig ist, eine passende Vorlage zu finden. Farben können angepasst und Aussagen damit unterstrichen werden.

8 Werten Sie Ihre Ergebnisse im Plenum aus.

a) Welche Tools haben Sie zur Erstellung genutzt?

b) Wie gut hat die Arbeit insgesamt funktioniert?

9 Erstellen Sie eine Liste mit Tipps und Tricks rund um das Erstellen von Schaubildern.

Kapitel 6

Informationen recherchieren

Es gibt viele Möglichkeiten, sich über ein Thema zu informieren. Um erste Informationen zu erhalten, wird sowohl im schulischen als auch alltäglichen Kontext sehr häufig das Internet genutzt. Man nutzt in der Regel eine Suchmaschine, lässt aber häufig außer Betracht, dass deren Ergebnisse von kommerziell ausgerichteten Firmen stammen.

Angesichts der Informationsflut der digitalen Medien ist es wichtig, sich der Potenziale sowie Gefahren bewusst zu werden. Relevantes muss von Irrelevantem getrennt werden und Informationen sind kritisch zu reflektieren. Die Glaubwürdigkeit von Quellen zu überprüfen, gewinnt immer mehr an Bedeutung.

Auch klassische Medien wie das Buch werden je nach Kontext herangezogen. Die passende Fachliteratur zu finden und gezielt nach Informationen zu suchen, ist hier ebenfalls bedeutsam.

Die Quellen, aus denen Sie zitieren, halten Sie in einem Quellenverzeichnis fest.

Kompetenzen

- ✓ gezielt nach Informationen im Internet recherchieren
- ✓ die Qualität von Quellen prüfen und beurteilen
- ✓ Informationen aus Bibliotheken nutzen
- ✓ Rechte des Urhebers beschreiben
- ✓ ein Quellenverzeichnis anlegen

Methoden und Arbeitstechniken

- ✓ Mindmap
- ✓ Quellenangaben
- ✓ Murmelmethode
- ✓ Kugellager

Lernsituation: Ein kommentiertes Quellenverzeichnis erstellen

Sie sollen ein Referat zum Thema „Was ist Ihr Traumberuf? Wie hat er sich im Laufe der Zeit gewandelt?“ ausarbeiten. Bei der Recherche stößt eine Mitschülerin, die das Thema „Krankenpflege – Ein Berufsbild im Wandel der Zeit“ gewählt hat, auf ein historisches Bild, das sie gern für das Referat verwenden möchte.

Ihre Mitschülerin ist sich jedoch nicht sicher, ob sie das Bild verwenden kann. Bei ihrem letzten Vortrag hat sie Punktabzug bekommen, weil sie keine Quellenangaben für ihre Bilder gemacht hat. Auch das Quellenverzeichnis war nicht fehlerfrei.

Für Ihr Referat möchten Sie richtige und interessante Informationen recherchieren und dank formal richtiger Angabe Ihrer Quellen eine gute Note erzielen. Wo finden Sie Materialien? Wie erkennen Sie, welche hilfreich sein könnten? Und wie erstellen Sie ein richtiges Quellenverzeichnis?

OP-Schwestern machen die benutzten Instrumente keimfrei und legen sie zu neuer Verwendung bereit.

So können Sie vorgehen

Schritt 1 Informationen recherchieren
Schritt 2 Fakten überprüfen
Schritt 3 Zuverlässigkeit der Quellen überprüfen
Schritt 4 richtig bibliografieren und zitieren
Schritt 5 ein Quellenverzeichnis erstellen

Informationen im Internet recherchieren und bewerten

Das Internet bietet eine Menge Informationen. Bei der Suche kann man sich leicht verzetteln. Deshalb gilt es, die Suche zu optimieren, um geeignete Materialien für die persönliche Fragestellung zu finden.

1 Informieren Sie sich zuerst mit Ihrem Lernpartner / Ihrer Lernpartnerin über Suchmaschinen und ihre Funktionsweise.

Die bekanntesten Suchmaschinen sind ...
Die Suchergebnisse werden entsprechend ...
Weitere Kriterien sind ...

2 Sie wollen zu dem Thema „Krankenpflege – ein Berufsbild im Wandel der Zeit" recherchieren. Bereiten Sie die Suche nach Informationen im Internet folgendermaßen vor:

a) Notieren Sie zunächst Stichwörter, die Ihnen zu dem Thema spontan einfallen.

b) Finden Sie möglichst viele Synonyme und verwandte Wörter zu den Begriffen „Krankenpflege" und „Berufsbild" sowie „Wandel".

c) Ordnen Sie Ihre Begriffsauswahl nach Ober- und Unterbegriffen.
TIPP: Sie können Ihr Ergebnis auch in Form einer Mindmap visualisieren.

3 Recherchieren Sie zum Berufsfeld Krankenpflege. Orientieren Sie sich an GUT ZU WISSEN „Informationen mithilfe des Internets beschaffen".

GUT ZU WISSEN — Informationen mithilfe des Internets beschaffen

Formulieren Sie konkrete **Stichwortkombinationen** (beispielsweise Werbung + Bedürfnisbefriedigung).

Nutzen Sie verfeinerte Suchmöglichkeiten der Suchmaschine („erweiterte Suche"), um die Vielfalt der Ergebnisse einzuschränken. Hier die wichtigsten Hilfen:

- Ein Plus (+) verknüpft die Begriffe miteinander, sodass nur die Seiten angezeigt werden, die beide Begriffe enthalten.
- Ein Minus (-) schließt Begriffe aus; damit können Doppeldeutigkeiten vermieden werden (beispielsweise Werbeverhalten - Biologie - Tiere).
- Anführungszeichen verbinden mehrere Wörter zu einer Wortgruppe (beispielsweise „Der Einfluss der Werbung"); es werden nur die Seiten angezeigt, die genau diese Wortfolge enthalten.
- Definitionen können gezielt mit dem Befehl define:[Stichwort ohne Leerzeichen] gesucht werden (beispielsweise define:Manipulation).
- Eine höhere Trefferwahrscheinlichkeit aussagekräftiger Seiten bringt auch die Suche in der URL mit dem Befehl inurl:[Stichwort ohne Leerzeichen] (beispielsweise inurl:werbung).
- Sie können die Suche auf deutschsprachige Seiten begrenzen.

Suchen Sie mit verschiedenen Suchmaschinen und stützen Sie Ihre Aussagen immer auf mehrere Quellen, vergleichen Sie die gefundenen Informationen.

Suchen Sie auch auf den Seiten staatlicher und öffentlicher Stellen, offizieller Verbände oder Unternehmen. Diese haben oft gute Link-Sammlungen.

Bewerten Sie die Qualität der Suchergebnisse kritisch und bedenken Sie, dass beispielsweise Unternehmen/Verbände eigene Interessen verfolgen und die Informationen auf ihren Seiten folglich nicht immer ausgewogen sind.

Informationen im Internet recherchieren und bewerten

Sie haben folgende Einträge erhalten. Die Informationen müssen geprüft werden. Denn nicht alle Informationen, die man im Netz findet, stammen aus verlässlichen Quellen.

Krankenpflege – Wikipedia
Grundlagen – Geschichte ... Entwicklung ... Aufgaben

Krankenpflege gestern und heute
https://www.pflegewandel.deu/...
Vieles hat sich geändert, seitdem ich Krankenpflegerin wurde ... wie war es früher, wie kommen wir heute klar?
Es war eine Zeit des Aufbruchs in neue Pflegewelten, ...

Krankenpflege: Ein Beruf im Wandel - Rhein-Zeitung
https://www.rhein-zeitung.deu › Rhein-Neckar-Kreis › Heidelberg

Berufsmode im Wandel der Zeit - Krankenschwester.de
https://www.krankenschwester.deu

Die Geschichte der Krankenpflege
https://www.hausarbeiten.deu/faecher/bmi/5324.html
Die kranken Menschen wurden damals – und noch bis heute ...

Gesundheits- und Krankenpfleger/-innen – wir leben den Wandel
https://www.hippokrates-wuppertal.deu› aktuelles › 33...
An der Pflegeschule Hippokrates Wuppertal haben im September 33 Auszubildende die Ausbildung begonnen.
Dort legte man schon immer großen Wert auf ...

Krankenpflege: im Wandel ...
https://www.buchwelt.deu/shop
Das Buch beschreibt die Veränderungen und den Umbruch in der Krankenpflege ... Alina Sibel ... 15,00 € · Auf Lager

Pflege am Limit: Was war früher zu tun und wie schaut es heute aus?
https://www.krankenpflege im wandel.deu/historie
Geschichtlicher Überblick über den Beruf ...

Eine Engländerin revolutioniert die Krankenpflege
https://www.pioniere.deu/pflege/florence nightingale
In der ambulanten Pflege gab es damals ....

4 Analysieren Sie das Suchergebnis.

a) Welche konkreten Hinweise erhalten Sie zu Ihrem Thema?
b) Auf welche Urheber der Dateien können Sie schließen?
c) Welche Interessen können Sie hinter einigen Urhebern erkennen?

5 Tauschen Sie sich mit Ihrer Lernpartnerin / Ihrem Lernpartner über Ihre Ergebnisse aus. Ergänzen Sie Ihre Notizen.

Die Qualität einer Internetseite bewerten

Quellen sollen verlässlich und korrekt angegeben sein. Aber wann ist eine Quelle „verlässlich"? Wie trennt man die Spreu vom Weizen?

1 Legen Sie fest, welche Internetseiten (↗ Ergebnisse der Internetrecherche S. 86) Sie öffnen würden.

2 Begründen Sie Ihre Wahl. Orientieren Sie sich dabei an GUT ZU WISSEN „Die Qualität einer Internetseite bewerten".

3 Legen Sie eine Reihenfolge der relevantesten Quellen fest.

4 Recherchieren Sie die Online-Portale mimikama.at oder hoaxmap.org und ihre Zielsetzung.

GUT ZU WISSEN – Die Qualität einer Internetseite bewerten

Zur **Beurteilung** einer Internetseite oder eines Dokumentes sollten Sie sich folgende Fragen beantworten:

- Wie aktuell ist die Seite?
- Wer hat die Informationen veröffentlicht (private Anbieter oder öffentliche Herausgeber)? Sind die Herausgeber glaubwürdig? Haben die Herausgeber politische, kommerzielle oder andere Interessen? Hinweise dazu können die URL oder das Impressum, das aus gesetzlichen Gründen nicht fehlen darf (Name, Postanschrift, E-Mail-Adresse), geben.
- TIPP: Recherchieren Sie noch einmal gesondert, mit welchen Autoren Sie es zu tun haben. Welchen Beruf übt dieser aus? Kann man davon ausgehen, dass der Autor über Fachwissen verfügt?
- Sind die Informationen seriös aufbereitet? Wie ist die Seite aufgemacht?

  seriös: sachlich, informativ, ohne schmückendes Beiwerk (z. B. ohne viele Animationen), Gütesiegel sind vorhanden.

  unseriös: reißerisch, (viele) Pop-ups, (viel) Werbung
- Werden die Informationen auf einer anderen Seite oder in (Schul-)Büchern bestätigt?
- Gibt der Autor seine Quellen richtig und vollständig an?
- Ist die Navigation innerhalb der Seite einfach und klar verständlich?
- Wie sorgfältig ist die Seite erstellt worden? Gibt es viele Rechtschreib- oder Tippfehler oder veraltete, „blinde" Links?
- Gibt es eine seiteninterne Suchfunktion, die eine Recherche erleichtert?
- Gibt es gegebenenfalls Kommentare von Nutzern und wie stehen diese zu der Seite?
- Seiten, auf denen Hausaufgaben und Referate angeboten werden, bergen Risiken. Nicht immer haben die Arbeiten eine gute Qualität. Sie enthalten oft Fehler.

  Achtung!
- Auch die Benutzung von KI (künstlicher Intelligenz) birgt Gefahren. Es ist nicht nachvollziehbar, woher eine KI die Fakten nimmt, die sie für die Erstellung eines Textes benutzt. Der Algorithmus, mit dem eine KI lernt, ist ebenfalls oft fehlerhaft. So schleichen sich falsche Informationen in die Texte.

Die Qualität einer Internetseite bewerten

Bei Ihrer Suche haben Sie auch einen Internetbeitrag über Florence Nightingale gefunden. Sie war für die professionelle Krankenpflege bedeutsam.

Florence Nightingale, Wegbereiterin der modernen Krankenpflege

Achtung, Fehler!

Florence Nightingale veränderte im 19. Jahrhundert die Krankenpflege. Gegen den Wunsch ihrer Familie widmete sie sich diesem Berufsfeld. Diese war vor allem wegen des schlechten Ansehens der Krankenpflege dagegen. Ehemalige Dienstboten oder Witwen, die keine andere Stelle fanden, arbeiteten in der ersten Hälfte des 19. Jahrhunderts in britischen Krankenhäusern als Pflegekräfte. Nicht besser war das Ansehen der Krankenschwestern, die Kranke in deren Haus pflegten. Viele verrichteten ihren Dienst alkoholisiert, und es war üblich, ihnen als Bezahlung alkoholische Getränke oder Geld für ihren Kauf zu geben. Nichtsdestotrotz gab Nightingale ihren Wunsch nicht auf und bei der Rückkehr einer Reise, die sie in die Türkei geführt hatte, gaben ihr ihre Eltern die Zustimmung, in der Kaiserswerther Diakonie zu hospitieren.

Im Jahre 1859 veröffentlichte sie die „Notes on Nursing", ein Lehrbuch für Krankenschwestern, und begründete die Pflegewissenschaft.

Bekannt wurde sie auch durch ihre Arbeit im Lazarett von Scutari während des Krimkriegs 1854 bis 1856. Durch ihre nächtlichen Krankenbesuche, ausgestattet mit einer Taschenlampe, ging sie als „Lady with the lamp" in die Geschichte ein. Sie reformierte das Lazarettwesen und gründete das Rote Kreuz.

Ihr Geburtstag am 12. Mai wird weltweit als Tag der Pflege gefeiert. Anlässlich des 200. Jubiläums erklärte die WHO das Jahr 2021 zum „Internationalen Jahr der Pflegenden und Hebammen".

Nightingale trug in Großbritannien wesentlich dazu bei, dass sich die Krankenpflege zu einem gesellschaftlich geachteten Berufsweg entwickelte, und legte Ausbildungsstandards fest.

5 Im Text „Florence Nightingale, Wegbegleiterin der modernen Krankenpflege" haben sich Fehler eingeschlichen. Überprüfen Sie die im Text genannten Fakten. Nutzen Sie verlässliche Quellen.

6 Verbessern Sie die Fehler im Text. Schreiben Sie den Text neu.

7 Notieren Sie die Quellen, die Sie benutzt haben, und markieren diejenigen, die besonders hilfreich waren.

8 Tauschen Sie sich mit Ihrer Lernpartnerin / Ihrem Lernpartner über Ihre Ergebnisse aus.

★ **9** „Das Internet kann niemals die Bibliotheken ersetzen." Diskutieren Sie diese Aussage mithilfe der Methode Kugellager.

Sich in Bibliotheken informieren

Bei Ihren Recherchen sollten Sie ein breites Spektrum an zuverlässigen Quellen nutzen. Die Suche nach Fachliteratur über eine Bibliothek in Ihrer Nähe ist sinnvoll.

Auch hier kann vieles von zu Hause recherchiert werden. Bei der Suche gelten die gleichen Prinzipien wie bei einer Suchmaschine.

1 Informieren Sie sich über die nächstgelegene öffentliche Bibliothek und ihr Angebot.

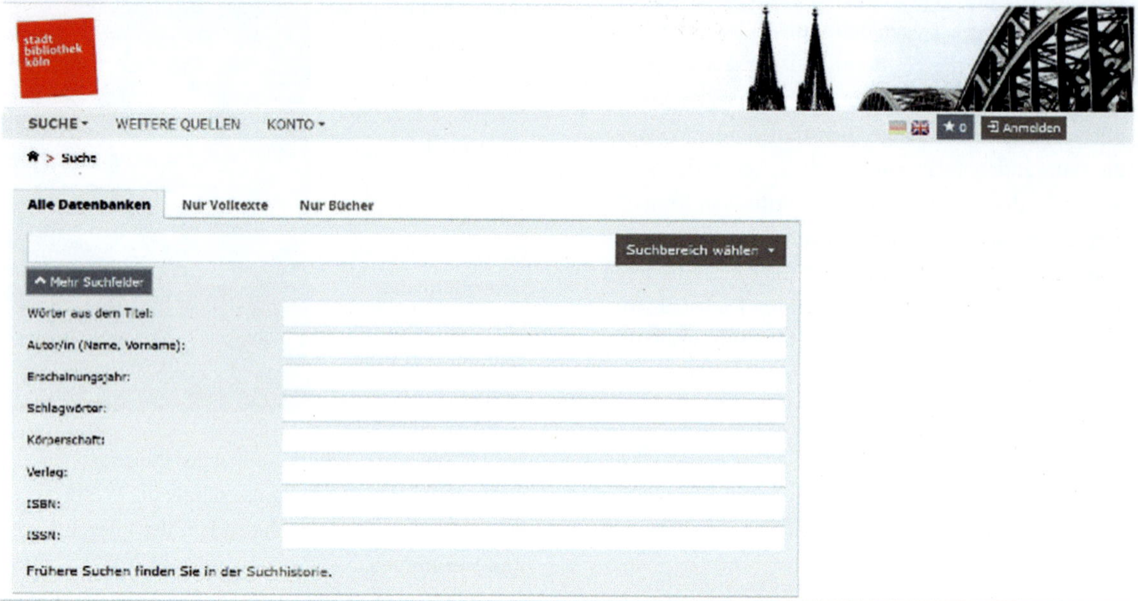

2 Recherchieren Sie geeignete Informationen zu Ihrem Thema „Krankenpflege – ein Beruf im Wandel der Zeit".

a) Was ist mit ISBN und ISSN gemeint?

b) Welche Schlagwörter nutzen Sie für die Suche?

3 Die Suche ergab eine Vielzahl von Treffern. Welche Literatur würden Sie für Ihr Referat nutzen? Begründen Sie Ihre Auswahl.

Betzien, Petra: Krankenschwestern im System der nationalsozialistischen Konzentrationslager: Selbstverständnis, Berufsethos und Dienst an den Patienten im Häftlingsrevier und SS-Lazarett. Reihe Pflegegeschichte, Band 1, Frankfurt: kula-Verlag 2018	verfügbar Signatur: A 1723
Martinson, Susanne: Die Krankenschwester. Der spektakuläre Fall aus Bayern. München 2022	verfügbar Signatur: X 23
Odermark, Karl: Krankenpflege gestern und heute. Heidelberg 2020	nicht verfügbar
Wolff, Horst-Peter, Wolff, Jutta: Krankenpflege. Einführung in das Studium ihrer Geschichte. Frankfurt: Mabuse-Verlag, 3. Auflage 2019	verfügbar Signatur: A 1726
Wolff, Horst-Peter, Wolff, Jutta: Krankenpflege. Einführung in das Studium ihrer Geschichte. Frankfurt: Mabuse-Verlag, 1. Auflage 2008	verfügbar Signatur: A 1725

Ein Quellenverzeichnis anlegen

Alle benutzten Quellen müssen in einem Quellenverzeichnis angegeben werden. Dazu sind mehrere Angaben nötig, um diese zu einem anderen Zeitpunkt nachvollziehen und überprüfen zu können.

GUT ZU WISSEN Urheberrecht

Texte, Bilder, Musik und auch Kunstwerke sind durch das Urheberrecht geschützt. Es schützt das geistige Eigentum des jeweiligen Urhebers.

Wenn ein **Text** benutzt wird (beispielsweise bei Referaten, Facharbeiten), müssen der Verfasser und die genaue Quellenangabe genannt werden. Bei einer **Abbildung** muss abgeklärt werden, ob sie benutzt werden darf. Dann müssen Urheber und Quelle genannt werden.

Bei Referaten z.B. vor der Klasse ist die Nutzung von Bildmaterial ohne Zustimmung des Urhebers erlaubt. Dies gilt jedoch nicht, wenn das Referat ins Internet gestellt oder abgedruckt wird. Dann müssen korrekte Angaben hinsichtlich Urheber und Quelle eingefügt werden.

Beachten Sie: Verstöße gegen das Urheberrecht können finanzielle Forderungen nach sich ziehen.

1 **Reflektieren Sie die Bedeutung des Urheberrechts. Nutzen Sie dazu GUT ZU WISSEN „Urheberrecht" und schlagen Sie ggf. auch im Urhebergesetz nach, z.B. § 1 UrhG.**

Das Urheberrecht bezeichnet das Recht, ... Es schützt vor ... Vom Urheberrecht betroffen sind ...

2 **Tauschen Sie sich mit Ihrem Lernpartner / Ihrer Lernpartnerin in einer Murmelrunde zu Ihren Erkenntnissen aus und tragen Sie sie anschließend im Plenum vor.**

3 **Korrigieren Sie die folgenden Quellenangaben. Nutzen Sie GUT ZU WISSEN „Quellenverzeichnis".**

a) Seite 39 ff.. Krankenhäuser. (2000). Ilse Veigel. Dr. Karl-Verlag
b) „Nützliche Pflegetipps" von Ricardo Schmidt; 2008, Don Birko-Verlag - München.
c) Philipp Röth: Ein Berufsbild im Wandel. Aus: https:// www.perspektive.de/, Zugriff gestern

GUT ZU WISSEN Quellenverzeichnis

Bei der Angabe der Quellen wird zwischen **Textquellen** sowie **Bildquellen** unterschieden. Zu den Textquellen zählen Bücher, Zeitungen, Zeitschriften und Internetquellen. Diese Angaben sind in einer Liste **alphabetisch** geordnet.

Angaben bei Buchquellen:

Nachname, Vorname der Autorin/des Autors (Erscheinungsjahr): Titel des Textes, des Buches oder der Zeitschrift, in dem/der der Text abgedruckt wurde, Erscheinungsort, Verlag

Maier, Marie (2023): Außergewöhnliche Berufe im Wandel der Zeit. Mannheim: Cornelsen

oder:

Maier, Marie: Außergewöhnliche Berufe im Wandel der Zeit. Mannheim: Cornelsen 2023

Ob die einzelnen Bestandteile mit Punkten oder Kommas getrennt werden, liegt bei dem Verfasser des Quellenverzeichnisses. Wenn dieser sich für eine Variante entschieden hat, muss er diese einheitlich für das gesamte Quellenverzeichnis anwenden.

Ein Quellenverzeichnis anlegen

Im Folgenden wird nur eine Variante des Erscheinungsjahrs genutzt: Dementsprechend kann man die folgenden Beispiele für die andere Variante umschreiben.

Bei einem **Buch mit einem Herausgeber** (Hrsg.):

Silesius, Angela: Wohin mit Fachabitur? In: Conradi, Wolfgang (Hrsg.): Berufe auf dem Prüfstand. Zürich: ABC-Verlag 2018, S.13-45

Bei einem **Buch, bei dem eine bestimmte Auflage** benutzt wird:

Maier, Marie: Außergewöhnliche Berufe im Wandel der Zeit. Mannheim: Cornelsen, 3. Auflage 2023

Bei Zeitungen und Zeitschriften:

Schulz, Yannic: Warum in diesen Beruf? Aus: Nachrichtenexpress, 23.1.2023

Bei Internetquellen:

Jochim, Georg: Berufe mit Zukunft. Aus: https://www.kompass.de/perspektive/ [01.01.2023]

Die Angabe in der Klammer benennt das Datum, an dem die Information abgerufen wurde.

Wenn die Internetseite den Verfasser nicht angibt, beginnen Sie mit dem Titel.

Bildquellen:

Man sollte sehr genau prüfen, unter welchen Bedingungen ein Bild verwendet werden darf. Wenn man Bilder aus Bilddatenbanken nutzen möchte, findet man die genauen Bestimmungen zur Angabe der Quelle in der Regel beim Bild unter den Lizenzbedingungen.

Angaben: Seitenzahl im Dokument, auf der das Bild erscheint; Bild- oder Presseagentur (z. B. dpa); wenn möglich, Name der Fotografin / des Fotografen. Bei historischen Bildern wird meist statt einer Agentur das Archiv angegeben, in dem es sich befindet. Bei Kunstwerken sind es oft Museen oder Galerien.

S. 5 Musterfoto / Matilda Musterfrau

4 Legen Sie ein Verzeichnis der von Ihnen ausgewählten Text- und Bildquellen an. Orientieren Sie sich an GUT ZU WISSEN „Quellenverzeichnis“ (↗ S. 91).

★ **5** Recherchieren Sie, wie Sie in einem Textverarbeitungsprogramm Quellen verwalten und ein Literaturverzeichnis und Abbildungsverzeichnis anlegen können.

Lernbilanz: Sie können …

- Informationen im Internet recherchieren und bewerten.
- die Qualität einer Internetseite bewerten.
- sich in Bibliotheken informieren.
- Online-Bibliothekskataloge benutzen.
- geeignete Informationen auswählen.
- Fakten überprüfen.
- ein Quellenverzeichnis mit korrekten Angaben anlegen.

Die Lernsituation umsetzen: Ein kommentiertes Quellenverzeichnis erstellen

In diesem Kapitel haben Sie gelernt, wie Sie richtige und interessante Informationen recherchieren und ein Quellenverzeichnis anlegen.

Vergegenwärtigen Sie sich noch einmal die Lernsituation am Anfang des Kapitels (↗ S. 85). Sie haben inzwischen beispielhaft Informationen zum Berufsfeld der Krankenpflege recherchiert. Das erlernte Wissen können Sie nun anwenden, um Informationen zu Ihrem eigenen Traumberuf auszuwählen und zu überprüfen.
Gehen Sie dabei auf die beiden Hauptfragen ein:

- Was ist Ihr Traumberuf?
- Wie hat sich dieser Beruf im Verlauf der Zeit gewandelt?

Um Ihre Rechercheergebnisse zusammenzufassen, erstellen Sie ein kommentiertes Quellenverzeichnis.

1 Recherchieren Sie zu diesem Thema. Wählen Sie verlässliche Quellen aus.

2 Entwickeln Sie ein kommentiertes Quellenverzeichnis. Nutzen Sie die Tipps aus GUT ZU WISSEN „Kommentiertes Quellenverzeichnis“.

GUT ZU WISSEN — Kommentiertes Quellenverzeichnis

Ein kommentiertes Quellenverzeichnis wertet Quellen aus, die man recherchiert hat.

Grundlage ist ein **korrekt angelegtes Verzeichnis der Quellen,** wobei neben jeder Quelle ein **Kommentar** verfasst wird, der die Stärken und Schwächen der Quelle hinsichtlich der eigenen Themenstellung angibt.

Sie können beispielsweise angeben,

- wie Sie die Qualität der Quelle bewerten,
- wie aktuell die Quelle ist,
- wie nützlich sie hinsichtlich des Themenschwerpunktes erscheint.

Quelle	Infos zur Quelle
Maier, Marie: Außergewöhnliche Berufe im Wandel der Zeit. Mannheim: Cornelsen 2023	*aktuell*
Schulz, Yannic: Warum in diesen Beruf? Aus: Nachrichtenexpress, 23.1.2023	*aktuell* *thematisiert <u>nicht</u> die historische Entwicklung*

Kapitel 7

Informierend schreiben

Andere angemessen über etwas informieren zu können, gehört zu den wichtigen Kompetenzen, die Sie in der Schule erwerben. Es ist eine Fähigkeit, die man auch im täglichen Leben braucht, z. B. weil man sich für ein Thema interessiert oder weil man eine Entscheidung treffen muss. Es geht immer darum, Informationen verständlich zu machen und zu teilen.

Erklärvideo zum materialgestützten Schreiben

Kompetenzen

- ✓ Thema, Inhalt und Aussagen eines linearen bzw. nichtlinearen Textes erfassen
- ✓ die Anforderungen des Zieltextes analysieren
- ✓ Informationen auswerten
- ✓ Informationen miteinander vernetzen
- ✓ einen strukturierten, informierenden Text verfassen
- ✓ Schreibstrategien anwenden
- ✓ Strategien zur Textüberprüfung anwenden

Methoden und Arbeitstechniken

- ✓ Brainstorming
- ✓ Lesemethoden
- ✓ Visualisierungsmethoden
- ✓ Placemat

Lernsituation: Eine Broschüre erstellen

Die Schulleitung Ihrer Schule sendet folgende E-Mail:

Liebe Schülerinnen und Schüler,

alle Klassen der Höheren Berufsfachschule sind dazu aufgerufen, eine Ratgeberbroschüre zum Thema „Gesundheit und Fitness" zu erstellen. Diese soll für andere Jugendliche interessant und ansprechend gestaltet sein. Beachten Sie die Regeln des Urheberrechts!

Die beste Einsendung wird auf der Schulhomepage verlinkt und gewinnt einen Überraschungspreis. Einsendeschluss ist der 30.05.20XX. Einsendungen bitte ausschließlich als PDF-Datei per E-Mail an die Schulleitung.

Wir freuen uns auf eine rege Beteiligung!

Ihre Schulleitung

Ihre Klasse beschließt, sich an dem Wettbewerb zu beteiligen und eine Ratgeberbroschüre zu verfassen. Diese soll Artikel zu verschiedenen Aspekten des Themas enthalten. Um das Schreiben von Broschürentexten zu üben, verfassen Sie zunächst in der Klasse gemeinsam einen Artikel zum Thema „Vegane Ernährung und Gesundheit".

Einen eigenen Text zu schreiben und dabei auf mehrere Quellen zurückzugreifen, ist für Sie keine neue Aufgabe. Ähnliches kennen Sie bereits aus dem Deutschunterricht in der Mittelstufe (materialgestütztes Schreiben), aber auch aus anderen Fächern. Auch wenn Sie ein Referat halten, gehen Sie ähnlich vor.

Die folgenden Arbeitsschritte helfen Ihnen dabei, den ersten Artikel für Ihre Broschüre zu erstellen. Nach diesem Muster können Sie am Ende des Kapitels weitere Texte schreiben.

So können Sie vorgehen

Schritt 1 die Anforderungen der Aufgabe genau analysieren
Schritt 2 eigenes Vorwissen aktivieren
Schritt 3 die Materialien sichten
Schritt 4 eine Struktur für den Text entwerfen
Schritt 5 die Materialien auswerten
Schritt 6 einen Textentwurf am Computer schreiben
Schritt 7 ein Feedback zum Entwurf einholen
Schritt 8 den Text überarbeiten

Die Anforderungen der Aufgabe genau analysieren – Vorwissen aktivieren

Das Thema „Vegane Ernährung und Gesundheit“ ist in den Medien und den sozialen Netzwerken sehr präsent. Auch viele Jugendliche haben schon ausprobiert, auf tierische Produkte zu verzichten. Sie bringen also Vorwissen mit. Dieses kann Ihnen beim Verfassen eines Artikels helfen, kann aber auch Ihren Blick auf das Thema beeinflussen und Sie voreingenommen machen.

1 Notieren Sie Ihr Vorwissen zum Thema „Vegane Ernährung und Gesundheit“ in einem Brainstorming.

2 Tauschen Sie sich mit Ihrer Lernpartnerin / Ihrem Lernpartner aus und ergänzen Sie ggf. Ihre Notizen.

3 Bringen Sie gemeinsam Ihr Vorwissen in eine übersichtlichere Form, z. B. eine Mindmap.

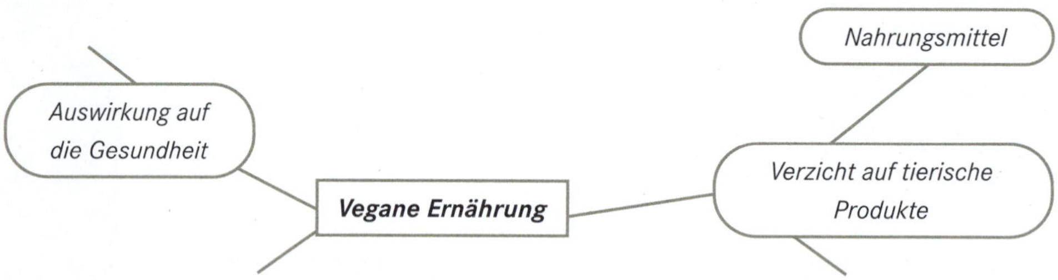

GUT ZU WISSEN — Die Aufgabenstellung analysieren

Am Anfang jedes Schreibprozesses ist es wichtig, sich genau darüber klar zu werden, was für ein Text gefordert ist. Dabei müssen Antworten auf folgende Fragen gefunden werden:

- Was ist das Thema?
- Für wen schreibe ich den Text?
- Was möchte ich mit diesem Text erreichen? (↗ GUT ZU WISSEN „Sachtexte und ihre Aussageabsicht“, Kapitel 10, S. 143)
- Welcher Textsorte soll mein Text angehören und welche Merkmale hat diese? (↗ GUT ZU WISSEN „Journalistische Textsorten“, Kapitel 10, S. 145)
- Schreibe ich meinen Text zu einem bestimmten Anlass (aktuelles Ereignis)?

4 Notieren Sie die Fragen aus GUT ZU WISSEN „Die Aufgabenstellung analysieren“ in einer Tabelle und überlegen Sie Antworten.

Frage	Antwort	Konsequenzen für mein Schreiben
Was ist das Thema?	*Vegane Ernährung und Gesundheit*	*Ich brauche verlässliche Informationen …*
Für wen schreibe ich den Text?	*Für andere Schülerinnen und Schüler …*	*Ich muss Fremdwörter erklären, …*

Die Materialien sichten

Material 1

Vegetarische und vegane Ernährung

von Claus Leitzmann / Markus Keller

Die konsequenteste vegetarische Variante praktizieren die Veganer, die auch als strenge oder strikte Vegetarier bezeichnet werden. Diese beiden Begriffe werden fälschlicherweise im umgangssprachlichen und populärwissenschaftlichen Bereich auch für die allgemeine Bezeichnung von Vegetariern verwendet; deren Verhaltensweise wird insofern als strikt angesehen, weil keine Produkte von getöteten Tieren verzehrt werden. Bei veganer Ernährung wird jedoch ausschließlich pflanzliche Kost gegessen, sämtliche Lebensmittel tierischer Herkunft, einschließlich Honig, werden gemieden. Außerdem verwenden viele Veganer keine von Tieren stammenden Gebrauchsgegenstände oder Materialien, wie Leder, Wolle, Seide oder Reinigungsmittel mit Molke. [...]

Des Weiteren sind viele der konsequenten Veganer gegen die, in ihren Augen, Ausbeutung oder den Missbrauch von Tieren in allen entsprechenden Handlungen und Einrichtungen. [...]

Eine Untergruppe der Veganer stellen die Rohkost-Veganer dar. Diese praktizieren dieselben Einschränkungen bei der Lebensmittelauswahl, meiden aber zusätzlich jede erhitzte Nahrung. Manche Rohkost-Varianten, wie die „Instinctotherapie“, lassen auch den Verzehr von rohem Fleisch, rohem Fisch und teilweise auch rohen Insekten zu. Rohköstler dieser Variante werden nicht zu den Vegetariern gezählt. [...]

Inzwischen liegen auch soziodemographische Erkenntnisse zu Veganern vor. Eine Onlinebefragung aus dem Jahr 2013 der Universität Hamburg untersuchte 852 Veganer (15-77 Jahre). Das Durchschnittsalter der Befragten lag bei 31 Jahren und der Frauenanteil bei etwa 80%. Die meisten Veganer praktizierten ihre Ernährungsweise seit ein bis unter zwei Jahren (27,6%) bzw. seit zwei bis unter fünf Jahren (24,4%) (Kerschke-Risch 2015).

In der Studie der Universitätsmedizin Charité Berlin betrug der Frauenanteil bei den Veganern etwa

78%, bei einem Durchschnittsalter von 34,3 Jahren. Die Mehrheit hatte einen höheren Schulabschluss (70,9%). Häufigste Berufsabschlüsse waren Universität (28,3%), Lehre (21,0%) und aktuelle Berufsausbildung (18,3%). Bei der Berufstätigkeit dominierten Angestellte (42,4%) (Kessler et al. 2016). [...]

Je nach Form des Vegetarismus kann die Bedeutung der einzelnen Motive variieren. Die Veganer sind diejenigen Vegetarier, die von ihrer Ernährungs- und Lebensform am stärksten überzeugt sind und sie auch am konsequentesten umsetzen. In einer sozialwissenschaftlichen Studie aus Deutschland waren für über 92% der befragten Veganer **ethische Motive** ausschlaggebend für die Wahl ihrer Lebensweise, lediglich 15% nannten auch gesundheitliche Gründe (Grube 2009). Eine Onlinebefragung der Universität Hamburg ermittelte bei Veganern [...] als die fünf wichtigsten Einzelgründe (bei möglicher Mehrfachnennung): „Berichte über Massentierhaltung“, „Klimaschutz“, „Gesundheit“, „vegane Freunde“ und „Lebensmittelskandale“. Dabei gibt es kaum Unterschiede zwischen männlichen und weiblichen Veganern (Kerschke-Risch 2015). [...]

Die Materialien sichten

Abschließend kann festgehalten werden, dass ein Gesundheitsverhalten, wie es die Mehrheit der Vegetarier praktiziert, entscheidende präventive Vorteile beinhaltet. Neben einer günstigeren Lebensmittelauswahl rauchen sie deutlich seltener, trinken weniger Alkohol und sind körperlich aktiver. Das zunehmend zu beobachtende Verhalten, Nahrungsergänzungsmittel auf Verdacht zu konsumieren, ist bei Vegetariern (noch) häufiger zu finden als in der Allgemeinbevölkerung. Allerdings sind hier auch Veganer einbezogen, die in jedem Fall Vitamin B12 supplementieren sollten. Die Schadstoffbelastung bei vegetarischer Ernährung ist in hohem Maße von der konkreten Lebensmittelauswahl abhängig. Viele Vegetarier bevorzugen Bio-Produkte und Methoden der Alternativmedizin. […]

[Außerdem] lässt sich sagen, dass Vegetarier im Vergleich zu Mischköstlern ein durchschnittlich niedrigeres Körpergewicht und einen niedrigeren BMI aufweisen. Übergewicht und Adipositas kommen bei Vegetariern, insbesondere Veganern nur selten vor. Dies ist für die Prävention von chronischen Erkrankungen vorteilhaft. Unabhängig von nicht-diätetischen Lebensstilfaktoren, wie der körperlichen Aktivität, kann eine pflanzenbasierte Ernährung dabei helfen, Übergewicht zu verhindern. Zudem besitzen vegetarische und insbesondere vegane Kostformen erhebliches Potential in der Therapie von Übergewicht und Adipositas, da auch ohne Vorgabe der Kalorienrestriktion meist mehr Körpergewicht als bei anderen Ernährungstherapien verloren wird. […]

(aus: Vegetarische und vegane Ernährung, 2020)

1 Verschaffen Sie sich mithilfe einer geeigneten Lesemethode (↗ Kapitel 4) einen Überblick über die Inhalte des Textes.

2 Beurteilen Sie, wie zuverlässig die Quelle ist (↗ Kapitel 6).

Material 2: Wie Veganer/-innen ihren Gesundheitszustand einschätzen

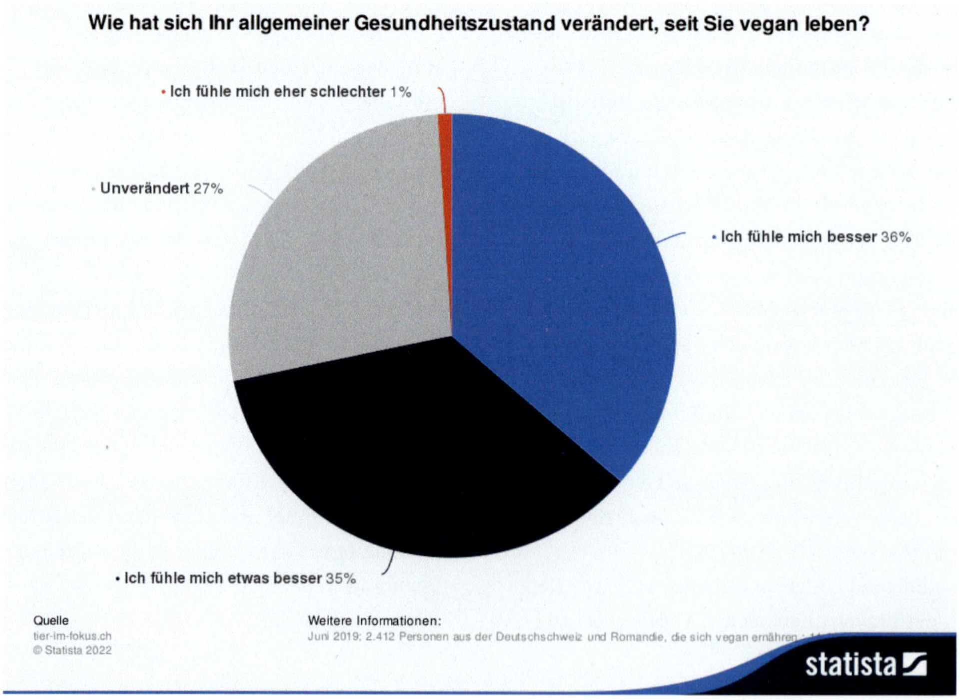

Die Materialien sichten

3 **Analysieren Sie die inhaltlichen Aspekte des Schaubilds (↗ Kapitel 5). Halten Sie Ihre Ergebnisse in Stichworten fest.**

4 **Beurteilen Sie die Aussagekraft der Grafik. Welche Schlussfolgerungen lassen sich aus ihr ziehen? Inwieweit gibt sie Antworten auf die Frage, wie gesund vegane Ernährung ist?**

Material 3: Wurst verursacht Krebs!

5 **Beschreiben Sie die Karikatur anhand folgender Leitfragen (↗ GUT ZU WISSEN „Karikaturen"):**

a) Was sieht man?

b) Welche Gegenstände und Personen sind zu erkennen? Wie sind diese dargestellt?

c) Gibt es Text? Wenn ja, welchen?

d) Welche Mittel der Überzeichnung (Übertreibung) verwendet der Karikaturist?

Die Karikatur zeigt …
Auf der linken Seite ist … zu sehen. Auf der rechten Seite …
Es werden nur die Farben … und … genutzt.
Die Gestik/Mimik zeigt, dass …

6 **Deuten Sie die Karikatur anhand folgender Leitfragen:**

a) Wen oder was greift die Karikatur an?

b) Warum übt der Karikaturist diese Kritik?

c) Welche Widersprüche/Ungereimtheiten werden kritisiert?

7 **Beurteilen Sie die Nützlichkeit der Karikatur als Quelle für den Artikel zum Thema „Vegane Ernährung und Gesundheit".**

GUT ZU WISSEN – Karikaturen

Karikaturen stellen **Menschen, gesellschaftliche Umstände oder auch politische Ereignisse übertrieben dar** und erzielen so eine komische Wirkung. Damit wollen sie einerseits die Betrachterinnen und Betrachter unterhalten, andererseits aber auch die Aufmerksamkeit auf bestimmte Missstände lenken und einen Denkprozess anregen.

Sie sind also im gewissen Sinn Texte, die Informationen und Ansichten zu einem Thema beinhalten. Weil sie meist einen **Bild- und einen Textteil** enthalten, sind sie oft schwierig zu entschlüsseln. Wenn man sie genau verstehen möchte, ist es wichtig, in zwei Schritten vorzugehen:

1. Beschreiben

2. Deuten

7.3 Eine Struktur für den Text entwerfen

Wie ein Text aufgebaut sein muss, richtet sich nach der Funktion, die er erfüllen soll. Ihre Schulleitung wünscht sich einen Ratgebertext. Dieser muss bestimmte Merkmale erfüllen. Auch eine nachvollziehbare Gliederung ist wichtig, damit die Leserinnen und Leser sich im Text gut orientieren können.

Nachfolgend sehen Sie ein Beispiel, wie eine Schülerin zu einem ähnlichen Thema die Aufgabe gelöst hat.

MUSTER

Sollte man besser auf Fleisch verzichten? *Fleisch ist ein traditionelles Nahrungsmittel, doch in letzter Zeit steht es zunehmend in der Kritik. Ist diese gerechtfertigt? Und wie kann ich ungesundem Fleischkonsum vorbeugen?*	**Überschrift**, die Interesse weckt **Einleitung**, die zum Weiterlesen anregt
Warum steht Fleisch jetzt in der Kritik? *Vor allem „rotes Fleisch", also Fleisch von Schwein oder Rind, ist in der Kritik. Das kommt vor allem daher, dass rotes Fleisch die Entstehung von Krankheiten begünstigt. Bekannte Folgen sind z. B. Diabetes oder Herz-Kreislauf-Erkrankungen. Darauf weist der NDR auf seiner Internetseite hin. Die Weltgesundheitsorganisation stuft es als „wahrscheinlich krebserregend" ein.* ***Hat Fleisch-Essen auch Vorteile?*** *Fleisch hat einen hohen Eiweißgehalt, das ist wichtig zum Muskelaufbau. Die Sportmedizinerin Atas erklärt weiter: „Außerdem ist in Fleisch Eisen zur Bildung der roten Blutkörperchen enthalten, zudem noch Kalzium zur Stabilität der Knochen. Und auch weitere Fettsäuren und Mineralien."* ***Kann man Fleisch auch gesund zubereiten oder sind die Nachteile zu groß, sodass man lieber ganz verzichten sollte?*** *Bei Fleisch ist es wie bei den meisten anderen Konsumgütern: Es kommt immer auf die Menge an, die wir essen. Dabei gibt die Verbraucherzentrale aus Hamburg eine Menge zwischen 40 und 80 Gramm pro Woche als Richtwert an. Man könnte jedoch auch ganz auf Fleisch verzichten, da man alle Nährstoffe auch aus anderen Lebensmitteln beziehen kann.*	**Hauptteil**, der klar gegliedert ist und die wichtigsten Informationen zum Thema enthält
Was also tun? *Abschließend kann man sagen, dass Fleisch nicht unbedingt die Gesundheit negativ beeinflussen muss. Auch ein Verzicht kann sich positiv auswirken. Bei seinem Konsum sollte man also auf jeden Fall auf die Menge achten, die man verzehrt.*	**Schluss**, der das Wichtigste zusammenfasst und einen Ratschlag gibt

1 Beurteilen Sie, ob die vier Teile des Textes (Überschrift, Einleitung, Hauptteil und Schluss) gelungen sind, d. h., ob sie ihre Funktion erfüllen.

2 Haben Sie Ideen für eine ansprechendere Überschrift, eine bessere Einleitung? Diskutieren Sie diese in der Klasse.

Eine Struktur für den Text entwerfen

3 Arbeiten Sie mithilfe der Methode Placemat: Notieren Sie in Kleingruppen die einzelnen Bestandteile eines Ratgebertextes nach unten stehendem Muster auf ein DIN-A3-Blatt im Querformat.

4 Legen Sie ein Blatt in die Mitte Ihres Gruppentischs. Schreiben Sie nun an den umkreisten Begriff in Ihrer Ecke (Überschrift, Einleitung, Hauptteil, Schlussteil) Ideen, wie man den Bereich möglichst gut gestalten kann.

5 Drehen Sie das Blatt nach drei Minuten jeweils um 45 Grad, damit jedes Gruppenmitglied jeden Aspekt bearbeiten kann.

6 Überlegen Sie dann gemeinsam, ob Ihnen gelungene Formulierungen einfallen, die man in dem Text für die Broschüre verwenden könnte. Notieren Sie diese ebenfalls auf dem Blatt, jeweils passend zu den Elementen.

7 Präsentieren Sie Ihr Ergebnis in der Klasse. Ergänzen Sie Ihre Zusammenstellung um die Ergebnisse der anderen Gruppen.

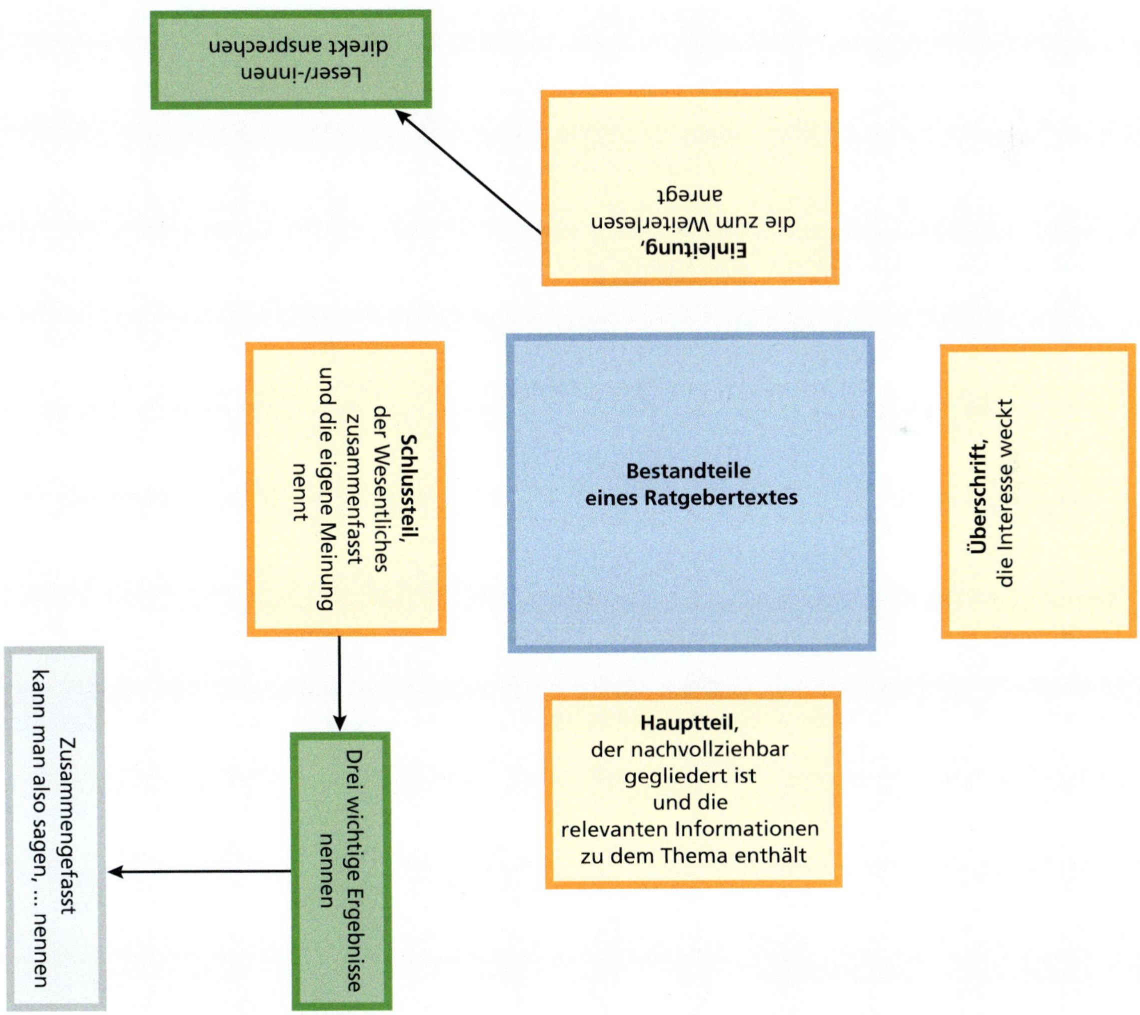

Die Materialien auswerten

Mit Leitfragen kann der Hauptteil des Textes gegliedert werden. Diese Leitfragen ermöglichen einerseits eine leichtere Orientierung im Text. Denn durch sie hat er eine für die Leserinnen und Leser nachvollziehbare Struktur. Andererseits helfen sie Ihnen aber auch, die Materialien auszuwerten und dabei die wichtigen von den unwichtigen Informationen zu unterscheiden. Leitfragen können also gewissermaßen eine Brücke vom Lesen zum Schreiben schlagen.

1 **Legen Sie eine Tabelle nach dem unten stehenden Muster an.**

2 **Formulieren Sie drei bis fünf Leitfragen, die Ihr Text auf jeden Fall beantworten sollte.**
Tipp: Erinnern Sie sich dabei daran, was Sie jetzt schon alles über das Thema wissen – aus Ihrem Vorwissen und aus den Materialien. Auf dieser Grundlage können Sie entscheiden, was Ihre Leserinnen und Leser erfahren müssen, und so die Leitfragen formulieren.

3 **Notieren Sie anschließend in die zweite Spalte, welche Informationen Sie in den Materialien 1–3 auf den Seiten 97–99 zu den einzelnen Fragen finden.**

4 **In die dritte Spalte tragen Sie jeweils ein, aus welchem Material die Informationen stammen. Achten Sie darauf, alle Materialien zu verwenden.**

Leitfragen Beispiel	Informationen	Quelle
Was ist vegane Ernährung?	• *Verzicht auf tierische Produkte aller Art* • *ausschließlicher Konsum von pflanzlichen Lebensmitteln* • ...	*Text von Claus Leitzmann (M 1)*
Welche Vorteile hat eine vegane Ernährung?	• *keine Notwendigkeit, Tiere zu töten, um sie zu essen* • ...	*Karikatur von Roger Schmidt (M 3)*

5 **Recherchieren Sie weitere Informationen zum Thema „Vegane Ernährung und Gesundheit". Ergänzen Sie die Tabelle. Beachten Sie dabei die Hinweise zur Quellenarbeit (↗ Kapitel 6, S. 86).**

6 **Welche Bezüge lassen sich zwischen den einzelnen Materialien herstellen? Erläutern Sie verbindende und trennende Bezüge mithilfe von SPRACHE UND STIL.**

SPRACHE UND STIL | **Zusammenhänge und Gegensätze beschreiben**

... und ... hängen miteinander zusammen, weil ...

... und ... beziehen sich aufeinander, da ...

Die Gemeinsamkeit zwischen ... und ... besteht darin, dass ...

Es wird eine Gemeinsamkeit/ein Unterschied zwischen ... und ... deutlich, da ...

Die Gemeinsamkeit / Der Unterschied zwischen ... und ... besteht darin, dass ...

Während es in ... um ... geht, thematisiert ...

Einen Textentwurf schreiben

Sie haben nun alle Bestandteile zusammen, die Sie brauchen, um den Text zu schreiben. Was noch fehlt, ist ein Schreibplan, der es Ihnen ermöglicht, geordnet an das Schreiben heranzugehen. Wertvolle Vorarbeit haben Sie schon geleistet, als Sie sich Gedanken über die Struktur des Textes gemacht haben. Greifen Sie auf die Ergebnisse der Gruppenarbeit zurück, wenn Sie nun einen Schreibplan entwerfen.

1 Vervollständigen Sie die folgende Tabelle in Ihrem Heft.

Bestandteil des Textes	Inhalt	Quellen
Überschrift	*Werbeslogan aufgreifen, um Aufmerksamkeit zu bekommen, z. B. „Alles vegan, oder was?“*	
Einleitung	*Idee: Bezug auf Influencerin, die vegane Ernährung empfohlen hat* …	*selbst gefundenes Video (www...)*
Hauptteil	*Antwort auf Leitfrage 1: Was ist vegane Ernährung?* *Verzicht auf tierische Produkte aller Art* *Antwort auf Leitfrage 2: …*	*M 1, Z. 1*
Schluss		

2 Welche Variante haben die Verfasser des Textes auf Seite 97 gewählt? Sehen Sie sich dazu auch GUT ZU WISSEN „Ansprache von Leserinnen und Lesern“ an. Diskutieren Sie, ob die Lösung Ihrer Meinung nach optimal ist oder ob Sie eine andere Art der Leseransprache besser fänden.

SPRACHE UND STIL – Ansprache von Leserinnen und Lesern

Ratgebertexte möchten eine direkte Wirkung auf ihre Leserinnen und Leser erzielen. Manchmal sprechen sie diese dazu direkt an. Das könnte z. B. so aussehen:

- *Habt ihr auch schon einmal mit dem Gedanken gespielt, euch vegan zu ernähren?*
- *Gesundheitlich kann euch eine vegane Ernährung einige Vorteile bringen.*
- *Ihr müsst also aufpassen, dass ihr genug Vitamin B12 zu euch nehmt.*

Möglich ist aber auch eine **unpersönlichere Ausdrucksweise** wie z. B.:

- *Viele Menschen überlegen zurzeit, ob es gut ist, sich vegan zu ernähren.*
- *Eine vegane Ernährung kann positive Effekte auf die Gesundheit haben.*
- *Wer sich vegan ernähren möchte, muss regelmäßig die Blutwerte ärztlich kontrollieren lassen.*

Welche Variante man auswählt, ist letztlich Geschmackssache. Es ist aber gut, sich für eine zu entscheiden, damit der Text einen einheitlichen Ton hat.

Angabe von Quellen

Ein kniffliger Punkt beim Schreiben eines Textes ist der Umgang mit dem geistigen Eigentum anderer. Beispielsweise stammt in dem Text, den Sie nun zum Thema „Vegane Ernährung und Gesundheit" schreiben, wahrscheinlich nur ein kleiner Teil der Informationen von Ihnen. Die meisten Informationen haben Sie Quellen entnommen, die andere Menschen verfasst haben.

1 Suchen Sie in dem Text ab Seite 97 alle Stellen heraus, an denen die Autoren auf die Quellen verweisen, die sie genutzt haben.

2 Ordnen Sie diese den Möglichkeiten der Quellenangabe zu, die in GUT ZU WISSEN „Quellen in informierenden Texten angeben" erklärt werden.

GUT ZU WISSEN – Quellen in informierenden Texten angeben

Für Ihre Leserinnen und Leser ist es aus **mehreren Gründen** wichtig, dass sie erfahren, woher die Informationen in Ihrem Text stammen. Diese Gründe sind:

- Sie machen sich sonst des Diebstahls geistigen Eigentums schuldig (Stichwort **Urheberrecht**).
- Ihre Leserinnen und Leser möchten einschätzen können, ob die Informationen aus **vertrauenswürdigen Quellen** stammen.
- Ohne Angaben der Quellen können Ihre Leserinnen und Leser **Daten und Fakten nicht auf ihre Richtigkeit hin überprüfen.**

Es gibt mehrere Möglichkeiten, wie Sie in Ihrem Text angeben können, woher Ihre Informationen stammen:

Art der Quellenangabe	Erklärung	Beispiele
direkte Wiedergabe	Sie geben direkt und wörtlich wieder, was der Autor oder die Autorin eines anderen Textes geschrieben hat.	*Die Autoren stellen fest: „[...] dass ein Gesundheitsverhalten, wie es die Mehrheit der Vegetarier praktiziert, entscheidende präventive Vorteile beinhaltet."*
indirekte, zusammenfassende Wiedergabe	Sie fassen den Inhalt oder einzelne Informationen einer Quelle in eigenen Worten zusammen.	*Einer Untersuchung der Internetseite „Tier im Fokus" aus dem Jahr 2019 kann man entnehmen, dass sich ca. ein Drittel der Menschen nach einer Ernährungsumstellung wohler fühlten.* *Eine Karikatur zeigt den (vermeintlichen) Zusammenhang von Fleischkonsum und Krebserkrankungen auf.*

Schreiben am Computer

Sie können nun mit dem Schreiben loslegen.
Im Hinblick auf das Ziel Ihres Übungstextes, nämlich als Klasse eine ganze Broschüre zu erstellen, kann es sinnvoll sein, Ihren Text in einem Textverarbeitungsprogramm zu erstellen.

1 Notieren Sie,

a) welche Erfahrungen Sie bisher mit dem Schreiben von Texten in einem Textverarbeitungsprogramm gemacht haben (z. B.: Was haben Sie geschrieben? Wie lang waren die Texte?).
b) wie sich Ihr Schreiben verändert, wenn Sie mit einer Tastatur schreiben und nicht mit der Hand.
c) was Ihnen besser gefällt – mit der Hand oder mit der Tastatur zu schreiben – und warum.
d) wo Sie sich beim Umgang mit Textverarbeitungsprogrammen schon sicher fühlen und wo Sie noch Unterstützung brauchen.

2 **Tauschen Sie sich darüber in einer Vierergruppe aus. Überlegen Sie auf der Grundlage Ihrer Ergebnisse, wie Sie sich gegenseitig beim Schreiben der Texte unterstützen können.**

GUT ZU WISSEN – Texte am Computer schreiben

Wenn Sie eine neue Datei geöffnet haben, speichern Sie sie am besten sofort unter einem **einprägsamen Namen** an einem Speicherort ab, den Sie auch wiederfinden.

Vergewissern Sie sich, dass das Textverarbeitungsprogramm automatisch in regelmäßigem Abstand eine Wiederherstellungsversion speichert. In Word finden Sie diese Einstellung unter Datei > Optionen > Speichern.

Aktivieren Sie die Funktion, dass **sprachliche Fehler sofort bei der Eingabe markiert** werden (in Word: Datei > Optionen > Dokumentprüfung). Rechtschreibfehler werden dann z. B. rot unterschlängelt, Grammatikfehler doppelt blau unterstrichen. Bei einem Klick mit der rechten Maustaste auf das so markierte Wort werden Ihnen in vielen Programmen Vorschläge zur Verbesserung gemacht. Aber Vorsicht: Natürlich erkennt das Programm bei Weitem nicht alle Fehler. Eine selbstständige Überprüfung ist daher nötig!

Sie können auch die **Diktierfunktion ausprobieren**, über die die meisten neuen Versionen der Textverarbeitungsprogramme verfügen. Wenn Sie Ihren Text langsam und deutlich einsprechen, können Sie damit gute Resultate erzielen. Diktieren Sie Satzzeichen mit, indem Sie „Komma“ oder „Punkt“ sagen. Beim Diktieren benötigen Sie eine ruhige Arbeitsatmosphäre, damit ein vernünftiges Ergebnis entstehen kann. Auch ist das Überarbeiten besonders wichtig.

Nutzen Sie die Vorteile, die das Schreiben am Computer bietet, und **schreiben Sie hemmungslos**. Lassen Sie Ihre Ideen fließen, denn Sie können alles, was Sie geschrieben haben, jederzeit verschieben, ergänzen, verändern oder löschen. Manchen hilft das, kreativer zu sein.

3 **Fallen Ihnen noch weitere wichtige Tipps ein? Sammeln Sie diese in der Klasse und visualisieren Sie alle Tipps mithilfe einer Visualisierungsmethode (↗ Kapitel 4), sodass sie während des Schreibens der Texte gut sichtbar sind.**

4 **Verfassen Sie nun einen vollständigen Entwurf für den Artikel „Vegane Ernährung und Gesundheit“. Nutzen Sie die Tabelle von Seite 103, Aufgabe 1. Beachten Sie die Regeln zur Nennung von Quellen und zur Zitation (↗ Kapitel 6).**

Ein Feedback zum Entwurf einholen – den Text überarbeiten

Kein Schreibprozess endet mit dem ersten Entwurf. Holen Sie Feedback für Ihren Text ein.

1 Tauschen Sie mit einem Lernpartner / einer Lernpartnerin Ihren Text aus.

2 Füllen Sie den Feedbackbogen zu dem fremden Text aus.

3 Erklären Sie sich anschließend gegenseitig, was Sie warum notiert haben.

Bereich	ja	nein	Tipps
Hat der Text eine Überschrift, die zum Lesen anregt?			
Hat der Text eine Einleitung, die Interesse weckt?			
Ist der Hauptteil klar gegliedert?			
Werden alle Leitfragen beantwortet?			
Steht bei dem Text die informative Funktion im Vordergrund?			
Enthält der Text eine eigene Meinung am Schluss?			
Sind alle Informationen interessant für Jugendliche?			
Ist die Sprache geeignet für Jugendliche (Fremdwörter erklärt)?			
Gibt es sprachliche Fehler?			
Werden die Quellen für die Informationen angegeben?			
Das möchte ich dir sonst noch sagen:			

4 Überarbeiten Sie nun Ihren Text mithilfe des Feedbacks.

Das informierende materialgestützte Schreiben können Sie auch in Kapitel 22 trainieren.

Lernbilanz: Sie können ...

- verstehen, welches Textprodukt die Aufgabenstellung verlangt.
- Leitfragen zum Thema entwickeln.
- die Struktur und Hauptaussagen eines Sachtextes erfassen und wiedergeben.
- eine Grafik auswerten und ihren Inhalt mit eigenen Worten wiedergeben.
- eine Karikatur beschreiben und deuten.
- die Materialien im Hinblick auf die Leitfragen auswerten.
- Informationen aus den Materialien miteinander verknüpfen.
- einen adressaten- und zielorientierten Text verfassen; dabei die Informationen aus den Materialien sinnvoll strukturieren und einen passenden Schreibstil wählen.
- Feedback erhalten und anderen Feedback zu ihren Texten geben; den eigenen Text mithilfe des Feedbacks überarbeiten.
- den eigenen Text korrigieren, Fehlerschwerpunkte erkennen und Hilfsmittel für die Rechtschreibung/Zeichensetzung/Grammatik verwenden.

Die Lernsituation umsetzen: Eine Broschüre erstellen

Zurück also zur Mail Ihrer Schulleitung. Was sollte das noch einmal für eine Broschüre werden? Lesen Sie die Mail auf Seite 95 noch einmal und tragen Sie die wesentlichen Punkte zusammen.

Themenfindung und -verteilung

1 **Notieren Sie für sich drei Themen, zu denen Sie einen Text für die Broschüre schreiben möchten.**

2 **Bilden Sie nach Möglichkeit Vierergruppen. Diskutieren Sie die Themenvorschläge in der Gruppe.**

a) Wählen Sie in der Gruppe vier Vorschläge aus.

b) Präsentieren Sie diese im Plenum und notieren Sie alle Themen an der Tafel.

3 **Verteilen Sie die Themen. Sie können allein oder zu zweit für ein Thema und somit einen Text verantwortlich sein.**

Zeitplan und Texterstellung

4 **Stellen Sie einen Zeitplan auf. Legen Sie dabei fest, wann die einzelnen Texte fertig sein müssen und wann die ganze Broschüre. Planen Sie auch Zeit für die Überarbeitung ein.**

5 **Recherchieren Sie Informationen zu Ihrem Thema (↗ Kapitel 6).**

6 **Verfassen Sie einen Textentwurf. Nutzen Sie ein Textverarbeitungsprogramm, um sich das Überarbeiten zu erleichtern. Holen Sie dann von mindestens zwei anderen ein Feedback ein und nutzen Sie dieses, um eine endgültige Version zu erstellen.**

Broschüre erstellen

7 **Bringen Sie die fertigen Texte in eine geeignete Reihenfolge.**

8 **Gestalten Sie die Broschüre. Beachten Sie GUT ZU WISSEN „Eine Broschüre erstellen“.**

GUT ZU WISSEN | Eine Broschüre erstellen

Bei der Erstellung einer Broschüre sollte Folgendes beachtet werden:

- Das **Layout** sollte übersichtlich sein.
- Es sollten sowohl Bilder als auch Texte enthalten sein (bei rein digitalen Broschüren sind auch Videos oder Audiodateien möglich).
- Hervorhebungen, Aufzählungen u. Ä. helfen, die wichtigsten Informationen schnell zu vermitteln.

Damit die Broschüre professionell aussieht und ansprechend für Ihre Leserinnen und Leser ist, empfiehlt es sich, auf eine der **zahlreichen Apps** zurückzugreifen, die es für solche Aufgaben gibt. Hier stehen viele, auch kostenlose Anwendungen zur Verfügung. Auch das Exportieren in verschiedene Dateiformate ist möglich, je nachdem ob die Texte schließlich in gedruckter Form oder digital gelesen werden sollen.

Kapitel 8

Sich bewerben

Bewerben heißt, für sich zu werben. Dies hört sich einfach an, aber Sie werden merken, sobald Sie sich an die konkrete Bewerbung setzen, tauchen Fragen auf wie z. B.: Gibt es eine bestimmte Form, die einzuhalten ist? Wie kann ich in einem Schreiben oder in einem Vorstellungsgespräch wirklich für mich werben? Was kann ich eigentlich alles und wie mache ich anderen deutlich, was ich kann?
In diesem Kapitel lernen Sie sowohl schriftlich als auch mündlich so für sich zu werben, dass Sie bei Ihrer nächsten Bewerbungsrunde viel selbstsicherer auftreten können.

Kompetenzen

- ✓ eigene Stärken reflektieren
- ✓ Texten Informationen entnehmen
- ✓ Bewerbungsschreiben, Lebenslauf und Motivationsschreiben zielorientiert, form- und adressatengerecht gestalten
- ✓ Texte hinsichtlich inhaltlicher, funktionaler, stilistischer sowie orthografischer Kriterien neu schreiben bzw. eigene Texte überarbeiten

Methoden und Arbeitstechniken

- ✓ Internetrecherche
- ✓ Rollenspiel
- ✓ Checklisten

Lernsituation: Sich bewerben

Auf der Homepage der Fly Bike Werke GmbH haben Sie diese Ausschreibung entdeckt:

Wer sind wir?

Wir sind ein modernes, innovatives, ökologisch orientiertes Unternehmen, dessen Gegenstand die Herstellung und der Handel mit Fahrrädern, Fahrradteilen, Fahrradzubehör und Dienstleistungen im Fahrradmarkt ist. Wir beliefern sowohl den Groß- als auch den Einzelhandel. Zudem sind wir auch europaweit tätig.

Was wollen wir?

Wir sehen unsere Aufgabe auch darin, jungen engagierten Menschen eine Zukunftsperspektive zu geben.

Wen suchen wir?

Zum 1. August 20__ suchen wir je eine Auszubildende oder einen Auszubildenden für die folgenden Berufe:

- Industriekauffrau/mann
- Fachkraft für Lagerlogistik
- Kauffrau/mann für Marketingkommunikation
- Zweiradmechaniker/innen

Senden Sie Ihre aussagekräftige Bewerbung an unsere Personalbeauftragte Frau Vera Linden, Rostocker Str. 334, 26121 Oldenburg oder am liebsten per Mail an v.linden@flybike.corn.

Von Freunden haben Sie gehört, dass die Fly Bike Werke ein besonders guter Ausbildungsbetrieb sind, aber auch sehr anspruchsvoll, was die Auswahl der Auszubildenden angeht. Es gibt also eine große Konkurrenz und strenge Auswahlkriterien – nicht nur bei der Bewerbungsmappe, sondern auch beim Assessmentcenter und dem Bewerbungsgespräch.
Da Sie unbedingt dort einen Ausbildungsplatz bekommen möchten, beschließen Sie, sich gründlich auf das Bewerbungsverfahren vorzubereiten.

So können Sie vorgehen

Schritt 1 sich über die eigenen Stärken klarwerden

Schritt 2 analysieren, was im Ausbildungsberuf und in der Stellenanzeige gefordert ist

Schritt 3 eine Bewerbungsmappe bzw. eine Online-Bewerbung erstellen

Schritt 4 sich auf ein Assessmentcenter vorbereiten

Schritt 5 ein Vorstellungsgespräch vorbereiten und üben

Ein Persönlichkeitsprofil erstellen

Die Fly Bike Werke GmbH ist ein angesehenes Unternehmen. Die Konkurrenz auf die Ausbildungsplätze ist also groß. Ihnen ist klar, dass Sie über positive Standardeigenschaften wie „freundlich" oder „teamfähig" hinaus Ihre Persönlichkeit differenzierter darstellen müssen, wenn Sie für sich erfolgreich werben und Ihre Bewerbungschancen erhöhen wollen. Die folgenden Aufgaben helfen Ihnen, sich kritisch und sachlich zu charakterisieren.

1 Schätzen Sie sich zunächst selbst ein.

a) Stellen Sie eine Liste mit Persönlichkeitsmerkmalen zusammen (Eigenschaften, Fähigkeiten, Verhaltensweisen). Denken Sie dabei an Personen, die Sie kennen, und an sich selbst.

b) Fertigen Sie am Computer eine Checkliste mit den von Ihnen ermittelten Persönlichkeitsmerkmalen nach folgendem Muster an:

Persönlichkeitsmerkmale	stark ausgeprägt	normal ausgeprägt	gar nicht ausgeprägt
ausdauernd			

c) Drucken Sie die Liste mehrmals aus. Füllen Sie die Checkliste zuerst für sich selbst aus.

2 Bitten Sie Freunde, Familie und Lehrkräfte, Sie mithilfe der Liste oben einzuschätzen.

3 Vergleichen Sie die Ergebnisse der Aufgaben 1c und 2.

a) Überwiegen die gleichen Bewertungen oder fallen Selbsteinschätzung und Fremdeinschätzung auseinander?

b) Begründen Sie die Abweichungen von Selbst- und Fremdeinschätzung.

4 Erstellen Sie Ihr persönliches Profil.

a) Stellen Sie Ihre positivsten und Ihre negativsten Eigenschaften gegenüber (vgl. Aufgabe 1 und 2).

meine positiven Eigenschaften	meine negativen Eigenschaften
ausdauernd → Beleg: ...	

b) Persönlichkeitsmerkmale müssen Sie in einem Bewerbungsschreiben oder in einem Vorstellungsgespräch belegen können. Stellen Sie Belege für Ihre hervorstechenden positiven Eigenschaften zusammen und tragen Sie sie in die linke Spalte Ihrer Tabelle ein.

ausdauernd → Beleg: Ich jogge regelmäßig.

c) Im Bewerbungsgespräch könnten Sie auch auf Ihre negativen Eigenschaften angesprochen werden. Überlegen Sie, welche Sie nennen würden und wie Sie diese in Zukunft verbessern möchten.

Anforderungsprofile für Ausbildungsberufe ermitteln

Sie haben eine Vorstellung von dem Beruf, den Sie einmal ausüben möchten. Aber nicht immer stimmen die Anforderungen des „Traumberufes" mit Ihren eigenen Fähigkeiten überein. Damit Sie den passenden Ausbildungsberuf finden, sollten Sie Informationen recherchieren. Zwei zentrale Fragen sind bei dieser Suche zu beantworten:

- Welche Ausbildungsberufe eignen sich für Absolventen mit Fachhochschulreife?
- Welche anderen Anforderungen – wie z. B. Eigenschaften, Verhalten, Kenntnisse, Fähigkeiten – werden in diesen Ausbildungsberufen an die Auszubildenden gestellt?

1 Sammeln Sie Informationen über Ihren Traumberuf und vergleichen Sie die Anforderungen mit Ihrem eigenen Profil.

Sie haben z. B. folgende Möglichkeiten, sich über Ausbildungsberufe zu informieren:

- Berufsinformationszentrum (BIZ)
- Internetauftritte: www.ihk-lehrstellenboerse.de, www.arbeitsagentur.de, www.ausbildungplus.de, www.bibb.de (Bundesinstitut für Berufsbildung), www.bmwi.de/BMWi/Navigation/Ausbildung-und-Beruf/ausbildungsberufe.html
- Broschüren (Bundesagentur für Arbeit, Industrie, Handelsoder Handwerkskammer)
- Lehrstellenatlas
- Ausbildungsmesse
- Auszubildende in der Schule
- Freunde und Bekannte, die einen für Sie interessanten Beruf ausüben

2 Informieren Sie sich über andere Ausbildungsberufe. Suchen Sie sich mindestens drei weitere Ausbildungsberufe aus, die zu Ihrem Persönlichkeitsprofil passen.

3 Versuchen Sie, zu Ihnen passende Alternativen zu den gängigen Ausbildungsberufen zu finden, z. B. unter den sogenannten „neuen Ausbildungsberufen".

4 Systematisieren Sie die gesammelten Informationen über Ausbildungsberufe mithilfe einer Tabelle.

Ausbildungsberuf	Anforderung des Ausbildungsberufs	Übereinstimmungen mit meinem Persönlichkeitsprofil

5 Recherchieren Sie, welche Firmen in Ihrer Umgebung in den für Sie interessanten Berufen Ausbildungsplätze anbieten. Folgende Quellen können Sie nutzen:

- Internet u. a. unter den folgenden Adressen:
  - berufenet.arbeitsagentur.de/berufe/
  - www.ihk-lehrstellenboerse.de
  - www.meinestadt.de/deutschland/lehrstellen
  - www.handwerkskammer.de
  - www.aubi-plus.de
- Wochenendausgabe der lokalen Tageszeitung
- Aushänge in der Schule

Eine Bewerbung verfassen

Anschreiben und Lebenslauf verfassen

Sie finden folgendes Beispiel für ein formgerechtes Anschreiben. Wie hilft Ihnen das, ein eigenes zu verfassen?

Muster	Abschnitt
Nora Musterfrau Musterstraße 15 12345 Musterstadt 0151 123456 nora@musterfrau.de	*Meine Anschrift*
Tanne- und Elfer-Gruppe Frau Schwarz Große Str. XXX 50999 Köln	
Musterstadt, 07.04.20XX	
Bewerbung für die Ausbildung zur Immobilienkauffrau (Ihre Anzeige auf www.ausbildung.de vom 02.04.20XX	
Sehr geehrte Frau Schwarz,	
über die Plattform Ausbildung.de bin ich auf Ihre Stellenanzeige aufmerksam geworden und bewerbe mich um eine Ausbildung als Immobilienkauffrau in Ihrem Unternehmen. [...]	*Was will ich und warum?*
Derzeit besuche ich die 11. Klasse der Höheren Handelsschule in Musterstadt und werde voraussichtlich im Juli 20XX meine Fachhochschulreife erwerben. Neben Mathe und Deutsch gehört auch Informationswirtschaft zu meinen Lieblingsfächern. [...]	
In Ihrer Anzeige suchen Sie eine Auszubildende, die organisieren kann und zuverlässig ist. Meine Zuverlässigkeit zeige ich z. B. in der Schule. Ich mache meine Hausaufgaben immer sorgfältig und gebe Arbeitsergebnisse stets zum vereinbarten Zeitpunkt ab. [...]	
Gerne stelle ich mich Ihnen persönlich vor und freue mich darauf, weitere Fragen in einem Vorstellungsgespräch klären zu können. Freundliche Grüße (Nora Musterfrau)	
Anlagen Zeugnisse Lebenslauf	

Anschreiben und Lebenslauf verfassen

1 Schreiben Sie, wie im Muster vorgegeben, die einzelnen Teile heraus, die ein Anschreiben umfassen muss. Achten Sie darauf, welche Funktion die einzelnen Abschnitte haben.

GUT ZU WISSEN – Das Anschreiben

Auch wenn es zunehmend Firmen gibt, die andere Formen der Bewerbung verlangen: Das Anschreiben ist ein **zentrales Element** der Bewerbung. Es erfüllt **mehrere Funktionen**: Es ermöglicht es dem Unternehmen auf einer Seite einen knappen Eindruck von Persönlichkeit und Können der Bewerberin oder des Bewerbers zu bekommen. Es gibt dem Bewerber oder der Bewerberin die Möglichkeit über den Inhalt und die Sprache individuelle Akzente zu setzen. Das Unternehmen erhält außerdem eine Art erste Arbeitsprobe, was z. B. sorgfältiges Arbeiten angeht.

Deshalb muss ein Anschreiben **folgende Kriterien** erfüllen: Es muss individuell auf die ausgeschriebene Stelle und den Bewerber bzw. die Bewerberin passen. Die Sprache muss klar und deutlich sein, die Sätze eher kurz, damit der Inhalt schnell zu erfassen ist. Das Anschreiben muss fehlerfrei sein.

2 Suchen Sie sich einen der Ausbildungsplätze der Fly Bike Werke GmbH aus. Verfassen Sie für diese Stelle ein Anschreiben für Ihre Bewerbung. Beziehen Sie dabei ein, was Sie über Ihre eigenen Stärken gelernt haben und was Sie über den Ausbildungsberuf in Erfahrung bringen können (↗ Kapitel 8.2).

Der Lebenslauf

Damit sich Ihr zukünftiger Arbeitgeber ein genaueres Bild von Ihnen als Person machen kann, gehört zu einer Bewerbungsmappe neben dem Anschreiben unbedingt ein Lebenslauf dazu.

GUT ZU WISSEN – Lebenslauf

Fotos dürfen heute von den Arbeitgebern nicht mehr verlangt werden, werden oft aber immer noch gern gesehen. Sie können mit einer Büroklammer auf dem Lebenslauf befestigt werden. Angaben zum **schulischen Werdegang und zur Berufserfahrung** ordnet man meist so an, dass das neueste Datum oben steht. Bei Hobbies sollte man darauf achten, dass es sich auch wirklich um **Hobbys** handelt. Musik hören gehört z. B. nicht dazu, Musik machen schon. Beim Layout hilft es, eine Tabelle anzulegen, deren Linien man dann überwiegend unsichtbar schaltet.

Lebenslauf *Nora Bingenheim*

Persönliche Daten
Geburtsdatum
Geburtsort
Adresse
Telefonnummer
E-Mail

Schulischer Werdegang
__.__.__-__.__.__ Höhere Berufsfachschule...
voraussichtlicher Abschluss FHR Juni 20__
__.__.__-__.__.__

Berufserfahrung
__.__.__-__.__.__ Praktikum bei ... als ...
__.__.__-__.__.__ Aushilfstätigkeit bei ... als ...
__.__.__-__.__.__
__.__.__-__.__.__

Sprachkenntnisse
- gute Englischkenntnisse
- Türkisch flüssig mündlich und schriftlich ...

Weitere Qualifikationen
- gute EDV-Kenntnisse (Office-Programme)
- Führerschein ...

Hobbies
- Fußball im Verein ...

Lohmar, 24.6.20__

N. Bingenheim

3 Verfassen Sie nach dem Beispiel oben einen Lebenslauf für Ihre Bewerbung. Beachten Sie die Hinweise in GUT ZU WISSEN „Lebenslauf“.

Eine Online-Bewerbung zusammenstellen

In der Anzeige lesen Sie, dass die Fly Bike Werke GmbH Ihre Bewerbung am liebsten per Mail erhalten möchte. „Kein Problem", denken Sie zuerst, doch Sie merken schnell, dass es dabei doch einiges zu beachten gibt.

GUT ZU WISSEN Online-Bewerbung

Eine Online-Bewerbung enthält grundsätzlich alle Teile, die eine Bewerbung per Post auch enthält. Grundsätzlich gibt es dabei zwei Formen:

1. Das Unternehmen stellt auf seiner Website Formulare bereit, die Sie ausfüllen müssen und in die Sie Ihre Unterlagen hineinladen.
2. Sie schicken eine E-Mail an die in der Stellenanzeige angegebene Adresse. In der Mail nennen Sie kurz den Grund Ihrer Mail und verweisen auf Ihre Bewerbungsunterlagen im Anhang.

- Wenn **Formulare** vorgesehen sind, sollten Sie diese auch nutzen:
  - Füllen Sie so viele Felder wie möglich aus.
  - Bleiben Sie bei der Wahrheit, auch wenn z. B. die Eingabe der Zeugnisnoten dazu verleitet, bessere Noten einzutragen, als Sie eigentlich haben. Spätestens mit dem Einreichen des Zeugnisses fällt ein Betrug auf und Sie scheiden sofort aus dem Bewerbungsverfahren aus.
- Wenn **keine Formulare** vorgesehen sind, gehen Sie so vor:
  - Strukturieren Sie Ihr Anschreiben wie ein Bewerbungsschreiben, das per Post versandt wird.
  - Nennen Sie neben Ihrer E-Mail-Adresse auch Ihre Postanschrift mit Telefonnummer. Sie gehören in den Briefkopf des Anschreibens und in den Lebenslauf bzw. in das Anschriftenfeld bei Formularen.
  - Achten Sie auf Aktualität. Das Datum des Anschreibens und des Lebenslaufs müssen mit dem Sendedatum der E-Mail übereinstimmen.
  - Achten Sie auch darauf, dass die Bewerbung vollständig ist.
- **Überprüfen Sie Ihre E-Mail-Adresse auf Seriosität.** Adressen wie z. B. *dragonheart@...* oder *sternchen97@...* sind unpassend. Richten Sie sich im Zweifel eine neue Adresse ein, die am besten aus Ihrem Vor- und Nachnamen besteht, z. B. *Sandra.Meier@...*
- Formulieren Sie Ihre Online-Bewerbung genauso sorgfältig wie jede andere Bewerbung. Auch wenn es sich um eine E-Mail oder eine Kurzmitteilung handelt, bei der man sonst zwangloser formuliert, sollten Sie keine umgangssprachlichen Wendungen, keine Emoticons, keine Abkürzungen, keinen SMS- oder Chat-Stil verwenden. Bilden Sie stattdessen vollständige Sätze und halten Sie sich an die Regeln normaler Bewerbungen.
- Beschriften Sie alle Anhänge eindeutig, z. B. *Lebenslauf Sandra Meier.doc, Zeugnisse Ralf Willms.pdf.*

Nutzen Sie als Dateiformat grundsätzlich das **PDF-Format**. Bei allen gängigen Textverarbeitungsprogrammen können Sie Ihre Dateien nach dem Schreiben und Korrekturlesen direkt in diesem Format abspeichern. Auch Bilder, z. B. von eingescannten Zeugnissen, können Sie in diesem Format speichern. Manche Scan-Programme ermöglichen es auch, sämtliche Anlagen in einer Datei abzuspeichern. Das ist für die Empfänger angenehmer.

Halten Sie die Dateigrößen – besonders bei eingescannten Dokumenten – möglichst klein, da es sonst Probleme mit dem Verschicken gibt. Dabei hilft, dass man beim Einscannen verschiedene Auflösungen einstellen kann.

1 Speichern Sie Ihr Anschreiben und Ihren Lebenslauf als PDF. Verschicken Sie probehalber eine vollständige Bewerbung an einen Freund oder eine Freundin. Lassen Sie sich Feedback geben.

Ein Motivationsschreiben verfassen

Eine Freundin erzählt Ihnen, dass immer mehr Bewerberinnen und Bewerber ihren Bewerbungsunterlagen auch ein Motivationsschreiben beilegen. Bei den Recherchen dazu, was ein Motivationsschreiben überhaupt ist, stoßen Sie auf folgende Informationen.

Das Motivationsschreiben

Lange war es in Deutschland unbekannt – jetzt ist es schon Bestandteil jeder vierten Bewerbung: das Motivationsschreiben. Manchmal nennt man es auch „Seite 3", weil es die unbedingt notwendigen Bestandteile – Anschreiben und Lebenslauf – ergänzt. Ist es gut geschrieben, hilft es, sich von der Masse der Bewerberinnen und Bewerber abzuheben.

Ein gutes Motivationsschreiben ist persönlich geschrieben. Es reicht dabei nicht, wie beim Anschreiben an der Oberfläche zu kratzen und formale Dinge wie Praktika u.Ä. anzugeben. Man muss richtig in die Tiefe gehen, sich quasi selbst erforschen, um sich umfassend als Mensch im Allgemeinen und in seinen Beweggründen, sich auf diese Stelle zu bewerben, darzustellen.

Dabei kann man z. B. eingehen auf

- fachliche Kompetenzen (sog. „hard skills" wie Fremdsprachenkenntnisse)
- persönliche Kompetenzen (sog. „soft skills" wie Durchsetzungsfähigkeit)
- besondere Talente (möglichst solche, die nicht alle haben)
- persönliche Ziele im Beruflichen und Privaten
- prägende Erfahrungen
- Werte, die im Privat- und/oder Berufsleben wichtig sind (z. B. Ehrlichkeit, Toleranz)

- persönliche Identifikation mit dem Unternehmen (z. B. Übereinstimmung zwischen den verfolgten Werten)
- soziales Engagement

Dabei gibt es keine Vorgaben für die formale und sprachliche Gestaltung. Wichtig ist aber, dass der Text und seine Aufmachung zum Rest der Bewerbung und zu Ihnen passen. Deshalb ergibt es keinen Sinn, aus anderen Quellen abzuschreiben. Sprachliche Richtigkeit ist aber natürlich genauso gefragt wie in den anderen Teilen der Bewerbung.

Letztlich verdeutlicht ein Motivationsschreiben dem Unternehmen, dass man sich wirklich Mühe gibt, die ausgeschriebene Stelle zu bekommen. Das allein kann schon den Unterschied machen. In einem Motivationsschreiben hat man die Möglichkeit, sich selbst umfassend darzustellen – auch solche Seiten, die in dem normalen Anschreiben keinen Platz haben. Insgesamt sollte man darauf achten, dass man sich selbstbewusst zeigt und als eine interessante Persönlichkeit, die ja jeder ist.

1 **Legen Sie eine Tabelle nach folgendem Muster an. Vergleichen Sie in dieser die Merkmale eines Anschreibens mit denen eines Motivationsschreibens. Beziehen Sie dabei mit ein, was Sie in diesem Kapitel schon über das Anschreiben gelernt haben.**

	Anschreiben	Motivationsschreiben
Form		
Inhalt		
Sprache		

Ein Motivationsschreiben verfassen

2 Suchen Sie im Internet nach Beispielen für Motivationsschreiben. Vergleichen Sie den Aufbau. Können Sie Gemeinsamkeiten entdecken?

3 Notieren Sie aus den Beispielen Formulierungen, die Sie besonders gelungen finden. Achten Sie dabei darauf, ob Sie auch zu Ihnen passen würden.

4 Verfassen Sie ein Motivationsschreiben für die von Ihnen ausgewählte Stelle.

CHECKLISTE Bewerbungsunterlagen

Das muss sein:

- ☑ eine Mappe, in die Sie Ihre Unterlagen knitterfrei einlegen können – sauber und ein bisschen hübsch anzusehen
- ☑ ein Lebenslauf auf dem neuesten Stand
- ☑ ein Anschreiben genau auf die Stelle bezogen, auf die Sie sich bewerben möchten
- ☑ die letzten beiden Schulzeugnisse – das neueste zuerst
- ☑ Bescheinigungen oder noch besser Arbeitszeugnisse aus den Praktika, die Sie absolviert haben
- ☑ Bescheinigungen über ehrenamtliche Tätigkeiten wie z. B. Trainer/-in im Sportverein, Mitglied in der freiwilligen Feuerwehr etc.
- ☑ Bescheinigungen oder noch besser Arbeitszeugnisse aus Nebenjobs

Das können Sie hinzufügen:

- ☑ ein aktuelles Passfoto, auf dem Sie sympathisch aussehen und dem Beruf gemäß gekleidet sind
- ☑ ein Deckblatt als erste Seite, mit Ihrem Foto, Ihren Grunddaten und einer Übersicht über die Unterlagen, die Sie beilegen

Außerdem ist wichtig:

- ☑ alle Unterlagen unbedingt von mindestens einer kompetenten Person Korrektur lesen lassen – inhaltlich und natürlich in Bezug auf Sprachrichtigkeit und Ausdruck
- ☑ keine Originale, nur Kopien einreichen
- ☑ Briefumschlag ausreichend frankieren
- ☑ Anschreiben und Lebenslauf unterschreiben

Bei einer Bewerbung per E-Mail oder Online:

- ☑ Unterlagen am besten in PDF umwandeln
- ☑ mithilfe von online Programmen alle Einzelseiten in eine Sammel-PDF zusammenfassen, Reihenfolge: Lebenslauf, Schulzeugnisse, Arbeitszeugnisse, Bescheinigungen
- ☑ ggf. ein Deckblatt erstellen und als erste Seite in der Sammel-PDF einfügen
- ☑ das Anschreiben kann bei einer Bewerbung per E-Mail gleich in die E-Mail übertragen werden, sollte aber auch als Datei im Anhang mitgeschickt werden

Für ein Vorstellungsgespräch üben

In einem Vorstellungsgespräch treten Sie zum ersten Mal in direkten Kontakt mit einem möglichen Ausbilder. Jetzt müssen Sie sich selbst präsentieren. Je besser Sie sich darauf vorbereiten, desto größer sind Ihre Chancen, den Ausbildungsplatz zu erhalten. Denn es geht nur noch um die Frage: „Warum sollten wir gerade Sie nehmen?“

GUT ZU WISSEN | Sich auf ein Vorstellungsgespräch vorbereiten

Die **inhaltliche Vorbereitung** ist der erste Schritt zur Selbstsicherheit:

- Informieren Sie sich über das Unternehmen, die Branche und den Ausbildungsberuf. Sehen Sie sich den Internetauftritt des Unternehmens an und machen Sie sich mit Produkten, Dienstleistungen, Filialen etc. vertraut.
- Lernen Sie Ihre eigenen Daten auswendig (Lebenslauf, Hobbys, Name Ihrer Schule).
- Bereiten Sie sich auf mögliche Fragen vor, auch auf unangenehme, z. B. nach schlechten Noten.
- Überlegen Sie, welche Fragen Sie stellen könnten. Erstellen Sie eine Liste, die Sie zum Vorstellungsgespräch mitnehmen können. So vermeiden Sie, wichtige Fragen zu vergessen.
- Erstellen Sie Ihr Persönlichkeitsprofil. Benennen Sie Stärken und Schwächen und begründen Sie Ihre Eignung möglichst konkret.
- Belegen Sie allgemeine Aussagen wie „Ich bin teamfähig“ sofort mit Beispielen.

Das **richtige Auftreten** ist der zweite Schritt zur Selbstsicherheit (↗ Kapitel 1):

- Das Vorstellungsgespräch beginnt bereits, wenn Sie das Firmengelände betreten. Gehen Sie davon aus, dass Sie dort schon beobachtet werden.
- Seien Sie pünktlich und kleiden Sie sich dem Anlass entsprechend.
- Stellen Sie sich mit Vor- und Nachnamen vor.
- Sprechen Sie in ganzen Sätzen.
- Sprechen Sie Standarddeutsch (↗ Kapitel 19).
- Bleiben Sie freundlich.
- Achten Sie auf eine angemessene Körper- und Sitzhaltung.
- Versuchen Sie, glaubwürdig, bescheiden, kompetent und zielstrebig zu wirken.

1 Üben Sie ein Vorstellungsgespräch für die Fly Bike Werke. Bilden Sie dazu Dreiergruppen aus Bewerber/-in, Vertreter/-in des Unternehmens und Beobachter/-in.

a) Der Bewerber / die Bewerberin bereitet sich auf Folgendes vor:
   - sich selbst flüssig mit den wichtigsten Daten aus dem Lebenslauf vorzustellen,
   - unangenehme Fragen nach schlechten Noten u. Ä. zu beantworten,
   - selbst Fragen zur Ausbildung zu stellen,
   - eigene Stärken und Schwächen zu nennen.

b) Der Vertreter / die Vertreterin des Unternehmens überlegt sich Fragen zu den vier in a) genannten Punkten.

c) Die Person, die beobachtet, macht sich Notizen zu den Aspekten, die unter „Richtiges Auftreten“ genannt sind (↗ GUT ZU WISSEN „Sich auf das Vorstellungsgespräch vorbereiten“).

d) Führen Sie die Übung insgesamt dreimal durch, so dass jedes Gruppenmitglied einmal jede Rolle innehat.

Sich auf ein Assessment-Center und Einstellungstests vorbereiten

Von einer Mitarbeiterin erfahren Sie, dass die Fly Bike Werke GmbH im Bewerbungsverfahren neben einem Bewerbungsgespräch ein Assessment-Center abhält.

GUT ZU WISSEN | Assessment-Center

Bei einem Assessment-Center werden die Bewerber auf ihre Eignung für den Ausbildungsberuf beurteilt. Als Grundlage dazu dienen verschiedene praktische Tests, denen sich die Bewerber stellen müssen. Gängige Methoden in diesem Auswahlverfahren sind:

- Gruppendiskussionen
- Rollenspiele
- Konstruktionsaufgaben
- organisatorische Aufgaben
- Kurzpräsentationen

Das Auswahlverfahren in einem Assessment-Center kann von mehreren Stunden bis zu mehreren Tagen dauern. Stellen Sie sich darauf ein, dass Sie nicht nur während der Tests, sondern auch während des ganzen Tages beobachtet werden.

In **Gruppendiskussionen** werden soziale, politische oder wirtschaftliche Fragen thematisiert. Mögliche Themen könnten neben tagesaktuellen z. B. sein:

Gibt es einen Werteverfall in der heutigen Gesellschaft? Lässt das Internet die Menschen seelisch verkümmern?

Sollten die Öffnungszeiten in unseren Filialen verändert werden? Wie stehen Sie zum arbeitsfreien Sonntag?

Bei diesen Diskussionen werden Sie u. a. hinsichtlich folgender Punkte bewertet:

Haben Sie eine eigene Meinung, die Sie überzeugend vertreten? Haben Sie Hintergrund- und Allgemeinwissen? Sind Sie dominant oder eher zurückhaltend? Halten Sie die Gesprächsregeln ein?

Bereiten Sie sich auf Gruppendiskussionen vor: Sehen Sie Nachrichtensendungen, lesen Sie die Tageszeitung und wiederholen Sie die Gesprächsregeln.

Kundengespräche oder Mitarbeitergespräche könnten Themen für **Rollenspiele** sein.

Konstruktions- bzw. **Organisationsaufgaben** könnten z. B. das Herstellen einer Mitarbeiterzeitung oder das Erstellen der Homepage für das Unternehmen sein. Sie sollten aber auch mit Aufgaben rechnen, die thematisch nichts mit dem angestrebten Ausbildungsberuf zu tun haben, z. B. die Organisation eines Fußball- oder Sommerfests.

Als **Kurzpräsentation** könnten Sie die Ergebnisse Ihrer Konstruktions- bzw. Organisationsaufgabe vortragen. Aber auch Ihr eigener Lebenslauf könnte das Thema sein. Die Regeln für gelungene Präsentationen sollten Sie anwenden können. Rechnen Sie aber auch hier mit artfremden Aufgaben. Es könnte z. B. sein, dass Sie sich um die Ausbildungsstelle zur IT-Systemelektronikerin oder zum Bankkaufmann beworben haben und nun die Aufgabe erhalten, einen Staubsauger zu verkaufen.

Sich auf ein Assessment-Center und Einstellungstests vorbereiten

Zusätzlich gibt es auch noch einen Einstellungstest. Diese werden von Unternehmen genutzt, um Bewerberinnen und Bewerber objektiv vergleichen zu können. Sie können, je nach Berufsfeld, ganz unterschiedlich aussehen.

Über den Einstellungstest der Fly Bike Werke können Sie nur wenig Genaues in Erfahrung bringen. Im Internet finden Sie allerdings Beispielaufgaben.

Was sind Einstellungstests?

Viele Teile des Tests sind so angelegt, dass Sie die Aufgaben nicht in der vorgegebenen Zeit lösen können.

Hierbei soll getestet werden, wie Sie unter Zeitdruck und Stress arbeiten. Deshalb üben Sie möglichst viel und investieren Sie in eins der zahlreichen Trainingsbücher für Einstellungstests. Denn nur wer mit dem Aufbau, der Durchführung und den Inhalten der Tests vertraut ist, hat gute Chancen, diese zu bestehen. Und auch wenn Sie nach dem ersten Einstellungstest eine Absage erhalten, sehen Sie es positiv: Sie haben für den nächsten Test viel gelernt und Routine erworben, die Ihnen beim nächsten Mal helfen wird. In einem solchen Einstellungstest werden Ihre Kenntnisse und Fähigkeiten in verschiedenen Bereichen getestet. Solche Bereiche können z. B. die folgenden sein: Allgemeinwissen, Ausdrucksfähigkeit, Rechtschreib- und Grammatikkenntnisse, Mathematik, Logik, Konzentrationsvermögen, visuelles Denkvermögen, Persönlichkeitstests, Merkfähigkeit. Je nach Beruf wählt der Ausbildungsbetrieb aus diesem Fundus gezielt bestimmte Aufgaben aus und erstellt so einen maßgeschneiderten Einstellungstest, der genau auf das jeweilige Anforderungsprofil abgestimmt ist. Die folgenden Aufgaben geben einen kleinen Einblick:

Konzentrationsaufgaben

Bei den Buchstabenreihen müssen alle „d“, die durch zwei Striche gekennzeichnet sind, markiert werden, egal wo sich die Striche befinden. Alle anderen Buchstaben und alle anderen „d“ dürfen nicht markiert werden.

1. d b q d q b b q q d q b d b b q d b q q d b q b d
2. b d q q b d d q d b q d b d q b d q q d b b d q b
3. d d b q q b d q b d d q b q b d b q b d q d d b q
4. b d b q d b d q d q d d b q d q d b q b d d q b d
5. d b b d d d q b b d d b d d q q q b d d q q b q b

Rechenschätzaufgaben

Hierbei sind die Ergebnisse innerhalb kürzester Zeit zu schätzen, nicht auszurechnen.

A 25302 : 2,25 =
a) 12651,058
b) 11245,333
c) 11000,869
d) 12238,343

B 684 x 39838 =
a) 25886732
b) 23362776
c) 27249192
d) 28292395

C 17,2 x 4^3 =
a) 1100,8
b) 1264,0
c) 1025,5
d) 1125,8

Sich auf ein Assessment-Center und Einstellungstests vorbereiten

Sprache

Hierbei sind Sprichwörter mit ähnlicher Bedeutung zu erkennen, z. B.

A Kleinvieh macht auch Mist.
a) Kommt Zeit, kommt Rat.
b) Wer A sagt, muss auch B sagen.
c) Steter Tropfen höhlt den Stein.
d) Rom ist nicht an einem Tag erbaut worden.

B Sorge dich nicht um die Wiege, ehe dein Kind geboren ist.
a) Ein ungelegtes Ei ist ein ungewisses Huhn.
b) Ein blindes Huhn findet auch ein Korn.
c) Frisch gewagt ist halb gewonnen.
d) Ehrlichkeit währt am längsten.

C Was ein Häkchen werden will, krümmt sich beizeiten.
a) Altes Holz brennt am besten.
b) Es ist noch kein Meister vom Himmel gefallen.
c) Was Hänschen nicht lernt, lernt Hans nimmermehr.
d) Gut Ding will Weile haben.

D Ein Unglück kommt selten allein.
a) Glück und Glas, wie schnell zerbricht das.
b) Unglück kennt keine Moral.
c) Wenn Unglück dir geschadet, denk nicht, es sei nun satt.
d) Jeder ist seines Unglückes Schmied.

(Hesse/Schrader, 2005)

1 Überlegen Sie, wie Sie sich optimal auf einen Einstellungstest vorbereiten können. Beziehen Sie wenn möglich eigene Erfahrungen in Ihre Überlegungen mit ein.

Beispiel: die wichtigsten Rechtschreib- und Grammatikregeln wiederholen

★ **2** Recherchieren Sie, welche Trainingsbücher für Einstellungstests im Handel erhältlich sind. Stellen Sie eine Liste mit Trainingsbüchern zusammen, die für Sie geeignet sind.

Lernbilanz: Sie können ...

- Ihre Stärken benennen und mit Beispielen belegen.
- die Anforderungen eines Ausbildungsberufs und einer Stellenanzeige analysieren und auf Ihre Stärken beziehen.
- ein formal und inhaltlich gelungenes Anschreiben formulieren.
- einen ansprechenden und vollständigen Lebenslauf entwerfen.
- ggf. ein aussagekräftiges Motivationsschreiben verfassen.
- die Dokumente für Ihre Bewerbung in das PDF-Format umwandeln.
- Ihre Bewerbung als Online-Bewerbung abschicken.
- sich auf ein Vorstellungsgespräch vorbereiten.
- für ein Assessment-Center üben.
- sich auf Einstellungstests vorbereiten.

Die Lernsituation umsetzen: Sich bewerben

Jetzt haben Sie alle Bausteine für eine erfolgreiche Bewerbung zusammen und es ist Zeit für die Generalprobe. Mit den anderen Mitgliedern Ihrer Klasse werden Sie zur Fly Bike Werke GmbH und machen sich gegenseitig endgültig fit für das Bewerbungsverfahren.

1 Bilden Sie Expertengruppen:

Gruppe 1 entwickelt aus dem bisher Gelernten (↗ Kapitel 8.3, 8.4) einen Beurteilungsbogen für die Bewerbungsmappen. Ihre Aufgabe ist es in der zweiten Arbeitsphase, zu jeder schriftlichen Bewerbung ein Feedback zu geben – einschließlich einer Entscheidung, ob Sie den Bewerber zum Vorstellungsgespräch einladen würden.

Gruppe 2 bereitet sich darauf vor, die Vorstellungsgespräche zu führen. Verschiedene Internetseiten geben viele Anhaltspunkte, was gern gefragt wird. Fragen zum Unternehmen müssen Sie dabei natürlich ausklammern. Fragen zum Ausbildungsberuf sind aber durchaus sinnvoll. Entwerfen Sie außerdem einen Beobachtungsbogen, mit dessen Hilfe Sie am Ende den Teilnehmenden ein Feedback geben können.

Gruppe 3 entwirft eine Aufgabe für ein Assessment-Center (↗ Kapitel 8.5.), z. B. eine Gruppendiskussion zu einem bestimmten Thema zu führen. Überlegen Sie auch, wonach Sie das Verhalten der Bewerber/der Bewerberinnen beurteilen möchten. Entwerfen Sie dazu einen Beobachtungsbogen, mit dessen Hilfe Sie am Ende den Teilnehmenden ein Feedback geben können.

Gruppe 4 entwirft einen kleinen Einstellungstest. Anregungen finden Sie in Kapitel 8.5. Es existieren aber auch zahlreiche Internetseiten, die Beispiele für Testaufgaben beinhalten. Achten Sie darauf, dass Sie solche Testaufgaben nutzen, die sich für Jugendliche eignen. Verfassen Sie auch ein Lösungsblatt, mit dessen Hilfe Sie die Tests der anderen korrigieren können, damit diese eine Rückmeldung zu ihrer Leistung bekommen.

2 Bilden Sie nun nach Möglichkeit Achtergruppen, sodass jede Gruppe je zwei Mitglieder aus jeder Expertengruppe enthält. Gehen Sie nun in Ihrer Gruppe alle Schritte des Bewerbungsverfahrens durch:

Die Experten für die Bewerbungsmappen gehen laut denkend die Mappen der anderen durch und geben diesen anhand des Bewertungsbogens ein Feedback und eine Einschätzung, ob sie sie damit zu einem Vorstellungsgespräch einladen würden.

Danach führen die Gesprächs-Experten mit den anderen Gruppenmitgliedern jeweils ein Bewerbungsgespräch. Der Rest der Gruppe gibt mithilfe des vorbereiteten Bogens ein Feedback.

Als Drittes sind die Experten für die Assessment-Center-Aufgabe an der Reihe. Sie lassen den Rest der Gruppe ihre Aufgabe durchführen und geben anschließend den Teilnehmenden ein Feedback anhand des Bogens, den sie vorbereitet haben.

Schließlich wird noch der Einstellungstest absolviert und von den Experten für diesen Teil korrigiert, sodass die Teilnehmenden jeweils ihr Ergebnis bekommen.

3 Reflektieren Sie anschließend für sich selbst Ihre Erfahrungen: Was ist Ihnen leichtgefallen, was schwer? Worauf müssen Sie sich noch besser vorbereiten, was noch üben?

Kapitel 9

Richtig schreiben

Beim Verfassen eines Textes wird von Ihnen erwartet, dass Sie die geltenden Regeln in Bezug auf Rechtschreibung, Grammatik und Zeichensetzung beachten. Diese Anforderungen sind Ihnen seit der Grundschule vertraut. Mit dem Eintritt in das Berufsleben gewinnt die Fähigkeit, fehlerfrei Protokolle, Briefe und E-Mails zu schreiben, einen neuen Stellenwert.

In diesem Kapitel lernen Sie, warum es sinnvoll ist, dass sich alle beim Schreiben an die gleichen Regeln halten. Sie setzen sich mit der Bedeutung einer angemessenen Rechtschreibung, Grammatik und Zeichensetzung für Ihren Alltag und zukünftigen Beruf auseinander. Sie lernen Ihre Fehlerschwerpunkte kennen und können anschließend effektiv die Lücken schließen, die eventuell vorhanden sind.

Kompetenzen

- ✓ den Sinn sprachlicher Normen reflektieren
- ✓ die eigene Rechtschreibkompetenz verbessern
- ✓ Hilfestrategien kennenlernen und nutzen (Rechtschreibprüfung in Textverarbeitungsprogrammen und Wörterbücher)
- ✓ eigene Texte erfolgreich überarbeiten

Methoden und Arbeitstechniken

- ✓ Arbeit mit dem Wörterbuch
- ✓ Rechtschreibhelfer
- ✓ Überarbeitung eigener Texte

Lernsituation: Ein Bewerbungsschreiben korrigieren

Sie bekommen von Ihrer Freundin folgende Nachricht:

Marta
online

Hey, kannst du dir gleich mal das Bewerbungsschreiben durchlesen, ob da irgendwelche großen Fehler drin sind? Ich muss das heute abschicken, aber kriege gerade voll Panik, dass die mich schon abweisen, wenn die die Rechtschreibfehler sehen, ohne überhaupt den Inhalt zu beachten. ☹☹
Kannst du das korrigieren? Du warst schon immer besser in sowas 😉

Klar, mache ich 😉

Nachricht

Es stellt sich heraus, dass Ihre Freundin ganz verzweifelt ist: Einen ganzen Stapel Bewerbungen hat sie schon abgeschickt. Trotz guter Schulnoten hat sie nur Absagen bekommen. Helfen Sie Ihrer Freundin, ihr Anschreiben zu überarbeiten. Dazu müssen Sie sich zuerst darüber klar werden, wie es um Ihre Fähigkeit, fehlerlos zu schreiben, bestellt ist. Erweitern Sie Ihre Fähigkeiten, sodass Sie kompetent Rat geben können.

Wenn Sie die folgenden Seiten des Kapitels erarbeitet haben, werden Sie in der Lage sein, Ihrer Freundin kompetent zu helfen und das Anschreiben (↗ Kapitel 8, S. 113) erfolgreich zu überarbeiten.

So können Sie vorgehen

Schritt 1 sich über Sinn und Bedeutung von Rechtschreibung und Grammatik klar werden

Schritt 2 die eigenen Fehlerschwerpunkte kennenlernen

Schritt 3 mögliche Schwachstellen aufarbeiten

Schritt 4 Hilfewerkzeuge kennenlernen und nutzen (Wörterbücher, Rechtschreibprüfungen in Textverarbeitungsprogrammen)

Schritt 5 Überarbeitungsstrategien kennenlernen und anwenden

9.1

Grundlagen für richtiges Schreiben schaffen

Den Sinn sprachlicher Normen verstehen

Achtung, Fehler!

Legasdänie

Die **Lehgastäni** isd eine seid der noien rechdschraip Reform legahlisirte relikjohn, dih sich auf den Analfabeetißmus beruhfft. die **Legasthenikasäggte** glaupt an den ein Got des frein schbrechens und an den Toifl in geschtald der Rektschreibunk der imer wider fersuhcht die Mänschen am frein schbrechen zu hinntern.

Gäschichte der Leggastenie

Die Legasteni und die Seckte endstandenn im früen Mittl Alta in Köln, da manche mendschen naach dem üpermäsigen Gehnus von 10 litter Kölltsch nich mehr richtich reden und schrieben konnden. Um nich wegen Unfhäigkeid auf dem scheida Haufn ferbrant zu werdn, gründtn diese mennschen eine neue Rehligjohn und wurden deshalp wegen Käzerai auf den Haufn verrbrant. seidem ferbraitet sich di Legastheni in gans Dojtschlant (sihe Kahte).

Die Etik der Leghastenie

Hir sint alle äthischen ansischdn der Legasthenika auf gelisstet:

- Jeda mäntsch ist glaisch, ekahl wieh guhd er schraibän kan.
- Alle Däutsch Leerer gehöhren in die höle.
- Wer adnern aine Gruhbe gräpt solte nischt mid Stainen wärffn.
- Wer im Glahshaus sitst, felt selpst hinain.
- Die Rechschreipreorm is supa!
- Wer nähmlich mit h schriebt ist dähmlich.

Die Rihtn der Seckte

Die Legasstenikrseckte hat file rieten die alle ajne wichdige Bedäutung habn. So wird stadt Waihnachtn zum beispihl **Die auf erstehhung der Sparchfreiheid** gefeierd, im Gedencken an die verbrännnung der Religjohnsnsgrünndner **Hitzfratzfried der Dume** und **Willhelm der Dümere**. Die untaschidlichen Riten sind so filzälig und prewers, dass die Nenunng aller übaflüssich ist.

Legastheni hoite

Die Legasdenie ist hoite die an schnellsden waxende Religjon der Wällt was an der neun Rechdschriebreform liekt die auch den vromsten Krissten, zum Legasthenika werden läst. Der Wattikahn cann nix dagegn tun, da die todes schtrafe wegen Käzterei nichd meer lehgal isst. laut insaydah berichden wird dagegn aba mit Lehrweile vorgegangn.

(www.stupidedia.org)

1 Notieren Sie erste Eindrücke zu dieser satirischen Internet-Enzyklopädie.

2 Lesen Sie sich schwierige Passagen mit Ihrem Lernpartner / Ihrer Lernpartnerin gegenseitig vor und tauschen Sie sich darüber aus, wann ein Verständnis des Gemeinten schwerfällt.

3 Formulieren Sie in Kleingruppen erste Hypothesen, warum es Rechtschreibregeln gibt.

4 Sammeln Sie im Plenum Ihre Ergebnisse. Wie lässt sich zusammenfassen, worin der Sinn von Rechtschreibregeln liegt?

Individuelle Fehlerschwerpunkte erkennen

Wer die Rechtschreibung gut beherrschen will, muss seine Fehlerquellen kennen.

„Richtig schreiben – meine Stärken und meine Schwächen“

1. Spontane Bewertung meiner Fähigkeiten

Meine Fähigkeit, richtig zu schreiben, bewerte ich mit der Note ______________________

Richtig gut kann ich dabei ______________________

Besser werden muss ich in ______________________

2. Auswertung meiner Fehler in den letzten drei Klassenarbeiten

Fehlerart	genauere Bezeichnung	Anzahl KA 1	Anzahl KA 2	Anzahl KA 3	durchschnittliche Fehlerzahl KA 1–3
R	s-Laute (s-ss-ß)				
	Groß- / Kleinschreibung				
	Getrennt- / Zusammen-schreibung				
	andere R-Fehler				
Z	falsche Kommasetzung				
	andere Zeichensetzung				
Gr	dass / das				
...	...	...	...	...	...

3. Schlussfolgerung

Meine spontane Beurteilung stimmt mit der Fehleranalyse

☐ vollkommen ☐ weitgehend ☐ nur wenig überein

Wenig Fehler mache ich in den Bereichen ______________________

Verbessern muss ich mich bei ______________________

1 Übernehmen Sie das Formblatt in Ihr Heft oder kopieren Sie es und füllen Sie es aus.

a) Zu 1: Schätzen Sie spontan: Worin sind Sie gut, was müssten Sie verbessern?

b) Zu 2: Sehen Sie sich Ihre letzten drei Deutscharbeiten an. Zählen Sie die Fehler der jeweiligen Fehlerart und beraten Sie sich, wenn Sie sich bei der Einordnung bestimmter Fehler nicht sicher sind. Verwenden Sie zusätzlich ein Rechtschreibwörterbuch.

c) Zu 3: Stellen Sie fest, wo Sie den meisten Verbesserungsbedarf haben. Gemessen an den Ansprüchen, die später im Beruf an Sie gestellt werden, können Sie mit Ihrer Leistung zufrieden sein, wenn Sie in einer Zeile durchschnittlich unter drei Fehlern liegen.

Ein Wörterbuch benutzen

Kann der Zweifelsfall durch das eigene Vorwissen oder die Anwendung von bekannten Regeln nicht gelöst werden, hilft nur der Griff zum Nachschlagewerk.

Prak|ti|kum, das; -s, ...ka (praktische Übung an der Hochschule; im Rahmen einer Ausbildung außerhalb der Hochschule abzuleistende praktische Tätigkeit)

wider (*meist geh.* für [ent]gegen); Präp. *mit Akk.*: das war wider meinen ausdrücklichen Wunsch; wider [alles] Erwarten; wider Willen; *vgl.* aber wieder

1 Untersuchen Sie Einträge aus einem Wörterbuch. Achten Sie darauf, was fett und was kursiv gedruckt ist. Die Abkürzung „geh." steht für „gehoben".

a) Fassen Sie die Informationen zu den Wörtern *Praktikum* und *wider* mit eigenen Worten zusammen.
b) Vergleichen Sie Ihre Ergebnisse mit denen Ihrer Lernpartnerin / Ihres Lernpartners.
c) Einigen Sie sich gemeinsam auf zwei weitere Wörter, die Sie nachschlagen möchten. Schreiben Sie die Einträge heraus und klären Sie, welche Informationen enthalten sind.
d) Stellen Sie Ihre Wörter in der Kleingruppe vor.
   - Begründen Sie, warum Sie diese Wörter nachgeschlagen haben.
   - Machen Sie Notizen zu den Vorstellungen der anderen.

Etwas nachzuschlagen ist kein Zeichen mangelnder Rechtschreibfähigkeit, sondern ein Merkmal fortgeschrittener Rechtschreiber!
Im Wörterbuch finden Sie auch Regeln für die Großschreibung oder Kommasetzung. Im Rechtschreibduden steht beispielsweise:

K 116 Infinitivgruppen kann man durch Komma[s] abtrennen ...

2 Wenden Sie diese Regel auf eigene Sätze an.

a) Bilden Sie fünf Beispielsätze. Überprüfen Sie anschließend Ihre Sätze mit Ihrem Lernpartner / Ihrer Lernpartnerin.
b) Schlagen Sie die Regel 117 nach. Bilden Sie fünf Beispielsätze zu dieser Regel.

GUT ZU WISSEN | **Rechtschreibhelfer**

Hilfreich ist es, Wörter, die man nachgeschlagen hat, in der richtigen Schreibweise zu notieren. Denn oft sind es immer die gleichen Wörter, bei denen man unsicher ist. Halten Sie wichtige Inhalte, die Sie öfter wiederholen wollen, **übersichtlich und gut strukturiert** fest.

Dazu eignet sich z. B. ein Buddy-Book, das Sie durch dieses Kapitel begleiten kann. Sie können es aus einem DIN-A3-Bogen selbst herstellen. Geben Sie Ihm den Titel „mein Rechtschreibhelfer".

3 Haben Sie auf dieser Seite etwas gefunden, das Sie sich merken wollen (z. B. Praktika als Plural von Praktikum)? Notieren Sie es gleich, z B. in Ihrem Buddy-Book.

Wichtige Rechtschreibregeln kennen und anwenden

s-Laute (s, ss oder ß) richtig schreiben

Bei der s-Schreibung werden häufig Fehler gemacht, obwohl es für diesen Bereich klare Regeln gibt. Durch die Anwendung bestimmter Lautregeln lässt sich der größte Teil der betreffenden Wörter problemlos richtig schreiben.

1 Notieren Sie alle Regeln, die Ihnen zur s-Schreibung einfallen. Sie können auch anhand eines beliebigen längeren Textes versuchen, Regeln selbst abzuleiten.

2 Tauschen Sie sich über Ihre Ergebnisse in Kleingruppen aus. Halten Sie Ihre Ergebnisse auf einer Folie oder dem Flipchart fest.

3 Sortieren Sie die unten stehenden Wörter nach den in ihnen vorkommenden s-Lauten.

weich gesprochener S-Laut	scharf gesprochener s-Laut		
Schreibung mit s	Schreibung mit s	Schreibung mit ss	Schreibung mit ß
Vase			

Frust, Maße, Fluss, Maske, essen, Straße, außerdem, Mast, Vase, sausen, müssen, Fuß, Kosten, Dose, heißen, Gläser, These, Lust, passen, Kuss, Fest

Lautes Aussprechen der Wörter hilft, Regelmäßigkeiten zu erkennen.

4 Formulieren Sie selbstständig eine Regel für die Schreibung von s-Lauten im Wortinneren. Vergleichen Sie anschließend Ihr Ergebnis mit der Formulierung im Regelteil.

5 Ergänzen Sie in jeder Tabellenspalte mindestens fünf weitere Beispiele.

GUT ZU WISSEN | **s oder ss – keine Regel ohne Ausnahmen!**

Einige Fälle muss man sich besonders gut merken:

A In einigen Wörtern wird ein **scharfer s-Laut** als einfaches „s" geschrieben, weil er in den anderen Formen des Wortes weich gesprochen wird.

Beispiele: ***sie liest*** vgl. ***lesen***

das ***Glas*** vgl. *die* ***Gläser***

Herausfinden kann man diese Wörter durch Ableiten anderer Formen des gleichen Wortes.

B Substantive, die auf die **Silbe „-nis"** enden, schreiben sich mit einem einfachen „s" im Singular. Im Plural wird dagegen ein doppeltes „s" geschrieben.

Beispiel: *das* ***Geheimnis*** *die* ***Geheimnisse***

C Einige **sehr kurze Wörter** und auch **Fremdwörter** enden auf „-s", obwohl der s-Laut scharf gesprochen wird und der Konsonant davor kurz ist. Diese Ausnahmen muss man sich einprägen:

die ***Ananas*** (und andere Wörter auf „-as") *der* ***Globus*** (und andere Wörter auf „-us")

das ***Rhinozeros*** (und andere Wörter auf „-os") *der* ***Bus***

bis, als, das, was, es

s-Laute (s, ss oder ß) richtig schreiben

6 **Suchen Sie zu jeder Kategorie der Ausnahmen A, B, C fünf weitere Beispiele.**

7 **Schreiben Sie nachstehenden Text in Ihr Heft und füllen Sie die Lücken mit den richtigen Buchstaben aus.**

a) Vergleichen Sie Ihre Lösung mit Ihrer Lernpartnerin / Ihrem Lernpartner.

b) Besprechen Sie Zweifelsfälle anschließend in der Kleingruppe.

Bewerbung = Werbung für sich selbst

Personalchefs le_en sich häufig durch gro_e Stapel von Bewerbungen – für sie eine lä_tige Pflicht. Was also tun, um sich von dieser Ma_e abzuheben? Ist eine kla_ische Bewerbung mit Anschreiben, Lebenslauf und Zeugni_en überhaupt noch zeitgemä_ und sinnvoll?

Wer es mit seiner Bewerbung in die Vorstellungsrunde schafft, sollte sich auf heikle Fragen gefa_t machen und nicht zu lä_ig an die Sache herangehen. Im Gespräch prüfen Personalverantwortliche nicht nur Qualifikation und Intere_e, sondern auch, wa_ für eine Persönlichkeit sich hinter der Papierform verbirgt. Pa_t der Bewerber ins Team? Was sagt das Zeugni_ über ihn aus?

Klappt es trotz aller Bemühungen nicht, hei_t es: Nicht enttäuscht sein, sondern herausfinden, woran e_ lag, und nicht in den Bemühungen nachla_en!

Bei einigen Verbformen ändert sich beim Wechsel der Zeitformen der Stammvokal und entsprechend auch der s-Laut. Das müssen Sie beachten, wenn Sie Verben konjugieren.

Infinitiv	3. Person Singular Präsens	3. Person Singular Präteritum	3. Person Plural Perfekt
beschließen	er beschließt	sie beschloss	sie haben beschlossen

8 **Übernehmen Sie die Tabelle in Ihr Heft und notieren Sie die richtigen Verbformen der folgenden Verben in die entsprechenden Spalten.**
zerreißen • gießen • schmeißen • genießen • vergessen

9 **Wiederholen Sie den gesamten Inhalt dieser Lerneinheit. Klären Sie offene Fragen mit Ihrem Lernpartner / Ihrer Lernpartnerin.**

10 **Verbessern Sie die Fehler in der s-Schreibung aus Ihrer letzten Klassenarbeit.**

a) Wenden Sie bei jedem Fehler die Ihnen nun bekannten Regeln an, um zur richtigen Schreibweise zu kommen.

b) Schlagen Sie unklare Fälle im Wörterbuch nach.

c) Tauschen Sie sich über Zweifelsfälle mit Ihrem Lernpartner / Ihrer Lernpartnerin aus.

11 **Schreiben Sie eine Zusammenfassung zum Thema „Schreibung von s-Lauten" in Ihren Rechtschreibhelfer (↗ GUT ZU WISSEN „s oder ss – keine Regel ohne Ausnahme!").**

Die richtigen Wörter großschreiben

Im Gegensatz zu fast allen anderen europäischen Sprachen wird im Deutschen nicht nur großgeschrieben, um einen Satzanfang zu markieren, jemanden höflich anzusprechen oder einen Eigennamen besonders herauszuheben. Um den Lesenden eine schnelle Informationsentnahme zu erleichtern, schreibt man darüber hinaus eine große Gruppe anderer Wörter groß. Welche das sind, folgt einer einfachen Regel. Dass der Bereich der Großschreibung trotzdem besonders fehlerträchtig ist, liegt daran, dass nicht nur das einzelne Wort, sondern auch seine Umgebung betrachtet werden muss.

1 **Der Einführungstext enthält einige Hinweise, welche Wörter großgeschrieben werden. Halten Sie Ihr Vorwissen in Form von Hypothesen fest wie z. B.: Wörter am Satzanfang schreibt man groß.**

2 **Vergleichen Sie Ihre Ergebnisse zuerst zu zweit und anschließend in der Kleingruppe. Halten Sie alle gefundenen Regeln auf einer Folie oder dem Flipchart fest.**

3 **Betätigen Sie sich als Sprachdetektiv: Kommen Sie dem Prinzip auf die Spur, wie aus Sicht von Sprachwissenschaftlern die Großschreibung systematisch beschrieben werden kann.**

a) Übertragen Sie die unten stehende Tabelle in Ihr Heft.

b) Tragen Sie alle großgeschriebenen Wörter aus den fünf Beispielsätzen ein.
- Für das lange Stehen im Einzelhandel brauchen die Verkäufer bequeme Schuhe.
- Im Ganzen spielt Geld in dieser Ausbildung eine wichtige Rolle.
- Die freundliche Abteilungsleiterin begrüßt jeden nervösen Bewerber persönlich.
- Das Schreiben von Bewerbungen ist von großer Bedeutung für junge Erwachsene.
- Im Allgemeinen habe ich keine Probleme mit dem Korrigieren von Texten.

c) Bestimmen Sie, welche Wörter abhängige Ergänzungen vor dem großgeschriebenen Wort sind. Übertragen Sie diese Wörter ebenfalls in die Tabelle. Achtung: Nicht zu jedem großgeschriebenen Wort können alle Spalten ausgefüllt werden!

d) Vergleichen Sie Ihre Ergebnisse in der Kleingruppe und diskutieren Sie Zweifelsfälle.

Nominalgruppen			
Ergänzung			**Kern der Nominalgruppe**
Präposition	Artikel/Pronomen	Adjektiv	
für	*das*	*lange*	*Stehen*

GUT ZU WISSEN Nominalgruppen

Jeder Satz setzt sich im Deutschen aus einem Prädikat und einer Reihe von anderen Satzgliedern zusammen. Die meisten dieser Satzglieder sind sogenannte Nominalgruppen. Sie bestehen immer

- aus einem **Kern** (oft ein Substantiv), den man großschreibt,
- und aus **Ergänzungen**, die den Kern näher bestimmen.

Die richtigen Wörter großschreiben

4 Formulieren Sie gemeinsam in Kleingruppen eine allgemeingültige Vorgehensweise, wie man herausfindet, ob ein Wort großgeschrieben wird.

Achtung, Fehler!

Im folgenden einige wertvolle tipps zur computersicherheit: Das betriebssystem sollte immer auf dem neuesten stand sein, damit keine großen sicherheitslücken entstehen. Daher ist es notwendig, regelmäßig updates zu installieren oder diese installieren zu lassen. Ähnlich verhält es sich mit programmen gegen viren: durch updaten wird gewährleistet, dass das programm auch die neuesten viren erkennen und unschädlich machen kann. Gut ist es, arbeiten wie diese immer zur gleichen zeit zu machen (beispielsweise mittags oder jeden freitag), um sie nicht zu vergessen.

5 Erproben Sie Ihre selbst aufgestellte Regel aus Aufgabe 4.

a) Übertragen Sie alle Nominalgruppen aus dem Text in die Tabelle aus Aufgabe 3. Schreiben Sie das von Ihnen als Kern der Nominalgruppe identifizierte Wort jeweils groß.

b) Vergleichen Sie Ihre Lösungen in der Gruppe und klären Sie Zweifelsfälle.
- Erörtern Sie die Frage, welche Fälle besonders schwierig waren, und woran das liegen könnte.
- Kontrollieren Sie, ob Sie mithilfe Ihrer Regel alle Fälle richtig schreiben konnten. Wenn nicht, überarbeiten Sie die Regel.

6 Notieren Sie in Ihrem Rechtschreibhelfer eine umfassende Regel, welche Wörter innerhalb eines Satzes großgeschrieben werden. Sparen Sie dabei nicht an Beispielen und Hilfestellungen. Tragen Sie auch die nachstehenden Sonderfälle ein.

GUT ZU WISSEN — Sonderfälle der Kleinschreibung

Zwar wird der Kern einer Nominalgruppe großgeschrieben, doch kann dies in einigen wenigen Fällen zu Falschschreibungen führen. Deshalb muss man sich Folgendes merken:

1. **Superlative** mit „am", nach denen man mit „wie" fragen kann, schreibt man klein, z. B.
   ein Ausbildungsplatz im Großhandel ist am ***schwierigsten*** *zu bekommen.*
   Als Probe kann hier dienen, dass „am" nicht in „an dem" aufgelöst werden kann.
2. Kleingeschrieben werden auch
- *der eine/der andere*

und alle übrigen **Zusammensetzungen mit „andere"** wie unter anderem, zum anderen
- *viel/viele, wenig/wenige, die meisten, ein bisschen, ein paar* (im Sinne von „wenige").

★ **7 Recherchieren und diskutieren Sie:**

Bei der Rechtschreibreform im Jahre 1997 gab es eine gar nicht kleine Gruppe von Sprachwissenschaftlern, die die Großschreibung abschaffen wollte. Informieren Sie sich im Internet über die Argumente, die für und gegen die satzinterne Großschreibung im Deutschen zu finden sind. Bilden Sie sich eine eigene Meinung und vertreten Sie diese in einer Kurzrede.

Das Komma an die richtige Stelle setzen – Satzstrukturen erkennen

„Kommas? Setze ich nach Gefühl!“ – Solche Antworten hört man häufig, wenn es um die Kommasetzung geht. Dabei ist das alles andere als eine emotionale Entscheidung, denn es sind analytische Fähigkeiten gefragt ... Diesen fehlerhaften Text hat eine Auszubildende zur Reiseverkehrsfrau über ihre Erfahrungen geschrieben:

Achtung, Fehler!

Reisen gefällt vielen Jugendlichen. Mich hat es schon immer fasziniert. Deswegen finde ich dass es eine gute Idee war in dieser Branche mein Geld zu verdienen. Ich wollte lernen andere gut zu beraten damit auch sie einen schönen Urlaub machen können. Als ich meine Bewerbung schrieb habe ich mich gewundert dass man nicht nur im Reisebüro eine Ausbildung machen kann. Ich war überrascht weil es auch Ausbildungsplätze in Fremdenverkehrsämtern und in Verwaltungen gibt.

1 Überlegen Sie, wo Sie im Text Kommas setzen würden.

a) Notieren Sie, woran Sie sich bei Ihren Entscheidungen orientieren.
b) Leiten Sie daraus Ihre persönlichen Kommaregeln ab.

2 Tauschen Sie sich mit Ihrer Lernpartnerin / Ihrem Lernpartner darüber aus, an welchen Stellen Sie Kommas setzen würden.

a) Begründen Sie Ihre Entscheidung.
b) Diskutieren Sie Zweifelsfälle und einigen Sie sich auf gemeinsame vorläufige Regeln.

3 Tauschen Sie sich in der Kleingruppe aus und halten Sie Ihre Arbeitsergebnisse auf einer Folie oder dem Flipchart fest.

4 Ergänzen bzw. ändern Sie Ihre persönlichen Kommaregeln, indem Sie Ihr Grundlagenwissen über Satzstrukturen mithilfe von GUT ZU WISSEN „Grundlagen - Satzstrukturen“ auffrischen.

GUT ZU WISSEN – Grundlagen – Satzstrukturen

Das einfachste Beispiel für einen Satz ist ein **Hauptsatz**. Er besteht mindestens aus einem Subjekt und einem Prädikat, meist kommt noch ein Objekt dazu:

Reisen	*gefällt*	*vielen Jugendlichen.*
Subjekt	Prädikat	Objekt

Die **einzelnen Bausteine** können fast beliebig erweitert werden: die Kerne der Nominalgruppen (großgeschriebene Wörter im Subjekt und Objekt) durch Attribute, das Prädikat durch Adverbien. Dazu können noch andere Objekte und adverbiale Bestimmungen kommen.

Langes Reisen	*in ferne Länder*	*gefällt*	*vielen neugierigen Jugendlichen*	*gut.*
Subjekt mit Attribut	adverbiale Bestimmung	Prädikat	Objekt mit Attribut	Adverb

Egal, wie lang ein Satz ist, wenn es sich dabei um einen Hauptsatz mit einem Subjekt und einem Prädikat handelt, muss kein Komma gesetzt werden, um Teilsätze voneinander zu trennen.

5 Verlängern Sie nach oben stehendem Muster die folgenden Sätze (↗ S. 132).

a) Schreiben Sie die Sätze in Ihr Heft und kennzeichnen Sie jeweils Subjekt, Prädikat und Objekt.
b) Überprüfen Sie sorgfältig, ob es sich wirklich um einen Hauptsatz handelt.

Das Komma an die richtige Stelle setzen – Satzstrukturen erkennen

Schüler schreiben Bewerbungen.
Lehrer unterstützen Schülerinnen.
Jugendliche suchen Ausbildungsplätze.
Personalchefinnen laden Bewerber ein.
Eltern helfen ihren Kindern.
Unternehmen brauchen Auszubildende.

Den wichtigsten Hinweis darauf, wann ein Komma in einem komplexeren Satz gesetzt werden muss, gibt die Anzahl der Subjekte und Prädikate. Enthält ein Satz nur ein Subjekt und ein Prädikat, liegt auch nur ein Hauptsatz vor. Finden sich jedoch mehrere Subjekte und Prädikate, handelt es sich entweder um Aufzählungen oder um Nebensätze, die durch Kommas voneinander getrennt werden.

GUT ZU WISSEN – Satzverbindung – Satzreihe

Werden zwei oder auch mehrere vollständige Hauptsätze miteinander verbunden, nennt man dies eine **Satzreihe**.

Die beiden Sätze

Reisen gefällt vielen Jugendlichen. Mich hat es schon immer fasziniert.
können durch ein Komma miteinander verbunden werden:
***Reisen gefällt** vielen Jugendlichen, mich **hat es** schon immer **fasziniert**.*

An die Stelle des Kommas kann auch ein „und“, „sowie“, „oder“ u. Ä. treten:

Reisen gefällt vielen Jugendlichen[,] und mich hat es schon immer fasziniert.
In diesem Fall muss kein Komma gesetzt werden, aber man kann es setzen, um die Gliederung deutlich zu machen.

6 Verbinden Sie die Sätze aus Aufgabe 5 zu sinnvollen Satzreihen. Vergleichen Sie Ihr Ergebnis mit Ihrem Lernpartner / Ihrer Lernpartnerin.

GUT ZU WISSEN – Satzgefüge

Nicht nur Hauptsätze können miteinander verbunden werden, sondern auch Haupt- und Nebensätze. Dies nennt man Satzgefüge.

Ich war überrascht, weil es auch Ausbildungsplätze in Fremdenverkehrsämtern und in Verwaltungen gibt.
Hauptsatz Nebensatz

Als ich meine Bewerbung schrieb, habe ich mich gewundert, dass nicht nur Reisebüros ausbilden.
Nebensatz 1 **Hauptsatz** Nebensatz 2

7 Untersuchen Sie die beiden Sätze aus GUT ZU WISSEN „Satzgefüge“.

a) Schreiben Sie die Sätze in Ihr Heft und markieren Sie in allen Teilsätzen das Subjekt und das Prädikat. Was fällt Ihnen bei der Position des Prädikats auf?
b) Kreisen Sie das Wort (Konjunktion) ein, das den Nebensatz einleitet.
c) Erstellen Sie eine Liste mit 15 weiteren Konjunktionen. Sie können dazu auf andere Texte dieses Lehrbuchs zurückgreifen.
d) Vergleichen Sie Ihre Ergebnisse in Kleingruppen. Ergänzen Sie die Liste mit Konjunktionen. Schlagen Sie Zweifelsfälle im Wörterbuch nach.

Das Komma an die richtige Stelle setzen – Satzstrukturen erkennen

8 Bilden Sie aus Ihren verbundenen Hauptsätzen (Aufgabe 5) sinnvolle Satzgefüge.

9 Verfassen Sie einen Text über Ihren Prozess der Berufswahlentscheidung.

a) Verwenden Sie mindestens zwei einfache Hauptsätze, zwei Satzreihen und vier Satzgefüge mit jeweils unterschiedlichen Konjunktionen.

b) Tauschen Sie mit Ihrem Lernpartner / Ihrer Lernpartnerin die Texte aus und markieren Sie die verschiedenen Satztypen im Text des anderen. Überprüfen Sie die Kommasetzung und klären Sie Zweifelsfälle in der Kleingruppe.

Achtung, Fehler!

Worauf achten Unternehmen bei einer Bewerbung?

Sie haben sich auf eine attraktive Stelle beworben. Da die ausgeschriebene Stelle auch für andere reizvoll ist, gehen entsprechend viele Bewerbungen im Unternehmen ein.
Damit dieses eine Vorauswahl treffen kann, achtet es auf folgende Kriterien:

- Eine tadellose äußere Form und die Vollständigkeit der Unterlagen wird als Hinweis interpretiert ob die Motivation und die Anstrengungsbereitschaft des Bewerbers stimmen.
- Das Anschreiben ist der Türöffner weil hier Fehler oder mangelnde Individualität zum Ausscheiden führen.
- Obwohl der vollständige Lebenslauf wichtig ist müssen Sie eine sinnvolle Auswahl treffen. Wenn Sie zu viele Punkte angeben die für Ihre berufliche Qualifikation nicht interessant sind kann leicht ein schiefes Bild entstehen.
- Die Bedeutung der Zeugnisse wird oft überschätzt denn die Unternehmen wissen dass Noten sehr unterschiedlich ausfallen können. Gerade bei großen Unternehmen stellen sie meist die erste Hürde dar.

10 Übertragen Sie den Text in Ihr Heft und unterstreichen Sie Haupt- und Nebensätze unterschiedlich.

a) Markieren Sie in allen Teilsätzen jeweils das Subjekt und das Prädikat.

b) Kreisen Sie jeweils das Wort (meist eine Konjunktion) ein, das den Nebensatz einleitet.

c) Setzen Sie die fehlenden Kommas.

d) Klären Sie Zweifelsfälle in der Kleingruppe mithilfe Ihrer Analyse der Satzstrukturen.

11 Formulieren Sie eine Zusammenfassung der Kommasetzung. Tragen Sie dafür neue und bereits bekannte Informationen zusammen.

12 Präsentieren Sie Ihren Entwurf in der Kleingruppe. Diskutieren Sie Strittiges und tragen Sie eine überarbeitete Fassung in Ihren Rechtschreibhelfer ein.

GUT ZU WISSEN | **Spezialfälle: Kommas innerhalb eines Teilsatzes**

In einigen Fällen kann auch innerhalb eines Teilsatzes ein Komma stehen.
Das betrifft vor allem Aufzählungen: *Er empfand Freude, Erleichterung und Stolz.*
Hier steht das Komma auch, wenn sich in der Aufzählung die Konjunktionen „aber", „sondern", „einerseits"/„andererseits" befinden: *Er empfand Freude, aber auch Erleichterung und Stolz.*

Ein Komma wird gesetzt, wenn ein Datum in einen Satz eingeschoben wird: *Wir erwarten Sie zum Vorstellungsgespräch am Montag, dem 12.12.*

„dass" als Einleitung für einen Nebensatz verwenden

Hat man einmal verstanden, welche Art von Satz ein „dass" einleitet und welche Wörter als Signalwörter gelten, sind Fehler leicht zu vermeiden.

1 Schreiben Sie möglichst detailliert und mit Beispielen auf, wonach Sie bislang entschieden haben, wann Sie ein „dass" einsetzen.

2 Vergleichen Sie Ihre Ergebnisse mit Ihrem Lernpartner / Ihrer Lernpartnerin. Halten Sie Übereinstimmungen und Widersprüche fest.

3 Analysieren Sie die unten stehenden Sätze.

a) Welches Wort erklärt der Nebensatz mit „dass" näher?
b) Welche Gemeinsamkeiten haben die Verben, die jeweils den Nebensatz mit „dass" einleiten?
c) Ergibt der Satz noch einen Sinn, wenn im Hauptsatz alle Wörter außer dem Subjekt und dem Prädikat gestrichen werden?
d) Was genau verändert sich, wenn der mit „dass" eingeleitete Nebensatz weggelassen wird?

- Viele Jugendliche, die kurz vor dem Schulabschluss stehen, denken, dass man heutzutage nur schwer einen Ausbildungsplatz bekommt.
- Viele Ausbilder sind schon lange der Meinung, dass Jugendliche nicht mehr so viel in der Schule lernen wie früher.
- In den Medien, insbesondere in der Boulevardpresse, liest man deshalb oft, dass es den Jugendlichen an Ausbildungsreife fehle.
- Experten aus verschiedenen Universitäten aber halten dagegen, dass die Ansprüche im Berufsleben extrem gestiegen seien.

4 Formulieren Sie mit Ihrer Lernpartnerin / Ihrem Lernpartner eine Regel, wann im Nebensatz ein „dass" stehen muss.

5 Übertragen Sie folgenden Text in Ihr Heft und wenden Sie Ihre Regeln an.

Der Nationale Pakt für Ausbildung und Fachkräftenachwuchs in Deutschland hat einen Kriterienkatalog erstellt, der Schulen und Fachkräften wie z. B. den Berufsberatern der Agenturen für Arbeit zur Beurteilung der Ausbildungsreife behilflich sein soll. Darin wird festgehalten, das? Bewerber schulische Basiskenntnisse besitzen müssen. Dazu gehört z. B. das? Lesen, das? als Schlüsselkompetenz gilt. Des Weiteren wird definiert, das? sie bestimmte psychologische Leistungsmerkmale mitbringen müssen. So ist beispielsweise das? logische Denken, das? für alle Berufe wichtig ist, unabdingbar. Außerdem wird beschrieben, das? Auszubildende über gewisse physische und psychologische Merkmale verfügen müssen. Das? man z. B. selbstständig arbeiten kann oder kompetent kommunizieren kann, gilt heutzutage als Basiskompetenz. Zuletzt wird noch gefordert, das? eine Berufswahlreife vorliegt.

6 Notieren Sie die Regelung zur Konjunktion „dass" mit eigenen Worten in Ihren Rechtschreibhelfer.

Getrennt- und Zusammenschreibung

Im Unterschied zu den vorausgehenden sprachlichen Bereichen ist die Frage, ob ein Ausdruck in einem Wort oder in mehreren Wörtern zu schreiben ist, nicht so einfach zu beantworten.

Schreibprobleme oder Zweifelsfälle kann es bei der Getrennt- und Zusammenschreibung aus unterschiedlichen Gründen geben. So kommt es vor, dass zwei häufig nebeneinander stehende Wortformen zu einer zusammenwachsen (Univerbierung). Das Adverb „zweifelsohne" etwa ist aus der Fügung „Zweifels ohne" entstanden, die dann selbst verschwunden ist. Zum Zweiten gehen Wörter aus Inkorporationen[1] hervor. In „ölfördernd" ist das Objekt „Öl" in die Form des Partizip I „fördernd" inkorporiert. Wir haben das Wort „ölfördernd" neben der auch möglichen Schreibweise „Öl fördernd", beide Schreibungen müssen erlaubt sein. Zum Dritten können zusammengeschriebene Wörter durch Prozesse wie Rückbildung entstehen und dann neben einem auseinandergeschriebenen Ausdruck mit gleicher Bedeutung stehen: Wenn „Bäcker" von „backen" abgeleitet ist, dann kann umgekehrt „holzfällen" von „Holzfäller" rückgebildet sein und wieder gibt es das Wort neben der auch möglichen Schreibweise „Holz fällen". (...) Das wichtige Ergebnis in Hinsicht auf orthografische Regelungen: Eine normative Festlegung auf Getrenntschreibung oder Zusammenschreibung kann in vielen Fällen nicht vorgenommen werden.

(gekürzt nach Peter Eisenberg)

1 Inkorporation: Wortbildungsart, bei der ein Nomen mit einem Verb kombiniert wird, wobei das Nomen seine Selbstständigkeit verliert.

1 Notieren Sie in eigenen Worten, welche drei Entwicklungsprozesse im Bereich der Getrennt- und Zusammenschreibung von der Sprachwissenschaft beschrieben werden.

a) Tauschen Sie sich mit Ihrem Lernpartner / Ihrer Lernpartnerin über Ihr Verständnis aus.

b) Suchen Sie anschließend gemeinsam weitere Beispiele, in denen beide Schreibweisen erlaubt sind.

2 Präsentieren Sie die von Ihnen gefundenen Wörter in der Kleingruppe. Begründen Sie, warum man diese sowohl getrennt als auch zusammenschreiben kann.

GUT ZU WISSEN Getrennt- und Zusammenschreibung

Einige wenige Bereiche sind fest und einheitlich geregelt. So z. B.:

- die Zusammenfügung einer Präposition oder anderer „kleiner" Wörter mit einem Verb (Beispiele 1)
- die Zusammensetzung eines Adjektivs und eines Verbs (Beispiele 2)

Beispiele 1	*überlaufen*	*über sein*	Beispiele 2	*blaumachen*	*grün streichen*
	dabeihaben	*dabei sein*		*richtigstellen*	*falsch machen*
	weggehen	*weg sein*		*schwarzsehen*	*schwarz färben*
	dalassen	*da sein*		*jmdn. freihalten*	*etw. frei halten*

3 Formulieren Sie eine eindeutige Regel, in welchen Fällen Präposition und Verb bzw. Adjektiv und Verb getrennt und in welchen sie zusammengeschrieben werden. Finden Sie drei weitere Beispiele.

4 Notieren Sie das Wichtigste in Ihrem Rechtschreibhelfer.

Texte überarbeiten

Ist der Punkt hinter dem letzten Satz gesetzt, ist für viele die Arbeit beendet. Dabei ist mit dem inhaltlichen Fertigstellen eines Textes nur ein Teil der Arbeit getan, denn an das Schreiben schließt sich eine weitere wichtige Phase an: das inhaltliche und sprachliche Überarbeiten. Die Vielzahl von Fehlern, die dabei übersehen wird, macht deutlich, dass es oft an einer Strategie fehlt, die eigenen Fehler zu entdecken und zu beheben.

„Rechtschreibung braucht man nicht mehr zu können! Das macht doch alles der Computer!“ – Haben Sie so etwas schon häufiger gehört oder sogar selbst gedacht? Dann werden Sie auch festgestellt haben, dass dies nur eine Wunschvorstellung ist. Die Rechtschreibhilfen der Textverarbeitungsprogramme sind keineswegs unfehlbar: Weder können Sie sicher sein, dass ein als falsch angezeigtes Wort wirklich einen Fehler enthält, noch, dass ein nicht markiertes Wort auch wirklich richtig ist. Eine Verringerung der Fehlerzahl ist durch diese Hilfen trotzdem möglich. Zudem erhalten Sie viele Einsichten in die Prinzipien der Rechtschreibung und die Arbeitsweise von Computerprogrammen.

In diesem Beginn eines Anschreibens für eine Bewerbung hat das Textverarbeitungsprogramm einiges als fehlerhaft markiert:

Sehr geehrte Damen und Herren,
mit großem **interesse** habe ich ihre Anzeige in der Kirchheimer Wochenpost gelesen und **möcht** mich hiermit auf dem Ausbildugsplatz als Einzelhandelskauffrau **be** werben.
In Ihrer Anzeige suchen sie auszubildende, die ordentilch und pünktlich sind. Diese Eigenschaften konnte ich in zahlreichen Praktikums in diesem Beruf unter Beweis stellen. **Auserdem** bin ich ein sehr **kommunikationsfreudiger** Mensch und arbeite am liebsten im Team. Hier habe ich durch meine Tätigkeit in der Jugendarbeit der **evangälischen** Kirche viel gelernt, Zumal ich dort selbst Gruppenleiter aus bilde.

1 Analysieren Sie die rot markierten Wörter.

Sind alle markierten Wörter tatsächlich falsch geschrieben? Schlagen Sie im Zweifelsfall im Wörterbuch nach. Notieren Sie die richtige Schreibweise.

2 Suchen Sie weitere Fehler.

a) Im Text finden Sie acht weitere Fehler, die vom Textverarbeitungsprogramm nicht bemerkt wurden. Schreiben Sie diese heraus und notieren Sie die richtige Schreibweise.

b) Vergleichen Sie Ihr Ergebnis zuerst zu zweit und klären Sie Zweifelsfälle anschließend in der Kleingruppe.

Texte überarbeiten

3 **Verschaffen Sie sich einen Überblick über die Möglichkeiten und Grenzen der Rechtschreibhilfe.**

a) Übertragen Sie die nachstehende Tabelle in Ihr Heft. Ordnen Sie die im Text vorhandenen zwölf Fehler jeweils einer Fehlerart zu und tragen Sie diese in die Tabelle ein.

Fehlerart	Beispiel aus dem Text	richtige Schreibweise/ Form	markiert	nicht markiert
Großschreibung				
Zusammenschreibung				
Grammatik				
falsche Buchstaben				
falsches Wort				

b) Analysieren Sie anhand der Verteilung, welche Fehler das Textverarbeitungsprogramm erkennt und welche nicht.
- Welche Rückschlüsse können Sie daraus auf die grundsätzliche Funktionsweise der Rechtschreibhilfe ziehen?
- Formulieren Sie drei Hypothesen.

c) Schreiben Sie selbst einen Text auf dem Computer. Bauen Sie Fehler ein, um Ihre aufgestellten Hypothesen zu testen.

d) Wenn Sie von der Richtigkeit Ihrer Hypothesen überzeugt sind, stellen Sie sie sich gegenseitig mit Ihrem Lernpartner / Ihrer Lernpartnerin vor. Verwenden Sie dabei die Beispiele, die Sie selbst überprüft haben. Einigen Sie sich auf drei Hypothesen.

e) Tauschen Sie Ihre Hypothesen in Kleingruppen aus. Überprüfen Sie die Hypothesen, indem Sie entsprechende Fehler am Computer einbauen.

f) Ziehen Sie in der Gruppe ein gemeinsames Fazit:
- Was kann die Rechtschreibhilfe am Computer leisten?
- Auf welche Fehlerarten muss man achten, wenn man einen Text am Computer geschrieben hat?

4 **Halten Sie die wichtigsten Ergebnisse in Ihrem Rechtschreibhelfer fest, sodass Sie ihn als Checkliste für Texte nutzen können, die Sie am Computer schreiben.**

Dort könnte z. B. stehen: „Aufpassen bei der Schreibung des Anredepronomens Sie. Eine Kleinschreibung wird von der Rechtschreibhilfe nicht erkannt."

Texte überarbeiten

GUT ZU WISSEN | Tipps zum Überarbeiten eigener Texte

1. Planen Sie Ihre Arbeitszeit

Überlegen Sie, bevor Sie mit der Arbeit beginnen, wie viel Zeit Ihnen zur Verfügung steht. Teilen Sie diese den drei Phasen des Schreibprozesses zu:
1. Planung/Konzeption, 2. Niederschrift und 3. Überarbeitung
Je nach Textsorte können die einzelnen Phasen unterschiedlich viel Zeit benötigen; ein Fünftel der Arbeitszeit sollte aber für die Überarbeitung reserviert werden. Überlegen Sie sich Hilfsmittel, wie Sie diese Zeitplanung einhalten: Notieren Sie, um wie viel Uhr Sie mit der Überarbeitung anfangen müssen. Bitten Sie Ihren Lehrer/Ihre Lehrerin, den Beginn der Überarbeitungsphase laut anzusagen etc.

2. Korrigieren Sie Ihren Text in mehreren Durchgängen

Um zu vermeiden, dass Sie bei der Korrektur die Übersicht verlieren, arbeiten Sie in mehreren Arbeitsschritten. Dabei kann das Buddy-Book eine wertvolle Hilfe sein. Darin haben Sie Ihre Fehlerschwerpunkte, und was es bei diesen zu beachten gilt, vermerkt. Versuchen Sie am Schluss des Buches auf einer Seite zusammenzufassen, worauf Sie bei der Überarbeitung besonders achten müssen (z. B. Großschreibung und „dass“) und welche Hinweise Ihnen bei diesen Phänomenen helfen, die richtige Schreibweise zu finden. Gehen Sie dann den von Ihnen geschriebenen Text mehrmals durch, wobei Sie Ihre Aufmerksamkeit jeweils auf ein Rechtschreibphänomen richten (z. B. erst Großschreibung, dann „dass“-Schreibung).

3. Keine Korrektur ohne Wörterbuch

Zum Rechtschreibprofi gehört ein Wörterbuch. Was zum Standardwerkzeug jedes Deutschlehrers und jeder Deutschlehrerin gehört, darf auch an Ihrem Arbeitsplatz nicht fehlen. Schlagen Sie Zweifelsfälle nach und notieren Sie schwierige Wörter in Ihrem Buddy-Book. Wichtig ist, dass in Ihrem Klassenraum ein Nachschlagewerk zur Verfügung steht, sodass es auch in anderen Fächern genutzt werden kann.
Damit Ihnen das Verfassen und Überarbeiten leichterfällt, hier zwei grundsätzliche Tipps zur Verbesserung Ihrer Fähigkeiten:

4. Üben Sie die normgerechte Schreibweise so oft wie möglich

Schreiben lernt man durch Schreiben. Ein großer Teil der Prozesse beim Rechtschreiben läuft unbewusst ab, ähnlich den Bewegungsabläufen beim Sport. Sie brauchen viel Übung, um Ihre Rechtschreibung zu verbessern. Das einfachste Mittel: Nutzen Sie jedes Schreiben als Übungsmöglichkeit zum korrekten Schreiben. Halten Sie sich auch in SMS und anderen Formen elektronischer Kommunikation an die normgerechte Großschreibung. Achten Sie in allen Texten auf richtig gesetzte Kommas. Schlagen Sie Wörter nach, wenn Sie unsicher sind.

5. Korrigieren Sie Texte von anderen und lassen Sie Ihre Texte korrigieren

In Texten anderer findet man leichter Fehler als in den eigenen. Üben Sie deshalb das Korrigieren auch an fremden Texten. Das schult Ihre Aufmerksamkeit. Geben Sie umgekehrt möglichst häufig Ihre eigenen Texte anderen zur Korrektur. Bitten Sie auch die Lehrerinnen und Lehrer anderer Fächer, Ihre sprachlichen Fehler anzustreichen, damit Sie sehen, wo noch Verbesserungsbedarf besteht. Analysieren Sie immer wieder, welche Art von Fehlern Sie machen, damit Sie auf diese gezielt einwirken können.

5 Entscheiden Sie: Welche drei Tipps sind für Sie am hilfreichsten? Notieren Sie sie in Ihrem Rechtschreibhelfer.

Die Lernsituation umsetzen: Ein Bewerbungsschreiben korrigieren

Sie haben nun also noch einmal Ihre Kenntnisse in den Bereichen Rechtschreibung und Zeichensetzung aufgefrischt. Außerdem haben Sie Hilfsmittel an der Hand (Ihr Rechtschreibhelfer, ein Wörterbuch, die Rechtschreibhilfe am Computer), wenn Sie bei schwierigen Stellen nicht sicher sind. Nehmen Sie sich nun also das Anschreiben Ihrer Freundin vor.

Achtung, Fehler!

Sehr geehrte Frau Hahn,

ihre Stellenanzeige stösst bei mir auf großes interesse. Im nächsten Jahr werde ich die Höhere Handelsschule am Berufskolleg in Achtkirchen verlaßen und suche daher eine Ausbildungsstelle die meinen Fähigkeiten und Interessen entspricht.

Zurzeit erwerbe ich an dem Berufskolleg in Zehnhausen kaufmännische Grundkenntnisse. Ich lerne dort den Umgang mit dem Computer, wie z. B. anfragen Angebote oder Reklamationen in Word zu erstellen oder Kalkulationen in Excel. Außerdem erlerne ich das 10-Finger-Schreiben. Zu meiner Schulausbildung gehört auch, das ich Grundkenntnisse in der Betriebswirtschaftslehre und im Rechnungswesen habe.

In Ihrer Anzeige suchen Sie eine Auszubildende, die in der Lage ist, sich schnell in neue aufgaben ein zu arbeiten. Das trifft auf mich zu denn bei meiner Aushilfstätigkeit im Örtlichen Supermarkt, werde ich immer gelobt, weil ich neues schnell lerne. Auch die Eigenschaft Teamfähigkeit bringe ich mit, was ich als Kapitänin eine Fussballmanschaft unter Beweiß stelle. Die Team Arbeit liegt mir weil ich in einer solchen Gruppe, meine Ideen einbringen kann. Wenn Aufgaben schwierig sind, habe ich den Ehrgeiz diesen gerecht zu werden. Wenn mir ein Sachverhalt unklar ist, frage ich noch einmal nach, um meine Arbeit korrekt aus führen zu können.

Auf eine Einladung zu einem persöhnlichen Gespräch in Ihrem Hause, freue ich mich sehr.

1 Legen Sie in Ihrem Heft eine Tabelle nach folgendem Muster an. Tragen Sie unter „Fehlerart" einen der Fehlerschwerpunkte ein, die in diesem Kapitel behandelt wurden.

Zeile	Falschschreibung oder Beschreibung des Fehlers	Fehlerart	richtige Schreibweise
2	*ihre*	*Großschreibung*	

2 Schreiben Sie den Text korrekt in Ihr Heft. Benutzen Sie dazu Ihren Rechtschreibhelfer.

3 Tauschen Sie Ihren Text mit Ihrem Lernpartner / Ihrer Lernpartnerin und korrigieren Sie wechselseitig deutlich mit einer anderen Farbe. Beachten Sie dabei den Leitfaden zum Korrigieren, den Sie für sich verfasst haben.

4 Stellen Sie das Ergebnis Ihrer Korrekturen mit Begründung vor. Klären Sie Zweifelsfälle und verbessern Sie Ihre Fehler.

5 Schreiben Sie eine fehlerfreie Version in einem Textverarbeitungsprogramm, die Sie dann an Ihre Freundin schicken können. Beachten Sie dabei, ob Ihnen noch Fehler angezeigt werden, und verbessern Sie diese ggf.

Kapitel 10

Sachtexte analysieren

Sachtexte werden mit unterschiedlichen Absichten geschrieben. Einige Texte sollen uns informieren, andere sollen uns überzeugen und wieder andere zu einer Handlung auffordern. Appellative Texte wie Kommentare, Glossen oder Werbetexte können den Leser unmerklich beeinflussen, wenn die Absicht des Autors nicht erkannt und hinterfragt wird. In diesem Kapitel erschließen Sie die Aussageabsicht eines Textes durch seine inhaltliche, strukturelle und sprachliche Untersuchung.

Erklärvideo zur Analyse von Sachtexten

Kompetenzen

- ✓ Textsorten benennen
- ✓ Inhalte wiedergeben
- ✓ zentrale Aussagen erfassen und erläutern
- ✓ Strukturmerkmale, Aufbau und sprachliche Gestaltungsmittel analysieren
- ✓ Argumentationsstruktur, Zielsetzungen und Wirkungsmöglichkeiten unterschiedlicher Textsorten erkennen

Methoden und Arbeitstechniken

- ✓ Brainstorming
- ✓ Fünf-Schritt-Lesemethode
- ✓ Strukturbild
- ✓ Schreibkonferenz
- ✓ Mindmap
- ✓ Gruppenpuzzle

Lernsituation: Einen Reader erstellen

Jedes Jahr veranstaltet Ihr Berufskolleg in der letzten Woche vor den Sommerferien eine Projektwoche, die mit einem Schulfest endet, auf dem die beteiligten Klassen und Kurse ihre Arbeitsergebnisse vorstellen.

Das sehr weit gefasste Thema in diesem Jahr lautet „Jugend heute“. Da Ihnen das Thema erst einmal wenig „griffig“ erscheint, beschließen Sie im Klassenplenum, einen Reader zu erstellen, der die unterschiedlichen Facetten dieses Themas näher beleuchtet.

Sie wollen mit Ihren Texten ganz unterschiedliche Zielgruppen innerhalb der Schulgemeinschaft ansprechen (Schülerinnen und Schüler unterschiedlicher Bildungsgänge, Lehrerinnen und Lehrer, Eltern).

Um an geeignetes Material zu kommen, machen Sie eine umfangreiche Recherche. Was fangen Sie nun aber mit der Flut an Informationen an? Welche sind für Sie wirklich interessant? Und welche Texte sind für welche Leserinnen und Leser geeignet?

GUT ZU WISSEN — Reader

Ein **Reader** ist eine Zusammenstellung von Texten eines oder mehrerer Autoren unter einem gemeinsamen Oberthema. Oft wird dieser mit einleitenden oder verbindenden eigenen Texten versehen. Im wissenschaftlichen Bereich dienen Reader oft als gemeinsame Grundlage für Konferenzen und Seminare, sie können aber auch eingesetzt werden, um unterschiedliche Blickwinkel eines gemeinsamen Oberthemas näher zu beleuchten.

So können Sie vorgehen

Schritt 1 den Aufbau des Textes untersuchen
Schritt 2 die Aussageabsicht erkennen
Schritt 3 die sprachlichen Mittel untersuchen
Schritt 4 die Argumentationsstruktur und -strategie untersuchen
Schritt 5 die Argumentation bewerten
Schritt 6 einen Textentwurf schreiben
Schritt 7 den Text überarbeiten

Den Aufbau und die Aussageabsicht untersuchen

Für das Erschließen eines Textes ist es wesentlich, seinen Aufbau zu erkennen. Hierbei können z. B. Teilschritte der Fünf-Schritt-Lesemethode (↗ Kapitel 4) hilfreich sein.

Jugend und Zukunft

von Claudius Auer

Als 1882 in St. Petersburg die 1. Symphonie von Alexander Glasunow unter großem Beifall aufgeführt wurde, staunte das Publikum nicht schlecht: Der Komponist dieses außerordentlich klaren und reifen Werkes für großes Orchester war gerade mal 16 Jahre alt. [...]

2011 stand Felix Finkbeiner aus dem bayerischen Uffing vor der Vollversammlung und warb in nahezu perfektem Englisch für sein Klimaprojekt, eine Milliarde Bäume zu pflanzen. Felix war damals 13. Seine Idee war schon ein Jahr später umgesetzt und läuft bis heute – mit der Unterstützung nicht nur der UN, sondern auch unzähliger engagierter Kinder weltweit. 2018, mit 20 Jahren, erhielt Finkbeiner das Bundesverdienstkreuz. [...]

Die Meinungen von Jugendlichen gehen in der Politik oft unter: Als im Sommer 2016 Großbritannien für den Austritt aus der Europäischen Union stimmte, zeigte sich die eher europafreundliche Jugend im Königreich schockiert. Ähnlich lief es in den USA: Donald Trump wurde Präsident – die meisten jungen Menschen waren aber für Hillary Clinton.

Auch in Deutschland hat die Meinung der Alten mehr Gewicht: Bei der Bundestagswahl 2015 waren die über 60-Jährigen mit rund 36 Prozent die größte Wählergruppe. Das Durchschnittsalter der Minister damals: 59 Jahre. Abgeordnete unter 30: 1,7 Prozent.

Das hat Folgen. Politik wird oft gegen die Jugend gemacht: Kohlekraft, Rentengeschenke und eine nicht endende Diskussion über Altersarmut. Und das, obwohl Kinder und Jugendliche statistisch viel häufiger von Armut betroffen sind. [...] Die Einkommensschere öffnet sich nämlich immer weiter, und damit wächst auch die sogenannte Erwerbsarmut. Menschen sind arm, obwohl sie arbeiten: Sie halten sich mit schlecht bezahlten Jobs über Wasser und stecken oft in Teilzeit und prekären Arbeitsverhältnissen fest. In der Arbeitslosenstatistik tauchen sie nicht auf. [...]

Die Folge ist eine zunehmende Kinderarmut: beispielsweise Kinder von Alleinerziehenden, die oft von Anfang an in gesellschaftlicher Ausgrenzung aufwachsen. Deren Eltern haben kein Geld für Urlaube, Schulausflüge, Geburtstagsgeschenke. [...] Und das, obwohl in Deutschland jährlich geschätzte 300 Milliarden Euro vererbt werden. Davon profitieren aber nur die Reichen. Mit der zunehmenden Schere zwischen Arm und Reich wird es immer mehr Kinder geben, die in armen Familien chancenlos aufwachsen.

Aber auch viele Jugendliche aus der Mittelschicht glauben, dass es ihnen nicht mehr so gut gehen wird wie den Generationen davor. Bezahlt werden die Renten bisher – dank Generationenvertrag – von den immer weniger werdenden Jüngeren, vor allem von den letzten „Ausläufern" der Baby-Boomer-Generation.

Das wird sich aber bereits in den nächsten zehn Jahren dramatisch ändern. Jeder, der heute jung ist, wird bald mit seinem Einkommen je einen Rentner finanzieren müssen. 1965 gab es 12,5 Prozent Rentner (Menschen über 65), die dann noch etwa zehn Jahre lebten. 2016 waren es schon 21,2 Prozent, die von da an noch fast 20 Jahre leben werden (Quelle: Statista). Es hat sich also nicht nur die Zahl der Alten verdoppelt: Rentner leben jenseits der 65 auch noch doppelt so lange wie früher. [...]

Beruflich ist es für die Jungen auch nicht einfach, weltweit Schritt zu halten. Denn Deutschland hinkt in der Digitalisierung enorm hinterher. Bisher fehlt es vor allem an flächendeckenden Glasfaseranschlüssen. In Japan sind 76 Prozent der Haushalte schon damit versorgt, in Deutschland nur 2,1 Prozent. Von den 20 wichtigsten Internetunternehmen der Welt sitzen elf in den USA, neun in China und keines in Europa. Egal?

Laut der Shell-Studie von 2015 sind sich Jugendliche zwar der Gefahren des Internets sehr bewusst. 46 Prozent der 12- bis 14-Jährigen geben an, im Internet vorsichtig mit den eigenen Daten umzugehen. Aber das Internet ist ein Markt, der immer mehr traditionelle Geschäftsmodelle ins Wanken bringt. Selbst die

Den Aufbau und die Aussageabsicht untersuchen

Software für deutsche Autos kommt oft nicht mehr aus Deutschland. Wenn die Digitalisierung weltweit wächst und Deutschland den Anschluss verschläft, geraten die jetzigen Berufsanfänger bei uns bald ins Hintertreffen. [...]

Und die Jugendlichen werden immer weniger: Bis 2060 wird Deutschland womöglich um zehn Millionen Menschen schrumpfen. 2060 stellen die 70-Jährigen vielleicht schon die größte Bevölkerungsgruppe. Eine erfolgreiche Migration könnte die Alterung der Gesellschaft zumindest abmildern und für mehr Beschäftigte sorgen. Gerade die Ausbildung von jugendlichen Migranten und deren Arbeitsmarktintegration wäre dabei ein wichtiges Element.

Erstaunlicherweise sehen Kinder und Jugendliche das Thema Migration wesentlich gelassener als Erwachsene: Laut der Shell-Studie von 2015 ist es 82 Prozent der Jugendlichen wichtig, die Vielfalt der Menschen anzuerkennen und zu respektieren. [...]

Die jungen Politikaktivisten Acelya Aktas und Lukas Ostermann sind sich einig: Deutschland investiert zu wenig in Bildung. In vielen Bundesländern sind die Schulgebäude in desolatem Zustand. Es fehlt an Unterrichtsmaterial und vor allem an Lehrern – eine traurige Folge falscher Sparpolitik. Bildung müsse schon im Kindergarten anfangen, um auch Kinder von einkommensschwachen Familien gesellschaftlich zu integrieren.

Während der Hauptschulabschluss immer stärker abgewertet wird, erscheint vielen ein Abitur und ein Universitätsstudium als einzig sinnvolles Ziel. Dabei könnte mehr Akzeptanz für einen guten Hauptschul- oder Mittleren Schulabschluss mit anschließender Lehre zu mehr Beschäftigten führen. Das funktioniere aber nur mit wesentlich größeren Investitionen in Schulen aller Bildungswege. [...]

(www.planet-wissen.de)

1 Gliedern Sie den Text in sinnvolle Abschnitte mit Zwischenüberschriften.

2 Stellen Sie den Aufbau des Textes in einem Strukturbild (↗ Kapitel 4) dar.

3 Beschreiben Sie den möglichen Adressatenkreis des Textes.

4 Analysieren Sie die Aussageabsicht des Textes, indem Sie
a) die informativen Passagen in eigenen Worten knapp zusammenfassen.
b) die Position des Verfassers deutlich machen und an geeigneten Textstellen belegen.
c) herausarbeiten, ob der Text eher argumentativ-informativ oder eher expressiv gestaltet ist.

GUT ZU WISSEN — Sachtexte und ihre Aussageabsicht

Sachtexte werden auch „Gebrauchstexte“ genannt, weil sie mit einer bestimmten Absicht verfasst wurden. Sie können **informieren, belehren, dokumentieren, überzeugen, beeinflussen oder auffordern**. In den meisten Fällen kommt es zur Vermischung dieser Absichten, jedoch bleibt in der Regel ein Schwerpunkt erkennbar. Die jeweils vorherrschende Aussageabsicht wird durch den **Inhalt der Aussagen**, aber auch durch die **Wahl der sprachlichen Mittel** erkennbar.

SPRACHE UND STIL — Mit Verben Intentionen verdeutlichen

normativ (informierend, darstellend)	*informieren, darlegen, erläutern, erklären, berichten, beschreiben, ...*
appellativ (beeinflussend, appellierend)	*aufrufen, überzeugen, beeinflussen, begründen, Argumente anführen, ...*
expressiv (eine Meinung ausdrückend)	*schildern, darlegen, begründen, meinen, ...*

Die sprachlichen Mittel von Texten untersuchen

Um die jeweils vorherrschende Aussageabsicht des Textes, also seine expressive, appellative oder informative Ausrichtung zu erfassen, eignen sich neben der Untersuchung des Inhalts und des Aufbaus auch die Analyse der verwendeten sprachlichen Mittel.

„Wir wollen nur ein bisschen chillen" Meine 16-Jährige

von Tillmann Prüfer

Immer wenn Lotta Gäste erwartet, kündigt sie mir das vorher an: „Übrigens, Papa, wir haben morgen einen kleinen Abend hier mit sechs Freundinnen. Da könnt ihr gerne mal ausgehen, wenn wir euch zu laut sind, ihr müsst ja nicht unbedingt dabei sein." Hätte ich meinen Eltern gesagt, dass ich demnächst einen „Abend" mit Jungs machen möchte und es deswegen nicht schlecht wäre, wenn sie sich etwas abseits hielten, wären sie sehr alarmiert gewesen. Sie hätten Angst gehabt, dass ich mit meinen Jungs die Hausbar austrinke. Und sie hätten mit dieser Befürchtung wohl gar nicht falschgelegen. Ähnlich reagiere ich. „Du willst mit sechs Freundinnen hier Party machen? Niemals!", sage ich. „Hey, Papa, wir wollen nur ein bisschen chillen."

Was genau mit Chillen gemeint ist, weiß ich eigentlich nicht so recht. Meinen Jugendliche damit, dass sie apathisch rumhängen möchten? Alkohol trinken? Musik hören? Auf jeden Fall habe ich große Vorbehalte, wenn jemand in Abwesenheit von uns Eltern in unserer Wohnung chillen möchte. „Ich kenne die doch gar nicht!", argumentiere ich. „Du könntest sie mir ja erst einmal vorstellen, bevor ihr hier das Wohnzimmer in Beschlag nehmt!" – „Oh Mann, du bist so ... unsozial", motzt Lotta dann. „Denk mal darüber nach!"

Okay, ich denke mal darüber nach. Ich mag es gerne, wenn es zu Hause ganz unspektakulär zugeht. Das heißt, wenn Kinder ihre Hausaufgaben machen und ich auf dem Sofa liegend eine Zeitung lesen kann. Es gibt genügend Aufregung da draußen in der Welt, ich brauche keine Aufregung drinnen. Ich finde, das ist ein ganz normales Bedürfnis. Ich habe nichts gegen die Jugend. Aber wenn zu viel Jugend in meiner Nähe ist, dann kann ich nicht mehr in Ruhe auf dem Sofa liegen. Außerdem gerate ich in Rollenkonflikte. Wenn andere Jugendliche da sind, weiß ich nicht, ob ich eher den zuvorkommenden Gastgeber geben und den Kindern Schnittchen und Limo servieren soll. Oder ob ich ihnen besser kumpelhaft „Hey, was geht, alles swag?" zurufen sollte, während ich auf dem Sofa hängend an einem Joint ziehe. Vielleicht irgendwas dazwischen? Oder am besten gar nichts?

Junge Menschen mit ihrer selbstverständlichen Art geben mir oft das Gefühl, irgendwie falsch zu sein. Schon im Umgang mit den eigenen Töchtern fällt es mir oft schwer, mich nicht alt zu fühlen. Aber das auch von fremden Jugendlichen gespiegelt zu bekommen, gibt mir den Rest. Das muss ich nicht unbedingt in der eigenen Wohnung erleben. Die eigene Wohnung sollte für mich ein Schutzraum sein, in dem ich mich so wohl wie nur irgend möglich fühlen kann. Und deswegen bleibe ich auf dem Sofa, und die Jugend soll woanders chillen. Meine Frau teilt diese Haltung übrigens überhaupt nicht. Sie meint, ich verhielte mich damit wie ein Schrat, der sich lieber zu Hause vergräbt, statt Offenheit zu zeigen. „Das ist doch viel besser, wenn die jungen Menschen sich bei uns treffen, als wenn sie irgendwo draußen herumhängen." Das verstehe ich schon. Aber sie können doch auch bei anderen Vätern in anderen Wohnungen abhängen, damit die sich alt und abgemeldet fühlen.

Meistens endet es so: Lotta macht ihren Abend, und ich schließe mich im Schlafzimmer ein. Lotta kann ihren Freundinnen ja erzählen, ich läge siech im Bett. Dann sind sie vielleicht aus Rücksicht auf das Alter etwas leiser.

(www.zeit.de)

1 Beschreiben Sie Ihren ersten Leseeindruck. Vergleichen Sie den Text „Wir wollen nur ein bisschen chillen" dazu mit dem Text „Jugend und Zukunft" ab Seite 142.

Die sprachlichen Mittel von Texten untersuchen

2 Geben Sie den Inhalt des Textes „Wir wollen nur ein bisschen chillen“ mit eigenen Worten wieder.

3 Übertragen Sie die unten stehende Tabelle in Ihr Heft und notieren Sie weitere sprachliche Mittel (↗ S. 361) sowie die Intention des Autors bzw. die Wirkung auf die Lesenden.

Textstelle	Sprachliches Mittel	Intention/Wirkung
Z. 7	*... „Abend“ – in Anführungszeichen*	*... Ironie*

4 Bestimmen Sie die Aussageabsicht des Textes aufgrund Ihres Ergebnisses aus Aufgabe 3.

5 Erläutern Sie mithilfe von GUT ZU WISSEN „Journalistische Textsorten“, um welche journalistische Textsorte es sich bei diesem Text handelt.

6 Ordnen Sie die Textsorten aus GUT ZU WISSEN „Journalistische Textsorten“ den drei Hauptaussageabsichten appellativ, expressiv und informativ/darstellend zu (↗ GUT ZU WISSEN „Die Kernaussage eines Textes“, Kapitel 16, S. 239).

GUT ZU WISSEN — Journalistische Textsorten

Eine **Meldung** ist eine Mitteilung über ein aktuelles, öffentlichkeitsrelevantes Ereignis, die in knappster Form Antworten auf die Fragen Wer? Was? Wann? Wo? gibt. Oft reicht ein Aussagesatz, um diese zentralen Informationen zu übermitteln. Dieser zentrale Aussage der Nachricht wird dann durch Mitteilungen zu den näheren Umständen eines Geschehens erweitert.

Beim journalistischen **Bericht** werden den Grundinformationen einer Nachricht weitere Hintergründe, interessante Einzelheiten, Meinungen von Beteiligten, Erklärungen und Ursachen beigefügt, ohne dass explizit eine Stellungnahme vorgenommen wird. Es ist die redaktionelle Bearbeitung der Nachricht, gleichsam ihre Langform.

Auch die **Reportage** übermittelt Tatsachen und Beobachtungen, sie lässt jedoch Spielräume für subjektive Beobachtungen. Zumeist wird hier Persönliches in den Vordergrund gestellt, um das Geschehen anschaulicher zu gestalten und den Leser unmittelbarer teilhaben zu lassen. Hier ist der Stil abwechslungsreich: Erlebnisbericht, Schilderung, Dialog, Tempuswechsel, Montage, Konkretisierung und Verallgemeinerung kennzeichnen ihn. Dennoch hat eine Reportage vornehmlich informierenden Charakter.

Im Interview wird ein Gespräch mit einem Prominenten oder Experten aufgezeichnet und wiedergegeben. Es ist damit sowohl eine Methode der Recherche als auch eine eigene journalistische Textsorte.

Der **Kommentar** stellt zwar auch einen Sachverhalt dar, aber das Hauptgewicht liegt auf dessen Problematisierung und Bewertung und den daraus folgenden Lösungsangeboten und Handlungsaufforderungen des Kommentators.

Ebenso wie beim Kommentar wird auch in der **Glosse** die Meinung des Autors einbezogen. Allerdings unterscheidet sie sich durch den ironischen und satirischen Stil von diesem. Der Aufbau ist offener, die Argumentation weniger streng. Oft weist die Glosse eine Pointe auf. In thematischer Hinsicht hat sie einen großen Spielraum, häufig werden Nebenaspekte des politischen, gesellschaftlichen oder kulturellen Lebens thematisiert.

In der Publizistik bezeichnet der/das **Essay** eine Abhandlung, die eine politische, kulturelle, gesellschaftliche oder wissenschaftliche Frage behandelt. Dabei ist der/das Essay knapp und anspruchsvoll gehalten und nimmt keine klare Einordnung vor. Es gibt journalistische und schriftstellerische Elemente. Bei manchen Essays kann die künstlerisch-kreative Gestaltung dominieren.

Die Argumentationsstruktur und -strategie von Texten untersuchen

Bei der Beschäftigung mit meinungsbildenden Texten ist es wichtig, die Position des Verfassers oder der Verfasserin herauszufinden. Dazu muss man den Aufbau einer Argumentation erkennen und die These, Argumente und Argumentationsbelege prüfen. Die Argumentationskette gibt Aufschluss über die Strategie des Verfassers oder der Verfasserin, seine Leser zu überzeugen.

Die deutsche Jugend muss auch mal was Neues wagen

von Sabine Menkens

Die Generation Fridays for Future meint sehr konkret zu wissen, wie der Planet zu retten sei. Für das eigene Leben aber hat sie wenig Plan. Ihre Berufswünsche wirken eher einfalls- und zukunftslos. Das liegt auch an den eigenen Eltern.

Der Befund, den die OECD-Bildungsforscher aus der jüngsten Pisa-Studie herausgearbeitet haben, wirkt auf den ersten Blick verstörend. So sehr die Generation Fridays for Future sich um die Zukunft des Planeten sorgt, so blauäugig geht sie mit der eigenen um. Fast die Hälfte der 15-Jährigen träumt von einem Beruf, der angesichts der fortschreitenden Digitalisierung und Automatisierung in absehbarer Zukunft wegzufallen drohe, warnen die Forscher.

40 Prozent der Jugendlichen in Deutschland, OECD-weit sogar die Hälfte, fokussieren auf die zehn Berufe, die seit Jahren zu den beliebtesten gehören. Noch dazu scheinen die Geschlechterdifferenzen nahezu einbetoniert. Mädchen wollen Lehrerin, Ärztin oder Erzieherin werden, die Jungs IT-Fachmann, Mechaniker oder Polizist – trotz Girls' und Boys' Days, mit denen seit Jahren versucht wird, berufliche Geschlechterstereotype aufzubrechen.

Berufswahl der Kinder

Die Jugend, so könnte man meinen, ist nicht nur traditionell, sondern auch einfallslos. Doch ein so harsches Urteil wäre ungerecht. Die prägenden Menschen im Leben eines 15-jährigen Teenagers sind noch immer Eltern und Lehrer. Sie sind es, die den Jugendlichen Wertvorstellungen vermitteln und Lebensmodelle vorleben, auch beruflich. Und diese Prägung ist erstaunlich wirkmächtig. Gesellschaftlicher Wandel braucht Zeit. Manchmal mehr Zeit, als angesichts der Anforderungen der modernen Arbeitswelt zur Verfügung steht.

20.000 Studiengänge stehen zur Auswahl

Hinzu kommt, dass es für Absolventen immer schwerer wird, überhaupt einen Überblick zu bekommen über die exponentiell wachsende Zahl von Möglichkeiten. Über 20.000 verschiedene Studiengänge wurden in diesem Wintersemester angeboten – vor zehn Jahren waren es noch etwas mehr als 13.000.

Entsprechend groß ist die Orientierungslosigkeit – und mithin die Neigung, sich in Berufe zu flüchten, die man irgendwie aus der eigenen Lebensrealität kennt. Zumal der dicht getaktete Stundenplan wenig Raum lässt für berufliche Orientierung.

Einmischen oder Raushalten?

Was also ist zu tun? Die Antwort ist in der OECD-Studie bereits zu finden. In den Ländern, in denen Schulen schon frühzeitig Berufsberatung anbieten und Kontakte in die Arbeitswelt vermitteln, sind die Berufswünsche insgesamt differenzierter. Was Jugendliche brauchen, ist Aufklärung, Anschauung und Vorbilder. Vor allem aber ein Gespür dafür, wer sie selbst sind.

Denn nur wer sich selber kennt, kann eine selbstbewusste Entscheidung treffen, welcher Beruf zu einem passt. Dazu kann übrigens auch gehören, die Weichen noch einmal umzustellen.

(www.welt.de)

Die Argumentationsstruktur und -strategie von Texten untersuchen

1 Formulieren Sie das Thema, mit dem sich der Text „Die deutsche Jugend muss auch mal was Neues wagen" beschäftigt. Worauf nimmt die Autorin Bezug?

2 Setzen Sie sich mit dem Aufbau der Argumentation des Textes auseinander, indem Sie These und Argumente sowie Argumentationsbelege ausfindig machen.

3 Stellen Sie den Argumentationsaufbau mithilfe einer grafischen Umsetzung dar.

GUT ZU WISSEN – Aufbau einer Argumentation

Bei einer **These** handelt es sich um eine Behauptung in Form einer Meinungsäußerung oder eines Werturteils. Das dann folgende **Argument** begründet die These. Das Argument wiederum wird durch sogenannte **Argumentationsbelege** gestützt. Diese können aus Beispielen, Erläuterungen oder Zitaten bestehen, auch das Aufzeigen von Konsequenzen ist als Argumentationsbeleg denkbar.

These: *Jugendliche interessieren sich wenig für Politik und Gesellschaft.*

Begründung: *Denn sie sehen wenig Möglichkeiten, etwas zu verändern.*

Beleg: *Das belegen Umfragen unter Studierenden der Generation unter dreißig.*

4 Geben Sie mithilfe von SPRACHE UND STIL „Indirekte Rede" (↗ S. 148) die folgenden Aussagen im Konjunktiv wieder.

Leiten Sie die Aussagen mit Sätzen wie „Die Autorin meint, ...", „Die Autorin führt aus, ..." oder „Sie klagt an, ..." ein.

- Der Befund, den die OECD-Bildungsforscher aus der jüngsten Pisa-Studie herausgearbeitet haben, wirkt auf den ersten Blick verstörend.
- Die prägenden Menschen im Leben eines 15-jährigen Teenagers sind Eltern und Lehrer.
- Gesellschaftlicher Wandel braucht Zeit.
- Was Jugendliche brauchen, ist Aufklärung, Anschauung und Vorbilder.

5 Beschreiben Sie, welche Argumenttypen im Text vorliegen.

GUT ZU WISSEN – Argumenttypen

Ein **Faktenargument** bezieht sich u. a. auf Zahlenmaterial, Statistiken oder wissenschaftliche Untersuchungen.

Ein **normatives Argument** verweist auf allgemein anerkannte Regeln und Werte, z. B. auf das Grundgesetz.

Ein **Erfahrungsargument** greift auf eigene oder allgemeine Erfahrungen zurück bzw. auf Beispiele.

Das **Autoritätsargument** beruft sich auf die Meinung von Experten oder zitiert Wissenschaftler.

Ein **analogisierendes Argument** zieht Rückschlüsse aus erwiesenen Tatsachen und überträgt diese.

Ein **indirektes Argument** greift die Gegenposition auf und entkräftet sie.

6 Stützen Sie die folgenden Thesen durch sinnvolle Argumenttypen.

- Die Lebensläufe von Jugendlichen heute sind durch Bequemlichkeit gekennzeichnet.
- Die deutsche Jugend ist vollkommen orientierungslos.
- Man sollte einen beruflichen Weg rechtzeitig wechseln, wenn man erkennt, dass es nicht der richtige ist.

Die Argumentationsstruktur und -strategie von Texten untersuchen

7 Analysieren und erläutern Sie die Argumentationsstrategie des Textes.

Die Argumentation ist (nicht) schlüssig, weil ...
Der Autor zeichnet ein einseitiges/ausgeglichenes Bild.
Die ironische Formulierung lässt darauf schließen, dass ...

GUT ZU WISSEN | Indirekte Rede

Wenn Sie die Meinung des Autors oder der Autorin wiedergeben, zitieren Sie üblicherweise in der indirekten Rede. Oft verändern sich Personal- und Possessivpronomen bei der Wiedergabe in der indirekten Rede und damit verbunden die Personalform des Verbs. Beispiel:

„Ich bin nicht mehr bereit, die Disziplinlosigkeit meiner Praktikanten hinzunehmen."

Der Autor sagt, er sei nicht mehr bereit, die Disziplinlosigkeit seiner Praktikanten hinzunehmen.

Das Verb, das Sie in der indirekten Rede verwenden, steht in der Regel im **Konjunktiv I**. Dieser wird mit dem Verbstamm, dem Vokal „e" sowie der entsprechenden Endung gebildet.

Verbstamm	**Konjunktiv I**
schreib(en)	*er/sie/es schreibe*

Wenn Sie den Satz mit der Konjunktion „dass" einleiten, darf das Verb im Indikativ stehen.

Wenn die Form des Konjunktivs I mit der des Präsens Indikativ übereinstimmt, nutzt man den **Konjunktiv II**.

Der Konjunktiv II wird vom Präteritum Indikativ gebildet. Dabei wird oft ein Umlaut eingefügt, z. B.

von „a" zu „ä" gewechselt.

Infinitiv	**Präteritum**	**Konjunktiv II**
nehmen	*er/sie/es nahm*	*er/sie/es nähme*

Wenn Sie einen Satz wiedergeben, dessen Prädikat im Präteritum steht, gehen Sie folgendermaßen vor: Sie bilden zunächst in Gedanken das Perfekt und setzen dann das Hilfsverb in den Konjunktiv I. Beispiel:

Er las leidenschaftlich gerne. (Perfekt: Er hat leidenschaftlich gerne gelesen.)

Konjunktiv I: *Er habe leidenschaftlich gerne gelesen.*

Falls der Konjunktiv II mit der Form des Präteritums Indikativ identisch ist, umschreibt man mit „würden".

Die Umschreibung empfiehlt sich ebenfalls, wenn die Form des Konjunktivs II ungebräuchlich oder veraltet wirkt. Auch wird diese Form häufig im mündlichen Sprachgebrauch verwendet.

- Übereinstimmung:
  Die Autoren betonen, sie (nehmen) die Ergebnisse der aktuellen Umfragen als Grundlage für ihre Berichte.
- Konjunktiv II:
  Die Autoren betonen, sie nähmen die Ergebnisse der aktuellen Umfragen als Grundlage für ihre Berichte.
- Umschreibung mit „würden":
  Die Autoren betonen, sie würden die Ergebnisse der aktuellen Umfragen als Grundlage für ihre Berichte nehmen.

Die Argumentation bewerten

Bevor die herausgearbeiteten Argumente oder auch die Argumentationsstrategie für eine eigene Positionierung zu einem Thema nutzbar gemacht werden können, müssen sie auf ihre Glaubwürdigkeit, ihre Überzeugungskraft und ihre Verwendbarkeit hin überprüft werden.

Faule Jugendliche: Wenn das Gegenteil wahr ist

von Karin Bauer

Kaum sind wissenschaftliche Erkenntnisse in die öffentliche Wahrnehmung gedrungen, wonach es vielen jungen Menschen derzeit wirklich schlecht geht – überlastete Kinder- und Jugendpsychiatrien, depressive Symptome bei der Hälfte der unter 25-Jährigen –, schon hat sich eine neue Front gebildet.

Diese hat sich der systematischen öffentlichen Herabwürdigung und Verunglimpfung der Jungen verschrieben. Kernbotschaft: Die wollen nichts. Die können nichts, nicht einmal ordentlich lesen und schreiben. Die halten nichts aus. Und Leistung ist sowieso ein Fremdwort.

Neuerdings mokieren sich auch Kolumnisten darüber, dass heutzutage Lernen Freude machen müsse und der notwendige Druck fehle. In der „Kronen Zeitung“ am vergangenen Wochenende wurden die Schüler, die nicht gut lesen und schreiben können, an den Pranger gestellt.

Vorboten dieser Front sind schon länger unterwegs, etwa in Form der deutschen Betriebswirtschaftsprofessorin Evi Hartmann mit ihrem Buch „Ihr kriegt den Arsch nicht hoch“. Mittels Titulierung der Jungen als „Generation Schneeflocke“. Oder in Form von Firmenchefs, die den Jungen medial ausrichten, dass sie mit 15 Jahren für keine Lehrausbildung taugen, weil sie nichts können. Später, als Kandidatinnen und Kandidaten für einen Job, kriegen sie oft nicht einmal eine Absage auf ihre Bewerbung.

Das ist eine absurde Verkehrung der Wirklichkeit, die Opfer zu Tätern machen will. Die mächtigen Vertreter des Systems sagen den machtlosen Kindern, dass sie alles falsch machen, dass sie in einem System verlieren, das sie selbst nicht beeinflussen können, dem sie unterworfen sind. Dieser Logik folgend müssten auch die Armen schuld daran sein, dass sie immer ärmer werden.

Dramatische Folgen

Tatsache ist allerdings, dass, wer die Macht hat, auch die Verantwortung trägt. Etwa für die schon so lange bekannte Krise im Bildungssystem, das fast ein Drittel der Kinder abhängt. Was da an dramatischen Folgen erwächst, hat die Pandemie nun sichtbar gemacht.

Die Märchen mancher Vertreter der älteren Generation, wonach früher alle leistungsbereiter, gebildeter und strebender gewesen wären, sind schlichtweg falsch. Das Bildungsniveau war nachweislich nie höher als heute. Nicht nur gemessen an Akademikerquoten, sondern betrachtet nach Berufsinhalten. Kein einziger Lehrberuf kommt heute ohne digitales Know-how aus. Aufnahmeprüfungen und Exmatrikulation bei mangelndem Studienerfolg waren den heute Älteren nicht so vorgegeben wie den heutigen Jungen.

Überall perfekt zu sein – vom Körperbild bis zum Freundeskreis, in aller Öffentlichkeit gepostet: Diese Vorgaben hat es noch nie gegeben, um überhaupt ein kleines Plätzchen in der Gesellschaft zu ergattern. Junge müssen und wollen überall optimiert sein. Ihr Leistungsbegriff dehnt sich weit über den Job hinaus aus. Junge Männer haben beispielsweise auch den Anspruch, wirklich präsente, gute Väter zu sein und nicht den Frauen die ganze unbezahlte Arbeit zu überlassen. Jungen Frauen reicht es nicht, nur im Hintergrund zu dienen.

Respektvolles Miteinander ist keine Einbahnstraße. Wenn wir Junge in die Verweigerung verlieren, dann sollten wir, die das Sagen haben, uns viele unangenehme Fragen stellen.

(www.derstandard.at)

Die Argumentation bewerten

1 Stellen Sie die Argumente von Karin Bauer in einer Übersicht dar und bestimmen Sie die Argumenttypen (↗ GUT ZU WISSEN „Argumenttypen“, S. 147).

Argumtentyp	Beispiel Argument
Faktenargument	
Normatives Argument	
Erfahrungsargument	
Autoritätsargument	
Analogisierendes Argument	
Indirektes Argument	

2 Prüfen Sie die Argumentation mithilfe von GUT ZU WISSEN „Die Argumentation prüfen“.

Argument:	Bemerkungen:
Argument 1	
Argument 2	

GUT ZU WISSEN — Die Argumentation prüfen

Folgende **Fragestellungen** können Ihnen dabei helfen, die Argumentation eines Textes zu überprüfen:

- Ist die Argumentation folgerichtig aufgebaut?
- Sind die Argumente überzeugend?
- Weist die Argumentation Lücken auf? Wo ist sie ggf. fehlerhaft?
- Werden auch gegensätzliche Positionen berücksichtigt?
- Ist die Argumentation ausgewogen?
- Was ist die Absicht des Autors?

Einen Text strukturiert wiedergeben

Um eine eigene Argumentation nun schlüssig aufzubauen, sollte der Text eine Struktur haben, damit die Leser und Leserinnen den Ausführungen folgen können.

Jugendkultur – Warum Abgrenzung wichtig ist

von Anna Bahr

[...] Nicht mehr Kind, aber auch noch nicht erwachsen: Im Alter zwischen 13 und 21 Jahren spricht manvon Jugendlichen, wobei diese Zeitspanne in der Forschung unterschiedlich gesetzt wird. Rechtlich gesehen gelten Heranwachsende ab dem vollendeten 14. Lebensjahr als jugendlich. Manche Kinder kommen eher in die Pubertät – Mädchen im Schnitt zwei Jahre früher als Jungs. Die Geschlechtsreife tritt ein und der Körper wächst noch einmal ein ganzes Stück nach oben.

Nicht nur körperlich entwickeln sie sich zusehends, auch im kognitiven Bereich finden beachtliche Veränderungen statt. US-Psychiater Jay Giedd wies nach, welche fundamentalen Umbauarbeiten im Gehirn von Jugendlichen stattfinden. Die graue Substanz beispielsweise, welche die Nervenzellen der Großhirnrinde bildet, wird in dieser Zeit in großer Menge vom Gehirn abgestoßen, um Platz für neue Verknüpfungen zu schaffen. Alle Zeichen stehen auf Veränderung. Kein Wunder, dass die Heranwachsenden nach Orientierung suchen. [...]

Abgrenzung und Rebellion – auch das gehört zur Jugend. Ihre neue Andersartigkeit drücken viele Heranwachsende aus, indem sie sich einer Jugendkultur anschließen. Der Begriff der Jugendkultur hat sich erst in den letzten 150 Jahren herausgebildet. Zu Beginn des 20. Jahrhunderts waren es noch die „Wandervögel", die mit ihrer romantischen Naturflucht den industriell geprägten Erwachsenen etwas entgegensetzen wollten. Eine breitere Bekanntheit erreichte die 68er-Bewegung. Da gab es beispielsweise die Anhänger der Rolling Stones, die ihre Eltern mit dem Motto „Sex, Drugs & Rock 'n' Roll" schockierten, oder die Hippies, die mit ihrer friedlich-harmonischen Grundhaltung die Welt verbessern wollten. In den letzten 30 Jahren wurde die Jugendkultur immer facettenreicher. Aus den verschiedenen Gruppierungen der Punks, Techno-Anhänger oder Grunger spalteten sich immer weitere Untergruppen ab. Gleichzeitig kommen – nicht zuletzt durch die weltweite Vernetzung des Menschen im Internet – immer neue Gruppierungen dazu. Neben den Skatern und Hip-Hoppern, die vielen noch geläufig sein dürften, machen auch die Cosplayer optisch auf sich aufmerksam. Sie sind Fans japanischer Comics und animierter Geschichten und kleiden sich entsprechend grell und bunt. [...]

Jugendkulturen bieten den Jugendlichen die Möglichkeit, sich abzugrenzen. Abzugrenzen von der Mutter, der Familie und ganz allgemein von der Erwachsenenwelt. Damit verabschieden sich die Jugendlichen auch von den Werten, Vorstellungen und oftmals von den Verboten der Erwachsenenwelt. Wer einer bestimmten Jugendkultur angehört, grenzt sich gleichzeitig von anderen Jugendkulturen ab. Eine Entscheidung für eine Richtung, ein erstes Spielen mit anderen Lebensformen als den altbekannten. Waren eben noch die Werte der Familie ausschlaggebend, orientieren die Heranwachsenden sich nun an Gleichaltrigen und experimentieren mit anderen Lebensformen. In der Gruppe stoßen sie auf junge Menschen, denen ähnliche Fragen und Probleme im Leben wichtig sind. Wer bin ich und wo stehe ich im Leben? Wie geht es weiter nach der Schule, welchen Beruf werde ich ergreifen und wo will ich hin?

Wer sich einer Jugendkultur anschließt, kann so auch mit seiner Identität experimentieren. Grell gefärbte Haare, düster geschminkte Augen: Welche Wirkung haben Äußerlichkeiten auf meine Umwelt? Wie fühle ich mich stärker?

Und: Jede Gruppe trägt durch Kleidung, Accessoires und Musik eine innere Haltung zur Schau. Die Codes der Hip-Hopper – lässige Kleidung und lockerer Gang – signalisieren eine entspannte Haltung zum Leben, während die Emos stark auf ihr Seelenleben fokussiert sind und sich die Punks kritisch mit gesellschaftlichen Umständen auseinandersetzen.

In der Gruppe lassen sich auch Probleme der Außenwelt vergessen. Stress mit den Eltern, Sorgen in

Einen Text strukturiert wiedergeben

der Schule – die Gruppe schafft einen neuen sozialen Kosmos, in der der Alltag weit weg scheint. [...] Noch fehlt der Mut zum individuellen Stil. Noch wird das Selbstbewusstsein von der Gruppenzugehörigkeit gestiftet. Aber Abgrenzung ist der erste Schritt in Richtung Selbstständigkeit. [...]

(www.lernando.de)

1 **Führen Sie in Ihrer Klasse ein Brainstorming durch: Welche Erwartung haben Sie an den Text „Jugendkultur – Warum Abgrenzung wichtig ist" aufgrund der Überschrift?**

2 **Erschließen Sie den Text.**

a) Schritt 1: Überfliegen Sie den Text. Notieren Sie das Wichtigste.
b) Schritt 2: Formulieren Sie Fragen (z. B. W-Fragen) zum Text.
c) Schritt 3: Lesen Sie den Text genau und versuchen Sie dabei, Antworten auf Ihre zuvor formulierten Fragen zu finden. Sie können sich zu wichtigen Textstellen Notizen machen und unbekannte Wörter im Wörterbuch nachschlagen.
d) Schritt 4: Gliedern Sie den Inhalt des Textes abschnittsweise, finden Sie Überschriften für die Abschnitte und geben Sie die wichtigsten Aussagen des Textes mit eigenen Worten wieder.

	Überschrift	Zusammenfassung
Abschnitt 1 (Zeile ... bis ...)		

MUSTER Einleitung einer strukturierten Textwiedergabe

Der Text mit dem Titel „Jugendkultur – Warum Abgrenzung wichtig ist" wurde auf der Internetseite Lernando im Jahr 20XX veröffentlicht. Die Internetplattform gehört zu einem großen Verlag und enthält ein Elternmagazin, das Erziehungsfragen aufgreift.
Die Autorin Anna Bahr informiert hier die Leserinnen und Leser über die Notwendigkeit jugendlicher Abgrenzung für die Entwicklung einer eigenen Identität.

3 **Lesen Sie das Muster „Einleitung einer strukturierten Textwiedergabe".**

a) Überprüfen Sie, ob das Muster vollständig ist und alle notwendigen Angaben für eine Einleitung enthält (↗ Kapitel 4, S. 69).
b) Schreiben Sie eine eigene Einleitung.

MUSTER Beginn Hauptteil einer strukturierten Textwiedergabe

Anna Bahr beginnt ihren Text mit einer zeitlichen Einordnung des Jugendalters und greift dabei auf Informationen aus dem Bereich Biologie zurück. Sie betont, dass Jugendliche sich in einer Zeit der körperlichen und geistigen Veränderung befinden. Das führe, so Bahr, auch zu Abgrenzung und Rebellion.

4 **Vervollständigen Sie Ihre strukturierte Textwiedergabe mithilfe von GUT ZU WISSEN „Strukturierte Textwiedergabe".**

5 **Führen Sie in Ihrer Klasse eine Schreibkonferenz durch, in der Sie Ihre Texte aus Aufgabe 4 gegenseitig überarbeiten.**

Einen Text strukturiert wiedergeben

SPRACHE UND STIL | Mit Verben strukturieren und verdeutlichen

Strukturierende Verben ...

mit informativem Charakter	*aufzeigen, informieren, ausführen, darlegen, feststellen, analysieren/untersuchen ...*
zur Verdeutlichung zeitlicher Zusammenhänge	*zurückblicken, einen Rückblick geben, früher und heute gegenüberstellen, vergleichen, prognostizieren ...*
zur Beurteilung eines Sachverhalts	*kritisieren, Kritik üben, negativ/positiv bewerten, verurteilen, gutheißen, als falsch/bedenklich/richtig/überzeugend einstufen, bezweifeln, befürworten, infrage stellen, (miss)billigen ...*
zur Darstellung von Argumentationszusammenhängen	*die Ansicht vertreten, argumentieren für/gegen, an Beispielen zeigen, veranschaulichen, begründen, Ursachen nennen, sich stützen auf, erörtern, verdeutlichen ...*
mit einräumendem Charakter	*einräumen, zugeben, zugestehen, das Zugeständnis machen ...*
mit appellativem Charakter	*appellieren, fordern, die Forderung erheben, verlangen ...*
mit schlussfolgerndem Charakter	*(schluss)folgern, die Schlussfolgerung/den Schluss ziehen, resümieren, ein Fazit ziehen, zu dem Ergebnis kommen ...*

6 **Stellen Sie den Inhalt von GUT ZU WISSEN „Strukturierte Textwiedergabe" in einer Mindmap grafisch dar.**

GUT ZU WISSEN | Strukturierte Textwiedergabe

Sie geben einen Text strukturiert wieder, indem Sie das **Thema**, die **Intention**, die **zentralen Aussagen** und die **Argumentationsstruktur** herausarbeiten.

Sie leiten Ihre strukturierte Textwiedergabe zunächst mit **Angaben zum Text** (Titel, Textart, Autorin/Autor, Publikationsorgan, Zeitpunkt der Veröffentlichung) ein.

Dann formulieren Sie das **Thema des Textes**: Es benennt das zentrale Problem, über das diskutiert wird. Häufig ergibt sich aus dem Thema auch die **Hauptthese** der Autorin bzw. des Autors.

Danach folgt die **Zusammenfassung** des Textes, die eine knapp gehaltene inhaltliche Zusammenfassung des Textes **(strukturierte Textwiedergabe)** darstellt. Hier werden **Haupt- und Nebenthesen** wiedergegeben. Sie führen die einzelnen Thesen auf und stellen die Position der Autorin bzw. des Autors heraus. Wiederholungen sollten vermieden werden. Beachten Sie, dass die Meinung der Autoren im Konjunktiv wiedergegeben wird.

Diese inhaltliche und sprachliche Paraphrase (Zusammenfassung) ist **neutral und objektiv** zu halten, also ohne Angabe der eigenen Meinung.

Einen Text strukturiert wiedergeben

7 Erklären Sie mithilfe des Lesbarkeitsindexes, warum manche Texte schwieriger zu verstehen sind als andere.

a) Beurteilen Sie den Schwierigkeitsgrad des Textes „Jugendkultur – Warum Abgrenzung wichtig ist". Nutzen Sie dafür auch das Internet.

b) Führen Sie dieselbe Untersuchung für den Text „Wir wollen nur ein bisschen chillen" auf S. 144 durch. Vergleichen Sie Ihre Ergebnisse mit denen aus Aufgabe a).

GUT ZU WISSEN | Lesbarkeitsindex

Wenn man Texte für eine bestimmte Zielgruppe auswählt oder selbst schreibt, muss man sich darüber Gedanken machen, ob der Text oder die Texte für diese **Zielgruppe** verständlich sind. Im Alltag tun wir uns schwer damit, zu bestimmen, warum wir einen Text für „schwerer" oder „leichter" zu lesen halten. Wichtig sind diese Überlegungen zum Beispiel bei Texten von Behörden, die für alle Menschen gleichermaßen verständlich sein sollten, ohne an rechtlicher Genauigkeit zu verlieren. Hier gibt es schon seit den 1960er-Jahren Modelle, die versuchen, messbar zu machen, wann ein Text verständlich ist. Ein Lesbarkeitsindex ist ein Verfahren, mit dem versucht wird, die Lesbarkeit eines Textes mittels einer Formel mithilfe von Parametern (Satzlängen, Wortlängen usw.) zu bestimmen. Der Lesbarkeitsindex LIX ergibt sich aus der **Summe der durchschnittlichen Satzlänge eines Textes** und des **prozentualen Anteils langer Wörter**.

Mit dem ermittelten Wert kann eingeordnet werden, wie die Lesbarkeit eines untersuchten Textes zu bewerten ist. Meist werden als Maßstab bestimmte **Textsorten** (Kinderbuch, Sachtexte, Fachtexte usw.) herangezogen, was jedoch nur eine ungefähre Annäherung erlaubt.

Diese Verfahren, Texte zu untersuchen, sind durch die Digitalisierung einfacher geworden, da jede Textverarbeitung einen Text nach entsprechenden Kriterien auswerten kann. Dazu lassen sich zahlreiche Tools im Netz finden.

Sie haben in diesem Kapitel die einzelnen Schritte für eine Sachtextanalyse trainiert. Die vollständige Sachtextanalyse können Sie im Kapitel 22 zur Vorbereitung auf die Prüfung üben.

Lernbilanz: Sie können …

- einen Sachtext gründlich lesen und seine Struktur und seine Aussagen verstehen.
- eine Einleitung mit allen notwendigen Angaben verfassen.
- die Kernaussage des Textes wiedergeben.
- die gedankliche und/oder argumentative Struktur des Textes erschließen.
- die sprachlichen Gestaltungsmittel des Textes benennen und deren Funktion erläutern.
- die Textintention herausarbeiten.
- die Textintention und die Textwirkung auf der Grundlage der Analyseergebnisse bewerten.

Die Lernsituation umsetzen: Einen Reader erstellen

In diesem Kapitel haben Sie gelernt, wie Sie mithilfe verschiedener Arbeitstechniken einen Sachtext verstehen und einordnen können. Vergegenwärtigen Sie sich nun noch einmal die Lernsituation am Anfang des Kapitels.
Arbeiten Sie in Vierergruppen. Pro Gruppe soll ein Reader mit mindestens vier unterschiedlichen Texten zum Thema entstehen. Die ausgewählten Texte sind mit einer Empfehlung für die potenziellen Leserinnen und Leser versehen.

1 Sammeln Sie in Kleingruppen geeignete Texte aus der Tagespresse (Print oder online) und ordnen Sie sie mithilfe einer Matrix/Tabelle. Nutzen Sie dabei auch weitere Kriterien.

	Text 1	Text 2	Text 3	Text 4	Text ...
Textsorte	*Kommentar*				
Intention	*appellativ*				
Thema	*Perspektiven der Jugend*				
Hauptaussagen/ Argumentation					
Sprachliche Gestaltung/ Lesbarkeit					

2 Verteilen Sie die Texte, sodass jedes Gruppenmitglied einen Text bearbeitet. Schreiben Sie Leseempfehlungen zu Ihren jeweiligen Texten (↗ Gruppenpuzzle, S. 344).

MUSTER Leseempfehlung

Dieser Text ist ein Kommentar aus der Zeitschrift „Y". Die Autorin appelliert an die Leserinnen und Leser, die Jugend in Deutschland nicht mit pauschalen Urteilen ... Sprachlich ist der Text ... Die Anschaulichkeit ist sehr hoch, weil ... Der Text ist gut lesbar und für Leserinnen und Leser zu empfehlen, die ...

3 Überarbeiten Sie Ihre Leseempfehlungen gegenseitig.

4 Stellen Sie den Reader mit den ausgewählten Texten fertig.

CHECKLISTE Einen Reader erstellen

- ☑ Hat der Reader ein aussagekräftiges Titelblatt, ein Inhaltsverzeichnis und ein korrektes Quellenverzeichnis?
- ☑ Enthält der Reader eine Einleitung zum Thema?
- ☑ Wird jeder Text mit einer kurzen Einführung versehen?
- ☑ Werden unterschiedliche Inhalte bei den Texten aufgegriffen?
- ☑ Werden verschiedene Intentionen und Haltungen berücksichtigt?
- ☑ Werden unterschiedliche journalistische Textsorten vorgestellt?

Kapitel 11

Texte erörtern

Viele journalistische Texte versuchen, ihre Leserinnen und Leser von einer bestimmten Meinung zu überzeugen. Um dieses Ziel zu erreichen, werden argumentative Strategien und bestimmte sprachliche Mittel eingesetzt. Wichtig ist, diese kritisch zu prüfen und zu bewerten, um eine Basis zu haben, auf der Sie sich eine eigene Meinung bilden können.

Kompetenzen

- ✓ Strukturmerkmale und Aufbau argumentativer Texte analysieren
- ✓ Argumentationsstruktur und Zielsetzungen argumentativer Texte analysieren
- ✓ zu Positionen in argumentativen Texten begründet Stellung nehmen
- ✓ andere von der eigenen Position überzeugen

Methoden und Arbeitstechniken

- ✓ Fünf-Schritt-Lesemethode
- ✓ Visualisierungstechnicken
- ✓ Partnerdiskussion
- ✓ Brainstorming

Lernsituation: In einem Brief Stellung nehmen

In der örtlichen Zeitung lesen Sie folgende Schlagzeile:

Bundespräsident Steinmeier will Pflichtdienst für junge Menschen

Ausgehend von einem Interview des Bundespräsidenten mit einer großen Boulevard-Zeitung im Sommer 2022 begann in den Medien eine Debatte, die sich mit den Vor- und Nachteilen eines Pflichtdienstes für junge Menschen beschäftigte. Nach dem Aussetzen der Wehrpflicht im Jahr 2011 wird über dieses Thema immer wieder diskutiert. Hierbei stoßen unterschiedliche Vorstellungen innerhalb der Gesellschaft aufeinander, die bislang keinen Konsens finden konnten. Der Bundespräsident wollte eine Debatte über das Thema anstoßen, ließ aber deutlich Sympathien für die Einführung eines nicht näher definierten Pflichtdienstes erkennen.

Passend dazu ging es in Ihrem Unterricht zur Berufsorientierung in den letzten Wochen um die Perspektiven nach der Fachhochschulreife. Neben Ausbildung oder Studium denken einige Ihrer Mitschülerinnen und Mitschüler über ein Freiwilliges Soziales Jahr (FSJ) nach. In die Diskussion darüber bringt ein Mitschüler ein, dass ja auch immer wieder über einen verbindlichen Pflichtdienst für alle Jugendlichen diskutiert wird. Die Meinungen in Ihrer Klasse dazu gehen weit auseinander. Sie beschließen, dem Bundespräsidenten in einem Brief zu antworten. Einige Mitschülerinnen und Mitschüler sagen aber, dass sie erst einmal die relevanten Argumente im Zusammenhang mit dieser Frage kennen wollen, bevor sie hierzu Stellung nehmen.

So können Sie vorgehen

Schritt 1 die Argumentation eines Textes untersuchen
Schritt 2 die Argumentationsstruktur im Überblick darstellen
Schritt 3 die Argumentation bewerten
Schritt 4 sich eine eigene Meinung bilden
Schritt 5 die eigene Meinung schriftlich äußern

Den Standpunkt eines Autors / einer Autorin erfassen

Bei der Beschäftigung mit meinungsbildenden Texten ist es zunächst wichtig herauszufinden, wovon uns der Text überzeugen möchte. Hat man die Hauptthese herausgearbeitet, bildet sie den Ausgangspunkt für die Analyse der Argumentation.

1 **„Ein Pflichtjahr versklavt niemanden" – Stellen Sie Vermutungen darüber an, um welche Inhalte es in einem Artikel mit dieser Überschrift gehen könnte.**

Ein Pflichtjahr versklavt niemanden – es macht reifer

Es muss ja nicht Bundeswehr und „Stillgestanden" sein. Aber ein Jahr Gemeinnützigkeit ist keine schlechte Schule des Lebens. Ein wie immer gearteter Pflichtdienst kann sich positiv auswirken auf alle Beteiligten.

von Holger Kreitling

Um gleich mit der Tür ins Haus zu fallen: Die hastige Aussetzung der Wehrpflicht 2011 war der schwerste gesellschaftliche und damit politische Fehler, den die Union sich in den vergangenen Jahrzehnten geleistet hat; womöglich inklusive der Entscheidungen im Herbst 2015 für die Offenhaltung der Grenzen. Denn diese Knall-auf-Fall-Entscheidung, die Verteidigungsminister zu Guttenberg (CSU) damals exekutierte, brachte nicht nur die Bundeswehr an den Rand der gesellschaftlichen Wahrnehmung und Betrachtung, sondern griff fundamental in die Wahrnehmung des Staates durch seine Bürger ein.

Der Glaube setzte sich durch, es sei kein größeres Engagement mehr erforderlich, die Gesundschrumpfung sei ein übergreifendes Heilmittel. Läuft doch von selbst. Wir leisten uns Profis, die alles besser können. Nicht nur die Bundeswehr. Sondern auch Gesundheitsdienste wie Krankenhäuser, Altenpflegeheime, Sozialstationen, Behinderteneinrichtungen und viele andere mehr. Wir brauchen die unbedarften und unmotivierten Jünglinge nicht mehr. Heranwachsende sollen die frei werdende Zeit nutzen, um früher eine Ausbildung zu beginnen, zu studieren, um sich alsbald in der funktionierenden Gesellschaft als wertvolle Mitglieder zu erweisen.

Nun muss so ziemlich jeder zugeben, dass diese hehren Ideen schneller vertrocknet sind als ein Blumenstrauß ohne Wasser. Ein großes Bündel an Gründen und Entwicklungen führte erst zum Ansehensverlust der Bundeswehr und bald zu einer nicht für möglich gehaltenen Funktionsunfähigkeit der Streitkräfte. Das Wissen über militärischen Sinn und Nutzen der Bundeswehr ist seit 2011 schwer erodiert; als eine Säule der Gesellschaft gilt die Berufsarmee kaum noch, was sich nicht bloß auf die Soldaten selbst auswirkt, sondern auch die Einsicht in eine grundsätzliche Verteidigungsbereitschaft erschüttert.

Da, wo bis 2011 Zivildienstleistende halfen, ist es auch nicht gerade besser geworden. Auch bei Gesundheit und Pflege fehlt es offensichtlich an politischer und gesellschaftlicher Unterstützung. Was die beschleunigte Ausbildung von Jugendlichen und jungen Erwachsenen angeht, ist die Liste der Klagen lang. Die Universitäten sind nicht ganz glücklich über minderjährige Studenten, deren Eltern in den Sprechstunden mitreden wollen. Und die Wissensstände sind oft beschämend, was zugegeben nichts mit der Wehrpflicht zu tun hat.

Was zugleich seit Jahren zunimmt, ist eine Leistungserschöpfung gerade bei Abiturienten, gepaart mit einer Orientierungslosigkeit. Man will sich nach zwölf oder 13 Schuljahren nicht gleich festlegen, wie

Den Standpunkt eines Autors / einer Autorin erfassen

es weitergehen soll. Oft fehlt es besonders jungen Männern an Ideen. Der diffuse Wille zu Freiheit und Abstand führt dazu, dass enorm viele Schulabgänger aus bürgerlichen Schichten ein oder zwei Jahre lang wenig tun.

Australien und Neuseeland sind zu den bevorzugten Sehnsuchtsländern eines abenteuersatten Teilzeitausstiegs geworden: Herzensbildung am anderen Ende der Welt, möglichst weit weg. Eine sehr kommode Situation. Der Bundesfreiwilligendienst aber, der alternativ zum Zivildienst Angebote bereithalten soll, ist bestenfalls ein mittelprächtiger Erfolg mit hoher Abbrecherquote.

Deshalb ist es richtig, eine Debatte über die Einführung einer allgemeinen Dienstpflicht zu führen, die womöglich über die Wehrpflicht hinausgeht, also für junge Frauen wie Männer gilt, was juristisch diffizil ist. Teilhabe am Wesen und der Verfasstheit der Gesellschaft soll und kann die Identifikation stärken, auch die Integration, am Ende sogar die Bildung. Das vielfach wachsende Misstrauen der Bürger in Institutionen des Staates hat etwas mit Distanz zu tun. Ihr, wir. Ein wie immer geartetes Pflichtjahr kann sich positiv auswirken auf alle Beteiligten. Es ist keine völlig unbotmäßige Forderung, wenigstens darüber zu diskutieren, ob sich die jungen Bürger für das Gemeinwohl engagieren sollen.

Die eilig geäußerten Argumente gegen eine allgemeine Dienstpflicht – staatliche Gängelung, zusätzliche Belastung des Arbeitsmarkts, Verschwendung von Lebenszeit, Freiheit des Einzelnen – schieben einen gesellschaftlichen Nutzen locker und recht bedenkenlos beiseite. Es geht nicht darum, bloß billige Kräfte in notorisch unterbesetzten Bereichen zu finden. Das Pochen auf volkswirtschaftliche Funktionsfähigkeit führt am Kern vorbei. Ein Pflichtjahr wäre weit mehr als die Summe der zu verrichtenden Aufgaben und Arbeiten – selbst wenn die Probleme der Bundeswehr im engeren Sinne nicht durch neue Jahrgänge an Wehrpflichtigen zu lösen sind.

Arbeit im sozialen Bereich hält wertvolle Lehren bereit, die jungen Menschen sehr lange von Nutzen sind. Generationen von Zivildienstleistenden wie der Verfasser dieses Textes haben enorm von diesen Lektionen profitiert, sei es, indem Demut und Mitgefühl und das befriedigende Gefühl von Hilfe erfahren wurden, oder sei es, dass der Ansporn für weitere Ausbildungen entstanden ist. [...]

Nicht zuletzt wächst bei einem sozialen Engagement neben Selbsterkenntnissen stets etwas, was altmodisch die sittliche Reife genannt wird. Keine schlechte Sache. Selbst bei negativen Erfahrungen in der Bundeswehr- oder Zivildienstzeit sind positive Gedanken dabei herausgekommen: Man wollte dann unbedingt etwas ganz anderes machen. Es gibt für Heranwachsende in Wahrheit nur sehr wenig wirklich vergeudete Zeit.

Manche Argumentation klingt schon, als dürfe man den hoch ausgebildeten Eliten von morgen nicht simple Arbeit im Altenheim zumuten. Umgekehrt wird ein Argument daraus: Indem die angestammte Umgebung verlassen wird, sind Kompromissfähigkeit, Duldsamkeit und das Entwickeln gesellschaftlicher Fertigkeiten möglich. Auch den Kindern wohlständiger Schichten ist es zuzumuten, einmal und für eine begrenzte Zeit Lebenswirklichkeiten außerhalb der Filterblasen kennenzulernen, bevor sie an die Universitäten gehen und dort ihresgleichen treffen.

Ein Pflichtjahr wäre keine Bergwerksschufterei und auch keine Sklavenausbeutung. FDP-Chef Christian

Den Standpunkt eines Autors / einer Autorin erfassen

Lindner hat die Dienstpflicht ernst und flapsig zugleich „Freiheitsentzug“ genannt und sie damit in die Nähe eines Gefängnisaufenthalts gerückt. Gesellschaftlicher Zusammenhalt, wie er allerorten erbeten und erträumt wird, hat etwas mit gesellschaftlichem Engagement zu tun, mit Identifikation und Erfahrung, mit durch Erleben gewachsenem Wissen; dieser Kitt ist nicht kostenlos an einer Lottostelle zu haben und kommt auch nicht per Luftpost.

(www.welt.de)

2 Lesen Sie den Zeitungskommentar „Ein Pflichtjahr versklavt niemanden – es macht reifer“ mit der Fünf-Schritt-Lesemethode (↗ GUT ZU WISSEN „Fünf-Schritt-Lesemethode“, Kapitel 4, S. 61).

3 Fassen Sie mit eigenen Worten den Standpunkt des Autors kurz zusammen. Orientieren Sie sich dabei an GUT ZU WISSEN „Standpunkt einer Argumentation“. Haben sich Ihre Vermutungen aus der ersten Aufgabe bestätigt?

GUT ZU WISSEN – Standpunkte einer Argumentation

Um den Standpunkt einer Autorin bzw. eines Autors zu erfassen, helfen folgende **Leitfragen**:

- Welche Position vertritt z. B. eine Autorin/ein Autor, wofür spricht sie/er sich aus, wen unterstützt sie/er, was fordert sie/er?
- Welches Ergebnis enthält der Text? Ist die vertretene Position eindeutig oder bleibt das Resultat offen?
- Wie ist die Argumentation aufgebaut, ist sie schlüssig, einseitig oder lückenhaft?
- Welche Wirkung sollen die eingesetzten sprachlichen Mittel erzielen?
- Welche Reaktion soll vonseiten der Lesenden erfolgen? Bietet der Text Anreiz zum Nachdenken, fordert er Zustimmung oder Widerspruch heraus?

SPRACHE UND STIL – Standpunkte einer Argumentation wiedergeben

Der Autor informiert über …

Die Autorin erläutert die Vor- und Nachteile von …

Der Autor versucht, die Lesenden davon zu überzeugen, dass …

Die Autorin führt eine Reihe von Argumenten für/gegen … an.

Der Autor spricht sich für/gegen … aus.

Die Autorin bezieht klar Stellung für/gegen …

Im Text wird behauptet, dass …

Der Verfasser des Textes wägt … ab.

Die Verfasserin schildert zunächst … Sie führt dann ein Gegenargument an.

Im Text werden verschiedene Standpunkte gegenübergestellt.

Die Argumentation wirkt insgesamt einseitig/lückenhaft/schlüssig.

Der Autor wägt ab …

Die Autorin lässt offen, ob …

Die Argumentation erfassen

Um die Argumentation eines meinungsbildenden Textes zu erfassen, gibt es einige nützliche Werkzeuge, mit deren Hilfe man dem Gedankengang des Autors / der Autorin näherkommt.

GUT ZU WISSEN Aufbau einer Argumentation

Eine Argumentation besteht üblicherweise aus den **drei Komponenten These – Argument – Argumentationsstütze** (Erläuterung, Beleg oder Beispiel zur Veranschaulichung des Arguments). Die Reihenfolge kann variieren. Wichtig ist, dass die einzelnen Schritte in einem logischen Zusammenhang stehen.

Behauptung, Werturteil, Empfehlung	**These** z. B. *Die Einführung eines sozialen Pflichtjahres für alle jungen Menschen in Deutschland ist sinnvoll.*
wird begründet durch Fakten, Beobachtungen, Erfahrungen, Aussagen, Experten	**Argument** z. B. *Ein solches Pflichtjahr wirkt sich positiv auf alle Beteiligten aus.*
wird entfaltet und gestützt durch	**Beispiel, Argumentationsstütze, Zitat** z. B. *Generationen von Zivildienstleistenden haben von den Erfahrungen dieser Zeit profitiert.*

Der Argumentationsgang schließt oft mit einer **Schlussfolgerung**. Sie bezieht sich auf die These und gibt dem Argumentationsgang dadurch einen Rahmen. Beispiel: Die oben erläuterten Argumente belegen deutlich, dass die Einführung eines sozialen Pflichtjahres insgesamt positiv zu bewerten ist.

1 Der Autor unterstützt die Forderung der Einführung eines sozialen Pflichtjahres (↗ GUT ZU WISSEN „Aufbau einer Argumentation“).

a) Stellen Sie die Argumente aus dem Text zusammen, mit denen die These begründet wird.

b) Suchen Sie mögliche Argumentationsstützen im Text.

2 Suchen Sie Argumente aus dem Text, die gegen eine Einführung eines sozialen Pflichtjahres sprechen.

Man glaubte daran, dass die Wehrpflicht nicht mehr notwendig ist, weil die Bundeswehr und die sozialen Dienste professionalisiert (vgl. Z. 20).

3 Erklären Sie die Funktionen der einzelnen Argumenttypen (↗ GUT ZU WISSEN „Argumenttypen“, S. 162).

Ein Faktenargument unterstützt die These/Behauptung durch nachvollziehbare und belegbare Fakten …

4 Überprüfen Sie mit GUT ZU WISSEN „Argumenttypen“, welche Beispielargumente aus dem Text stammen und welchen eine andere Quelle zugrunde liegt.

Die Argumentation erfassen

GUT ZU WISSEN Argumenttypen

Argumenttyp	Beispiel
Ein **Faktenargument** bezieht sich u. a. auf Zahlenmaterial, Statistiken oder wissenschaftliche Untersuchungen.	*Alle Umfragen unter ehemaligen Zivildienstleistenden zeigen deutlich, dass die Mehrheit der Befragten im Rückblick der Meinung ist, dass die Zivildienstzeit sich auf ihr weiteres Leben bereichernd ausgewirkt hat.*
Ein **normatives Argument** verweist auf allgemein anerkannte Werte, z. B. auf das Grundgesetz oder die Verfassung.	*Das Grundgesetz sieht die Möglichkeit einer Dienstpflicht vor.*
Ein **Erfahrungsargument** greift auf eigene oder allgemeine Erfahrungen zurück bzw. auf nachvollziehbare Beispiele.	*Die Orientierungslosigkeit bei jungen Schulabgängern nimmt seit Jahren zu.*
Das **Autoritätsargument** beruft sich auf die Meinung von Fachleuten oder zitiert Wissenschaftler /-innen.	*Der Bundespräsident sieht die Einführung eines Pflichtjahres positiv.*
Ein **analogisierendes Argument** zieht Rückschlüsse aus erwiesenen Tatsachen und überträgt sie auf andere Bereiche.	*Es ist für den gesellschaftlichen Zusammenhalt wichtig, dass alle Kinder gemeinsam in einer Schule lernen und sich so auch mit anderen Lebenswirklichkeiten auseinandersetzen müssen. Dies würde noch mehr für ein soziales Pflichtjahr gelten.*
Ein **indirektes Argument** greift die Gegenposition auf und entkräftet sie.	*Heranwachsende sollen die frei werdende Zeit nutzen, um früher eine Ausbildung zu beginnen oder zu studieren.*

5 Formulieren Sie die Beispielargumente von GUT ZU WISSEN „Argumenttypen" als Pro- oder Kontra-Argumente um. SPRACHE UND STIL „Pro- oder Kontra-Argumente einleiten" kann Ihnen bei den Formulierungen helfen.

6 Vergleichen Sie die Beispiele mit denen Ihres Lernpartners / Ihrer Lernpartnerin.

SPRACHE UND STIL Pro- und Kontra-Argumente einleiten

Ein Argument für/gegen ... ist ...
Für/Gegen ... lässt sich zuerst ...
Ein Vorteil/Nachteil von ... ist zunächst ...

Gegner/Befürworter einer solchen Lösung sagen, dass ...
Außerdem darf nicht vergessen werden, dass ...
Von zentraler Bedeutung ist, dass ...

Die Argumentationsstruktur im Überblick darstellen

Nun verschaffen Sie sich einen Überblick über die Argumentationsstruktur. Eine Übersicht hilft Ihnen, sich auf die wesentlichen Aussagen des Textes zu konzentrieren, und es gelingt Ihnen eher, sich von der Sprache des Textes zu lösen.

MUSTER Textstruktur

Es gibt verschiedene Möglichkeiten, die Struktur eines Textes zu visualisieren.

Beispiel 1

These: Es ist notwendig, eine Debatte über die Einführung eines sozialen Pflichtjahres zu führen, da diese Fragen des gesellschaftlichen Zusammenhalts berührt.

↓

Hinführung: Die Aussetzung der Wehrpflicht war ein schwerer Fehler und hat dem gesellschaftlichen Zusammenhalt in Deutschland geschadet.

↓

Hintergrund: Man glaubte auf Wehr- und Zivildienstleistende verzichten zu können.

↓

Problem 1: negative Folgen für Bundeswehr

Problem 2: negative Folgen im Gesundheitswesen

Problem 3: Orientierungslosigkeit bei den Jugendlichen selbst

↓

Forderung: Eine Debatte darüber, ob sich die jungen Bürgerinnen und Bürger für das Gemeinwohl engagieren sollen, ist notwendig.

↓

Argument 1: Der gesellschaftliche Nutzen übersteigt die Probleme.

Argument 2: Soziales Engagement fördert die Selbsterkenntnis.

Argument 3: Ein soziales Pflichtjahr dient der persönlichen Reife.

↓

Schlussfolgerung: Gesellschaftlicher Zusammenhalt ergibt sich nicht aus sich selbst heraus, sondern muss stetig hergestellt und gefördert werden.

Beispiel 2

These: Es ist notwendig, eine Debatte über die Einführung eines sozialen Pflichtjahres zu führen, da diese Fragen des gesellschaftlichen Zusammenhalts berührt.

↓

Argument 1: Die Aussetzung der Wehrpflicht war ein schwerer Fehler und hat dem gesellschaftlichen Zusammenhalt in Deutschland geschadet.

↓

Beleg 1: negative Folgen für Bundeswehr

Beleg 2: negative Folgen im Gesundheitswesen

Beleg 3: Orientierungslosigkeit bei den Jugendlichen selbst

↙

Argument 2: Ein soziales Pflichtjahr kann dem gesellschaftlichen Zusammenhalt dienen.

↓

Beleg 1: Der gesellschaftliche Nutzen übersteigt die Probleme.

Beleg 2: Soziales Engagement fördert die Selbsterkenntnis.

Beleg 3: Ein soziales Pflichtjahr dient der persönlichen Reife.

↓

Schlussfolgerung: Gesellschaftlicher Zusammenhalt ergibt sich nicht aus sich selbst heraus, sondern muss stetig hergestellt und gefördert werden.

Die Argumentation prüfen und bewerten

1 **Erstellen Sie eine eigene Darstellung der Argumentationsstruktur (↗ GUT ZU WISSEN „Analyse der Argumentationsstruktur“). Gehen Sie dabei von Ihrer eigenen Thesenformulierung aus.**

GUT ZU WISSEN | **Analyse der Argumentationsstruktur**

Nachdem das grundlegende Textverständnis gesichert wurde, beginnt die Argumentationsanalyse immer mit der Frage: Wovon möchte der Autor/die Autorin uns überzeugen? Die Antwort auf diese Frage stellt die Hauptthese des Textes dar. Danach machen Sie sich den Aufbau der Argumentation klar. Hilfreich sind dabei die **Leitfragen**:

- Welche Argumente und anderen Textelemente enthält der Text?
- In welcher Reihenfolge werden sie angeführt?

Für die **Sicherung des Analyseergebnisses** eignet sich besonders gut eine grafische Darstellung, z. B.

- am Aufbau des Textes orientiert (Beispiel 1),
- der inneren Logik des Textes folgend (Beispiel 2).

Im folgenden Schritt geht es darum, Argumente zu prüfen. Dabei ist es gar nicht so einfach zu erkennen, ob tatsächlich echte Argumente angeführt werden oder ob es sich lediglich um Behauptungen handelt.

Eine Verpflichtung zu einem sozialen Jahr ist falsch

Sollen junge Menschen ein soziales Pflichtjahr leisten? Der Bundespräsident stößt eine wichtige Debatte über Solidarität an – aber es gibt bessere Lösungen.

Eine Kolumne von Marcel Fratzscher

Bundespräsident Frank-Walter Steinmeier hat mit seinem Vorschlag eines verpflichtenden sozialen Jahres eine wichtige Debatte neu angestoßen. Sie unterstreicht eine große und zunehmende Schwäche in unserer Gesellschaft: die Illusion von Solidarität und die wachsende soziale Polarisierung. Die Forderung nach einem verpflichtenden sozialen Jahr ist letztlich das Eingeständnis des Scheiterns von Politik und Gesellschaft, unser Zusammenleben solidarisch zu gestalten und sozialen Zusammenhalt zu gewährleisten. Eine Demokratie muss vorsichtig mit Einschränkungen individueller Freiheit sein. Eine Verpflichtung, einen Dienst an der Gesellschaft abzuleisten, sollte es nicht geben – es gibt bessere Alternativen.

Doch schauen wir uns die Ausgangslage an: Auch wenn wir Deutschen auf unsere soziale Marktwirtschaft zu Recht stolz sind und es nicht gerne hören: Die soziale Polarisierung in Deutschland ist stärker ausgeprägt als in vielen vergleichbaren Demokratien – und sie ist in den letzten Jahren größer geworden. Fast nirgendwo in der westlichen Welt ist die Ungleichheit der Chancen im Bildungssystem so hoch wie in Deutschland. Fast nirgends hängen die Bildungschancen, das Einkommen und Gesundheit so stark von Bildung und Einkommen der Eltern ab wie bei uns. Die Aufstiegschancen sind in Deutschland fast genauso gering wie in den USA, wo ein großer Teil des Bildungssystems privat und ein starker Sozialstaat abwesend sind.

Deutschland hat außerdem einen der größten Niedriglohnsektoren in Europa, bei dem mehr als jede und jeder fünfte Beschäftigte zu so geringen Stunden-

Die Argumentation prüfen und bewerten

löhnen arbeitet, dass er oder sie häufig kaum über die Runden kommt. Fast 40 Prozent der Deutschen haben kein oder kaum Erspartes, können nicht vorsorgen und sind abhängig von den Leistungen des Sozialstaats. Systemrelevante Berufe, die in der Pandemie überlebensnotwendig waren, erhalten weniger Wertschätzung, eine schlechtere Bezahlung und werden meist von Frauen gemacht. Trotz der Lehren der Pandemie scheint sich daran wenig zu ändern. Genauso wenig wie an der Tatsache, dass die Diskriminierung von Frauen am Arbeitsmarkt bei Löhnen, Arbeitszeit, Karrieremöglichkeiten und Arbeitsbedingungen mit am höchsten in der westlichen Welt ist. Und auch die Spaltung zwischen Ost und West ist längst noch kein Problem der Vergangenheit.

Man könnte diese Liste um viele weitere Punkte ergänzen. Und auch wenn es in den vergangenen beiden Jahrzehnten gute und wichtige Fortschritte gab – zum Beispiel bei der frühkindlichen Bildung, der Elternzeit oder am Arbeitsmarkt – so ist und bleibt Tatsache: Die starke soziale Polarisierung folgt keinem Naturgesetz, sondern sie ist auch durch das Scheitern der Politik verursacht. Eine Reformstarre in vielen Bereichen hat in Deutschland zu häufig zu verkrusteten Strukturen geführt und die Solidarität geschwächt. Der Sozialstaat beschränkt sich zu sehr darauf, Probleme zu verwalten, statt Menschen zu mobilisieren und zu befähigen.

Daher ist es richtig, dass der Bundespräsident die überfällige Debatte über Solidarität einfordert. Und es gibt auch gute Argumente für eine Verpflichtung für jeden jungen Menschen, einen sozialen oder sonst wie gemeinnützigen Dienst abzuleisten. Ein solches Engagement kann die Solidarität zwischen Generationen und den Zusammenhalt sozialer Gruppe verbessern, eine soziale Komponente im Leben kann ein wichtiger Teil der Persönlichkeitsentwicklung sein und es bringt durchaus auch einen Mehrwert für die spätere berufliche Tätigkeit. Zudem ist der Bedarf an Arbeitskräften in sozialen Berufen so enorm, dass 600.000 zusätzliche Arbeitskräfte durch ein verpflichtendes soziales Jahr die akute Notlage etwas lindern könnten.

Aber trotz aller guter Argumente ist ein Zwang zu einem sozialen Jahr falsch. Denn es handelt sich um eine zu harte Einschränkung der Freiheit des Einzelnen, die nur in Ausnahmefällen gerechtfertigt sein kann, um die Freiheit anderer zu schützen. Anstelle über eine Pflicht zu Solidarität zu debattieren, sollte es vielmehr um die Frage gehen, wie wir das Bewusstsein junger Menschen über den Wert von Solidarität schärfen können. Es ist die Verantwortung der Generation der Eltern und Großeltern, junge Menschen von der Bedeutung von Solidarität, Gerechtigkeit und sozialem Ausgleich zu überzeugen. Die Verantwortung dafür liegt bei den Schulen, aber auch bei der Politik und den Medien. Zu häufig geht es in der Politik um den Schutz mächtiger Interessen der Privilegierten und zu selten um sozialen Ausgleich und wirkliche Chancengleichheit.

Solidarität lässt sich nicht verordnen. Anstelle von Paternalismus gegenüber jungen Erwachsenen sollten wir deren Meinung und Wünsche stärker berücksichtigen, beispielsweise in Bezug auf Klimaschutz und Nachhaltigkeit. So wie wir als Gesellschaft in den letzten Jahrzehnten bewusst mit Natur und Umwelt umgegangen sind, haben die Alten kein Recht, von den Jungen mehr Gerechtigkeit und Solidarität einzufordern. Das Gegenteil ist der Fall: Die älteren Generationen müssen endlich ihrer eigenen Verantwortung gegenüber künftigen Generationen gerecht werden.

Zudem gibt es bessere Wege, um die legitimen Ziele des Bundespräsidenten und anderer Befürworter zu verfolgen. Statt auf Zwang und Verpflichtung sollte die Politik in einer Demokratie auf Überzeu-

11.4 Die Argumentation prüfen und bewerten

gung und Menschlichkeit setzen. So könnte sie, anstelle eines Hungerlohns, eine gute Bezahlung für ein freiwilliges soziales Jahr anbieten – mit attraktiven Bedingungen, wie Möglichkeiten des Wechsels beispielsweise ins Ausland.

Ein freiwilliges soziales Jahr, so wie es dies zum Teil schon gibt, könnte stärker als Bonus für den Zugang zu Ausbildung und Studium gelten oder eine finanzielle Aufstockung von Ausbildungspauschalen oder Studiengeldern nach dem sozialen Jahr beinhalten. Zudem müssen soziale Berufe attraktiver werden, vor allem bei Bezahlung und auch bei den Arbeitsbedingungen. Nur so lässt sich der Fachkräftemangel in den sozialen Berufen verringern.

Statt von jungen Menschen soziale Leistungen einzufordern, sollte die Gesellschaft ihnen bessere Startchancen geben. Neben einem besseren Bildungssystem sollte auch das vom Ostbeauftragten der Bundesregierung, Carsten Schneider, wieder vorgeschlagene und vom DIW Berlin seit Langem unterstützten Startgeld von 20.000 Euro für jeden jungen Menschen umgesetzt werden. Sie hätten damit mehr Freiheiten, ihre eigene Zukunft zu gestalten – und einige könnten dieses Geld für Auszeiten für soziale Arbeit nutzen.

(www.zeit.de)

2 Lesen Sie die Kolumne „Eine Verpflichtung zu einem sozialen Jahr ist falsch“ mit der Fünf-Schritt-Lesemethode (↗ GUT ZU WISSEN „Fünf-Schritt-Lesemethode“, Kapitel 4, S. 61).

3 Sammeln Sie Argumente für die These des Textes. Übertragen Sie dazu die nachfolgende Tabelle in Ihr Heft und finden Sie für jede der Kategorien ein Argument. Ziehen Sie dazu auch zusätzliche Informationsquellen heran.

Es sollte kein soziales Pflichtjahr für alle jungen Menschen in Deutschland eingeführt werden, weil …	
Stütze der These durch	*These*
– nachprüfbare Tatsachen	*… dadurch eine neue Solidarität in Deutschland nicht geschaffen werden kann.*
– gesetzliche Vorschriften	
– Ergebnisse der Forschung, Verweis auf Autoritäten	
– verallgemeinerte Erfahrungen	
– Sachverhalte, die gesellschaftlicher Konsens sind	

4 Vergleichen Sie die folgenden Beispiele aus Schüleraufsätzen mit der Tabelle. Begründen Sie, welche Bewertungen gelungen sind und welche nicht.

- Zu Beginn bringt Marcel Fratscher das Argument, dass die Forderung nach einem sozialen Pflichtjahr das Eingeständnis des Scheiterns von Politik und Gesellschaft bedeute, unser Zusammenleben solidarisch zu gestalten. Es ist stichhaltig, da er ein Argument (Stärkung des Gemeinschaftssinns) der Befürworter aufgreift.
- In einem weiteren Argument macht Herr Fratscher deutlich, dass die Alten kein Recht hätten, von den Jungen mehr Gerechtigkeit und Solidarität einzufordern. Es ist überzeugend, weil dieses Argument auch für andere Lebensbereiche (z. B. die Klimakrise) gilt.

Die Argumentation prüfen und bewerten

GUT ZU WISSEN — Die Überzeugungskraft einzelner Argumente prüfen

Um zu prüfen, ob ein Autor/eine Autorin **sachlich und gut argumentiert**, untersuchen Sie seine/ihre Begründungen. Denn diese sollen seine/ihre These stützen. Um echte Argumente handelt es sich nur dann, wenn die Begründungen einer der folgenden Kategorien entstammen:

- Nachprüfbare Tatsachen
- Gesetzliche Vorschriften
- Ergebnisse der Forschung, Verweis auf Autoritäten
- Verallgemeinerte Erfahrungen
- Sachverhalte, die gesellschaftlicher Konsens sind

Bei der kritischen Betrachtung sind folgende Gesichtspunkte hilfreich:

Stützung des Belegs durch	Ansatz zur Widerlegung
nachprüfbare Tatsache	Nachweis, dass Inhalte fehlerhaft wiedergegeben wurden
gesetzliche Vorschriften	überprüfen, ob die Vorschriften wirklich zum konkreten Fall passen bzw. in diesem Fall Gültigkeit haben
Ergebnisse der Forschung, Verweis auf Autoritäten	Nachweis, dass die Statistik veraltet ist Nachweis, dass der Forscher/die Forscherin umstritten ist oder gar nicht fachkompetent ist
verallgemeinerte Erfahrungen	Verweis auf unzulässige Verallgemeinerung von Beispielen
Sachverhalte, die gesellschaftlicher Konsens sind	untersuchen, ob es sich evtl. um eine Einzelmeinung handelt

Als letzter Schritt in der Auseinandersetzung mit einem argumentativen Text bewerten Sie die Argumente selbst: Sind die einzelnen **Argumente überzeugend**? Darauf aufbauend beginnen Sie mit Ihrer eigenen Stellungnahme, dem zweiten, umfangreicheren Teil der Texterörterung.

5 Bewerten Sie schriftlich die Argumente des Textes „Eine Verpflichtung zu einem sozialen Jahr ist falsch“.

6 Schließen Sie Ihre Bewertung ab, indem Sie Ihren Standpunkt zu der im Text vertretenen Meinung verdeutlichen. Entscheiden Sie sich für eine der in GUT ZU WISSEN „Argumente bewerten“ vorgestellten Möglichkeiten, sich zu positionieren.

GUT ZU WISSEN — Argumente bewerten

Bei der Auseinandersetzung mit den Argumenten eines Autors sollten Sie die eigene Position begründen. Im Falle einer **Zustimmung** sollten Sie auch eigene Beispiele geben. Im Falle einer **Ablehnung** der dargestellten Meinung sollten Sie Gegenargumente anführen. Es gibt unterschiedliche Arten, Argumente zu bewerten:

Sie stimmen einem Argument zu. / Sie stimmen einem Argument teilweise zu. / Sie stimmen einem Argument zu und ergänzen es um neue Aspekte. / Sie widersprechen einem Argument.

Eine Stellungnahme verfassen

Das Ziel der Auseinandersetzung mit einem argumentierenden Text ist es, Ihren eigenen Standpunkt vertreten zu können. Dazu müssen Sie sich zuvor darüber klar werden, wie Sie zu der im Text vertretenen Ansicht stehen. Nachdem der Text erschlossen, der Standpunkt der Autorin bzw. des Autors und die Argumentationsweise herausgearbeitet wurde, besteht die Aufgabe darin, sich zu positionieren. Dabei wird die eigene Meinung umso überzeugender vermittelt, je schlüssiger und stichhaltiger die Argumente sind.

The Kids are alright

von Sophia Muliar

Moin, hier ist Sophia. Ich bin seit dieser Woche Schülerpraktikantin bei Krautreporter und Bent überlässt mir die heutige Ausgabe seines Newsletters.

Als ich vier Jahre alt war, setzte der damalige Verteidigungsminister Karl-Theodor zu Guttenberg die Wehrpflicht aus. Seitdem müssen junge Menschen nach der Schule keine Arbeit mehr leisten, die sie gar nicht leisten wollen.

Jetzt soll es, ginge es nach Bundespräsident Frank-Walter Steinmeier und den vielen Politiker:innen, die sich seiner Forderung mittlerweile angeschlossen haben, eine Art Neuauflage geben: Sie heißt „sozialer Pflichtdienst". Junge Frauen und Männer sollen so ihren scheinbar mangelnden „Gemeinsinn" stärken und Kontakt zu Menschen außerhalb ihrer Blase ausbauen. Neben Steinmeiers Begründungen fällt der Vorschlag an sich aus der Zeit.

Der soziale Bereich muss unterstützt werden, das ist spätestens seit der Pandemie allen bewusst. Geflüchtetenheime, Krankenhäuser, Integrationszentren, Kitas, Pflegeheime, Schulen, um nur einen Bruchteil zu nennen, sind überlastet. Natürlich könnte versucht werden, die Arbeitsbedingungen zu verbessern: höhere Löhne, mehr Personal, weniger Druck. Stattdessen soll das fehlende Personal nun mit jungen Arbeitskräften ersetzt und das eigentliche staatliche Versagen verdrängt werden. Doch junge Menschen sollten diese Lücke nicht füllen müssen. Und sie können es auch nicht.

Reden wir über Freiheit. Die würde jungen Menschen durch einen verpflichtenden Sozialdienst genommen werden. Junge Menschen litten, nicht als einzige Altersgruppe, in den letzten zwei Jahren massiv unter den Coronamaßnahmen. Viele minimierten ihre Sozialkontakte, verzichteten darauf, Freunde zu treffen oder Freizeitaktivitäten nachzugehen. Dass wir uns solidarisch verhalten, stand nie infrage, aber sicher ist: Nochmal ein Jahr unfreiwillig weggeben will niemand.

Für mich steht fest: Mich sozial zu engagieren ist (m)ein Muss. Diese Entscheidung habe ich aber mit mir selbst getroffen. Es engagieren sich bereits 42 Prozent der Menschen zwischen 14 und 29 freiwillig. Mehr als 80.000 Jugendliche absolvieren jährlich ein Freiwilliges Sozialen Jahr (FSJ) oder ein Freiwilliges Ökologisches Jahr (FÖJ). Das zeigt, die Jugendlichen, die sich sozial engagieren wollen, tun dies ohnehin. Ob mit oder ohne sozialem Pflichtdienst.

Das Problem: Freiwilligendienste wie das FSJ, FÖJ oder der Internationale Jugendfreiwilligendienst können die Stellennachfrage nicht immer befriedigen. Es gibt schlichtweg nicht genug Angebote.

Selbst, wenn diese Argumente ignoriert würden: Um den sozialen Pflichtdienst einzuführen, müsste das Grundgesetz geändert werden. Denn Stand heute würde er wahrscheinlich das Übereinkommen der Europäischen Menschenrechtskonvention sowie den Internationalen Pakt über die bürgerlichen und politischen Rechte missachten. Für die Änderung bräuchte es im Bundestag erstmal eine ⅔-Mehrheit.

Das ist viel Aufwand und es gibt bessere Möglichkeiten. Statt das Grundgesetz zu ändern, muss deutlich mehr Geld in den Ausbau des Angebots der bereits bestehen (Jugend-)Freiwilligendienste investiert werden! Und nicht nur dort, auch außerhalb dieser Dienste sollten die vielen Jugendprojekte, die es schon gibt und die noch entstehen, gefördert werden. Das kostet viel Geld, aber wenn schon für die Bundeswehr 100 Milliarden Euro übrig sind ...

Statt schnellen Meinungen wünsche ich mir einen umfangreichen Diskurs über den sozialen

Eine Stellungnahme verfassen

Pflichtdienst durch ein Jugendmitspracherecht über Umfragen, Diskussions- und Austauschrunden, generationsübergreifend, damit wir alle mal aus unserer eigenen Blase kommen. Auch Herr Steinmeier.

Wir lesen uns in den nächsten zwei Wochen bestimmt nochmal wieder:

Sophia Muliar

Schülerpraktikantin bei Krautreporter

(Krautreporter)

1 Analysieren Sie den Text „The kids are alright" von Sophia Muliar.

a) Fassen Sie abschnittsweise den Inhalt zusammen.

b) Formulieren Sie die Hauptthese in eigenen Worten.

c) Halten Sie die Argumentationsstruktur in eigenen Worten fest.

d) Ordnen Sie die einzelnen Argumente des Textes den verschiedenen Argumenttypen zu (↗ GUT ZU WISSEN „Argumenttypen", S. 162).

e) Prüfen und bewerten Sie die Argumente. Wie bewerten Sie die Überzeugungskraft des Textes insgesamt?

SPRACHE UND STIL – Argumentation bewerten

Zuerst möchte ich feststellen, dass ...

Man muss bedenken, dass ...

Ich kann die Meinung der Autorin nicht unterstützen, da ...

Die Autorin geht gar nicht darauf ein, dass ...

Grundsätzlich bin ich der Meinung ...

Weiterhin muss man bedenken, dass ...

Zusammenfassend muss ich sagen, ...

Abschließend möchte ich festhalten, dass ...

2 Halten Sie in fünf Sätzen fest, wie Sie zur These der Autorin stehen.

3 Stellen Sie fest, welchem der drei grundsätzlichen Ansätze Ihre fünf Sätze am ehesten entsprechen. Überarbeiten Sie Ihren Text nach den in GUT ZU WISSEN „Die eigene Position darlegen" genannten Kriterien.

GUT ZU WISSEN – Die eigene Position darlegen

Zustimmung: Sie stimmen den Auffassungen der Verfasserin/des Verfassers zu und greifen kurz die Argumente auf, die Sie am meisten überzeugt haben, und unterstützen diese mit Beispielen oder Erläuterungen. Darüber hinaus sollten Sie weitere Argumente finden, die die These der Verfasserin/des Verfassers stützen.

Eingeschränkte Zustimmung: Es ist auch möglich, den Thesen der Autorin/des Autors eingeschränkt zuzustimmen oder zu widersprechen. Sie könnten bestimmte Aspekte vertreten, andere wiederum nicht. Ebenso könnte Sie die Argumentationsstrategie stören, weil sie möglicherweise einseitig oder polemisch ist.

Gegensätzliche Position: Sie lehnen die Auffassungen der Verfasserin/des Verfassers ab. Sollten Sie widersprechen, dann müssen Sie fragwürdige Aussagen sowie Schwächen des Textes aufdecken und begründete Gegenargumente finden.

Eine Stellungnahme verfassen

4 Führen Sie eine Partnerdiskussion zum Thema „Soziales Pflichtjahr“ durch. Berücksichtigen Sie dabei die Erkenntnisse und Informationen aus diesem Kapitel.

5 Wie könnte man in Zukunft mit der Frage nach einem sozialen Pflichtjahr umgehen? Stellen Sie Ideen zusammen, begründen Sie diese und positionieren Sie sich (↗ SPRACHE UND STIL „Positionen darlegen“).

SPRACHE UND STIL — Positionen darlegen

Die eigene Position	*Ich bin der Überzeugung, dass ...* *Ich vertrete die Ansicht, dass ...* *Ich stimme mit ... überein/nicht überein ...*
Kritik an der Autorenposition	*Diese Position ist umstritten, weil ...* *Man sollte auch berücksichtigen, dass ...* *Zwar zählt ... viele nachvollziehbare Argumente auf, dennoch ...*
Begründung der eigenen Position	*Ich berufe mich dabei auf den Zeitungsartikel/die Studie/die Wissenschaftlerin/den Wissenschaftler ...*
Fazit	*Abschließend kann man festhalten, dass ...* *Vergleicht man ... mit ..., so kommt man zu dem Ergebnis ...*

Sie haben in diesem Kapitel die einzelnen Schritte für eine textgebundene Erörterung trainiert. Die vollständige textgebundene Erörterung können Sie im Kapitel 22 zur Vorbereitung auf die Prüfung üben.

Lernbilanz: Sie können ...

- einen Sachtext gründlich lesen und seine Struktur und seine Aussagen verstehen.
- die Hauptthese eines argumentativen Textes erkennen und in ein Thema einordnen.
- den Aufbau einer Argumentation erkennen und benennen.
- die Argumentationstypen im Text erkennen und zuordnen.
- die Argumentationsstruktur in einer Übersicht darstellen.
- die Argumente eines Textes bewerten.
- die Argumentationsstruktur in einer Übersicht darstellen.
- sich zu Textaussagen positionieren und die eigene Position darlegen.

Die Lernsituation umsetzen: In einem Brief Stellung beziehen

Zurück also zur Forderung nach einem sozialen Pflichtjahr für alle jungen Menschen. Sie haben nun Texte dazu gelesen, mit Argumenten gearbeitet und eine eigene Position entwickelt. Nun stellt sich die Frage, was Sie mit Ihrer erarbeiteten Position zum Thema machen wollen. Eine Mitschülerin schlägt vor, dass Sie in einem Brief an den Bundespräsidenten Ihre Meinung deutlich machen.

Bundespräsident Steinmeier will Pflichtdienst für junge Menschen

1 Gehen Sie noch einmal Ihre Unterlagen zur Unterrichtsreihe durch.

2 Entscheiden Sie sich für Ihre Position zum Thema „Pflichtdienst für junge Menschen“.

3 Ordnen Sie Ihre Argumente und Belege in einer Übersicht.

4 Stellen Sie die Argumentationsstrukturen in Partnerarbeit vor und verbessern Sie Ihre Arbeiten gegenseitig mit dem Wissen aus der Unterrichtsreihe. Machen Sie ggf. ein Brainstorming, um weitere Argumente für Ihre Position zu finden.

5 Verfassen Sie eine Stellungnahme zum Thema „Pflichtdienst für junge Menschen“ aus der Sicht eines Jugendlichen kurz vor dem Abschluss der Schule in Form eines Briefes an den Bundespräsidenten.

6 Recherchieren Sie, wie Bürgerinnen und Bürger mit dem Bundespräsidenten in Kontakt treten können.

Das Schloss Bellevue in Berlin ist der Amtssitz des Bundespräsidenten.

Kapitel 12

Argumentierend schreiben

Andere angemessen von etwas überzeugen zu können, gehört zu den wichtigen Kompetenzen, die Schülerinnen und Schüler in der Schule erwerben müssen. Man braucht diese Kompetenz in ganz unterschiedlichen Zusammenhängen: in der Schule in vielen Fächern auch außer Deutsch, im Beruf und natürlich auch im Studium.

Kompetenzen

- ✓ Thema, Inhalt und Aussagen eines linearen bzw. nichtlinearen Textes erfassen
- ✓ die Anforderungen des Zieltextes analysieren
- ✓ Informationen auswerten
- ✓ Informationen miteinander vernetzen
- ✓ einen strukturierten, argumentierenden Text verfassen
- ✓ Schreibstrategien anwenden
- ✓ Strategien zur Textüberprüfung anwenden

Methoden und Arbeitstechniken

- ✓ Blitzlicht
- ✓ Mindmap
- ✓ Lesemethoden
- ✓ Schreibplan

Lernsituation: Ein Redemanuskript verfassen

Die Schülervertretung Ihrer Schule setzt sich bei der Schulleitung dafür ein, dass Schul-T-Shirts gedruckt werden. Diese sollen dann in der Schule verkauft werden und zur Bildung einer „Corporate Identity" beitragen. Grundsätzlich ist die Schulleitung damit einverstanden. Es gibt aber einen Konflikt darüber, welche Art von T-Shirts bedruckt werden sollen.

Die Schulleitung möchte möglichst billige Shirts kaufen, damit möglichst viel Geld aus dem Verkauf an den Förderverein fließen kann. Die Schülervertretung ist bei Recherchen auf die sozialen und ökologischen Probleme gestoßen, die mit der Produktion von Textilien einhergehen, und beschließt deshalb, dass bei der Beschaffung der T-Shirts auf soziale und ökologische Standards geachtet werden soll. Unter den Schülerinnen und Schülern gehen die Meinungen zu diesem Thema auseinander.

Um andere Menschen von Ihrer Meinung zu überzeugen, müssen Sie Argumente finden und diese in einem Text zusammenbringen.

So können Sie vorgehen

Schritt 1 eine erste Meinung bilden
Schritt 2 die Materialien sichten und auswerten
Schritt 3 nützliche Informationen entnehmen
Schritt 4 eine Argumentation aufbauen
Schritt 5 einen Schreibplan erstellen
Schritt 6 einen argumentierenden Text schreiben
Schritt 7 den Text überarbeiten
Schritt 8 den Text in die endgültige Form bringen

Aufgabenstellung analysieren und Vorwissen aktivieren

Sie können nun zuerst darüber nachdenken, welches Vorwissen und welche Meinung Sie zu diesem Thema haben. Erst dann sollten Sie sich mit weiteren Informationen und Meinungen auseinandersetzen.

1 Bevor Sie Materialien sichten, müssen Sie zuerst die Aufgabenstellung analysieren (↗ GUT ZU WISSEN „Die Aufgabenstellung analysieren", Kapitel 7, S. 96). Notieren Sie die Fragen in einer Tabelle nach folgendem Muster und überlegen Sie Antworten.

Frage	Antwort	Konsequenzen für mein Schreiben
Was ist das Thema?	*Fair gehandelte Kleidung*	*Ich brauche verlässliche Informationen.*
Für wen schreibe ich den Text?	*Für die Schulgemeinschaft*	*Ich muss die Perspektive von Schülerinnen und Schülern einbringen.*

GUT ZU WISSEN – Eigenes Vorwissen aktivieren

Sie bringen zu vielen aktuellen Themen Vorwissen mit. Entweder, weil Sie sich **im privaten oder beruflichen Umfeld bereits damit auseinandergesetzt** haben, oder, weil Sie **direkt davon betroffen** sind.

Wenn Sie Argumente zu einem Thema entwickeln sollen, ist es hilfreich, zunächst das **eigene Vorwissen zu reflektieren**. Überlegen Sie: Haben Sie etwas erlebt, das mit dem Thema zusammenhängt? Haben Sie sich schon einmal darüber informiert? Kennen Sie Menschen, die von dem genannten Problem betroffen sind?

Ihr Vorwissen können Sie **schriftlich notieren**. Wenn nötig, können Sie betroffene Menschen zu einem späteren Zeitpunkt zu ihren Erfahrungen befragen. Der Austausch mit Ihren Mitschüler/innen hilft Ihnen dabei, sich einen ersten Überblick zu verschaffen.

2 Sammeln Sie Ihr Vorwissen zum Thema „Fairtrade" und „Faire Mode" in einem Blitzlicht. Nutzen Sie auch GUT ZU WISSEN „Eigenes Vorwissen aktivieren".

3 Tauschen Sie sich mit Ihrem Lernpartner / Ihrer Lernpartnerin aus und ergänzen Sie Ihre Notizen.

4 Bringen Sie gemeinsam Ihr Vorwissen in eine übersichtlichere Form, z. B. eine Mindmap.

5 Sammeln Sie nun im Plenum alle gefundenen Argumente in einer Tabelle.

Pro-Argumente	Kontra-Argumente
Pro 1:	*Kontra 1:*
Pro 2:	*Kontra 2:*

6 Halten Sie Ihre vorläufige Meinung in einer These (↗ Kapitel 11, S. 161) fest.

Die Materialien sichten

Nun können Sie damit beginnen zu recherchieren (↗ Kapitel 6) und Materialien zu sichten (↗ GUT ZU WISSEN „Das Material sichten", S. 179). Im Vordergrund stehen dabei die wichtigsten Informationen und die Güte der Quelle.

Material 1

Fairtrade Factsheet

Kleidung zählt zu den Importprodukten mit dem größten Risiko für Menschenrechtsverletzungen: Zwangsarbeit im Baumwollanbau, schlechte Bezahlung der Näher*innen und mangelnde Sicherheitsstandards sind in der textilen Lieferkette häufig zu finden. Um die Bedingungen in der Textilindustrie zu verbessern und die Menschen entlang der gesamten Kette stärker zu schützen, setzt Fairtrade auf einen ganzheitlichen Ansatz – vom Baumwollfeld bis in die Nähfabriken.

Der Fairtrade-Ansatz
Die textile Lieferkette ist lang und komplex, entsprechend viele Menschen sind an der Produktion beteiligt. Da Ausbeutung oft schon am Anfang der Lieferkette beginnt, setzt Fairtrade beim Rohstoff an. Über die Produzentennetzwerke vor Ort erhalten Baumwollbäuerinnen und -bauern Unterstützung in Form von Schulungsangeboten – etwa für eine effizientere Bewirtschaftung oder zur Stärkung der Organisationsstruktur. Als Sicherheit bei stark schwankenden Weltmarktpreisen gibt es den Fairtrade-Mindestpreis. Dieser greift, bevor Baumwollpreise unter eine kritische Grenze fallen. Für jede Tonne Rohbaumwolle, die Produzent*innen zu Fairtrade-Bedingungen verkaufen, erhalten sie zudem die Fairtrade-Prämie, einen finanziellen Aufschlag für Gemeinschaftsprojekte.

Um nicht nur den Anbau der Baumwolle, sondern die gesamte textile Lieferkette abzudecken, gibt es den Fairtrade-Textilstandard. Er enthält Sozial- und Umweltkriterien für alle folgenden Produktionsschritte. Neben Kontrollen und Zertifizierung sind die direkte Unterstützung der Fabriken vor Ort und die Einbindung der Arbeiter*innen wichtige Bestandteile des Fairtrade-Ansatzes. Im Rahmen des Fairtrade-Textilprogrammes können Fabriken Schulungsangebote in Anspruch nehmen und die Arbeitsbedingungen in ihren Produktionsstätten Schritt für Schritt verbessern. Die Trainings beziehen sich auf: Arbeits- und Gesundheitsschutz, Stärkung der Rechte von Arbeiter*innen, existenzsichernde Löhne und Verbesserung von Effizienz und Produktivität.

Zahlen und Fakten

Etwa

75 Millionen

Menschen weltweit arbeiten in der Textilindustrie, der Großteil Frauen.

Im Baumwollanbau sind es rund

100 Millionen Farmer*innen.

44.500 bauen fair gehandelte Baumwolle an.

2020 erhielten Baumwollproduzent*innen mit Fairtrade

1,6 Millionen Euro Prämien.

Die Fairtrade-Siegel im Überblick
Fairtrade-Baumwollsiegel
Kleidung mit dem Baumwollsiegel enthält ausschließlich fair gehandelte Baumwolle. Farmer*innen bekommen einen Mindestpreis zugesichert, der verhindern soll, dass die Preise unter eine kritische Grenze fallen. Ist der Marktpreis höher, erhalten sie diesen. Zusätzlich gibt es die Fairtrade-Prämie, einen finanziellen Aufschlag für Gemeinschaftsprojekte. Ausbeuterische Kinderarbeit, gentechnisch verändertes Saatgut und gefährliche Chemikalien sind verboten. Für die

Die Materialien sichten

Weiterverarbeitung gelten die Kernarbeitsnormen der International Labour Organisation (ILO).

Fairtrade-Rohstoffsiegel für Baumwolle
Die Baumwolle in Textilien mit diesem Siegel darf bei der Weiterverarbeitung mit konventioneller Baumwolle vermischt werden. Für die Fairtrade-Produzent*innen macht das allerdings keinen Unterschied: Sie profitieren regelkonform von Mindestpreis und Prämie. Ausbeuterische Kinderarbeit, GMO-Saatgut und der Einsatz gefährlicher Chemikalien sind auch hier verboten.

Der Fairtrade-Textilstandard
Nur verantwortungsvoll produzierte Fasern wie beispielsweise Fairtrade- oder Bio-Baumwolle dürfen verwendet werden. Ein wichtiges Kernelement des Textilstandards ist die Stärkung der Arbeiter*innen. Über ein sogenanntes „Compliance Committee" können sich die Beschäftigten einbringen und Verbesserungen selbst vorantreiben. Mithilfe von Beschwerdemechanismen können sie Missstände melden und Lösungen verfolgen. Als einziger Standard am Markt werden sogenannte „living wages" vorgeschrieben. Beschäftigte erhalten innerhalb von sechs Jahren einen existenzsichernden Lohn, der also deutlich über dem gesetzlichen Mindestlohn liegt und der Familien Investitionen in die Zukunft sowie das Sparen für Notlagen ermöglicht. Verbraucher*innen erkennen Kleidung, die nach dem Textilstandard produziert wurden, am Fairtrade-Textilsiegel. Am Etikett oder auf der Verpackung befindet sich auch eine Info, ob das Produkt aus einer Lieferkette stammt, in der Fabriken bereits existenzsichernde Löhne zahlen.

(www.fairtrade-deutschland.de)

1 Fassen Sie die wichtigsten Daten und Fakten zum Thema Baumwolle und Textilien in einer selbst gewählten Übersicht zusammen.

★ **2** Recherchieren Sie die Quelle und tragen Sie Informationen zu Fairtrade Deutschland zusammen. Beurteilen Sie die Zuverlässigkeit (↗ GUT ZU WISSEN „Die Qualität einer Internetseite bewerten", Kapitel 6, S. 88) der Quelle.

Material 2

Ehrlich gesagt: Warum ich immer noch keine faire Mode trage

von Teresa Fries

Fünf Gründe gegen faire Mode – und fünf Argumente, warum sie Schwachsinn sind. Ein Streitgespräch mit mir selbst über Fashion, Ethik und darüber, warum ich wirklich nichts zum Anziehen habe.

Als ich die Recherche zum Thema „Faire Mode" angefangen habe, kannte ich den Begriff und auch die Problematik, die dahinter steckt. Und obwohl mir bewusst ist, dass „Fast Fashion" nicht geil ist, saß ich vor dem Computer in: Hose von H&M, T-Shirt von Cos, Pulli von Zara, Schuhe von keine Ahnung, aber sicher nicht fair.

Und das seltsame war: Als ich darüber nachdachte, traf mich das schlechte Gewissen nicht mit voller Wucht. Nicht mal mit halber Wucht. Wenn's hoch kommt, war's ein Wüchtchen. Nicht zu vergleichen mit der Situation, wenn beim Schnitzelessen ein Vegetarier mit am Tisch sitzt und sagt: Hast du schon mal so einen Schweinetransporter auf dem Weg zum Schlachthof gesehen? Und auch nicht zu vergleichen mit dem Gefühl, wenn du gerade genüsslich in ein Kit-Kat beißen willst und dich jemand an die Anti-Palmöl-Werbung mit den Orang-Utan-Fingern erinnert.

Aber warum? Ich bin kein besonderer Tierfreund und theoretisch weiß ich, wie hart Menschen für günstige Klamotten arbeiten müssen, unter

Die Materialien sichten

Bedingungen, die ihnen schaden und sie im schlimmsten Fall sogar das Leben kosten. Ich kenne die Rana-Plaza-Bilder aus Bangladesch. Also warum schaffe ich es nicht, beim Shoppen unter fairen Bedingungen hergestellte Klamotten zu kaufen, verzichte aber oft auf Fleisch, kann kein KitKat mehr essen und kaufe Bio-Obst?

Wenn ich darüber nachdenke, höre ich zwei Stimmen in meinem Kopf. Eine kräftige, die mein Verhalten erklärt und Ausreden parat hat, und eine noch nicht besonders durchsetzungsfähige, deren Lieblingswort „aber" zu sein scheint. Als würden, wie im Comic, Engel und Teufel auf meinen Schultern sitzen.

Teufel-Ich: Faire Mode? Um was sollst du dir denn noch alles Gedanken machen? Man darf nicht fliegen, nicht Auto fahren, kein Fleisch essen, nur Bio-Gemüse kaufen, aber nur aus der Region, Deos nur ohne Alu, Duschgel nur ohne Mikroplastik und am besten alles nur noch ohne Verpackung und vor allem bloß nichts in einer Plastiktüte. Immer musst du deinen Trinkbecher dabei haben, damit du den Kaffee nicht aus der Pappe trinkst, der Kaffee muss natürlich Fairtrade sein und die Milch darin teuer genug, um die Existenz der Bauern zu sichern. Du machst ja schon, was du kannst.

Engel-Ich: Tut mir leid, das sagen zu müssen, aber: Was bringt's, wenn du den Kaffee aus deinem eigenen Becher trinkst und dein Duschgel plastikfrei ist, die chemische Farbe, mit der deine schwarze Jeans gefärbt ist, aber gleichzeitig die Flüsse vergiftet? Und du hast gerochen, dass sie giftig gewesen sein muss, als du sie gekauft hast, gib es zu. Dass du schon viel tust, ist kein Grund, bei der Kleidung nachlässig zu werden. Im Gegenteil. Wenn du an der Stelle aufhörst, sind alle deine anderen Bemühungen weniger wert.

So schlimm bist du ja jetzt auch nicht. Ich meine, bei Kik oder Primark würdest du ja nicht einkaufen. Und bei H&M warst du auch echt schon lange nicht mehr. Du kaufst doch schon immer mehr teure Sachen.

Nur weil die Sachen teurer sind, heißt es doch noch lange nicht, dass sie besser produziert wurden. Du kaufst sie nur, weil sie dir besser gefallen. Auf den

Zettel, wo die Klamotten herkommen, schaust du doch meistens nicht mal.

Aber genau das ist doch der Punkt. Egal was du kaufst, du kannst es ja nur falsch machen. Die teuersten Marken – da kommt doch auch alles aus China. Und diese komischen Fair- und Ökosiegel sind bloß Geldmacherei. Die verarschen dich doch alle nur.

Du lässt sich aber auch gerne verarschen – ist eine prima Ausrede. Du hältst dich doch sonst auch für recht schlau. Aber die Marken kannst du nicht durchschauen? So schwer ist das nicht. Bei den billigen Klamotten ist klar, dass da für die Textilarbeiterinnen kein fairer Lohn übrig bleiben kann. Und wenn eine teure Marke fair produziert, dann schreibt sie das doch groß drauf. Das ist doch super für's Image. Und im Zweifel kannst du einfach gleich in faire Geschäfte gehen, da hast du das Problem nicht.

Aber auch nicht die Auswahl. Mode ist dafür da, dass du am Ende gut aussiehst. Das soll doch Spaß machen. Und dazu gehört auch, dass man sich ein T-Shirt eben mal in drei Farben kauft und auch das vierte Paar Sneakers, weil sie halt wieder ein bisschen anders aussehen als die anderen. Es ist doch das Gefühl der Freiheit, wenn du morgens aufstehst und eine riesige Auswahl hast, was es so schön macht. Und überhaupt, du arbeitest hart für dein Geld. Dann kannst du dir doch davon wohl so viele Klamotten kaufen, wie du möchtest.

Von wegen Freiheit der Auswahl. Du stehst jeden morgen vor dem Schrank und findest vor lauter Auswahl doch „nichts zum Anziehen". Weil du viel zu

Die Materialien sichten

viele Sachen mal eben kaufst und nach einer Woche dann doch nicht mehr so toll findest. Würdest du gezielter einkaufen und dir genauer überlegen, was du willst, wäre nicht nur dein Style besser, du würdest dir morgens auch das ewige Outfit-Suchen sparen. 15 Minuten länger schlafen – das ist Freiheit.

Und wenn du denkst, du arbeitest hart für dein Geld – was machen dann deiner Meinung nach die Näherinnen in Bangladesch, Kambodscha oder Myanmar?

Natürlich gibt es Menschen, die härter arbeiten als du. Aber die sind auch echt weit weg. Was hilft es denen schon, wenn du dir jetzt beim Einkaufen einen Kopf machst und in einem fairen T-Shirt rumläufst statt in einem günstigeren? Damit richtest du dort auch nichts aus. Und was würde denn passieren, wenn die Billig-Labels weniger Umsatz machen? Die Arbeiter würden ihren Job verlieren. Und wenn Kinder arbeiten, dann doch weil sie müssen, um ihre Familie zu ernähren. Was passiert mit der Familie, wenn Kinderarbeit verboten wird?

Nur weil die Menschen weiter weg wohnen, sind sie nicht weniger wert. Du bist privilegiert, du bist in Deutschland geboren. Hätte auch anders laufen können. Wenn der Markt sich ändert, und die Menschen weniger Wegwerfkleidung kaufen, heißt es ja nicht, dass alle Fabriken schließen und die Arbeiter verhungern. Die Marken reagieren ja auf den Markt. Wenn die Nachfrage nach fairen Sachen wächst, ändert sich auch das Angebot dafür. Dann müssen vielleicht irgendwann die Kinder nicht mehr arbeiten, um ihre Familie mitzuernähren, sondern die Eltern verdienen genug, um die Kinder vielleicht sogar auf die Schule zu schicken.

Dieser Streit geht immer weiter und weiter und dreht sich im Kreis. Es ist ein Streit, der so oder so ähnlich in vielen Köpfen stattfindet. Mal hitziger, mal verhaltener. Bei mir ist er im Laufe der Recherche immer lauter geworden. Seit ich angefangen habe, vor ein paar Wochen, habe ich keine Billigklamotten mehr gekauft. Faire aber auch nicht. Ich befinde mich quasi in einer Wartephase und bin selbst gespannt darauf, was das nächste Mal passiert, wenn ich einkaufen gehe. Bestelle ich etwas im fairen Onlineshop oder braucht es nur etwas Zeit, bis ich alles wieder verdrängt habe?

Ich kann meine Gründe gegen faire Mode schon nachvollziehen. Genauso wie ich weiß, dass sie falsch sind. Ich muss mich nur noch davon überzeugen.

(www.br.de)

3 **Verschaffen Sie sich einen Überblick über die Inhalte des Textes mithilfe einer selbstgewählten Lesemethode.**

4 **Sortieren Sie die Pro- und Kontra-Argumente.**

a) Fertigen Sie dafür eine Tabelle an, in der Sie die Argumente für faire Mode und deren Gegenargumente („Teufel-Ich“ und „Engel-Ich“) in Stichworten gegenüberstellen.

b) Tauschen Sie sich mit Ihrem Lernpartner / Ihrer Lernpartnerin aus.

c) Stellen Sie Ihr Ergebnis im Plenum vor.

5 **Wie stehen Sie selbst zu dem Thema? Diskutieren Sie im Plenum.**

★ **6** **Beurteilen Sie die Zuverlässigkeit der Quelle. Beurteilen Sie die Zuverlässigkeit der Quelle (↗ GUT ZU WISSEN „Die Qualität einer Internetseite bewerten", Kapitel 6, S. 88).**

Die Materialien sichten

Material 3: Nachhaltiges Modebewusstsein scheitert am Preisschild

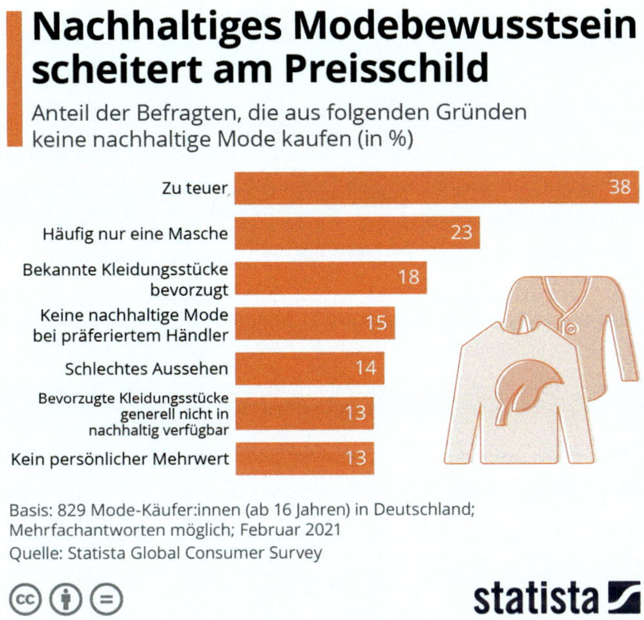

7 Analysieren Sie die inhaltlichen Aspekte des Schaubilds (↗ GUT ZU WISSEN „Eine Schaubildanalyse schreiben“, Kapitel 5, S. 82). Halten Sie Ihre Ergebnisse in Stichworten fest.

8 Beurteilen Sie die Aussagekraft der Grafik: Welche Schlussfolgerungen lassen sich aus ihr ziehen?

★ **9** Inwieweit gibt die Grafik Antworten auf die Frage, warum fair gehandelte Kleidung nicht erfolgreicher ist?

GUT ZU WISSEN – Das Material sichten

Bevor jeder Text einzeln erschlossen wird, sollte man sich einen **Überblick über das vorgegebene Material** verschaffen. Folgende **Leitfragen** sind hilfreich: Um welche Art von Texten handelt es sich? Von wem wurden sie geschrieben? Wann und wo wurden sie veröffentlicht?

Die Quelle eines Textes gibt häufig bereits Auskunft über die Seriosität und Intention des Artikels. Das Veröffentlichungsdatum ist für die Beurteilung der inhaltlichen Qualität eines Textes nicht entscheidend.

Für die weitere Erschließung eines Textes ist es sinnvoll, zunächst die Überschrift genau zu betrachten, denn sie gibt Hinweise zur inhaltlichen Ausrichtung des Textes.

Um die zentrale Aussage der Materialien zu erschließen, bietet sich die **Fünf-Schritt-Lesemethode** (↗ Kapitel 4, S. 61) an. **Leitfragen** (Worum geht es in dem Text? Wie ist der Text inhaltlich aufgebaut? Was sind die Kernaussagen? Was sind Schlüsselbegriffe? Welche Begriffe müssen geklärt werden? Was ist die Intention der Autorin/des Autors?) helfen dabei, die Texte zu „knacken“.

Die Materialien auswerten

Jetzt ist der Zeitpunkt gekommen, an dem Sie die gewonnenen Informationen für Ihren Zieltext nutzbar machen. Da es sich um einen argumentierenden Text handeln soll, steht hier im Vordergrund, die gewonnenen Informationen für die eigene Argumentation aufzubereiten. Am Ende dieses Vorgehens sollten Sie noch einmal einen Schritt zurückgehen und überprüfen, ob Ihre ursprünglich formulierte These im Licht der neu dazugewonnenen Informationen noch Bestand hat.

1 **Werten Sie die drei Materialien aus:**

a) Suchen Sie aus Ihren Aufzeichnungen die Informationen heraus, die Sie für Ihre Stellungnahme nutzbar machen können. Dies können sowohl Informationen sein, die eines Ihrer Argumente stützen oder auch ein neues Argument bilden.

b) Tragen Sie diese Informationen in eine Tabelle (Muster) ein. Verwenden Sie dabei eigene Formulierungen.

c) Finden Sie in den Materialien Anhaltspunkte für weitere Argumente. Ergänzen Sie diese in Ihrer Übersicht der Argumente.

Material	Für den Kommentar nutzbare Informationen
M 1	*Produzenten erhalten für ihre Arbeit einen Mindestpreis.*
M 2	*Der Preis von Kleidung ist unabhängig von seiner Nachhaltigkeit.*
M 3	*Viele Händler haben keine fair gehandelte Kleidung im Sortiment.*

2 **Vergleichen Sie Ihre Arbeitsergebnisse mit Ihrem Lernpartner / Ihrer Lernpartnerin und ergänzen Sie Ihre Aufzeichnungen.**

3 **Stellen Sie Ihre Ergebnisse im Plenum vor.**

4 **Überprüfen Sie nun Ihre ursprüngliche These und ändern Sie diese, falls Sie durch die Materialien Ihre Meinung geändert haben oder Sie nur etwas korrigieren wollen.**

GUT ZU WISSEN — Materialien zielgerichtet erschließen

Um einen materialgestützten argumentativen Text zu verfassen, müssen die vorgegebenen Materialien **zielgerichtet im Hinblick auf die Aufgabenstellung** gelesen werden. Dabei geht es nicht darum, alle Materialien umfassend zu analysieren. Vielmehr müssen die Texte bzw. Abbildungen/Diagramme daraufhin ausgewertet werden, **ob sie Informationen und/oder Argumente** für den geforderten Text **enthalten**. Es bietet sich an, die Argumente, die für den Zieltext relevant sind, gezielt zu **markieren**. Sinnvoll ist es in dem Zusammenhang, für Pro- und Kontra-Argumente unterschiedliche Farben zu verwenden. Grundsätzlich sollte man zur Bearbeitung der Texte einheitliche Randnotizen bzw. Markierungen wie Fragezeichen, Ausrufezeichen o. Ä. nutzen. Nach Sichtung aller vorgegebenen Materialien ist es hilfreich, **alle relevanten Aspekte in eine Tabelle** zu **übertragen** und gegenüberzustellen. Sortieren Sie am Schluss alle überflüssigen Argumente/Informationen aus.

Merkmale argumentierender Texte nutzen

Um selbst einen argumentierenden Text zum Thema schreiben zu können, benötigen Sie eine Vorstellung davon, welche Gestaltungsmerkmale einen solchen Text kennzeichnen.

Nachhaltig einkaufen ist hart, macht aber glücklich

Wer ethisch konsumieren will, muss seinen Bio-Öko-Ethik-Kompass im Kopf ständig neu kalibrieren. Das nervt, ist aber der Preis der Freiheit.

Kommentar von Michael Kläsgen

Einkaufen war auch schon mal leichter. Wer der Randsportart des ökologisch korrekten Einkaufs verfallen ist, darf ruhig verzweifeln. Er steht in der Gemüseabteilung und fragt sich, wie bio diese Tomaten aus Spanien eigentlich sein können, die auf einer Pappschachtel liegen und von einer Plastikfolie umhüllt sind. Oder wie viel das Gütesiegel wirklich wert ist, mit dem der Fisch versehen ist. Er ist auch verblüfft, dass Lidl-Billigwasser in der Plastik-Einwegflasche nicht schlimmer für die Umwelt ist als das Adelholzener Alpenquellwasser der Ordensschwestern in der formschönen Mehrweg-Relief-Flasche. Aber was hilft's?

Wer glaubt, mit seinem Konsum ein wenig die Welt verbessern zu können – worauf man nicht allzu große Hoffnungen setzen sollte –, dem bleibt nichts anderes übrig, als sich durch den Dschungel der Angebote zu schlagen und das Beste für sich persönlich herauszufiltern. Ohne erhobenen Zeigefinger und wissend, dass die große Mehrheit anders tickt und wenig Lust verspürt, vor jedem Griff ins Regal erst noch komplexe Lieferketten zu dechiffrieren.

Wenn Firmen ihr Wasser oder Bier in eigens designten Flaschen verkaufen, dann tun sie das ja gerade, weil die meisten Kunden das so wollen. Viele Konsumenten denken nicht groß darüber nach, in welcher Flasche das Getränk abgefüllt ist. Sie finden es okay oder hip oder beides. Natürlich werden sie in dem Moment Opfer eines Marketingtricks. Aufklären lässt sich vielleicht, wer dazu bereit ist. Aber einwenden kann man dagegen kaum was. Natürlich darf Einkaufen auch Spaß machen und nicht zur permanenten Gewissensplage werden. So sehen das die meisten und sie haben recht. Zum Glück leben wir in einer freien Welt, in der jeder in bestimmten Grenzen herstellen und konsumieren kann, was er will.

In dieser Welt kann man Firmen nicht dazu zwingen, Einheitsflaschen zu benutzen, auch wenn das ökologisch wünschenswert wäre. Ebenso wenig können Kunden dazu verpflichtet werden, nur ein bestimmtes Produkt zu kaufen. Die Politik kann Anreize schaffen und Kaufströme zu lenken versuchen, indem sie umwelt- oder gesundheitsschädliche Artikel über Steuern verteuert. Bei Alkopops und Zigaretten gelang das ganz gut. Beides wird weniger nachgefragt. Aber es gibt keine Garantie, dass das jedes Mal aufs Neue klappt.

Bei den beiden genannten Produkten funktionierte es auch deshalb, weil beide gesellschaftlich weithin geächtet waren. Bierflaschen mit langen Hälsen und Wasserflaschen mit hübschem Relief sind hingegen ziemlich beliebt. Der Politik fehlt hier der Hebel, an der richtigen Stelle anzusetzen. Und bei Plastik ist die Sache noch diffiziler. „Böses" Wegwerf-Plastik wird demnächst europaweit ohnehin verboten sein. Ein Schritt, der längst überfällig war. Von dem „guten" recycelbarem Kunststoffrezyklat hingegen gibt es eigentlich viel zu wenig. Firmen hätten gern mehr davon, damit sie einen geschlossenen Kreislauf aufbauen könnten. Umweltpolitisch wäre das fürs ganze Land das sinnvollste. Deswegen müsste die Politik genau hier ansetzen, aber das wäre schrecklich

12.4

Merkmale argumentierender Texte nutzen

unpopulär. Sofort hieße es: Was, die Regierung will mehr Plastik?

Auf die eine politische Maßnahme, die die Wende zum Besseren bringt, sollte der ökologisch bewegte Konsument daher nicht warten. Sondern sich am besten seinen persönlichen Bio-Öko-Ethik-Kompass im Kopf zurechtlegen und dementsprechend einkaufen. Diesen Kompass muss er leider ständig neu kalibrieren, siehe Billigwasser oben. Das ist nervend, aber der Preis der Freiheit. Klar ist auch: Nur wenn viele es tun, kapieren das die Firmen und ändern was. Ja, es wird hart und langwierig. Fangen wir also am besten heute noch damit an.

(www.sueddeutsche.de)

1 Verschaffen Sie sich mit einer geeigneten Lesemethode einen Überblick über die Inhalte des Textes „Nachhaltig einkaufen ist hart, macht aber glücklich" und formulieren Sie die Hauptaussage des Textes.

2 Notieren Sie, welche sprachlichen und formalen Elemente diesen Text zu einem argumentierenden Text machen.

3 Welche Meinung vertritt der Autor des Textes? Nutzen Sie dafür auch GUT ZU WISSEN „Standpunkt einer Argumentation" (↗ S. 160).

4 Vergleichen Sie Ihre Ergebnisse mit Ihrem Lernpartner / Ihrer Lernpartnerin und ergänzen Sie gegebenenfalls Ihre Notizen.

5 Stellen Sie Ihre Ergebnisse im Plenum vor und erarbeiten Sie gemeinsam einen Kriterienkatalog für argumentierende Texte.

Kriterien für argumentierende Texte	Beispiele und Zitate aus dem Text	
a) formale Merkmale		
– pointierte Überschrift	*„Nachhaltig einkaufen ist hart, macht aber glücklich"*	✓
– Hinführung zum Thema	*„Wer ethisch konsumieren will …"*	✓
b) inhaltliche Merkmale		
c) sprachliche Merkmale		
– rhetorische Mittel	*„Aber was hilft's?" (Z. 13)*	✓

Die Struktur des Textes entwerfen

Wenn Sie eine Vorstellung davon haben, was einen argumentierenden Text ausmacht, benötigen Sie nun eine Struktur für Ihren Text. Hier gibt es viele Möglichkeiten – zwei haben sich aber als besonders sinnvoll herausgestellt.

GUT ZU WISSEN | Gliederungsschema des Hauptteils einer Argumentation

Variante 1: Sanduhr-Prinzip

Die Pro- und Kontra-Argumente werden im Block präsentiert. Dabei führen Sie zuerst die Argumente oder Beispiele der Gegenposition auf, beginnend mit dem stärksten hin zum schwächsten Argument. Dann folgen Ihre Argumente und Beispiele, die die Gegenposition entkräften. Das aus Ihrer Sicht stärkste Argument sollte am Schluss Ihrer Argumentation stehen.

Variante 2: Reißverschlussprinzip

Hierbei werden zwei Argumentationslinien einander gegenübergestellt und im laufenden Wechsel präsentiert. Das Prinzip ähnelt der Alltagskommunikation mit Rede und Gegenrede. Das überzeugendste Argument, das Ihre Position stützt, sollten Sie an den Schluss Ihrer Argumentation stellen.

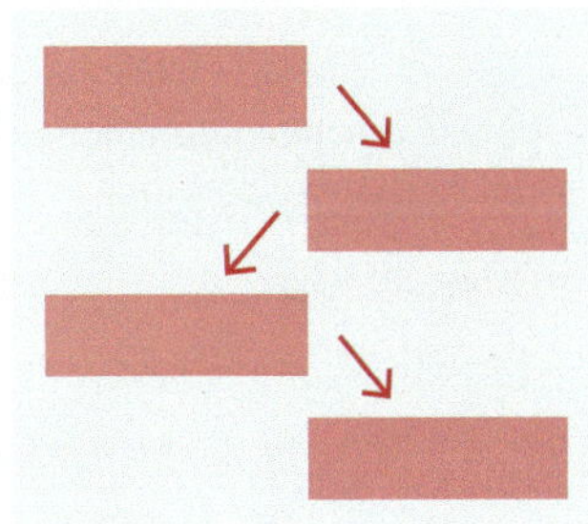

1 Greifen Sie auf Ihre Argumente und Belege aus den Vorüberlegungen und der Beschäftigung mit den Materialien zurück.

2 Ordnen Sie diese nach der Variante 1 (Sanduhrprinzip) und der Variante 2 (Reißverschlussprinzip) in jeweils einer Übersicht an.

Sanduhr:

Das wichtigste Argument in diesem Zusammenhang ist ...

Reißverschluss:

Einerseits ist es natürlich richtig, dass fair gehandelte Kleidung etwas teurer ist als ...

Andererseits muss man sehen, dass bei den Handelspreisen nicht alle Kosten abgebildet werden ...

3 Notieren Sie Vor- und Nachteile der beiden Varianten für Ihre eigene Argumentation und entscheiden Sie sich für eine der beiden Varianten.

4 Begründen Sie Ihre Entscheidung im Plenum.

Eine Argumentation verfassen

Sie haben nun alle Bestandteile zusammen, die Sie brauchen, um den Text zu schreiben. Was noch fehlt, ist ein Schreibplan, der es Ihnen ermöglicht, geordnet an das Schreiben heranzugehen.

1 Erstellen Sie eine Tabelle, um Ihre Argumentation zu gliedern (Überschrift, Einleitung, Hauptteil, Schluss), und versehen Sie jeden Abschnitt mit Stichpunkten zu Ihrem Text. Nutzen Sie auch GUT ZU WISSEN „Einen Schreibplan erstellen".

2 Vergleichen Sie Ihre Ergebnisse mit Ihrem Lernpartner / Ihrer Lernpartnerin und ergänzen Sie gegebenenfalls Ihre Notizen.

3 Stellen Sie Ihre Ergebnisse im Plenum vor und einigen Sie sich auf einen gemeinsamen Kriterienkatalog für das Schreiben einer Stellungnahme.

GUT ZU WISSEN – Einen Schreibplan erstellen

Ein Schreibplan umfasst die **Reihenfolge der übergeordneten Aspekte** sowie Hinweise darauf, an welcher Stelle welche Informationen eingebaut werden. Folgende **Anordnungsmöglichkeiten** sind für die Konstruktion eines „roten Fadens" im Zieltext denkbar:

vom Allgemeinen zum Konkreten	allgemeine Ausführungen zu einem Thema: Fokussierung auf einzelne Aspekte, die mit genauen Erklärungen und konkreten Beispielen dargelegt werden
chronologisch	sinnvoll, um zeitliche Entwicklungen aufzuzeigen
sachlogisch	sinnvoll, um Sachverhalte aufzuzeigen, die sich aufeinander beziehen, z.B. Ursache – Wirkung, Problem – Problemlösung

Darüber hinaus ist es möglich, Ideen für einen geeigneten Titel, für einen interessanten Einstieg sowie für einen sinnvollen Schluss ebenfalls im Schreibplan festzuhalten.

Sie haben in diesem Kapitel das materialgestützte argumentierende Schreiben trainiert. Zur Vorbereitung auf die Prüfung können Sie dies noch einmal im Kapitel 22 üben.

Lernbilanz: Sie können ...

- einen Sachtext gründlich lesen und seine Struktur und seine Aussagen verstehen.
- eine Grafik auswerten und ihre Inhalte sprachlich vermitteln.
- Leitfragen entwickeln, die Ihnen helfen, die Materialien auszuwerten und Ihren Text zu strukturieren.
- die Informationen aus den Materialien heraussuchen, die Ihren Argumentationsansatz stützen.
- einen eigenen Argumentationsansatz entwickeln.
- eine Überschrift entwickeln, die Ihre These verdeutlicht.
- Ihre Leserinnen und Leser durch Ihre Einleitung zum Weiterlesen anregen.
- den Hauptteil Ihres Textes so gliedern, dass ein Argumentationsansatz deutlich wird.
- einen Text beenden, indem Sie einen Appell formulieren.

Die Lernsituation umsetzen: Ein Redemanuskript verfassen

In der Zwischenzeit hat sich auch die Schulpflegschaft (Vertretung der Eltern) Ihrer Schule zum Kauf der fair gehandelten T-Shirts zu Wort gemeldet:

Stellungnahme der Schulpflegschaft zum Kauf der Schul-T-Shirts

Wir als Eltern haben uns zum Vorschlag der Schülervertretung der Schule, bei der Anschaffung der Schul-T-Shirts darauf zu achten, nur Textilien aus fair gehandelter Baumwolle zu kaufen, Gedanken gemacht und möchten uns nun dazu äußern.
Natürlich sind fair gehandelt Produkte sinnvoller als Produkte aus nicht deklarierter Herkunft. Da aber die T-Shirts das Gemeinschaftsgefühl der Schülerinnen und Schüler festigen soll, müssen auch alle in der Lage sein, diese zu erwerben. Da aber die angestrebten fair gehandelten T-Shirts sicherlich teurer sind als herkömmliche, wird es auch Familien geben, die von einem Kauf aus finanziellen Gründen absehen würden, insbesondere wenn zum Beispiel mehrere Kinder Schülerinnen und Schüler der Schule sind.
Daneben …

1 Schreiben Sie Ihr Redemanuskript zum Thema und versuchen Sie, Ihre Mitschüler/-innen, die Lehrerschaft und die Schulleitung von Ihrer Meinung zu überzeugen. Berücksichtigen Sie dabei Ihre Aufzeichnungen aus der Unterrichtsreihe.

Tipp: Sie sollten die Stellungnahme mit einem Textverarbeitungsprogramm schreiben, um sie überarbeiten und in eine endgültige Form bringen zu können. Dazu können Sie die Hinweise zum Überarbeiten aus dem Kapitel „Informierende Texte schreiben“ nutzen.

GUT ZU WISSEN – Ein Redemanuskript schreiben

Die Rede ist eine besondere Form der Kommunikation. Sie hat einen **monologischen Charakter**, Sender und Empfänger sind nicht gleichberechtigt. Die Rede ist ein **zweckgerichteter Text**, der an das Publikum appelliert. Die Rede hat aber auch informative und expressive Funktionen.

Der **Redner** muss die **Adressaten** seiner Rede mit **Argumenten** überzeugen. Das gelingt durch die Anwendung von **rhetorischen Strategien** und den Einsatz rhetorischer Figuren. Besonders der Anfang einer Rede entscheidet häufig über den Erfolg. Es geht darum, die Aufmerksamkeit und das Wohlwollen des Publikums zu sichern. Der Schlussteil der Rede bringt den Inhalt der Rede nochmals prägnant auf den Punkt.

Reden können je nach Ziel, Publikum oder Anlass ganz unterschiedlich gegliedert sein.

A
1. Erinnerung an die Vergangenheit (gestern)
2. Beschreibung der Gegenwart (heute)
3. Aufzeigen der Zukunft (morgen)

B
1. Beschreibung der Gegenwart (heute)
2. Erinnerung an die Vergangenheit (gestern)
3. Aufzeigen der Zukunft (morgen)

C
1. Ist-Zustand aufzeigen
2. Soll-Zustand aufzeigen
3. Weg vom Ist- zum Soll-Zustand darlegen

D
1. Darlegung des Sachverhalts
2. Beweisführung/Argumentation mit Beispielen

Kapitel 13

Kurzepik interpretieren

Die Interpretation literarischer Texte gehört zu den zentralen Schwerpunkten des Deutschunterrichts. Die epischen Kleinformen (Kurzepik) stellen aufgrund ihrer Kürze einen idealen Einstieg in die Welt des Interpretierens dar.

Sie lernen Schritt für Schritt, wie man eine Textinterpretation erarbeitet. Sie erarbeiten u. a., wie man einen Text wiedergibt, Figuren charakterisiert und Erzähltechniken erkennt.

Erklärvideo zur Interpretation von Prosatexten

Kompetenzen

- ✓ Textsorten erkennen
- ✓ Inhaltsangabe von einer Nacherzählung unterscheiden
- ✓ innere und äußere Handlung erfassen
- ✓ Figuren charakterisieren
- ✓ Erzähltechnik funktional deuten
- ✓ Bezug zur eigenen Lebenswelt reflektieren
- ✓ Kurzgeschichten auf sprachliche Besonderheiten untersuchen

Methoden und Arbeitstechniken

- ✓ Fünf-Schritt-Lesemethode
- ✓ Cluster
- ✓ innerer Monolog

Projekt: Eine Kurzgeschichte illustrieren

Bild und Text gehören zusammen: In Tageszeitungen beispielsweise werden wichtige Artikel oft von einem oder mehreren Fotografien begleitet. Wenn Sie einen Buchladen betreten, fallen Ihnen zunächst die Buchcover auf. Sie geben Aufschluss über das Genre, die Stimmung und oft auch zentrale inhaltliche Themen eines Buches. Und dann gibt es noch das weite Feld der Graphic Novels und Comics.

Auch in der Buchwerbung wird das Bild immer wichtiger. So werden ganze Buchtrailer gedreht, die mithilfe weniger, prägnanter Filmsequenzen Lust darauf machen sollen, ein Buch zu lesen.

Probieren Sie es einmal selbst aus: Auf den folgenden Seiten lernen Sie eine Auswahl von Kurzgeschichten kennen. Wählen Sie eine aus, um eine Illustration zu gestalten. Sie können wesentliche Elemente zu einem Bild arrangieren oder mit einem Textverarbeitungsprogramm und einzelnen Wörtern oder Textzitaten arbeiten. Ihrer Fantasie sind keine Grenzen gesetzt.

So können Sie vorgehen

Schritt 1 Kurzgeschichten kennenlernen und interpretieren
Schritt 2 Bezug zur eigenen Lebenswirklichkeit herstellen
Schritt 3 Interpretationsergebnisse nutzen, um Ideen zu sammeln
Schritt 4 geeignete Materialien und Techniken auswählen

Merkmale von Kurzgeschichten

Kurzgeschichten gehören zu den epischen Kleinformen und weisen bestimmte Merkmale auf.

Alex Capus: Baby (2014)

Als ich kürzlich im Straßencafé saß und Zeitung las, kam eine mir unbekannte Dame mittleren Alters die Hauptgasse hinunter und stellte einen Kinderwagen neben mir ab.

„Herr Capus, könnten Sie kurz auf mein Enkelkind aufpassen? Ich muss hier rasch die Treppe hoch und eine Solothurner Torte besorgen. Das dauert nur eine Minute."

„Selbstverständlich."

„Für Sie ist das ja nichts Besonderes. Wo Sie doch so viele Kinder haben."

„Ja."

Die Dame war kaum ins Innere des Geschäfts verschwunden, als die Exfrau eines Freundes von mir die Gasse hinaufkam. „Schon wieder ein Kind!", rief sie. „Hast du eigentlich eine Fabrik zu Hause?"

„Das nun nicht gerade", sagte ich.

„Ich hatte gar nicht gemerkt, dass deine Frau schwanger war."

„Das Kind ist nicht von meiner Frau", sagte ich wahrheitsgemäß.

„Aha", sagte die Exfrau des Freunds, zog missbilligend die Brauen hoch und ging weiter.

Als Nächstes tauchte neben der Stadtbibliothek eine pensionierte Lehrerkollegin meiner Mutter auf. Sie grüßte freundlich, pries das hübsche Baby im Kinderwagen und berichtete, dass sie kürzlich Großmutter geworden sei. „Wissen Sie, was ein Skandal ist? Dass die Krankenkassen jede Abtreibung bezahlen, aber keine künstliche Befruchtung. Viertausend Franken kostet das immerhin. Andrerseits ist das ja auch kein Betrag für so ein hübsches kleines Ding wie dieses hier."

„Ja", sagte ich und warf nun selber einen Blick in den Kinderwagen. Das Baby war tatsächlich sehr hübsch. Es trug ein rosa Kleidchen und schlief.

Die Frau war kaum ihres Weges gegangen, als die Großmutter des Babys mit ihrer Torte zurückkehrte.

„Alles in Ordnung?"

„Bestens", sagte ich. „Ist das ein Mädchen in dem Wagen?"

„Natürlich, das sehen Sie doch. Alles rosa."

„Dann könnte ich es vielleicht für ein Jahr oder zwei mit nach Hause nehmen? Meine Frau würde sich freuen. Von dieser Sorte haben wir noch keins."

1 **Überprüfen Sie, welche Merkmale einer Kurzgeschichte sich im Text finden lassen. Geben Sie jeweils konkrete Textstellen an (↗ GUT ZU WISSEN „Die Kurzgeschichte").**

GUT ZU WISSEN | Die Kurzgeschichte

Kurzgeschichten stellen die Gefühlswelt des Protagonisten prägnant und authentisch dar. Sie beginnt ebenso unvermittelt, wie sie endet (Ein- und Ausblendetechnik), und umfasst einen sehr kurzen Zeitraum. Es gibt nur einen Handlungsstrang und keine Nebenhandlungen. Die dargestellten Konflikte entstammen meist dem Alltag der Protagonisten, eine entscheidende Situation aus dem Leben wird dargestellt. Die Sprache ist oft klar und konkret. Als Vorbilder für Kurzgeschichten gelten die **Short Stories** aus dem englischsprachigen Raum. In Deutschland schrieben vor allem die Autoren und Autorinnen der **Trümmerliteratur** (Nachkriegszeit ab 1945) Kurzgeschichten. Sie nutzten die sachliche Sprache insbesondere auch, um sich von der Sprache der Nationalsozialisten abzuheben.

Den Inhalt wiedergeben

Bei der Inhaltsangabe ist es besonders wichtig, den Inhalt nicht zu detailliert wiederzugeben.

Doris Dörrie: Ohne Gepäck (1989)

Ich war froh, ein Abteil für mich allein ergattert zu haben. Als Erstes zog ich die Vorhänge vor, um andere davon abzuhalten, hereinzukommen. Als der Zug sich endlich in Bewegung setzte, war ich immer noch allein. Ich zog die Schuhe aus und legte mich hin. Die acht Stunden bis nach Hamburg wollte ich durchschlafen. Vom Flughafen aus wollte ich meine Eltern anrufen und ihnen sagen, ich hätte meinen Anschlussflug nach Hannover verpasst und würde in München übernachten. Ich hatte kein deutsches Kleingeld und so würden sie jetzt also in Hannover am Flughafen vergeblich auf ihren Sohn warten. Ich hatte nicht die geringste Lust, sie wiederzusehen, selbst nach zwei Jahren in Amerika nicht. Ich hatte überhaupt keine Lust, wieder hier zu sein. Ich wollte als ersten deutschen Menschen Marita in Hamburg sehen. Die war nicht so unerträglich deutsch oder war es wenigstens damals nicht gewesen. In den zwei Jahren hatte ich gelernt, wie ein Amerikaner zu reagieren. Als sich der Kapitän der Lufthansamaschine über Mikrofon meldete, fühlte ich mich an die Nazi-Schweinehunde in amerikanischen Fernsehserien erinnert und an sonst gar nichts. Nein, ich hatte nicht zurückgewollt.

In Augsburg riss eine Frau die Abteiltür auf und setzte sich wortlos hin. Sie fragte weder, ob noch ein Platz frei sei, noch sagte sie Guten Tag. Ich drehte mich mürrisch auf die andere Seite und konnte nicht mehr einschlafen. Ich fühlte mich beobachtet. Ich setzte mich auf. Sie war vielleicht Anfang dreißig, füllig, mit einem recht hübschen, klaren Gesicht. Ihre Augen waren leicht geschwollen. Sie trug lange, silberne Ohrringe, die leicht im Rhythmus des Zuges hin- und herschaukelten. Ich sah kein Gepäck und war erleichtert. Sie konnte nicht weit fahren. Ihre Handtasche hielt sie umklammert, als habe sie Angst, ich wolle sie ihr entreißen. Als sich unsere Blicke zufällig trafen, sah sie schnell weg. Ich sah kleine Schweißperlen auf ihrer Stirn.

„Kann ich vielleicht das Fenster etwas öffnen", fragte sie mit leiser, aber bestimmter Stimme.

Wenn ich jetzt antworte, erzählt sie mir ihr Leben, dachte ich. „I'm sorry, I don't speak German."

Sie wiederholte ihre Frage. „Se window. Can I open?"

Ich nickte. Sie hielt den Kopf aus dem Fenster. Ihre Haare flatterten. Mir wurde kühl. Ich zog meine Jacke über. Sie schloss das Fenster und setzte sich wieder hin.

Ich wollte schon meine Zeitungen auspacken, da fiel mir ein, dass ich nur deutsche dabeihatte. Ich ging nach draußen, um zu sehen, ob ich ein anderes leeres Abteil finden würde. Aber selbst in der ersten Klasse waren alle belegt. Als ich zurückkam, tupfte sie sich mit einem Taschentuch die Augen. Die Sonne ging unter.

Ein Mann in einer orangenen Jacke kam mit einem Wagen vorbei und verkaufte Brote und Getränke.

„One coffee, white, and a salami sandwich", sagte ich zu ihm. Er sah mich verständnislos an.

„Einen Kaffee und ein Salamibrot", übersetze sie für mich. „Was er mit weiß meint, weiß ich auch nicht." „With milk", sagte ich. Sie lächelte mich kurz an. Danach war ich nicht sicher, ob sie überhaupt gelächelt hatte, denn es war sofort wieder vorbei, als hätte sie einen Vorhang zugezogen. Sie starrte ausdruckslos aus dem Fenster. Ich drehte das Licht im Abteil an. „Sis is better", sagte sie, drehte es wieder aus und knipste mir die kleine Leselampe über meinem Kopf an. Sie saß im Dunkeln. Ihr Gesicht konnte ich kaum mehr erkennen.

„You are from America?"

Den Inhalt wiedergeben

„Yes.“

„Where?“

„New York.“

„It's a dangerous city, no?“

Ich hätte mich dafür ohrfeigen können, dass ich behauptet hatte, kein Deutsch zu sprechen. Jetzt würde sie mir in ihrem grauenhaften Englisch dennoch ihr Leben erzählen.

„Ich sprechen ein bisschen Deutsch“, sagte ich mit stark amerikanischem Akzent.

„Aber Sie haben doch vorher gesagt …“

„Ich bin ein bisschen schüchtern. Habe lange nix gesprecht.“

„Dafür sprechen Sie aber sehr gut. Wo haben Sie das gelernt?“

„Meinen Eltern sind Deutsche.“

Sie schwieg. Ich betete, sie möge nichts mehr sagen.

„Emigranten?“, fragte sie. Ich antwortete nicht, um mich nicht noch tiefer zu verstricken.

„Mein Großvater ist im KZ gestorben“, sagte sie. „Er war Kommunist.“

Der Zug hielt. Sie stieg nicht aus. Wie konnte man über vierhundert Kilometer ganz ohne Gepäck reisen? Und noch dazu als Frau? Ihre Handtasche war winzig, da passte noch nicht einmal ein Kulturbeutel rein.

„Ich habe nur Glück gehabt mit meinen Eltern, wissen Sie? Es ist reiner Zufall, dass sie keine Nazis waren … ich habe mich immer gefragt, wie das sein muss, von heute auf morgen alles verlassen und nicht wissen, ob man jemals wieder zurückkommt.“

„Seien Sie froh, dass es nicht so ist, heute“, sagte ich, und mein künstlicher amerikanischer Akzent ging mir auf die Nerven. Er klang leichtfertig, ignorant und blöd.

„Es könnte aber wieder so werden.“

„Meinen Sie?“

„Ich weiß nicht.“

Plötzlich saß sie neben mir und lehnte ihren Kopf an meine Schulter. Sie war mir sympathisch. Sie war mir sympathisch durch das, was sie gesagt hatte. Sie war keine typische Deutsche. Ich bewegte mich nicht. Sie seufzte und ich sah einen Tropfen auf die roten Plastiksitze zwischen uns fallen. Ich legte meinen Arm um sie.

„Warum weinen Sie denn?“

„Ich möchte nicht darüber sprechen“, sagte sie und legte ihre Hand auf mein Knie. Ich ergriff sie und hielt sie fest. Man hätte uns für ein Liebespaar halten können.

„Machen Sie Ferien in Deutschland?“, fragte sie in bemüht leichtem Konversationston.

Ich rede nicht gern über mich. Ihr habe ich alles erzählt. Vielleicht, weil sie geweint hatte. Ich erzählte ihr meine ganze dumme amerikanische Liebesgeschichte in gebrochenem Deutsch. Nach einer Weile fand ich Gefallen daran, Wörter falsch auszusprechen, sie nach dem richtigen Ausdruck zu fragen, zu stammeln.

Ich war gezwungen, meine Leidensgeschichte mit einem Zweihundert-Wörter-Vokabular vor ihr auszubreiten, und je länger ich sprach, desto klarer wurde mir meine eigene Geschichte. Mit Cathy hatte es eigentlich von Anfang an keine Hoffnung gegeben.

„Wegen einer Frau verlassen Sie Ihr Land?“

„Ja“, sagte ich, „nur wegen eine Frau. Zerbrechtes Herz.“

Sie küsste mich. Ich knipste die Leselampe aus.

Den Inhalt wiedergeben

Sie zog die Sitze aus und machte das Abteil zu einem großen Bett. Wir hielten uns und küssten uns und hielten uns.

Als ich aufwachte, dachte ich für einen Moment, Cathy läge neben mir. Sie strich mir mit der Hand über die Augen.

„Nicht weinen“, sagte sie. „Es gibt Schlimmeres.“

Sie wollte das Rollo hochschieben.

„Nicht“, sagte ich.

„Wir sind bald da.“

„Ich möchte so bleiben. Nie aussteigen“, sagte ich.

„Das geht nicht.“ Sie lachte zum ersten Mal in dieser Nacht. Wir waren in Hamburg.

Sie schob die Sitze zurück und ließ das Rollo hoch. Ihre Handtasche hielt sie umklammert, sie sah mich an.

„Warum hast du kein Gepäck?“, fragte ich leise. Sie sah zu Boden, hob dann den Kopf und sah mir gerade in die Augen.

„Ich gehe nur Zigaretten holen“, sagte sie.

Ich tat, als sei mir der Begriff unbekannt.

„Ich habe drei Kinder und einen Mann. Gestern Abend bin ich aus dem Haus gegangen ... Einfach so.“ Sie sah erstaunt aus.

Wir gingen zusammen den Bahnsteig entlang. Ich wollte ihr alles sagen. Dass ich gar nicht Amerikaner bin, dass meine Eltern keine Emigranten sind, dass ich Deutsch spreche. Dass die Geschichte von Cathy eine wahre Geschichte ist.

Als ich mich umdrehte, war sie verschwunden. Ich wartete eine halbe Stunde. Dann rief ich Marita an. Sie war nicht zu Hause. Ich suchte in meinen Taschen nach einer Zigarette. Ich fand einen langen, silbernen Ohrring.

1 Lesen Sie die Geschichte „Ohne Gepäck“ (↗ GUT ZU WISSEN „Fünf-Schritt-Lesemethode“, Kapitel 4, S. 61).

2 Beantworten Sie die W-Fragen – Wer? Wo? Was? Wann? – und stellen Sie Ihre Ergebnisse grafisch dar (Schritt 2).

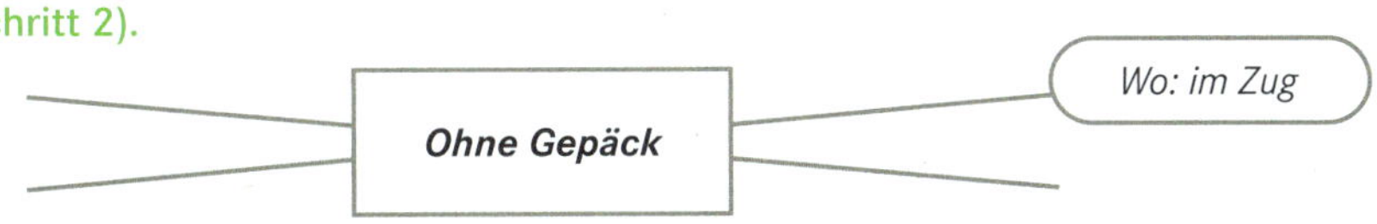

3 Lesen Sie die Kurzgeschichte nun gründlich durch, gegebenenfalls mehrmals. Gibt es unbekannte Wörter? Schlagen Sie diese nach (Schritt 3).

4 Stellen Sie nun eine Vermutung auf, worum es in der Kurzgeschichte geht.

5 Suchen Sie im Text die Passagen heraus, die die äußere Handlung darstellen und die die innere Handlung abbilden. Übertragen Sie die Tabelle und ergänzen Sie die Passagen (↗ GUT ZU WISSEN „Innere und äußere Handlung“, S. 192).

äußere Handlung	innere Handlung
Z. 15: Ich drehte mich mürrisch auf die andere Seite	*Z. 16: Ich fühlte mich beobachtet*

Den Inhalt wiedergeben

GUT ZU WISSEN **Innere und äußere Handlung**

Um den Inhalt eines literarischen Textes zusammenfassen zu können, hilft es, zunächst den Aufbau nachzuvollziehen. Dabei orientiert man sich an den **von außen sichtbaren Handlungen** der Figuren (= äußere Handlung) und dem, was sich **in den Gedanken oder im Bewusstsein** der Figuren abspielt (= innere Handlung).

6 **Wenden Sie nun den Schritt 4 der Fünf-Schritt-Lesemethode an: Teilen Sie den Text in Handlungs- bzw. Sinnabschnitte ein und fassen Sie dann jeden Handlungs- bzw. Sinnabschnitt in einem Satz zusammen (↗ GUT ZU WISSEN „Fünf-Schritt-Lesemethode“, Kapitel 4, S. 61).**

7 **Verfassen Sie eine Einleitung zur Inhaltsangabe der Kurzgeschichte.**
Die Kurzgeschichte „Ohne Gepäck“ von Doris Dörrie aus dem Jahr 1989 handelt von ...

8 **Fügen Sie die einzelnen Sätze zu einer Inhaltsangabe zusammen (Schritt 5). Verwenden Sie dafür GUT ZU WISSEN „Inhaltsangabe“.**

GUT ZU WISSEN **Inhaltsangabe**

Die Interpretation eines literarischen Textes beginnt mit der Wiedergabe des Inhalts. Dabei wird der literarische Text kurz zusammengefasst und in einem Einleitungssatz neben den **Informationen zur Autorin / zum Autor, Titel und Entstehungszeit** die zentrale **Deutungshypothese (Hauptaussage)** formuliert.

Besonders wichtig ist, dass die Inhalte nicht detailliert nacherzählt werden, sondern auf **das Wesentliche** reduziert werden. Eine Inhaltsangabe ist neutral und **sachlich** und darf weder Interpretations- noch Spannungselemente enthalten. Die Inhaltsangabe wird im **Präsens** verfasst.

9 **Vergleichen Sie die beiden Muster unten. Sammeln Sie in einer Tabelle, was die Inhaltsangabe von der Nacherzählung (Paraphrase) unterscheidet.**

Inhaltsangabe	Nacherzählung
knapp	

MUSTER Inhaltsangabe

Der Protagonist ist mit dem Zug unterwegs nach Hamburg. Er bereitet sich für die Fahrt durch die Nacht vor.

MUSTER Nacherzählung

Der Protagonist ist gerade in den Zug eingestiegen. Er sitzt in einem Abteil für sich alleine. Zuerst zieht er die Vorhänge vor und dann setzt er sich hin. Er freut sich, dass er immer noch alleine ist. Danach zieht er sich die Schuhe aus und dann legt er sich hin.

Figuren charakterisieren

Charakterisierung und Beschreibung der Beziehung der Figuren sind wichtige Elemente einer Interpretation. Wie Figuren miteinander kommunizieren, lässt Rückschlüsse darauf zu, wie sie denken, fühlen ... Durch Figuren können auch Aussagen über das Individuum gemacht werden.

David Wagner: Badeschlappen (2002)

Neun Monate nach unserer Trennung, acht Monate nachdem sie ausgezogen war – ich hatte noch nicht aufgehört, an sie zu denken, ich hatte bloß aufgehört, auf sie zu warten –, stand sie plötzlich vor der Tür unserer Wohnung und fragte nach Geld, sie sagte, sie brauche Geld, *kannst du mir was leihen, ich brauche Geld, ich brauch dringend Geld,* ich sah, wie aufgeregt sie war, und fragte nicht: Was machst du denn, wie geht es dir, ich staunte und vergaß, dass ich in meiner Schlafanzughose im Flur stand, einer Hose, die ich anzog, um es abends auf dem Sofa bequemer zu haben. Und um die Bürohosen nicht zu zerknittern. Sie sagte, *du warst doch nicht schon im Bett, oder gehst du jetzt so früh schlafen?* und sah auf meine nackten Füße, die in meinen, ihren alten, Badeschlappen steckten, ich hätte antworten können: Du weißt doch, wie früh ich aufstehen muss, die Arbeit ist mehr geworden, ich habe noch weniger Zeit als früher. Oder viel mehr, weil du nicht mehr da bist, dachte ich und sagte nichts und dachte: Zu Hause ist mir eigentlich immer fernsehlangweilig, denn du bist nicht mehr da, gern hätte ich auch gesagt: Früher, früher haben wir uns immerhin gestritten. Und so für Unterhaltung gesorgt, aber ich sagte, *ja, es geht mir gut, es geht mir blendend,* versuchte ich zu lügen und sagte, *ja, ich war im Urlaub* und sagte nicht, dass der Urlaub allein der grausamste meines Lebens gewesen war; im Club um mich herum nur Paare, Paare mit Kindern und alleinerziehende Mütter, die überall und immerzu alles daransetzen, kennengelernt zu werden. Ihr gegenüber, sie stand vor der Tür der Wohnung, in der wir gemeinsam gewohnt hatten, versuchte ich in zwei Sätzen sehr glücklich zu wirken. Sie machte sich nicht über den laufenden Fernseher lustig, sie sagte nichts, kein Wort über die Verwahrlosung der Wohnung, die schon im Flur sichtbar wurde, *ich brauche Geld,* hörte ich sie sagen und dachte, dass sie selbst mir vielleicht gar nicht mehr fehlte, vielleicht habe ich gar nicht mehr auf sie gewartet, vielleicht habe ich mich an den Schmerz gewöhnt und mich bloß tief in mein Selbstmitleid gekuschelt – noch ein halbes Jahr und wir wären weit genug voneinander entfernt, uns ganz normal zu begegnen, dachte ich und fragte, bloß weil sie auf eine Antwort wartete und trotz Aufforderung, trotz allen Bittens nicht hereinkommen wollte, *wie viel, wie viel brauchst du?* Ich gab ihr vierzehn- oder fünfzehnhundert Franc, so viel ich in der Wohnung hatte, und wusste, dass ich nicht fragen durfte, wozu sie es brauche, ich gab ihr das Geld und wusste, dass ich ihr eigentlich nichts hätte geben dürfen. Durch all ihre Aufregung hindurch lächelte sie mich von irgendwoher an, sie stand gerahmt in der offenen Tür, hatte abgenommen und lange nicht geschlafen. Ich gab ihr Geld und hatte das Gefühl, als bezahlte ich ihr Verschwinden, als kaufte ich mich los von dem Zwang, an sie zu denken – und hoffte andererseits, sie mit dieser Schuld wieder neu an mich zu binden. Ich wusste schon, ich würde ein paar Wochen über immer wieder an sie denken müssen, abends, vor dem Fernseher, und morgens im Bett, wenn ich viel zu früh aufwache und nicht wieder einschlafen kann. Und unter der Dusche glauben, die Türklingel nicht zu hören, ihren Anruf, den einen wichtigen Anruf, der alles wie früher werden lassen würde, zu verpassen.

Als ich drei oder vier Tage später von der soundsovielten Seine-Toten des Jahres las, dachte ich natürlich nicht an sie. Wieso auch. Ich dachte sowieso die ganze Zeit an sie, versuchte immer wieder sie zu erreichen und hörte doch nur, sooft ihr Anrufbeantworter sich einschaltete, wieder und wieder ihre Stimme vom Band.

Figuren charakterisieren

1 **Charakterisieren Sie den Ich-Erzähler (↗ GUT ZU WISSEN „Literarische Figuren charakterisieren").**

a) Beschreiben Sie die Lebenssituation des Ich-Erzählers.

b) Notieren Sie, was der Ich-Erzähler sagt, und was er tatsächlich denkt.

c) Worin besteht die Konfliktsituation des Ich-Erzählers in dieser Kurzgeschichte? Belegen Sie Ihre Deutungshypothese anhand verschiedener Textstellen.

Der Protagonist der Geschichte wird unerwartet … besucht. Er ist hin- und hergerissen …

d) Der Protagonist schildert sein Leben nach der Beziehung anders, als es wirklich ist. Stellen Sie Schein und Realität einander gegenüber und stellen Sie Mutmaßungen an, was diese Verhaltensweise sowohl über die Hauptfigur als auch über die Beziehung des Paares aussagt.

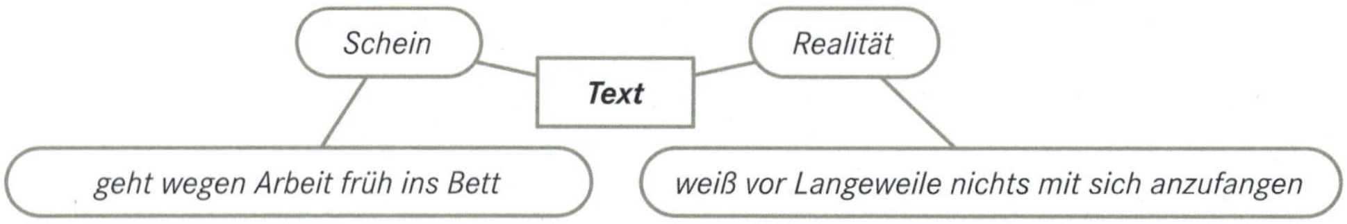

e) Erläutern Sie, warum der Protagonist das Schicksal seiner Ex-Freundin verneint.

2 **Tragen Sie zusammen, was Sie über die Ex-Freundin des Protagonisten erfahren und welche Rückschlüsse Sie daraus auf den Charakter des Protagonisten und ihre Beziehung ziehen können (↗ GUT ZU WISSEN „Literarische Figuren charakterisieren").**

SPRACHE UND STIL | Figuren charakterisieren

Die Hauptfigur erscheint …, obwohl sie …
Man kann den Protagonisten als … bezeichnen, denn er …
Der Ich-Erzähler ist …, was man daran erkennt, dass …
Am Beispiel dieser Figur will der Autor kritisieren, dass …

3 **Am Ende der Kurzgeschichte spricht die Hauptfigur von „Schuld". Erläutern Sie, wofür die Hauptfigur sich schuldig fühlt, und nehmen Sie Stellung dazu.**

Obwohl die Hauptfigur gemerkt hat, dass …, hat sie nichts unternommen, außer ihr Geld zu geben. Sie gibt sogar zu, dass sie „ihr eigentlich nichts hätte geben dürfen" (Z. 26 f.) …

★ **4** **Verfassen Sie einen inneren Monolog (↗ GUT ZU WISSEN „Darbietungsformen des Erzählens", S. 197) der Ex-Freundin, nachdem sie den Protagonisten wieder verlassen hat.**

Zum Glück hat er mir Geld gegeben. Nicht viel, aber für ein bisschen Stoff reicht es …

GUT ZU WISSEN | Literarische Figuren charakterisieren

Erkenntnisse zum Wesen einer Figur gewinnen Sie aus der Untersuchung der **Art und Weise**, wie die Figur mit anderen kommuniziert **(Figurenrede)**, wie sie **handelt** (Handlungsschritte) und wie sie **durch andere Figuren charakterisiert** wird. Auch die Einblicke in **das innere Geschehen der Figur** (erlebte Rede, innerer Monolog) sind von zentraler Bedeutung.

Die Erzählperspektive bestimmen

Jede Geschichte hat einen Erzähler. Diesen sollte man nicht mit der Autorin / dem Autor verwechseln. Vielmehr beeinflusst die Autorin / der Autor mit der Entscheidung für einen bestimmten Erzähler und eine bestimmte Darbietungsform den Fluss der Geschichte und kann mitunter das Verständnis aufseiten der Lesenden lenken, wenn nicht sogar manipulieren.

Robert Walser: Eine verflixte Geschichte (1916)

Lass dir, lieber Leser, über eine Liebe erzählen, die von viel zu hoher und zarter Art war, als dass sie irgendeine handfeste, ordentliche Folge hätte haben können. Ich sollte freilich einen langen und feingegliederten Roman über ein so rührend schönes Thema schreiben, aber es ist gegenwärtig so schönes, helles und heißes Wetter; da geht ein so ordinärer[1] Mensch, wie ich einer bin, gern spazieren, oder er pflegt mit sichtlichem Behagen, in einem schattigen Platanengarten[2] ein Glas Bier zu trinken, oder er geht bei erquickendem[3] Westwind in den nahe gelegenen See baden. Daher fasse ich mich kurz und sage, dass vor etlicher Zeit eine Frau (o wäre sie doch eine Schwedin, Russin, Dänin!) einen jungen Mann liebte, und zwar so leidenschaftlich liebte, dass sie am liebsten mit ihm in die weite Welt hätte fliegen mögen, aber das Krumme an der Sache war, sie war verheiratet, und das noch Krummere bei der Geschichte war, sie war nicht fähig, ihrem Gatten ein Leid zuzufügen. Hier, o du verehrter Leser von schwedischen und nordischen Romanen, komme ich und trete ich nun kniedick und tief in das, was man den dänischen oder psychologischen Roman nennt. Ich fahre also mit zitternder Feder, nein, Hand (und daher Feder!) fort und teile mit, was ein Schriftsteller von Herz nicht mitteilen kann, ohne zu schluchzen, nämlich, dass die Frau fast den gesunden Verstand einbüßte. Auch der gute Gatte büßte ihn beinahe ein. Beide Leute waren nämlich zu fein, vornehm und feinfühlend, als dass sie es über sich gebracht hätten, sich gegenseitig ein Leid anzutun. Verzwickte und verwickelte Geschichte, in welche ich Unbesonnener[4] mich da verwickle. Die Frau wäre allzu gern mit ihrem stürmischen Geliebten auf und davon gegangen, aber sie war zu edel zum Davonlaufen, und sie liebte ja, ach du guter Gott, beide: ihren Mann sowohl wie den jungen Mann. Fürchterlicher Zustand. Jetzt, jetzt, bei der Ehre, die ich als flotter Federzeichner und -führer genieße, jetzt dänelt und schwedelt es, dass es mir, wie ich felsenfest glaube, weit und breit niemand nachmacht. Kann ich mit meinem Liebhaber fortreisen und das Weite suchen, wenn ich gleichzeitig von Herzen gern bei meinem braven Gatten zu Hause sitzen bleiben möchte? Kann ich den Geliebten genügend lieben, wenn ich nicht aufzuhören vermag, den leibeigenen und zugewandten Gatten zu lieben? Hier, so dünkt[5] mich, wimmle es von echten, wo nicht gar waschechten Seelen- und Romanproblemen. Doch weiter! Der gute Mann wollte ja aus ganzer Seele gern seiner Frau erlauben, davon zu brennen, damit sie sich an einem unerhörten ungeheuren Liebesglück berausche, aber er gab ihr doch auch die Erlaubnis wieder nicht, denn dieselbe würde ihm ja das Herz zerrissen haben. Aus Liebe erlaubte er es ihr gern, doch wiederum aus Liebe und aus sonst gar nichts anderem bat und beschwor er sie, hübsch artig bei ihm zu Hause zu bleiben, damit er nicht den gesunden und armen Verstand verliere, den er doch gern aus Liebe zu ihr verlieren und für immer vermissen wollte. Die Frau

Die Erzählperspektive bestimmen

weinte, weil sie erstens nicht mit dem Geliebten in die Welt hinausziehen, und zweitens, weil sie nicht ruhig zu Hause bei ihrem Mann zu sitzen und sorgfältig, wie bisher, die Haushaltung zu machen mehr die Kraft fand. Der Mann weinte, vergoss Tränen und gebärdete sich wie ein Verzweifelter, erstens, weil er ja genötigt war, der Frau zu sagen, sie solle gefälligst zu Hause bleiben und sich ruhig verhalten, was ihm Schmerz verursachte, da er ja als liebender Mann seiner Frau alles gewähren wollte, und zweitens, weil er seiner Frau alles Mögliche und alles Erdenkliche gönnte, aber doch nicht konnte. Die Frau wollte wohl, war aber nicht imstande, und ebenso wollte der Mann wohl, aber er konnte nicht. Und so weinten sie beide. Auch der junge Mann musste wohl oder übel mithelfen weinen. Alle drei schluchzten zum Erbarmen. Sie waren eben alle drei zu fein und daher wurde nichts draus und hiermit ist die Geschichte aus.

1 ordinär: gewöhnlich
2 der Platanengarten: Park, der aus Platanen (bestimmte Baumart) besteht
3 erquickend: erfrischend
4 der Unbesonnene: gedankenloser Mensch
5 es dünkt mich: es kommt mir so vor

1 **Untersuchen Sie mit einem Lernpartner / einer Lernpartnerin den Aufbau der Kurzgeschichte. Ordnen Sie die folgenden Funktionen den entsprechenden Textteilen zu: Hinführung zum Thema – Entfaltung des Konflikts – Zuspitzung des Konflikts – Lösung.**

2 **Beschreiben Sie, wie sich der Erzähler in der Kurzgeschichte zu erkennen gibt und welche Wirkung die Wahl der Erzählperspektive hat (↗ GUT ZU WISSEN „Erzählperspektive").**
Der Erzähler gibt sich durch die Wahl der auktorialen Erzählperspektive von Anfang an zu erkennen. Er überhöht sich in einer Allwissenheit, indem er direkt den Leser anspricht („... lieber Leser, ..." (Z. 1) ...

3 **Untersuchen Sie, welche Erzählperspektive genutzt wird und wie diese wirkt. Belegen Sie am Text (↗ GUT ZU WISSEN „Erzählperspektive").**
An dieser Kurzgeschichte ist besonders auffallend, dass sie völlig ohne direkte Rede auskommt. Der Erzähler verwendet durchweg den Erzählbericht, da er ...

GUT ZU WISSEN | Erzählperspektive

Der Autor und der Erzähler eines literarischen Textes sind nicht identisch. Der „echte" Autor kreiert im Rahmen seiner dichterischen Freiheit eine Figur, die die Geschichte erzählt. Hierfür stehen dem Autor mehrere Möglichkeiten offen. Er wählt zwischen den **Erzählformen** *Ich-Erzähler* oder *Er-/Sie-Erzähler.* Außerdem legt er die Erzählperspektive fest, aus der erzählt wird:

Die **auktoriale** Erzählperspektive: Der allwissende Erzähler steht über dem Geschehen, kommentiert und bewertet es und kennt alle Zusammenhänge. Er kann Vergangenes und Zukünftiges wiedergeben.

Die **personale** Erzählperspektive: Die Handlung wird aus der Sicht einer am Geschehen beteiligten Figur erzählt. Der Leser erfährt somit nur von Gefühlen/Gedanken dieser Figur.

Die **neutrale** Erzählperspektive: Der Erzähler steht außerhalb der Handlung und berichtet eher sachlich.

Die Erzählperspektive bestimmen

GUT ZU WISSEN Darbietungsformen des Erzählens

Nicht nur die Erzählperspektive ist von Bedeutung für die Interpretation eines Textes, sondern auch, wie das Erzählte präsentiert wird: die Darbietungsart. Der Erzähler kann folgende Formen des Erzählens nutzen:

Erzählbericht: Der Erzähler vermittelt den Handlungsverlauf, d. h. das miterlebte, beobachtete oder in Erfahrung gebrachte Geschehen. Dieser Bericht kann Beschreibungen, z. B. von Figuren, Orten, Ereignissen, enthalten. Je nach Erzählhaltung präsentiert er das Geschehen als objektiver Betrachter (personal) oder er streut Kommentare und Beurteilungen ein (auktorial, Ich-Erzähler).

Mithilfe der **Figurenrede** lässt der Erzähler die Figuren zu Wort kommen. Dazu hat er verschiedene Möglichkeiten:

- **szenisches Erzählen:** Der Erzähler tritt weitgehend in den Hintergrund. In der Textinterpretation spielen szenische Passagen häufig eine zentrale Rolle, weil durch die Art und Weise der Kommunikation die Figuren ihr Inneres sowie ihr Verhältnis zueinander transparent werden lassen.
- **erlebte Rede:** Hier werden die Gedanken und Gefühle in der 3. Person wiedergegeben.
- **innerer Monolog:** Hier gibt die Figur in der Ich-Form wieder, was sie denkt und fühlt.

4 **Eine Schülerin hat einen Text zur Erzählperspektive und Darbietungsform verfasst.**

a) Lesen Sie das Muster.

b) Überprüfen Sie, ob die im Muster gemachten Aussagen am Text belegbar sind.

c) Erweitern Sie das Muster, indem Sie passende Textbelege darin ergänzen. Verwenden Sie auch SPRACHE UND STIL „Erzählperspektive und Darbietungsform darlegen".

MUSTER Erzählperspektive und Darbietungsform

Der Autor verwendet eine auktoriale Erzählperspektive, was man bereits zu Anfang der Kurzgeschichte erkennt, da er sich direkt an seine Leserinnen und Leser wendet. Er verfügt eindeutig über mehr Wissen als die Hauptfiguren der Geschichte und erhebt sich durch seine Haltung über Figuren und die Leserinnen/Leser. Auch kann man dem Erzähler nicht so richtig glauben, denn er könnte, was er schreibt, ernst meinen oder aber sich auf ironische Weise über das Liebestrio lustig machen. Von Beginn an lässt der Erzähler die Leserinnen und Leser an seinen Gedankengängen über das Thema seines Textes und seine Schreibmotivation teilhaben. Fast scheinen Autor und Erzähler eins zu sein. Später dann gibt der Erzähler tiefe Einblicke in die Befindlichkeiten aller an der Dreiecksgeschichte beteiligten Figuren. Außerdem scheint er sich geradezu über den Verlauf der Liebesgeschichte lustig zu machen und über die Art und Weise, wie die Beteiligten agieren …

SPRACHE UND STIL Erzählperspektive und Darbietungsform darlegen

Die Kurzgeschichte ist in … Erzählperspektive verfasst.
Der Erzähler gibt Einblicke in …
Durch die … Erzählperspektive erscheinen die Handlungen der Figuren …
Die Leserin / der Leser ist so in der Lage …
Die Wahl der … als Form der Darbietung verstärkt noch …
Auf die Leserin / den Leser wirkt die Erzählung, als ob …

Eine Kurzgeschichte interpretieren

Eine Interpretation befasst sich mit Inhalt, Figuren, Erzählperspektive und Darbietungsform.

Axel Hacke: Sommerfest bei T. (1999)

Nun war neulich wieder das jährliche Sommerfest bei T., ganz oben in einem Schwabinger Altbau. Paul und ich wurden von der schwitzenden Menge auf den Balkon hinausgedrängt wie in eine Art Überlaufbecken … oder, es fällt mir gerade ein: War es gar nicht Paul persönlich, sondern sein Sommerfest-Klon? Es können in dieser Stadt zwanzig Sommerfeste am gleichen Abend stattfinden, Paul ist zu jedem eingeladen und auf jedem anwesend, er lässt keines aus. Das legt den Verdacht nahe, dass er zu Haus einige Sommerfest-Klone im Schrank hat, die er bei Einladungen auf die Piste schickt, während er selbst daheim gemütlich ein Weißbier verzehrt, auf dem Balkon. Wir standen also da wie auf dem dritten Rang in der Oper und guckten in den dunklen Innenhof des alten Hauses, und es war wirklich so, als blicke man in einen Theatersaal ohne Bühne hinab, als finde, was es hier zu sehen gab, auf den anderen Balkonen statt wie auf Minibühnen: die lesende Frau, das essende Paar. Ein wortloses Stück mit wenigen Personen.

Paul (oder Pauls Klon) erzählte, wie er einmal seinen besten Freund mit dessen bester Freundin in ihrer Wohnung betrog, als der Freund von draußen an die Tür hämmerte, Einlass begehrend und behauptend, er wisse , da drin sei ein Mann, er wisse nur noch nicht, welcher. Aber gleich werde er es wissen, im nächsten Moment, wenn er diese Tür eingetreten haben werde – und Paul (oder war es sein Rendezvous-Klon?) machte sich über den Balkon davon, der im ersten Stock lag, kletterte an einem Stahlträger zu Boden und floh wie Romeo vor Julias Mutter in der Balkonszene: „Leb wohl, leb wohl! Ein Kuss! – ich steig hinab."

Am nächsten Tag, sagte Paul, habe er den Freund getroffen, und er habe ihm die Geschichte aus seiner Sicht erzählt. Er habe gesagt, er hätte schwören können, dass sie ihn betrüge und dass da jemand gewesen sei, aber sie sei allein gewesen, er müsse sich geirrt haben, und es sei noch eine schöne Nacht geworden. Wir schauten auf die anderen Balkons hinab, dann wurde Paul von der Partymenge wieder in die Wohnung hineingesaugt, und ich blieb allein. Ich dachte daran, dass neulich auf meinem eigenen Balkon zwei Tauben nisteten und dass ich in einer Ecke ihr gemeinsames Ei gefunden und mit einer Fußbewegung vom Balkon geschubst hatte. Das Geräusch der platzenden Schale ging mir seitdem nicht aus dem Kopf, und ich fühlte mich wie ein Schwein. Aber ich würde es wieder tun, denn die Taube hat in der Stadt zu wenig natürliche Feinde. Es braucht Freiwillige, die ihr den Habicht machen. Außerdem ist der Balkon ein Außenposten meiner Wohnung. Da scheißt mir keiner rein, auch kein Turteltäubchen.

Im Sommer saßen Paola und ich abends wieder oft auf unserm Balkon, beobachteten und wurden beobachtet, sahen der Klematis beim Blühen zu und horchten auf das feucht quietschende Geräusch, das Fleißige Lieschen beim Wachsen machen. Irgendjemand spielt bei uns in irgendeiner Wohnung immer Klavier, sehr gut, Gott sei Dank. Und irgendwo gibt es immer einen schönen Ehestreit, den anzuhören sich lohnt.

Neulich knallten im Hinterhaus die Türen. Eine Nachbarin stürzte in den Hof, rief mit schriller Stimme zu uns hinauf, sie habe sich gerade von ihrem Mann getrennt und wir sollten uns keine Sorgen machen, „er zerlegt die Einrichtung". Aber dann hörten wir nichts und machten uns Sorgen, weil wir dachten, er bringt sich vielleicht um, der Arme. Wie schön es wäre, dachten wir, gäbe es Balkone, die beweglich wären wie solche Hebebühnen, von denen aus Straßenlampen repariert werden: Man könnte damit direkt vor die Wohnungsfenster anderer Leute fahren und ein bisschen hineinglotzen. Aber so weit ist die moderne Balkontechnik noch nicht, leider.

Eine Kurzgeschichte interpretieren

1 Lesen Sie den Text mehrfach durch und notieren Sie alles, was Ihnen auffällt und was Teil einer genaueren Untersuchung für Ihren Interpretationsaufsatz werden könnte.

2 Beantworten Sie die W-Fragen schriftlich.

3 Lesen Sie das Muster „Einleitung und Inhaltsangabe".

a) Überprüfen Sie, ob das Muster vollständig ist und den Inhalt der Kurzgeschichte richtig wiedergibt.

b) Vergleichen Sie das Muster mit Ihren Notizen aus Aufgabe 2 und nehmen Sie gegebenenfalls Änderungen vor.

MUSTER Einleitung und Inhaltsangabe

Die Kurzgeschichte „Sommerfest bei T." wurde im Jahr 1999 von Axel Hacke verfasst. Sie handelt von der Ich-Bezogenheit der Menschen. Ein Mann macht sich auf einem Sommerfest Gedanken über die verbrachte Zeit auf Balkonen. Der Ich-Erzähler steht mit seinem Freund Paul auf einem Balkon. Dieser Freund erzählt ihm, dass er neulich in der Wohnung eines Freundes gewesen sei. Dort habe er den Freund mit seiner Freundin betrogen. Als der Ich-Erzähler danach allein auf dem Balkon bleibt, erinnert er sich daran, wie er auf dem eigenen Balkon das Ei einer Taube vom Balkon geschubst hat und wie er eines Abends auf dem Balkon gemeinsam mit seiner Freundin den Ehekrach eines Nachbarn beobachtet hat.

4 Charakterisieren Sie den Ich-Erzähler und seinen Freund Paul. Beachten Sie dabei auch die sprachliche Gestaltung des Textes.

5 Arbeiten Sie die Erzählperspektive und die Darbietungsform heraus.

a) Welche Folgen hat die Wahl der Erzählperspektive auf die Darstellung der Figuren?

b) Wendet der Autor bestimmte Darbietungsformen des Erzählens an? Wie wirken diese?

c) Belegen Sie Ihre Ausführungen durch passende Textbelege (Zitate oder Textverweise). Verwenden Sie dafür GUT ZU WISSEN „Zitate als Textbelege".

6 Welche sprachlichen Besonderheiten (z. B. Bilder, besondere Wortwahl) fallen Ihnen auf? Notieren Sie diese und welche Wirkung durch sie erzielt wird.

7 Eine Schülerin hat darüber geschrieben, welche Bedeutung der Text für sie hat (↗ Muster „Bezug zur Lebenswirklichkeit herstellen"). Beurteilen Sie das Muster auf seine inhaltliche Angemessenheit hin. Überprüfen Sie, ob korrekt zitiert wurde (↗ GUT ZU WISSEN „Zitate als Textbelege", S. 200). Verwenden Sie auch SPRACHE UND STIL.

SPRACHE UND STIL — Bezug zur Lebenswirklichkeit herstellen

Durch ... wird deutlich, dass ...
Ich kann nicht verstehen, wie ...
Bezogen auf meine eigene Lebenswirklichkeit stelle ich fest, dass ...

8 Formulieren Sie für den Schlussteil Ihrer Interpretation, ob und wie Sie der Text angesprochen hat. Möglicherweise gibt es Aspekte im Text, die Sie kritisieren oder positiv hervorheben möchten.

Eine Kurzgeschichte interpretieren

MUSTER Bezug zur Lebenswirklichkeit herstellen

Für den Ich-Erzähler scheint es von großer Bedeutung zu sein, wie andere Menschen ihr Leben führen. Dies wird am Ende der Kurzgeschichte deutlich, als er es geradezu bedauert, dass Balkone nicht so flexibel sind wie Hebebühnen, denn sonst könnte [man] damit direkt vor die Wohnungsfenster anderer Leute fahren und ein bisschen hineinglotzen" (Z. 40 f.). Ich stehe dieser Haltung ambivalent gegenüber, denn auf der einen Seite mag es vielleicht tatsächlich interessant sein, wie andere Menschen leben, doch kann der Grat zwischen Neugier und Voyeurismus auch sehr schmal sein. So schaut z. B. der Ich-Erzähler dem Ehestreit der Nachbarn nur zu und hilft nicht, obwohl er und seine Freundin sich wegen des Lärms bzw. des anschließenden Ausbleibens von Lärm in der Wohnung des Nachbarn fragen, ob „er [...] sich vielleicht um[bringt]" (Z. 38). Dieses passive, gleichgültige Verhalten verstärkt noch meine Abneigung, die ich gegenüber dem Protagonisten empfinde, denn ich kann nicht verstehen, wie man sich so verhalten kann, und würde es selbst nie tun.

GUT ZU WISSEN Zitate als Textbelege

Zitate sind als Textbelege von besonderer Bedeutung. Sie zeigen damit, dass Sie mit dem Text arbeiten und inhaltliche Besonderheiten erkennen und deuten können. Folgende Regeln sind zu beachten:

- Ein Zitat muss bezüglich Ihrer Interpretationsaussage **aussagekräftig** sein.
- Ein Zitat darf **niemals inhaltlich verändert** werden.
- Zitate werden durch **Anführungszeichen** („ ") gekennzeichnet.
- Zitate oder direkte Rede in Zitaten werden mit **einfachen (halben) Anführungszeichen** (‚ ‘) gekennzeichnet.
- **Auslassungen** werden durch eckige Klammern mit drei Punkten [...] dokumentiert.
- Nach Abschluss des Zitats steht in runder Klammer **die Seiten- und Zeilenangabe** (S. 2, Z. 1). Bei Texten, die nur auf einer Seite stehen, genügt die Zeilenangabe.
- Erstreckt sich das Zitat über zwei Zeilen, wird die zweite Zeile mit „f." angegeben (Z. 2 f.).
- Bei längeren Zitaten über mehrere Zeilen hinweg steht nach der Zahl der ersten Zeile „ff." (Z. 2 ff.).

Die Interpretation von Kurzgeschichten können Sie in Kapitel 22 trainieren.

Lernbilanz: Sie können ...

- Kurzgeschichten anhand ihrer Merkmale erkennen und beschreiben.
- eine Kurzgeschichte inhaltlich zusammenfassen.
- Figuren in einer Kurzgeschichte charakterisieren und ihre Beziehung zueinander darstellen.
- bestimmen, welche Erzählperspektive und welche Darbietungsform gewählt wurde.
- Erlebnisse aus dem Alltag für die Interpretation von Kurzgeschichten nutzen.

Das Projekt umsetzen: Eine Kurzgeschichte illustrieren

Sie haben nun mehrere Kurzgeschichten kennengelernt. Nutzen Sie eine von ihnen, um eine Illustration anzufertigen. Sie können sich auch in Gruppen aufteilen. Jede Gruppe fertigt dann eine Illustration zu jeweils einer der Kurzgeschichten an.

Gehen Sie wie folgt vor:

1 Lesen Sie die von Ihnen ausgewählte Kurzgeschichte noch einmal und gehen Sie Ihre Notizen durch.

a) Formulieren Sie die Kernaussage der Kurzgeschichte in einem Satz.

b) Halten Sie stichwortartig die wichtigsten Elemente (Figuren, Handlungsort, besondere Gegenstände, ...) fest.

2 Entscheiden Sie, welche Szene der Kurzgeschichte Sie illustrieren möchten. Beachten Sie dabei folgende Kriterien:

- Ihre Mitschülerinnen und Mitschüler sollten auf einen Blick erkennen können, um welche Kurzgeschichte es sich handelt.
- Es sollte sich um eine prägnante Szene handeln. Überlegen Sie, welche Szene Ihnen selbst sofort ins Gedächtnis kommt, wenn Sie an Ihre Kurzgeschichte denken, und warum.
- Sie sollten kurz begründen können, warum Sie sich für diese Szene entschieden haben.

In diesem Moment nimmt die Handlung eine unerwartete Wendung.
Diese Szene ist sehr bildhaft beschrieben. Man kann sie sich gut vorstellen und erkennt sie daher schnell wieder.

3 Wählen Sie aus, welches Medium und welche Materialien Sie nutzen möchten.
Möglich sind zum Beispiel ...

analog	digital
Grafik (Bleistift, Fineliner)	*digitale Zeichnung*
Gemälde (Öl, Aquarell)	*digitale Malerei*
Collage	*Bildbearbeitung, Fotomanipulation*
Fotografie (Ausdruck, Polaroid)	*digitale Fotos*

Achten Sie stets darauf, nicht das Urheberrecht zu verletzen. Wenn Sie sich für Fotografien entscheiden, müssen die abgebildeten Personen ihr Einverständnis geben.

4 Fertigen Sie auf Basis Ihrer Notizen von Aufgabe 1 eine Skizze an. Denken Sie auch daran, was „zwischen den Zeilen" steht. Gibt es besondere Symbole oder Metaphern, die bildlich dargestellt werden können?

5 Gestalten Sie Ihre Illustration. Halten Sie zusätzlich Stichpunkte fest.

a) Begründen Sie kurz die Wahl Ihres Mediums.

b) Erklären Sie, wie Sie Ihre Illustration konzipiert haben (Bildelemente, Perspektive, Farbwahl usw.)

6 Werten Sie die Illustrationen in der Klasse aus, z. B. mit einem Gallery Walk oder einer kleinen Ausstellung. Jede Gruppe sollte dabei kurz ihren Arbeitsprozess reflektieren.

Kapitel 14

Sich mit den Besonderheiten lyrischer Texte auseinandersetzen

Lyrik war ursprünglich Dichtung, die mit der Lyra, einem Saiteninstrument, vorgetragen wurde. Gedichte sind eine besondere Form von literarischen Texten. Sie übermitteln dem Leser eine Botschaft in einer sehr dichten Form auf sehr engem Raum. Sie sind genauso in Songtexten wie auch in Sprichwörtern oder Werbeslogans wiederzufinden. Zunächst erscheinen Gedichte als unzugänglich, sie laden aber auch dazu ein, entschlüsselt zu werden. In diesem Kapitel lernen Sie, selbst eine dichte Sprache zu verwenden, und ein eigenes Gedicht zu schreiben.

Erklärvideo zur Interpretation von Gedichten

Kompetenzen

- ✓ Merkmale von Gedichten benennen
- ✓ die formalen und sprachlichen Besonderheiten von Gedichten untersuchen
- ✓ Bezug zum Alltag herstellen
- ✓ Lyrik als moderne Kunstform kennenlernen

Methoden und Arbeitstechniken

- ✓ Kartenabfrage
- ✓ Mindmap
- ✓ Cluster
- ✓ kreative Schreibtechniken

Projekt: An einem Poetry Slam teilnehmen

Sie sind Schüler/-in an einem Berufskolleg. Nach den Ferien schlendern Sie mit Klassenkameraden durch das Schulgebäude. Dabei erregt ein Plakat Ihre Aufmerksamkeit, das sich am Schwarzen Brett befindet:

Poetry Slam am 27.04. um 15 Uhr

in der Aula

Alle sind herzlich eingeladen!

Thematisch sollen Heimat und Fremde in euren Gedichten verarbeitet werden!

Spontan kommt Ihnen die Idee, sich an dem Wettbewerb beteiligen zu wollen. Sie stellen dieses Vorhaben Ihrer Klasse vor. Da neben Ruhm und Ehre auch ein Preisgeld winkt, sind die übrigen Schülerinnen und Schüler leicht zu begeistern. „Aber“, sagt eine Mitschülerin, „wie geht man vor, um diesen Wettbewerb auch zu gewinnen?“ Eine hilfsbereite Lehrkraft, die ihre Unterstützung zugesagt hat, erklärt Ihnen, dass die Teilnehmenden an diesem Poetry Slam eigene Gedichte verfassen müssen, die von einer Jury bewertet werden. Sie beraten sich daraufhin im Klassenverband und die Mehrheit entscheidet sich anschließend für die Teilnahme an dem Poetry Slam, bittet aber die Lehrkraft um Unterstützung. Diese informiert Sie zunächst über die Arbeitsschritte.

So können Sie vorgehen

Schritt 1 Gedichte und ihre Besonderheiten kennenlernen
Schritt 2 analysieren, wie Gedichte ihre Wirkung entfalten
Schritt 3 Inspiration im Alltag finden
Schritt 4 lernen, ein eigenes Gedicht zu verfassen
Schritt 5 sich auf die Teilnahme an einem Poetry Slam vorbereiten

Lyrische Texte erschließen

Die Merkmale von Lyrik

Auf sehr kleinem Raum wird mitunter viel gesagt. Das zeichnet Lyrik aus. Lyrische Texte werden oft mündlich vorgetragen oder als Lied gesungen.

Das folgende Gedicht stammt von Bas Böttcher, der sich mit Bühnenlyrik und dem Spoken-Word-Format („gesprochenes Wort"), z. B. im Rahmen von Poetry Slams, beschäftigt.

Bas Böttcher: Die Macht der Sprache (2016)

Und lerne ich eine Sprache neu kennen,
dann lehrt mich die Sprache, mich neu zu kennen.
Das macht die Sprache – die Macht der Sprache.

Und glaube ich, ich beherrsche meine Sprache,
beherrscht womöglich meine Sprache mich.
Das macht die Sprache – die Macht der Sprache.

Und denke ich, ich spiele mit meiner Sprache,
dann spielt noch viel mehr meine Sprache mit mir.
Das macht die Sprache – die Macht der Sprache.

Und erweitert der Mensch seine sprachlichen Möglichkeiten,
dann erweitert die Sprache die menschlichen Möglichkeiten.
Das macht die Sprache – die Macht der Sprache.

Und wenn ich meine Sprache verkommen lasse,
dann lässt am Ende meine Sprache mich verkommen.
Das macht die Sprache auch – die Macht der Sprache.

Und liebe ich meine Sprache,
dann liebt ganz sicherlich die Sprache mich.
Das macht die Sprache – die Macht der Sprache.

Und wenn ich denke, ich spreche jetzt hier – in diesem Text – über die Sprache,
dann spricht die Sprache eigentlich viel mehr noch über mich.
Das macht die Sprache – ich kenn die doch!

1 Sammeln Sie mithilfe einer Kartenabfrage erste Eindrücke zum Gedicht.

2 Welche Gedanken haben Sie zum Titel? Erstellen Sie gemeinsam mit einer Lernpartnerin / einem Lernpartner eine Mindmap zum Thema „Sprache".

3 Wer oder was beeinflusst die Art und Weise, wie Sie sprechen? Nennen Sie Beispiele.

4 Lesen Sie GUT ZU WISSEN „Lyrik" (↗ S. 205). Beschreiben Sie in eigenen Worten, durch welche Merkmale sich lyrische Texte auszeichnen.

Die Merkmale von Lyrik

GUT ZU WISSEN | Lyrik

Als Analogie zum Erzähler in epischen Texten wird in der Lyrik das **lyrische Ich** eingesetzt. Sehr häufig übermittelt das lyrische Ich innere Vorgänge und Zustände in einer sehr dichten Form. Dabei wird mit bildlichen Ausdrücken in formell gebundener Sprache gearbeitet: Der Dichter verwendet häufig eine nicht alltägliche Anordnung von Wörtern und Sätzen. Die lyrische Form ist meist kurz, eine **Gliederung erfolgt in Versen und Strophen**. Bis ins 20. Jahrhundert galt das Vorhandensein eines Reimschemas und eines Metrums als verbindlich für lyrische Texte. Seit dem 20. Jahrhundert wurde diese Vorgabe immer mehr gelockert. So wird in der modernen Lyrik auch mit freien Versen und freien Rhythmen gearbeitet.

Der **Vers** ist eine Zeile eines Gedichtes.

Eine **Strophe** beinhaltet mehrere Verse. Diese können ggf. ein Reimschema beinhalten.

Als **Reimschema** ist häufig zu finden:

Wechselreim bzw. **Kreuzreim**: abab
Es graut vom Morgenreif
In Dämmerung das Feld,
Da schon ein blasser Streif
Den fernen Ost erhellt;
(Eduard Mörike)

Verschränkter bzw. **umarmender Reim:** abba
Ich wollt in Liedern oft dich preisen,
Die wunderstille Güte,
Wie du ein halbverwildertes Gemüte
Dir liebend hegst und heilst auf tausend süße Weisen.
(Joseph von Eichendorff)

Paarreim: aabb
Oder kommt er spät nach Haus,
Zieht man ihm die Stiefel aus,
Holt Pantoffeln, Schlafrock, Mütze,
Dass er nicht im Kalten sitze –
Kurz, man ist darauf bedacht,
Was dem Onkel Freude macht.
(Wilhelm Busch)

5 **Beschreiben Sie den Aufbau des Gedichts „Die Macht der Sprache" mithilfe der Fachbegriffe.**

SPRACHE UND STIL | Den Aufbau eines Gedichts beschreiben

Das Gedicht ist in … Strophen mit … Versen gegliedert.
Die Verse weisen ein regelmäßiges Reimschema auf: …
Auffällig ist die Zäsur …
Die Form des Gedichts weist darauf hin, dass …
… unterstützt den Eindruck, dass …
… steht in auffälliger Spannung / im Kontrast / im Widerspruch zu …

Das Reimschema und das Metrum analysieren

Bas Böttcher: Freiheit im Quadrat

Ich pfeif auf die klassische Metrik,
den Reim find ich unzeitgemäß,
das ist überholte Ästhetik,
die kann mich mal gern am Gesäß.

Sie zwingt die Poesie in Korsette,
bevor man versteht oder spürt,
ersticken Metaphern, als hätte
man sie viel zu eng eingeschnürt.

In Freiheit der Form liegt die Stärke
befreit von Gesetzen und Pflicht
gelingen die herrlichsten Werke:
Zum Beispiel auch dieses Gedicht

1 Lesen Sie das Gedicht „Freiheit im Quadrat“ (auch gern mehrere Male) laut im Klassenverband.

2 Welche Merkmale von Lyrik erfüllt das Gedicht? Welche nicht?

3 Bestimmen Sie das Metrum mithilfe von GUT ZU WISSEN und dem Muster auf der folgenden Seite.

GUT ZU WISSEN — Metrik (Verslehre)

Lyrische Texte haben oft eine rhythmische Gestaltung, die in der Metrik (Verslehre) in Form von **betonten und unbetonten Silben** (Hebungen und Senkungen) untersucht wird. Am besten versuchen Sie einmal ganz übertrieben, die Silben betont bzw. unbetont zu lesen. Dabei kann auch das rhythmische Klatschen hilfreich sein.

Die wichtigsten **Versfüße** sind:

Jambus: xx́ – unbetont, betont	z. B.: *Das Leben ist ein Laub.*
Trochäus: x́x – betont, unbetont	z. B.: *Größte Not erwächst aus eignen Händen.*
Daktylus: x́xx – betont, unbetont, unbetont	z. B.: *Kurz ist das Leben fürwahr.*
Anapäst: xxx́ – unbetont, unbetont, betont	z. B.: *Alle blinken die Sterne mit zitterndem Schein.*

Verbindet man den Versfuß mit der Zahl der Hebungen in einem Vers, so spricht man z. B. von einem vierhebigen Trochäus. Dies ist das **Metrum** oder **Versmaß**. Mithilfe des Metrums kann man verschiedene Versformen bestimmen, z. B. ist für Barockgedichte der **Alexandriner** sehr typisch. Dies ist ein sechshebiger Jambus mit Zäsur (Einschnitt) nach der dritten Hebung. Beispiel: „Itzt sind wir hoch und groß, | | und morgen schon vergraben.“ Der Alexandriner wird häufig in **Sonetten** verwendet. Das Sonett verbindet zwei Strophen mit vier Versen (Quartetten) mit zwei Strophen aus drei Versen (Terzetten). Oft geschieht zwischen den Quartetten und den Terzetten ein gedanklicher Wandel.

Das Reimschema und das Metrum analysieren

MUSTER Analyse des Reimschemas und Metrums im Gedicht „Freiheit im Quadrat“ (Strophe 1 und 2)

Vers		Reim	
1	*Ich pfeif auf die klassische Metrik,*	*a*	Kreuzreim
2	*den Reim find ich unzeitgemäß,*	*b*	
3	*das ist überholte Ästhetik,*	*a*	
4	*die kann mich mal gern am Gesäß.*	*b*	
5	*Sie zwingt die Poesie in Korsette,*	*c*	
6	*bevor man versteht oder spürt,*	*d*	
7	*ersticken Metaphern, als hätte*	*c*	
8	*man sie viel zu eng eingeschnürt.*	*d*	

4 Welche Wirkung entsteht durch die Reimform und das Metrum?

Das lyrische Ich beschreiben

1 Untersuchen Sie die Haltung des lyrischen Ichs im Gedicht „Freiheit im Quadrat“.
Gleich mit dem ersten Wort gibt sich ein lyrisches Ich zu erkennen (V. 1).

GUT ZU WISSEN Das lyrische Ich

In lyrischen Texten gibt es keine Erzählinstanz wie in der Prosa. Man spricht vom lyrischen Ich, das explizit („ich“, „mir“) oder implizit (verborgen) im Gedicht auftritt, Gefühle und Stimmungen vermittelt oder Wertungen vornimmt.

Mögliche Fragen, mit denen man die **Haltung des lyrischen Ichs** erschließen kann, sind folgende:

- Was erfährt der Lesende über das „Ich“, das in dem Gedicht spricht?
- Wie nimmt es seine Umgebung, die Menschen und die Welt wahr und bewertet diese?
- In welcher Stimmung ist es selbst?

Es ist wichtig für die Interpretation eines Gedichts, **zwischen der Autorin / dem Autor des Gedichts und dem lyrischen Ich zu unterscheiden**. Auch wenn Gedichten häufig eigene Lebenserfahrungen zugrunde liegen, erfolgt die Auseinandersetzung damit immer über eine vermittelnde Instanz, das lyrische Ich.

2 Der fünfte Vers des Gedichts lautet: „Sie [die Metrik] zwingt die Poesie in Korsette“.

a) Wie wirkt dieses Bild auf Sie?

b) Welche Rückschlüsse lassen sich daraus auf die Haltung des „lyrischen Ichs“ ziehen?

3 Analysieren Sie, wie Form und Inhalt des Gedichts zusammenhängen.

Die Sprache lyrischer Texte

Dichterinnen und Dichter nutzen bestimmte sprachliche Mittel, um auf wenig Raum viel zu sagen.

1 **Welche Gedanken kommen Ihnen bei den Worten „Willkommen“ und „Abschied“? Halten Sie gemeinsam Stichworte an der Tafel fest.**

Johann Wolfgang von Goethe: Willkommen und Abschied (1775)

Das Gedicht „Willkommen und Abschied“ wurde von Goethe erstmals 1771 verfasst. Der folgende Text ist die früheste abgedruckte Fassung, bei der das Mädchen den Geliebten noch bis zu seinem Pferd begleitet.

Es schlug mein Herz. Geschwind, zu Pferde!
Und fort, wild wie ein Held zur Schlacht.
Der Abend wiegte schon die Erde,
Und an den Bergen hing die Nacht.
Schon stund im Nebelkleid die Eiche
Wie ein getürmter Riese da,
Wo Finsternis aus dem Gesträuche
Mit hundert schwarzen Augen sah.

Der Mond von einem Wolkenhügel
Sah schläfrig aus dem Duft hervor,
Die Winde schwangen leise Flügel,
Umsausten schauerlich mein Ohr.
Die Nacht schuf tausend Ungeheuer,
Doch tausendfacher war mein Mut,
Mein Geist war ein verzehrend Feuer,
Mein ganzes Herz zerfloss in Glut.

Ich sah dich, und die milde Freude
Floss aus dem süßen Blick auf mich.
Ganz war mein Herz an deiner Seite,
Und jeder Atemzug für dich.
Ein rosenfarbnes Frühlingswetter
Lag auf dem lieblichen Gesicht
Und Zärtlichkeit für mich, ihr Götter,
Ich hofft' es, ich verdient' es nicht.

Der Abschied, wie bedrängt, wie trübe!
Aus deinen Blicken sprach dein Herz.
In deinen Küssen welche Liebe,
O welche Wonne, welcher Schmerz!
Du gingst, ich stund und sah zur Erden
Und sah dir nach mit nassem Blick.
Und doch, welch Glück, geliebt zu werden,
Und lieben, Götter, welch ein Glück!

2 **Lesen Sie das Gedicht. Achten Sie dabei besonders auf die Adjektive. Welche Stimmung wird vermittelt?**

3 **Analysieren Sie die formale Gestaltung des Gedichts. Wie trägt sie zur Wirkung bei?**

4 **Finden Sie mithilfe von GUT ZU WISSEN (↗ S. 209) mindestens vier rhetorische Figuren, die im Gedicht genutzt werden.**

a) Schreiben Sie die Wörter, Wortgruppen oder Verse heraus. Denken Sie an korrekte Verweise.
b) Bestimmen Sie rhetorischen Figuren.
c) Erläutern Sie stichpunktartig, welche Wirkung die jeweilige rhetorische Figur auf die Lesenden hat.

Vers (mit Verweis)	sprachliches Mittel	Funktion im Gedicht, Wirkung
Es schlug mein Herz. Geschwind, zu Pferde! (V. 1)	Das klopfende Herz als **Symbol** für die Liebe.	*Das wirkt sehr anschaulich. Jeder, der schon einmal verliebt war, kann dieses Gefühl nachvollziehen.*

Die Sprache lyrischer Texte

GUT ZU WISSEN Rhetorische Figuren (Sprachliche Mittel)

Als **rhetorische Figuren** bezeichnet man Stilmittel, bei denen bestimmte Satzformen, Wiederholungen, Aufzählungen, Gegensätze, Verkürzungen meist schon seit der Antike bekannt und festgelegt sind und die eine **besondere Wirkung hervorrufen** sollen.

Wenn Sie die für einen Text charakteristischen sprachlichen Auffälligkeiten herausgefunden haben, deuten Sie deren Wirkung in Verbindung mit den inhaltlichen Aussagen; oft werden auch literarische Figuren durch den Gebrauch einer bestimmten Sprachebene oder sprachlicher Besonderheiten charakterisiert.

Im Folgenden erhalten Sie eine Übersicht über die wichtigsten rhetorischen Figuren:

Rhetorische Figur	Definition	Beispiel
Alliteration	mehrere Wörter beginnen mit dem gleichen Buchstaben	*Man muss Marmelade mögen.*
Anapher	mehrere Sätze oder Satzteile beginnen mit dem gleichen Wort	*Milch ist ein Nahrungsmittel. Milch ist ein Genussmittel. Milch ist Leben.*
Chiasmus	Überkreuzstellung von syntaktisch (Satzbau) oder semantisch (Bedeutung) entsprechenden Satzteilen	*Ich bin groß, klein bist du.* *Max kehrt zurück, zurück kehrt auch Anna.*
Euphemismus	beschönigende Umschreibung	*entschlafen (statt sterben)*
Hyperbel	(starke) Übertreibung	*Er isst wie ein Mähdrescher.*
Ironie	das Gesagte hat die entgegengesetzte Bedeutung des Gemeinten	*Wenn man Freunde wie dich hat, braucht man keine Feinde.*
Metapher	verkürzter Vergleich, der ohne das Vergleichswort „wie“ gebraucht wird	*Sumpf der Aggressionen; es regnet Bindfäden*
Metonymie	ein Begriff wird durch einen anderen, unmittelbar verwandten ersetzt	*Sie hat den ganzen Goethe gelesen.*
Oxymoron	direkte Verbindung von zwei Wörtern, deren Bedeutung gegensätzlich ist	*dunkle Helligkeit, bittersüß*
Parallelismus	Wiederholung gleicher syntaktischer Fügungen	*Das Schiffchen fliegt, der Webstuhl kracht.*
Personifikation	einem Gegenstand werden menschliche Eigenschaften zugeordnet	*Ein Auto, das mitdenkt! Vater Staat*
Rhetorische Frage	Scheinfrage, auf die keine Antwort erwartet wird	*Glauben Sie etwa, ich hätte nichts zu tun?*
Vergleich	Verknüpfung zweier Bedeutungsbereiche durch Hervorhebung des Gemeinsamen	*Sie hat Geld wie Heu. Er ist stark wie ein Bär.*

Einen vollständigen Überblick über rhetorische Figuren finden Sie auf S. 364 f.

Ein Gedicht analysieren – Bezug zum Alltag herstellen

Das folgende Gedicht von Clemens Brentano (1778–1842) wird der Epoche der Romantik zugeordnet.

1 Was wissen Sie bereits über die Epoche der Romantik? Was assoziieren Sie darüber hinaus mit diesem Begriff?

Clemens von Brentano: Geheime Liebe (1811)

Unbeglückt muss ich durchs Leben gehen,
Meine Rechte sind nicht anerkannt;
Aus der Liebe schönem Reich verbannt,
Muss ich dennoch stets ihr Schönstes sehen!

Nicht die schwache Zunge darf's gestehen,
Nicht der Blick, verstohlen zugesandt,
Was sich eigen hat das Herz ernannt,
Nicht im Seufzer darf's der Brust entwehen!

Tröstung such ich bei der fremden Nacht,
Wenn der leere lange Tag vergangen,
Ihr vertrau ich mein geheim Verlangen;

Ist in Tränen meine Nacht durchwacht,
Und der lange leere Tag kommt wieder,
Still ins Herz steigt meine Liebe nieder.

2 Lesen Sie das Gedicht und notieren Sie das Reimschema.

3 Bestimmten Sie mithilfe von GUT ZU WISSEN, um welche Art von Gedicht es sich handelt.

GUT ZU WISSEN | Arten von Gedichten

Sonett

Ein Sonett ist eine Gedichtsform, die ihren Ursprung im Barock hat. Es folgt einem strengen Aufbau. Dabei sind stets zwei Quartette (4 Verse je Strophe) und zwei Terzette (3 Verse je Strophe) vorhanden. Typisch für ein Sonett ist der umarmende Reim, aber auch andere Reimformen sind denkbar. Das Versmaß ist meist der Jambus. Typische Sonettschreiber sind Petrarca, Shakespeare, Gryphius, Goethe, Heine u. a.

Ballade

Die Ballade bezeichnet ursprünglich ein Tanzlied. In Deutschland wird eine Ballade seit dem 18. Jahrhundert als mehrstrophiges, erzählendes Gedicht verwendet. Balladen sind häufig vertont worden. Berühmte deutsche Balladenschreiber waren Goethe, Schiller, Fontane, Heine usw.

Ode

Eine Ode ist eine Lobpreisung. Die Ode hat kein festes Reimschema und ist in Strophen gegliedert. Eine der bekanntesten Oden ist Schillers „Ode an die Freude", die mit der Musik von Beethoven unterlegt worden ist.

Hymne

Diese Form des Gedichtes wird meist in freien Reimen geschrieben, da es keine Formvorschriften zum erstellen einer Hymne gibt. Es ist eine festliche Preisung.

Ein Gedicht analysieren – Bezug zum Alltag herstellen

4 Beschreiben Sie die Stimmung, in der das lyrische Ich sich befindet. Nutzen Sie Formulierungen aus SPRACHE UND STIL.

SPRACHE UND STIL | **Einleitung und Schluss einer Gedichtinterpretation formulieren**

Einleitung	*Das im Jahr ... von ... verfasste Gedicht* *bringt zum Ausdruck, dass ...* *thematisiert ...* *Das zentrale Thema des Gedichtes ist ...* *Das lyrische Ich* *setzt sich mit ... auseinander* *hofft / leidet unter ...*
Schluss	*Als wichtigstes Ergebnis soll festgehalten werden ...* *Wie bereits in der Einleitung vermutet ...* *Das zentrale Thema des Gedichts erweist sich nach wie vor als aktuell ...*

5 Lesen Sie GUT ZU WISSEN „Lyrik in der Romantik". Inwieweit ist das Gedicht typisch für diese Epoche? Belegen Sie Ihre Antwort mit Zitaten.

GUT ZU WISSEN | **Lyrik in der Romantik**

In der Lyrik der Romantik (1795–1848) dominiert ein **sehnsuchtsvoll suchendes, abenteuerlustiges lyrisches Ich**, das das Leben mit allen Sinnen wahr- und aufnimmt. Die individuellen Erlebnisse sind mit dem Verstand allein oft nicht zu begreifen, sondern gründen sich auf Gefühle und Empfindungen. Dabei wenden sich die Autoren und Autorinnen oft dem Unbewussten, Geheimnisvollen, Schaurigen zu. **Schlüsselbegriffe** sind z. B. „Nacht", „das Dunkel", „Nebel", „Sehnsucht", „Heimat", „Suche".

6 Kennen Sie Romane, Lieder, Filme o. Ä., in denen das Thema „Geheime Liebe" aufgegriffen wird?

a) Mit welchen Metaphern oder Symbolen für die Liebe arbeiten diese Kunstwerke?

b) Finden Sie Gemeinsamkeiten zwischen Clemens von Brentanos Gedicht und den modernen Kunstwerken.

Lyrik lebt

Lyrik heute: Der Poetry Slam

Heute finden vielerorts Poetry Slams statt. Bei einem Poetry Slam werden lyrische, meist selbstgeschriebene Texte gelesen. Die Verfassenden stehen dabei im Wettbewerb, das Publikum wird oft in den Vortrag eingebunden. Der folgende Text beschäftigt sich mit der Entstehung und Bedeutung von Poetry Slams.

Zeitgenössische Formen informeller Literaturvermittlung

von Lino Wirag

Begriffsbestimmung

Unter zeitgenössischen informellen Literaturformen werden im Folgenden Formate, Veranstaltungen und Konzepte verstanden, die im deutschsprachigen Raum literarische Vermittlungsarbeit außerhalb offizieller Institutionen (also staatlicher oder privater Bildungseinrichtungen, Bibliotheken, Literaturhäuser oder -büros) betreiben, also beispielsweise in Bars, Clubs, Kneipen oder Cafés stattfinden. […]

Geschichte und kulturtheoretische Einordnung

Obwohl versucht wurde, Poetry Slam an die abendländische Tradition des Dichterwettstreits (beispielsweise der mittelalterlichen Meistersänger) oder des dadaistischen[1] Tingeltangels des frühen 20. Jahrhunderts anzuknüpfen, konnten bewusste Rückgriffe dieser Art nie nachgewiesen werden: Der erste Poetry Slam unter diesem Namen wurde vielmehr 1986 in Chicago von Marc Kelly Smith durchgeführt und war zugleich als gegenkulturelles Spektakel wie als parodistische Aneignung des etablierten Literaturbetriebs intendiert[2]. Schnell verbreitete sich die Slam-Bewegung weltweit, der erste Poetry Slam in Deutschland ist zwischen 1993 und 1994 anzusiedeln. Nachdem Poetry Slam in den 1990er Jahren […] spürbar politisierten Charme pflegte, begann zu Beginn des 21. Jahrhunderts mit größeren Medienberichten und zahlreichen Buchpublikationen die inkrementelle Vergesellschaftung des Formats. […] Insgesamt kam es

zu einer Professionalisierung, Öffnung und Weiterentwicklung des Formats, das KünstlerInnen nun erlaubte, von ihrer Arbeit zu leben: Slam-PoetInnen sind inzwischen auf Buchmessen präsent (so mit der erwähnten ‚Textbox'), sind Bestandteil von Literaturfestivals geworden oder werden vom Goethe-Institut[3] zu Auftritten und Gesprächen ins Ausland eingeladen. Auch das Selbstverständnis vieler KünstlerInnen wandelt sich zu MedienunternehmerInnen in eigener Sache, die sich nicht mehr in erster Linie als kritische Gegenöffentlichkeit, sondern als Verantwortliche eines persönlichen Markenmanagements verstehen. […]

(www.kubi-online.de)

1 kulturkritische Kunstströmung zwischen 1916 und 1917
2 intendieren: auf etwas hinzielen
3 Institution zur Förderung der deutschen Sprache im Ausland

1 Lesen Sie den Text von Lino Wirag. Schlagen Sie unbekannte Wörter nach.

2 Beschreiben Sie in eigenen Worten, was Poetry Slams sind.

Lyrik heute: Der Poetry Slam

3 Erarbeiten Sie schriftlich, wie Poetry Slams entstanden sind.

4 Wo und wann finden in Ihrer Region Poetry Slams statt? Recherchieren Sie.

GUT ZU WISSEN **Literatur in den modernen Medien**

Mit der zunehmenden Digitalisierung des Alltags erweitern sich auch die Möglichkeiten, Literatur zu vermitteln und zu konsumieren. Künstlerinnen und Künstler nutzen unterschiedliche Kanäle und Medien für ihre Werke. Sie finden ihr Publikum in den sozialen Medien, auf Videoplattformen oder Streaming-Seiten.

Viele der heute populären Formate bauen auf historischen Entwicklungen auf. Statt Podcasts wurden beispielsweise Radioreportagen produziert. Autorenlesungen sind nach wie vor sehr beliebt. Und auch Literaturverfilmungen haben eine lange Tradition. Neu an der aktuellen Entwicklung sind die besseren technischen Voraussetzungen. Heute kann jede und jeder mit wenig Aufwand Medien künstlerisch nutzen.

Einige Beispiele für die Nutzung moderner Medien im Bereich Literatur:

Visualisierung von Literatur: Poetry Clips, Graphic Novels / Web Cartoons, verschiedene Videoformate, Literaturverfilmungen, ...

Vertonung von Literatur: Podcast, Rap und Gesang, Hörbücher, Hörspiele, ...

Interaktive Formate: Poetry Slam, Literaturfestivals, Autorenlesungen, ...

5 Stellen Sie Überlegungen mit Ihrem Lernpartner / Ihrer Lernpartnerin an, wo Ihnen Literatur im Alltag begegnet.

6 In welcher Form begegnet Ihnen Lyrik im Alltag? Denken Sie dabei zum Beispiel an Werbung.

Ein eigenes Gedicht verfassen

Sie können Ihr Wissen über Lyrik anwenden, um selbst Gedichte zu verfassen, beispielsweise ein Parallelgedicht. Erinnern Sie sich an die Lernsituation: Für einen Poetry Slam werden Gedichte zum Thema „Heimat und Fremde“ gesucht.

1 Was assoziieren Sie mit den Begriffen „Heimat“ und „Fremde“? Erstellen Sie eine Wortsammlung. Clustern Sie diese anschließend nach selbst gewählten Oberbegriffen.

2 Kennen Sie bereits Gedichte oder Lieder, die dieses Thema zum Inhalt haben? Wie wird das Thema in diesen Texten behandelt?

GUT ZU WISSEN **Parallelgedichte**

Ein Parallelgedicht ahmt die Form und Sprache eines anderen Gedichts nach. Das bedeutet, **Strophenform, Reimschema und Versgestaltung** werden von der „Vorlage“ übernommen. Thema und Inhalt des Parallelgedichts unterscheiden sich hingegen von der „Vorlage“.

Ein eigenes Gedicht verfassen

Vorlage: „Willkommen und Abschied", erste Strophe

Es schlug mein Herz. Geschwind, zu Pferde!
Und fort, wild wie ein Held zur Schlacht.
Der Abend wiegte schon die Erde,
Und an den Bergen hing die Nacht.
Schon stund im Nebelkleid die Eiche
Wie ein getürmter Riese da,
Wo Finsternis aus dem Gesträuche
Mit hundert schwarzen Augen sah.

3 Sammeln Sie Ideen für Ihr eigenes Gedicht.

a) Welche Stimmung möchten Sie vermitteln?
b) Sammeln Sie schriftlich Worte und Wortgruppen, die diese Stimmung ausdrücken.
c) Überlegen Sie: Was möchten Sie thematisieren? Eigene Beobachtungen, Anekdoten, (Familien-) Geschichte, ...? Welche Gefühle verbinden Sie damit? Warum ist dies so spannend?

4 Spielen Sie mit der Sprache.

a) Notieren Sie fünf Begriffe, die thematisch zu Ihrem Gedicht passen, auf Karteikarten.
b) Umschreiben Sie diese Begriffe schriftlich. Versuchen Sie, Metaphern zu entwickeln.
c) Können Sie Ihre Begriffe in Reimen umschreiben? Oder nur mit Adjektiven?

5 Verfassen Sie ein Parallelgedicht zu „Willkommen und Abschied". Verwenden Sie für Ihr Gedicht dasselbe Reimschema sowie dieselbe Strophen- und Versgestaltung.

Die Analyse von Gedichten können Sie in Kapitel 22 trainieren.

Lernbilanz: Sie können ...

- den Aufbau eines Gedichts anhand formaler Merkmale (Reimschema, Metrum, Versmaß) beschreiben.
- sprachliche Mittel benennen und ihre Funktion erläutern.
- die Wirkung von Gedichten beschreiben.
- unterschiedliche Gedichtformen und verschiedene Darstellungsformen von Gedichten erkennen.
- ein Parallelgedicht verfassen.

Das Projekt umsetzen: An einem Poetry-Slam teilnehmen

Wenn Ihre Gedichte fertiggestellt sind, treffen Sie sich zum Vortrag in der Aula Ihrer Schule.

1 Überarbeiten Sie in Einzelarbeit Ihr Gedicht, das Sie mithilfe der Anleitung auf S. 213 verfasst haben. Achten Sie auf die Formalia (z. B. Rechtschreibung und Kommasetzung), aber auch auf ein sauberes Reimschema und den Lesefluss.

2 Üben Sie das Vortragen Ihres Gedichts vor einem Lernpartner / einer Lernpartnerin, z. B. in einem anderen Klassenraum oder in der Aula.

a) Lesen Sie Ihr Gedicht mit Ihrer gewünschten Betonung und holen Sie sich Verbesserungsvorschläge Ihrer Zuhörer/-innen ein.

b) Überarbeiten Sie Ihren Vortrag ggf. aufgrund des erhaltenen Feedbacks.

GUT ZU WISSEN – Literarische Texte laut vortragen

Für **Vortragende:**

- Überlegen Sie sich im Vorfeld, wie Sie den Text betonen möchten. Kennzeichnen Sie ggf. die zu betonenden Wörter.
- Führen Sie ein Sprechtraining durch. Wärmen Sie Ihre Stimme mit Zungenbrechern auf (z. B. *Fischers Fritze fischt frische Fische, frische Fische fischt Fischers Fritze.*)
- Halten Sie Blickkontakt zu Ihrem Publikum.
- Setzen Sie Körpersprache ein, aber nur, wenn es zu Ihrem Gedicht passt.

Für **Zuhörende** – Wie gebe ich Feedback?

- Beschreiben Sie stets zuerst, was Ihnen positiv aufgefallen ist.
- Bleiben Sie sachlich. Kritisieren Sie den Text bzw. die Vortragsweise, nicht den Verfasser.
  Das Reimschema des Gedichts ist nicht gleichmäßig.
  Ich habe den Eindruck, dass die Stimmung des Gedichts nicht zum Inhalt passt.
- Machen Sie Verbesserungsvorschläge. Denken Sie daran, dass die/der Vortragende diese nicht immer annehmen muss.

3 Sie sind nun bereit für die Teilnahme am Poetry Slam. Vergewissern Sie sich, dass Sie die Regeln einhalten:

- Es werden keine Requisiten verwendet, nur der Text ist zulässig.
- Die zeitliche Vorgabe von drei Minuten muss strikt eingehalten werden.
- Das Gedicht darf nicht gesungen werden.
- Es dürfen nur selbstverfasste Texte verwendet werden.

Kapitel 15

Dramen analysieren

Dramatische Texte werden für Aufführungen im Theater geschrieben. Deshalb muss ein dramatischer Text stets in einer Beziehung zur Bühne gedacht werden.

Der Gattungsbegriff Drama stammt aus dem Griechischen und bedeutet Handlung. Die Handlung vollzieht sich in Dialogen und Monologen und beinhaltet einen Konflikt, der entweder gelöst wird oder in einer Katastrophe endet.

In diesem Kapitel lernen Sie die Eigenheiten dramatischer Texte kennen, schreiben eine Szenenanalyse und bearbeiten in einem Projekt eine Dramenszene.

Erklärvideo zur Analyse von Dramen

Kompetenzen

- ✓ die Gattung Drama kennenlernen
- ✓ die Bedeutung literarischer Texte untersuchen
- ✓ eine Dramenszene genau analysieren
- ✓ eine Dramenszene als Hörspiel umsetzen

Methoden und Arbeitstechniken

- ✓ Visualisierungstechniken
- ✓ Standbild
- ✓ Rollenspiel

Projekt: Eine Szene als Hörspiel zum Leben erwecken

Um ein Drama zu verstehen und einzelne Szene genau analysieren zu können, braucht man eine Menge Wissen und Werkzeuge. Beides bekommen Sie in diesem Kapitel an die Hand. Sie lernen verschiedene Theatertheorien kennen und nähern sich analytisch den verschiedenen Charakteren und deren Beziehungen. Außerdem befassen Sie sich mit der sprachlichen Gestaltung einzelner Szenen und nutzen das Ergebnis dieser Analyse, um die Dramen noch besser verstehen zu können.

Solche analytischen und damit sehr rationalen Herangehensweisen sind aber nicht der einzige Weg, um sich Dramen zu erschließen. Daneben gibt es kreative Methoden, die Dramentexte zum Leben erwecken können. Schließlich sind diese genau dafür gedacht: um von Menschen gesprochen und gespielt zu werden. Eine dieser Methoden können Sie am Ende dieses Kapitels ausführlich erproben: eine Dramenszene in ein Hörspiel umwandeln. Das Wissen und das Handwerkszeug, das Sie in diesem Kapitel erwerben, werden Ihnen bei diesem Projekt nützlich sein.

So können Sie vorgehen

Schritt 1 sich die Situation in einem Theater vergegenwärtigen

Schritt 2 verstehen, was ein Drama ausmacht

Schritt 3 den Aufbau eines Dramas exemplarisch kennenlernen

Schritt 4 Charaktere und deren Beziehungen analysieren

Schritt 5 dramaturgische Gestaltungsmittel und sprachliche Mittel einer Szene analysieren

Schritt 6 Analyseergebnisse nutzen, um eine Szene in ein Hörspiel umzusetzen

Die Gattung Drama kennenlernen

1 Erstellen Sie eine Mindmap (↗ Kapitel 4, S. 66) mit Ihrem Wissen und Ihren Vorstellungen von Theater.

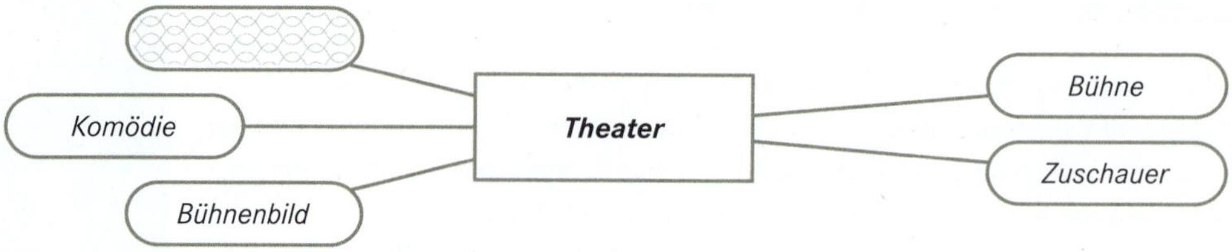

Die junge Bürgerin Emilia Galotti möchte heiraten. Doch der mächtige Prinz Hettore Gonzaga will Emilia zu seiner Geliebten machen, Emilia gerät in die Fänge der mächtigen Adelswelt und verfängt sich immer mehr in den Intrigen des Prinzen und seines Gehilfen Marinelli. Dies ist – knapp zusammengefasst – der Inhalt des Dramas „Emilia Galotti" von Gotthold Ephraim Lessing aus der Epoche der Aufklärung (↗ Kapitel 24).

Inhaltliche Zusammenfassung des Dramas „Emilia Galotti" von Gotthold Ephraim Lessing (1772)

1. Akt: Der Prinz Hettore Gonzaga verliebt sich in das bürgerliche Mädchen Emilia Galotti. Marinelli, der Kammerherr des Prinzen, plant in dessen Auftrag eine Intrige, wodurch die am selben Tag geplante Hochzeit Emilias mit dem Grafen Appiani verhindert werden soll.
2. Akt: In der Kirche bedrängt der Prinz Emilia, die dadurch stark verunsichert wird. Die Familie Galotti bereitet sich auf die Hochzeit vor. Der Plan Marinellis, den Grafen Appiani durch einen Vorwand wegzulocken, scheitert.
3. Akt: Marinelli schmiedet mit dem Prinzen einen neuen Plan. Emilia soll auf das Lustschloss des Prinzen entführt werden. Bei diesem Überfall wird Appiani getötet. Emilia wird auf das Schloss gebracht. Hier kommt es zu einer Begegnung mit dem Prinzen, dessen Lügen Emilia nicht glaubt. Emilias Mutter Claudia eilt zum Schloss.
4. Akt: Der Prinz hat Angst, dass der Mordverdacht auf ihn zurückfallen könnte. Der Vater von Emilia, Odoardo Galotti, erfährt im Schloss von der ehemaligen Geliebten des Prinzen, der Gräfin Orsini, dass der Prinz in Emilia verliebt ist und hinter der Ermordung Appianis und der Entführung Emilias steckt.
5. Akt: Odoardo möchte seine Tochter retten, doch sein Plan scheitert. Odoardo erzählt Emilia alles. Selbstmord scheint ihr die einzige Möglichkeit, um sich vom Prinzen zu befreien. Sie wird schließlich mit ihrer Zustimmung von ihrem eigenen Vater erdolcht. Marinelli wird vom Prinzen des Verbrechens beschuldigt und vom Hof verbannt.

2 Skizzieren Sie den Aufbau des Dramas „Emilia Galotti". Nutzen Sie dazu die Handlungsübersicht und ordnen die Akte mithilfe des Fünf-Akt-Schemas (↗ GUT ZU WISSEN „Das klassische Drama") dem Aufbau des klassischen Dramas zu.

In der Exposition werden im Drama „Emilia Galotti" die wichtigsten Figuren eingeführt: Emilia, Hettore Gonzago, Marinelli und Graf Appiani. Die steigende Handlung zeigt sich darin, dass …

Die Gattung Drama kennenlernen

GUT ZU WISSEN Das klassische Drama

Die **klassische** bzw. **aristotelische Dramenform**, zu der auch die Tragödie „Die Räuber" von Friedrich Schiller zählt, weist folgende Merkmale in Anlehnung an die Poetik des griechischen Philosophen Aristoteles auf:

- Die **Einheit** von **Zeit**, **Ort** und **Handlung** stellt eine maßgebliche Voraussetzung dar.
- Das Bühnengeschehen ist auf **eine einzige lineare Haupthandlung** ohne Nebenhandlungen konzentriert.
- Die **Szenen** sind in fünf, manchmal in drei **Akten** angeordnet.

Der erste Akt stellt die **Exposition** dar, in welcher über Ort, Zeit, Figuren und Atmosphäre informiert wird.

Durch ein **erregendes Moment** wird die Handlung entfaltet und mit der **steigenden Handlung** verschärft sich der Konflikt, bis der dramatische Höhepunkt, zugleich Wendepunkt, erreicht ist **(Peripetie)**.

Durch eine Verzögerung, das sogenannte **retardierende Moment**, kann die Spannung noch gehalten werden, beispielsweise wird plötzlich doch eine Lösung in Aussicht gestellt.

Aber dann setzt die Phase der **fallenden Handlung** ein, die in der **Katastrophe** (in der Tragödie der Untergang eines Helden, der unverdient erscheint und somit moralisch aufgewertet wird) oder in der Konfliktlösung (in der Komödie bietet ein erheiterndes Ende oft nur eine scheinbare Lösung) endet.

Beim aristotelischen Drama wird das Mitempfinden des Zuschauers mit dem Helden angestrebt. Ziel ist dabei die **Katharsis**, die seelische Reinigung des Zuschauers durch das Nachempfinden von furcht- und mitleiderregenden Handlungen auf der Bühne.

Das Fünf-Akt-Schema:

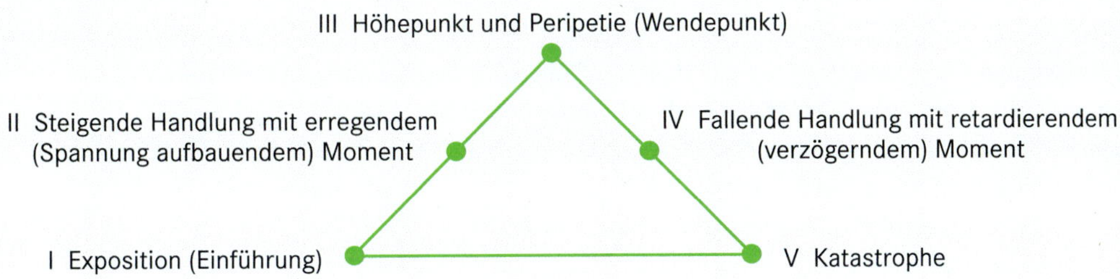

Gotthold Ephraim Lessing: Emilia Galotti (Auszug)

Odoardo kommt vom heimischen Landgut in die Stadt und trifft Claudia, die ihm berichtet, dass Emilia allein in die Messe gegangen sei. Dies gefällt Odoardo nicht. Nach der folgenden Szene bricht er auf, um seinen zukünftigen Schwiegersohn zu besuchen.

2. *Aufzug*, 4. *Auftritt*

Odoardo und Claudia Galotti, Pirro[1]

ODOARDO Sie bleibt mir zu lang aus –

CLAUDIA Noch einen Augenblick, Odoardo! Es würde sie schmerzen, deines Anblicks so zu verfehlen.

Die Gattung Drama kennenlernen

ODOARDO Ich muss auch bei dem Grafen noch einsprechen. Kaum kann ich's erwarten, diesen würdigen jungen Mann meinen Sohn zu nennen. Alles entzückt mich an ihm. Und vor allem der Entschluss, in seinen väterlichen Tälern sich selbst zu leben.

CLAUDIA – Das Herz bricht mir, wenn ich hieran gedenke. – So ganz sollen wir sie verlieren, diese einzige, geliebte Tochter!

ODOARDO Was nennst du: sie verlieren? Sie in den Armen der Liebe zu wissen? Vermenge dein Vergnügen an ihr nicht mit ihrem Glücke. – Du möchtest meinen alten Argwohn erneuern: – dass es mehr das Geräusch und die Zerstreuung der Welt, mehr die Nähe des Hofes war als die Notwendigkeit, unserer Tochter eine anständige Erziehung zu geben, was dich bewog, hier in der Stadt mit ihr zu bleiben, – fern von einem Manne und Vater, der euch so herzlich liebet.

CLAUDIA Wie ungerecht, Odoardo! Aber lass mich heute nur ein einziges Wort für diese Stadt, für diese Nähe des Hofes sprechen, die deiner strengen Tugend so verhasst sind. – Hier, nur hier konnte die Liebe zusammenbringen, was füreinander geschaffen war. Hier nur konnte der Graf Emilien finden und fand sie.

ODOARDO Das räum ich ein. Aber, gute Claudia, hattest du darum recht, weil dir der Ausgang recht gibt? – Gut, dass es mit dieser Stadterziehung so abgelaufen! Lass uns nicht weise sein wollen, wo wir nichts als glücklich gewesen! Gut, dass es so damit abgelaufen! – Nun haben sie sich gefunden, die füreinander bestimmt waren; nun lass sie ziehen, wohin Unschuld und Ruhe sie rufen. – Was sollte der Graf hier? Sich bücken, schmeicheln und kriechen und die Marinellis auszustechen suchen? um endlich ein Glück zu machen, dessen er nicht bedarf? um endlich einer Ehre gewürdiget zu werden, die für ihn keine wäre? – Pirro!

PIRRO Hier bin ich.

ODOARDO Geh und führe mein Pferd vor das Haus des Grafen. Ich komme nach und will mich da wieder aufsetzen. (*Pirro geht ab.*) – Warum soll der Graf hier dienen, wenn er dort selbst befehlen kann? – Dazu bedenkest du nicht, Claudia, dass durch unsere Tochter er es vollends mit dem Prinzen verderbt. Der Prinz hasst mich –

CLAUDIA Vielleicht weniger, als du besorgest.

ODOARDO Besorgest! Ich besorg auch so was!

CLAUDIA Denn hab ich dir schon gesagt, dass der Prinz unsere Tochter gesehen hat?

ODOARDO Der Prinz? Und wo das?

Claudia In der letzten Vegghia[2], bei dem Kanzler Grimaldi, die er mit seiner Gegenwart beehrte. Er bezeigte sich gegen sie so gnädig –

ODOARDO So gnädig?

CLAUDIA Er unterhielt sich mit ihr so lange –

ODOARDO Unterhielt sich mit ihr?

CLAUDIA Schien von ihrer Munterkeit und ihrem Witze so bezaubert – –

ODOARDO So bezaubert? –

CLAUDIA Hat von ihrer Schönheit mit so vielen Lobeserhebungen gesprochen – –

ODOARDO Lobeserhebungen? Und das alles erzählst du mir in einem Tone der Entzückung? O Claudia! eitle, törichte Mutter!

Die Gattung Drama kennenlernen

CLAUDIA Wieso?

ODOARDO Nun gut, nun gut! Auch das ist so abgelaufen. – Ha! wenn ich mir einbilde – Das gerade wäre der Ort, wo ich am tödlichsten zu verwunden bin! – Ein Wollüstling, der bewundert, begehrt. – Claudia! Claudia! Der bloße Gedanke setzt mich in Wut. – Du hättest mir das sogleich sollen gemeldet haben. – Doch ich möchte dir heute nicht gern etwas Unangenehmes sagen. Und ich würde, (*indem sie ihn bei der Hand ergreift*) wenn ich länger bliebe. – Drum lass mich! lass mich! – Gott befohlen, Claudia! – Kommt glücklich nach!

1 Pirro: der Diener der Familie Galotti
2 die Vegghia: die Abendgesellschaft

3 Bauen Sie ein Standbild (↗ GUT ZU WISSEN „Szenisches Interpretieren“) basierend auf einem Ausschnitt dieser Szene. Bilden Sie dazu Vierergruppen, in denen ein Regisseur die drei Figuren Oduardo, Claudia und Pirro arrangiert. Stellen Sie Ihr Standbild im Plenum vor. Ihre Mitschülerinnen und -schüler verorten das Standbild innerhalb der Szene.

4 Üben Sie einen kurzen Ausschnitt des Dialoges ein. Nehmen Sie sich bei der Vorführung mit dem Handy auf.

GUT ZU WISSEN – Szenisches Interpretieren

Das szenische Interpretieren ermöglicht durch verschiedene kreative Verfahren einen ersten Zugang zum Textverständnis:

Szenisches Lesen: Eine Szene wird so vorbereitet, dass sie vorgetragen werden kann. Dabei sollte Folgendes vorher geklärt werden: Wie ist der Spannungsverlauf der Szene? Welche Eigenschaften besitzen die handelnden Figuren? Welche Informationen bietet der Nebentext? Worauf ist zu achten, wenn der Text vorgetragen wird? In welcher Position befinden sich die Figuren auf der Bühne? In welcher Beziehung stehen sie zueinander?

Stimmenskulptur: Im Theater werden Gefühle und Gedanken der Figuren nur mithilfe von Dialogen und Monologen zum Ausdruck gebracht. Die Möglichkeiten der Gedankenwiedergabe, wie man sie aus Romanen mithilfe der erlebten Rede kennt, bestehen nicht. Mithilfe der Stimmenskulptur werden die Gedanken der Figuren ergänzt. Sie eignet sich, um ihre Handlungsabsichten und Hintergründe zu interpretieren.
Gehen Sie am besten so vor: Ergänzen Sie in Vierergruppen auf einer Kopie des Dramentextes die Gedanken der Person. Anschließend lesen zwei von Ihnen den Originaldramentext. Hinter jeder Person steht ein anderes Gruppenmitglied und an den passenden Stellen ergänzen Sie zum gesprochenen Text die Gedanken.

Rollenbiografie: Das Verfassen einer Rollenbiografie – in der Ich-Form geschrieben – beinhaltet wichtige Informationen zu einer Figur der Szene: Name, Alter, Geschlecht, Aussehen, Sprache, Stimme, soziale Stellung, Beruf, Interessen, innere Werte usw. Als Ergänzung zu den Angaben, die aus der zu bearbeitenden Szene gewonnen werden, dienen Informationen aus dem Gesamtwerk.

Standbild: Mit dieser Methode können die Konstellation eines Problems, einer sozialen Situation oder eines Themas dargestellt werden. Beim Standbild „frieren“ Sie die Personen ein. Eine Gruppe baut die Figuren und ihre Beziehungen zueinander in einem „eingefrorenen“ Bild nach. Ein Gruppenmitglied übernimmt die Rolle der Regisseurin / des Regisseurs und positioniert die Figuren im Raum und achtet auf Mimik und Gestik. Die Beobachtenden beschreiben das Bild und stellen Verständnishypothesen auf. Anschließend kann das Bild auch noch korrigiert werden. Ein Foto des Standbildes kann hilfreich sein, damit man verbessern oder vergleichen kann.

15.2 Eine Dramenszene analysieren

Nachdem Sie einen grundsätzlichen Einblick gewonnen haben, was ein Drama ausmacht und wie seine klassische Form aussieht, geht es im zweiten Teil des Kapitels darum, einzelne Szenen genauer zu analysieren. Dazu lernen Sie ein zweites Drama kennen, das einer ganz anderen Konzeption folgt.

Bertolt Brecht: Leben des Galilei (Auszug)

Leben des Galilei im Theater in der Parkaue - Junges Staatstheater Berlin, Koproduktion mit Volkstheater Rostock. Jakob Kraze als Galilei. 10.01.2012

1. Bild
Galileo Galilei, Lehrer der Mathematik zu Padua, will das neue kopernikanische Weltsystem beweisen.

In dem Jahr sechzehnhundertundneun
Schien das Licht des Wissens hell
Zu Padua aus einem kleinen Haus.
Galileo Galilei rechnete aus:
Die Sonn steht still, die Erde kommt von der Stell.

Das ärmliche Studierzimmer des Galilei in Padua
Es ist morgens. Ein Knabe, Andrea, der Sohn der Haushälterin, bringt ein Glas Milch und einen Wecken.

Galilei *sich den Oberkörper waschend, prustend und fröhlich*: Stell die Milch auf den Tisch, aber klapp kein Buch zu.

Andrea Mutter sagt, wir müssen den Milchmann bezahlen. Sonst macht er bald einen Kreis um unser Haus, Herr Galilei.

Galilei Es heißt: Er beschreibt einen Kreis, Andrea.

Andrea Wie Sie wollen. Wenn wir nicht bezahlen, dann beschreibt er einen Kreis um uns, Herr Galilei.

Galilei Während der Gerichtsvollzieher, Herr Cambione, schnurgerade auf uns zukommt, indem er was für eine Strecke zwischen zwei Punkten wählt?

Andrea Die kürzeste.

Galilei Gut. Ich habe was für dich. Sieh hinter den Sterntafeln nach.

Andrea fischt hinter den Sterntafeln ein großes hölzernes Modell des Ptolemäischen Systems hervor.

Andrea Was ist das?

Galilei Das ist ein Astrolab: das Ding zeigt, wie sich die Gestirne um die Erde bewegen, nach Ansicht der Alten.

Andrea Wie?

Galilei Untersuchen wir es. Zuerst das erste: Beschreibung.

Andrea In der Mitte ist ein kleiner Stein.

Galilei Das ist die Erde.

Andrea Drum herum sind, immer übereinander, Schalen.

Galilei Wie viele?

Andrea Acht.

Galilei Das sind die kristallnen Sphären.

Andrea Auf den Schalen sind Kugeln angebracht …

Galilei Die Gestirne.

Andrea Da sind Bänder, auf die sind Wörter gemalt.

Eine Dramenszene analysieren

GALILEI Was für Wörter?

ANDREA Sternnamen.

GALILEI Als wie?

ANDREA Die unterste Kugel ist der Mond, steht drauf. Und darüber ist die Sonne.

GALILEI Und jetzt lass die Sonne laufen.

ANDREA *bewegt die Schalen:* Das ist schön. Aber wir sind so eingekapselt.

GALILEI *sich abtrocknend:* Ja, das fühlte ich auch, als ich das Ding zum ersten Mal sah. Einige fühlen das. *Er wirft Andrea das Handtuch zu, dass er ihm den Rücken abreibe.* Mauern und Schalen und Unbeweglichkeit! Durch zweitausend Jahre glaubte die Menschheit, daß die Sonne und alle Gestirne des Himmels sich um sich drehten. Der Papst, die Kardinäle, die Fürsten, die Gelehrten, Kapitäne, Kaufleute, Fischweiber und Schulkinder glaubten, unbeweglich in dieser kristallenen Kugel zu sitzen. Aber jetzt fahren wir heraus, Andrea, in großer Fahrt. Denn die alte Zeit ist herum, und es ist eine neue Zeit. Seit hundert Jahren ist es, als erwartete die Menschheit etwas.

Die Städte sind eng, und so sind die Köpfe. Aberglauben und Pest. Aber jetzt heißt es: da es so ist, bleibt es nicht so. Denn alles bewegt sich, mein Freund. Ich denke gerne, daß es mit den Schiffen anfing. Seit Menschengedenken waren sie nur an den Küsten entlang gekrochen, aber plötzlich verließen sie die Küsten und liefen aus über alle Meere.

Auf unserm alten Kontinent ist ein Gerücht entstanden: es gibt neue Kontinente. Und seit unsere Schiffe zu ihnen fahren, spricht es sich auf den lachenden Kontinenten herum: das große gefürchtete Meer ist ein kleines Wasser. Und es ist eine große Lust aufgekommen, die Ursachen aller Dinge zu erforschen: warum der Stein fällt, den man losläßt, und wie er steigt, wenn man ihn hochwirft. Jeden Tag wird etwas gefunden. Selbst die Hundertjährigen lassen sich noch von den Jungen ins Ohr schreien, was Neues entdeckt wurde.

Da ist schon viel gefunden, aber da ist mehr, was noch gefunden werden kann. Und so gibt es wieder zu tun für neue Geschlechter. R

1 Analysieren Sie die Eröffnungsszene des Dramas „Leben des Galilei" von Bertolt Brecht.

a) Wie wird Galilei dargestellt?

b) Welche Erwartungen stellen Sie an die weiterführende Handlung?

2 Bilden Sie Vierergruppen. Üben Sie, den Text szenisch zu lesen (↗ GZW S. 221). Wechseln Sie dabei die Rollen: Je zwei von Ihnen lesen, die anderen beiden geben Feedback. Tragen Sie den Text dann laut im Plenum vor.

GUT ZU WISSEN – Episches Theater

Unter **epischem Theater** versteht man die von Bertolt Brecht vorgestellte Alternative zum klassischen (aristotelischen) Drama. Epische Elemente werden in den dramatischen Ablauf eingeflochten. Das Geschehen läuft nicht automatisch auf den Höhepunkt mit anschließender Katastrophe oder Lösung zu, sondern wird immer wieder durch **Mittel der Verfremdung**, sogenannte **V-Effekte** (z. B. illusionsstörende Mittel wie Zusammenfassungen, Vorausblicke, Kommentare oder Aus-der-Rolle-Treten der Schauspieler und Hinwendung zum Publikum), unterbrochen. Ziel ist es, den Zuschauer zur kritischen Distanz zu bewegen. Er soll sich nicht mit der Handlung identifizieren und sich kritiklos mitreißen lassen, sondern einen analytischen Blick auf das Bühnengeschehen werfen.

Einen Dramentext interpretieren

Einordnung einer Textstelle

Bei der schriftlichen Analyse einer Dramenszene geht man genau wie bei der Analyse anderer literarischer Texte davon aus, dass die Leserinnen und Leser Ihres Textes das Drama nicht kennen. Deshalb muss am Anfang jeder schriftlichen Analyse immer die Szene in den gesamten Zusammenhang eingeordnet werden.

Inhaltliche Zusammenfassung des Dramas „Leben des Galilei" von Bertolt Brecht (1943)

Im Mittelpunkt des Dramas steht der Wissenschaftler Galileo Galilei, der von 1564 bis 1642 als Mathematiker, Physiker und Astronom in Italien gelebt und geforscht hat. Mit seinen wissenschaftlichen Untersuchungen versucht er die Richtigkeit des kopernikanischen Weltbildes – das die Sonne und nicht die Erde als Mittelpunkt hat – zu beweisen. Galilei gerät damit in einen scharfen Gegensatz zur herrschenden kirchlichen Lehre. Es wird dargestellt, wie daraus Galileis Konflikt zwischen seiner Verantwortung als Wissenschaftler zur Aufklärung einerseits und seiner Person, die weiterleben und forschen will, andererseits entsteht.

In fünfzehn Bildern zeichnet Brecht die Stationen des Lebensweges Galileis nach. Zunächst lehrt und forscht Galilei in Padua, und es gelingt ihm mithilfe eines nach holländischem Vorbild gebauten Fernrohres nachzuweisen, dass der Jupiter Monde hat, die ihn als Trabanten umkreisen.

Obwohl Galilei vor den kirchlichen Wissenschaftlern in Florenz gewarnt wird, entschließt er sich, seine Forschungen von Padua nach Florenz zu verlegen, weil er sich dort aufgrund der höheren Besoldung bessere Rahmenbedingungen für seine Arbeit erhofft. Er spürt aber sehr schnell die Widerstände der kirchlichen Wissenschaftler, die vor allem religiös argumentieren und sich auf die Bibel berufen, in der ihrer Meinung nach eindeutig bewiesen sei, dass Gott die Erde in den Mittelpunkt gestellt habe. Außerdem befürchtet man, dass Galileis Erkenntnisse beim einfachen Volk zu Unruhen und Rebellion führen könnten. Und obwohl der Astronom des Vatikans Clavius die Ergebnisse Galileis bestätigt, wird Galileis Lehre auf den Index gesetzt, das heißt, es werden Verbreitung und Studium verboten.

Zwar unterwirft sich Galilei dem Forschungsverbot, doch als acht Jahre später ein Wissenschaftler zum Papst gewählt wird, setzt Galilei seine Arbeit fort. Dies hat zur Folge, dass er von der Inquisition, dem Gericht der Kirche, verhört wird. Obwohl die Richtigkeit der Lehre Galileis auch für das Kirchengericht außer Zweifel steht, zwingt man ihn zum Widerruf und inhaftiert ihn die letzten Jahre seines Lebens in einem Haus außerhalb von Florenz.

Dort forscht er trotz ständiger Bewachung weiter, und es gelingt ihm, eine Abschrift seines Hauptwerkes, der „Discorsi", seinem ehemaligen Lieblingsschüler Andrea zukommen zu lassen, der sie nach Holland schmuggelt.

Leben des Galilei, Rostock 2012. Undine Cornelius, Jakob Kraze, Ammon Kastius, Caroline Erdmann. Kostüm- und Bühnengestaltung von Angelika Wedde.

1 Untersuchen Sie die inhaltliche Zusammenfassung.

a) Formulieren Sie den im Drama dargestellten Konflikt mit eigenen Worten.

b) Beschreiben Sie die gesellschaftspolitische Dimension des Konflikts.

Einordnung einer Textstelle

4. Bild (Auszug)

Cosmo bückt sich rasch und übergibt Andrea höflich das Modell. Inzwischen räumt Galilei verstohlen das andere Modell beiseite.

GALILEI *am Fernrohr:* Wie Eure Hoheit zweifellos wissen, sind wir Astronomen seit einiger Zeit mit unseren Berechnungen in große Schwierigkeiten gekommen. Wir benützen dafür ein sehr altes System, das sich in Übereinstimmung mit der Philosophie, aber leider nicht mit den Fakten zu befinden scheint. Nach diesem alten System, dem Ptolemäischen, werden die Bewegungen der Gestirne als äußerst verwickelt angenommen. Der Planet Venus zum Beispiel soll eine Bewegung von dieser Art vollführen. *Er zeichnet auf eine Tafel die epizyklische Bahn der Venus nach der ptolemäischen Annahme.* Aber selbst solche schwierigen Bewegungen annehmend, sind wir nicht in der Lage, die Stellung der Gestirne richtig vorauszuberechnen. Wir finden sie nicht an den Orten, wo sie eigentlich sein müßten. Dazu kommen solche Gestirnbewegungen, für welche das Ptolemäische System überhaupt keine Erklärung hat. Bewegungen dieser Art scheinen mir einige von mir neu entdeckte kleine Sterne um den Planeten Jupiter zu vollführen. Ist es den Herren angenehm, mit einer Besichtigung der Jupitertrabanten zu beginnen, der Mediceischen Gestirne?

ANDREA *auf den Hocker vor dem Fernrohr zeigend:* Bitte, sich hier zu setzen.

DER PHILOSOPH Danke, mein Kind. Ich fürchte, das alles ist nicht ganz so einfach. Herr Galilei, bevor wir Ihr berühmtes Rohr applizieren, möchten wir um das Vergnügen eines Disputs bitten. Thema: Können solche Planeten existieren?

DER MATHEMATIKER Eines formalen Disputs.

GALILEI Ich dachte mir, Sie schauen einfach durch das Fernrohr und überzeugen sich?

ANDREA Hier, bitte.

DER MATHEMATIKER Gewiß, gewiß. – Es ist Ihnen natürlich bekannt, daß nach der Ansicht der Alten Sterne nicht möglich sind, die um einen anderen Mittelpunkt als die Erde kreisen, noch solche Sterne, die im Himmel keine Stütze haben?

GALILEI Ja.

DER PHILOSOPH Und, ganz absehend von der Möglichkeit solcher Sterne, die der Mathematiker – *er verbeugt sich gegen den Mathematiker* – zu bezweifeln scheint, möchte ich in aller Bescheidenheit als Philosoph die Frage aufwerfen: Sind solche Sterne nötig? Aristotelis divini universum …

GALILEI Sollten wir nicht in der Umgangssprache fortfahren? Mein Kollege, Herr Federzoni, versteht Latein nicht.

DER PHILOSOPH Ist es von Wichtigkeit, daß er uns versteht?

GALILEI Ja.

DER PHILOSOPH Entschuldigen Sie mich. Ich dachte, er ist Ihr Linsenschleifer. R

2 Ordnen Sie den Textausschnitt in den Gesamtzusammenhang des Dramas ein.

a) Fassen Sie den Inhalt des Ausschnitts kurz zusammen.

b) Notieren Sie in Stichpunkten, was in den Bildern 1–4 (Beginn) geschehen ist und wie die Handlung nach dem Ausschnitt fortgeführt wird. Orientieren Sie sich auch an der inhaltlichen Zusammenfassung des Dramas (↗ S. 224).

Einordnung einer Textstelle

Muster

Die Begegnung zwischen Galilei und den Wissenschaftlern aus Florenz steht im Mittelpunkt des 4. Bildes. Es geht um die Frage, ob sich die Wissenschaftler von Galilei überzeugen lassen werden oder nicht. Da Galilei an die Vernunft glaubt, hat er die Hoffnung, dass die Wissenschaftler durch das Fernrohr sehen und die Existenz der Jupitermonde anerkennen werden; damit wäre auch das ptolemäische Weltbild, in dem die Erde im Mittelpunkt steht, widerlegt. Zu seiner Enttäuschung muss er allerdings erfahren, dass sich die Wissenschaftler weigern, durch das Fernrohr zu schauen, weil sie der Überzeugung sind, dass solche Sterne nicht existieren können und darüber hinaus mehr schaden als nutzen würden.

Bereits im Vorfeld ist Galilei von Sagredo gewarnt worden, nach Florenz zu gehen, weil der Einfluss der Kirche auf Wissenschaft und Lehre dort weitaus größer sei als in der von Rom relativ unabhängigen Universitätsstadt Padua, die zur freien Republik Venedig gehört. Allerdings lässt sich Galilei durch die Warnungen nicht beeindrucken, weil er an die Überzeugungskraft seiner Argumente glaubt. Vor allem locken ihn die finanziellen Möglichkeiten, die sich ihm in Florenz bieten.

Im weiteren Verlauf der Handlung muss Galilei erkennen, dass Macht und Einfluss der Kirche so groß sind, dass sie seine Lehre auf den Index setzen können. Außerdem wird er inhaftiert und man droht ihm die Folter an. Unter diesem Druck wird der Wissenschaftler schließlich seine Lehre widerrufen.

3 Beschreiben Sie den Aufbau des Mustertextes.

4 Schreiben Sie heraus, wo Sie in dem Mustertext die einzelnen Textbestandteile finden, die in GUT ZU WISSEN „Einordnung einer Textstelle in den Gesamtzusammenhang“ beschrieben werden.

5 Ordnen Sie das 1. Bild nach obigem Muster in den Gesamtzusammenhang des Dramas ein.

GUT ZU WISSEN | Einordnung einer Textstelle in den Gesamtzusammenhang

Die Einordnung einer Textstelle in den Gesamtzusammenhang einer Ganzschrift **dient dem Nachweis der Textkenntnis** – in diesem Teil des Aufsatzes beschreiben Sie Inhalte und ordnen diese ein, Sie interpretieren sie noch nicht. So gehen Sie vor:

- Sie formulieren eine **inhaltliche Zusammenfassung** der vorgegebenen Textstelle.
- Daran schließen Sie einen **Rückblick** an, der kurz deutlich macht, weshalb es zu der im Textauszug beschriebenen Handlung kommt.
- In einem **Ausblick** fassen Sie dann zusammen, wie sich die Handlung weiter entfaltet.
- Sie schreiben in eigenen Worten. Die Zeitform ist das Präsens. Wichtige Figurenäußerungen geben Sie in indirekter Rede wieder. Zitate sind in diesem ersten Teil des Aufsatzes noch nicht erlaubt.

Achtung: Rückblick und Vorausblick müssen zeigen, dass Sie sich auf die vorgegebene Textstelle beziehen. Es geht also nicht darum, das ganze Drama inhaltlich wiederzugeben. Die Einordnung einer Textstelle sollte nicht mehr als ein Viertel des Gesamtumfangs Ihres Aufsatzes ausmachen.

Analyse und Interpretation sprachlicher und dramentechnischer Mittel

Im nächsten Schritt analysieren und interpretieren Sie einen Dramenauszug.

6. Bild (Auszug)

Eintritt ein sehr alter Kardinal, von einem Mönch gestützt. Man macht ihm ehrerbietig Platz.

DER SEHR ALTE KARDINAL Sind sie immer noch drinnen? Können sie mit dieser Kleinigkeit wirklich nicht schneller fertig werden? Dieser Clavius sollte doch seine Astronomie verstehen! Ich höre, dieser Herr Galilei versetzt den Menschen aus dem Mittelpunkt des Weltalls irgendwohin an den Rand. Er ist folglich deutlich ein Feind des Menschengeschlechts! Als solcher muß er behandelt werden. Der Mensch ist die Krone der Schöpfung, das weiß jedes Kind, Gottes höchstes und geliebtestes Geschöpf. Wie könnte er es, ein solches Wunderwerk, eine solche Anstrengung, auf ein kleines, abseitiges und immerfort weglaufendes Gestirnlein setzen? Würde er so wohin seinen Sohn schicken? Wie kann es Leute geben, so pervers, daß sie diesen Sklaven ihrer Rechentafeln Glauben schenken! Welches Geschöpf Gottes wird sich so etwas gefallen lassen?

DER DICKE PRÄLAT *halblaut:* Der Herr ist anwesend.

DER SEHR ALTE KARDINAL *zu Galilei:* So, sind Sie das? Wissen Sie, ich sehe nicht mehr allzu gut, aber das sehe ich doch, daß Sie diesem Menschen, den wir seinerzeit verbrannt haben – wie hieß er doch? –, auffallend gleichen.

DER MÖNCH Eure Eminenz sollten sich nicht aufregen. Der Arzt …

DER SEHR ALTE KARDINAL *schüttelt ihn ab, zu Galilei:* Sie wollen die Erde erniedrigen, obwohl Sie auf ihr leben und alles von ihr empfangen. Sie beschmutzen Ihr eigenes Nest! Aber ich jedenfalls lasse es mir nicht gefallen. *Er stößt den Mönch zurück und beginnt stolz auf und ab zu schreiten.* Ich bin nicht irgendein Wesen auf irgendeinem Gestirnchen, das für kurze Zeit irgendwo kreist. Ich gehe auf einer festen Erde, in sicherem Schritt, sie ruht, sie ist der Mittelpunkt des Alls, ich bin im Mittelpunkt, und das Auge des Schöpfers ruht auf mir und auf mir allein. Um mich kreisen, fixiert an acht kristallene Schalen, die Fixsterne und die gewaltige Sonne, die geschaffen ist, meine Umgebung zu beleuchten. Und auch mich, damit Gott mich sieht. So kommt sichtbar und unwiderleglich alles an auf mich, den Menschen, die Anstrengung Gottes, das Geschöpf in der Mitte, das Ebenbild Gottes, unvergänglich und … *Er sinkt zusammen.*

DER MÖNCH Eure Eminenz haben sich zuviel zugemutet!

In diesem Augenblick öffnet sich die Tür hinten, und an der Spitze seiner Astronomen kommt der große Clavius herein. Er durchschreitet schweigend und schnell, ohne zur Seite zu blicken, den Saal und spricht, schon am Ausgang, zu einem Mönch hin.

CLAVIUS Es stimmt. *Er geht ab, gefolgt von den Astronomen. Die Tür hinten bleibt offenstehen. Totenstille. Der sehr alte Kardinal kommt zu sich.*

DER SEHR ALTE KARDINAL Was ist? Die Entscheidung gefallen?

Niemand wagt, es ihm zu sagen.

DER MÖNCH Eure Eminenz müssen nach Hause gebracht werden.

Man hilft dem alten Mann hinaus. Alle verlassen verstört den Saal. Ein kleiner Mönch aus der Untersuchungskommission des Clavius bleibt bei Galilei stehen.

DER KLEINE MÖNCH *verstohlen:* Herr Galilei, Pater Clavius sagte, bevor er wegging: Jetzt können die Theologen sehen, wie sie die Himmelskreise wieder einrenken! Sie haben gesiegt. *Ab*

Analyse und Interpretation sprachlicher und dramentechnischer Mittel

GALILEI *sucht ihn zurückzuhalten:* Sie hat gesiegt! Nicht ich, die Vernunft hat gesiegt!
Der kleine Mönch ist schon weg. Auch Galilei geht. Unter der Tür begegnet er einem hochgewachsenen Geistlichen, dem Kardinal Inquisitor. Ein Astronom begleitet ihn. Galilei verbeugt sich. Bevor er hinausgeht, stellt er einem Türhüter flüsternd eine Frage.
TÜRHÜTER *zurückflüsternd:* Seine Eminenz, der Kardinal Inquisitor. [R]

1 Ordnen Sie die Textstelle in den Gesamtzusammenhang ein.

2 Charakterisieren Sie die Personen, die in dieser Szene vorkommen (↗ Kapitel 13). Gehen Sie dabei ein auf das, was über den Charakter, die Ansichten usw. deutlich wird. Achten Sie dabei darauf, was die Personen sagen, wie sie es sagen und was sie tun.

3 Analysieren Sie die Beziehungen zwischen den Personen. Wer mag wen oder mag wen nicht? Wer hat Macht über wen? usw.

4 Untersuchen Sie, welche sprachlichen Mittel verwendet werden.

5 Deuten Sie die Ergebnisse Ihrer Sprachanalyse. Formulieren Sie Sätze nach dem Muster unten.

Sprachliches Mittel	Deutung
Drohungen, z. B.: „Aber ich jedenfalls lasse es mir nicht gefallen“ (Z. 18–19)	Aggressivität des Kardinals
Ironie: „... auf irgendeinem Gestirnchen“ (Z. 20)	würdigt Galileis Arbeit herab
Anapher: „Ich bin nicht (...) Ich gehe (...), ich bin (...)“ (Z. 20–22)	egozentrischer Machtmensch – sieht nur sich im Mittelpunkt
Metapher: „Sie beschmutzen Ihr eigenes Nest!“ (Z. 18)	beleidigend, verachtend

Muster

Trotz seiner Gebrechlichkeit ist der Kardinal sehr erregt und aggressiv gegenüber Galilei und vermittelt das Bild eines Machtmenschen, der keinen Widerspruch duldet. Dies wird z. B. daran deutlich, dass seine Aussagen in Form von Ausrufen formuliert werden, dass er ironisch über Galileis Forschung spricht und sich als Mittelpunkt von allem darstellt, wozu das Stilmittel Anapher benutzt wird: „Ich bin nicht irgendein Wesen [...] Ich gehe [...], ich bin [...]“ (Z. 20–22). Mit der ironischen Verkleinerung „Gestirnchen“ würdigt er Galileis Forschungsleistungen herab. Darüber hinaus droht er Galilei, dass man ihn töten werde: „[...] das sehe ich doch, daß Sie diesem Menschen, den wir seinerzeit verbrannt haben [...] auffallend gleichen.“ (Z. 14–15)

Analyse und Interpretation sprachlicher und dramentechnischer Mittel

Für die Interpretation dramatischer Texte spielen die Regieanweisungen eine große Rolle, weil hier der Autor oder die Autorin Hinweise gibt, wie eine Textpassage gespielt werden soll.

Muster

Deutung der dramentechnischen Gestaltung (6. Bild)

Die Regieanweisungen zeigen, auf welche Art der Kardinal seine Erregung, seinen Ärger und die Aggression Galilei betreffend durch die Körpersprache verdeutlichen soll, wenn er sich beispielsweise von dem ihn stützenden Mönch befreit: „schüttelt ihn ab" (Z. 17). Mit dieser emotionalen Geste soll auch ein Gegensatz zur Gebrechlichkeit des alten Mannes hervorgehoben werden: „Eintritt ein sehr alter Kardinal, von einem Mönch gestützt." und „Er sinkt zusammen." (Z. 1, 27)
Dennoch lässt sich bereits an dieser Stelle vermuten, dass die Bestätigung der Lehren Galileis durch Clavius nicht den endgültigen Sieg für Galilei bringen wird, denn Brecht gibt mit dem Auftritt des Großinquisitors bereits einen wichtigen Hinweis, wie sich die Ereignisse weiterentwickeln werden: „Unter der Tür begegnet er einem hochgewachsenen Geistlichen, dem Kardinal Inquisitor. Ein Astronom begleitet ihn. Galilei verbeugt sich." (Z. 43–44) Die Verbeugung Galileis könnte als Vorwegnahme der späteren Unterwerfung gedeutet werden.

6 Untersuchen Sie die Musterlösung.

a) Schreiben Sie die für diesen Textauszug aufgestellten Interpretationshypothesen heraus.
b) Fassen Sie die Begründungen der Interpretationshypothesen kurz schriftlich zusammen.

7 Ergänzen Sie das Muster durch weitere Beispiele.

GUT ZU WISSEN — Dramentechnische Mittel: die Regieanweisung

Regieanweisungen sind **wichtige dramentechnische Mittel**. Sie geben Hinweise zum körpersprachlichen Verhalten (analoge Kommunikation), also Mimik und Gestik einer Figur, und verdeutlichen so mit der Art der Gesprächsführung, der Äußerung von Emotionen, das Verhältnis der Figuren zueinander. Häufig nutzt der Autor (Dramatiker) die Regieanweisungen auch, um **Hinweise zu geben**, wie er sich die Kulisse, die Beleuchtung oder die Architektur eines Raumes wünscht und was die gerade nicht sprechenden Figuren tun sollen.

8 Formulieren Sie Regieanweisungen, mit denen folgende digitale (verbale) Äußerungen durch analoges (nonverbales) Verhalten verdeutlicht und verstärkt werden können.

Beispiel: digitale Ebene	auszudrückendes Gefühl	analoge Ebene
Ich habe versagt.	*Resignation*	*schlägt die Hände vor das Gesicht*
So kannst du mit mir nicht umgehen!	*Wut, Aggression*	
Ich könnte alle umarmen!	*Euphorie*	
Was soll ich jetzt bloß tun?	*Ratlosigkeit*	
Hoffentlich kommt er bald!	*Ungeduld*	

Einzelne Elemente der Szenenanalyse miteinander verbinden

Sie wissen nun, welche Aspekte die Analyse einer Dramenszene enthalten muss. Dabei gibt es aber verschiedene Möglichkeiten, diese in Ihrem Text anzuordnen. Sie können ...

- **die ganze Szene mithilfe der unten genannten Aspekte analysieren, also zuerst die Personen, dann ihre Beziehungen, darauf folgend die sprachliche Gestaltung und abschließend die dramaturgischen Mittel.**
- **die Personen und ihre Beziehungen untereinander analysieren und dabei die sprachlichen und dramentechnischen Mittel direkt mit einbeziehen, um Ihre Analyse zu belegen.**

1 **Analysieren Sie die Figur des Kardinals im 6. Bild anhand der genutzten sprachlichen und dramentechnischen Mittel. Führen Sie dafür das Muster auf S. 229 fort.**

GUT ZU WISSEN | Elemente einer Szenenanalyse

Eine komplette Analyse einer Dramenszene, wie sie beispielsweise in Klausuren verlangt wird, besteht aus folgenden Teilen:

1. einem **Einleitungssatz** mit Dramentitel, Erscheinungsjahr, Autor/ Autorin und Thema des Dramas
2. einer **Inhaltsangabe** (↗ Kapitel 4) der Szene und der Einordnung in den Zusammenhang des Dramas
3. einem **Hauptteil,** in dem ...
   a. die Personen charakterisiert werden
   b. die Beziehungen zwischen den Personen analysiert werden
   c. die sprachlichen Mittel untersucht werden
   d. die dramentechnischen Mittel analysiert werden
4. einem **Schlussteil,** in dem ...
   a. das Wesentliche der Analyse zusammengefasst wird
   b. die Bedeutung der Szene für das Drama untersucht wird
   c. eine eigene Meinung zu dem in der Szene behandelten Problem/ zum Verhalten einzelner Personen/ zur Gestaltung der Szene o. Ä. ausgedrückt wird.

Manchmal ist für den Schlussteil auch noch eine weiterführende Frage zum Beispiel nach der Aktualität eines Themas in die Aufgabenstellung integriert.

Die Analyse einer Dramenszene können Sie in Kapitel 22 trainieren.

Lernbilanz: Sie können ...

- benennen, was ein Drama ausmacht.
- die Elemente des klassischen Dramas benennen und Grundsätzliches zum epischen Theater erklären.
- eine Szene mithilfe von Methoden des szenischen Interpretierens erschließen.
- den Inhalt einer Szene wiedergeben und eine Szene in den Zusammenhang des Dramas einordnen.
- die Personen einer Szene charakterisieren und ihre Beziehung analyiseren.
- die in einer Szene verwendeten sprachlichen und dramentechnischen Mittel herausarbeiten und in Bezug zu den anderen Ergebnissen der Analyse setzen.

Projekt: Eine Szene als Hörspiel zum Leben erwecken

Dramen sind, wie am Anfang des Kapitels erklärt, nicht zum Lesen, sondern zum Anschauen und Anhören gedacht. Die Sprache soll also von Personen gesprochen werden, der Text dadurch und durch die Aktionen der Personen zum Leben erweckt werden. Dafür geeignet ist außer einer Aufführung live auf einer Bühne auch die Überführung des Textes in ein Hörspiel.

GUT ZU WISSEN **Hörspiel**

Das Hörspiel ist eine eigene Kunstform mit eigenen Ausdrucksmitteln, die sich teilweise von denjenigen des Dramas oder Films unterscheiden. Bei einem Hörspiel sind drei akustische Elemente **Stimme, Geräusch und Musik** wichtig. Sie zusammen haben großen Einfluss auf die Wirkung des fertigen Hörspiels. Gleichzeitig setzen sie eine intensive Beschäftigung mit dem Text voraus.

Die Figuren in einem Hörspiel werden nicht nur dadurch charakterisiert, was sie sagen, sondern auch dadurch, **wie sie es sagen**, also z. B. durch die Geschwindigkeit, die Pausen, die Betonung, die Lautstärke, die Stimmhöhe, die Satzmelodie (monoton, abwechslungsreich) oder die Artikulation (überdeutlich, nuschelnd etc.).

Geräusche können in einem Hörspiel den Raum charakterisieren (Hintergrundgeräusche), Ereignisse und Handlungen verdeutlichen (z. B. Schritte, Türenschlagen) oder eine bestimmte Atmosphäre schaffen (z. B. Ruf einer Eule für die Nacht). Sie können realistisch oder künstlich, eindeutig oder mehrdeutig sein.

Musik (darunter auch einzelne Töne und Klänge) lässt sich für ähnliche Funktionen wie Geräusche einsetzen. Dabei kann sie Teil der Handlung sein (reale Handlungsmusik, z. B. Radiomusik) oder „künstlich" in die Handlung eingefügt werden, um eine bestimmte Stimmung zu erzeugen. Sie kann sowohl die Handlung untermalen als auch in Kontrast zur Handlung stehen.

1 Wählen Sie eine der in diesem Kapitel abgedruckten Szenen aus und erstellen Sie zu dieser Szene ein Kapitel aus einem Hörspiel. Gehen Sie dazu wie folgt vor:

a) Erstellen Sie dazu zunächst – basierend auf dem gedruckten Text – ein kleines Drehbuch. Notieren Sie in eine Kopie des Textes die Ideen, die Sie zur Umsetzung haben, wie z. B. welcher Text in welcher Art und Weise gesprochen werden soll, wo Geräusche und Musik eingefügt werden sollen.

b) Proben Sie die Sprechweise und Geräusche mehrmals. Besorgen Sie ggf. Tondateien für Geräusche und Musik.

c) Nehmen Sie dann Ihr Hörspiel auf. Sie können dafür frei verfügbare Programme oder Apps zur Bearbeitung von Audiodateien verwenden.

d) Begründen Sie in einem kurzen Text, warum Sie einzelnen Teile so gestaltet haben, wie Sie es getan haben.

Kapitel 16

Medien in Alltag und Schule nutzen

Im alltäglichen Leben setzen wir uns mit unterschiedlichen Medien und Medieninhalten auseinander. Medien erfüllen dabei verschiedene Aufgaben und Funktionen.

Die Medienlandschaft verändert sich rasant und die Mediennutzung – besonders diejenige von Jugendlichen – passt sich diesen Veränderungen schnell an. Auch der traditionelle Schulunterricht wandelt sich.

Kompetenzen

- ✓ Medienarten kennen und unterscheiden
- ✓ Funktionen von Medien kennenlernen
- ✓ Wandel der Medienlandschaft erkennen
- ✓ Medien in der Schule nutzen

Methoden und Arbeitstechniken

- ✓ Kartenabfrage
- ✓ Mindmap

Situation: Ein Statement verfassen

Neue Medien sind längst fester Bestandteil der Freizeitgestaltung. Über soziale Netzwerke bleiben Menschen miteinander in Kontakt. Ständiger Zugriff auf Videos, Musik, Podcasts und viel mehr ist möglich.

Auch im Unterricht werden zunehmend Neue Medien eingesetzt, alles wird digitaler. Digitale Tafeln sind in fast jedem Klassenzimmer vorhanden, jeder Schüler und jede Schülerin soll mit einem Computer arbeiten, Hefte werden durch Tablets ersetzt, Lehrbücher teilweise als E-Books benutzt und Lehrende führen digitale Klassenbücher.

Ihre Schule möchte den Unterricht digitaler gestalten. Innerhalb der Schülerschaft gibt es dazu aber verschiedene Meinungen. Manchen Ihrer Mitschüler fällt es schwer, sich im digitalen Alltag zurechtzufinden.

Die Redaktion der Schülerzeitung möchte verdeutlichen, welche Stimmung in der Schule bezüglich der Digitalisierung herrscht. Sie bittet die Schülerschaft um kurze Statements zum Thema „Unterricht digital - Wie lernen wir am besten?“. Diese sollen in der nächsten Ausgabe erscheinen. Sie möchten sich ebenfalls daran beteiligen und ein Statement für die Schülerzeitung verfassen.

Werden zukünftig alle Klassenzimmer so aussehen?

So können Sie vorgehen

Schritt 1 Funktionen von Medien kennenlernen
Schritt 2 Medienwandel in der Schule untersuchen
Schritt 3 sich eine eigene Meinung bilden und Argumente finden
Schritt 4 die eigene Meinung schriftlich äußern

16.1
Medien und Gesellschaft

Medien sind heutzutage allgegenwärtig und erfüllen in der Gesellschaft unterschiedliche Funktionen und Aufgaben. Über Medien werden Nachrichten und Informationen, auch Bilder und Filme verbreitet.

1 Führen Sie in Ihrer Klasse eine Kartenabfrage durch. Sammeln Sie die Antworten schriftlich.

a) Welche traditionellen und digitalen Medien nutzen Sie täglich?

b) In welcher Situation nutzen Sie diese Medien?

c) Wozu nutzen Sie diese Medien?

2 Verwenden Sie Ihre Ergebnisse, um die genannten Medien zu kategorisieren und grafisch darzustellen, z. B. durch Clustern oder in einer Tabelle.

Funktionen der Medien in Kernbereichen der Gesellschaft

3 Geben Sie mithilfe der Infografik in eigenen Worten wieder, welche Aufgaben und Funktionen Medien in unserer Gesellschaft erfüllen.

Medien verändern sich

Traditionelle und Neue Medien

Die Medienlandschaft im Wandel

Die Medienlandschaft veränderte sich im Laufe der Jahre drastisch, angefangen bei den traditionellen Printmedien, wie Zeitungen, über Telefone und Radios bis hin zum Fernsehen und schließlich zum Internet. Zeitungen waren früher das primäre Medium für Nachrichten und Informationen. Mit Erfindung des Telefons (ca. 1860) wurde die Kommunikation schneller und persönlicher. Radios ermöglichten es Menschen, Musik und Nachrichten live zu hören: Die erste Rundfunkübertragung fand in Deutschland im Jahre 1920 statt.
In den 1950er-Jahren revolutionierte das Fernsehen die Art und Weise, wie Informationen und Unterhaltung verbreitet wurden. Es ermöglichte eine audiovisuelle Darstellung von Ereignissen und wurde schnell zum wichtigsten Übertragungsmedium für Nachrichten. Mit dem Aufkommen des Internets in den 1990er-Jahren änderte sich die Medienlandschaft erneut grundlegend. Der Zugang zu Informationen ist heute direkter und schneller, was den Menschen ermöglicht, rund um die Uhr auf Nachrichten zuzugreifen. Das Internet hat außerdem neue Arten von Medien, wie soziale Netzwerke und Blogs, hervorgebracht.
Insgesamt hat die Digitalisierung der Medien die Art und Weise verändert, wie Informationen konsumiert und geteilt werden. Die traditionellen Medien haben ihre Bedeutung nicht verloren, aber das Internet hat eine neue Dimension hinzugefügt und bietet mehr Möglichkeiten für den Austausch von Informationen und Ideen.

1 Erstellen Sie mithilfe der Informationen aus dem Text einen groben Zeitstrahl zur Entwicklung der Medien.

2 Recherchieren Sie die Anfänge und die Entwicklung des Internets.

GUT ZU WISSEN **Medien**

Vermittler einer Information zwischen zwei oder mehreren Partnern ist das sogenannte Medium. Das Pluralwort „Medien" bezeichnet einerseits eine Vielfalt von Trägersystemen zur Informationsübermittlung: Zeitungen, Fernsehen, Film, Hörfunk, aber auch das Internet und den Computer. Andererseits umfasst der Medienbegriff auch die Art der Informationsübertragung: Printmedien, audiovisuelle Medien, digitale Medien. Medien lassen sich außerdem nach Reichweite und Zielgruppen kategorisieren (Massenmedium oder private Kommunikation) sowie nach ihrem Zweck (Unterhaltung, Information, Kontrolle, Bildung).

Medien verändern die Freizeitgestaltung

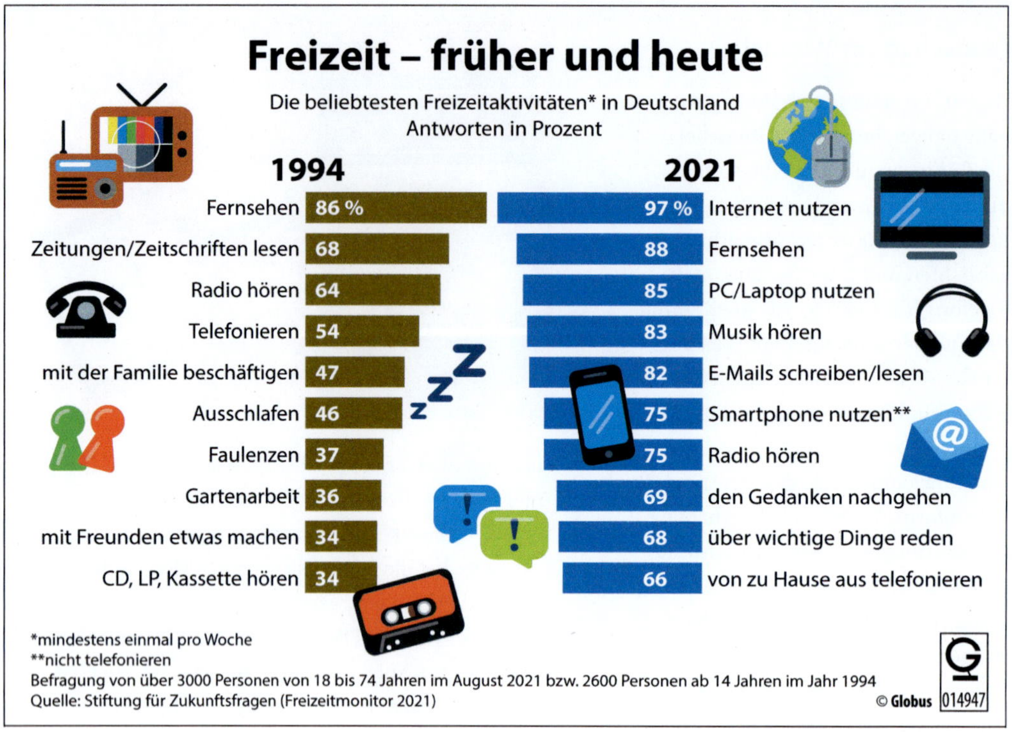

1 Recherchieren Sie nach einer Definition von traditionellen Medien bzw. Neuen Medien.

2 Beschreiben Sie die Infografik „Freizeit – früher und heute". Welche Änderungen der Aktivitäten können demnach festgestellt werden?

3 Benennen Sie ausgehend von der Infografik Ihre eigenen Freizeitaktivitäten. Fragen Sie auch Ihre Eltern oder Großeltern. Bestätigen sich die Aussagen?

4 Gestalten Sie eine Mindmap zum Thema „Meine Mediennutzung".

GUT ZU WISSEN — Einsatz von digitalen Medien

Art und Anzahl digitaler Geräte, ihre **Anwendungsmöglichkeiten** sowie ihre **Nutzungsszenarien** haben sich in den letzten 15 Jahren stark verändert.

- Smartphone: Apps, soziale Medien, Spiele, Chat, ...
- Tablet: Apps und Webbrowser. Online-Zeitungen, E-Books, Musik-Streaming, ...
- Computer: spielen, Hausaufgaben erledigen, recherchieren, ...
- Smart-TV: Musik-Streaming, Film-Streaming, ...
- Whiteboard: lernen, Videos/Tonaufnahmen abspielen, ...
- Smart Home: Unterhaltung, Bestellungen, gesundheitliche Überwachung, Sicherheit, ...
- Smartwatch: gesundheitliche Überwachung, Kommunikation, ...

Das neue Lernen

Medienwandel in der Schule

Nicht nur im Alltag wandeln sich die Medien und der Mediengebrauch, auch in der Schule findet ein Medienwandel statt.

1 Stellen Sie ein Inventar für Ihr Klassenzimmer auf.
a) Listen Sie auf, welche Einrichtungsgegenstände sich im Raum befinden.
b) Welche Geräte und Gegenstände sind für den Unterricht gedacht?

2 Vergleichen Sie die Inventarliste Ihres Klassenraums mit dem Foto oben.
a) Finden Sie Bekanntes auf dem Foto?
b) Wie hat sich die technische Ausstattung verändert?

3 Notieren Sie Vor- und Nachteile der folgenden Unterrichtsmedien. Denken Sie dabei auch an technische Voraussetzungen, die gewährleistet werden müssen.
Tipp: Tafel (und Kreide), Whiteboard, Overhead-Projektor, Beamer, Laptop/Computer, Tablet-Computer, Smartphone, Globus, Lehrbuch, Schreibheft
An der Tafel ist der Platz sehr begrenzt. Wenn sie vollgeschrieben ist, müssen Informationen gelöscht werden, um weiterzuschreiben. Die Tafel braucht jedoch keinen Strom.

GUT ZU WISSEN | **Medienwandel in der Schule**

Lehrmethoden, die traditionell auf gedruckten Lernmaterialien und Tafelanschrieb basieren, werden durch den Einsatz digitaler Medien ergänzt. Neben dem sicheren **Umgang mit Hard- und Software** steht dabei vor allem die **Medienkompetenz** im Mittelpunkt: recherchieren, sichere Quellen erkennen, sich in der Flut der Informationen zurechtfinden, personenbezogenen Datenschutz einhalten sind nur einige Stichpunkte. **Medienerfahrung** und auch den Umgang mit negativen Aspekten der digitalen Welt (Fake News, Hatespeech usw.) zu reflektieren, gehört zu einem modernen Unterricht, der die Lebenswelt und die Berufsperspektive miteinbezieht.

Moderne Hilfsmittel

Neue Medien verändern den Alltag und erleichtern das Leben in vielen Bereichen. So gibt es auch Möglichkeiten des Lernens in Form von Apps. Doch halten diese, was sie versprechen?

So poliert man Sprachkenntnisse wieder auf. Keine App ist so gut wie ein Gespräch

von Eva Dignös

Die Worte fehlen, die Sätze holpern – unangenehm unsouverän fühlt sich das an, wenn Fremdsprachenkenntnisse eingerostet sind. Ein Sprachkurs könnte helfen. Nur muss dafür erst einmal Zeit sein zwischen Job, Familie und sonstigen Verpflichtungen. Und muss das wirklich sein, wieder Vokabeln lernen, unregelmäßige Verben und Grammatikregeln? Geht das nicht auch einfacher, spielerischer mit weniger Zeitaufwand?

Apps fürs Smartphone vermitteln zumindest den Eindruck: Morgens in der U-Bahn ein paar Vokabelkarten mit bunten Bildern, abends noch fünf Minuten Lückentext. Die Lektionen bestehen in der Regel aus kleinen Häppchen, die schnell mal zwischendurch erledigt werden können. Manche Apps sind kostenlos, für andere muss ein Abo abgeschlossen werden. Wer täglich seine Aufgaben erledigt, sammelt Bonuspunkte und erklimmt neue Level.

„Positive Verstärkung hilft beim Lernen", sagt Daniela Elsner. Sie ist Professorin für Sprachlehrforschung und Didaktik am Institut für England- und Amerikastudien der Uni Frankfurt. Das machen die Apps mit ihren Belohnungspunkten also ganz gut.

Doch ihnen fehle eine ganz entscheidende Komponente des Spracherwerbs, das „entdeckende Lernen", das Erproben von Vokabeln und Grammatik in der Praxis. „In den Apps werden oft sehr künstliche Sätze vorgegeben", beobachtet Elsner. Frei in der Fremdsprache zu reden, lerne man auf diesem Wege nicht: „Dafür muss man selbst Sätze formulieren und mit anderen in der Sprache interagieren."

Sich täglich ein paar Minuten durch die App zu klicken, reicht deshalb nicht aus, um verschüttete Sprachkenntnisse wieder an die Oberfläche zu holen.

Aber: „Eine Sprache, die man schon einmal gelernt hat, ist nicht komplett weg. Ein Grundbestand bleibt, und der lässt sich gut wieder aktivieren", macht Elsner Hoffnung.

Die schlechte Nachricht: Ganz ohne Aufwand funktioniert das nicht. „Wenn es etwas bringen soll, muss man schon etwas Zeit dafür aufwenden", sagt Mario Oesterreicher von der Uni Erlangen-Nürnberg. Er begleitet Studierende beim Sprachenlernen und ist Vorsitzender des Lehrerverbandes „Englisch & Mehrsprachigkeit". […]

Mit Sprachzeitungen und -magazinen lasse sich zum Beispiel der Wortschatz vergrößern: Die Texte sind für Sprachschüler konzipiert, wichtige Vokabeln werden übersetzt. […]

„Als Erwachsener, der früher einmal eine Sprache gelernt hat, weiß man dann aber in der Regel schon, mit welcher Methode das am besten funktioniert", sagt Oesterreicher, „mit Karteikarten zum Beispiel, mit Vokabellisten oder -apps." Das Hörverstehen lässt sich mit Podcasts schulen. […]

Ähnlich sieht es mit Filmen und Serien in der fremden Sprache aus. Bei Netflix und Co. kann von der synchronisierten Fassung auf die Originalsprache umgeschaltet werden. […]

Eine andere gute Hilfe sind Sprachtandems: Die Deutsche, die ihre Englischkenntnisse aufpolieren möchte, trifft sich – entweder persönlich oder virtuell per Chat – regelmäßig mit der Britin, die ein Praktikum in Deutschland macht und besser Deutsch lernen möchte. […]

Mit etwas Glück entstehen sogar Freundschaften – und das ist dann ohnehin „eine der besten Methoden", um quasi nebenbei die Sprache zu erlernen, findet Sprachdidaktikerin Daniela Elsner.

(www.dpa.de)

1 Welche Erkenntnisse erhalten Sie aus dem Text „So poliert man Sprachkenntnisse wieder auf." Fassen Sie den Inhalt des Textes zusammen.

Moderne Hilfsmittel

2 Welche Vorteile und welche Nachteile haben die Neuen Medien in Bezug auf das Lernen aus der Sicht der Autorin Eva Dignös? Erstellen Sie eine Liste mit Vor- und Nachteilen.

Vorteile	Nachteile
– können schnell/nebenbei erledigt werden	*(...)*

3 Prüfen Sie die Intention und Kernaussage der Autorin.
Die Autorin möchte mit dem Artikel darauf aufmerksam machen, dass ... Ihr Ziel ist es dabei, ...

4 Stimmen Sie der Autorin zu? Schreiben Sie eine kurze Begründung Ihrer Meinung.

GUT ZU WISSEN – Die Kernaussage eines Textes

In Sachtexten werden oft mehrere Aussageabsichten verfolgt. Die Kernaussage, die eine Autorin / ein Autor treffen will, sollte dennoch in ihrer **Schwerpunktsetzung klar erkennbar** sein. Je nach Textsorte bewegt sich die Kernaussage demzufolge zwischen den Hauptintentionen expressiv – appellativ – informativ/darstellend. Um einen Sachtext zu analysieren und zusammenzufassen, ist es nötig, neben der Intention der Autorin bzw. des Autors auch die **Struktur eines Textes** zu erfassen.

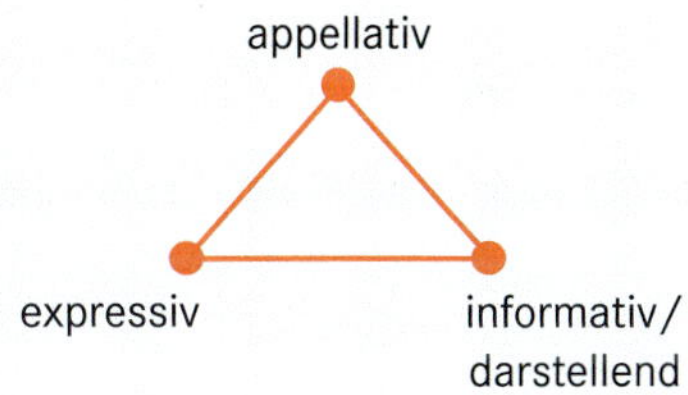

Generation Entertainment: Jugendliche verbringen zu viel Zeit auf Streaming-Diensten und Videoportalen

Apps statt Bücher – verlernen wir bald das Lesen?

NEUE LERN-APP MACHT LEHRER UND SCHULE ÜBERFLÜSSIG!

Fremdsprachenunterricht aus dem letzten Jahrhundert

WARUM DAS INTERNET
UNSERE KINDER KLÜGER MACHT

Englisch – no, thank you:
Warum deutsche Schülerinnen und Schüler bei Fremdsprachen versagen

5 Vergleichen Sie die Aussagen des Textes von Eva Dignös mit den Schlagzeilen. Welche Einstellung gegenüber Neuen Medien im Unterricht wird durch die Schlagzeilen vermittelt?

6 Gibt es Schlagzeilen, deren Aussage Sie spontan zustimmen würden? Warum? Warum lehnen Sie eine Aussage eventuell direkt ab?

7 Reflektieren Sie Ihr eigenes Verhalten bezüglich des Lernens mit den Neuen Medien.
a) Welche Lern-Apps kennen Sie?
b) Nutzen Sie Neue Medien zum Lernen in der Schule oder privat? Schildern Sie Ihre Erfahrungen.
c) Diskutieren Sie, ob und in welchen Bereichen Sie solche Apps für sinnvoll halten und wo Sie Risiken sehen.

Das neue Unterrichten

Neue Medien haben auch direkten Einfluss auf den Unterricht.

Die Wichtigkeit von Wiederholungsschleifen – das Tablet ist eine zweischneidige Bildungsrevolution

Die Corona-Pandemie hat die Digitalisierung der Schulen stark beschleunigt. Vielerorts wurden Tablets eingeführt. Sie eröffnen neue Bildungsinhalte und ermöglichen veränderte Lernformen. Doch ist die Technik mit gravierenden Fallstricken verbunden.

von Klaus Zierer

Die Corona-Pandemie hat dem Bildungssystem weltweit einen Digitalisierungsschub beschert, der angesichts internationaler Vergleichsstudien zur Ausstattung von Schulen im deutschsprachigen Raum längst überfällig erschien und für viele eine Bildungsrevolution darstellt. Der entscheidende Schritt dabei: Tablets für alle Lernenden, ermöglicht nicht zuletzt durch große Finanzspritzen der Bildungspolitik. Aber wo Licht ist, da ist auch Schatten, und gerade was die Digitalisierung anbelangt, lohnt es sich, genau hinzusehen. Denn bei aller Euphorie angesichts des Geldsegens: Digitalisierung hat eine Reihe von Fallstricken, die besonders in Tablet-Klassen sichtbar sind und die empirische Bildungsforschung offenlegt.

Fehlende Querverweise

In mittlerweile unzähligen Studien konnte gezeigt werden, dass die Mitschrift von Lerninhalten mit Papier und Bleistift allen Formen digitaler Notizen in vielfacher Hinsicht überlegen ist – egal, ob das Keyboard, das Tablet oder das Smartphone zum Einsatz kommt. So können Lernende schneller per Hand auf Papier schreiben, als sie tippen oder digital schreiben, was Lernzeit spart. Darüber hinaus sind in den analogen Aufzeichnungen Querverweise zu erkennen, die bei digitalen fehlen und die somit auf eine erhöhte kognitive Verarbeitung hinweisen. Diese lässt sich nicht nur in anschließenden Leistungstests feststellen, sondern auch in neurologischen Messungen: Die Gehirnaktivität ist beim analogen Schreiben größer als beim digitalen Schreiben. […]

Auf den ersten Blick mag das stimmen, auf den zweiten Blick offenbaren sich aber die Fallstricke. Beispielsweise vergrößern Lernende, wenn sie auf Tablets schreiben, die Ansicht so stark, dass sie nur noch das zu schreibende Wort sehen und damit den ganzen Text aus den Augen verlieren. Tafelbilder, die abfotografiert sind, befinden sich zwar auf der Festplatte, aber nicht im Kopf. Und auch die Möglichkeit, mit Copy und Paste schnell und einfach Texte umzubauen, hat nicht nur Vorteile. Mag sie für Schriftstellerinnen und Schriftsteller effektives Arbeiten eröffnen, nimmt sie Lernenden wichtige Wiederholungsschleifen. Denn das Korrigieren von Fehlern und das erneute Schreiben hinterlassen im Gedächtnis Spuren, die entscheidend für Lernerfolg sind.

Lesend lernen

Zum Lesen und Lernen existieren ähnliche Ergebnisse. Zwar können auch diese Vorgänge digital vonstattengehen und tun es tagtäglich wohl schon häufiger als analog. Allerdings weisen Studien darauf hin, dass das Lesen von und Lernen mit analogen Texten nachhaltiger ist, weil langsamer und damit tiefgründiger gearbeitet wird als mit digitalen Texten. Diese werden häufig schnell weggewischt, was der Sinnentnahme und dem Leseverständnis schadet.
So zeigen sich an diesen Beispielen denn auch die größten Herausforderungen im erzieherischen Bereich: Das eigene Lernen digital zu organisieren und zu strukturieren, gewissenhaft und gründlich zu arbeiten, Techniken des Schreibens und des Lesens zu entwickeln, sich Lernstrategien anzueignen, regelmäßig zu wiederholen und zu üben, all das sind Aspekte des Lernens, für die in Zeiten der Buchkultur mehrere Jahre in der Grundschule verwendet werden, damit sie funktionieren.
Wer nun glaubt, dass dies in Zeiten der Digitalisierung einfacher sei und per Knopfdruck passiere, der verkennt auf dramatische Art und Weise die Möglichkeiten und die Grenzen von digitalen Medien. Kinder und Jugendliche verstehen sich zwar auf digitale Medien und werden mit ihnen groß, aber der sinnvolle Umgang ist erst zu erlernen.

Das neue Unterrichten

Nicht zu vergessen ist an dieser Stelle das Ablenkungspotenzial bei Tablets: Die Vielzahl an Nutzungsmöglichkeiten, die zunächst so positiv erscheint, kann zum Nachteil gereichen, weil sie in jeder Sekunde Reize liefert, etwas anderes zu tun, sich von Programmierungen beeinflussen und von der eigentlichen Tätigkeit abbringen zu lassen. Der Umgang mit Tablets ist also nicht per se lernförderlich, er kann auch lernhinderlich sein. Das digitale Aufrüsten der Kinderzimmer birgt Gefahren, denen nur in Kooperation mit dem Elternhaus Einhalt zu gebieten ist. Denn erzieherische Aufgaben erfordern immer das Zusammenwirken aller Beteiligten.

Entrümpelung der Fächer

Natürlich eröffnen Tablets neue Bildungsinhalte und können dadurch Bildungsrevolutionen ermöglichen. Aber dies erfordert mehr als nur Technik. Denn erst dann, wenn ein Bildungsinhalt einen innovativen Bildungsgehalt mit sich bringt, wird es interessant. Schulbücher also eins zu eins von analog auf digital zu setzen, mag zwar die Schultasche erleichtern, aber der Einfluss auf das Lernen, und erst recht auf die Bildung, geht gegen null. Stattdessen bieten Tablets die Chance, manche (sicherlich nicht alle) bewährte Bildungsinhalte methodisch auf eine Art und Weise zu behandeln, wie es analog nicht möglich ist. Dadurch kommt es zu einem didaktischen Gewinn an Bildungsgehalt. [...]

Es liegt auf der Hand, dass diese Möglichkeiten einerseits auf den klassischen Aufgaben aufbauen und andererseits neue Lernzeit brauchen. Ohne eine Lehrplanreform, die nicht erst seit der Corona-Pandemie längst überfällig ist, kann dieser Schritt nicht gelingen. In deren Zentrum steht sowohl eine Neugewichtung als auch eine Entrümpelung der Fächer. [...]

Wer also den Schritt geht, Tablet-Klassen zu fordern und zu implementieren, der muss sich im Kern zu zwei Aspekten grundlegend Gedanken machen.

Erstens erfordert die Einführung einer Tablet-Klasse eine kritisch-konstruktive Begleitung der Lernenden, eine Miteinbeziehung der Eltern und eine Professionalisierung der Lehrpersonen. Zweitens muss eine Lehrplanreform hinzukommen. Andernfalls droht den Tablets, was die Sprachlabore vor Jahren ereilt hat: als digitaler Schrott zu enden, der zuerst kostenintensiv angeschafft wurde, lange stillstand und schließlich teuer entsorgt wurde. In allen Ländern der Welt haben sich die Ausgaben für die Digitalisierung im Bildungsbereich in den letzten Jahren dramatisch erhöht, ohne dass man bis heute einen vergleichbar großen, meistens sogar nicht einmal einen messbaren Effekt auf die Lernleistungen feststellen kann.

(Neue Züricher Zeitung)

1 Erarbeiten Sie den Inhalt des Textes „Die Wichtigkeit von Wiederholungsschleifen“. Halten Sie wesentliche Aussagen in Stichpunkten fest.

2 Erstellen Sie eine Tabelle mit Vor- und Nachteilen des Einsatzes von Tablets im Unterricht.

Pro Tablet-Einsatz	Kontra Tablet-Einsatz
eröffnet neue Bildungsinhalte	

3 Welche Voraussetzungen müssen laut Klaus Zierer erfüllt werden, damit Tablets im Unterricht sinnvoll eingesetzt werden können?

Das neue Unterrichten

4 Sortieren Sie wesentliche Begriffe aus der Wortwolke in eine Tabelle und listen Sie auf, welche Medien genannt werden und welche Folgen ihr Einsatz im Unterricht hat.

5 Entwerfen Sie eine Unterrichtsstunde, in der Tablets eingesetzt werden.

a) Stellen Sie den Ablauf einer Schulstunde übersichtlich in Stichpunkten dar.

b) Begründen Sie, warum der Tablet-Einsatz sinnvoll ist. Nehmen Sie dazu auch die Tabelle aus Aufgabe 2 zu Hilfe.

6 Begründen Sie, ob mehr Medien im Unterricht genutzt werden sollten. Gehen Sie dabei auf die Nutzung verschiedener in diesem Kapitel genannter Medien ein und erläutern Sie deren jeweilige Vor- und Nachteile für die schulische Nutzung.

Lernbilanz: Sie können ...

- beschreiben, was Medien sind.
- die Aufgaben und Funktionen der Medien benennen.
- Medienarten unterscheiden.
- den Medienwandel in der Gesellschaft erklären.
- den Einfluss der digitalen Medien in der Schule bewerten.

Die Lernsituation umsetzen: Ein Statement verfassen

Ihre Klasse hat sich intensiv mit dem Thema „Digitaler Unterricht", den Vorteilen, aber auch den Nachteilen auseinandergesetzt. Zusammen verfassen Sie nun Statements zu dem Thema, die in der nächsten Schülerzeitung abgeduckt werden sollen.

GUT ZU WISSEN – Statement

Ein Statement ist im Grunde nichts anderes als eine **kurze und einfache Erklärung** oder Stellungnahme zu einem bestimmten Text oder Thema.

Zur **Einleitung** wird kurz und knapp erklärt, wozu ein Statement abgegeben wird.

Anschließend wird mit klaren Worten die **eigene Meinung dargelegt**. Dies ist das eigentliche Statement.

Das Statement wird durch ein oder höchstens zwei aussagekräftige und leicht verständliche **Argumente** untermauert, die zwecks Anschaulichkeit mit einem kurzen Beispiel oder Bild verdeutlicht werden sollten.

Am Ende steht **ein Appell oder eine Warnung**, wobei die wichtigste Aussage noch einmal auf den Punkt gebracht zusammengefasst werden kann.

1. Gehen Sie noch einmal Ihre Unterlagen zur Unterrichtsreihe durch.
2. Entscheiden Sie sich für Ihre Position zum Thema „Digitaler Unterricht" (↗ GUT ZU WISSEN „Die eigene Position darlegen", S. 169).
3. Unterstützen Sie Ihre Position mit ein bis zwei Argumenten (↗ GUT ZU WISSEN „Aufbau einer Argumentation", S. 147).
4. Verfassen Sie ein Statement zum Thema „Unterricht digital – Wie lernen wir am besten?" aus Schülersicht in Form eines Artikels für die Schülerzeitung Ihrer Schule.

Kapitel 17

Das eigene Medienverhalten reflektieren

Neue Medien bieten viele verschiedene Möglichkeiten, gleichzeitig haben sie in den letzten Jahren den Alltag verändert. In Bezug auf Bildung, Schule und Lernen gibt es neue Entwicklungen. Menschen kommunizieren anders, die Art, wie man Informationen sucht und findet, hat sich verändert. Doch was ist sinnvoll, was überflüssig? Wo entstehen Gefahren und in welchen Bereichen profitiert die Gesellschaft von den Neuen Medien? Wie gehe ich selbst mit den Neuen Medien um? Welches sind die Grenzen, die sich zeigen, und welche neuen Möglichkeiten eröffnen sich?

Kompetenzen

- ✓ Medienkonsum kritisch hinterfragen
- ✓ Lesegewohnheiten analysieren
- ✓ eigene Meinung angemessen äußern
- ✓ zukünftige Entwicklungen einschätzen
- ✓ andere von der eigenen Position überzeugen

Methoden und Arbeitstechniken

- ✓ Umfrage
- ✓ Lernplakat
- ✓ Datenvisualisierung
- ✓ Punktabfrage
- ✓ Zukunftswerkstatt

Lernsituation: Eine Zukunftswerkstatt durchführen

Medien sind in allen Lebensbereichen zu finden. In der Schule werden immer mehr digitale Hilfsmittel eingesetzt. Meetings finden digital statt, Post gibt es nur noch per E-Mail, Zeitung wird über das Tablet gelesen. Wir kommunizieren über das Smartphone, Filme und Musik werden gestreamt, gelesen werden zunehmend E-Books. Unser Leben findet in einigen Bereichen digitaler statt als früher.

Einfluss, Geschwindigkeit und Durchdringung unseres Alltags durch fortschreitende Digitalisierung wird von Befürwortern und Skeptikern in unterschiedlichen Zukunftsszenarien dargestellt. Vielleicht haben Sie schon einmal Schlagzeilen wie diese gesehen:

Wie Smartphones unser Zusammenleben beeinflussen

Haben wir bald alle digitale Avatare?

KINDER SOLLTEN PROGRAMMIEREN LERNEN!

KIs machen das Leben einfacher

In sozialen Medien bezahlen wir mit unseren Daten

Rosige Aussichten für die Zukunft oder doch düstere Utopien? Was denken Sie? Welche Medien werden wir in zehn Jahren nutzen? Wie wird sich unser Alltag dadurch verändern? Welche Gefahren könnte es geben? Indem Sie sich Kenntnisse über die Mediennutzung in der Gegenwart aneignen, werden Sie Thesen für zukünftige Szenarien entwickeln können. Dazu führen Sie eine Zukunftswerkstatt durch.

So können Sie vorgehen

Schritt 1 die aktuelle Mediennutzung analysieren
Schritt 2 beschreiben, welchen Einfluss Medien heute haben
Schritt 3 eine Gedankensammlung anlegen und Ideen entwickeln
Schritt 4 zukünftige Wege und Entwicklungen schriftlich und grafisch festhalten

Die Mediennutzung Jugendlicher untersuchen

Die Shell Jugendstudie erfasst Einstellungen/Meinungen Jugendlicher und statistische Daten zur Mediennutzung.

Shell Jugendstudie 2019 (Auszug)

Politik und Gesellschaft

Das politische Interesse von Jugendlichen hat sich im Jahr 2019 weiter stabilisiert. Als stark interessiert bezeichnen sich 8 % der Jugendlichen, und weitere 33 % sehen sich als interessiert. Damit ist das Interesse im Vergleich zu 2015 zwar leicht rückläufig (41 % im Vergleich zu 43 %), aber im längerfristigen zeitlichen Verlauf betrachtet liegt es deutlich über den Ergebnissen der Jahre 2002, 2006 und 2010. Bezüglich der Bildungsposition der Jugendlichen liegt ein deutliches Gefälle vor: Jeder zweite Jugendliche, der das Abitur anstrebt oder erreicht hat, bezeichnet sich als politisch interessiert. Bei Jugendlichen mit angestrebtem oder erreichtem Hauptschulabschluss trifft dies hingegen nur auf jeden vierten zu. Studierende bezeichnen sich zu 66 % als politisch interessiert, sie sind damit die Gruppe mit dem größten politischen Interesse.

Trotz leichter Annäherungen bezeichnen sich männliche Jugendliche (44 %) noch immer etwas häufiger als weibliche Jugendliche (38 %) als politisch interessiert. Aber beide Geschlechter messen dem eigenen politischen Engagement eine jeweils gleich hohe Bedeutung bei. Momentan hat es sogar den Anschein, dass Mädchen sich als Vorreiterinnen im politischen Engagement präsentieren. Dies gilt vor allem für die „Fridays for Future"-Initiative, die medial stark von jungen Frauen repräsentiert wird.

Das Internet als wichtigste politische Informationsquelle

Die Mehrheit der Jugendlichen informiert sich zu politischen Themen inzwischen online. Am häufigsten werden hierbei Nachrichten-Websites oder News-Portale genutzt (20 %), viele verweisen zudem auf Social-Media-Angebote, also auf entsprechende Informationsquellen in den sozialen Netzwerken, auf Messenger Apps (14 %) oder auf YouTube (9 %). Das Fernsehen als Informationsquelle nennen zwar 23 % der Jugendlichen, 15 % nutzen das Radio und ebenfalls 15 % klassische Printmedien, aber Internet und Social Media haben den klassischen Medien im Bereich der gezielten politischen Informationssuche mittlerweile den Rang abgelaufen. Das größte Vertrauen wird jedoch nach wie vor den klassischen Medien entgegengebracht. Die große Mehrheit hält die Informationen in den ARD- oder ZDF-Fernsehnachrichten für vertrauenswürdig. Vergleichbares gilt auch für die großen überregionalen Tageszeitungen, wobei Jugendliche in Ostdeutschland (68 %) auch diesen Zeitungen deutlich weniger trauen als ihre Altersgenossen im Westen (83 %). YouTube bezeichnet hingegen etwa jeder zweite Jugendliche als weniger bis nicht vertrauenswürdig. Bei Facebook sind es sogar etwas mehr als zwei von drei Jugendlichen, die den dort angebotenen Informationen misstrauen. Auch Twitter vertraut nur eine Minderheit. Das Vertrauen in einzelne Kanäle beeinflusst deren Nutzung. Es zeigt sich, dass die politisch interessierten Jugendlichen besonders häufig den klassischen Informations- und Nachrichtenkanälen (Print und öffentlicher Rundfunk) vertrauen und ihre Informationen weder ausschließlich und auch nicht vorrangig in den Social-Media-Kanälen suchen.

(www.shell.de)

1 Stellen Sie die Informationen aus dem Text grafisch dar.

a) Schreiben Sie aus dem Text die Daten zur Mediennutzung Jugendlicher heraus.

b) Welche Diagrammart (↗ GUT ZU WISSEN „Datenvisualisierung mit Diagrammen", Kapitel 5, S. 79) eignet sich am besten, um die Daten aus Aufgabe 1a zu visualisieren? Begründen Sie Ihre Auswahl.

c) Stellen Sie diese Daten grafisch dar.

Die Mediennutzung Jugendlicher untersuchen

2 Untersuchen Sie die sechs Diagramme zur „Internetnutzung und Videonutzung online“.
a) Formulieren Sie die Hauptaussagen der jeweiligen Diagramme.
b) Beschreiben Sie die Diagramme möglichst genau und notieren Sie Ihre Ergebnisse.

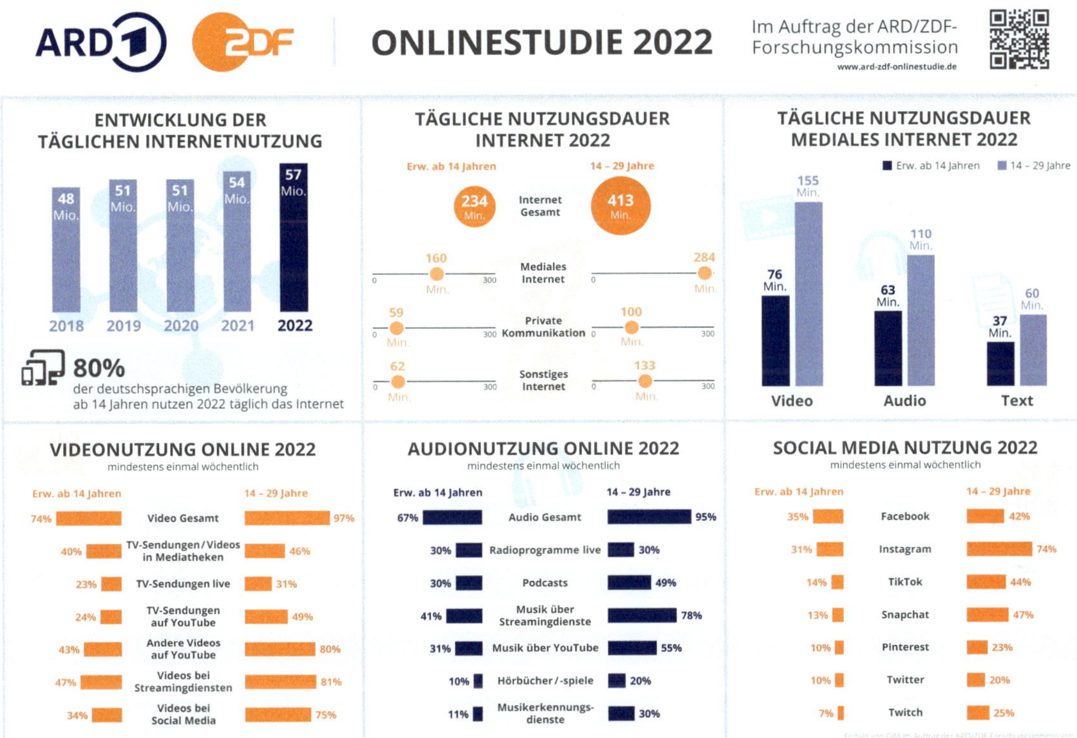

3 Dokumentieren Sie Ihre eigene Mediennutzung für vier Tage. Legen Sie eine Tabelle nach dem folgenden Muster an, in der Sie Ihre Medienkontakte eintragen.

Medienkontakt am Montag, dem xx.yy.

Medium	Zeit	Tagesgesamtzeit	Nutzung für...
Smartphone	*06:10-06:20*		*Social Media*
Internet			

4 Analysieren Sie zu zweit die Mediennutzung von Personen in Ihrem Umfeld.
a) Entwerfen Sie einen Fragebogen, der sich mit der Mediennutzung entweder Ihrer Mitschüler und Mitschülerinnen oder Ihrer Eltern oder Großeltern befasst.
b) Vergleichen Sie Ihren Fragebogen mit dem Plenum. Ergänzen Sie Ihren Fragebogen.
c) Führen Sie die Umfrage durch. Nutzen Sie dafür auch GUT ZU WISSEN „Eine Umfrage durchführen“(↗ S. 248).

Die Mediennutzung Jugendlicher untersuchen

d) Stellen Sie die Ergebnisse Ihrer Umfrage grafisch dar (z. B. als Schaubild ↗ Kapitel 5).
e) Präsentieren Sie Ihre Ergebnisse der Klasse (z. B. als Lernplakat).
f) Vergleichen Sie Ihre Ergebnisse für die einzelnen Gruppen (Mitschüler, Eltern, Großeltern).

5 Reflektieren Sie Ihre Umfrageergebnisse.
a) Vergleichen Sie die Ergebnisse Ihrer Klasse mit denen des Schaubildes der JIM-Studie.
b) Überprüfen Sie, welche Änderungen in Ihrem Nutzungsverhalten möglich sind. Welche sind schwerer und welche leichter umzusetzen?

GUT ZU WISSEN – Eine Umfrage durchführen

Die Umfrage ist eine Methode, um zu einer bestimmten Fragestellung Informationen über Menschen zu sammeln. Denken Sie immer daran, dass personenbezogene Daten sensibel sind. Halten Sie sich an die geltenden Datenschutzbestimmungen.

Zielgruppe bestimmen: Bevor eine Umfrage zu einem Thema durchgeführt werden kann, muss zunächst der Personenkreis bestimmt werden, der befragt werden soll.

Repräsentativumfrage: Hier wird eine überschaubare Anzahl von Personen befragt, die in ihrer Zusammensetzung (Alter, Berufsstand, Geschlecht, Interessen etc.) ein möglichst genaues Abbild der Zielgruppe darstellen. Die Ergebnisse der Befragung werden auf die Gesamtgruppe hochgerechnet.

Auswahl nach dem Zufallsprinzip: Eine Befragung nach dem Zufallsprinzip ist wesentlich einfacher durchzuführen, die Fehlerquote ist aber auch erheblich höher als bei einer Repräsentativumfrage.

Die Erhebungsmethode bestimmen: Die geeignete Erhebungsmethode hängt von den eigenen organisatorischen und zeitlichen Möglichkeiten ab. Man kann:

- Fragebögen verteilen oder verschicken,
- eine Telefonumfrage starten,
- geeignete Personen in einem Interview befragen,
- einen Fragebogen ins Internet stellen.

Fragen formulieren: Grundsätzlich sollten alle Fragen standardisiert sein, d. h. in der Reihenfolge und Wortwahl immer gleich sein. Es empfiehlt sich, Fragen möglichst eindeutig, präzise und leicht verständlich zu formulieren und mit einfachen Fragen („Eisbrechern") zu starten.

Geschlossene Fragen: Bei geschlossenen Fragen muss der Befragte zwischen zwei Alternativantworten auswählen (Ja/Nein, Richtig/Falsch oder A/B). Es können auch mehrere Antworten zur Auswahl gestellt werden wie bei einer Multiple-Choice-Frage.

Offene Fragen: Bei offenen Fragen können die Teilnehmer/-innen die Antworten frei formulieren. Vermeiden sollte man Suggestivfragen (z. B. „Sind Sie auch der Meinung, dass ...?"). Geschlossene Fragen lassen sich leichter auswerten als offene Fragen, da bei offenen Fragen ein Vergleich der Antworten oft schwierig ist.

Validität und Reliabilität einer Umfrage: Valide oder gültig sind die Ergebnisse, wenn die Fragen eindeutige Antworten liefern und Fehldeutungen unmöglich sind. Reliabel oder zuverlässig sind die Forschungsergebnisse, wenn die Antworten der Gruppe der Befragten möglichst repräsentativ die Ansichten der Zielgruppe wiedergeben, d. h., wenn die Fehlerquote sehr gering ist.

Präsentation der Umfrage: Für die Präsentation oder Visualisierung von Ergebnissen eignen sich Schaubilder und Diagramme.

Folgen veränderter Mediennutzung erkennen

Die veränderte Mediennutzung in der Gesellschaft hat Auswirkungen auf viele Bereiche des alltäglichen Lebens, besonders auch darauf, wie Texte von den Menschen gelesen werden.

Lesekultur im Wandel – Essay

von Heinrich Riethmüller

[...] Bei genauerem Hinschauen erkennt man: Lesen ist vielschichtiger denn je. Literaturfestivals und Lesungen boomen, Blogger und Bookstagrammer teilen Leseerlebnisse online, Buchhandlungen sind kulturelle Treffpunkte. Dennoch: Lesen ist in der Freizeit immer stärker nur eine Option von vielen. Wer Bücher liest, tut dies zunehmend aus einer bewussten Entscheidung heraus. Unbewusst lesen Menschen in ihrem Alltag hingegen mehr als vor einigen Jahren – und sie lesen anders. Das Lesen findet heute im Digitalen statt, es ist hochfrequenter und selektiver, dabei durchsetzt von Bildern. Im Digitalen liegen der Studie zufolge auch die Gründe für die Käuferabwanderung: Die diversen Möglichkeiten der Unterhaltung haben sich erst jetzt auf das Kaufverhalten ausgewirkt – neben dem Fernsehen und dem Internet war lange Platz für Bücher. Das Bücherkaufen aufgegeben haben Menschen verstärkt in den vergangenen Jahren, in denen der Alltag wesentlich durch eine permanente Erreichbarkeit durch soziale Medien geprägt ist. Die Menschen fühlen sich zunehmend von der Schnelllebigkeit und den Erwartungen des modernen Alltags unter Druck gesetzt, immer verbunden mit der Angst, sozial den Anschluss zu verlieren. So reicht abends die Energie nicht mehr, um sich in ein Buch oder E-Book zu vertiefen. Stattdessen schauen sie lieber eine Netflix-Serie.

Natürlich hat sich die Bevölkerung auch vor der Digitalisierung nicht zu hundert Prozent aus Buchlesern zusammengesetzt. Die Stellung des Lesens in der Gesellschaft hat sich aber gravierend verändert. Nicht-Lesen führt nicht mehr zu soziokulturellem Statusverlust. Lesen ist keine Voraussetzung mehr, um am gesellschaftlichen Gespräch teilzuhaben – diese Rolle im Kulturgespräch haben zunehmend Serien übernommen, die immer hochwertiger produziert werden. Bücher hingegen müssen sich stärker rechtfertigen und sich ihre Sichtbarkeit verdienen. Sie sind mehr und mehr aus dem öffentlichen Diskurs verschwunden, gelten zuweilen als Einzelgänger-Medium.

Das Interesse an Geschichten hingegen ist ungebrochen – das zeigt nicht zuletzt der Serien-Trend. Auch gab es keine abrupte Ablehnung des Buchs. Die befragten Abwanderer haben an Bücher durchweg positive Erinnerungen. Lesen wird als Moment der Entschleunigung beschrieben, als Abtauchen in ferne Welten, Horizonterweiterung und Zeit für sich selbst. Informationen aus Büchern gelten unter den Befragten als besonders vertrauenswürdig. Viele sprechen sogar davon, dass sie die Zeit mit Büchern vermissen.

Nicht erst seit Veröffentlichung der Buchkäuferstudie arbeitet die Buchbranche an neuen Wegen, Leser zu erreichen. Digitale Tools sollen bei der Buchauswahl helfen, Leseproben unentschlossene Käufer gewinnen. Angebote wie Yoga in der Buchhandlung schaffen neue Zugänge und betonen die vergemeinschaftende Seite des Lesens. Sicherlich können Live-Events für das Lesen nicht die Bedeutung entwickeln, wie sie es in der Kunst oder im Theater tun. Aber sie können helfen, Geschichtenliebhaber zu gewinnen.

Offene und niedrigschwellige Angebote sind genauso wichtig zum Überleben des Marktes, wie auf den Wert des Lesens selbst zu setzen. Bei all diesen Überlegungen gilt: Wenn Bücher im Alltag ins Abseits geraten, steht mehr als eine Bilanz oder ein beglückendes Gefühl auf dem Spiel. Bücher zu produzieren, dient keinem ökonomischen Selbstzweck.

Die Frage, ob Bücher in unserem Alltag präsent sind, impliziert vielmehr drängende kulturelle und gesellschaftliche Fragen. Bücher bieten Zugang zu einer Art des Lesens, auf die unsere Gesellschaft nicht leichtfertig verzichten kann. Wer keine Bücher liest, beschränkt auch seine Wahrnehmungsmöglichkeiten. Digitale Medien verändern diese maßgeblich. Der

Folgen veränderter Mediennutzung erkennen

Umstand, dass viele elektronische Medien den Leser einem permanenten Fluss der Reize aussetzen und ihm vorgeben, wann er welche Inhalte zu verarbeiten habe, ist nach Erkenntnissen des Hirnforschers Wolf Singer in hohem Maße unnatürlich. Normalerweise sei es der Mensch selbst, der sich aussucht, in welchem Rhythmus er etwas lese.

Als eine Folge des digitalen Lesens sieht Singer eine verringerte Aufmerksamkeitsspanne. Rein digital trainierte Leser hätten Schwierigkeiten, komplexe Sätze aufzulösen. Das Lesen von gedruckten Texten eröffnet hingegen eine Freiheit, die wir beim vorportionierten elektronischen Lesen von Kurztexten oder beim Serienschauen nicht erlangen können. Ähnliches bestätigten zuletzt die Studien des Forschernetzwerkes E-Read. Die selbstständige Auseinandersetzung mit dem Gelesenen stärkt die Position des Eigenen und macht frei von vorgegebenen Denkmustern – Fähigkeiten, die in Zeiten von erstarkendem Populismus, Fake News und Clickbait-Journalismus unabdingbarer werden und elementar für die demokratische Teilhabe sind.

Ebenso wichtig für den demokratischen Diskurs sind vertrauenswürdige Quellen – mit gesellschaftlicher Verantwortung verlegte und sorgfältig recherchierte Literatur. Sie ist ein notwendiges Gegengewicht zur Schnelllebigkeit digitaler Informationen und hilft, die gemeinhin als immer komplexer wahrgenommene Welt zu verstehen und Perspektiven zu hinterfragen. […]

Es gibt rund 3000 Buchverlage in Deutschland, davon ein beträchtlicher Teil unabhängige und kleine Verlage, die es sich vielfach zur Aufgabe gemacht haben, abseits des Mainstreams zu publizieren. Sie setzen auf Spezialinteressen und schrecken nicht davor zurück, auch das Skurrile und Abseitige zu befördern sowie Gedanken herauszubringen, die dazu beitragen, gesellschaftliche Normen zu verändern.

Eine rückläufige Zahl an Buchhandlungen, eine geringe Präsenz von Büchern im Alltag und schwindende Interessengruppen gefährden allerdings diese „Bibliodiversität“ und damit ein fragiles kulturelles Ökosystem, das das Wachsen von Ideen und politischer Diversität ermöglicht. Eine schrumpfende Leserschaft dünnt langfristig auch den Markt der Ideen aus.

Das Interesse an Büchern bei Kindern und Jugendlichen hat in den vergangenen Jahren im Vergleich zur Gesamttendenz weniger stark abgenommen. Offen bleibt: Werden Kinder zu Lesern, wenn sie langfristig immer weniger lesende Vorbilder haben? Vertieftes Lesen ist nach wie vor die wichtigste Form der Wissensaneignung. […]

(www.bpb.de)

1 **Führen Sie in Ihrer Klasse eine Punktabfrage über die Lesegewohnheiten Ihrer Mitschülerinnen und Mitschüler durch.**

Fragen für die Punktabfrage:
- *Was lesen Sie täglich?*
- *Wann lesen Sie?*
- *Wie viel Zeit in der Woche verbringen Sie mit Lesen?*
- *Lesen Sie eher digital? Lesen Sie eher analog?*

2 **Erstellen Sie nach dem Lesen des Textes „Lesekultur im Wandel“ eine Mindmap mit Aspekten, die die Veränderung der Lesegewohnheiten durch digitale Medien beschreiben. Verwenden Sie auch die Ergebnisse der Punktabfrage von Aufgabe 1.**

3 **Verfassen Sie eine Stellungnahme als Leserbrief, in dem Sie sich kritisch mit der Veränderung der Lesekultur auseinandersetzen (↗ GUT ZU WISSEN „Die eigene Position darlegen“, S. 169).**

Sich im Netz angemessen verhalten

Meinungsfreiheit ist als ein wichtiges Gesetz im Grundgesetz verankert. Wie viele andere Grundrechte gewährleistet die Meinungsfreiheit ein demokratisches und freies Leben. Aufgrund der scheinbaren Anonymität und Unpersönlichkeit im Internet verändert sich die Gesprächskultur im Netz. Kann dies verhindert werden, ohne die Meinungsfreiheit zu verletzen?

Zensur auf YouTube: Können wir die Meinungsfreiheit nur wahren, wenn wir Hass akzeptieren?

Das Leben als Influencerin oder Influencer mag zunächst glamourös und erstrebenswert klingen, dennoch hat es auch seine Schattenseiten. Wer erfolgreich Bikinis bewerben möchte, muss sich in ihnen auf sozialen Netzwerken zeigen. Wer Blumen und Hochzeitsplaner vermarktet, muss seine Follower an der Hochzeit zumindest digital teilnehmen lassen, und wer will, dass Abonnenten ihr tägliches Abendessen mithilfe von bekannten Kochboxen zusammenstellen lassen, der muss viele Millionen Menschen im Netz die eigene Küche präsentieren.
So macht man sich angreifbar und es ist unausweichlich, dass es auch Kritik gibt. Abwertende Kommentare über die Figur, rassistische Beschimpfungen bis hin zu Drohungen jeder Art sind dabei an der Tagesordnung. So erging es einer britischen Bloggerin, die ihre zugegebenermaßen unrealistische Morgenroutine teilte, um ein Mundwasser zu bewerben. Unter dem Post wurde ihr vorgeworfen, sie habe eigentlich Mundgeruch. Auch Morddrohungen soll die junge Frau erhalten haben.
Ob man da noch von Kritik sprechen kann, ist mehr als fraglich, viel mehr sind das Beleidigungen und damit Straftaten. Viele Kommentarspalten würden noch ausfälligere Kommentare beinhalten, gäbe es bei YouTube nicht einen Uploadfilter, der das Posting von Kommentaren, die bestimmte Schlagworte enthalten, unmöglich macht. Wenn durch einen Uploadfilter zum Beispiel bestimmte Begriffe blockiert werden („dick", „hässlich" ...), dann lassen sich keine Beiträge mit diesen Inhalten hochladen. Klingt zunächst im Hinblick auf Beleidigungen und Straftaten plausibel und verständlich. Wenn man jedoch recherchiert, welche Begriffe blockiert werden, so sind häufig das Wörter wie „Clickbait", „Schleichwerbung" und „Abzocke". Die Nutzer können sich also oft nicht kritisch zu den Beiträgen der Influencer äußern, was tatsächlich einer Zensur gleichkommt. Sollen sich denn die Nutzerinnen und Nutzer und somit auch die potenziellen Käufer zu einem Produkt oder auch zu der Werbung an sich äußern können? Werden so vielleicht Wahrheiten unterdrückt und/oder Tatsachen verschweigen?
Zudem werden häufig Wörter gesperrt, die die Authentizität der Bloggerinnen und Blogger infrage stellen. Ist es nicht der Job dieser Menschen, die Produkte so zu präsentieren, dass Nutzer ehrlich vom Produkt überzeugt werden können? Haben die Follower nicht, wenn sie eben nicht überzeugt worden sind, das Recht, dies zu beanstanden? Kritik kann ja auch Impuls für Verbesserung sein und die Authentizität macht gerade die Attraktivität von Werbung durch Influencer aus.
Überspitzt dargestellt hieße das ja, dass alle Beiträge, egal, von wem sie angeboten werden, nur in eine bestimmte vorgegebene Richtung kommentiert werden können. Es gäbe und gibt immer bestimmte Bereiche, die auf dem jeweiligen Kanal **tabuisiert** werden. Würde man das auch auf politische Beiträge anwenden, stellt sich berechtigterweise die Frage nach der Meinungsfreiheit. Und gerade das soll ja einer der Nutzen von Internet und Social Media sein: offene Kommunikation und Diskussion. Hasskommentare, Rassismus und Drohungen sind ebenfalls Gegner von demokratischen Werten und stehen im scharfen Gegensatz zum Grundgesetz. Sie sind aber, auch wenn es wehtut, ebenfalls Teil der Internetkultur. Müssen wir jetzt abwägen: Zensur statt Meinungsfreiheit für ein friedliches, niveauvolles und demokratisch-pluralistisches Miteinander im Netz?

Sich im Netz angemessen verhalten

1 **Im Internet wird auf verschiedene Weise regulierend eingegriffen. Lesen Sie den Text „Zensur auf YouTube" und recherchieren Sie die hervorgehobenen Begriffe „Zensur", „Uploadfilter" ...**

a) Erläutern Sie die recherchierten Begriffe. Wie grenzen sich die Begriffe voneinander ab?

Zensur: Unter Zensur versteht man eine Art Kontrolle ...

b) Erstellen Sie ein Lernplakat mit den recherchierten Begriffen und den Erläuterungen.

c) Wo sind Ihnen Zensur, blockierte Begriffe und Uploadfilter schon einmal begegnet?

Ich kenne den Begriff der Zensur aus der Politik. ...
Ich habe gehört, dass in einigen Ländern ...

d) Ist es für Sie auch Zensur, wenn Begriffe blockiert werden? Begründen Sie Ihre Meinung.

e) Zensur kann hilfreich sein. Nennen Sie Beispiele.

Viele Online-Spiele haben eine FSK-Freigabe und können erst ab ... genutzt werden. Dies hat zur Folge ...

2 **Versetzen Sie sich in die Lage einer Influencerin oder eines Influencers und ergänzen Sie die Liste mit Gründen, warum eine Blockierfunktion in den Kommentaren verwendet wird.**

viele abfällige und beleidigende Kommentare über die Person, die einen Beitrag veröffentlicht ...

3 **Analysieren Sie den Text bezüglich seiner Kritik zum Verhalten von Influencern/-innen.**

a) Welche Begriffe „zensieren" Influencerinnen und Influencer? Warum tun sie das?

b) Erklären Sie, welche Folgen solche regulierenden Eingriffe haben können.

4 **Hass-Kommentare sind ein Problem bei Diskussionen im Internet. Lesen Sie den betreffenden Absatz im Text (Z. 12 ff.) und bearbeiten Sie die folgenden Aufgaben.**

a) Berichten Sie von Erfahrungen aus Ihrem Umfeld.

b) Wie verändert sich die Kommunikation im Internet und welche Folgen könnte das haben?

5 **Im Internet kann man oft auf einen Post reagieren, einen Text / ein Foto liken oder einen Kommentar schreiben. Verdeutlichen Sie Ihre Meinung zum Text mithilfe von GUT ZU WISSEN „Kommentar" und verfassen Sie einen Kommentar.**

GUT ZU WISSEN | Kommentar

Ein **journalistischer Kommentar** stellt die **Meinung** der Autorin / des Autors zu einem bestimmten Thema oder einer Nachricht dar und möchte damit beim Lesenden eine Meinungsbildung bewirken. Die Autorin / Der Autor bezieht also **persönlich** zur **Kernaussage des Textes** oder zu einem **gesellschaftlich diskutierten Problem** Stellung. Journalistische Kommentare sind appellativ und beinhalten sowohl informierende als auch wertende Aussagen.

Wenn Nutzerinnen/Nutzer von sozialen Netzwerken auf Beiträge von anderen Nutzern, Influencern und Bloggern oder auch auf digitale Zeitungsartikel reagieren, dann benutzen sie die Kommentarfunktion, sie kommentieren etwas. Es geht dabei in erster Linie um das **Darlegen der eigenen Meinungen** und eine **Stellungnahme zu dem erwähnten Beitrag**.

Den Medieneinfluss bewerten

Im 21. Jahrhundert entwickelt sich eine Gesellschaft, in der Meinungen und Fakten teilweise verschwimmen und für manche Menschen wissenschaftliche Belege nichts mehr zählen. Gerüchte, Falschmeldungen, gezielte Fake News, Zeitungsenten usw. gab es schon immer, aber die zunehmende Medienfülle und Digitalisierung verschärfen die Situation.

1 Verfassen Sie mit einem Lernpartner / einer Lernpartnerin eine Definition für den Begriff „Gerücht". Sammeln Sie die Definitionen anschließend im Plenum. Welche Gemeinsamkeiten gibt es?

Historische „Fake News" und die größten Zeitungsenten

von Corina Kolbe

Reichster Hund der Welt:
Ihrem geliebten deutschen Schäferhund „Gunther IV." hinterließ Gräfin Carlotta Liebenstein bei ihrem Tod 1991 angeblich ihr gesamtes Vermögen, geschätzte 100 Millionen Schweizer Franken. Zeitungen in aller Welt veröffentlichten 1992 diese Sensationsnachricht. Zahlreiche Fernsehteams fuhren nach Pisa, um den steinreichen Hund zu filmen. Angeblich wurde „Gunther IV." sogar von einem eigenen Koch verwöhnt. Erst drei Jahre danach erklärte die Stiftung, die den Nachlass verwaltete, man habe sich lediglich einen Scherz erlaubt.

Vorzeitig in Jenseits befördert:
Wird eine bekannte Persönlichkeit fälschlicherweise für tot erklärt, geraten Medien in besonders peinliche Erklärungsnot. So verschickte die dpa am 13. April 1964 eine Eilmeldung zum angeblichen Tod des sowjetischen Ministerpräsidenten Chruschtschow. Dieser sei vier Tage vor seinem 70. Geburtstag an den Folgen einer akuten Hephocapalytirosises verstorben, hieß es unter Berufung auf die Nachrichtenagentur Tass. Kurz darauf wurde die Nachricht als Ente entlarvt. Die angebliche Krankheit existiert überhaupt nicht. Wer dafür verantwortlich war, steht allerdings bis heute nicht fest.

Beyoncé und der Butterpreis:
[...] Ein Interview mit der Popsängering Beyoncé Knowles, das im Januar 2010 erschien, stellte sich als frei erfunden heraus. Der Journalist ließ das fiktive Gespräch mit einer Frage nach dem Butterpreis beginnen. Das amerikanische Management des Stars kam [dem Journalisten] Mocek auf die Schliche, nachdem über das Interview in einem Blog diskutiert worden war. Dem Fälscher wurde daraufhin fristlos gekündigt.

(www.spiegel.de)

2 Lesen Sie die Berichte über die Zeitungsenten.
a) Welche Folgen ergaben sich aus der Verbreitung der falschen Informationen?
b) Nennen Sie Gründe, die zu einer schnellen Verbreitung falscher Informationen führen können.

3 In welchem Zusammenhang ist Ihnen der Begriff „Fake News" schon einmal begegnet?

GUT ZU WISSEN — Fake News

Fake News sind **falsche Meldungen**, die nicht nur über Printmedien, sondern vor allem von einzelnen Personen oder Gruppen über elektronische Kanäle geschaltet werden. Hinter den falschen Meldungen, zumeist in sozialen Netzwerken, stehen **politische, wirtschaftliche oder persönliche Absichten**.

Falschmeldungen verbreiten sich schnell, weil sie von vielen Personen verbreitet und geteilt werden.

Um zu beurteilen, ob ein Text / eine Nachricht seriös ist, ist es wichtig, folgende Aspekte zu prüfen: Aktualität, Argumentation, Sprache, Nachprüfbarkeit und Transparenz (↗ Kapitel 6).

Den Medieneinfluss bewerten

4 Stellen Sie dar, warum Fake News gefährlicher sind als Zeitungsenten.

5 Notieren Sie mögliche Absichten der Verfasser/-innen von Fake News im Bereich Politik.

6 Sind Sie schon einmal auf eine Falschmeldung „hereingefallen“? Beschreiben Sie eine der folgenden Situationen:
- Wenn ja: Was hat Sie überzeugt?
- Wenn nein: Woran haben Sie erkannt, dass die Meldung nicht stimmt?

7 Versetzen Sie sich in folgende Situation: Im Fach Sozialkunde sollen Sie zu Beginn der Stunde eine aktuelle Nachricht vorstellen (↗ Kapitel 6).

a) Recherchieren Sie auf Online-Plattformen, auf denen Sie seriöse Nachrichten sammeln können.

b) Notieren Sie eine aktuelle Nachricht. Achten Sie dabei auf die Beantwortung der W-Fragen (Was? Wann? Wer? Warum? Wo?).

c) Präsentieren Sie Ihre Nachricht und lassen Sie sich Rückmeldung zur Glaubwürdigkeit geben.

8 Formulieren Sie in Kleingruppen Ihre Nachricht so um, dass eine Falschmeldung entsteht.

9 Werden zukünftig Fake News noch ein Problem sein? Jeder sollte doch sensibilisiert sein, wenn es um wichtige Informationen geht. Beschreiben Sie in einem kurzen Statement (↗ Kapitel 16), wie mit Informationen umgegangen werden muss.

Lernbilanz: Sie können ...

- eine Studie zum Medienverhalten Jugendlicher lesen und die Aussagen in Diagrammen wiedergeben.
- eine Umfrage durchführen und einen Fragebogen entwickeln.
- die Ergebnisse der Umfrage einordnen und in Beziehung zu einer Studie setzen.
- Ihr eigenes Medienverhalten reflektieren.
- sich angemessen im Netz ausdrücken und verhalten.
- zukünftige Perspektiven und Tendenzen der Medienentwicklung und des Medienkonsums einschätzen.

Die Lernsituation umsetzen: Eine Zukunftswerkstatt durchführen

Der Ausbau der digitalen Infrastrukturen erfasst inzwischen viele Lebensbereiche: Alltag, Freizeit, Arbeitswelt, Konsumverhalten, Gesundheit. Sich entsprechenden Trends zu entziehen oder auch anzuschließen, wird zunehmend schwieriger. Wie werden wir Medien in Zukunft im Alltag nutzen?
Zu dieser Frage können Sie eine Zukunftswerkstatt durchführen.

Der Blick in die Zukunft

In einer Zukunftswerkstatt erarbeitet eine Gruppe von Menschen zu einer bestimmten Fragestellung mögliche zukünftige Entwicklungen. Wissenschaftlerinnen und Wissenschaftler stellen so Prognosen auf, die als Basis für z. B. politische Entscheidungen dienen. Die bekanntesten Beispiele kommen aus dem Bereich Klima und Umwelt (z. B. Anstieg der Temperaturen). Es wird festgelegt, wie weit in die Zukunft gedacht wird: Kurzfristige Szenarien beschäftigen sich beispielsweise mit den kommenden Wochen oder Monaten. Mittelfristig bedeutet eine Rechnung in Jahren. Langfristige Ausblicke können Jahrzehnte oder sogar Jahrhunderte umfassen. Wichtig für eine nützliche Prognose ist eine gute Kenntnis des Ausgangsthemas. Bevor in die Zukunft gedacht wird, müssen historische Entwicklungen und die Situation in der Gegenwart ausgewertet werden.
Es gibt verschiedene Methoden, eine Zukunftswerkstatt durchzuführen. Zunächst muss eine Fragestellung formuliert werden. Dann werden Thesen entwickelt und diskutiert. Zur Untermauerung der Thesen mit Argumenten werden zusätzliche Informationen recherchiert. Wichtig ist, den Gedanken freien Lauf zu lassen und die verschiedenen Thesen zunächst nicht zu bewerten. Erst nach und nach werden die wahrscheinlichsten Szenarien herausgefiltert.
Die Szenariomethode ist eine Möglichkeit, Gedanken zu ordnen. Bei der Szenariomethode werden Prognosen in drei Kategorien eingeordnet:

- Best-Case-Szenario: eine extrem positive Entwicklung;
- Trendszenario: bisherige Entwicklungen setzen sich fort;
- Worst-Case-Szenario: eine extrem negative Entwicklung.

Auf Basis der verschiedenen Szenarios können Entscheidungen getroffen und Konsequenzen gezogen werden.

1 Stellen Sie sich vor, wie Ihr digitales Leben zukünftig (in zehn Jahren) aussieht. Versuchen Sie, folgende Fragen zu beantworten:
- Welche Medien werden Sie in zehn Jahren nutzen?
- Welche Geräte werden Sie verwenden?
- Welche Gefahren könnten bestehen?
- Was müssen wir im Umgang mit digitalen Medien noch lernen?

2 Stellen Sie Thesen auf. Nutzen Sie die Szenariomethode.
a) Stützen Sie Ihre Thesen mit Argumenten. Nutzen Sie dafür Ihre Notizen zu diesem Kapitel.
b) Tauschen Sie sich in Vierergruppen aus und diskutieren Sie Ihre Thesen. Ergänzen Sie ggf. Ihre Thesen mit weiteren Argumenten.

3 Einigen Sie sich in der Kleingruppe auf drei realistische, umsetzbare Szenarien. Stellen Sie diese in einem Zeitstrahl dar.

4 Stellen Sie die Ergebnisse der Zukunftswerkstatt Ihrer Klasse vor.

Kapitel 18

Ein eigenes Medienprodukt erstellen

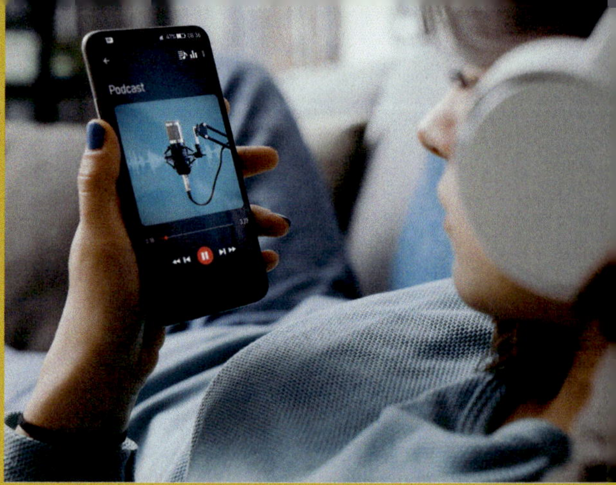

Deutschland hat in den letzten Jahren einen Podcast-Boom erlebt. Im Gegensatz zu Social-Media-Plattformen, die mit ihrer Anfälligkeit für die Verbreitung problematischer Inhalte immer häufiger Kritik ausgesetzt sind, scheinen Podcasts bislang davon weitgehend verschont zu werden. Das Angebot reicht hier von den Produktionen der öffentlich-rechtlichen Medienanstalten und den großen journalistischen Verlagen bis hin zu Einzelpersonen oder Podcasts auch in Schulen.
In der Praxis können die Grundtypen wie Solo- oder Interview-Podcasts beliebig gemixt und kombiniert werden, sodass Formate ähnlich Radiosendungen entstehen.
Für die Schule ist die Arbeit mit Podcasts ein zukunftsträchtiges Feld, denn sie sind nicht nur beliebt, sondern können auch gewinnbringend und technisch unaufwendig in den Unterricht eingebracht werden.

Kompetenzen

- ✓ ein Medienprodukt konzipieren
- ✓ Texte für Beiträge schreiben
- ✓ mit Schneideprogrammen umgehen
- ✓ einen Podcast erstellen

Methoden und Arbeitstechniken

- ✓ Präsentieren
- ✓ Interview
- ✓ Feedback
- ✓ Lernplakat

Lernsituation: Einen Podcast produzieren

Die rasante Entwicklung digitaler Medien ist in aller Munde. Es wird breit darüber diskutiert, wie sie unseren Alltag verändern. Vieler dieser Entwicklungslinien werden in den beiden vorangegangenen Kapiteln nachgezeichnet.

Diese Veränderungen merken auch Sie in Ihrem Alltag an Ihrem Medienkonsum, intelligenten Haushaltsgeräten, aber auch dem eigenen Lernen oder dem Arbeiten in der Schule. Lernvideos, Anwendungen Künstlicher Intelligenz und technische Geräte wie Smartphones oder Tablets sind selbstverständlicher Teil von Lernprozessen geworden.

Nun sollen Sie selbst ein Medienprodukt erstellen: einen Podcast. Eine Form, mit der Sie vielleicht noch nicht so vertraut sind. In diesem Podcast sollen Sie anderen Schülerinnen und Schülern einen Einblick darin geben, wie digitale Medien das Lernen von Schülerinnen und Schülern schon verändert haben und in Zukunft noch verändern werden. Innerhalb dieses großen Themas können Sie selbst eigene Schwerpunkte setzen. Damit wird die Erstellung des Podcasts für Sie ein Weg, Ihr Wissen zu dem Thema zu sichern und zu vertiefen. Den nachfolgenden Jahrgangsstufen an Ihrer Schule soll der Podcast als Einstieg in die Lernsituation Medien dienen können.

So können Sie vorgehen

Schritt 1 Merkmale eines Podcasts kennenlernen
Schritt 2 Kriterien für einen gelungenen Podcast festlegen
Schritt 3 Ablaufplan festlegen
Schritt 4 Manuskripte für die einzelnen Beiträge schreiben
Schritt 5 die Technik kennenlernen und erproben
Schritt 6 den Podcast erstellen
Schritt 7 ein Feedback einholen

Podcast – was ist das?

Das Wort Podcast hat fast jeder schon mal gehört. Immerhin ist auch die Anzahl der Menschen, die zumindest einmal einen Podcast gehört haben von 16 Prozent im Jahr 2016 auf 47 Prozent im Jahr 2022 gestiegen. Was genau sich dahinter verbirgt, wissen aber nach wie vor nicht alle.

1 Wie würden Sie Podcast definieren? Notieren Sie für sich eine Definition.

2 Vergleichen Sie Ihre Definition mit Ihrem Lernpartner / Ihrer Lernpartnerin. Einigen Sie sich auf drei zentrale Charakteristika, die einen Podcast ausmachen.

Was ist ein Podcast?

Bei einem Podcast handelt es sich um eine Reihe von Audio- oder Videobeiträgen zu einem Thema, die man meistens kostenlos abonnieren kann. Feste Sendezeiten gibt es dabei nicht – die einzelnen Beiträge lassen sich herunterladen und können somit jederzeit an jedem Ort angehört bzw. angeschaut werden.
Wichtigster Bestandteil eines Podcast-Beitrags ist der Text, der sich an der gesprochenen Sprache orientiert (mediale und konzeptionelle Mündlichkeit).
Podcast-Beiträge umfassen journalistische Formen wie Meldungen, Nachrichten, Reportagen, Features, Kommentare, Interviews, Diskussionen und Umfragen.
Ein Merkmal vieler „gebauter Beiträge“ ist der Wechsel zwischen Autorentext und Originaltönen (O-Tönen). Häufig kommen Geräusche und Musik hinzu, die das Interesse wecken. Pausen werden gemacht, um das Zuhören zu erleichtern. Die Länge eines Beitrages hängt von der jeweiligen Form und Zielsetzung ab. Im Allgemeinen gilt, dass Beiträge zwischen zwei und fünf Minuten lang sind. Jeder Podcast hat als Erkennungszeichen eine kurze, einprägsame Melodie (Jingle). Eine durchgängige Sprecherin bzw. ein durchgängiger Sprecher führt ins Thema ein, moderiert die einzelnen Beiträge an und verabschiedet die Zuhörer/-innen.
Die einzelnen Beiträge können sehr unterschiedlich sein: Eine Person kann interviewt werden, jemand kann eine Reportage machen, in der Straßengeräusche, Gespräche mit verschiedenen Menschen etc. enthalten sind, oder eine Expertin erklärt einen bestimmten Sachverhalt.
Für die Produktion eines Podcasts braucht man kein Tonstudio mit aufwendiger Technik. Wer im Besitz eines Smartphones ist, um Podcasts anzuhören, kann sie damit auch selbst produzieren. Drei Dinge sind dazu nötig: ein Mikrofron, eine Aufnahmefunktion und eine Internetverbindung. Mit einem Tablet oder Laptop und einem kostenlosen Audio-Schnittprogramm klingt es natürlich professioneller.

3 Vergleichen Sie gemeinsam Ihre drei Charakteristika mit denjenigen im Text „Was ist ein Podcast?“.

a) Welche finden Sie dort wieder?
b) Welche Ergänzungen müssen Sie in Ihrer Definition noch vornehmen?
c) Schreiben Sie gemeinsam eine neue Definition in drei Sätzen.

4 Hören Sie Podcasts? Warum bzw. warum nicht?

5 Nennen Sie Podcasts, die Sie sich in letzter Zeit angehört haben. Was hat Ihnen daran (nicht) gefallen?

Bedeutung von Podcasts

Podcasts haben in den letzten Jahren stark an Bedeutung gewonnen und erweitern und ersetzen zunehmend bestehende mediale Angebote. Mit ihrer Hilfe informieren sich Nutzer zu zahlreichen Themen und Inhalte. Als Audioformate sind sie beliebt, da sie im Auto, beim Sport und ähnlichen Aktivitäten angehört werden können.

GUT ZU WISSEN Typische Inhalte von Podcasts

- Interviews mit Experten und Personen öffentlichen Interesses
- Vorträge über Wissenschaft, Politik, Ökonomie und Ökologie
- Mitschnitte von Veranstaltungen (Konzerte, Kabarett usw.)
- Musikvorstellung
- PC- und Videospiele
- Kritiken (Theater, Film, TV usw.)
- Sport
- Zeitgeschehen
- Alltagserlebnisse und Betrachtungen (Audio-Blog)
- Features
- Hörspiele
- Comedy, Glossen, Satire

1 Vielleicht kennen Sie schon Podcasts mit unterschiedlichen Inhalten (↗ GUT ZU WISSEN „Typische Inhalte von Podcasts“). Ansonsten versuchen Sie, Podcasts zu Themen, die Sie interessieren, zu finden. Stellen Sie diese im Plenum vor.

Wachstumsmarkt Podcast: Youtube testet neue Funktion

Wachsende Bedeutung von Podcasts in der B2B

WARUM SIND PODCASTS SO BELIEBT?

Warum Werbung in Podcasts bedeutender wird

The Golden Age of Podcasts: Ist der Hype noch real?
Podcasts – vom Trend zum Mainstream

2 Führen Sie eine Internetrecherche zum Thema „Bedeutung von Podcasts“ durch.

3 Suchen Sie sich aus den gefundenen einen geeigneten Text heraus und notieren Sie die Hauptaussagen des Textes.

4 Setzen Sie sich in Vierergruppen zusammen und stellen Sie den von Ihnen gewählten Text in einem einminütigen Kurzvortrag vor. Geben Sie sich gegenseitig ein Feedback und achten Sie auf das Einhalten der Regeln dazu.

5 Bereiten Sie auf der Grundlage der von Ihnen gefundenen Informationen einen Kurzvortrag vor, den Sie im Plenum halten.

Was macht einen gelungenen Podcast aus?

Es gibt ein schier unendliches Angebot an Podcasts im Internet. Was aber unterscheidet gelungene von weniger gelungenen Exemplaren?

GUT ZU WISSEN | **Wo finde ich Podcasts?**

Um einen Podcast zu finden und zu hören, gibt es verschieden Wege und Quellen:

1. **bezahlte Streamingdienste**

Bestimmt nutzen fast alle von Ihnen einen Streamingdienst, um Videos und Serien zu gucken oder Musik zu hören. Die meisten dieser Angebote beinhalten auch Podcasts.

2. **kostenlose, aber kommerzielle Angebote**

Über eine spezielle Suchfunktion von Internetbrowsern oder auch auf Videoplattformen können Sie Podcasts suchen und abspielen. Diese Angebote sind kostenlos. Da sie trotzdem kommerzielle Interessen verfolgen, zahlen Sie indirekt durch die Daten, die von Ihnen bei der Nutzung erhoben werden, oder durch die Werbung, die Ihnen gezeigt wird.

3. **freie, nicht kommerzielle Angebote**

Der öffentlich-rechtliche Rundfunk in Deutschland wird durch die Beiträge der Bürgerinnen und Bürger finanziert. Dafür stehen Ihnen die Inhalte kostenlos und werbefrei zur Verfügung. In deren Audiotheken können einige oder auch alle Sendungen abgerufen werden.

1 Suchen Sie mit Ihrem Lernpartner / Ihrer Lernpartnerin einen Podcast zu einem Thema aus, das Sie interessiert, und hören Sie ihn in Ruhe an.

2 Tauschen Sie Ihre Eindrücke aus. Was fanden Sie gelungen, was eher nicht?

3 Übertragen Sie die Tabelle und halten Sie ausgehend von Ihrer eigenen Erfahrung Kriterien für einen gelungenen Podcast fest.

Inhalt und Struktur	Sprache	Klangliche Gestaltung
interessanter Einstieg	*klar und deutlich*	*passende Hintergrundgeräusche*

4 Vergleichen Sie Ihre Ergebnisse in der Klasse und ergänzen Sie Ihre Aufzeichnungen.

Ein Skript entwickeln

Bei einem Podcast kann man natürlich nicht einfach so „drauflosreden“, sondern man braucht zunächst ein Skript, eine Art Ablaufplan ober Übersicht über die einzelnen Elemente, die der fertige Podcast enthalten soll.

Überblick über den Ablauf (Beispiel)

GUT ZU WISSEN – Elemente eines Podcasts

Musik kann an verschiedenen Stellen und in verschiedenen Formen eine Rolle spielen. Ein Podcast kann beispielsweise eine bestimmte kurze Erkennungsmelodie haben (Jingle). Außerdem kann es zwischen den einzelnen inhaltlichen Beiträgen (s. u.) kurze musikalische Unterbrechungen geben.

Eine **Moderation** erfolgt normalerweise als Einstieg in den Podcast, in dem die Zuhörerinnen und Zuhörer begrüßt werden und ein Überblick über den Inhalt gegeben wird. Weitere Moderationen verbinden die einzelnen Beiträge und schließen den Podcast ab.

Das Herzstück des Podcasts sind die **journalistischen Beiträge**. Hier ist quasi alles möglich, was es auch in gedruckter Form gibt: Interviews, Reportagen, Features, Kommentare, Berichte, Diskussionen und Gespräche.

1 Bilden Sie Kleingruppen. Nehmen Sie ein DIN-A4-Blatt im Querformat. Entwerfen Sie einen vorläufigen Ablaufplan für Ihren Podcast nach obigem Schema.

2 Lesen Sie sich vorab noch einmal die Lernsituation auf S. 257 durch. Notieren Sie:
- Welches Thema soll Ihr Podcast haben?
- Wer sind die Adressatinnen und Adressaten?
- Welche Funktion soll Ihr Podcast haben?

18.4

Ein Skript entwickeln

Nachdem der grobe Ablauf geplant ist, geht es an die Planung der einzelnen Beiträge. Dabei ist es gut, wenn diese unterschiedlicher Art sind.

GUT ZU WISSEN | Ein Interview für einen Audiobeitrag führen

Bei einem Interview gibt es normalerweise eine Person, die Fragen stellt, und eine, die befragt wird. Es muss gut vorbereitet werden. Dabei sind folgende Punkte wichtig:

Wer soll interviewt werden?

Warum ist die Person für ein Interview geeignet? Ist sie für das Thema Experte/Expertin? Ist es realistisch, dass sie für ein Interview zur Verfügung steht? Spricht die Person so, dass man ihr gern zuhört?

Was soll gefragt werden?

Umfassen die Fragen die Aspekte, die bei dem Thema am wichtigsten sind? Sind die Fragen offene Fragen, d. h. Fragen, auf die man nicht einfach mit Ja oder Nein antworten kann, sondern umfassendere Antworten geben muss? Hat die Reihenfolge der Fragen einen roten Faden?

Wie werden die Hörerinnen und Hörer durch das Interview geführt?

Was muss zu Beginn über die Person gesagt werden, die interviewt wird? Gibt es zu Beginn einen Überblick über die Themen, die angesprochen werden? Wie werden die unterschiedlichen Themen im Interview miteinander verbunden? Wie wird das Interview beendet?

3 Überlegen Sie in Ihrer Kleingruppe, wen Sie interviewen könnten, und fragen Sie die Person, ob sie für ein Interview zur Verfügung stünde.

4 Entwerfen Sie einen Leitfaden für das Interview. Formulieren Sie dazu eine Anmoderation und Abmoderation und Fragen, die Sie stellen möchten. Orientieren Sie sich dabei an den Informationen aus GUT ZU WISSEN „Ein Interview für einen Audiobeitrag führen“.

5 Entwickeln Sie kreative Ideen für den Einstieg in Ihren Podcast.

GUT ZU WISSEN | Gestaltungsmittel für Podcasts

Überlegen Sie sich, wie Ihr Podcast startet. Fällt Ihnen ein **interessantes Geräusch**, ein **witziger O-Ton** oder etwas ein, mit dem Sie Ihre Hörerinnen und Hörer direkt ansprechen können?

Bringen Sie **unterschiedliche Meinungen** in Ihren Podcast. Finden Sie Menschen, die verschiedene Positionen vertreten und die Sie ein kleines Streitgespräch führen lassen können? Oder gibt es in Ihrer Gruppe Personen, die unterschiedliche Meinungen haben und Kurzkommentare dazu sprechen können?

Achten Sie darauf, Geräusche effektvoll einzusetzen. Wo in Ihrem Podcast ist es im Hintergrund ganz still (↗ Kapitel 18.5), wo gibt es Hintergrundgeräusche? Welche Geräuschkulisse ist für welchen Beitrag passend?

Einen Podcast erstellen

Um heute einen Podcast zu erstellen, braucht man kein professionelles Equipment. Zentral ist ein Audio-Schnittprogramm, mit dessen Hilfe die einzelnen Elemente eines Podcasts (Musik, Anmoderation, Übergänge usw.) aufgenommen, zusammengefügt und formatiert werden. Neben vielen kommerziellen Programmen gibt es auch Open Source Software, die für Anfänger geeignet ist.

GUT ZU WISSEN **Open-Source-Software**

Open Source (wörtlich übersetzt: „freie Quelle“) bezeichnet gemeinhin Software, deren Quellcode frei verfügbar ist und von unabhängigen Dritten eingesehen werden kann. Je nach zugrunde liegender Open-Source-Lizenz lässt er sich auch mehr oder weniger frei verwenden, verändern und weitergeben. Für viele Anwender ist Open-Source-Software interessant, weil sie meist kostenlos erhältlich ist und im Netz oft viele Hilfestellungen und Anleitungen vorhanden sind.

1 Nehmen Sie das geplante Interview (↗ S. 261) mit einem Audio-Schnittprogramm Ihrer Wahl auf.
a) Proben Sie Ihren Text, indem Sie auf angemessenes Sprechtempo, passende Betonung und sinnvolle Pausen achten. Stoppen Sie dabei die Zeit.
b) Führen Sie die Aufnahme durch, schneiden und formatieren Sie diese (↗ GUT ZU WISSEN „Eine Audioaufnahme erstellen“).

2 Stellen Sie Ihre Aufnahmen im Plenum vor.

3 Geben Sie sich gegenseitig ein Feedback (↗ Feedbackregeln, S. 342) und beurteilen Sie, was an den einzelnen Aufnahmen gut gelungen ist und wo es noch Verbesserungsbedarf gibt.

4 Erstellen Sie auf Grundlage der Feedbacks ein Lernplakat mit „Dos and Don’ts“ zu Audioaufnahmen.

GUT ZU WISSEN **Eine Audioaufnahme erstellen**

1. Zeichnen Sie alle Aufnahmen auf einer Tonspur auf.
2. Schneiden Sie alle Versprecher und überflüssigen Geräusche heraus.
3. Verteilen Sie Dialoge auf zwei Tonspuren. Damit können Sie Dialoge beeinflussen, indem Sie Pausen einfügen oder Fragen und Antworten nahtlos zusammenfügen.
4. Mit einer dritten und vierten Tonspur fügen Sie ggf. Musik, Geräusche oder Effekte hinzu. Dazu können Sie aufgenommene Geräusche oder frei nutzbare digitalisierte Geräusche von entsprechenden Internetseiten nutzen.
5. Stimmen Sie die Lautstärke der einzelnen Tonspuren aufeinander ab.
6. Speichern Sie Ihre Aufnahme in einem geeigneten Dateiformat ab (z. B. MP3).

18.6

Rechtliche Aspekte beachten

Um einen Podcast zu veröffentlichen, müssen Sie neben vielen anderen Dingen auch urheberrechtliche Fragen hinsichtlich des verwendeten Tonmaterials beachten. Denn auch Ihre eigene Stimme darf ja nicht ohne Ihr Einverständnis in der Schule verwendet oder gar veröffentlicht werden.

Urheberrecht in der digitalen Welt

[Das Urheberrecht befasst] sich mit dem Schutz von kreativen Leistungen, insbesondere im Bereich von Kultur und Kunst: Urheberrechtlich geschützt sind zum Beispiel kreativ gestaltete Texte, Musik, Bilder, Filme und künstlerische Darbietungen, aber auch Software-Programme und Fotografien.

Hierbei leistet das Urheberrecht zweierlei:

- Es regelt die **wirtschaftliche Verwertung** der kreativen Inhalte, insbesondere über Lizenzen. Darüber hinaus gibt es auch gesetzliche Nutzungserlaubnisse, etwa im Schulunterricht für Lehrer und Schüler, für Forschung und Lehre an der Universität, zum Zwecke des Zitats oder für private Kopien.
- Außerdem sind **persönlichkeitsrechtliche Schutzmechanismen** geregelt, die das Verhältnis des Urhebers zu seiner Schöpfung betreffen, etwa das Entstellungsverbot oder das Recht, über die Veröffentlichung zu entscheiden.

Vor allem durch **Digitalisierung und Vernetzung** sind urheberrechtliche Rechtsfragen von zunehmender [...] Bedeutung: Urheberrecht ist einerseits das **private Wirtschaftsrecht** der Kreativen und der verwertenden Unternehmen. Durch Digitalisierung und Vernetzung ist es aber **auch für private Endnutzer** von Bedeutung: Praktisch jedes Smartphone, jeder PC ist heute mit dem Internet verbunden; Nutzer können damit digitale Inhalte herstellen, kopieren und verbreiten. Damit sind die zentralen urheberrechtlichen Verwertungsrechte betroffen: das **Vervielfältigungsrecht** und das **Recht der öffentlichen Wiedergabe**. Letztlich regelt das Urheberrecht somit auch die soziale Kommunikation, wenn geschützte Inhalte verwendet werden, z. B. über Social Media.

(www.bmj.de)

1 Führen Sie eine Internetrecherche (↗ Kapitel 6, S. 86) zur Frage, was Sie bei der Nutzung von Tonmaterial beachten müssen, durch. Klären Sie dabei die Begriffe Verwertungsrecht, Open Content und Creative-Commons-Lizenz.

2 Stellen Sie Ihre Ergebnisse Ihrem Lernpartner / Ihrer Lernpartnerin vor, gleichen Sie sie ab und korrigieren Sie.

3 Erstellen Sie einen Leitfaden zur Nutzung von Tonaufnahmen in Ihren Podcasts.

Lernbilanz: Sie können ...

- die Merkmale eines Podcasts erklären.
- Kriterien für einen gelungenen Podcast festlegen.
- einen Ablaufplan für einen Podcast festlegen.
- Manuskripte für Podcasts schreiben.
- eine Audioaufnahme durchführen.
- einen Podcast erstellen.
- ein Feedback einholen.

Die Lernsituation umsetzen: Einen Podcast produzieren

Sie haben sich in diesem Kapitel viele Aspekte erarbeitet, die wichtig sind, um einen Podcast zu planen und zu produzieren. Produzieren Sie nun Ihren eigenen Podcast.

1 Überprüfen Sie Ihre bisherige Planung: Einen Ablaufplan haben Sie bereits entworfen Sind Sie mit diesem noch zufrieden? Überarbeiten Sie ihn bei Bedarf.

2 Planen Sie die Arbeit in der Kleingruppe.

a) Klären Sie, wer welches Teilthema in welcher Form bearbeitet und wer ggf. als durchgängige Sprecherin bzw. durchgängiger Sprecher fungiert.

b) Erstellen Sie einen Zeitplan, auf dem festgehalten wird, wer bis wann was erledigt haben muss. Planen Sie dabei auch Zwischenschritte ein, bei denen Sie als Gesamtgruppe zusammenkommen und Feedback zu den Arbeitsergebnissen geben. So ist es z. B. sinnvoll, dass ein Text für einen Bericht zunächst in der Gruppe besprochen und überarbeitet wird, bevor er gesprochen und aufgenommen wird. Achten Sie auch darauf, genug Zeit für die technische Finalisierung einzuplanen.

3 Proben Sie Ihren Text, indem Sie auf angemessenes Sprechtempo, passende Betonung und sinnvolle Pausen achten. Stoppen Sie dabei die Zeit.

4 Produzieren Sie die Beiträge für Ihren Podcast.

a) Proben Sie zunächst Ihren Text, wenn es sich um Beiträge handelt, bei denen nur eine Person spricht.

b) Machen Sie Probeaufnahmen – vor allem, wenn Sie in unterschiedlichen Räumen mit unterschiedlichen Hintergrundgeräuschen aufnehmen wollen.

c) Nehmen Sie die Audiodateien auf.

d) Bearbeiten Sie diese mithilfe geeigneter Software oder auch Apps.

5 Fügen Sie die Beiträge zu einem Podcast zusammen.

6 Präsentieren Sie Ihre Produkte und geben Sie sich gegenseitig Feedback. Achten Sie auf das Einhalten der Feedback-Regeln. Beachten Sie ebenfalls, für welche Zielgruppe und für welchen Zweck der Podcast geeignet sein soll.

Kapitel 19

Sprechen als kommunikatives Handeln

Wir bedienen uns täglich verschiedener Sprachvarietäten, die wir je nach Rolle, Gesprächsanlass und Gesprächspartner/-in anwenden. Die eine Form der deutschen Sprache gibt es nicht. Doch ist es wichtig, sich der Situation entsprechend gut ausdrücken zu können. Das Wissen über Sprachvarietäten, die wir beherrschen, kann helfen, die eigene kommunikative Kompetenz zu stärken.

Kompetenzen

- ✓ Entwicklungstendenzen der deutschen Sprache benennen und erläutern
- ✓ Merkmale gesprochener Sprache benennen und erläutern
- ✓ grundlegende Funktionen von gesprochener Sprache und Texten in unterschiedlichen Medien benennen und erläutern
- ✓ Merkmale von Sprachvarietäten benennen und erläutern
- ✓ kommunikative Strategien der Beeinflussung im beruflichen und gesellschaftlichen Kontext analysieren
- ✓ Argumentationsstrategien erkennen und eine eigene Argumentation entwickeln

Methoden und Arbeitstechniken

- ✓ Mindmap
- ✓ Meinungslinie
- ✓ Lerntempoduett

Lernsituation: Eine Podiumsdiskussion durchführen

In Ihrer Klasse entbrennt eine Diskussion darüber, welche Sprache die beste ist, ob auch Dialekte oder Jugendsprache im beruflichen Alltag genutzt werden dürfen. Sie entscheiden, Experten einzuladen, um sich eine Meinung zum Thema „Sprachvarietät oder Sprachverfall" bilden zu können. Damit viele Schüler/-innen davon profitieren können, entscheiden Sie, eine Podiumsdiskussion zu veranstalten.
Aber wie genau sollen Sie dabei vorgehen, was ist zu beachten und was müssten Sie selbst vorab schon über Sprache und Kommunikation wissen?

GUT ZU WISSEN | Podiumsdiskussion

In einer Podiumsdiskussion **diskutieren Experten und/oder Betroffene vor Publikum eine Problemstellung**. Die Zuhörer/-innen können sich anhand der verschiedenen – sich ergänzenden oder auch widersprechenden – Expertenmeinungen selbst eine Meinung zum Thema bilden. Oft hat das Publikum im Anschluss an die Expertenrunde Gelegenheit, Fragen zu stellen, Einwände zu formulieren oder mitzudiskutieren. Ein Moderator/eine Moderatorin leitet die Diskussion.

Eine Podiumsdiskussion durchführen

Die Teilnehmenden an einer Podiumsdiskussion sollten jeweils eine unterschiedliche Position einnehmen. Insgesamt sollten es nicht mehr als **acht Teilnehmende** sein.

Der **Moderator**/die Moderatorin eröffnet die Diskussionsrunde, begrüßt die Teilnehmenden sowie das Auditorium, stellt kurz das Thema vor und die Teilnehmenden. Dabei weist er auch auf die zuvor abgesprochenen **Gesprächsregeln** hin. Im Anschluss gibt jeder Teilnehmende ein kurzes Statement zu seiner Position ab, damit das Auditorium den Argumenten folgen kann.

Nun diskutieren die Teilnehmenden miteinander. Währenddessen achtet der Moderator/die Moderatorin auf die Einhaltung der Gesprächsregeln, hält Zwischenergebnisse fest und stellt ggf. klärende Fragen. Neigt sich die Diskussionsrunde dem Ende zu, schließt er/sie die Runde ab, zieht ein **Fazit**, bedankt sich bei allen Teilnehmenden und gibt dem Auditorium noch die Gelegenheit, **Fragen zu stellen**. Danach verabschiedet er/sie die Anwesenden.

So können Sie vorgehen

Schritt 1 Sprachvarietäten unterscheiden
Schritt 2 Gebrauch sowie Vor- und Nachteile der Sprachvarietäten herausarbeiten
Schritt 3 Sprachwandel erkennen
Schritt 4 Wechselwirkungen zwischen Gesellschaft, Kultur und Sprache erkennen
Schritt 5 Podiumsdiskussion vorbereiten und durchführen

Sprachvarietäten unterscheiden

Um uns in Kommunikationssituationen angemessen zu verhalten, benutzen wir tagtäglich eine Vielzahl von Sprachvarietäten. Diese werden bestimmt vom Verhältnis, das wir zu unseren Gesprächspartnern haben. Mit Lehrkräften oder Vorgesetzten wird anders gesprochen als mit den Eltern oder auch mit den Freundinnen und Freunden.

1 **Tragen Sie zusammen, in welchen Rollen Sie im Laufe der letzten Woche als Sprecher/-in und Hörer/-in aufgetreten sind.**

2 **Überlegen Sie, wie Sie in den verschiedenen Situationen sprechen bzw. wie mit Ihnen gesprochen wurde.**
Lehrerinnen und Lehrer sieze ich.
Im Freundeskreis sprechen wir Dialekt.

3 **Wählen Sie eine Situation aus und stellen Sie diese Ihrer Lernpartnerin / Ihrem Lernpartner vor. Hätten Sie sprachlich anders als Ihr Gegenüber reagiert? Begründen Sie.**

4 **Erstellen Sie eine Mindmap, die einen Überblick über die aktuellen Sprachvarietäten der deutschen Sprache gibt.**

GUT ZU WISSEN — Sprachvarietäten

Durch den Gebrauch einer deutschen Sprachvariante, z. B. Jugendsprache, Fachsprache, Dialekt, können Menschen zeigen, welcher Alters- oder Berufsgruppe sie angehören, und sich geografisch sowie beruflich verorten. Diese verschiedenen Ausdrucksweisen werden Sprachvarietäten genannt.

Standardsprache (auch Hochdeutsch)

Sie ist überregional, wird als Schuldeutsch unterrichtet, in den Nachrichten gesprochen, bei offiziellem Schriftverkehr verwendet.

Die **Alltagssprache** gehört zur Standardsprache und unterscheidet sich von der Umgangssprache. Die Grenzen zwischen ihnen sind fließend. Alltagssprache wird eher im beruflichen Umfeld gesprochen.

Umgangssprache wird im privaten Bereich gesprochen. Sie unterteilt sich weiter in Soziolekte, die unterschiedlich ausgeprägt sein können durch das soziale und regionale Umfeld. Die in sozialen Medien genutzte Sprache weist ebenfalls Merkmale von Umgangssprache auf.

Soziolekte

Soziolekte sind Sprachvarianten bestimmter sozialer oder beruflicher Gruppen und dienen z. B. der Identitätsbildung bei Jugend- oder Kiezsprache oder der Begriffsklarheit bei Fachsprachen.

Dialekt

Er wird nur in einer bestimmten Region gesprochen und zeigt starke Abweichung von der Standardsprache in Wortschatz und Lautung. Der sogenannte Regiolekt ist dialektal gefärbt, bedient sich aber auch standardsprachlicher Grammatik und Ausdrücke, sodass er überregional verstanden wird.

Entwicklungstendenzen der deutschen Sprache

Der „Zweite Bericht zur Lage der deutschen Sprache" wurde von der „Deutschen Akademie für Sprache und Dichtung" herausgegeben. Er fasst gegenwärtige Tendenzen zusammen.

Zur Lage der deutschen Sprache

von Mirko Smiljanic

Was zählt eigentlich alles zur deutschen Sprache?

„Wenn man das so einfach sagen könnte! Es gibt eigentlich zwei wichtige Begriffe der deutschen Sprache", sagt Professor Wolfgang Klein, ehemaliger Direktor des Max-Planck-Instituts für Psycholinguistik im niederländischen Nijmegen und Vizepräsident der Deutschen Akademie für Sprache und Dichtung. [...]

„Das eine ist das, was man so manchmal Hochsprache nennt, manchmal auch Hochdeutsch [...]. Auf der anderen Seite gibt es natürlich die ganze Fülle an verschiedenen Formen des Deutschen. Erstens mal gibt es historische Sprachstufen, also das Althochdeutsch, das ja auch deutsch ist, das versteht heute außer Experten eigentlich niemand mehr, es gibt viele Dialekte, es gibt Jugendsprache, es gibt Sprache von Migranten, es gibt dann Fachsprachen und so weiter und so fort. Das Deutsche ist eigentlich ein Bündel von Varietäten, also von Spielarten und Ausprägungen. Die deutsche Standardsprache ist eine davon, die wichtigste, aber eine davon." [...]

„Ich finde es eigentlich sehr, sehr traurig, dass Dialekte zunehmend weniger gebraucht werden, und ich liebe es, Dialekt zu reden, weil es, ja, es gibt ein Gefühl der Heimatverbundenheit, der Vertrautheit, der Kindheit, die damit verbunden ist."

Die Zahl der Dialekte und regionalen Sprachfärbungen lässt sich kaum ermitteln, teilweise verändert sich die Aussprache von Dorf zu Dorf. [...]

„Wir haben heute eine Regionalsprache, die aus zwei gesprochenen Varietäten besteht. Das eine sind die fortlebenden alten Dialekte, die gibt es immer noch, und das andere ist das, was mal landschaftliches Hochdeutsch war, also diese regionalen Umgangssprachen, diese Regiolekte. [...]"

Ohne das Standarddeutsch geht es nicht, seine Rolle ist unangefochten. Und doch bieten Dialekte und Regiolekte erstaunliche Vorteile. Sprecher derselben Regionalsprache etwa, so Jürgen Erich Schmidt, haben ein besseres Vertrauensverhältnis zueinander, weil sie die Emotions- und Beziehungssignale des Gesprächspartners verstehen. [...]

Regiolekte und Dialekte geraten zunehmend in die Defensive. Wer ausschließlich Dialekt spricht, befindet sich häufig in einer beruflichen Sackgasse. [...]

Alle Sprecher des Deutschen, praktisch alle, sind mit zwei Varietäten groß geworden und die Standardsprache ist die dominante Varietät, das heißt, die wird sowieso erworben über die Medien, über die Schule. [...]

(www.deutschlandfunk.de)

1 Was zählt laut Prof. Wolfgang Klein alles zur deutschen Sprache?

2 Welche Sprachvarietäten nennt Prof. Wolfgang Klein? Notieren Sie diese. Ergänzen Sie Ihre Mindmap von der vorherigen Seite.

3 Welche Sprachvarietät sieht Prof. Klein als wichtigste davon an und wie begründet er seine Entscheidung?

4 Welche Vor- und Nachteile haben Dialekte und Regiolekte im Vergleich zur Standardsprache? Recherchieren Sie und erstellen Sie eine Tabelle mit Pro- und Kontra-Argumenten.

Der Dialekt hilft mir dabei, ... Trotzdem ist es schwierig, ...

Standardsprache und Umgangssprache unterscheiden

In der alltäglichen Kommunikation weichen die meisten von den Regeln und dem Vokabular der Standardsprache ab, die jedoch bei offizieller Kommunikation ein Muss bleibt. Aber was versteht man darunter?

Was ist Standardsprache?

von Christa Dürscheid / Jan Georg Schneider

Die deutsche Standardsprache (das Standarddeutsche) ist diejenige Ausprägung der deutschen Sprache, die man verwenden würde, wenn man beispielsweise einem Nicht-Ortsansässigen aus einer anderen Region oder einem Menschen, der Deutsch als Fremdsprache lernt, den Weg zum Bahnhof erklären würde. Es ist das, was man in der Alltagssprache auch ‚Hochdeutsch' nennt: die Sprachform, die man im Gesprochenen und im Geschriebenen überregional auch in formelleren Situationen verwendet, im Unterschied etwa zur sogenannten Umgangssprache und zu den Dialekten. […]

Wichtig ist, dass das geschriebene und das gesprochene Standarddeutsch in der modernen Wörterbuch- und Grammatikschreibung nicht – wie früher die ‚Hochsprache' oder das ‚Hochdeutsche' – als präskriptive, also vorgeschriebene, idealisierte Normgefüge, sondern als Gebrauchsstandards, als Standardvarietäten des Deutschen angesehen werden – als diejenigen Varietäten nämlich, die wir im Deutschen auch in überregionalen, formelleren Kontexten tatsächlich verwenden und als unauffällig akzeptieren. Diese Standardvarietäten sind in den letzten Jahrzehnten, spätestens seit den 1968ern, informeller geworden. […]

Im Zweifelsfälle-Duden heißt es dementsprechend, die Standardsprache sei „universaler einsetzbar, in ihrer Verwendung nicht auf bestimmte Kontexte beschränkt". Hieraus erklärt sich auch, warum die Beherrschung der Standardsprache wichtig ist: Linguistisch betrachtet handelt es sich dabei zwar um eine Varietät neben anderen (etwa den Dialekten); in beruflichen, karriererelevanten Kontexten ist es aber von Vorteil, ein standardnahes Schreiben und Sprechen zu beherrschen. Gerade die Fähigkeit, zwischen Standard und anderen Varietäten je nach kommunikativer Situation zu wechseln, also verschiedene ‚Register' ziehen zu können, ist Ausdruck einer differenzierten, entwickelten Sprachkompetenz.

(aus: Standardsprache und Variation, 2019)

1 **Erläutern Sie mit eigenen Worten, was unter Standardsprache verstanden wird.**

Standardsprache bedeutet eine Ausprägung des Deutschen, die …

2 **Begründen Sie anhand des Textes, weshalb es wichtig ist, dass die Schule die Beherrschung der Standardsprache vermittelt.**

Die Beherrschung der Standardsprache hat den Vorteil, dass …

3 **Der Text „Zur Lage der deutschen Sprache" (↗ S. 269) ist der Auszug eines Interviews. Prof. Klein benutzt bei seinen Antworten Alltags- und Fachsprache.**

a) Was könnten seine Beweggründe für seine Sprachwahl sein?

b) Recherchieren Sie, wo das Interview erschienen ist und an welchen Adressatenkreis es sich wendet.

c) Nennen Sie Beispiele, in denen Prof. Klein Alltagssprache verwendet (↗ GUT ZU WISSEN „Merkmale von Alltags- und Umgangssprache").

Standardsprache und Umgangssprache unterscheiden

GUT ZU WISSEN — Merkmale von Alltags- und Umgangssprache

Folgende Merkmale sind beiden Sprachvarietäten gemeinsam. Sie treten jedoch bei der Alltagssprache seltener auf.

Grammatik/Satzbau

- Dativ statt Genitiv
- Wörter werden verkürzt *einmal* ➔ *mal*
- Kürzere und einfachere Sätze als im Standarddeutschen
- Fehlerhafte Anordnung der Satzglieder. Häufiger Fehler: *Ich fahre Bahn, weil das ist ökologisch.* (Nach der Konjunktion *weil* muss das Verb am Satzende stehen. *Ich fahre Bahn, weil das ökologisch ist.*)
- Ellipsen, d. h., Sätze werden nicht vollständig zu Ende gesprochen

Füllwörter

Bei einer alltäglichen Unterhaltung benutzen wir sehr häufig Füllwörter wie *ähm, eh, so, sowieso, eben, echt, wahrscheinlich*

4 Untersuchen Sie Sprachvarietäten in Medien.

a) Woher könnten die unten stehenden Texte stammen?

b) Welcher Sprachvarietät würden Sie die Texte zuordnen? Warum?

Neue Studie: So viel Zeit verbringen Jugendliche im Netz

Alter, voll krass!! Ich war gestern sechs Stunden am Handy! Wahrscheinlich wegen Doomscrollen oder so :D

Screen Time: Diese App hilft Ihnen, weniger zu surfen

Mia Müller (@mias_blog) Hey Leute, hier ist mein Vlog zum Thema Handynutzung! Klickt einfach auf den Link. Liken und abonnieren nicht vergessen! Bussi, eure Mia <3

5 Vergleichen Sie unterschiedliche Publikationsformen und Textsorten, z. B. Meldungen in Tageszeitungen, die dazugehörigen Kommentarblogs und die Blogs von Influencerinnen und Influencern bei Twitter oder Facebook. Wo wird typischerweise Standardsprache verwendet, wo Alltags- oder Umgangssprache?

Jugendsprache hinterfragen

Jugendsprache – diese Sprachvarietät und ihr Einfluss auf die deutsche Sprache wird und wurde viel und oft polemisch (angreifend, ohne sachliche Argumente) diskutiert. Oft werden Befürchtungen laut, dass die Jugendsprache zum Verfall oder zur Verarmung der deutschen Sprache beitragen könnte.

1 Analysieren und interpretieren Sie die abgebildete Karikatur.

a) Beschreiben und deuten Sie die Karikatur.
Wo spielt sich die dargestellte Szene ab? Was sind die Aufgaben eines Dolmetschers?

b) Hinterfragen Sie die Kernaussage(n) der Karikatur kritisch.

c) Nehmen Sie Stellung.
Nennen Sie dabei auch Beispiele, in welchem Kontext Sie oder Ihr Umfeld Jugendsprache verwenden.

Jugendsprache ist kein Phänomen der Neuzeit. Der Kulturjournalist Mathias Heine hat in seinem Buch „Krass. 500 Jahre deutsche Jugendsprache" den Wortschatz der letzten Jahrhunderte durchforstet. Im folgenden Artikel werden einige seiner Beobachtungen vorgestellt.

Krass oder cringe? Entwicklung der Jugendsprache

von Suzanne Cords

Schon immer hat die Jugend als Erkennungszeichen untereinander und als Abgrenzung gegen die Welt der Erwachsenen eine eigene Sprache entwickelt. Im 17. Jahrhundert pflegten die Studenten ihren speziellen Jargon, und im Zeitalter des Internets und der Influencer ist das nicht anders. […] „Jugendsprache wird von den meisten Menschen als eine moderne Verfallserscheinung empfunden, die bestenfalls nervt, schlimmstenfalls aber zur Zerstörung des Deutschen beiträgt."

Ganz so weit ist es mit der Zerstörung der Sprache aber gar nicht her, stellt der Autor fest. Denn er hat entdeckt, dass so manches Wort aus der Jugendsprache eine viel längere Halbwertzeit hat als allgemein angenommen. Nicht nur, weil seine Töchter im Grundschulalter Dinge sagen wie „Ich hab keinen Bock" oder „geil" – was Heine selbst in seiner Jugend in den 1970er-Jahren schon regelmäßig über die Lippen kam. Nein, auch den Ausdruck „krass" hört man zum Beispiel noch heute auf dem Schulhof, im Sinne von cool oder – vollkommen aus der Mode – „dufte". „Krass" hat eine lange Karriere hinter sich, denn schon im 18. Jahrhundert kursierte es unter Studenten. Abgeleitet vom lateinischen „crassus" (dick, derb, plump) hatte es damals aber die gegenteilige Bedeutung: Es bezog sich auf uncoole Erstsemester, die noch unerfahren und naiv waren. […]

Auch Musiker und Hippies haben die Sprache der Jugend immer wieder maßgeblich beeinflusst und Anglizismen mit sich gebracht. Man rauchte einen Joint, war stoned und groovte zu hippem Funk. Der Deutschrocker Udo Lindenberg hat es sogar geschafft, einige seiner ganz persönlichen Wortschöpfungen in der Sprache zu verewigen. Dazu gehören „Fuzzi" (man denke an den Schlager-, Werbe- oder Ökofuzzi) – oder „Controlleti", jemand, der Fahrscheine oder ähnliches kontrolliert. Und nicht zuletzt der Spruch: „Keine Panik!"

Jugendsprache hinterfragen

Seit den 2000er-Jahren finden sich zunehmend auch migrantische Wörter in der Jugendsprache wieder: „Die Chabos wissen, wer der Babo ist" sang der türkischstämmige Rapper Haftbefehl 2012. Jenseits der 30 versteht wohl kaum einer, was er damit sagen wollte, nämlich: „Die Jungs wissen, wer der Boss ist." […] Auffällig ist, dass die Jugendsprache lange vom männlichen Geschlecht geprägt wurde. Das ändere sich jetzt, sagt Matthias Heine, Mädchen seien vor allem auf den Netzwerken TikTok und Instragram sprachlich sehr kreativ unterwegs. Die VSCO-Girls (benannt nach einer Bildbearbeitungsapp) sind modebewusst und legen Wert auf ökologische Nachhaltigkeit. Sie pflegen BFF-Freundschaften (best friends forever) und sind krass auf dem Vormarsch. Zieht euch also megawarm an, ihr Babos – oder ist das schon wieder zu cringe?

(www.dw.com)

2 Welchen Grund führt Mathias Heine für die Verwendung der Jugendsprache an?

3 Heine nennt jugendtypische sprachliche Elemente. Arbeiten Sie diese heraus und ordnen Sie die Textbeispiele den in GUT ZU WISSEN „Jugendsprache" genannten Merkmalen zu.

4 Finden Sie eigene aktuelle Beispiele zu den in GUT ZU WISSEN „Jugendsprache" genannten Merkmalen.

GUT ZU WISSEN – Jugendsprache

Jugendsprache ist ein Soziolekt, bezeichnet die sprachliche Varietät junger Menschen und weist bestimmte sprachliche Eigenheiten auf. Sie hebt sich grammatikalisch, lautlich, sprachlich und bei der Wortbildung von der Standardsprache ab. Dabei ist sie kein einheitliches Sprachsystem, sondern es existieren verschiedene Jugendsprachvarietäten nebeneinander, da diese durch regionale, zeitliche und soziale Bedingungen beeinflusst werden.

Beispiele von Jugendsprache:

Kurzdeutsch (verkürzte Sätze durch Auslassung von Artikeln, Pronomen und Präpositionen oft in Verbindung mit Ellipse ↗ S. 361)

Gehst du Bahnhof?

Bedeutungsveränderungen

Tourist = gehörst nicht dazu

Abkürzungen (meist in Form von Akronymen)

DM = Direct Message

Neologismen (Wortneuschöpfungen)

Tindern = Dating-App Tinder benutzen

Fremdsprachliche Anleihen (aktuell meist Anglizismen, migrantische Wörter)

Chillen = ausruhen

Superlativierungen (Steigerung von Begriffen durch vorangestellte Wörter)

hammergeile Karre

Gamer-Sprache

bashen = Gegner besiegen

Kraftausdrücke/Beleidigungen (oft aus Hip-Hop entliehen)

damn girl

Jugendsprache hinterfragen

Theo Junior: Herz in der Hand

Ich hab gedacht, du brauchst ein Mann der seine Frau pusht
Doch dein Freund ist nur ein Fuckboy der dich ausnutzt
Denn es geht ihm immer nur um Frauen, Geld und Autos

Ich versteh nicht wie du nur so krass verblendet sein kannst baby no
Du bist nicht diese Person
Yahhh
Ignorierst on the low
Schau in den Spiegel, ist es das wert?

5 Untersuchen Sie den Liedtextauszug in Bezug auf Verwendung von Jugendsprache.

a) Schreiben Sie die Beispiele für Jugendsprache heraus und ordnen Sie diese den in GUT ZU WISSEN „Jugendsprache“ genannten sprachlich jugendtypischen Merkmalen zu.

b) Vergleichen Sie mit Ihrem Lernpartner / Ihrer Lernpartnerin Ihre Ergebnisse und ergänzen Sie ggf. dessen/deren Aufzeichnungen.

6 Schreiben Sie den Liedtext „Herz in der Hand“ in Standarddeutsch um und vergleichen Sie anschließend Ihre Texte im Plenum.

7 Vergleichen und diskutieren Sie die Wirkung vom Original und der umgeschriebenen Texte.

Auf mich wirkt der ... Text ansprechender, weil ...

8 Nennen Sie Beispiele, in welchem Kontext Sie oder Ihr Umfeld Jugendsprache verwenden. Inwiefern beeinflusst dies Ihre soziale Rolle und die Art der Kommunikation?

Jugendsprache führt dazu, dass die Sprache verarmt. Die Fähigkeit, sich angemessen auszudrücken, nimmt ab.

Jugendliche wissen, wann sie in Jugendsprache sprechen können und wann nicht. Sie beweisen damit großes sprachliches Talent. Jugendsprache bereichert die Sprache.

9 Nehmen Sie Stellung zu den oben stehenden Thesen. Bilden Sie dafür zwei Gruppen.

a) Sammeln Sie weitere Argumente, die für Ihre These sprechen.

b) Recherchieren Sie mögliche Belege für Ihre Argumente.

Internetbasierte Kommunikation – Chat-Kommunikation

WhatsApp, Facebook, Messenger, Twitter, Blogs, Foren jeglicher Art, wir alle kommunizieren damit jeden Tag. Im Oktober 2020 wurden täglich etwa 100 Milliarden Nachrichten via WhatsApp versendet, das sind über 4 Milliarden Nachrichten pro Stunde. Ein guter Grund, sich mit der Sprachentwicklung in Chats zu beschäftigen.

Chat-Kommunikation und mediale Einflüsse

Von besonderer Bedeutung für die gegenwärtige Sprachentwicklung ist die Chat-Kommunikation. […] Diese Kommunikationsformen stellen neue Anforderungen an unsere sprachlichen Ausdrucksmittel.
Sie haben Einfluss darauf, wie wir Sprache verwenden und unser sprachliches Handeln reflektieren.

von Sascha Bechmann

Chat-Kommunikation ermöglicht eine direkte, nahezu synchrone und wechselseitige Kommunikation. Dabei ist sie in ihrer Ausdrucksform verschriftlichte (konzeptuelle) Mündlichkeit mit spezifischen Charakteristika. Häufig entfallen Endungen (is egal jetz), Verb und Personalpronomen verschmelzen (Haste Zeit?), die Ausdrucksweise ist phonetisch an der Umgangssprache orientiert (wat machste so?) und zur Visualisierung von Emotionen und Handlungen dienen eigens entwickelte Zeichen wie Emoticons, Akronyme (Lass Mo oder Di mal ins Kino gehen, vllt läuft was gutes! CU) oder Comic-Sprache (*lach*). Auf syntaktischer Ebene fallen sprachökonomische Bestrebungen auf wie der Verzicht auf Großschreibung, kurze Sätze oder die Vernachlässigung der Interpunktion.

Dass es sich um verschriftlichte mündliche Kommunikation handelt, kann man beispielsweise daran erkennen, dass Sprechpausen paralinguistisch häufig durch Verbalisierungen ersetzt werden (hmmm, äähhh), wobei die Reduplikation von Buchstaben auch dazu dienen kann, phonetische Elemente des Gesprächs zu verbalisieren (z. B. Tonhöhen und Akzente: Haaalloo-oo?).

[…] Die Chat-Sprache ist ein hochkomplexes Zeichensystem und kann als Subsystem der Standardsprache eingestuft werden. Sie folgt zum einen den kreativen Möglichkeiten und zum anderen den kommunikativen Bedürfnissen der Sprecher in Chat-Situationen, sie ist also a) kontextgebunden, b) konventionalisiert und c) durch die Sprachbenutzer legitimiert.

Das Repertoire der freien Nutzung sprachlicher Zeichen in Chats ist begrenzt durch (nicht normierte) sprachliche Regeln. So müssen auch Chats für das Gegenüber verständlich sein. Die Hypermaxime des Kommunizierens gilt auch hier (In welcher Situation bin ich, mit wem rede ich, was will ich bezwecken? Wie versteht mich mein Gegenüber am besten, wie vermeide ich Missverständnisse?). Dennoch bietet Chat-Sprache eine Vielzahl an Ausdrucksmöglichkeiten, die nicht dem Prinzip der Ökonomie folgen (obwohl dies häufig behauptet wird), sondern dem Streben nach Individualität im Ausdruck und nach Variantenreichtum. Die Nutzung von Emoticons oder Reduplikationen von Buchstaben sowie das Schreiben im Dialekt und häufige soziolektale Ausdrucksformen sprechen dafür, dass der kognitive und ‚artikulatorische' Aufwand bei Chats vergleichsweise hoch ist. Die Möglichkeit, mit Chat-Sprache zu experimentieren, befriedigt das Streben nach kreativen Ausdrücken – mit dem Ziel der Beeinflussung des Gegenübers. […]

(aus: Sprachwandel - Bedeutungswandel, 2016)

Internetbasierte Kommunikation – Chat-Kommunikation

1 Erschließen Sie den Fachtext „Chat-Kommunikation und mediale Einflüsse".

a) Schlagen Sie Ihnen unbekannte Wörter nach und erstellen Sie ein Glossar.

b) Welche sprachlichen und grammatikalischen (z. B. Syntax, Rechtschreibung, Interpunktion) Besonderheiten weist die Chat-Sprache auf?

c) Wie werden paralinguistische und phonetische Elemente in der Chat-Sprache dargestellt?

d) Welche Besonderheit weist die Chat-Sprache im Vergleich zu den auf S. 268 GUT ZU WISSEN genannten Sprachvarietäten auf?

2 Erstellen Sie mithilfe der Antworten 1b-d ein eigenes GUT ZU WISSEN. Listen Sie sprachlich chat-typische Merkmale auf und nennen Sie jeweils ein Beispiel.

Muster: GUT ZU WISSEN Chat-Sprache

Im Chat kommunizieren User nahezu synchron online miteinander. Chat-Sprache kann als Subsystem der Standardsprache eingestuft werden. Sie ist konventionalisiert, lässt aber Möglichkeiten des kreativen Experimentierens mit Sprachkomponenten zu.

Bestimmte sprachlich chat-typische Merkmale sind:

(...)

3 Stellen Sie Ihre Entwürfe im Plenum vor und ergänzen Sie ggf.

Angelika Storrer (TU Dortmund)

[…] Internetbasierte Kommunikation ist keine Kommunikation zweiter Klasse – „Die neuen interaktionsorientierten Schreibformen sind einfach in ganz anderen Bereichen angesiedelt, im alltagssprachlichen Bereich, im informellen Bereich. Sie erweitern eigentlich unser Spektrum der kommunikativen Möglichkeiten. Das normkonforme textorientierte Schreiben wird dabei nicht ersetzt, sondern ergänzt."

(www.deutschlandfunk.de)

4 Reflektieren Sie Ihre eigene Kommunikation im Internet.

a) Verwenden Sie die in Ihrem GUT ZU WISSEN (↗ Aufgabe 2) zusammengestellten sprachlichen Formen selbst? Warum / warum nicht?

b) Stimmen Sie Angelika Storrers These zu, dass Chat-Sprache das Spektrum der kommunikativen Möglichkeiten erweitert?

5 Verwenden Sie Formen von Chat-Sprache auch in der gesprochenen Sprache? Wenn ja, wann und warum?

Sprachvarietät Fachsprache

Wir gebrauchen in der Kommunikation ganz selbstverständlich Wörter wie W-LAN, Virus, Einkommensteuer oder Elfmeter und verwenden damit Fachbegriffe aus der Elektronik, Medizin, Verwaltung und dem Sport. Jeder Mensch benutzt somit Fachsprachen – bewusst oder unbewusst – im alltäglichen Leben. Fachsprachen weisen sprachliche Besonderheiten auf, aber auch bei dieser Varietät ist der Übergang zur Standardsprache fließend, da viele Fachbegriffe in der Standardsprache integriert sind. Manche Begrifflichkeiten haben jedoch je nach Fachgebiet verschiedene Bedeutungen, die eine Kommunikation erschweren, miss- oder unverständlich gestalten.

1 Das Wort „Klammer" hat je nach Fachsprache unterschiedliche Bedeutungen.

a) Ergänzen Sie die jeweiligen Fachgebiete zu den abgedruckten Begriffserläuterungen.

b) Ergänzen Sie weitere Bedeutungen des Wortes in der Standard- oder Umgangssprache.

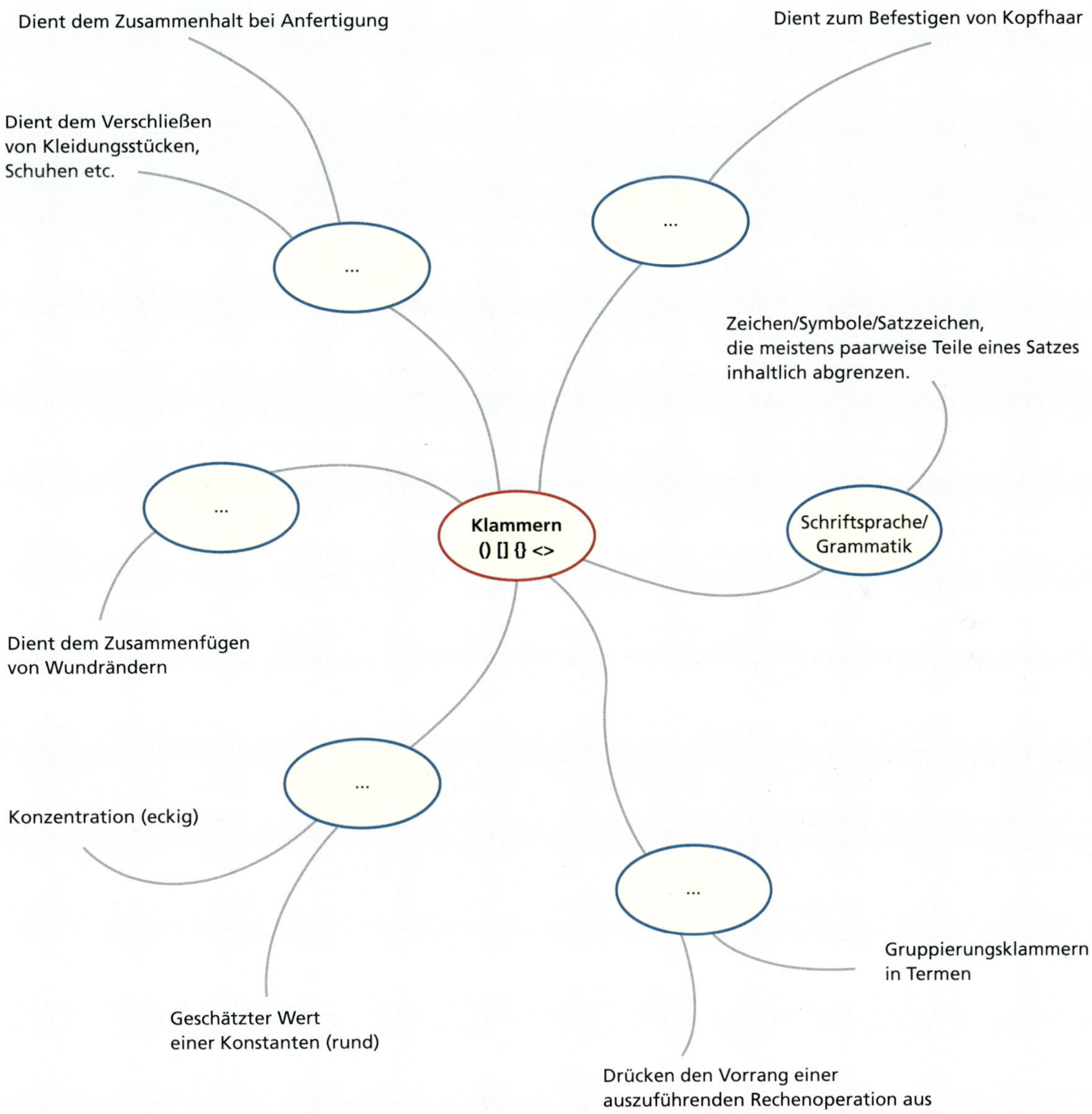

Sprachvarietät Fachsprache

„Der alte Arzt spricht Lateinisch, der junge Arzt Englisch. Der gute Arzt spricht die Sprache des Patienten."

Ursula Lehr, ehem. Bundesministerin für Jugend, Frauen, Familie und Gesundheit

2 **Lesen Sie das Zitat von Frau Prof. Lehr aufmerksam.**

a) Vermuten Sie, was hat Frau Prof. Lehr mit dieser Aussage ausdrücken wollen?

b) Welche Einstellung haben Sie zum Gebrauch von medizinischer Fachsprache und Fachsprachen im Allgemeinen?

GUT ZU WISSEN Fachsprache/Fachjargon

Fachsprachen sind Soziolekte und werden manchmal auch als Technolekte bezeichnet. Sie dienen als spezifisches Kommunikationsmittel für ein bestimmtes Fachgebiet oder eine Branche und sind immer sachgebiets- und wissenschaftsspezifisch. Dadurch ermöglichen sie eine unmissverständliche, präzise und zeitsparende Verständigung unter Fachleuten. Fachsprachen unterscheiden sich von der Standardsprache durch den Gebrauch von Fachausdrücken, Fremdwörtern und den Satzbau. Jede Fachsprache umfasst die für das jeweilige Fachgebiet benutzten Fachausdrücke (Termini) und Begriffe (Nomina) als Terminologie bzw. Nomenklatur.

Fachsprache und Standardsprache überlappen sich, da ein Fachtext nicht ausschließlich aus Fachvokabular besteht, sondern auch zahlreiche Elemente aus der Standardsprache enthält. Bei wissenschaftlichen Fachsprachen dominiert ein sachlicher und passiver Stil. Bei der juristischen Fachsprache sind Wortwahl und Satzbau sogar oft gesetzlich normiert. Die medizinische Fachsprache besteht z. B. vor allem aus lateinischen und griechischen Begriffen, was die internationale Verständigung begünstigt.

Der **Fachjargon** ist ebenfalls ein Soziolekt, der oft nur von Mitgliedern einer bestimmten Gruppe oder eines Milieus verstanden werden kann, jedoch nicht wie die Fachsprache standardisiert ist. Dazu gehören z. B. die Gamer- oder Sportlersprache.

3 **Benutzen Sie Fachsprache(n) oder Fachjargon? Wie sind Ihre Erfahrungen mit Fachsprache im Berufs- und Privatleben?**

4 **Diskutieren Sie im Plenum, welche Vor- und Nachteile der Gebrauch von Fachsprachen hat. Recherchieren Sie, wenn nötig, weitere Beispiele.**

Sprachwandel erkennen

Wir nutzen Sprache täglich, um uns zu verständigen und unsere kommunikativen Ziele zu erreichen. Unsere Gesellschaft ändert sich stetig, daher muss auch Sprache offen und flexibel für Anpassungen sein, damit sie ihren Zweck erfüllen kann. Die Welt, in der wir heute leben, ist nicht mehr dieselbe Welt, die sie vor 100 Jahren einmal war. Technische Neuerungen machen Neubenennungen ebenso nötig wie beispielsweise kulturell bedingte Kommunikationssitten.

Sprachwandel – Bedeutungswandel

von Sascha Bechmann

Sprachwandel [ist] ein Phänomen, das z. B. Soziologen ebenso interessiert wie Politologen und Kulturwissenschaftler, denn Sprachwandel findet auf allen Ebenen der Sprache und in allen Wirkungsbereichen statt. Kurzum, sprachliche Veränderungen lassen sich überall finden: im Internet, in sozialen Netzwerken, in der Literatur und in den Fachsprachen. Das Wesen des Wandels ist, dass er stetig und unaufhaltsam ist. […]

Sprachwandel ist nie ein abgeschlossener Prozess, sondern ein stetiges Phänomen in natürlichen (und damit dynamischen) Sprachen. Tautologien oder Pleonasmen sind nicht selten zu finden. Häufig entstehen sie durch Sprachkontakt, etwa dann, wenn die Wortbedeutung in der Ursprungssprache unbekannt ist oder wird. Die La-Ola-Welle ist ein Beispiel dafür, ebenso der Düsenjet, der Worst-Case-Fall oder die Salsa-Sauce (la Ola ist im Spanischen die Welle, im Englischen bedeutet jet bereits so viel wie Düsenjet und der worst case ist schon der schlimmste Fall, salsa bedeutet Sauce auf Spanisch). […] Für all diese Tautologien gilt: Sie sind das Resultat des Verbreitungsprozesses eines sprachlichen Fehlers. Und sie sind lexikalisiert, also zu Konventionen geworden. Ehemalige sprachliche Fehler sind in der Folge eines Sprachwandels zur neuen sprachlichen Norm geworden (= Konventionalisierung). Konventionalisierung als Verstetigung einer Abweichung oder Neuerung ist eine der wesentlichen Folgen des Sprachwandels.

(aus: Sprachwandel - Bedeutungswandel, 2016)

1 Wie definiert Sascha Bechmann den Begriff „Sprachwandel"?

2 Erklären Sie den Fachbegriff „Konventionalisierung" mit eigenen Worten.

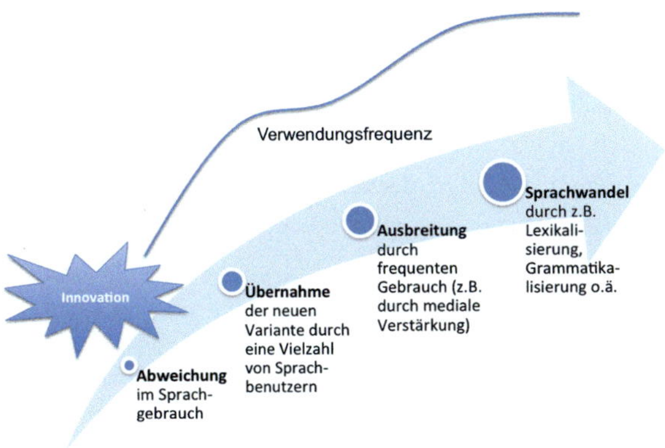

3 Erklären Sie anhand der Grafik, welche Phasen durchlaufen werden müssen, damit ein Sprachwandel erfolgt und konventionalisiert wird.

4 Der Sprachwandel kann eine Schriftveränderung, Sprachbereicherung bzw. -verarmung oder Veränderungen in der Grammatik betreffen. Recherchieren Sie. Finden Sie für jeden der drei Bereiche ein Beispiel.

Seit 1996 gilt in Deutschland die reformierte Rechtschreibung, die 2006 überarbeitet wurde. Die Änderungen betrafen …
Technischer Fortschritt und Social Media verlangen nach Neologismen, wie z. B. …

Der Einfluss von Anglizismen

In der gegenwärtigen Diskussion über den Zustand der deutschen Sprache findet man regelmäßig den Hinweis, dass die deutsche Sprache mehr und mehr mit Anglizismen gespickt sei. Vielfach wird die Frage aufgeworfen, ob Englisch gar die Sprache der Zukunft sei, die nach und nach die anderen Einzelsprachen ersetzt. Oder kann die Benutzung von Anglizismen sinnvoll sein? Mit diesem Thema beschäftigt sich der Journalist und Autor Andreas Hock in seinem Buch.

I Think I Spider

von Andreas Hock

[Es gibt] inzwischen an die 5.000 anerkannte Anglizismen, von denen viele fast wie selbstverständlich die entsprechenden einheimischen Wörter verdrängt haben. Manchmal ist das unabdingbar, wie im Falle der vielen Neologismen, ohne die wir uns schon sehr schwertäten, technische Neuerungen wie den Computer oder den Download trefflich zu beschreiben. Andere wie das Factory-Outlet oder die Repeat-Funktion sind einfach nur unnötig.

[...] Angesichts der Flut an Anglizismen auch bei ausschließlich für den deutschen Markt produzierten Sendungen wie Germany's next Topmodel, The Taste, Let's Dance, The Voice, The Biggest Loser, Get the fuck out of my House, X-Diaries oder Temptation Island muss man mehr als froh sein, wenn es noch junge Menschen gibt, die einen Bachelor-Studiengang nicht für das Casting zu einer Datingshow halten, um bei den entsprechenden Ausdrücken zu bleiben.

[...] Doch wie können wir den genannten Einflüssen von außen denn nun konkret entgegentreten: mit gesetzlichen Verboten, einer Muttersprachen-Quote für Radiosender und Werbetreibende, einer Aufnahme der deutschen Sprache als schützenswertes Gut in unser Grundgesetz? Wahrscheinlich würde all dies nichts bringen. Aber sollten wir deshalb die Anglizismen einfach gewähren lassen und darauf vertrauen, dass sich alles eines Tages wieder einpendeln wird, dass sich also im besten Falle der Workshop irgendwann zum „Kurs" zurückverwandelt, der Sneaker zum „Turnschuh" und die Location zum „Ort"? Nun, vermutlich wird das nicht passieren.

Was uns jedoch bleibt, ist, den steten Sprachwandel als Teil unserer Kultur zu akzeptieren – und uns darauf zu besinnen, wie schön unsere Sprache doch

eigentlich ist. [...] Die Sprache, mit der einige der größten Dichter der Literaturgeschichte arbeiteten, und die Sprache, in der es ein paar Dutzend verschiedene Begriffe für den Zustand gibt, betrunken zu sein, von „blau" über „hacke" bis „sternhagelvoll".

[...] Sie scheint neugierig zu machen, denn sie verfügt über eine Vielzahl an Fragewörtern („Wieso?", „Weshalb?", „Warum?", „Wofür?", „Wozu?" ...), während der Engländer sich stets mit dem kümmerlichen „Why?" behelfen muss. Sie bringt es fertig, dass „umfahren" das Gegenteil von „umfahren" sein kann. Wir können uns im Deutschen „langsam beeilen" und „schnell warten", wohnen in „Doppelhaushälften" und kennen „Wahlpflichtfächer". Und nur bei uns können Veganer sogar „eingefleischt" sein. Das ist doch alles wunderbar!

Insofern sollten wir unsere Sprache ganz unabhängig von englischen Begriffen und Kunstwörtern, von in Mode gekommenen Floskeln und aufschneiderischen Formeln einfach nur ein bisschen sorgsamer hegen und pflegen. Und uns gewahr werden, wie einzigartig sie im Grunde genommen ist. Dann kann ihr auch in Zukunft kein noch so missgünstiger Hater etwas anhaben.

(aus: I Think I Spider, 2019)

Der Einfluss von Anglizismen

1 **Andreas Hock gibt verschiedene Beispiele für den Gebrauch von Anglizismen und bewertet dabei deren Nutzen/Sinn.**

a) Welche Unterscheidung nimmt er vor? Erläutern Sie.

b) Stimmen Sie der Einschätzung Hocks zu? Begründen Sie Ihre Entscheidung.

c) Sieht Hocke im Gebrauch von Anglizismen eine Bedrohung oder Verarmung der deutschen Sprache? Begründen Sie.

2 **Sind Anglizismen ein Teil unseres alltäglichen Sprachgebrauchs?**

a) Welche Anglizismen benutzen Sie im Alltag, welche begegnen Ihnen? Fertigen Sie eine Tabelle mit den Anglizismen und ihrer deutschen Entsprechung an.

Anglizismus	deutsche Entsprechung
downloaden	*digitale Dateien herunterladen*

b) Tauschen Sie sich mit Ihrem Lernpartner / Ihrer Lernpartnerin aus. Benutzen Sie Anglizismen, die deutsche Begriffe verdrängt haben?

c) Sehen Sie im Gebrauch von Anglizismen eine Bedrohung oder Verarmung der deutschen Sprache? Recherchieren Sie.

3 **Sammeln Sie Pro- und Kontraargumente zu folgender Frage: Verarmt die deutsche Sprache durch den Sprachwandel?**

a) Arbeiten Sie dafür die Positionen der Autoren Bechmann und Hock heraus, beziehen Sie GUT ZU WISSEN mit ein und recherchieren Sie auch im Internet.

b) Tragen Sie im Plenum Ihre Argumente zusammen und diskutieren Sie.

GUT ZU WISSEN – Sprachwandel/ „Sprachverfall"

Sprachwandel ist ein Prozess, der Sprache so verändert, dass sie für die jeweiligen Anforderungen, die Sprachbenutzer unwissentlich an sie stellen, tauglich bleibt oder tauglich wird. Sprachwandel betrifft die Sprache einer gesamten Sprachgemeinschaft.

Sprachwandel ist somit ein Resultat des Sprachgebrauchs. Mögliche Ursachen sind u. a. Mehrsprachigkeit und Medien. Es werden z. B. fremdsprachliche Wörter integriert, der technische Fortschritt verlangt nach neuen Begrifflichkeiten, wie downloaden. Sprachwandel ist also ein deutliches Zeichen für die kommunikative Tauglichkeit einer Sprache, unsere Lebenswelt zu beschreiben. Am Anfang jedes Sprachwandels steht eine Normabweichung, die durch Übernahme und Verbreitung von einer Vielzahl von Sprachbenutzern zu einem späteren Zeitpunkt die Normierung einer neuen sprachlichen Form zur Folge hat. Diese Normierung kann eine Schriftveränderung, Sprachbereicherung bzw. -verarmung und Veränderungen in der Grammatik betreffen.

Der Begriff **„Sprachverfall"** bedeutet laut Duden den Niedergang einer Sprache. Dabei handelt es sich nicht um einen exakt linguistisch definierten Begriff, sondern um die Auffassung, dass jede Veränderung gleichzeitig ein Verlust sei.

In den letzten Jahren vertreten viele Sprachwissenschaftler die Meinung, dass Sprachwandel weder gut noch schlecht, sondern wesentlich für das Funktionieren einer Sprache sei und damit nicht von „Sprachverfall" gesprochen werden sollte.

Kommunikative Kompetenz erwerben

Im Berufsalltag werden eine Reihe von Schlüsselkompetenzen benötigt. Je breiter diese Kompetenzen gefächert sind, desto besser sind die Arbeitnehmer/innen auf Probleme oder den Einsatz in neue Arbeitsbereiche vorbereitet.

1 **Erstellen Sie eine Mindmap, die einen Überblick über die überfachlichen Schlüsselqualifikationen im Berufsalltag gibt. Nutzen Sie dafür auch GUT ZU WISSEN „Schlüsselqualifikationen im Berufsalltag“ und ordnen Sie folgende Begriffe und Qualifikationen den jeweiligen Schlüsselqualifikationen zu:**
Teamfähigkeit, Flexibilität, Empathie, Kritikfähigkeit, Zielstrebigkeit, Belastbarkeit, Zuverlässigkeit, Ausdauer, Verantwortungsbewusstsein, Pünktlichkeit, Leistungsbereitschaft, Sorgfalt

2 **Je nach Berufsfeld sind andere Kompetenzen gefragt und unabdingbar für die Berufsausübung. Entscheiden Sie sich für eine Schlüsselkompetenz, die für das von Ihnen gewählte Tätigkeitsfeld sehr wichtig ist. Begründen Sie Ihre Entscheidung.**

Die Schlüsselqualifikation „Empathie“ ist in der Pflege unabdingbar, da wir direkt mit hilfsbedürftigen Menschen zu tun haben ...

Als Laborant/-in sollte man über die Schlüsselqualifikation „Sorgfalt“ verfügen, weil ...

3 **Stellen Sie Ihre Ergebnisse im Plenum vor und tauschen Sie sich aus.**

GUT ZU WISSEN – Schlüsselqualifikationen im Berufsalltag

Ein Teil der Schlüsselqualifikationen ist die Fachkompetenz, die auf Wissen und Können innerhalb eines bestimmten Fachgebietes zielt.

Die **Humankompetenz** umfasst persönliche Qualitäten wie Verantwortungs- und Pflichtbewusstsein, Selbstständigkeit, Zuverlässigkeit usw.

Soziale Beziehungen leben und gestalten zu können, Spannungen einordnen und lösen zu können, das sind Bestandteile der **Sozialkompetenz**.

Wer sich der ständig verändernden Arbeitswelt und der damit verbundenen Entwicklung neuer Medien und Arbeitstechniken gegenüber offen zeigt, der verfügt über **Methodenkompetenz**.

Die Kommunikationsfähigkeit (**kommunikative Kompetenz**) ist der Schlüsselbaustein zur Beherrschung dieser Kompetenzen.

Besonders in der Arbeitswelt ist Kommunikation ein bedeutender Faktor dafür, ob und wie wir unsere Ziele erreichen - bei Kunden, Geschäftspartnern und Kollegen/-innen. Zum einen muss man wissen, welche Sprachvarietät dem Umfeld und dem Fachgebiet angemessen ist. Zum anderen muss man sich bewusst machen, mit wem man spricht: Haben Sie Kunden-/Patientenkontakt? Findet die Kommunikation auf einer Ebene statt, z. B. zwischen gleichrangigen Kollegen oder mit einem hierarchischen Gefälle?

In manchen Gesprächssituationen nimmt ein/-e Gesprächspartner/-in eine übergeordnete Rolle ein und führt das Gespräch, dann spricht man von einer **komplementären Beziehung**. Diese Beziehungen sind häufig dort anzutreffen, wo die Beziehungen zwischen den Partner/-innen aufgrund ihrer gesellschaftlichen Stellung, ihrer beruflichen Position etc. auf Ungleichheit beruhen.

Wenn die Kommunikationspartner/-innen eine gleichrangige oder gleichberechtigte Stellung einnehmen, dann sprechen wir von einer **symmetrischen Kommunikation**. Man begegnet sich auf Augenhöhe und hat die gleichen Möglichkeiten, sich zu äußern. (Vgl. hierzu Kapitel 1.)

Kommunikative Kompetenz erwerben

4 Reflektieren Sie gemeinsam mit einer Lernpartnerin / einem Lernpartner Kommunikationssituationen, die Sie im beruflichen Kontext erlebt haben.

a) Handelte es sich dabei um symmetrische oder komplementäre Beziehungen (↗ Kapitel 1, S. 20)?

b) Vergleichen Sie Ihre Erfahrungen: Sind bestimmte Kommunikationssituationen immer komplementär oder symmetrisch?

c) Erläutern und begründen Sie aus Ihrer jeweiligen Sicht, ob in der beruflichen Kommunikation symmetrische oder komplementäre Beziehungen überwiegen oder sich diese die Waage halten.

d) Welche Schlüsse ziehen Sie aus Ihrem Erfahrungsaustausch für künftige Kommunikationssituationen?

5 Analysieren und interpretieren Sie die abgebildete Karikatur. Orientieren Sie sich dabei an den zwei in GUT ZU WISSEN „Karikatur" (↗ Kapitel 7, S. 99) beschriebenen Schritten.

a) Beschreiben Sie die Karikatur.

b) Deuten Sie die Karikatur.

c) Hinterfragen Sie die Kernaussagen der Karikaturen kritisch.

d) Nehmen Sie Stellung.

6 Welchen Einfluss hat die Verwendung einer Sprachvarietät auf die Kommunikationssituation?

7 Wie würden Sie anstelle des Auszubildenden reagieren? Schreiben Sie Ihren Redebeitrag in wörtlicher Rede auf und beschreiben Sie Ihre Körperhaltung.

8 Was würden Sie dem Auszubildenden für sein Antrittsgespräch mit der Geschäftsführerin raten, damit er einen guten ersten Eindruck hinterlässt (↗ Kapitel 1)?

Der Auszubildende benutzt die Sprachvarietät Jugendsprache. Bei nahezu 60 Dialekten in Deutschland sprechen viele auch diese Sprachvarietät. „Wir können alles. Außer Hochdeutsch". Dieser Werbeslogan für das Land Baden-Württemberg weist augenzwinkernd darauf hin, dass der Dialekt nicht auszumerzen ist. Daher stellt sich die Frage: Darf man Sozio- oder Dialekte in der beruflichen Kommunikation verwenden? Welche Argumente sprechen dafür oder dagegen?

9 Verorten Sie sich mit einer Meinungslinie zu folgender Aussage:

„In der beruflichen Kommunikation sollte (ausschließlich) Standarddeutsch und keine andere Sprachvarietät, wie z. B. Dialekt, gesprochen werden."

vollkommen einverstanden ———————————————— nicht einverstanden

10 Erläutern Sie Ihren Standpunkt im Plenum.

Kommunikative Kompetenz erwerben

Sandra Markert beschäftigt sich in ihrem Artikel „Wie viel Dialekt verträgt die Berufskarriere?“ mit Dialektgebrauch im beruflichen Kontext, indem sie Aussagen von Wissen- und Wirtschaftlern zusammenfasst.

Wie viel Dialekt verträgt die Berufskarriere?

Sind Menschen mit Dialekt automatisch Hinterwäldler? Natürlich nicht! Dialekt kann im Beruf sogar durchaus förderlich sein, es kommt aber stark auf die Branche an. Manche Firmen verlangen von Mitarbeitern sogar Hochdeutsch-Kurse.

von Sandra Markert

„Uffbasse, mehr suchän Disch! Du bischd de 007 mit ner Lizenz zum Schrauwe“ – oder aber der Mechaniker, der einen neuen Job bei einer Pfälzer Baumaschinen-Firma sucht. Geschäftsführer Uwe Holla verfasst seine Stellenanzeigen seit einem halben Jahr im Pfälzer Dialekt. „Da ist eine viel persönlichere Ansprache möglich, und die Resonanz gibt uns recht“, sagt Uwe Holla. Plötzlich findet er wieder Mitarbeiter, die er zuvor monatelang vergeblich gesucht hat. „Bei uns ist es sicher nicht von Nachteil, wenn man im Vorstellungsgespräch mit Dialekt ankommt.“

Gut 60 Prozent der Deutschen sprechen irgendeinen Dialekt. „Ob der auch im Arbeitsleben nützt, kommt ganz klar auf den Beruf an“, sagt Stefan Kleiner, Sprachwissenschaftler am Institut für deutsche Sprache in Mannheim. Wer regional tätig sei und das in einer Gegend, die noch stark vom Dialekt geprägt ist, könne mit der Mundart Vorteile haben. „Denn Dialekt erzeugt Nähe und schafft Vertrauen“, betont Kleiner. Mit dem Bäcker vor Ort lässt es sich so leichter plaudern, mit dem Handwerker einfacher um den Preis feilschen.

Im Verkaufsgespräch kann Dialekt also durchaus von Vorteil sein. Das haben auch die Wirtschaftswissenschaftler Robert Mai und Stefan Hoffmann in einer Studie für die Technische Universität Dresden herausgefunden. Allerdings, so schreiben die Autoren, kommt es stark darauf an, wie verständlich der Mitarbeiter am Bahnschalter oder der Apotheker spricht. Und wie der Kunde dem jeweiligen regionalen Dialekt gegenüber eingestellt ist.

[…] Der schwäbische Dialekt […] nutzt recht viele grammatikalische Besonderheiten, die im Hochdeutschen nicht korrekt sind, wie beispielsweise „der wo“. „In den Ohren von Leuten, die solche Besonderheiten nicht kennen, sind das einfach Fehler und die führen dazu, dass ein Dialekt sprechender Schwabe bei einem Vortrag an Kompetenz einbüßt“, sagt Ariane Willikonsky. Die Sprecherzieherin bietet in ihrem Fon-Institut für Sprache und Stimme in Stuttgart seit 2003 Kurse für Hochdeutsch an. Die meisten Teilnehmer werden von ihren Chefs zu den Hochdeutsch-Kursen geschickt, weil sie überregional tätig sind und repräsentative Aufgaben innehaben. Ein Dialekt kann hier wie eine Barriere wirken und Kontakte versperren. In Vorträgen lenkt er vom eigentlichen Thema ab – oder führt dazu, dass die Zuhörer nicht alles verstehen. Anfangs seien die Befürchtungen der Kursteilnehmer oft groß, dass sie jetzt ihren Dialekt verlernen müssen, erzählt Willikonsky. „Aber das ist totaler Quatsch. Wir lernen ja auch Englisch und können trotzdem noch Deutsch sprechen.“ Sechs Stunden braucht die Sprecherzieherin, um den Teilnehmern die Regeln von Grammatik und Aussprache im Hochdeutschen beizubringen. „Danach kann jeder problemlos einen Text auf Hochdeutsch vorlesen“, sagt sie. Damit das Umschalten zwischen Dialekt und Hochdeutsch auch im Alltag klappe, brauche es dann viel praktische Übung. Die sich Willikonsky zufolge aber immer auszahlt. „Wenn Sie es schaffen, einen Vortrag auf Hochdeutsch zu halten und dann in den Pausen im Dialekt zu plaudern, ist das einfach faszinierend, authentisch und sympathisch.“

(www.suedkurier.de)

Kommunikative Kompetenz erwerben

11 Welche Haltung(en) vertreten die Befragten? Arbeiten Sie im Lerntempoduett.

a) Fassen Sie die im Text genannten Argumente zusammen.
b) Tauschen Sie sich mit Ihrem Lernpartner / Ihrer Lernpartnerin aus.
c) Erstellen Sie gemeinsam eine Pro- und Kontraliste zum Dialektgebrauch im beruflichen Kontext.
d) Vergleichen Sie im Plenum Ihre Argumente und ergänzen Sie ggf.

Situation

Nach dem Praktikum wertet Ihre Lehrkraft die Praktikumsbeurteilungen Ihrer Klasse aus. Unter dem Aspekt „Sprache und Ausdruck" sind sehr unterschiedliche Rückmeldungen erfolgt:

- *Drückt sich sehr eloquent aus,*
- *spricht höflich,*
- *kann sich schriftlich und mündlich gut ausdrücken,*
- *Wortwahl ist teils unangemessen,*
- *kann sich sprachlich auf die Kundschaft einstellen,*
- *spricht überwiegend Dialekt,*
- *hat sprachliche Schwierigkeiten,*
- *gibt freche Antworten*
- *...*

Ihre Mitschülerinnen und Mitschüler machen sich darüber Gedanken.
Schüler A: „Die haben so gestelzt geredet, wollten, dass ich Guten Tag statt Hallo und in Ordnung statt Okay sage. So spricht doch heute keiner mehr!"

Schülerin B: „Ich habe im Touristikbüro mein Praktikum gemacht, da verstehen nicht alle Dialekt, daher hat man mir von Anfang an gesagt, dass ich Hochdeutsch reden muss."

Schülerin C: „Ich habe im Seniorenheim mein Praktikum gemacht und meine Ausdrucksweise den Bewohner/-innen angepasst, damit sie mich gut verstehen. Da gibt es Leute, die nur Kölsch konnten, denen habe ich auch auf Kölsch geantwortet, andere konnten nur Hochdeutsch. Für einige Bewohner/-innen ist Deutsch die Zweitsprache, da habe ich kürzere Sätze formuliert. Die Heimleitung hat mich für meine Empathie gelobt."

Kommunikative Kompetenz erwerben

12 **Sie wollen bei Ihrem nächsten Praktikum eine gute sprachliche Beurteilung erhalten.**

a) Bilden Sie Neigungsgruppen für folgende Tätigkeitsfelder:
   - Pflege, Medizinischer Bereich (Seniorenheime, Krankenhaus, Kindergarten, Praxis)
   - Bürotätigkeit, Verkauf (Groß- und Einzelhandel)
   - Technischer Bereich (Fachlagerlogistik)
   - Wirtschaft und Verwaltung

b) Welche sprachlichen Fehler haben Sie oder Ihre Mitschüler/-innen begangen und wie können Sie diese in Zukunft vermeiden?

c) Entscheiden und begründen Sie, welche Sprachvarietät (z. B. Standarddeutsch, Dialekt) Ihrer Praktikumsstelle angemessen ist.

d) Welche regionalen oder sozialen Aspekte müssen Sie bei Ihrer Entscheidung berücksichtigen?

13 **Stellen Sie Ihre Ergebnisse im Plenum vor und tauschen Sie sich aus.**

14 **Verorten Sie sich ein zweites Mal in der Meinungslinie von S. 283. Hat sich etwas an Ihrer Einstellung verändert?**

15 **Tauschen Sie sich im Plenum aus. Notieren Sie Fragen, die Sie der Personalchefin / dem Personalchef in der abschließenden Diskussion stellen möchten.**

Lernbilanz: Sie können ...

- Entwicklungstendenzen der deutschen Sprache benennen und erläutern.
- Merkmale gesprochener Sprache benennen und erläutern.
- grundlegende Funktionen von gesprochener Sprache und Texten in unterschiedlichen Medien benennen und erläutern.
- Merkmale von Sprachvarietäten benennen und erläutern.
- kommunikative Strategien der Beeinflussung im beruflichen und gesellschaftlichen Kontext analysieren.
- Argumentationsstrategien erkennen und eine eigene Argumentation entwickeln.
- eine Karikatur beschreiben und deuten.
- Informationen aus den Materialien miteinander verknüpfen.

Die Lernsituation umsetzen: Eine Podiumsdiskussion durchführen

Im Kapitel haben Sie sich mit Sprache, ihrem Wandel und auch mit Sprachvarietäten beschäftigt. Um nun Klarheit darüber zu bekommen, was auch im Berufsleben wichtig ist im Hinblick auf die Sprache, laden Sie Experten zu folgendem Thema ein:

„Sind Jugendsprache, Ethnolekt, Dialekt, Chat-Kommunikation und Umgangssprache Zeichen eines Sprachwandels, der zu einer Verarmung der deutschen Sprache führt oder lediglich eine sprachliche Alternative zur Standardsprache?"

1 Bilden Sie Kleingruppen, die sich mit den unterschiedlichen Bereichen der Podiumsdiskussion beschäftigen.

z. B. Organisation der Podiumsdiskussion, Betreuung der Teilnehmenden, Formulierung der Fragen für die Teilnehmenden

2 Beginnen Sie mit der Planung der Podiumsdiskussion.

a) Legen Sie ein Datum fest.

b) Reservieren Sie passende Räumlichkeiten.
Auswahlkriterien können sein: eine Bühne ist vorhanden, angemessene Größe, genügend Stühle, gute Akustik.

c) Suchen Sie mögliche Teilnehmende aus Ihrer Region und laden Sie diese ein.
Tipp: Teilnehmende können Personen sein, die sich beruflich mit Sprache beschäftigen, die sich ihrer vielfach bedienen, z. B. indem sie Reden halten müssen. Dies können Deutschlehrkräfte, Deutschprofessoren/-professorinnen, Unternehmer/-innen mit Auszubildenden, Autoren/Autorinnen, Journalisten/Journalistinnen, Bürgermeister/-innen sein.

3 Bereiten Sie die Podiumsdiskussion vor.

a) Gestalten Sie Einladungskarten oder Aushänge für das Publikum und veröffentlichen diese rechtzeitig. Schreiben Sie ggf. einen Artikel in der Schüler- oder auch Tageszeitung, um auf Ihre Podiumsdiskussion aufmerksam zu machen.

b) Legen Sie Gesprächsregeln fest, die während der Diskussion eingehalten werden sollen und lassen Sie diese den Teilnehmenden vorab zukommen.

c) Formulieren Sie Fragen an die Teilnehmenden auf Moderationskarten, die der gewählte Moderator/die gewählte Moderatorin nutzen kann.

d) Legen Sie Aufgaben der einzelnen Gruppen während der Podiumsdiskussion fest.

e) Finden Sie ggf. Weiteres, was im Vorfeld der Podiumsdiskussion erledigt werden muss.

4 Führen Sie die Podiumsdiskussion durch und achten Sie darauf, dass sie sachlich und wertschätzend geführt wird.

5 Sinnvoll ist es, sich im Plenum im Anschluss an die Podiumsdiskussion darüber auszutauschen, was an der Durchführung gelungen war, aber insbesondere, welche Erkenntnisse Sie aus der Diskussion mit den Experten gewonnen haben.

6 Schreiben Sie einen Bericht für die Schülerzeitung.

Kapitel 20

Den Einfluss von Sprache erkennen

Sprache bestimmt unser Denken und unser Handeln und ist somit nicht nur ein Kommunikations-, sondern auch ein beachtliches Machtmittel. Sie bestimmt, wie wir unsere Umgebung und andere Menschen wahrnehmen. Sie kann andere anstacheln, einschüchtern, ermutigen und verführen, stiftet Vertrauen und schafft Verbündete. Sprache verknüpft sich mit Erinnerungen und erzeugt so Bilder im Kopf. Nutzt man ausdrucksstarke Worte immer wieder in bestimmten Settings, die bei den Menschen gedankliche Bilder erzeugen, so können sich modifizierte „geframte" Bilder im Gehirn abspeichern. Dadurch hat Sprache die Macht, das Denken und somit auch die Einstellungen von Menschen zu beeinflussen

Dieses Kapitel soll Ihnen helfen, sprachliche Beeinflussungen und Werbestrategien in Ihrer Lebenswelt zu erkennen und zu analysieren, um bewusster damit umgehen zu können.

Kompetenzen

- ✓ kommunikative Strategien analysieren
- ✓ sprachliche Beeinflussung erkennen
- ✓ Gestaltung und Wirkung von Werbung analysieren
- ✓ Medienprodukte gestalten

Methoden und Arbeitstechniken

- ✓ Murmelmethode
- ✓ Brainstorming
- ✓ If-Then-So-Technik

Lernsituation: Ein Werbeplakat gestalten

Ihre Schule möchte an der kommenden Schüler-/Ausbildungsmesse in Ihrer Region teilnehmen. Dafür werden die Informationen (als Druckerzeugnis und digital) zu den verschiedenen Bildungsgängen überarbeitet. Die Schulleitung bittet alle Klassen um Unterstützung bei der Gestaltung.

Dies ist Ihr von der Schulleitung formulierter Arbeitsauftrag:

Liebe Schülerinnen und Schüler,

wir nehmen an der kommenden Schülermesse teil und möchten als Eyecatcher Plakate der verschiedenen Bildungsgänge aufhängen.

Bitte entwerfen Sie ein ansprechendes Werbeplakat für Ihren Bildungsgang. Zielgruppe sind zukünftige Schüler/-innen. Das Plakat wird im DIN-A0-Format gedruckt (digitale Vorlage als PDF) und muss unseren Schulnamen und unser Logo enthalten.

Nutzen Sie für den Entwurf Ihr Wissen um Werbestrategien und sprachliche Beeinflussung.

Wir freuen uns auf Ihre Vorschläge!

Mit freundlichen Grüßen

Ihre Schulleitung

So können Sie vorgehen

Schritt 1 sich bewusst werden, wie Sprache das eigene Handeln beeinflusst

Schritt 2 herausfinden, in welchen Alltagssituationen sprachliche Beeinflussung stattfindet

Schritt 3 Werbung und Werbestrategien analysieren

Schritt 4 die Zielgruppe für das eigene Werbeplakat und ihre Bedürfnisse definieren

Schritt 5 ein Werbeplakat entwerfen

Kommunikative Strategien analysieren

Framing

So wenig uns dies im Alltag auch bewusst sein mag: Worte sind beim Menschen mit Gefühlen, Bewegungen, Gerüchen, Assoziationen u.v.m. verknüpft und aktivieren Frames (Bedeutungsrahmen) in unseren Köpfen. Dieser Tatsache sind sich Medien, Marketing-Agenturen, Lobbyisten, Aktivisten und Politiker bewusst. Sie prägen bewusst Begriffe, die unsere Wahrnehmung, Ansichten und unsere Handlungen – teils mit manipulativer Absicht – lenken sollen.

Politisches Framing

von Elisabeth Wehling

[...] Sprache nimmt also direkten Einfluss darauf, wie wir in dieser Welt agieren, sei es, wie wir uns bewegen, sei es – das zeigt die nächste Studie –, wie wir uns anderen Menschen gegenüber verhalten. Das im Folgenden beschriebene Experiment untersuchte den Einfluss von Sprache auf das Sozialverhalten. Man unterteilte Probanden in zwei Gruppen. Die erste Gruppe las einen Text, der Begriffe wie ›aggressiv‹, ›unfreundlich‹ und ›unhöflich‹ beinhaltete. Die zweite Gruppe hingegen las einen Text, der Begriffe wie ›respektieren‹, ›sensibel‹ und ›höflich‹ umfasste. Danach sollten die Teilnehmer sich kurz mit dem vermeintlichen Forschungsleiter austauschen. Dieser befand sich aber – natürlich rein zufällig – in gerade diesem Moment in einem Gespräch mit einer anderen Person. Und dies geschah: Probanden der ersten Gruppe drängten sich recht zügig und wirsch in das Gespräch und unterbrachen es, um sich Aufmerksamkeit zu verschaffen. Probanden aus der zweiten Gruppe hingegen neigten dazu, höfliche Zurückhaltung zu üben

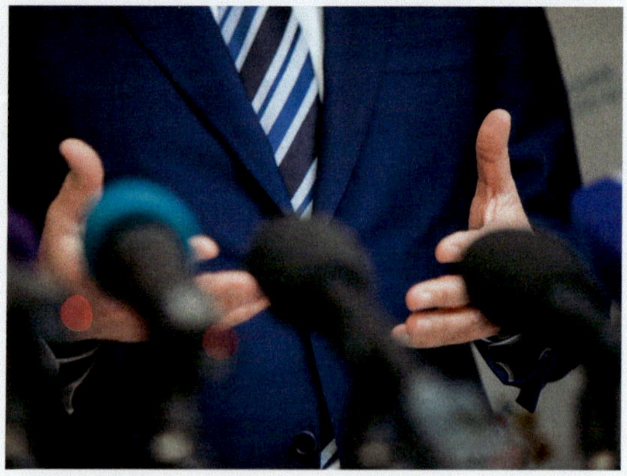

und länger abzuwarten, bevor sie unterbrachen. Sie verhielten sich höflicher, denn sie hatten zuvor eine Reihe von Begriffen gelesen, die einen Frame von Höflichkeit aufgerufen hatten. Sprache übersetzt sich also direkt in Handlungen. Wenn Sie das Wort ›langsam‹ lesen, verlangsamen sich automatisch Ihre Bewegungen. Wenn Sie über ›gestern‹ sprechen, lehnen Sie sich zurück. Wenn Sie von ›Höflichkeit‹ lesen, agieren Sie höflicher. Das alles fällt Ihnen nicht weiter auf. [...]

(aus: Politisches Framing. Wie eine Nation sich ihr denken einredet – und daraus Politik macht, 2016)

1 **Lesen Sie den Text „Politisches Framing – Wie eine Nation sich ihr Denken einredet und Politik daraus macht" aufmerksam durch.**

2 **Bearbeiten Sie den Text mithilfe der nachfolgenden Fragen:**

a) Nennen Sie die Begriffe, die den Probanden im Versuchstext gegeben wurden.
b) Was suggerieren diese Begriffe?
c) Wie beeinflusst dies das Handeln der Probanden?
d) Nennen Sie die Frames, die bei dem Experiment aktiviert werden sollten. Nutzen Sie dafür auch GUT ZU WISSEN „Framing(-Effekt)".

Im Experiment wurde der Framing-Effekt genutzt, um ...
Die meisten Menschen assoziieren das Wort ... mit ...
Die Probanden haben unterbewusst auf ... reagiert.

Framing

3 „Sprache übersetzt sich also direkt in Handlungen“ (Z. 24–25). Was bedeutet das für Ihren Sprachgebrauch?

vollschlank
Entwicklungsfeld
Herausforderung

a) Reflektieren Sie: Benutzen Sie positiv oder negativ konnotierte Frames im Alltag?
b) Verwenden Sie manche Frames bewusst?
c) Erstellen Sie eine Tabelle. Notieren Sie selbst verwendete oder gehörte (z. B. auf dem Schulhof) Frames, ordnen Sie diese in die Tabelle ein und ergänzen Sie die Redeintention (Redeabsicht).

Konnotation		Intention
☹	☺	Was soll damit eigentlich ausgedrückt werden?
	vollschlank (Beispiel)	Eine Person ist übergewichtig.
	Entwicklungsfeld (Beispiel)	Etwas ist nicht gut und muss erheblich verbessert werden.

4 Diskutieren Sie im Plenum Ihre Beispiele.
a) Wer benutzt den Begriff und warum?
b) Was suggeriert der Begriff?
c) Welche Wirkung können diese Frames auf die Adressaten haben?
d) Diskutieren Sie: Steuert der Gebrauch dieser Frames unsere Wahrnehmung und unser Handeln?

GUT ZU WISSEN – Framing(-Effekt)

Sprache bestimmt unser Denken und unser Handeln. Nutzt man wiederholt Worte, die bei den Menschen unter bestimmten Voraussetzungen Bilder erzeugen, so können sich modifizierte „geframte“ Bilder im Gehirn abspeichern. So hat Sprache die Macht, das Denken und somit auch die Einstellungen von Menschen zu beeinflussen.

Framing kommt aus dem Englischen und bezeichnet das **„Einrahmen“ bzw. Einbetten eines Sachverhaltes in ein bestimmtes Bedeutungsumfeld (Bild)**. Je nachdem, wie bestimmte Themen dargestellt werden, werden damit ausgesuchte Eigenschaften hervorgehoben, z. B. kann ein Glas halb voll oder halb leer, ein Schülerbeitrag „nicht schlecht“ oder „gut“ sein, bei einer Lotterie gewinnen 8 von 10 Teilnehmenden oder 20 % der Teilnehmenden verlieren. Der Framing-Effekt ermöglicht es den Empfänger/-innen, die **vielen Informationen**, die sie täglich erhalten, zu verarbeiten und damit **in einen gewissen Kontext zu setzen**. Dabei ist Framing immer bewertend und selektiv, nicht jede Information kann behalten werden, aber nicht immer (bewusst) manipulativ. Framing lässt sich nicht vermeiden: **Wir können nicht nicht-framen.**

Man kann ebenso einzelne Worte wie auch Wortgruppen/Sätze framen, Substantive, Adjektive, Verben.

Framing bedient sich sprachlicher Mittel.

Bevorzugte sprachliche Mittel sind bspw.: Euphemismus ☺ / Pejorativ ☹ / Dysphemismus ☹ oft als Substantiv-Kompositum und Neologismus, Oxymoron, Hyperbel. Metaphern und metaphorisch gebrauchte Wörter sind besonders beliebt, da sie sofort gedankliche Bilder erzeugen. Oft sind es Neologismen (Wortneuschöpfungen) in Form von Substantivkomposita (Wortzusammensetzungen). Die verwendeten Begriffe können positiv oder negativ konnotiert sein. Etwas einfacher ausgedrückt: Wir verbinden mit Wörtern positive Assoziationen (Ferien) oder negative (Stress).

Framing

5 Übertragen Sie die folgende Tabelle in Ihr Heft oder ein Textverarbeitungsprogramm. Ergänzen Sie die jeweils fehlenden Wörter/Frames. Beziehen Sie dabei die Informationen GUT ZU WISSEN „Framing" mit ein.

Originalbegriff/Wortbedeutung	Frame (Euphemismus/ Dysphemismus) bzw. negative oder positive Konnotation
Kriege gegen Muslime vom 11.–13. Jhd. (von lat. Kirche gefordert)	Kreuzzüge
Staaten, die niedrige oder keine Steuern erhebt und oft für (sozial schädliche) Steuerhinterziehung genutzt wird	Steueroasen
Steuererhöhung, Erhöhung der Steuerbeiträge	Steuer...
Fahrverbot in dt. Städten für bestimmte Pkw (z. B. Dieselfahrzeuge)	...zone
Mülldeponie	
	Kollateralschaden (Militär)
Problem (betrieblich, politisch)	
	Mitarbeiter freistellen
	Facility Manager
Rentenbeitrag wird erhöht (Politik)	Rentenbeitrag wird ...
Eigene Beispiele	

6 Ergänzen Sie Ihre Tabelle um weitere Beispiele aus Politik, Wirtschaft oder Werbung.

Framing spielt in der politischen Rhetorik eine große Rolle. Die Wiederholung bestimmter sprachlicher Frames schafft einen alternative Deutungsrahmen in unseren Köpfen, dem wir uns nur schwer entziehen können.

Ein Beispiel für politisches Framing

Im Laufe des Jahres 2015 stieg die Zahl von Menschen, die Schutz vor Verfolgung, Krieg und Not suchten, nicht nur weltweit, sondern auch in Deutschland, stark an.

Diese Fluchtbewegung von rund zwei Millionen Menschen in die Europäische Union verursachte einen länger anhaltenden Migrationsdruck auf Europa und hatte gesamtgesellschaftliche Auswirkungen. Das Thema polarisiert die Gesellschaft, was sich auch im Sprachgebrauch der Medien und der Politik zeigt. Flüchtlingsbewegung oder Flüchtlingsstrom? Asylbewerber oder Asyltourist? Achse des Bösen oder Koalition der Willigen?

Ein Beispiel für einen politischen Frame:

Asyltourismus

Asyl steht für die Bitte um Hilfe.
Tourismus für Urlaub/Sonne/Nichtstun.

So wird ein gedankliches Bild erzeugt, dass Menschen, die bei uns Hilfe suchen, nur zum Nichtstun oder Urlaub machen kommen, aber nicht, weil sie z. B. einer Gefahrensituation entkommen wollen.

7 Finden Sie weitere aktuelle politische Frames und notieren Sie diese in Form einer Tabelle. Finden Sie treffende Worterklärungen möglichst ohne Konnotationen.

Framing

Metaphern werden in der politischen Kommunikation inzwischen gezielt eingesetzt

von Almut Lüder / Johanna Metz

Erkenntnissen von Neurowissenschaftlern zufolge werden durch diese Deutungsrahmen tief in unserem Gehirn verankerte Wert- und Sinnzusammenhänge aktiviert – und so unser Denken und Handeln beeinflusst. Ein Grund, warum Frames in der politischen Kommunikation immer mehr Verbreitung finden.

„Sprache ist Politik", stellt die Neurolinguistin Elisabeth Wehling in ihrem 2016 erschienenen Buch über Politisches Framing fest. Darin erläutert sie, wie Frames im Gehirn wirken und wie sie unsere Wahrnehmung der Wirklichkeit prägen. Politikern rät sie dazu, Sprachbilder mit Bedacht auszuwählen. Denn es sei ein Widerspruch, wenn ein Politiker etwa für mehr Steuern plädiere, aber den sehr negativen Begriff „Steuerlast" verwende. Kandidaten im Wahlkampf sollten ihre Sprache außerdem so gestalten, dass die ideologischen Unterschiede zu anderen Parteien deutlich werden.

Wie mit Sprache Politik gemacht wird, ist häufig zu beobachten. So wurde das auf Betreiben der CSU eingeführte Betreuungsgeld von Gegnern häufig als „Herdprämie" diffamiert. Und während die AfD bei Debatten um den Klimaschutz gerne von „Klimahysterie" spricht, benutzen Anhänger der Friday for Future-Bewegung lieber das Wort „Klimakatastrophe".

Der richtige Umgang mit Frames ist – gerade in Zeiten von Social Media – für Politiker, Parteien und Gruppierungen Herausforderung und Chance zugleich. Das bestätigen auch Bundestagsabgeordnete: „Zur Verdeutlichung und Untermauerung meiner Position nutze ich natürlich auch sprachliche Bilder und Frames", stellt der Obmann der SPD im Ausschuss für Kultur und Medien im Bundestag, Martin Rabanus, klar. Die Auswahl und Verwendung bestimmter Wörter begleite zudem die Öffentlichkeitsarbeit der Fraktion. Denn: „Mit bestimmten Wörtern soll bei der Zielgruppe ein bestimmter Effekt erzielt werden."

Auch der Fraktionsvorsitzende der Linken, Dietmar Bartsch, hat die Bedeutung von Frames erkannt: „Politisches Framing ist sehr wichtig in politischen Auseinandersetzungen", sagt er. Auch seine Fraktion überlege, wie sie ihre Themen „effektiv und medial treffsicher" platzieren könne. Allerdings falle es ihr nicht immer leicht, politisches Framing zu betreiben, „weil die Grenze zur Manipulation fließend ist".

[...] Dass Framing wirkt, ist inzwischen vielfach belegt. Umstritten ist jedoch, wie stark der Effekt ist und wann er auftritt. [...] Eine internationale Forschergruppe um Marc Helbling vom Wissenschaftszentrum Berlin fand heraus, dass Schweizer Wähler auf Framing in der Regel so reagierten, dass sie ihre eigene politische Position nur noch stärker vertraten als zuvor – unabhängig davon, ob das Frame ihre eigene Position unterstützt hat oder nicht. [...] Daraus folgerten die Wissenschaftler, dass die Menschen dem Effekt nicht schutzlos ausgeliefert sind, sofern sie über das Gehörte oder Gelesene nachdenken.

Eine Einschätzung, die die CDU-Bundestagsabgeordnete Melanie Bernstein teilt: „Wer glaubt, dass Menschen unabhängig vom Inhalt allein durch die Wortwahl zur Wahlentscheidung zu bringen sind, irrt." Als Norddeutsche sei sie geprägt von einer Region, in der viele blumige Worte eher Misstrauen als Begeisterung auslösten. Der Politik-Berater Johannes Hillje hält Frames dennoch für wichtige „Vermittler" zwischen Politikern und Bürgern. Er rät Parteien wie Medien aber stets zum kritischen „Framing-Check": Beschreibt das Frame das Problem adäquat? Welche politische Motivation steckt dahinter? Außerdem gibt Hillje zu bedenken: „Wenn ich ein Framing wiederhole, selbst wenn ich es negiere, stärke ich es im öffentlichen Diskurs."

(www.das-parlament.de)

8 Welche Gründe für den Einsatz von Metaphern/Frames in der politischen Kommunikation werden im Text genannt?

Framing

9 Welche Einstellungen haben die zitierten Bundestagsabgeordneten zur Verwendung von Frames? Mit welcher Begründung?

10 Im vorliegenden Text „Metaphern werden in der politischen Kommunikation inzwischen gezielt eingesetzt“ werden mehrere Beispiele für politische Frames genannt. Analysieren Sie: Welche Bedeutungsrahmen werden bei den folgenden Substantivkomposita aktiviert und mit welcher Absicht? Beantworten Sie dafür jeweils folgende Fragen:

a) Wer benutzt diesen Begriff?
b) Welche Assoziationen/Bilder suggeriert der Begriff?
c) Wie steuert dies die Wahrnehmung?

Frame	Sender	Assoziation/Bild	Wahrnehmungssteuerung/Fokus
Steuerlast			
Klimahysterie			
Klimakatastrophe			
Herdprämie			

11 In Z. 15 wird auf den negativ konnotierten Begriff „Steuerlast“ hingewiesen. Finden Sie einen Frame, der positive bzw. neutrale Assoziationen auslösen kann. Begründen Sie Ihre Wahl.

12 Framing wirkt. Recherchieren Sie: Können sich Bürger und Bürgerinnen vor politischem Framing schützen, und wenn ja, wie?

★ **13** Bereiten Sie einen Kurzvortrag zum Thema Framing auf Grundlage Ihrer Recherche und des im Kapitel Erlernten vor. Erstellen Sie dazu eine Präsentation mit drei bis fünf Folien.

Politisches Framing hat eine moralische Komponente

Die Erderwärmung und die Debatte darüber ist nicht neu, aber sie ist spätestens seit Greta Thunberg nicht mehr nur ein politisches Expertenthema, sondern in der breiten Gesellschaft angekommen und wird kontrovers diskutiert. Die Klimadebatte wird nicht nur äußerst emotional geführt, sondern wird auch durch den Einsatz von sprachlichen Strategien für politische Zwecke instrumentalisiert. Vor allem die Aussagen von Klimaleugnern und Alarmisten, die auch vor persönlichen Beleidigungen nicht zurückschrecken, finden durch die Medien, vor allem im Internet, Verbreitung und Beachtung.

★ **14** Erörtern Sie anhand des Begriffs „Klimadebatte“, ob sich die „Sagbarkeitsregeln“ in den letzten Jahren verändert haben.

Priming

Wir wissen, dass kommerzielle Werbung uns beeinflussen möchte, aber Techniken der sprachlichen Beeinflussung gibt es auch im privaten, beruflichen und gesellschaftlichen Bereich. Neben dem Einsatz von Frames ist *Priming* eine beliebte Strategie.

Begleiten Sie Clara auf ihrem Schulweg in die BBS.

Clara verlässt ihr Wohnhaus und geht zur Bushaltestelle. Auf ihrem fünfminütigen Weg dorthin hört sie ihr Lieblingslied. Sie wartet drei Minuten im Windschutz der Bushaltestelle. Clara steigt in den Bus und fährt 15 Minuten quer durch die Innenstadt. Während der Fahrt schaut sie nicht die ganze Zeit aus dem Fenster, sondern auch ein Video auf TikTok, den neuesten Post Ihrer Lieblingsinfluencerin, checkt ihre Accounts und chattet mit ihrer Freundin.

1 **Wie viel Werbung könnte Clara auf ihrem kurzen Weg bewusst oder unbewusst gesehen haben?**
Tipp: Denken Sie an Werbeplakate, Schaufenster, Innenraumplakatierung im Bus, Social Media ...

In der Schule angekommen kauft sich Clara ein bekanntes Erfrischungsgetränk am Kiosk, in der Mittagspause isst sie in einem nahe gelegenen Fast-Food-Restaurant. Nach der Schule geht Clara mit ihrer Freundin in einen Drogeriemarkt und kauft eine Marken-Mascara.

Warum hat Clara gerade dieses Erfrischungsgetränk gekauft, einen Burger als Mittagessen gewählt und eine bestimmte Mascara-Marke gekauft?

2 **In welchen Situationen könnte Clara von Werbung beeinflusst worden sein?**

GUT ZU WISSEN – Priming-Effekt

Der Begriff *Priming* (engl. Anbahnung, Vorbereitung) beschäftigt sich mit der **Reaktion**, die durch einen vorbereiteten **Reiz (Prime)** ausgelöst wird und so einen bestimmten **Zielreiz (Target)** aktiviert. Dieses **Reiz-Reaktions-Schema** stammt aus der Psychologie und findet vor allem im Bereich Marketing Verwendung, um zum Beispiel die intentionale Kommunikation der Werbung effektiver zu gestalten.

Priming wird jedoch auch in anderen Bereichen, wie z. B. in der Politik, der Presse oder in Massenmedien eingesetzt, um unser Verhalten oder unsere Meinungsbildung zu beeinflussen. Medienpriming wird bewusst eingesetzt, um z. B. Wahlentscheidungen oder gesellschaftliche Einstellungen zu beeinflussen.

Reize können Texte, Bilder, Musik und Gerüche sein. Ein Reiz ruft eine Assoziation hervor, die unser Handeln beeinflusst. Dies ist der **Priming-Effekt**.

Beispiele:

- Vor dem Blockbuster wird eine Werbung für ein Eis gezeigt, das in der Pause verkauft wird.
- Läuft im Hintergrund italienische Musik, greifen wir im Supermarkt eher zum Ciabatta als zum Baguette.
- Die Medien haben wiederholt das Thema Nachhaltigkeit behandelt. Wir achten bei Politikerreden besonders auf den Themenbereich Umweltpolitik.
- Ob Kuscheltier, Talisman, bestimmte Rituale oder positive Affirmationen – die damit verbundenen positiven Gefühle helfen vielen Menschen unbewusst, z. B. ihr Selbstvertrauen zu stärken.

Priming

Einer Studie unter Jugendlichen zufolge kaufen 49 % der Befragten Produkte, die zuvor von Influencer/-innen in einem sozialen Netzwerk vorgestellt wurden.

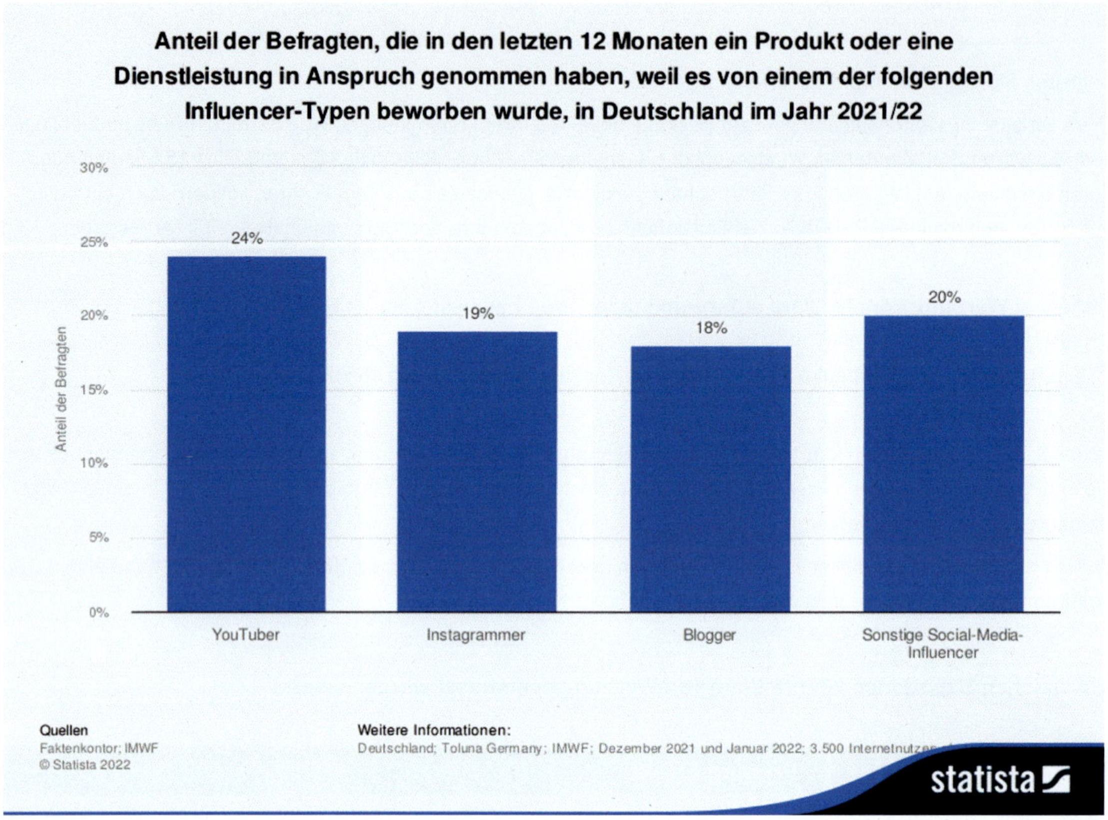

3 **Erstellen Sie nach dem Muster unten eine Tabelle.**

a) Notieren Sie Ihre letzten fünf Produkteinkäufe in der linken Spalte.

b) Überlegen Sie: Gab es für diese Einkäufe einen Priming-Effekt, also einen Anreiz? Notieren Sie diesen in der rechten Spalte. Beziehen Sie dabei die Informationen GUT ZU WISSEN „Priming-Effekt" mit ein.

c) Murmelphase mit Ihrem Lernpartner / Ihrer Lernpartnerin: Gibt es Übereinstimmungen bei Käufen und Priming-Effekten?

Produkt	Priming-Effekt
Beispiel: Am Schulkiosk einen Becher Kaffee gekauft	*An der Eingangstür und in den Schulfluren hängen Werbeplakate, die Produkte des Kiosks abbilden, u. a. einen Kaffeebecher, aus dem Dampf aufsteigt, mit der Beschriftung „frisch gebrüht".*

★ **4** **Versuchen Sie, wenn Sie das nächste Mal vor einem Kiosk stehen oder im Supermarkt einkaufen und zu einem bestimmten Produkt greifen, sich an zuvor gesehene Werbungen/Primes zu erinnern. Haben diese Ihr Bedürfnis, ein bestimmtes Produkt zu kaufen, verstärkt?**

Priming

Situation

Es ist Wochenende, Sie gehen einkaufen:

1. Situation	*2. Situation*
Über der Fleischtheke hängt ein Plakat von einer grillenden Familie (Reiz/Prime)	*Über der Fleischtheke hängt ein Plakat von einer grillenden Familie (Reiz/Prime)*
*Sie stellen sich ein gemütliches Beisammensein mit Freund*innen oder Familie vor (Assoziation).*	*Sie erinnern sich an das Plakat einer Tierschutzorganisation und stellen sich zusammengepferchte Kühe in einem Schlachthaus vor (Assoziation).*
Im Kühlregal greifen Sie zur beworbenen Bratwurst. (Reaktion/Zielreiz)	*Im Kühlregal greifen Sie NICHT zur beworbenen Bratwurst. (Reaktion/Zielreiz).*

5 Analysieren Sie:

a) Vermuten Sie: Warum hat der Prime „Grillgut“ in der zweiten Situation nicht funktioniert?

b) Finden Sie weitere Beispiele für Primes, die nur bei bestimmten Zielgruppen funktionieren.
Das Sonderangebot für Babywindeln ist nur für ... interessant, weil ...
Die neue Mascara ...

Zusammenhang von Priming und Framing

Primes und Frames sind nicht immer leicht zu unterscheiden, da sie in der Praxis oft kombiniert werden, indem ein Prime einen Frame aktiviert. Beide Strategien verfolgen jedoch unterschiedliche Ziele und werden auch unabhängig voneinander eingesetzt.

1 Inwiefern können Sie Ihr Wissen über Priming und Framing für die Gestaltung Ihres Bildungsgang-Werbeplakats nutzen? Notieren Sie Ihre Ergebnisse auf einem gesonderten Blatt mit der Überschrift „Ideen für unser Bildungsgang-Werbe-Plakat“, das Sie im Laufe dieses Kapitels ergänzen. Brainstormen Sie in Kleingruppen.

a) Welche positiven Eigenschaften/Bilder/Assoziationen verbinden Sie mit Ihrem Bildungsgang?

b) Welche dieser Assoziationen eignen sich dazu, als Prime/-s oder Frame/-s von Ihnen ausgearbeitet zu werden?

Werbestrategien erkennen und analysieren

Werbearten und -strategien

Werbespezialisten setzen auf Medienvielfalt und nutzen daher verschiedene Werbeträger, wie z. B. TV-Spots, Social Media, Radio- oder Printwerbung (Anzeigen/Plakate).

Azubis gesucht

Demografischer Wandel, Ausbildungsrückgang, Fachkräftemangel: Der Arbeitgebermarkt steht vor großen Herausforderungen. Bei der Azubisuche werden Unternehmen beispielsweise von den regionalen Industrie- und Handelskammern (IHK) unterstützt. Die IHKs führen Marketingkampagnen durch. Eine solche Kampagne könnte so oder so ähnlich aussehen.

1 Erläutern Sie am Beispiel dieser Anzeige wichtige Gestaltungsprinzipien (↗ GUT ZU WISSEN „Gestaltungsprinzipien in der Werbung“).

a) Mit welchen Mitteln wird die Aufmerksamkeit der Betrachtenden gewonnen?
b) Wie wird das Interesse der Betrachtenden an dem Angebot geweckt?
c) Warum könnte das Angebot für die Betrachtenden wünschenswert sein?
d) Wodurch werden die Betrachtenden aufgefordert, aktiv zu werden und sich auf das Angebot einzulassen?

2 Setzen Sie sich mit der in der Anzeige anvisierten Zielgruppe auseinander.

Die vertraulichen Anreden „du“, „dich“ und der umgangssprachliche Stil deuten auf die Zielgruppe von … hin, ebenso wie die auffällige Farbgestaltung.

a) Nennen Sie Bedürfnisse dieser Zielgruppe.
b) Formulieren Sie mit der IF-THEN-SO-Technik (↗ GUT ZU WISSEN „Gestaltungsprinzipien in der Werbung“) bezogen auf die Zielgruppe einen zusammenhängenden Satz.

Wenn Jugendliche oder junge Erwachsene …

3 Sie gehören zur anvisierten Zielgruppe dieser Werbekampagne. Fühlen Sie sich von der Anzeige angesprochen? Begründen Sie.

a) Diskutieren Sie mit Ihrem Lernpartner / Ihrer Lernpartnerin. Was gefällt bzw. gefällt Ihnen nicht an der Anzeige, fühlen Sie sich angesprochen, fehlt etwas? Fassen Sie Ihre Ergebnisse in Form einer +/- -Tabelle zusammen und ergänzen Sie Ihr bei Aufgabe 1, S. 297 begonnenes Blatt.
b) Erstellen Sie im Plenum ein Meinungsbild und vergleichen Sie Ihre Ergebnisse.

4 Setzen Sie sich mit aktuellen Beispielen von analogen oder digitalen Werbeanzeigen auseinander.

a) Nennen Sie Beispiele, in denen mit einem der in GUT ZU WISSEN „Manipulation durch Werbung“ aufgeführten „Tricks“ gearbeitet wird.
b) Beschreiben Sie, auf welche Bedürfnisse oder Wünsche eines Verbrauchers die von Ihnen genannte Anzeige eingeht und wie das beworbene Produkt diese Bedürfnisse befriedigen will.

Werbearten und -strategien

GUT ZU WISSEN | **Gestaltungsprinzipien in der Werbung**

Grundlegende Gestaltungsprinzipien von analoger und digitaler Werbung sind z. B.:

AIDA-Formel

In diesem Modell durchlaufen potenzielle Kunden vier aufeinander aufbauende Phasen.

A = Attention – Die Aufmerksamkeit des potenziellen Kunden muss gewonnen werden,
z. B. durch freche Werbesprüche, auffällige Farben oder Rabattversprechen.

I = Interest – Nun muss das Interesse beim Kunden geweckt werden,
z. B. durch Einzigartigkeit (USP) oder ein bestimmtes Detail (z. B. umweltfreundlich).

D = Desire – Diese Phase verwandelt das Interesse in das Verlangen /den Wunsch, das Produkt oder die Dienstleistung zu erwerben,
z. B. durch rationale oder emotionale Werbebotschaften. Beispiel E-Scooter
Rational: Hochleistungs-LG-Akku, Straßenzulassung, Emotional: Kein CO_2-Ausstoß, macht Spaß, ist cool

A = Action – Der potenzielle Kunde entscheidet sich zum Kauf, er wird aktiv aufgefordert zu handeln:
z. B. *durch Formulierungen wie „Bewirb dich jetzt!“, einen Link/QR-Code oder digital über Buttons.*

IF-THEN-SO-Technik

IF – „Wenn etwas so oder so ist, ...“: Ein Problem oder ein Tatbestand wird vorgestellt,
z. B. „Du möchtest mobil sein, hast aber wenig Geld zur Verfügung?“

THEN – „... dann sollte das oder das passieren.“ Eine Lösung wird vorgestellt,
z. B. „Dann kannst du weiter auf einen E-Scooter sparen oder du kannst dich über die zahlreichen Anbieter von Leih-E-Scootern informieren.“

SO – „Deshalb sollten Sie sich so oder so verhalten.“ Eine Entscheidung wird nahegelegt,
z. B. „Neben Kostenersparnis tust du auch der Umwelt Gutes, wenn du die die APP eines E-Scooter-Anbieters nutzt und auf ein eigenes Gerät verzichtest.“

Wichtig ist die genaue Kenntnis der Zielgruppe, d. h. Alter, Interessen, Verhaltensweisen, Kaufkraft der Personengruppe, die mit der Werbung angesprochen werden soll.

GUT ZU WISSEN | **Manipulation durch Werbung**

Mittel der Manipulation in Werbemaßnahmen können z. B. sein:

Versteckte Kosten: Das Gerät/Angebot ist verlockend günstig, die notwendigen Zusatzartikel aber nicht.

Bewusste Untertreibung: Industriell gefertigte Produkte sehen aus wie „handgemacht“.

Gutes tun: Eine Firma engagiert sich und wirbt mit der guten Tat. So denken wir, auch das Produkt sei gut.

Geltungstrieb: Werbung lässt uns glauben, dass wir durch den Kauf bestimmter Produkte Aufmerksamkeit auf uns ziehen.

Vergleichsloser Komparativ: In der Regel vergleicht man eine Sache mit einer anderen. In der Werbung wird die eine Seite des Vergleichs oft weggelassen (Beispiel: Besser Superkauf).

Frames setzen: Erwartungen steuern, z. B. mit der Assoziation „fettarm = gesünder“.

★ **5** Erarbeiten Sie auf der Basis einer Internetrecherche einen Kurzvortrag zu dem Thema „Der Einfluss der Werbung auf das eigene Handeln“.

Eine (Werbe-)Anzeige analysieren

Die Werbeanzeige lebt besonders von der Aussagekraft und dem Zusammenspiel der Bilder, Motive und Texte. Plakate sollen auf den ersten Blick oder im Vorbeigehen erfasst werden, Anzeigen in Printmedien beim Durchblättern, digitale Anzeigen beim Scrollen auffallen. Auch wenn Unternehmen gute Mitarbeiter/-innen suchen, schalten sie Anzeigen. Sie werben damit gleichzeitig für ihr Unternehmen. Die Politik schaltet Anzeigenkampagnen vor allem während der Wahlkämpfe.
Einem Mitschüler ist die folgende Anzeige, die im Schulgebäude aushängt, aufgefallen. Dabei ist ihm Ihr Arbeitsauftrag von der Schulleitung, ein Infoplakat für Ihren Bildungsgang zu entwerfen (Prime), wieder eingefallen. Er möchte verstehen, wie und warum diese Werbeanzeige wirkt, und hat sich für die Analyse der folgenden Anzeige Notizen gemacht:

Foto: ©Shutterstock.com/DavideAngelini

Wirkt jung, Comic

Großes Bild

viele Farben
Kontrast von Blau und Rot

Eyecatcher

Slogan/Headline?

Englische Wörter
+
Vermischung von englischen und deutschen Wörtern

Imperativ

kurze Stichpunkte

Eine (Werbe-)Anzeige analysieren

1 Untersuchen Sie Inhalt, Absicht, Sprache und Gestaltung der Werbeanzeige.

a) Ergänzen Sie auf einem Blatt Papier die Beobachtungen des Schülers.

b) Erläutern Sie, welche Zielgruppe mit der Werbeanzeige angesprochen werden soll. Gehen Sie bei Ihrer Antwort auf die Farbgestaltung und die Wortwahl ein.

GUT ZU WISSEN	**Fachbegriffe zur Analyse von Werbeanzeigen**
Headline	Schlagzeile, dient als Anreiz zum Weiterlesen
Slogan	Meist kürzeste Form der Werbung, soll im Gedächtnis hängen bleiben
Logo	Markenzeichen mit hohem Wiedererkennungswert
Eyecatcher	Blickfang, auffallendes Element einer Anzeige (Bild/Textelement), lenkt die Aufmerksamkeit auf die Werbebotschaft (Message)
Bildmotiv	Leitgedanke, Idee einer bildlichen Darstellung
Layout	Zusammenspiel von Text- und Bildgestaltung
Zielgruppe	Personenkreis mit vergleichbaren Merkmalen, auf den die Werbung abzielt Analyse (Alter, Kaufkraft, Interessen, Verhalten) wichtig für passgenaue Werbung
Werbebotschaft	Zentrale Aussage einer Werbeanzeige; in aktuellen Werbungen, vor allem im Online-Marketing, erschließt sich oft die Botschaft erst, wenn man den CTA-Button bzw. den QR-Code aktiviert
Werbeträger	Medium (Zeitung, Fernsehen, Mailing), über das die Werbebotschaft verbreitet wird

2 Beschreiben Sie die Werbeanzeige mithilfe der Fachbegriffe aus GUT ZU WISSEN „Fachbegriffe zur Analyse von Werbeanzeigen“.

a) Ordnen Sie dafür die einzelnen Elemente der Anzeige den Fachbegriffen zu.

b) Formulieren Sie die Werbebotschaft in einem Satz.

Das Plakat wirbt für ...

3 Untersuchen Sie das Layout.

a) Was soll den Betrachtenden mit dem Eyecatcher suggeriert werden?

b) Wird durch den Eyecatcher die Werbebotschaft unterstützt? Begründen Sie.

c) Welche Wirkung wird durch Schriftart und -farbe erzielt?

4 Untersuchen Sie die sprachlichen Mittel der Werbeanzeige mithilfe von GUT ZU WISSEN „Sprachliche Mittel in der Werbung“ (↗ S. 302).

a) Welche Wirkung wird durch die Anredeform erzielt?

b) Beschreiben Sie, wodurch die Headline ihre Wirkung erzielt.

c) Notieren Sie weitere sprachliche Auffälligkeiten der Anzeige und deren Wirkung.

5 Analysieren Sie das Gestaltungsprinzip der AIDA-Formel der Werbeanzeige (↗ GUT ZU WISSEN „Gestaltungsprinzipien in der Werbung“, S. 299). Beantworten Sie dafür die Frage 1a-d von Seite 298. Achten Sie auf das Zusammenspiel bildlicher und sprachlicher Elemente.

6 Ist diese Werbeanzeige geeignet, um die Zielgruppe zu erreichen?

Eine (Werbe-)Anzeige analysieren

GUT ZU WISSEN — Sprachliche Mittel in der Werbung

Wenn Sie einen Text in Bezug auf seine sprachliche Gestaltung untersuchen, achten Sie auf sprachliche Besonderheiten/Auffälligkeiten. Das können sein:

Sprachvarietäten: beispielsweise Umgangssprache, Fachsprache, Jugendsprache, Dialekt

Satzbau: Häufung kurzer, langer oder unvollständiger Sätze

Wortwahl: besondere Häufung von Adjektiven (auch Superlativen), Nomen (Nominalstil), Verben (auch in Form von Imperativen oder Konjunktiven); seltene Wörter, Zusammensetzungen, Anglizismen, Wortspiele und weitere sprachliche Mittel. Als sprachliche Mittel bezeichnet man Stilmittel, die eine besondere Wirkung hervorrufen sollen. Solche Wirkungen können etwa sein: mehr Anschaulichkeit, Eindringlichkeit, Betonung, Aufforderung, Einbeziehung des Adressaten, Spannung, Distanz. Wenn Sie die für einen Text charakteristischen sprachlichen Auffälligkeiten herausgefunden haben, deuten Sie deren Wirkung in Verbindung mit den inhaltlichen Aussagen.

In der Werbung häufig benutzte sprachliche Mittel sind: Alliteration, Anapher, Ellipse, Euphemismus, Klimax, meist als Dreier-Figur/Trias, Metapher, Neologimus, Personifikation, Rhetorische Frage, Vergleich.

7 Übertragen und ordnen Sie Ihre Ergebnisse mittels der Checkliste „Analyse einer (Werbe-) Anzeige" und ergänzen Sie ggf.

a) Übertragen Sie die Checkliste in ein Textverarbeitungsprogramm.
b) Gliedern Sie Ihre Ergebnisse aus den Fragen 1-4, indem Sie diese in die Checkliste einordnen.
c) Sie haben noch unausgefüllte Analyseaspekte? Sehen Sie sich die Anzeige nochmals zielgerichtet an und ergänzen Sie.
d) Vergleichen Sie Ihre Ergebnisse mit Ihrem Lernpartner / Ihrer Lernpartnerin.

CHECKLISTE — Analyse einer (Werbe-)Anzeige

Elemente	Analyseaspekte	Eigene Einträge
Einleitung *Einordnung in den Kontext*	Welches Produkt welcher Firma wird beworben? Welcher Werbeträger? Welches Publikationsdatum?	
Hauptteil *Gesamtaufbau/Layout* (Die Reihenfolge der Analyse von Text/Bild ist nicht festgelegt.)	Gesamtschau des Bildes: Anteile von Bild und Text, Vordergrund/Hintergrund a) Welche Gegenstände, Personen, Situationen sind zu sehen? Welche Farben dominieren? b) Wie sind die Text- und Bildanteile angeordnet? c) Wie ist die Text/Bild-Relation? d) Welche Funktion hat das Bild, welche Wirkung soll damit erzielt werden, siehe auch Eyecatcher?	
Bildliche Gestaltung *Anwendung der AIDA-Formel*	Was ist der Eyecatcher in dieser Anzeige? Wie ist der Blickverlauf? Durch welche Mittel/Elemente (Bild/Text) wird unsere Aufmerksamkeit gesteuert? Welche Wirkung haben die Farben auf die Betrachtenden?	

Eine (Werbe-)Anzeige analysieren

Sprache *Copy-Strategien*	a) Welche Bedürfnisse des Kunden, welche Vorzüge des Produkts werden herausgestellt? Welche Aufgaben erfüllen Slogan und Headline? b) Ist die Sprache auf eine bestimmte Zielgruppe bezogen? Werden sprachliche Bilder verwendet? Welche rhetorischen Mittel fallen auf? c) Mit welchen sprachlichen Mitteln wird welche Wirkung erzielt?
Anwendung der AIDA-Formel	Wie beeinflusst das Zusammenspiel von Text und Bild die Werbebotschaft?
Schluss *Beurteilung*	Fazit und kritische Bewertung der (Werbe-)Anzeige: Wie wirkt die Werbeanzeige auf dich? Sind die Wertvorstellungen/Leitbilder erstrebenswert? Wie glaubwürdig erscheint die Anzeige?

8 Schreiben Sie eine vollständige Analyse der Werbeanzeige.

a) Formulieren Sie anhand Ihrer Checkliste einen zusammenhängenden Text. Sie können die Formulierungshilfen aus dem Muster unten zu Hilfe nehmen.

b) Benennen Sie in einer Randspalte die einzelnen Gliederungselemente Ihrer Werbeanalyse.

Folgende Formulierungen können Ihnen beim Schreiben Ihrer Analyse helfen:

MUSTER Werbeanalyse

Die Anzeige ist als Aushang in der Schule zu finden. Sie wirbt für ... und spricht junge Menschen an, die ...
Das Layout der Anzeige ist übersichtlich und besteht aus ... Auffällig dabei ist ...
Die Schlagzeile erregt durch ...(Farbgestaltung) *und ...* (Sprache) *die Aufmerksamkeit der Betrachter. ... Der Slogan ... erzielt seine Wirkung durch ...*
Das Fragezeichen in der oberen Anzeigenhälfte wirkt als Eyecatcher, weil ...
Die Farbgestaltung und Schrift der Anzeige sind ...
Die sprachliche Gestaltung ist ...Die verwendete direkte Ansprache wirkt ...
Die Bildelemente der Anzeige unterstützen im Zusammenspiel mit dem verwendeten Text den Eindruck, dass ...
Ich halte die Anzeige für ..., weil ...

Werbestrategien anwenden

Um eine adressatenorientierte Werbung schalten zu können, helfen Personae.

GUT ZU WISSEN | Der Prototyp einer Zielgruppe: Die Persona

Eine **Persona** (lat. Maske, Pl.: die Personae oder die Personas) ist ein fiktiver Kunde, der **repräsentativ für eine ganze Zielgruppe** steht. Die Persona ist zunächst wie eine gesichtslose Schaufensterpuppe, die dann maßgeschneiderte Charaktereigenschaften, Hobbys und Interessen erhält. So kann Werbung für Persona, und damit für die Zielgruppe, die sie repräsentiert, entwickelt werden.

Jede Persona hat einen **Namen und Eigenschaften**. Auf diese Weise bekommt sie eine menschliche und individuelle Note. Um dies zu erreichen, helfen folgende Fragen:

- Welche (beruflichen) Ziele und Wünsche hat die Person?
- Was ist ihr besonders wichtig?
- Welche Bedürfnisse hat die Person?
- Wie kommuniziert die Person, welche sozialen Netzwerke nutzt sie?
- Wer oder was nimmt Einfluss auf die Entscheidung der Person?
- Welche Faktoren wirken sich positiv/negativ auf die Entscheidungen der Person aus?

1 **Stellen Sie sich vor, dass an Ihrer Schule Werbung für eine Berufsmesse gemacht werden soll. Wie müsste diese Werbung aussehen, damit Sie sich angesprochen fühlen?**

Lernbilanz: Sie können ...

- sprachliche Beeinflussung erkennen, analysieren und deuten: Aufwertung, Abwertung.
- das eigenes Sprachverhalten reflektieren.
- Feedback erhalten und anderen Feedback zu ihren Ausarbeitungen geben.
- Werbung analysieren und beurteilen.
- Anlass, Zielgruppe, Ziel der Werbung, Produkt, Firma und Werbeträger benennen.
- Kombination von Text- und Bildaussage, Gestaltungsprinzipien, Layout und sprachliche Mittel beschreiben.
- Werbestrategien anwenden.
- eine adressaten- und zielorientierte Werbeanzeige entwerfen; dabei die Informationen aus den Materialien einsetzen, einen passenden Sprachstil wählen und mit sinnvollen visuellen Elementen kombinieren.

Die Lernsituation umsetzen: Ein Werbeplakat gestalten

In der Regel sind Sie Empfänger/-in von Werbebotschaften. Mit dem Auftrag Ihrer Schulleitung, ein „Werbeplakat für Ihren Bildungsgang" als Eyecatcher für die nächste Messe zu entwerfen, werden Sie zum Produzenten (Sender). Vergegenwärtigen Sie sich noch einmal den Arbeitsauftrag:
Entwerfen Sie ein ansprechendes Werbeplakat für Ihren Bildungsgang. Zielgruppe sind zukünftige Schüler/-innen. Das Plakat wird im DIN-A0-Format gedruckt (digitale Vorlage als PDF) und muss den Schulnamen und das Logo enthalten.

1 Arbeiten Sie in Kleingruppen. Jede Gruppe entwirft ein Plakat. Analysieren Sie die Angaben zur Situation und beantworten Sie die folgenden Fragen.

Welche Größe soll das Plakat haben?
Welche Elemente müssen enthalten sein?
In welchem Format wird der Entwurf abgegeben?
Bei welcher Gelegenheit und wo kommt Ihr Plakat zum Einsatz?
Wer wirbt?
Wofür wirbt Ihr Plakat?
Wer ist die Zielgruppe?
Bis wann muss der Entwurf vorliegen?

2 Entwerfen Sie eine Persona / mehrere Personae für Ihre Zielgruppe (↗ GUT ZU WISSEN „Der Prototyp einer Zielgruppe: Die Persona", S. 304).

a) Was ist für sie besonders wichtig in Bezug auf den Bildungsgang?
Chantal sieht bessere Chancen bei der Bewerbung um ...
Moritz möchte einen besseren Schulabschluss, um nachher ...

b) Welche Erwartungen hat sie an den Unterricht?

c) Welche Angebote der Schule findet sie interessant?
Moritz interessiert sich für die angebotene Tabletklasse, Chantal für ...

3 Entwickeln Sie einen Werbeslogan und/oder eine Headline (↗ GUT ZU WISSEN „Fachbegriffe zur Analyse von Werbeanzeigen", S. 301). Entwerfen Sie, wenn nötig, zusätzliche Werbetexte.

4 Finden Sie geeignetes Bildmaterial. Achten Sie dabei auf die Bedürfnisse Ihrer Persona, Farbgebung und Stimmung. Beachten Sie auch das Urheberrecht.

5 Fügen Sie Ihre Text- und Bild-Ideen sinnvoll zusammen. Fertigen Sie mehrere Entwürfe an, aus denen Sie in der Gruppe einen auswählen.

Kapitel 21

Sich mit Mehrsprachigkeit auseinandersetzen

Die Annahme, dass Schulklassen sprachlich homogen sind, ist faktisch nicht mehr angemessen: Schüler und Schülerinnen bringen heute eine Vielzahl an Sprachen (z. B. Türkisch, Arabisch) und Varietäten (z. B. Dialekte, unterschiedliche Stilebenen) mit in den Unterricht, welche einbezogen und für das fachliche Lernen genutzt werden können. Mehrsprachigkeit stellt also nicht die Ausnahme, sondern den Normalfall dar. Die eigene Mehrsprachigkeit zu entdecken und zu reflektieren („Welche Sprachen/Varietäten kann ich, mag ich, benutze ich etc.?"), kann mit der Methode „Sprachenporträts" ermöglicht werden, welche im Zentrum dieses Kapitels steht.

Kompetenzen

- ✓ Mehrsprachigkeit als Ressource für sprachliche Bildung verstehen
- ✓ Mehrsprachigkeit in ihrer individuellen und gesellschaftlichen Bedeutung erläutern
- ✓ Vorteile von Mehrsprachigkeit in einer sich wandelnden Berufswelt beurteilen
- ✓ Mehrsprachigkeit zur Ausbildung von Sprachbewusstheit nutzen

Methoden und Arbeitstechniken

- ✓ Gedankensprint
- ✓ Interviews
- ✓ Sprachenporträt

Lernsituation: Ein Sprachenporträt anfertigen

Die Lehrerinnen und Lehrer, die Sprachen unterrichten, führen einen Projekttag ähnlich des „Europäischen Tags der Sprachen“ zur Mehrsprachigkeit der Schülerinnen und Schüler ein, der jährlich stattfinden soll.

Der **Europäische Tag der Sprachen**
wurde 2001 eingeführt. Seither wird er jährlich am 26. September gefeiert. Ziel ist, auf Europas reiche sprachliche und kulturelle Vielfalt aufmerksam zu machen. Außerdem soll Mehrsprachigkeit und das Verständnis zwischen den Kulturen gefördert werden.

Sie möchten sich zu diesem Anlass mit den Sprachen (Erstsprachen, Fremdsprachen, Dialekte) in Ihren Klassen auseinandersetzen und Ihre sprachliche Vielfalt präsentieren. Mithilfe sogenannter Sprachenporträts wollen Sie die verschiedenen Sprachen, die für Sie bedeutsam sind, veranschaulichen. Die Sprachenporträts sollen anschließend im Rahmen des Projekttags in der Klasse ausgestellt werden.
Um solche Sprachenporträts anfertigen zu können, ist zunächst zu klären, was genau eigentlich Mehrsprachigkeit ist, welche Bedeutung diese haben kann und wie Erst-, Zweit- oder Fremdsprachen definiert werden. Dialekte kennen Sie bereits aus dem vorangegangenen Kapitel (siehe Kapitel „Sprache und Sprachgebrauch reflektieren“).
Die folgenden Arbeitsschritte helfen Ihnen dabei, sich mit dem Thema „Mehrsprachigkeit“ vertraut zu machen und Ihre eigene Mehrsprachigkeit zu reflektieren.

So können Sie vorgehen

Schritt 1 die eigenen Vorstellungen von Mehrsprachigkeit reflektieren
Schritt 2 Typen von Mehrsprachigkeit (mithilfe von Fachtexten) definieren
Schritt 3 Deutsch als Zweitsprache und Deutsch als Fremdsprache voneinander unterscheiden
Schritt 4 ein Interview mit einer mehrsprachigen Person führen
Schritt 5 Mehrsprachigkeit als Ressource verstehen – Der Ansatz Language Awareness
Schritt 6 ein Sprachenporträt anfertigen

Die eigenen Vorstellungen von Mehrsprachigkeit reflektieren

Der Terminus „Mehrsprachigkeit“ deckt ein großes Begriffsfeld ab. In der Fachliteratur findet man unterschiedliche Definitionen, was darunter zu verstehen ist. Bevor auf einige dieser Definitionen genauer eingegangen wird, sollen Sie sich zunächst klar machen, was Sie unter „Mehrsprachigkeit“ verstehen: Was bedeutet für Sie Mehrsprachigkeit? Wer ist für Sie mehrsprachig?

1 Schreiben Sie Ihre Vorstellungen von Mehrsprachigkeit mithilfe eines Gedankensprints auf (↗ GUT ZU WISSEN „Gedankensprint“).

2 Tauschen Sie sich mit Ihrer Lernpartner / Ihrem Lernpartner über Ihre Vorstellungen aus.

3 Verfassen Sie anschließend gemeinsam einen kurzen Text, in dem alle Aspekte vorkommen.

MUSTER Beginn Gedankensprint

- *Erstsprache, Zweitsprache, Muttersprache,*
- *ich wäre gern mehrsprachig aufgewachsen,*
- *Sprachkurs,*
- *bilingual,*
- *Wertschätzung dieser besonderen Fähigkeit,*
- *Vorteil z. B. beim Bewerbungsgespräch,*
- *Deutsch, Arabisch, Türkisch,*
- *kann man Sprachen wieder verlernen?*

4 Reflektieren Sie im Anschluss mit Ihrer Lernpartnerin / Ihrem Lernpartner, inwiefern Sie unterschiedliche bzw. ähnliche Gedanken formuliert haben.

5 Wie schätzen Sie die Methode „Gedankensprint“ ein, um erste Ideen zu einem spezifischen Thema bzw. Begriff zu sammeln und zu sortieren?

GUT ZU WISSEN **Gedankensprint**

Bei dem sogenannten Gedankensprint werden **innerhalb von 5 Minuten** ungefiltert alle Gedanken zu einem bestimmten Thema genau so aufgeschrieben, wie sie einem in den Sinn kommen. Dabei kann es sich um ganze Sätze oder nur einzelne Stichpunkte oder Wörter handeln – je nachdem, welche Gedanken aufkommen. Wichtig ist, im **Schreibfluss** zu bleiben und nicht zwischendurch mit dem Schreiben aufzuhören. Anschließend wird das Geschriebene durchgelesen, wichtig erscheinende Teile markiert und kommentiert und alles mit einem **zusammenfassenden Kernsatz** auf den Punkt gebracht.

Typen von Mehrsprachigkeit definieren

Weltweit gibt es mehr mehrsprachige als einsprachige Menschen. Es gehört offenbar zu den menschlichen Fähigkeiten, mehrsprachig werden zu können. Viele Mehrsprachigkeitsforscher sind daher der Meinung, dass Mehrsprachigkeit die Regel und Einsprachigkeit die Ausnahme sei. Dabei unterscheidet man häufig zwischen drei Typen von Mehrsprachigkeit: innere, äußere und gesellschaftliche Mehrsprachigkeit. Was sich genau dahinter verbirgt, erfahren Sie in dem folgenden Text.

Innere, äußere und gesellschaftlich bedingte Mehrsprachigkeit

1. Innere Mehrsprachigkeit

Die innere Mehrsprachigkeit ist die Mehrsprachigkeit innerhalb einer Sprache. So gibt es im deutschen Sprachraum unterschiedliche Dialekte, die in verschiedenen Regionen gesprochen werden (z. B. Sächsisch oder Hessisch). Daneben existieren auch sogenannte Soziolekte, die von verschiedenen sozialen Gruppen benutzt werden. Typische Soziolekte sind beispielsweise die Jugendsprache (z. B. „YOLO") oder die Juristensprache (z. B. „Das Recht des Eigentümers, über die ihm gehörende Sache zu verfügen …"). Eine weitere Varietät des Deutschen stellen die Funktiolekte dar. Damit sind formelle und informelle Stilebenen gemeint, die in unterschiedlichen Kommunikationssituationen angemessen sind. So verwendet man in der Kommunikation mit Mitschülern und Mitschülerinnen auf dem Schulhof in der Regel einen anderen Stil („Umgangssprache") als in der Kommunikation mit der Lehrkraft („Standardsprache").

2. Äußere Mehrsprachigkeit

Die sogenannte äußere Mehrsprachigkeit ist sehr wahrscheinlich die, an welche die meisten Leute denken, wenn der Begriff „Mehrsprachigkeit" fällt. Sie bezeichnet die Fähigkeit einer Person, mehrere Sprachen und nicht nur mehrere Varietäten einer Sprache zu beherrschen und diese auch im Alltag zu verwenden (z. B. Deutsch und Spanisch, Deutsch und Türkisch, Deutsch und Englisch).

3. Gesellschaftliche Mehrsprachigkeit

Bei den Formen gesellschaftlicher Mehrsprachigkeit lassen sich mindestens die vier folgenden Typen

unterscheiden: 1) Mehrsprachige Staaten mit Territorialprinzip: Dazu zählen Länder, in denen in verschiedenen Regionen unterschiedliche Sprachen gesprochen werden (Beispiel: Schweiz). 2) Mehrsprachige Staaten mit individueller Mehrsprachigkeit: Länder, in denen die Menschen im gesamten Land mehrere Sprachen sprechen, zählen zu diesem Typ (Beispiel: Luxemburg). 3) Einsprachige Staaten mit Minderheitenregionen: Diesem Typ lassen sich Länder zuordnen, in denen es nur eine offizielle Sprache als Staatssprache gibt. Auf einigen dieser Staatsgebiete leben aber auch anderssprachige Sprachgemeinschaften (Beispiel: die dänische, die friesische und die sorbische Sprachgemeinschaft in Deutschland). 4) Ein- oder mehrsprachige Staaten mit Zuwanderung insbesondere in städtischen Regionen: Hier hat sich Mehrsprachigkeit durch Zuwanderung insbesondere in städtischen Regionen entwickelt (Beispiel: Alle bereits genannten Beispiele lassen sich auch diesem Typ zuordnen).

Typen von Mehrsprachigkeit definieren

1 Erläutern Sie schriftlich mit eigenen Worten, was unter innerer, äußerer und gesellschaftlicher Mehrsprachigkeit zu verstehen ist.

2 Vergleichen Sie die Definitionen aus dem Text mit Ihren Vorstellungen von Mehrsprachigkeit: Welche Gemeinsamkeiten und welche Unterschiede stellen Sie fest?

3 Manchen Sprachen kommt in der Regel ein höheres Prestige als anderen Sprachen zu (↗ GUT ZU WISSEN „Prestige von Sprachen“). Tauschen Sie sich mit einer Lernpartnerin / einem Lernpartner über folgende Fragen aus:

a) Wie empfinden Sie das unterschiedliche Prestige von Sprachen? Können Sie Beispiele aus Ihrem Alltag nennen?

b) Ist es gerechtfertigt, dass Sprachen so unterschiedlich wahrgenommen werden?

c) Gibt es Möglichkeiten, dies zu ändern?

20 Dinge, die du über die Welt der Sprachen noch nicht wusstest

In Europa gibt es etwa 225 indigene (also einheimische) Sprachen. Sie machen ca. drei Prozent aller auf der Welt gesprochenen Sprachen aus. Viele Europäerinnen und Europäer sprechen zwei oder mehr Sprachen.

In Großstädten ist die sprachliche Vielfalt besonders groß. In Berlin beispielsweise werden geschätzt 100 Sprachen gesprochen, in London sogar 300.

Das deutsche Wort „Gift“ lässt uns an Gefahren denken. Auf Englisch bedeutet „gift“ jedoch „Geschenk“ oder „Gabe“.

Es ist eagl, in wlehcer Rnlehgefoie die Bueasbchtn in eneim Wrot sethen. Witchig ist nur, dsas scih der estre und der lettze Buasbchte an der rtichegin Sellte bedeinfn. Das legit daarn, dsas wir nciht jdeen eznnleien Bueasbchtn sdonern das Wrot als Gneazs.

Einige Sprachexpertinnen und -experten entwickeln fiktive Sprachen für Literatur und Filme. Der Autor J. R. R. Tolkien war ebenfalls Sprachwissenschaftler und entwickelte die Sprachen für sein Werk „Der Herr der Ringe“ selbst.

Menschen in Australien, die die Sprache Guugu Yimithirr sprechen, verwenden Himmelsrichtungen, um zu sagen, dass sich etwas rechts oder links befindet.

Italienisch ist erst seit 2007 die offizielle Amtssprache Italiens. Im ganzen Land werden ca. 30 Dialekte gesprochen.

4 Über fast jede Sprache gibt es ein besonderes Detail zu erzählen. Welche Information finden Sie am interessantesten und warum?

5 Welche Besonderheiten kennen Sie aus dem Deutschen und aus anderen Sprachen noch?

6 Lesen Sie den beige hinterlegten „Kauderwelsch“-Text. Was fällt Ihnen schwer beim Lesen? Was stellen Sie aber währenddessen fest?

7 Veranstalten Sie in der Klasse einen Zungenbrecher-Wettbewerb.

a) Finden Sie viele Zungenbrecher in unterschiedlichen Sprachen.

b) Übersetzen Sie diese und überlegen Sie gemeinsam, ob sie danach noch Sinn ergeben.
Tipp: Vielleicht gibt es ja auch ähnliche Zungenbrecher in unterschiedlichen Sprachen.

GUT ZU WISSEN – Prestige von Sprachen

Es ist wichtig, alle Sprachen und alle Kompetenzen, die jemand in verschiedenen Sprachen aufweist, als gleichwertig anzuerkennen. Häufig werden Sprachen, die in der Schule gelernt werden, wie Englisch oder Französisch, als „wertvoller“ als andere Sprachen angesehen. In dem Fall spricht man von einem höheren Prestige der Sprachen, das heißt, sie haben ein höheres Ansehen, eine höhere soziale Akzeptanz. Dies führt dazu, dass andere Sprachen herabgestuft werden.

Deutsch als Zweitsprache und Deutsch als Fremdsprache voneinander unterscheiden

Deutsch als Zweitsprache (DaZ) und Deutsch als Fremdsprache (DaF): Vielleicht haben Sie bereits von diesen Begriffen gehört, sie vielleicht auch schon benutzt. Oft werden DaZ und DaF nicht klar getrennt bzw. ist man sich in der Verwendung der beiden Begriffe nicht ganz einig. Was ist also der Unterschied zwischen der Aneignung einer Zweitsprache und der Aneignung einer Fremdsprache?

Deutsch als Zweitsprache und Deutsch als Fremdsprache

von Bernd Ahrenholz

Deutsch als Fremdsprache wird meist mit dem Erlernen einer Sprache in anderssprachiger Umgebung, also nicht im Lande der Zielsprache, in Verbindung gebracht. Die Sprachaneignung erfolgt wesentlich mithilfe von Unterricht, in dem die sprachliche Komplexität für den Lernprozess mithilfe von Progression (vom Leichteren zum Schwierigeren, vom Häufigen zum weniger Häufigen), soweit dies möglich und didaktisch sinnvoll ist, reduziert werden soll. Auch die sprachlichen Leistungen, die von den Lernenden erwartet werden, richten sich nach eben dieser Progression. Die Erstsprache oder eine andere Sprache stehen in diesem Lernprozess als Medium für klärende Unterrichtsprozesse zur Verfügung. Inhalte und Progression werden außerdem – meist über den Aufbau von Lehrwerken – nach angenommenen Interessen von Lernern strukturiert und in manchen Ländern bildungspolitisch gesteuert. Die Gründe, Deutsch zu lernen, sind unterschiedlich; z.T. hängen sie auch mit Vorgaben in den Curricula der Schulen oder Universitäten zusammen oder stehen in Zusammenhang mit beruflichen Zielen und Bildungsorientierungen. In diesem Sinne wird Deutsch als Fremdsprache (DaF) häufig mit den Begriffen „Fremdsprachenunterricht“ und „nicht zielsprachliche Lernumgebung“ in Verbindung gebracht.

Bei Deutsch als Zweitsprache handelt es sich hingegen um Spracherwerb, der in und durch reale, bedeutsame Kommunikation und wesentlich ohne Unterstützung von Sprachunterricht erfolgt. Die Sprachaneignung erfolgt im Land der Zielsprache und steht lebensgeschichtlich häufig in Verbindung mit Migration. Zwar kann es zu sprachlichen Anpassungen seitens der Muttersprachler kommen […], letztlich ist aber die gesamte sprachliche Komplexität im Kommunikations- und Erwerbsprozess zu bewältigen; die Lerner müssen also in jeder Äußerung phonetisch/phonologische, lexikalische, morphosyntaktische und pragmatische Lösungen für das Erreichen bestimmter für die eigene Existenz bedeutende Kommunikationsziele finden. In diesem Sinne wird Deutsch als Zweitsprache häufig mit „ohne Sprachunterricht“ und „Leben im Zielsprachenland“ in Verbindung gebracht.

(aus: Deutsch als Fremdsprache, 2013)

1 Stellen Sie die Merkmale der beiden Erwerbstypen „Deutsch als Zweitsprache“ und „Deutsch als Fremdsprache“ in einer Tabelle gegenüber.

Orientieren Sie sich dabei an den folgenden Leitfragen: 1. Wie wird gelernt? 2. Wo wird gelernt?

Deutsch als Zweitsprache und Deutsch als Fremdsprache voneinander unterscheiden

2 **Reflektieren Sie schriftlich: Welche Sprachen haben Sie wie gelernt? Wie würden Sie Unterschiede zwischen den Lernsituationen beschreiben?**

3 **Verfassen Sie eine Antwort zu der folgenden Kurznachricht in den sozialen Medien: „Es heißt ‚Erstsprache'. Bitte nicht mehr ‚Muttersprache' sagen, der Begriff ist nicht nur vorbelastet, sondern außerdem sprachwissenschaftlich wertlos und längst überholt." Beachten Sie auch GUT ZU WISSEN „Muttersprache/Erstsprache".**

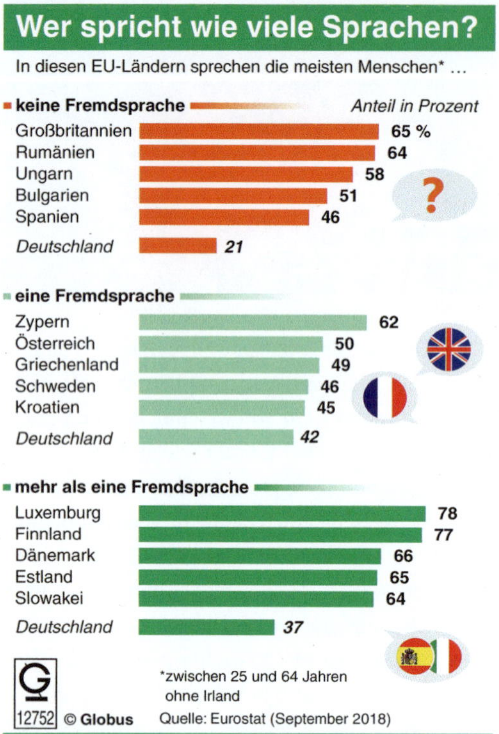

4 **Sehen Sie sich das Diagramm „Wer spricht wie viele Sprachen?" an.**

a) Beschreiben Sie das Diagramm (↗ GUT ZU WISSEN „Schaubilder beschreiben", Kapitel 5, S. 77). Was sagt es Ihnen?

b) Was könnte jeweils der Grund dafür sein, dass in Großbritannien und auch Rumänien so wenige Einwohner eine Fremdsprache sprechen?

c) Und im Gegensatz dazu so viele Einwohner in Luxemburg und Finnland mehrere Fremdsprachen?

5 **Gibt es Sprachen, über die Sie eventuell rudimentäre (in Ansätzen vorhandene) Kenntnisse haben?**
Tipp: Kennen Sie einzelne Begriffe oder kurze Sätze? In welchem Zusammenhang haben Sie sich diese angeeignet?

6 **Welche Vorteile hat es, wenigstens die wichtigsten Begriffe in einer Sprache des Landes, in das man reist, zu beherrschen?**

GUT ZU WISSEN | Muttersprache/ Erstsprache

Der Begriff **„Muttersprache"** wird häufig falsch interpretiert – als die Sprache, die *eine Mutter* ihrem Kind vermittelt. Diese Vermittlung kann aber natürlich auch durch den Vater oder andere Bezugspersonen erfolgen. In der Sprachwissenschaft wird der Begriff „Muttersprache" daher mehr und mehr durch den neutraleren Begriff „Erstsprache" bzw. die Abkürzung L 1 (für „Language 1") abgelöst. **Erstsprache** bezieht sich auf die Sprache, die ein Kind ab seiner Geburt in natürlicher Umgebung erlernt und in der die Primärsozialisation stattfindet. Dabei ist nicht definiert, durch wen diese Sprache gelernt wurde.

Ein Interview mit einer mehrsprachigen Person führen

Eine mögliche Methode, um Mehrsprachigkeit zu reflektieren, besteht darin, eine andere Person zu ihren Sprachen und deren Bedeutung in ihrem Leben zu interviewen und eine Sprachenbiografie dieser Person anzufertigen.

GUT ZU WISSEN Sprachenbiografie

Eine Sprachenbiografie ist eine **Beschreibung des sprachlichen Lebens einer Person**. Sie fasst also zusammen, welche Sprache(n) die Person spricht, wo und wann sie diese gelernt hat und wie wichtig diese für sie sind. Um eine Sprachenbiografie anzufertigen, ist es sinnvoll, ein **Interview** mit der Person zu führen, über die man die Sprachenbiografie schreiben möchte.

1 **Interviewen Sie jemanden, der im Sinne der äußeren Mehrsprachigkeit (↗ Kapitel 21.1) mehrsprachig ist. Orientieren Sie sich dabei an folgenden Fragen:**
- Welche Sprache(n) sprichst du?
- Hast du diese Sprache(n) von Geburt an gelernt oder erst später? In welchem Alter?
- Wo/Von wem hast du diese Sprache(n) gelernt?
- Welche Sprache(n) magst du am liebsten und warum?
- Kannst du etwas in der anderen Sprache/den anderen Sprachen schreiben?

2 **Überlegen Sie sich mindestens eine oder zwei weitere Fragen für Ihr Interview.**

3 **Fertigen Sie anschließend eine Sprachenbiografie der interviewten Person an. Schreiben Sie also auf Grundlage Ihrer Stichpunkte einen kurzen Text.**

MUSTER Sprachenbiografie

Philipp spricht Türkisch, Italienisch, Sizilianisch und Deutsch. Mit seiner Mutter spricht er hauptsächlich Türkisch, Italienisch mit seinem Vater. Wenn er mit beiden zusammen spricht, wird Deutsch genutzt. Er ist mit diesen drei Sprachen aufgewachsen, hat sie also gleichzeitig erworben. Besonders mag er Sizilianisch, was er nur mit seiner Oma im Urlaub spricht. Das würde er gern noch besser können. Aber seine Lieblingssprache ist Deutsch, weil er in dieser Sprache denkt und träumt. Philipp redet gern über Sprachen und vergleicht sie häufig.

4 **Fertigen Sie eine Sprachenbiografie über sich selbst an. Beantworten Sie dazu die Fragen aus dem Interview und verfassen Sie einen Text über die Sprachen, die in Ihrem Leben eine Bedeutung haben.**

GUT ZU WISSEN Ein Interview führen

Ein Interview ist eine Methode, um **Informationen** über ein bestimmtes Thema von einer anderen Person zu erfahren. Dabei kann ein Leitfaden verwendet werden, der **verschiedene Fragen** beinhaltet. Die Fragen sollten dem Interviewenden während des Interviews vorliegen, damit keine der Fragen vergessen wird. Das Interview kann mit einem **Audioaufnahmegerät** (oder einem Smartphone) aufgenommen werden. So hat man die Möglichkeit, sich das Gesagte im Anschluss noch einmal anzuhören. Während des Interviews können aber auch Stichpunkte zu den Antworten des/der Befragten aufgeschrieben werden.

Mehrsprachigkeit als Ressource verstehen – der Ansatz Language Awareness

Mehrere Sprachen sprechen zu können, ist eine Kompetenz, eine förderungswürdige Fähigkeit. Doch häufig wird diese Ressource im Kontext Schule kaum wahrgenommen und genutzt. Dabei gibt es viele Möglichkeiten, die Mehrsprachigkeit der Schülerinnen und Schüler im Unterricht einzubeziehen. Ein Ansatz zur Umsetzung ist das Konzept „Language Awareness".

GUT ZU WISSEN

Language Awareness

Language Awareness wird definiert als explizites (Sprach-)Wissen über Sprache und bewusste Wahrnehmung beim Sprachenlernen. Bei diesem Ansatz werden **gezielt Fremd- oder Herkunftssprachen im Unterricht einbezogen** und vor allem **Vergleiche angestellt**, um ein tieferes Verständnis zu ermöglichen. Im nachfolgenden Text werden Beispiele für die Umsetzung des Language-Awareness-Ansatzes gegeben.

Language Awareness – Die Umsetzung

von Erkan Gürsoy

Im Biologieunterricht ist der Vergleich von Tiernamen ein Anlass, verschiedene Einblicke in andere Sprachen zu gewinnen. Hätten Sie gewusst, dass der Tausendfüßler im Türkischen nur vierzig Beine hat? Allein dieser Sprachvergleich könnte verdeutlichen, dass Bezeichnungen nicht die Realität abbilden (müssen). Im Sportunterricht kann Fußball(sprache) aufgrund des kulturverbindenden Charakters als Anlass für einen Vergleich von Internationalismen genutzt werden, wie z. B. Tor! als Ausruf der Freude eines Tortreffers in anderen Sprachen: Gol!, Goal! oder: Abseits im Deutschen, offside im Englischen, ofsayt im Türkischen, οφσάιντ (ofsaint) im Griechischen usw. So kann in einer mehrsprachigen Klasse ein internationaler Fußballsprachführer vorbereitet werden, in dem Gemeinsamkeiten von Internationalismen und Unterschiede der Sprachen hinsichtlich ihrer Laut- und Buchstabenzuordnung erkennbar sind. Fußballbegriffe können in diesem internationalen Sprachführer von den Schülern auf Deutsch definiert werden.

In der Sekundarstufe I und II kann in den Fächern Deutsch, Politik oder Sozialwissenschaften „Kanak Sprak" als Anlass zur sprachlichen Bildung im Unterricht mit Schülerinnen und Schülern mit und ohne Migrationshintergrund genutzt werden, indem man auf Charakteristika dieser Jugendsprache eingeht (wie z. B. keine Präpositionen, keine Artikel, keine Pronomen, kaum Deklination, da dies Schwierigkeitsbereiche der deutschen Sprache sind). Das grammatische Fachvokabular zur Analyse des eignen Sprachgebrauchs ist kein Selbstzweck, sondern ein Handwerkszeug! Schülerinnen und Schüler mit türkischer Migrationsgeschichte würden zeigen, welche Elemente in „Kanak Sprak" aus dem Türkischen abgeleitet sein könnten – auf hypothetischer Ebene selbstverständlich. Zugleich kann darauf eingegangen werden, dass Medien das Bild von Migrantensprachen (negativ) beeinflussen und sprachliche Zuschreibungen auslösen.

Ferner sollten Schüler vor allem in den naturwissenschaftlichen Fächern dazu angeleitet werden, Fachbegriffe in ihrer Erstsprache nachzuschlagen, da Fachwörter in die meisten Herkunftssprachen übersetzt sind, sodass deren Bedeutung für viele Schüler transparenter wird. Lässt man z. B. die Fachwörter Heterotrophie und Autotrophie ins Türkische übersetzen, kann der Schüler die Bedeutungen aufgrund turkisierter Fachwörter erschließen. Zugleich wird der Umgang mit Wörterbüchern eingeübt.

(aus: Kompetenzzentrum ProDaZ, 2010)

Mehrsprachigkeit als Ressource verstehen – der Ansatz Language Awareness

1 Beurteilen Sie in einer kurzen Stellungnahme, ob und inwiefern Sie den Language-Awareness-Ansatz als sinnvoll erachten.

2 Überlegen Sie: Wie könnte man den Language-Awareness-Ansatz in den Deutschunterricht integrieren?

a) Wie könnte man die Sprachen, die einige Schüler und Schülerinnen sprechen, im Deutschunterricht einbeziehen? Notieren Sie mindestens ein konkretes Beispiel. Orientieren Sie sich hinsichtlich der Form an den Beispielen aus dem Text.

b) Tauschen Sie sich anschließend mit Ihrer Lernpartnerin / Ihrem Lernpartner aus: Welche Ideen haben Sie gesammelt? Welche Ideen gefallen Ihnen am besten und warum?

c) Suchen Sie sich die zwei besten Ideen aus und präsentieren Sie diese vor der Klasse.

Über die Nutzung von Mehrsprachigkeit reflektieren

von Christoph Gantefort / Ina-Maria Maahs

Im Rahmen einer Unterrichtsbeobachtung des KOALA-Programms in einer Kölner Grundschule wurde beobachtet, wie vier Mädchen in einer Gruppenarbeit versuchen, sich gemeinsam ein Kapitel aus einem aktuellen Kinderbuch zu erschließen (zum KOALA-Programm vgl. Bezirksregierung Köln 2014). Sina fragt: „Warum versteht Tom das Gespenst nicht?" Lina und Azra betrachten kurz ihre deutschen Notizen und diskutieren auf Türkisch, schließlich erklärt Lina: „Hayalet tuhaf konuşuyordu." „Und was heißt das auf Deutsch?", fragt Melina. „Das Gespenst redete komisch", antwortet Lina. Azra nickt zustimmend: „Evet!" (Die Namen wurden geändert).

Diese junge mehrsprachige Arbeitsgruppe nutzt verschiedene, ihnen zur Verfügung stehende sprachliche Kompetenzen, um sich den Inhalt eines bestimmten Textes zu erschließen. Dabei entscheiden die Schülerinnen selbstständig, welche Sprachen sie nutzen, und wechseln je nach Bedarf von der einen in die andere Sprache. Sie nutzen also situativ und flexibel ihr gesamtsprachiges Repertoire.

(aus: Kompetenzzentrum ProDaZ, 2020)

3 In der oben dargestellten Situation verwenden die Schülerinnen verschiedene Sprachen, was man auch Codeswitching oder Codemixing nennt (↗ GUT ZU WISSEN „Codeswitching/Codemixing", S. 316). Bilden Sie sich ein Urteil darüber, ob und wenn ja, inwiefern es sinnvoll ist, mehrere Sprachen in bestimmten Lernsituationen zu nutzen. Beantworten Sie dazu folgende Fragen in Kleingruppen:

a) Kennen Sie selbst solche oder ähnliche Situationen, in denen Sie eine andere Sprache als Deutsch genutzt haben bzw. es für Sie hilfreich gewesen wäre, diese zu nutzen?

b) Warum kann es für die Schüler und Schülerinnen sinnvoll sein, die Sprachen, die sie sprechen, zum Erschließen der Geschichte aus dem Kinderbuch zu nutzen?

c) Welche Herausforderungen könnte es mit sich bringen, wenn mehrere Sprachen in solchen Situationen genutzt werden?

★ d) Welche Ideen haben Sie, um diese Probleme zu lösen?

Mehrsprachigkeit als Ressource verstehen – der Ansatz Language Awareness

4 **Fassen Sie Ihre Ergebnisse in Form einer Stellungnahme (↗ Kapitel 11) zusammen, die Sie der Klasse präsentieren können.**

Auch in der Berufswelt kann es von großem Nutzen sein, mehrere Sprachen zu verstehen oder sprechen oder sogar in mehreren Sprachen lesen und schreiben zu können. Aufgrund der fortschreitenden Globalisierung sind viele Firmen international ausgerichtet und es sind unterschiedlichste Herkünfte und Sprachen unter den Mitarbeitenden vertreten.

5 **Reflektieren Sie: Warum kann Mehrsprachigkeit in der Berufswelt vorteilhaft sein?**

a) Notieren Sie drei konkrete Situationen, in denen es bei der Ausübung Ihres zukünftigen Berufs nützlich sein kann, mehrere Sprachen/eine weitere Sprache außer Deutsch zu sprechen (unabhängig davon welche!).

b) Führen Sie aus, warum genau es in diesen Situationen von Vorteil ist, Kompetenzen in weiteren Sprachen außer Deutsch zu haben.

GUT ZU WISSEN | Codeswitching/Codemixing

Als Codeswitching oder Codemixing bezeichnet man die **Mischung von Sprachen beim Kommunizieren**. Häufig wird angenommen, dass Menschen, die Sprachen während des Redens mischen, überfordert sind oder aufgrund der verschiedenen Sprachen verwirrt. Doch Sprachmischung ist eine völlig natürliche Form des Ausdrucks. Mehrsprachigkeit erweitert schließlich den **Spielraum der Möglichkeiten**, um etwas auszudrücken. Warum sollte man diese nicht nutzen, wenn man mehrere Sprachen zur Auswahl hat? Es ist zum Beispiel interessant zu wissen, dass es manche Begriffe im Deutschen gibt, aber in anderen Sprachen nicht, wie z. B. den Feierabend, zu dem es keine wörtliche englische Übersetzung gibt. Hier bietet es sich geradezu an, Sprachen zu mischen, um das Ende des Arbeitstages kurz und treffend auszudrücken.

Lernbilanz: Sie können ...

- Ihre Vorstellungen von Mehrsprachigkeit reflektieren.
- drei Typen von Mehrsprachigkeit unterscheiden und definieren.
- die Begriffe Deutsch als Zweitsprache und Deutsch als Fremdsprache voneinander abgrenzen.
- eine Sprachbiografie von einer anderen Person erstellen.
- das Konzept Language Awareness kritisch reflektieren und auf den Unterricht übertragen.
- die Vorteile und Herausforderungen von Mehrsprachigkeit erläutern.

Die Lernsituation umsetzen: Ein Sprachenporträt anfertigen

Sprachenporträts bieten Ihnen eine kreative Ausdrucksform, Ihr persönliches Sprachenrepertoire zu visualisieren und über Ihre Sprachkompetenzen und Spracherwerbsaspekte zu reflektieren. Diese Reflexion kann Ihnen dazu verhelfen, sich über den Wert Ihrer eigenen sprachlichen Kenntnisse und kommunikativen Fähigkeiten sowie der Ihrer Mitschülerinnen und Mitschüler bewusst zu werden. Mithilfe individuell gezeichneter Sprachenporträts kann das sprachliche Repertoire Ihrer gesamten Klasse veranschaulicht werden. Es entsteht eine positive, wertschätzende Haltung gegenüber Sprachvielfalt und Mehrsprachigkeit.

1 Übertragen Sie die Figur unten auf ein Blatt.

a) Hören Sie in sich hinein und überlegen Sie, wo Sie in Ihrem Körper welche Sprachen (und Varietäten/Dialekte) einzeichnen können und welche Farben (und/oder Muster) zu diesen Sprachen passen.
Tipp: Denken Sie auch an die Sprachen, die Sie ggf. nur rudimentär beherrschen.

b) Nehmen Sie für jede Sprache eine andere Farbe. Malen Sie den Umriss so aus, dass man sieht, welche Bedeutung die verschiedenen Sprachen für Sie haben und welche Gefühle Sie mit diesen verbinden.

2 Erläutern Sie Ihre Zuordnung in einem Text. Beschreiben Sie möglichst genau: Warum haben Sie sich dafür entschieden, die Sprachen in dem Bereich des Körpers und mit einer bestimmten Farbe zu malen?
Dabei können Sie auch Ihre bereits verfasste Sprachenbiografie zu Hilfe nehmen.

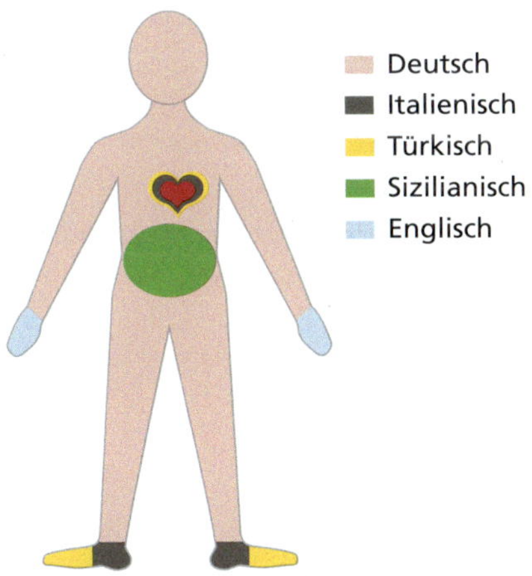

Beispiel: Deutsch liegt in meinem Herzen und in meinem Kopf. Ich denke und fühle auf Deutsch. Außerdem brauche ich es, um mit meinen Freunden und in der Schule zu sprechen. Darum ist es auch in meinen Armen und Beinen. Türkisch und Italienisch mag ich aber auch sehr gern, weil ich diese Sprachen mit meinen Eltern spreche. Deshalb sind sie ebenfalls in meinem Herzen und in meinen Füßen, weil sie meine Wurzeln sind. Sizilianisch verbinde ich mit meiner Oma, die ich immer im Urlaub sehe. Meine Oma kocht besonders lecker, weshalb ich Sizilianisch in meinen Bauch gemalt habe. Englisch habe ich in der Schule gelernt, deshalb findet sich die Sprache in meinen Händen wieder.

3 Stellen Sie Ihre Sprachenporträts in einem Gallery Walk (↗ Kapitel 5, S. 71) vor.

4 Reflektieren Sie im Plenum darüber, welche Erkenntnisse Ihnen die Visualisierung Ihrer Sprachen mithilfe des Sprachenporträts gebracht hat.

Sich auf die Prüfung vorbereiten

Materialgestütztes informierendes Schreiben

Situation

An Ihrer „alten" Schule waren Sie in der Schülervertretung engagiert. Unter anderem haben Sie Veranstaltungen für die Fünft- und Sechstklässler mitorganisiert, in denen diese den richtigen Umgang mit sozialen Medien lernen sollten.
Nun ruft die Schulleiterin Ihrer „alten" Schule Sie an. Sie möchten eine Infoveranstaltung für die Eltern der Sechstklässler veranstalten zum Thema „Sicher unterwegs in der digitalen Welt – wie können Eltern ihre Kinder unterstützen?". Bei dieser Veranstaltung sollen die Eltern außer Vorträgen von Expertinnen und Experten auch eine Informationsbroschüre bekommen.
Sie bittet Sie, einen Beitrag zu der App TikTok zu schreiben. Dieser Text soll Eltern grundsätzliche Informationen darüber liefern, was TikTok ist und wie es funktioniert. Außerdem soll er deutlich machen, welche Rolle dieses Medium für Jugendliche heute spielt.

1 **Legen Sie eine Tabelle nach nachstehendem Muster an. Notieren Sie in dieser drei bis fünf sinnvolle Leitfragen, auf die Ihr Text Antworten geben soll. Werten Sie die Materialien aus und tragen die Informationen, die Sie in den Materialien zu den Leitfragen finden, ebenfalls in die Tabelle ein, zusammen mit der jeweiligen Quelle.**

Leitfragen	Informationen	Quelle

2 **Verfassen Sie auf der Grundlage der Tabelle den Informationstext für Eltern (↗ Situation).**

TIPP: Das Kapitel 7 erklärt Schritt für Schritt, wie man eine solche Aufgabe erfolgreich lösen kann. Dort finden Sie Hinweise zu allen Arbeitsschritten.

Material 1

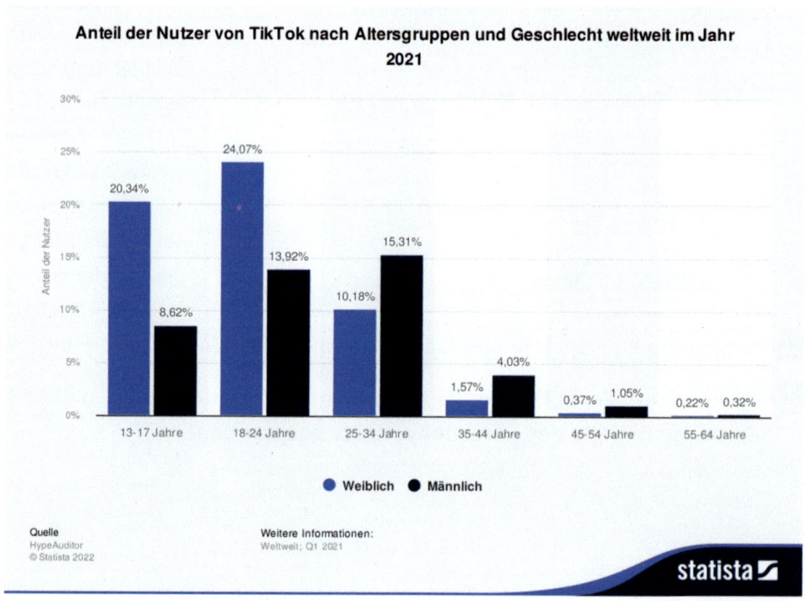

Materialgestütztes informierendes Schreiben

Material 2

Berühmt oder gemobbt in 15 Sekunden

von Caspar von Au

Was ist TikTok?
TikTok ist ein soziales Netzwerk. Facebook ist bei Teenagern aus der Mode, bei TikTok dagegen steigen die Nutzerzahlen gerade bei jungen Menschen. Zentrales Element der App sind kurze, mit dem Handy gedrehte Videos, die der Nutzer mit Musik unterlegen kann. Die Idee: maximal 15 Sekunden Länge. „Make every second count", lautet daher auch TikToks Slogan. Jede Bewegung, jede Pointe muss sitzen, denn für Erklärungen bleibt keine Zeit. [...]

Warum ist die App so beliebt?
„Es ist total einfach, nicht nur Videos zu konsumieren, sondern selbst auch welche zu kreieren", sagt Charles Bahr. Der 16-Jährige leitet trotz seines jungen Alters schon eine eigene Marketingagentur. Er wird für Vorträge auf Branchenmessen wie der Re:publica oder der Dmexco eingeladen. Denn Bahr berät Unternehmen, wie man die Generation Z erreicht, also junge Menschen, die nach 1997 geboren sind. Tatsächlich ist das Erstellen und Bearbeiten von TikTok-Filmchen sehr leicht. Die Videos lassen sich in beliebig vielen Abschnitten schrittweise filmen. Dem Nutzer steht eine ganze Bibliothek von Effekten und Filtern zur Verfügung, um das Video aufzupeppen. [...]

Die Kernzielgruppe der App sind elf- bis 15-jährige Kinder und Jugendliche, schätzt Bahr. Das Pikante daran: Offiziell ist die Nutzung erst ab 13 Jahren erlaubt. Daran halten sich offenbar nicht allzu viele. „Ich war auch schon viel früher auf TikTok", sagt die 15-jährige Leonie, die ihren Nachnamen lieber nicht in diesem Artikel lesen will. Ihre rund 700.000 Fans in TikTok kennen sie vor allem als @leoobalys. „Ich kann dort kreativ sein, egal, ob es um Beauty oder Sport geht." Täglich lädt sie kurze Tanzclips von sich hoch, in denen sie ihre langen Haare in Zeitlupe fliegen lässt. An TikTok gefalle ihr, dass man so einfach mit anderen Nutzern in Kontakt treten und auf deren Videos reagieren könne. Das geht zum Beispiel mit der Duett-Funktion: In TikTok befreundete Nutzer können ein Video zur selben Audiospur erstellen, beide Videos werden nebeneinander angezeigt.

Wie viele Menschen nutzen sie?
Im Juni 2018 sollen nach Medienberichten weltweit etwa 500 Millionen Menschen die App jeden Monat genutzt haben – die meisten davon in China. Seitdem dürften die Nutzerzahlen deutlich gestiegen sein. [...] Wie das Newsportal *Digiday* berichtet, sollen in Deutschland 4,1 Millionen Menschen TikTok jeden Monat nutzen.

Dem Marktforschungsunternehmen Sensortower zufolge war TikTok im vergangenen Jahr in Apples App Store die weltweit beliebteste App. Über den Google Play Store wurden nur Whatsapp, der Facebook Messenger und Facebook häufiger heruntergeladen.

Wer sind die Stars in TikTok?
Zwillinge stehen unter TikTok-Nutzern offenbar hoch im Kurs. Die weltweit größten Stars sind Lisa und Lena aus Stuttgart. Der Account der beiden 16-Jährigen hat mehr als 32 Millionen Fans [...]. Mittlerweile vernachlässigen Lisa und Lena ihren TikTok-Account fast schon ein bisschen. Sie haben aus ihrer Bekanntheit ein Geschäftsmodell gemacht: Auf Instagram posten sie regelmäßig Fotos von sich, über ihr Modelabel J1MO71 verkaufen sie Portemonnaies, Badeschlappen und Pullover. „Sie sind aus TikTok herausgewachsen", sagt Berater Charles Bahr. „Früher war YouTube häufig das Sprungbrett für Influencer." Heute sei es TikTok.

Die Möglichkeiten für Unternehmen, die App werblich zu nutzen, seien bisher noch begrenzt. Wer mit seiner Reichweite Geld verdienen, beruflicher Influencer werden will, muss deshalb auf andere Plattformen ausweichen. Doch Betreiber Bytedance plant offenbar, demnächst auch Werbung für europäische Nutzer einzuführen. Dann wäre TikTok auf einen Schlag nicht mehr nur ein großes soziales Netzwerk, sondern auch eine lukrative Plattform für Profis – sehr junge Profis. [...]

(www.sueddeutsche.de)

Materialgestütztes informierendes Schreiben

Material 3

Risiken bei TikTok

Altersbasierte Voreinstellung der Konten

Seit Januar 2021 sind alle Konten von Personen zwischen 13 und 15 Jahren automatisch auf „privat" gestellt. Das bedeutet, Nutzer:innen in dieser Altersgruppe können nun selbst entscheiden, wer ihnen folgen und wer ihre Videos anschauen oder kommentieren kann. Die Kommentarfunktion unter den Videos ist in den Standardeinstellungen deaktiviert und kann nach Änderung der Grundeinstellungen maximal von „Freunden" genutzt werden. Fremde können Videos von 13-15-Jährigen nicht mehr kommentieren. [...]

Alle oben beschriebenen Sicherheitsvorkehrungen greifen nur, wenn bei der Registrierung des Accounts das korrekte Geburtsdatum angegeben wurde. Eine Überprüfung, ob die Angaben korrekt sind, wird von TikTok nicht vorgenommen. [...]

Keine wirksame Kontrolle des Mindestalters

Offiziell darf TikTok ab 13 Jahren genutzt werden. Laut AGB bedarf es bei unter 18-Jährigen der Einverständniserklärung der Eltern. Das vorgegebene Mindestalter sowie die Zustimmung der Eltern wird in der Praxis jedoch nicht wirksam überprüft. So können auch jüngere Kinder unter Angabe eines falschen Alters die App problemlos herunterladen und verwenden.

Cyber-Grooming

Seit Anfang 2021 sind Accounts von Personen unter 16 Jahren automatisch auf „privat" gestellt. Die Kontaktanbahnung durch Fremde (sogenanntes Cyber-Grooming) wird dadurch erheblich erschwert. Dieser Schutzmechanismus ist allerdings nur wirksam, wenn bei der Registrierung das korrekte Geburtsdatum angegeben wurde.

Kostenfalle In-App-Kauf

Während Download und Nutzung der App TikTok kostenlos sind, können Nutzerinnen und Nutzer ihre „Idole" in Livestreams über Geldgeschenke unterstützen und so auf sich aufmerksam machen. Die „Coins" für die Geldgeschenke werden dabei mit realen Geldbeträgen über die App Stores, PaySafeCards oder die Mobilfunkrechnung abgewickelt.

Cyber-Mobbing

So erfreulich die Bestätigung bei TikTok sein kann, so verletzend können wiederum negative Kommentare oder Verunglimpfungen sein. Besonders drastisch: Videos werden zu Mobbingzwecken auch außerhalb des Dienstes verbreitet und die Protagonisten bloßgestellt. Unter dem #peinlich finden sich so beispielsweise auf YouTube Zusammenschnitte peinlicher TikTok-Videos und verletzende Kommentare durch YouTuber und deren Abonnenten.

Jugendgefährdende Inhalte

Über TikTok werden laut Recherchen von jugendschutz.net rechtsextreme und islamistische Inhalte verbreitet sowie Videos, die Selbstgefährdungen verherrlichen.

Urheberrechte

Nutzerinnen und Nutzer wissen oft nicht, dass ihre erstellten Videos – trotz kreativer Eigenleistung – nicht ausschließlich ihr Werk sind. Songs, welche auf TikTok verfügbar sind, sind nur für die Plattform TikTok lizenziert und können für die Erstellung von Videos auf der Plattform genutzt werden. Wenn urheberrechtlich geschützte Musik in Videos verwendet wird und diese Videos in anderen Diensten (z.B. Instagram, YouTube) weiterverbreitet werden, können daher Abmahnungen drohen. Sobald andere Personen im Video zu sehen sind, muss zudem das Recht am eigenen Bild beachtet werden.

(www.klicksafe.de)

Klicksafe hat zum Ziel, die Online-Kompetenz der Menschen zu fördern und sie mit vielfältigen Angeboten beim kompetenten und kritischen Umgang mit dem Internet zu unterstützen. Die EU-Initiative ist politisch und wirtschaftlich unabhängig und wird in Deutschland von den Medienanstalten in Rheinland-Pfalz (Koordinator) und in Nordrhein-Westfalen umgesetzt.

Materialgestütztes informierendes Schreiben

Zusammengefasst | Materialgestützt einen informierenden Text schreiben

Den Text planen

- Analysieren Sie genau, was in der Aufgabe steht: Welche Art von Text sollen Sie schreiben? An wen ist der Text gerichtet?
- Aktivieren Sie Ihr Vorwissen. Fragen Sie sich: Was weiß ich schon zu dem Thema? Notieren Sie dieses Vorwissen, z. B. in Form einer Mindmap (↗ Kapitel 4).
- Erarbeiten Sie gründlich den Inhalt der Materialien. Nutzen Sie dabei Lesetechniken (↗ Kapitel 4) und Ihre Kenntnisse zum Umgang mit Grafiken (↗ Kapitel 5) und Karikaturen (↗ Kapitel 7).
- Notieren Sie Leitfragen, auf die Ihr Text Antworten geben muss. Erstellen Sie eine Tabelle, in der Sie die Leitfragen eintragen und die Informationen, die Sie zu diesen in den Materialien finden (↗ Aufgabe 1).
- Bringen Sie die Leitfragen in eine sinnvolle Reihenfolge.

Den Text verfassen

- Geben Sie Ihrem Text eine Überschrift, die das Interesse Ihrer Adressatinnen und Adressaten weckt.
- Verfassen Sie eine Einleitung, die in das Thema einführt und Interesse weckt, Ihren Text zu lesen.
- Schreiben Sie anhand Ihrer Tabelle den Hauptteil des Textes.
- Schließen Sie Ihren Text ab, indem Sie das Wichtigste kurz zusammenfassen und sich noch einmal kurz auf die Situation, für die der Text gedacht ist, beziehen.

Den Text überarbeiten

- Überprüfen Sie Ihren Text daraufhin, ob die Sprache, die Sie gewählt haben, geeignet für die Zielgruppe ist.
- Achten Sie darauf, dass Sie für die Informationen, die Sie verwendet haben, Quellen angegeben haben (↗ Kapitel 6).
- Überprüfen Sie, ob die einzelnen Teile und Informationen des Textes logisch zueinanderpassen und es einen „roten Faden" gibt.
- Gliedern Sie Ihren Text auch äußerlich durch Absätze, die es den Leserinnen und Lesern erleichtern, die inhaltliche Gliederung zu erkennen.
- Kontrollieren Sie Ihren Text auf Fehler in den Bereichen Rechtschreibung, Grammatik und Zeichensetzung. Achten Sie dabei besonders auf die Bereiche, von denen Sie wissen, dass Sie dort oft Fehler machen (↗ Kapitel 9). Nutzen Sie dazu auch ein Wörterbuch.

Sachtextanalyse

Situation

Sie sind Praktikantin / Praktikant im Sportgeschäft „Intersport Müller" in Ihrem Ort, um sich ein Bild von der beruflichen Tätigkeit im Einzelhandel zu machen. In der Frühstückspause gibt es wiederholt Diskussionen über den Sprachgebrauch der jüngeren Angestellten im Verkauf. Ihre Chefin vertritt die Meinung, dass die jungen Leute durch den ständigen Gebrauch von WhatsApp, Snapchat usw. bald nicht mehr in der Lage seien, schriftlich mit Kunden zu kommunizieren. Diese sozialen Medien seien die wichtigste Ursache für einen Verfall der Sprache bei jungen Menschen. Da Sie dieser Auffassung widersprechen, werden Sie gebeten, dazu Belege zu finden und für alle Angestellten des Unternehmens zur Verfügung zu stellen.

1 **Analysieren Sie den Text „Immer wieder krass" von Matthias Heine und beurteilen Sie, ob der Text für Ihr Anliegen und die genannte Zielgruppe geeignet ist.**

TIPP: Das Kapitel 10 erklärt Schritt für Schritt, wie man eine solche Aufgabe erfolgreich lösen kann. Dort finden Sie Hinweise zu allen Arbeitsschritten.

Immer wieder krass

von Mathias Heine

Jugendsprache wird von den meisten Menschen als eine moderne Verfallserscheinung empfunden, die bestenfalls nervt und unverständlich ist, schlimmstenfalls aber zur Zerstörung des Deutschen beiträgt. Dabei gibt es Grund anzunehmen, dass Jugendliche schon immer eigene Gruppensprachen nutzten – nach innen als Erkennungszeichen, nach außen zur Abgrenzung und natürlich auch ganz einfach zum Spaß. Und damit haben sie unsere Muttersprache nicht zerstört oder verhunzt, sondern ganz im Gegenteil zu allen Zeiten um zahlreiche Ausdrücke und Wendungen bereichert.

In Deutschland ist Jugendsprache seit etwa 500 Jahren nachzuweisen. Schon in Luthers Tischgesprächen, so die spätere Interpretation des großen Sprachhistorikers Friedrich Kluge, zeige sich ein Nachschein von Studentenritualen mit entsprechendem Jargon aus der Universitätszeit des Reformators. Erste verlässlichere Quellen stammen aus dem 17. Jahrhundert. Seit dieser Zeit sammelten Jungakademiker die Begriffe und Phrasen, die sie gemeinsam verwendeten, in speziellen Wörterbüchern. Auch Goethe legte eine kleine handschriftliche Sammlung von Studentenwörtern an.

Die Studentensprache hatte langfristig einen starken Einfluss auf die deutsche Standardsprache. Deshalb wird ihr in diesem Buch viel Platz eingeräumt. Zudem war sie rund 300 Jahre lang die einzige Jugendsprache, die wir in Quellen zu fassen kriegen.

Womöglich war sie damals auch tatsächlich die einzige. Jugendsprache setzt ein Gruppenbewusstsein und kommunikatives Vernetztsein voraus, die so nur an Universitäten zu finden waren, vielleicht noch bei Handwerksburschen und -gesellen, aber wohl eher nicht unter Bauernkindern.

Zu Beginn des 19. Jahrhunderts entwickelte sich erstmals eine nicht studentische Bewegung von Jünglingen mit eigenem Jargon: die Turner. Ihr Wortschatz wurde weitgehend von der Gründergestalt Friedrich Ludwig Jahn geprägt, der noch heute als „Turnvater" berühmt-berüchtigt ist. Die Rolle Jahns und seiner Jünger in der Geschichte der deutschen Jugendsprachen ist bisher weitgehend unbeachtet geblieben. Hier werden sie nun erstmals unter diesem Gesichtspunkt in den Blick genommen. Denn wie sich zeigen lässt, hatten die Turner einen erheblichen Einfluss auf die Sprache des Wandervogels und der Bündischen

Sachtextanalyse

Jugend, die vom Ende des 19. Jahrhunderts an nach alternativen Formen des Gemeinschaftslebens suchten.

Anfang des 20. Jahrhunderts wird dann auch eine mehr oder weniger eigenständige Schülersprache greifbar. Sie bestand einerseits aus burschensprachlichen Ausdrücken, die sich die Schüler angeeignet hatten, andererseits aus ganz neuen Wortschöpfungen. Dazu gehörten Ausdrücke wie dufte, knorke und prima, die zum Beispiel 1929 in Erich Kästners „Emil und die Detektive" auftauchen, ebenso wie in der Verfilmung zwei Jahre später. Diese und andere Filme werden als Quellen für die Jugendsprache der jeweiligen Zeit herangezogen – Material, das bisher kaum in dieser Hinsicht ausgewertet wurde.

Später, in den Vierzigerjahren, nutzten junge Swing-Hörerinnen und -Hörer, die eher quer zum NS-Regime standen, ebenso wie die massenhaft in die Hitlerjugend gepressten Jugendlichen jeweils eigene Sprechstile. Diese überschnitten sich teilweise, betonten aber gleichzeitig bewusst bestimmte Eigenheiten, etwa durch den Gebrauch von englischen Sprachbrocken bei den Swings.

Weiter ging es mit Halbstarken und „Exis" in den Fünfzigern, langhaarigen Vertreterinnen und Vertretern der Gegenkultur in den Sechziger- und Siebzigerjahren, bis sich schließlich die Generationen der Jugendlichen seit den Achtzigern in immer mehr Untergruppen fragmentierten. Sie alle pflegten eigene Jargons und verfügten dennoch über einen verbindenden jugendsprachlichen Basiswortschatz. Dazu gehörte seit den Neunzigern das Wort krass, das 250 Jahre zuvor schon einmal, allerdings in einer ganz anderen Bedeutung, bei den Studenten im Gebrauch war. Es lag nahe, dieses Buch nach jenem emblematischen Wiedergänger zu benennen.

Wer ein Buch über Jugendsprache schreibt, muss darlegen, was er überhaupt damit meint. Die Wissenschaft ist sich zwar im Grunde einig, was Jugendsprache ist. Aber so unterschiedliche Bezeichnungen wie „Jugendjargon", „Jugendslang", „jugendliche Gruppenstile", „Sprachgebrauch junger Menschen" oder „Sprechverhalten Jugendlicher" zeigen, dass noch um genauere Definitionen und Abgrenzungen gerungen wird.

Bis diese Debatte entschieden ist, was angesichts der Flüssigkeit geisteswissenschaftlicher Bestimmungen vielleicht nie der Fall sein wird, lege ich diesem Buch eine Selfmade-Definition von Jugendsprache zugrunde, der wohl niemand – sei es ein Linguist, sei es ein Jugendlicher – deutlich widersprechen wird: „Jugendsprache" fasse ich als eine Sprechweise, mit der sich junge Menschen nach außen sowohl von Älteren als auch von anderen Jugendlichen abgrenzen und die nach innen als eine Art Erkennungszeichen wirkt. So etwas gab es vor rund 500 Jahren, als Martin Luther studierte, genauso wie später bei flotten Burschen an Universitäten, Turnern, Wandervögeln, Straßenkindern im Berlin der Dreißigerjahre, Swing-Girls, Hitlerjungen, Halbstarken, Gammlern, Hippies und heutigen Hip-Hoppern oder Gamern.

Bei der Musterung dieser fünf Jahrhunderte werden wir hinter der historisch bedingten Verschiedenheit doch viele Gemeinsamkeiten entdecken. Ganz nebenbei wird noch der Mythos widerlegt, dass Jugendsprache wahnsinnig schnell veraltet und sich ständig wandelt. Im Gegenteil: Einige Leserinnen und Leser werden staunend feststellen, dass der vermeintlich brandneue Wortschatz ihrer eigenen Teenagerjahre schon zu Großvaters Zeiten auf den Schulhöfen in aller Munde war.

(aus: Krass. 500 Jahre deutsche Jugendsprache)

Sachtextanalyse

Zusammengefasst | Eine Sachtextanalyse schreiben

Den Text planen

- Analysieren Sie genau, was in der Aufgabe steht: Welche Art von Text sollen Sie schreiben? Was sollen Sie beurteilen?
- Erarbeiten Sie gründlich den Inhalt des Textes. Nutzen Sie dabei Lesetechniken (↗ Kapitel 4).
- Bestimmen Sie die Aussageabsicht/-en des Textes (↗ Kapitel 10).
- Notieren Sie Thema, Intention, zentrale Aussagen und die Argumentationsstruktur des Textes (↗ Kapitel 10).

Den Text verfassen

- Verfassen Sie eine Einleitung mit allen notwendigen Angaben wie Thema und Aussageabsicht (↗ Kapitel 10).
- Geben Sie die Kernaussagen des Textes wieder und belegen Sie Ihre Aussagen (↗ Kapitel 10).
- Erläutern Sie die gedankliche und/oder argumentative Struktur des Textes (↗ Kapitel 10).
- Benennen Sie die sprachlichen Gestaltungsmittel und erläutern Sie deren Funktion (↗ Kapitel 10).
- Arbeiten Sie die Textintention heraus (↗ Kapitel 10).
- Bewerten Sie die Textintention und die Textwirkung auf Grundlage der Analyseergebnisse (↗ Kapitel 10).
- Bewerten Sie die Eignung des Textes gemäß der Ausgangssituation (↗ Kapitel 10).

Den Text überarbeiten

- Überprüfen Sie Ihren Text daraufhin, ob er sprachlich für eine Analyse geeignet ist.
- Achten Sie darauf, dass Sie für die Informationen, die Sie verwendet haben, im Text Belege finden (↗ Kapitel 6).
- Überprüfen Sie, ob die einzelnen Teile und Informationen des Textes logisch zueinanderpassen und es einen „roten Faden" gibt.
- Gliedern Sie Ihren Text auch äußerlich durch Absätze, die es erleichtern, die inhaltliche Gliederung zu erkennen.
- Kontrollieren Sie Ihren Text auf Fehler in den Bereichen Rechtschreibung, Grammatik und Zeichensetzung. Achten Sie dabei besonders auf die Bereiche, von denen Sie wissen, dass Sie dort oft Fehler machen (↗ Kapitel 9). Nutzen Sie dazu auch ein Wörterbuch.

Materialgestütztes argumentierendes Schreiben

Situation

Die Schulkonferenz möchte Ihr Berufskolleg zur „Gesunden Schule" machen, sodass am Schulkiosk nur noch vegetarische Speisen angeboten werden. Zu diesem Vorhaben sollen alle Beteiligten gehört werden. Sie gehören zur SV und sollen eine Stellungnahme aus Sicht der Schülerinnen und Schüler an die Schulleitung schreiben.

1 Werten Sie die drei Materialien aus: Halten Sie die wichtigsten Aussagen der Materialien fest. Bewerten Sie auf dieser Grundlage die grundsätzliche Eignung der Materialien.

2 Verfassen Sie als Mitglied der SV eine Stellungnahme zum Vorhaben der Schulkonferenz. Nutzen Sie dabei Daten und Fakten aus den angefügten Materialien und bringen Sie eigene Erfahrungen ein.

TIPP: Das Kapitel 12 erklärt Schritt für Schritt, wie man eine solche Aufgabe erfolgreich lösen kann. Dort finden Sie Hinweise zu allen Arbeitsschritten.

Material 1

Gesundheitliche Aspekte einer vegetarischen Ernährung

Ausschnitte aus der Broschüre einer Krankenkasse aus dem Jahr 2022

Vegetarische Ernährung bedeutet, auf Fleisch, Fisch und Nahrungsmittel, die tierische Produkte enthalten wie Gelatine, zu verzichten. Daraus ergeben sich zahlreiche gesundheitliche Vorteile – hier ist die Studienlage eindeutig. Menschen, die sich vegetarisch ernähren wollen, müssen sich allerdings mit der Zusammensetzung ihrer Ernährung auseinandersetzen, um einer möglichen Mangelernährung vorzubeugen.

Ist eine vegetarische Ernährung gesund?

Die Anzahl der Menschen in Deutschland, die sich selbst als Vegetarier einordnen, steigt seit Jahren stetig. Dabei gibt es verschiedene Varianten. Pesco-Vegetarier verzichten zum Beispiel auf Fleisch, essen aber Fisch. Lakto-Vegetarier lassen zusätzlich Eier weg, während Flexitarier zumindest hin und wieder ein wenig Fleisch oder Fisch essen.

Vegetarier sollten viel Obst und Gemüse sowie Getreideprodukte zu sich nehmen. Das gilt als sehr gesund, was durch verschiedene Studien belegt ist. Unter anderem haben Vegetarier ein geringeres Risiko für Übergewicht und die Zuckerkrankheit Diabetes. Auch Herz-Kreislauf-Probleme treten seltener auf. Sogar auf einige Krebsarten hat diese Ernährungsform vorbeugende Effekte, vor allem auf Darmkrebs. Einschränken muss man bei der Studienlage allerdings, dass eine vegetarische Ernährung oft mit anderen gesundheitsfördernden Verhaltensweisen einhergeht.

Kann es durch eine vegetarische Ernährung zu Mangelerscheinungen kommen?

Ein vollständiger Verzicht auf Fleisch und Fisch kann das Risiko für einen Mangel an jenen Vitaminen und Mineralstoffen erhöhen, die normalerweise zu einem großen Teil über den Verzehr von Fleisch und Fisch aufgenommen werden. Das betrifft vor allem die Vitamine sowie die Mineralstoffe Eisen, Kalzium, Zink, Jod und Selen. Auch ein Mangel an langkettigen Fettsäuren (Omega-3-Fettsäuren) kann entstehen. Gegebenenfalls kann darüber hinaus die Menge an Proteinen (Eiweiß) in der Nahrung zu gering sein. Das heißt jedoch nur, dass Vegetarier darauf achten sollten, dass sie ihre Lebensmittel ausgewogen zusammenstellen. Hier kann man sich recht einfach an der

Ernährungspyramide des BzfE (Bundeszentrum für Ernährung) orientieren.

Lediglich der Baustein für Fleisch, Fisch und Wurst wurde durch einen Baustein für proteinreiche, überwiegend pflanzliche Lebensmittel ersetzt. Neben Eiern zählen hierzu Hülsenfrüchte wie Erbsen, Kichererbsen, Linsen und Bohnen und daraus hergestellte Produkte sowie pflanzliche Wurst- und Fleischalternativen. Sie alle haben gemeinsam, dass sie wertvolles Protein liefern.

(Autorentext)

Ernährungspyramide

Material 2

Mehr Zukunft auf dem Acker

von Andreas Sentker

Wie muss eine Landwirtschaft aussehen, die nicht nur das Überleben der heutigen Menschheit sichert, sondern auch das aller kommenden Generationen? […] Der dafür notwendige Wandel scheint utopisch zu sein – und ist dennoch unausweichlich. […] Die Bauern protestieren seit Monaten: gegen die Verschärfung von Umweltauflagen und schon kleinste Änderungen der Subventionspolitik. […]

Die Fronten scheinen verhärtet zu sein. Doch jenseits der öffentlichen Debatte erproben Landwirte gemeinsam mit Umwelt- und Tierschützern neue Anbaumethoden und Formen der Tierhaltung […]. Die Politik entwirft – zaghaft noch – Pläne für eine nachhaltige Landwirtschaft […]. „Die Landwirtschaft der Zukunft arbeitet mit geschlossenen Stoffkreisläufen, hat einen engen regionalen Bezug, hält weniger Tiere und diese ohne Antibiotika und in viel besseren Ställen, schützt die Biodiversität und das Klima“, schreiben die Forscher der DAFA. Praktisch und technisch – das ist die gute Nachricht – ist nichts an dem von den Experten skizzierten Bild künftiger Landwirtschaft eine Utopie. […] Die Rechnung geht für Landwirte wie für Konsumenten längst nicht mehr auf. EU-Subventionen von fast 60 Milliarden Euro jährlich machen Europas Nahrungsmittel billiger, aber ihre Herstellung nicht wirklich nachhaltiger. Die wahren ökologischen und sozialen Kosten für sein Essen zahlt kein Konsument an der Supermarktkasse. Umgekehrt fällt für viele Landwirte ihre ökonomische Bilanz verheerend aus. Wie also sollen sie neben Weizenanbau, Schweinemast oder Milchproduktion noch in Umwelt- oder Tierschutz investieren? Klar ist: Der Wandel kostet Geld, wenn er keine Existenzen kosten soll. Ob er gelingt, ist also im Kern eine politische Frage. […]

Die Landwirtschaft der Zukunft, darin sind sich die Experten einig, wird viele Werkzeuge brauchen: neue Züchtungen für dürre Felder, neue Maschinen für Aussaat und Ernte, neue Medikamente für Nutztiere. Sie wird in Indien oder Kenia anders aussehen als in Deutschland. Sie wird in Bayern anders aussehen als in Schleswig-Holstein. […]

Vier Strategien für eine Agrarwende Ackerbau: Vielfältig und regional

Die Menschheit wächst weiter, nach Schätzungen der Vereinten Nationen von heute 7,7 Milliarden Menschen auf 9,7 Milliarden im Jahr 2050. Mehr Menschen brauchen mehr Nahrung. Aber nur ein Drittel der weltweiten Agrarfläche ist Ackerland. Und wiederum nur ein Drittel davon nutzen wir zum Anbau von Nahrungsmitteln. Jedes Jahr gehen zudem nahezu zwölf Millionen Hektar Anbaufläche verloren. Böden vertrocknen, versalzen oder verschwinden

Materialgestütztes argumentierendes Schreiben

unter Straßen und Städten. Darum muss es in Zukunft heißen: Auf fruchtbarem Boden wird nur noch Nahrung für Menschen angebaut. Tierfutter oder Energie gewinnen wir von Wiesen und Weiden, aus Reststoffen und Abfällen. Etwa 6 000 Pflanzenarten hat der Mensch für seine Ernährung kultiviert. Doch nur neun von ihnen liefern heute zwei Drittel der globalen Ernte. Diese Konzentration hat die genetischen Ressourcen verarmen und regionales Wissen in Vergessenheit geraten lassen. In der Landwirtschaft von morgen gibt es darum weite Fruchtfolgen, die auf die jeweiligen Böden abgestimmt werden. [...] Auch die Pflanzenzüchter müssen umsteuern. Sie haben lange Zeit vor allem auf immer höhere Erträge gesetzt. Landwirtschaftliche Produkte mussten zudem für die industrielle Verarbeitung tauglich sein. Künftig jedoch werden Landwirte stärker schädlings- oder dürreresistente Sorten nachfragen. Die Nationale Akademie der Wissenschaften, Leopoldina, setzt auf neue Züchtungstechniken. Mithilfe präziser genetischer Methoden könnten alte, bisher wenig ertragreiche Sorten attraktiv und die neuen Hochleistungssorten widerstandsfähiger werden. [...] Mit Vielfalt konnte die Agrarpolitik vergangener Jahrzehnte wenig anfangen, sie wollte Masse. Um große Maschinen einsetzen zu können, wurden Felder zusammengelegt, Wege und Gräben begradigt, Bäume und Hecken beseitigt. Es entstanden monotone Landschaften mit großflächigen Äckern, die Wind und Unwetter schutzlos ausgeliefert sind.

Gleich zwei Faktoren treiben nun eine allmähliche Gegenbewegung: Autonome Fahrzeuge können auch kleine Flächen effizient bearbeiten. Eine digital organisierte Umkehr der Flurbereinigungen wird denkbar. Und zwischen gut komponierten Feldstreifenmustern dürfen wieder Sträucher und Bäume wachsen. Die Agrarlandschaft wird also struktur- und artenreicher. Gehölze zwischen Feldstreifen schützen den Boden vor Erosion und Wasserverlusten.

Agrarproduktion und Konsum sind in Zukunft weitgehend regionalisiert

Weil die Politik bisher vor allem Anbaufläche subventioniert und ökonomisch fast nur der Ertrag zählt, bestellen Bauern heute jeden verfügbaren Quadratmeter. Eine neue Subventionspolitik muss deshalb auch Feldränder und Grünstreifen, Gräben und Bachläufe fördern. Sie werden zu vernetzten Biotopen und neuen Lebensräumen. Der Erholungswert der Landschaft steigt damit. Gleichzeitig rückt die landwirtschaftliche Produktion näher an die Städte. Produktion und Konsum landwirtschaftlicher Produkte sind in Zukunft weitgehend regionalisiert. [...]

Konsum: Bewusster, direkter und gesünder

Für den Käufer im Supermarkt ist heute oft nicht erkennbar: Wo kommt das Produkt her? Unter welchen Bedingungen ist es entstanden? Wie gesund ist es? Klare Kennzeichnungen müssen den Käufer in Zukunft zum bewussten Entscheider machen. Die Idee dahinter: Er muss hohe Anforderungen an Tier-, Umwelt- und Klimaschutz gezielt honorieren. [...] Bei jedem Schritt von Nahrungsmittelproduktion und -konsum, vom Acker bis in den Privathaushalt, werden Lebensmittel weggeworfen, in Deutschland 55 Kilogramm pro Kopf, weltweit 1,3 Milliarden Tonnen jährlich. Wir müssen die Menge der Lebensmittelabfälle deutlich reduzieren – und das, was wir nicht essen können, auf andere Weise besser nutzen. [...] Ob Nahrungsmittel auf den Müll wandern, hat auch mit unserer Einstellung ihnen gegenüber zu tun. Wie perfekt muss ein natürliches Produkt aussehen? Wie lange sind Lebensmittel haltbar? Warum erwarten wir beim Bäcker und in der Gemüseabteilung noch am Abend das gesamte Sortiment? Die Fragen zeigen: Auch wir Konsumenten müssen unsere Ansprüche ändern. [...]

Tierhaltung: Kleiner und artgerechter

Unter der Leitung von Johan Rockström hat eine Gruppe von Wissenschaftlern 2009 das Konzept der „Planetary Boundaries“ entwickelt [...]. Hier empfiehlt er – auch mit Verweis auf die Ernährungsforschung –, den Fleischkonsum deutlich zu reduzieren. Darin ist er sich mit den meisten Agrarforschern einig: Die Erfolgsgeschichte der deutschen Fleischindustrie hat einen zu hohen Preis – für die Landwirte, für Umwelt und Klima und nicht zuletzt für die Gesundheit der Konsumenten. Die Bauern haben in größere Ställe und größere Bestände investiert und sind damit in größere wirtschaftliche Abhängigkeiten geraten. Das Wachstum der Fleischproduktion sprengt die natürlichen Kreisläufe. […] Aus dem geschätzten Sonntagsbraten ist ein wenig wertgeschätztes Massenprodukt geworden. Um diese Fehlentwicklung zu stoppen, sieht die Mehrheit der Experten vor allem einen Weg: eine Diät für Konsumenten und Produzenten. Deutlich weniger Fleisch auf dem Teller für die einen, deutlich kleinere Bestände im Stall für die anderen. In einem ersten Schritt muss die Größe der Tierbestände wieder an die Fläche des zur Verfügung stehenden Ackerlandes gekoppelt werden. Aus dem Blickwinkel des Klimawandels wäre eine tierfreie Landwirtschaft die beste Lösung. Die Ökologie setzt auf Kreisläufe – aus Futter, Tier, Naturdünger und Futter. Ein möglicher Kompromiss: Wir halten nur so viele Rinder, Milchkühe und Schafe, wie wir Wiesen, Weideland und Deiche haben. Schweine sind Allesfresser. Der Kompromiss zwischen Tierhaltung, Umwelt- und Klimaschutz hier: Wir halten nur so viele Schweine, wie wir Lebensmittelabfälle haben. […]

(www.zeit.de)

Material 3

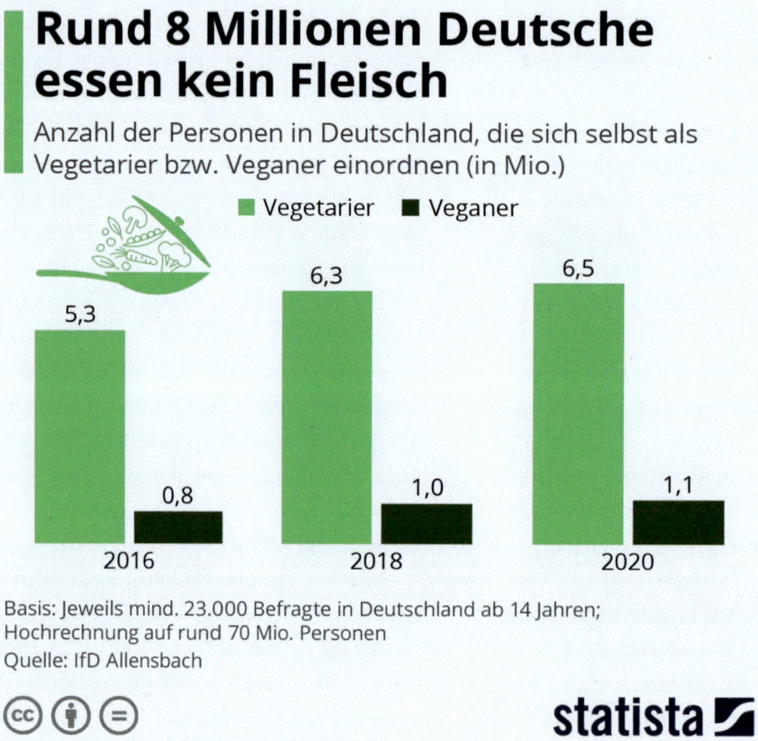

Materialgestütztes argumentierendes Schreiben

Zusammengefasst | Materialgestützt einen argumentierenden Text schreiben

Den Text planen

- Analysieren Sie genau, was in der Aufgabe steht: Welche Art von Text sollen Sie schreiben? An wen ist der Text gerichtet?
- Aktivieren Sie Ihr Vorwissen. Fragen Sie sich: Was weiß ich schon zu dem Thema? Notieren Sie dieses Vorwissen z.B. in Form einer Mindmap (↗ Kapitel 4).
- Erarbeiten Sie gründlich den Inhalt der Materialien. Nutzen Sie dabei Lesetechniken (↗ Kapitel 4) und Ihre Kenntnisse zum Umgang mit Grafiken (↗ Kapitel 5) und Karikaturen (↗ Kapitel 7).
- Werten Sie die Materialien auf ihre Nutzbarkeit für Ihren Zieltext aus (↗ Kapitel 12).
- Entwerfen Sie eine Struktur für Ihren Zieltext (↗ Kapitel 12).

Den Text verfassen

- Geben Sie Ihrem Text eine Überschrift, die das Interesse Ihrer Adressatinnen und Adressaten weckt.
- Verfassen Sie eine Einleitung, die in das Thema einführt und Interesse weckt, Ihren Text zu lesen.
- Schreiben Sie anhand Ihrer Aufzeichnungen den Hauptteil des Textes. Achten Sie auf eine sinnvolle Argumentationsstruktur.
- Schließen Sie Ihren Text ab, indem Sie das Wichtigste kurz zusammenfassen und sich noch einmal kurz auf die Situation, für die der Text gedacht ist, beziehen.

Den Text überarbeiten

- Überprüfen Sie Ihren Text daraufhin, ob die Sprache, die Sie gewählt haben, geeignet für die Zielgruppe ist.
- Achten Sie darauf, dass Sie für die Informationen, die Sie verwendet haben, Quellen angegeben haben (↗ Kapitel 6).
- Überprüfen Sie, ob die einzelnen Teile und Informationen des Textes logisch zueinanderpassen und es einen „roten Faden" gibt.
- Gliedern Sie Ihren Text auch äußerlich durch Absätze, die es den Leserinnen und Lesern erleichtern, die inhaltliche Gliederung zu erkennen.
- Kontrollieren Sie Ihren Text auf Fehler in den Bereichen Rechtschreibung, Grammatik und Zeichensetzung. Achten Sie dabei besonders auf die Bereiche, von denen Sie wissen, dass Sie dort oft Fehler machen (↗ Kapitel 9). Nutzen Sie dazu auch ein Wörterbuch.

Textgebundene Erörterung

Situation

Nachdem Sie Ihre Fachhochschulreife erworben haben, beginnen Sie eine Ausbildung. Da Ihr Unternehmen deutschlandweit vertreten ist, stellt sich immer wieder die Frage, wie sich die Zusammenkunft der einzelnen Standortleiter/-innen umweltfreundlicher gestalten lässt. Ihr Chef bittet Sie, in dem kommenden Teammeeting die Meinung aller Auszubildenden zu vertreten. Bei der Vorbereitung auf das Meeting stoßen Sie auf den Artikel von Kathrin Weßling.

1 **Beschreiben Sie den Argumentationsansatz und die Argumentationsstruktur des Textes von Kathrin Weßling.**

2 **Erörtern Sie anschließend – unter Berücksichtigung der Situation – die Position der Verfasserin.**

TIPP: Das Kapitel 11 erklärt Schritt für Schritt, wie man eine solche Aufgabe erfolgreich lösen kann. Dort finden Sie Hinweise zu allen Arbeitsschritten.

Wer noch ins Flugzeug steigt, ist ein Klimasünder

von Kathrin Weßling

Ich kenne keinen Menschen, der sagt: „Och, mir sind Klimaschutz und Umwelt echt egal." Aber ich kenne einige Menschen, die auf innerdeutschen Strecken in ein Flugzeug steigen. Weil es so angenehm ist. So schnell. So easy eben. Doch Fliegen zerstört das Klima und wir müssen dringend aufhören, diesen Luxus als so selbstverständlich anzusehen.

Es ist ein tolles Gefühl, am Flughafen zu sein. Toller jedenfalls, als am Bahnhof in der Kälte zu stehen. Am Flughafen gibt es manchmal Zeitungen umsonst und alles ist sehr teuer und irgendwie schick, na ja, außer man ist in Berlin-Schönefeld, aber meistens weckt ein Flughafen bei mir das Gefühl, gerade etwas sehr Aufregendes zu tun. Am Bahnhof habe ich dieses Gefühl nicht, denn da ist es zugig und es stinkt manchmal und es ist sehr laut und chaotisch und irgendwas geht immer schief und das verdammte Gepäck muss man auch alleine schleppen. Wie schön ist es dagegen, am Flughafen zu sein und etwa von München nach Frankfurt zu fliegen: Da gibt man seinen schweren Koffer vorher ab und dann sitzt man im Warmen und trinkt einen Kaffee und liest eine Zeitung oder auf dem Telefon etwas und guckt auf das Rollfeld, das nach Fernweh und Abenteuer aussieht. Und dann steigt man mit den Anzugmenschen in die Maschine und alles riecht nach teurem Aftershave und Burn-out und Businessterminen. Wichtig, wichtig.

Das Problem ist nur: Die Strecke München-Frankfurt kann man auch mit dem ICE fahren. Das geht sogar ziemlich schnell. Es dauert: 3 Stunden und 16 Minuten. Die Flugzeit MUC-FRA beträgt zwar nur knapp 60 Minuten. Aber selbst wenn man sehr schnell am Flughafen in München wäre (na ja) und sehr schnell aussteigen könnte in Frankfurt (haha), wäre man insgesamt trotzdem mehr als zwei Stunden unterwegs. Höchstens eine Stunde könnte man also sparen. Der ökologische Unterschied ist dagegen enorm: Mit dem ICE addiert man für diese Strecke hin und zurück insgesamt 17 Kilogramm CO_2 zur persönlichen Klimabilanz. Mit dem Flugzeug sind es 227,4 Kilogramm CO_2 – also mehr als 13-mal so viel.

Auf anderen innerdeutschen Strecken ist der Unterschied ähnlich groß. Trotzdem entschieden sich im vergangenen Jahr 23,5 Millionen Menschen dafür, innerhalb Deutschlands das Flugzeug zu nehmen. Das

Textgebundene Erörterung

heißt: Knapp 65.000 Passagiere flogen jeden Tag zum Beispiel von München nach Frankfurt, von Düsseldorf nach Berlin oder von Hamburg nach Köln/Bonn. Unter all diesen Menschen sind vermutlich Veganerinnen, Müllvermeider und Ökostrombezieherinnen. Unter ihnen sind bestimmt auch einige, die Greta Thunberg mögen oder mal auf eine Klimaschutzdemo gehen würden und beim Fliegen hin und wieder ein schlechtes Gewissen haben. Vielleicht glauben sie, dass es reicht, ein bisschen weniger Fleisch zu essen oder hin und wieder das nicht ganz so arg mit Plastik verpackte Gemüse zu wählen. Aber Spoiler: Es reicht nicht.

Fliegen verursacht etwa fünf Prozent der klimaschädlichen Emissionen weltweit. Das klingt vielleicht nach wenig. Aber aufs Fliegen könnten wir meistens verzichten, aufs Essen und Wohnen dagegen nicht. Und: Der Flugverkehr wächst und wächst. Allein in Deutschland haben sich die Passagierzahlen innerhalb von zwei Jahrzehnten nahezu verdoppelt, auf 119 Millionen Flugreisende jährlich. Das Deutsche Luft- und Raumfahrtzentrum prognostiziert, dass es im Jahr 2030 sogar 170 Millionen Passagiere sein werden. Insgesamt handelt es sich aber um eine Minderheit der Weltbevölkerung, die überhaupt ins Flugzeug steigt: Lediglich drei Prozent der Menschheit sind im Jahr 2017 geflogen. Nur 18 Prozent haben überhaupt schon mal ein Flugzeug betreten. Einfach gesagt: Ein paar wenige Privilegierte fliegen das Klima kaputt. [...]

Und natürlich gibt es gute Gründe, warum sich Fliegen manchmal (!) nicht vermeiden lässt: zum Beispiel, wenn der Arbeitgeber die Flüge bucht. Aber wie oft kommt es vor, dass man dann sagt: Ich möchte das nicht. Ich möchte die Strecke nicht fliegen, weil das schädlich für die Umwelt ist. Genau: so gut wie nie. Dabei müssen nur genug Menschen damit anfangen, damit es eine Bewegung werden kann. Es ist unsere Verantwortung, den unbequemen Weg zu gehen und zu sagen: Ich stehe zwei Stunden früher auf, um den Zug zu nehmen, weil ich nicht fliegen möchte. Das geht. Es geht vielleicht nicht immer, aber es geht. [...]

Fliegen war mal etwas Außergewöhnliches, ein großes Abenteuer. Es wird Zeit, dass wir genau dahin zurückkehren und aufhören, einen Flug wie eine Zugfahrt anzusehen. Billige Tickets und hübsche Strandbilder mögen uns das Gegenteil erzählen, aber die Wahrheit ist eine andere. Fliegen muss wieder Luxus werden, die Ausnahme, nicht die Business-Travel-Regel. Wir können dabei mithelfen, indem wir unsere Arbeitgeber bitten, uns keine Flüge zu buchen, sondern Zugfahrten. Auf Telefonkonferenzen zu setzen statt zum Kunden zu fliegen, weil das doch netter ist. Wir können damit anfangen, indem wir Alternativen suchen zum Kurztrip nach London oder dem Urlaub in Thailand. Solche Reisen müssen für uns alle wieder etwas Besonderes werden und es ist an uns, damit anzufangen. Nicht nächstes Jahr, nicht beim nächsten Termin, sondern jetzt, jetzt sofort.

(www.zeit.de)

Textgebundene Erörterung

Zusammengefasst | Textgebundene Erörterung

Den Text planen

- Analysieren Sie genau, was in der Aufgabe steht: Welche Art von Text sollen Sie schreiben? Was sollen Sie beurteilen?
- Aktivieren Sie Ihr Vorwissen. Fragen Sie sich: Was weiß ich schon zu dem Thema? Notieren Sie dieses Vorwissen z. B. in Form einer Mindmap (↗ Kapitel 4).
- Erarbeiten Sie gründlich den Inhalt des Textes. Nutzen Sie dabei Lesetechniken (↗ Kapitel 4).
- Erfassen Sie den Standpunkt der Autorin / des Autors (↗ Kapitel 11).
- Notieren Sie Thema, Intention, zentrale Aussagen und die Argumentationsstruktur des Textes (↗ Kapitel 10).
- Bestimmen Sie Ihre eigene Position (↗ Kapitel 11).

Den Text verfassen

- Verfassen Sie eine Einleitung mit allen notwendigen Angaben wie Thema und These.
- Stellen Sie den Argumentationsgang des Textes dar. Benennen und belegen Sie die Argumente des Textes und stellen Sie die Struktur des Textes dar (↗ Kapitel 11).
- Bewerten Sie den Argumentationsgang. Benennen Sie Argumenttypen und hinterfragen Sie Argumente und Belege. Bewerten Sie die Struktur des Textes (↗ Kapitel 11).
- Stellen Sie Ihre eigene Position zum Thema dar und stellen Sie dabei Bezüge zum Text her. Formulieren Sie eine eigene Argumentation und beachten Sie dabei auch die Ausgangssituation. Bringen Sie ggf. persönliche Erfahrungen ein.

Den Text überarbeiten

- Überprüfen Sie Ihren Text daraufhin, ob er sprachlich für eine Erörterung (Fachbegriffe usw.) geeignet ist.
- Achten Sie darauf, dass Sie die Aussagen, die Sie verwendet haben, im Text belegt haben (↗ Kapitel 7).
- Überprüfen Sie, ob die einzelnen Teile und Informationen des Textes logisch zueinanderpassen und es einen „roten Faden“ gibt.
- Gliedern Sie Ihren Text auch äußerlich durch Absätze, die es erleichtern, die inhaltliche Gliederung zu erkennen.
- Kontrollieren Sie Ihren Text auf Fehler in den Bereichen Rechtschreibung, Grammatik und Zeichensetzung. Achten Sie dabei besonders auf die Bereiche, von denen Sie wissen, dass Sie dort oft Fehler machen (↗ Kapitel 9). Nutzen Sie dazu auch ein Wörterbuch.

Analyse fiktionaler Texte

Epik

1 Geben Sie den Inhalt der Kurzgeschichte in eigenen Worten wieder. Charakterisieren Sie Vincent und sein Verhältnis zu den anderen Figuren.

2 Arbeiten Sie heraus, wofür Vincent im übertragenen Sinne steht.

Judith Hermann: Kohlen (2016)

Am Morgen waren die Kohlen gekommen. Wir waren früh aufgestanden und hatten das letzte Holz in den Ofen gelegt, wir hatten mit den Händen in den Jackentaschen frierend vorm Haus auf der Straße im Morgennebel gestanden und unseren weißen Atemwolken zugesehen. Die Kohlen kamen pünktlich, wir hatten den Kipper durch die schmale Gasse zwischen der Scheune und dem Traktorschuppen gewinkt, so weit wie möglich ran an den Stall, in dem schon seit Jahren kein Tier mehr gewesen ist. Die Briketts waren aufs Wintergras geprasselt, ein großer Haufen, gute Kohlen, kaum Bruch dabei, und der silbrige Kohlenstaub war in die Luft gestiegen.

Wir hatten den Vormittag damit verbracht, die Kohlen von der Wiese in den Stall zu schippen. Sieben Tonnen Kohle, wir hatten Schaufeln und Forken[1], und wir bildeten anfangs eine Kette, aber dann schien das sinnlos zu sein, und jeder arbeitete für sich alleine weiter. Der Nebel löste sich auf, und die Sonne kam raus, in den kahlen Ästen der Sträucher ließen sich vorsichtige Vögel sehen. Gegen Mittag machten wir eine Pause. Wir kochten Kaffee und setzten uns auf die Schwelle der Stalltür, die von den Schritten der Leute, die vor Jahrzehnten nach ihren Tieren gesehen hatten, ganz abgetreten war. Wir tranken den Kaffee und sprachen darüber, wie lange dieser Vorrat an Kohlen reichen würde. Sieben Tonnen – sieben Winter? Wir sagten, kommt auf den Winter an, und wir erinnerten uns an den letzten, der unwirklich kalt und lange gewesen war, ein Eiswinter mit Schnee bis in den Mai hinein. Wir verglichen den jetzigen mit den vergangenen Wintern, und wir sprachen über mögliche Anzeichen, die Borke der Bäume war in diesem Jahr besonders dick, und es hatte mehr Nüsse gegeben als in den Jahren zuvor, wir sagten, vielleicht würde dieser Winter noch kälter werden als der letzte. Aber mit diesem Vorrat an Kohlen konnte uns nichts passieren. Mit sieben Tonnen Kohlen im Stall waren wir in Sicherheit.

Wir hatten den Kaffee ausgetrunken und den Kaffeesatz ins Gras geschüttet. Wir saßen noch einen Moment auf der Schwelle, die Arbeit war fast getan, es lagen nicht mehr viele Kohlen draußen, nur noch ein Halbkreis, wie ein Wall um uns herum. Durch das Tor zur Straße, das wir hinter dem Kipper noch nicht geschlossen hatten, kam Vincent mit dem Rad auf den Hof gefahren. Vincent war vier Jahre alt, soweit wir wussten, wurde er bald fünf. Er kam mit Schwung um die Ecke, und er sah uns sofort, und er rollte mit dem Rad durch die Gasse zwischen der Scheune und dem Traktorschuppen auf uns zu und stoppte vor dem Wall aus Kohlen. Er hatte eine grüne Jacke an und einen ordentlich geknoteten Schal, er trug eine Mütze, und er hatte keine Rotznase. Er blieb auf dem Rad sitzen und stützte sich mit verschränkten Armen auf den Lenker, als wäre er nicht vier, sondern fünfzehn Jahre alt.

Er sah uns an und sagte, was macht ihr. Selbstverständlich. Er sagte das sehr selbstverständlich, und wir sagten, wir warten schon auf dich, wir schippen Kohlen, du kannst uns helfen. Im letzten Winter war Vincents Mutter gestorben. Vincents Vater hatte sich von ihr getrennt, und sie hatte darüber zuerst die Nerven verloren, dann war sie krank geworden. Oder es war umgekehrt, sie war zuerst krank geworden und hatte dann die Nerven verloren, das war aber einerlei, weil es durch ihren Tod auf dasselbe hinausgelaufen war. Sie hatte eine Grippe verschleppt, und dann war ihr Herz angegriffen gewesen, und sie hatte davon einen Schlaganfall bekommen, dann noch einen und einen dritten, und schließlich hatten sie aufgehört, ihre Schlaganfälle zu zählen. Sie hatte drei Monate im Krankenhaus gelegen, am Ende war sie blind, konnte nicht mehr sprechen und nur noch den linken Fuß bewegen; die Ärzte hatten ihre Gehirnströme gemessen und waren der Meinung gewesen, sie wäre auf eine geheimnisvolle Weise immer noch da, und sie nannten diesen Zustand das Insichselbereingeschlossensein. Vincents Mutter hatte sich in sich selber eingeschlossen, als Vincent vier Jahre alt gewesen war.

Wir saßen in der winterlichen Mittagssonne mit den leeren Kaffeetassen vor dem Wall aus Kohlen. Uns war warm von der Arbeit, wir waren wach. Wir redeten mit Vincent, wir fragten ihn, ob ihn auf dem Weg zu uns nicht der Biber aufgehalten hätte, der Biber würde jedes Kind, das zu schnell auf dem Rad unterwegs sei, anhalten und dazu auffordern, langsamer zu fahren. Aber Vincent ließ sich nichts weismachen. Er sagte, ihr redet Quatsch, und er wurde so ärgerlich, dass wir aufhörten, auf diese Weise mit ihm zu sprechen. Wir sahen ihn an, wie er so auf seinem Rad saß und ein bisschen vor und zurück rollte und uns vorschlug, seine kleine Schubkarre zu holen und dabei zu helfen, die letzten Kohlen in den Stall zu schaffen, er sah aus wie einer, dem eine unsichtbare Hälfte fehlte, er sah aber auch aus wie einer, der eine halbe Glorie um sich herum hatte.

Wir dachten an seine Mutter, die eine anziehende Frau gewesen war, groß und zerbrechlich, mit einer unnachahmlichen Weise, beim Gehen die langen Beine zu setzen, ungelenk, wie ein Fohlen. Sie hatte immer einen wehmütigen Eindruck gemacht, aber wir hatten sie auch toben gehört, und da war sie alles andere als hilflos gewesen. In den ersten Wochen ihrer Erkrankung hatten wir sie auf der Station, auf der sie lag, besucht, da war sie schon blind gewesen und hatte immer wieder gesagt, es ist so schade, dass ich eure schönen Gesichter nicht sehen kann.

Es ist so schade, dass ich eure schönen Gesichter nicht sehen kann.

Wir hatten nicht gewusst, dass unsere Gesichter für Vincents Mutter schön gewesen waren, und wir waren mit dem Eindruck nach Hause gegangen, dass man manche Dinge erst sagen kann, wenn sie unwiderruflich vorbei sind.

Vincent stieg von seinem Rad und ließ es los. Er nahm ein Stück Kohle in die Hand, drehte es prüfend hin und her, kam über den Wall geklettert, stieg zwischen uns hindurch und ließ es auf den Haufen in der Stallecke fallen. Er kam zurück und stützte sich beiläufig an uns ab. Als seine Mutter gestorben war, hatte er seinen Vater gefragt, wie lange der Tod dauern würde, sein Vater hatte uns das erzählt. Vincent sagte, ich glaub, ich lass das mit der Schubkarre. Ich kann euch auch ohne meine Schubkarre helfen.

Und also standen wir von der Schwelle auf und vertraten uns die Beine, wir hielten uns das Kreuz und streckten uns in der Wintersonne, und dann machten wir weiter. Wir schafften den Rest der Kohlen in den Stall, wir bildeten doch wieder eine Kette, und Vincent half uns. Seine Mutter hatte uns gezeigt, dass man an der Liebe sterben kann. Sie war der lebendige Beweis dafür gewesen, dass man an einem gebrochenen Herzen sterben kann, sie hatte sich aus Liebe in sich selber eingeschlossen. Es war eigenartig zu denken, dass das Vincents ganzes Leben bestimmen würde, und wir nahmen die Kohlen aus seinen kleinen schmutzigen Händen entgegen wie Hostien.

Analyse fiktionaler Texte

Zusammengefasst | Eine Interpretation zu einer Kurzgeschichte schreiben

Den Text planen

- Analysieren Sie genau, was in der Aufgabe steht: Gibt es neben der allgemeinen Aufforderung zur Textinterpretation noch besonders zu beachtende Aspekte?
- Lesen Sie den Text mehrmals. Notieren Sie sich wichtige inhaltliche Aussagen sowie Auffälligkeiten in Sprache und Erzähltechnik (↗ Kapitel 13).

Den Text schreiben

- Nennen Sie Autor, Titel und Erscheinungsjahr (evtl. den Erscheinungsort) sowie die Textsorte.
- Nennen Sie das Thema der Kurzgeschichte und schreiben Sie eine kurze Zusammenfassung des Inhaltes.
- Analysieren und deuten Sie die erzähltechnischen Mittel (Aufbau, Erzählhaltung, Figurencharakteristik, Figurenrede) im Hinblick auf die Aufgabenstellung. Führen Sie treffende Zitate an.
- Analysieren und deuten Sie die sprachliche Gestaltung im Hinblick auf die Aufgabenstellung. Führen Sie treffende Zitate an (↗ Kapitel 13).
- Schließen Sie den Text ab, indem Sie die wichtigsten Ergebnisse Ihrer Interpretation zusammenfassen. Sie können hier auch eine kurze Beurteilung anfügen.

Den Text überarbeiten

- Überprüfen Sie Ihren Text daraufhin, ob er sprachlich angemessen ist.
- Achten Sie darauf, dass Sie korrekt zitiert haben (↗ Kapitel 13).
- Überprüfen Sie, ob die einzelnen Teile und Informationen des Textes logisch zueinander passen und es einen „roten Faden“ gibt.
- Gliedern Sie Ihren Text auch äußerlich durch Absätze, die es erleichtern, die inhaltliche Gliederung zu erkennen.
- Kontrollieren Sie Ihren Text auf Fehler in den Bereichen Rechtschreibung, Grammatik und Zeichensetzung. Achten Sie dabei besonders auf die Bereiche, von denen Sie wissen, dass Sie dort oft Fehler machen (↗ Kapitel 9). Nutzen Sie dazu auch ein Wörterbuch.

Analyse fiktionaler Texte

Lyrik

In der Prüfung können Sie die Aufgabe erhalten, entweder ein Gedicht zu analysieren oder zwei Gedichte miteinander zu vergleichen.

Die Aufgabe, Gedichte zu vergleichen, macht es erforderlich, die Gedichte zunächst jeweils im Einzelnen nach Inhalt, Form und Sprache zu untersuchen und danach deren Gemeinsamkeiten und Unterschiede herauszuarbeiten.

Theodor Storm: Die Stadt

Am grauen Strand, am grauen Meer
Und seitab liegt die Stadt;
Der Nebel drückt die Dächer schwer,
Und durch die Stille braust das Meer
Eintönig um die Stadt.

Es rauscht kein Wald, es schlägt im Mai
Kein Vogel ohn Unterlass;
Die Wandergans mit hartem Schrei
Nur fliegt in Herbstesnacht vorbei,
Am Strande weht das Gras.

Doch hängt mein Herz an dir,
Du graue Stadt am Meer;
Der Jugend Zauber für und für
Ruht lächelnd doch auf dir, auf dir,
Du graue Stadt am Meer.

Georg Trakl: Die schöne Stadt

Alte Plätze sonnig schweigen.
Tief in Blau und Gold versponnen
Traumhaft hasten sanfte Nonnen
Unter schwüler Buchen Schweigen.

Aus den braun erhellten Kirchen
Schaun des Todes reine Bilder,
Großer Fürsten schöne Schilder.
Kronen schimmern in den Kirchen.

Rösser tauchen aus dem Brunnen.
Blütenkrallen drohn aus Bäumen.
Knaben spielen wirr von Träumen
Abends leise dort am Brunnen.

Mädchen stehen an den Toren,
Schauen scheu ins farbige Leben.
Ihre feuchten Lippen beben
Und sie warten an den Toren.

Zitternd flattern Glockenklänge,
Marschtakt hallt und Wacherufen.
Fremde lauschen auf den Stufen.
Hoch im Blau sind Orgelklänge.

Helle Instrumente singen.
Durch der Gärten Blätterrahmen
Schwirrt das Lachen schöner Damen.
Leise junge Mütter singen.

Heimlich haucht an blumigen Fenstern
Duft von Weihrauch, Teer und Flieder.
Silbern flimmern müde Lider
Durch die Blumen an den Fenstern.

Analyse fiktionaler Texte

1 Analysieren Sie die beiden Gedichte jeweils einzeln nach Inhalt, Form und Sprache.

2 Untersuchen Sie Gemeinsamkeiten und Unterschiede (Thematik, formale und sprachliche Mittel, Epochenbezug). Notieren Sie diese beispielsweise in Tabellenform.

Vergleichsaspekt	Storm: Die Stadt	Trakl: Die schöne Stadt
Strophengliederung und Verse		
Reimschema, Metrum		
Thema		
Sprachliche Besonderheiten		
Epochenbezug		

Zusammengefasst – Eine Gedichtinterpretation schreiben

Den Text planen

- Analysieren Sie genau, was in der Aufgabe steht: Welche Aspekte müssen Sie bei der Interpretation beachten?
- Lesen Sie die Gedichte mehrmals. Notieren Sie sich wichtige inhaltliche Aussagen sowie sprachliche Auffälligkeiten.

Den Text verfassen

- Nennen Sie Autor, Titel und Erscheinungsjahr (evtl. Erscheinungsort). Nennen Sie das Thema.
- Beschreiben Sie knapp den Inhalt, das lyrische Ich sowie weitere Figuren und deren Beziehung.
- Analysieren und deuten Sie die Sprache (Sprachbilder, rhetorische Figuren, Sprachvarietäten, andere Auffälligkeiten) sowie die Form (Anordnung der Verse und Strophen, Reim, Metrum, Kadenzen) entsprechend der Aufgabenstellung (↗ Kapitel 14). Führen Sie treffende Zitate an.
- Arbeiten Sie im Falle eines Gedichtvergleichs Gemeinsamkeiten und Unterschiede heraus.
- Nehmen Sie abschließend eine Beurteilung vor.

Den Text überarbeiten

- Überprüfen Sie Ihren Text daraufhin, ob er sprachlich angemessen ist.
- Überprüfen Sie, ob die einzelnen Teile und Informationen des Textes logisch zueinander passen und es einen „roten Faden" gibt.
- Gliedern Sie Ihren Text auch äußerlich durch Absätze, die es erleichtern, die inhaltliche Gliederung zu erkennen.
- Kontrollieren Sie Ihren Text auf Fehler in den Bereichen Rechtschreibung, Grammatik und Zeichensetzung. Achten Sie dabei besonders auf die Bereiche, von denen Sie wissen, dass Sie dort oft Fehler machen (↗ Kapitel 9). Nutzen Sie dazu auch ein Wörterbuch.

Analyse fiktionaler Texte

Dramen

1 **Interpretieren Sie den folgenden Textauszug aus Brechts „Leben des Galilei“ im Hinblick auf seine Bedeutung für die Aussage des Dramas (↗ Kapitel 15.2).**

a) Ordnen Sie den Auszug in den Gesamtzusammenhang des Dramas ein.

b) Beziehen Sie die Analyse der sprachlichen Mittel und der Regieanweisungen in Ihre Deutung mit ein.

13. Bild (Auszug)

FEDERZONI *heiser* Nichts. Es ist drei Minuten über fünf.

ANDREA Er widersteht.

DER KLEINE MÖNCH Er widerruft nicht!

FEDERZONI Nein. Oh, wir Glücklichen!

Sie umarmen sich. Sie sind überglücklich.

ANDREA Also: es geht nicht mit Gewalt! Sie kann nicht alles! Also: die Torheit wird besiegt, sie ist nicht unverletzlich! Also: der Mensch fürchtet den Tod nicht!

FEDERZONI Jetzt beginnt wirklich die Zeit des Wissens. Das ist ihre Geburtsstunde. Bedenke, wenn er widerrufen hätte!

DER KLEINE MÖNCH Ich sagte es nicht, aber ich war voller Sorge. Ich Kleingläubiger!

ANDREA Ich aber wußte es.

FEDERZONI Als ob es am Morgen wieder Nacht würde, wäre es gewesen.

ANDREA Als ob der Berg gesagt hätte: ich bin ein Wasser.

DER KLEINE MÖNCH *kniet nieder, weinend* Herr, ich danke dir.

ANDREA Aber es ist alles verändert heute! Der Mensch hebt den Kopf, der Gepeinigte, und sagt: ich kann leben. So viel ist gewonnen, wenn nur e i n e r aufsteht und N e i n sagt!

In diesem Augenblick beginnt die Glocke von Sankt Markus zu dröhnen. Alles steht erstarrt.

VIRGINIA *steht auf* Die Glocke von Sankt Markus! Er ist nicht verdammt!

Von der Straße herauf hört man den Ansager den Widerruf Galileis verlesen.

STIMME DES ANSAGERS „Ich, Galileo Galilei, Lehrer der Mathematik und der Physik in Florenz, schwöre ab, was ich gelehrt habe, daß die Sonne das Zentrum der Welt ist und an ihrem Ort unbeweglich, und die Erde ist nicht Zentrum und nicht unbeweglich. Ich schwöre ab, verwünsche und verfluche mit redlichem Herzen und nicht erheucheltem Glauben alle diese Irrtümer und Ketzereien sowie überhaupt jeden anderen Irrtum und jede andere Meinung, welche der Heiligen Kirche entgegen ist.“

Es wird dunkel.

Wenn es wieder hell wird, dröhnt die Glocke noch, hört dann aber auf. Virginia ist hinausgegangen. Galileis Schüler sind noch da.

FEDERZONI Er hat dich nie für deine Arbeit richtig bezahlt. Du hast weder eine Hose kaufen noch selber publizieren können. Das hast du gelitten, weil „für die Wissenschaft gearbeitet wurde“!

Analyse fiktionaler Texte

ANDREA *laut* Unglücklich das Land, das keine Helden hat!

Eingetreten ist Galilei, völlig, beinahe bis zur Unkenntlichkeit verändert durch den Prozeß. Er hat den Satz Andreas gehört. Einige Augenblicke wartet er an der Tür auf eine Begrüßung. Da keine erfolgt, denn die Schüler weichen vor ihm zurück, geht er, langsam und seines schlechten Augenlichts wegen unsicher, nach vorn, wo er einen Schemel findet und sich niedersetzt.

ANDREA Ich kann ihn nicht ansehen. Er soll weg.

FEDERZONI Beruhige dich.

ANDREA *schreit Galilei an* Weinschlauch! Schneckenfresser! Hast du deine geliebte Haut gerettet? *Setzt sich.* Mir ist schlecht.

GALILEI *ruhig* Gebt ihm ein Glas Wasser!

Der kleine Mönch holt Andrea von draußen ein Glas Wasser. Die andern beschäftigen sich nicht mit Galilei, der horchend auf seinem Schemel sitzt. Von weitem hört man wieder die Stimme des Ansagers.

ANDREA Ich kann schon wieder gehen, wenn ihr mir ein wenig helft.

Sie führen ihn zur Tür. In diesem Augenblick beginnt Galilei zu sprechen.

GALILEI Nein. Unglücklich das Land, das Helden nötig hat. R

Zusammengefasst — Eine Interpretation zu einem Dramenauszug schreiben

Den Text planen

- Analysieren Sie genau, was in der Aufgabe steht: Welche Aspekte müssen Sie bei der Interpretation beachten?
- Lesen Sie den Text und notieren sie die zentralen Aussagen sowie Auffälligkeiten in Sprache und dramentechnischen Mitteln (↗ Kapitel 15).

Den Text verfassen

- Nennen Sie Autor, Titel und Erscheinungsjahr. Fassen Sie den Inhalt des Dramas in einem Satz zusammen.
- Ordnen Sie den Textauszug in den Gesamtzusammenhang des Dramas ein (inhaltliche Zusammenfassung des Textauszugs, Rückblick auf Vorangegangenes, Figuren und deren Beziehungen zueinander, Entwicklungsstand der Handlung und Ausblick) (↗ Kapitel 15).
- Analysieren und deuten Sie die sprachlichen und dramentechnischen Mittel (Aufbau, Konfliktgestaltung, Regieanweisungen, Dialoge, Monologe) entsprechend der Aufgabenstellung. Führen Sie Zitate an.
- Fassen Sie die Ergebnisse Ihrer Interpretation abschließend zusammen und beurteilen Sie den Auszug kurz im Hinblick auf die Gesamtaussage.

Den Text überarbeiten

- Überprüfen Sie Ihren Text daraufhin, ob er sprachlich angemessen ist.
- Achten Sie auf eine inhaltlich logische sowie eine äußerliche Gliederung.
- Überprüfen Sie und korrigieren Sie ggf.: sprachlich angemessener Ausdruck; inhaltliche und formale Gliederung; Rechtschreibung, Grammatik und Zeichensetzung.

Kapitel 23

Methoden und Arbeitstechniken

Arbeit mit dem Wörterbuch (↗ Kapitel 9, Seite 126)

Argumentation Gliederung (↗ Kapitel 12, Seite 183)

Assoziogramm (↗ Ideen- und Stoffsammlungen anlegen)

Audio-Aufnahme erstellen (↗ Kapitel 18, Seite 263)

Beschreiben

In vielen beruflichen wie auch privaten Situationen ist es nötig, bestimmte Vorgänge oder Gegebenheiten präzise und sachlogisch zu beschreiben. Die Beschreibung ist unabhängig von der eigenen Person (z. B. Stimmungslage, Interessen) anzufertigen, d. h. möglichst objektiv zu gestalten. Sie soll genau die reale Gegebenheit wiedergeben.

Aufbau: Die Beschreibung erfasst zunächst die Rahmenbedingungen eines Vorgangs oder einer Gegebenheit. Sind etwa Arbeitsvorgänge zu beschreiben, so stellt man zunächst dar, wie der Arbeitsplatz beschaffen sein sollte oder welche Materialien benötigt werden. Möchte man beispielsweise das Verhalten von Personen in einer Gruppe beschreiben, hält man zunächst fest, wo und wann sich die Gruppe zusammenfindet und zu welchem Zweck.

Im weiteren Verlauf der Beschreibung werden die Beobachtungen möglichst genau und in der richtigen Reihenfolge wiedergegeben. Ein Dritter muss aufgrund der Beschreibung in der Lage sein, die Schritte des Vorgangs bzw. die Details einer Gegebenheit nachvollziehen zu können.

Den Abschluss einer Beschreibung bildet eine Darstellung der Wirkungszusammenhänge. Hier wird erfasst, welche Details eines Vorgangs oder einer Gegebenheit aufeinander einwirken bzw. in Zusammenhang miteinander stehen. Beschreibt man beispielsweise das Verhalten von Personen in Gruppen, so könnte an dieser Stelle auf den Zusammenhang zwischen dem Verhalten der einzelnen Person in der Gruppe (z. B. aufgrund von Desinteresse oder hoher Motivation) und dem Arbeitsergebnis eingegangen werden. Bei der Beschreibung von Organigrammen (= Schaubild zum Aufbau einer Organisation, in dem Abteilungen oder verantwortliche Personen sowie deren Aufgaben und Kommunikationsbeziehungen untereinander aufgeführt sind) könnte man beispielsweise auf das Zusammenwirken der einzelnen Personen oder Abteilungen bei bestimmten Entscheidungsprozessen eingehen.

Sprache und Stil: Sprache und Stil der Beschreibung sind sachlich, nüchtern und nicht wertend. Umgangssprache gehört nicht in eine Beschreibung. Die Formulierungen sind im Präsens gehalten, bei Vorzeitigkeit wird das Perfekt verwendet.

Blitzlicht (↗ Moderationstechniken)

Brainstorming (↗ Moderationstechniken)

Cluster

Die Schülerin/der Schüler schreibt ein Thema in die Mitte eines leeren Blatts und zieht einen Kreis um das Wort oder die Phrase. Anschließend werden spontane Gedanken dazu darum herumgruppiert und mit Strichen verbunden, wenn sie thematisch zusammenhängen. Ein Cluster ist weniger stark strukturiert als eine Mindmap und dient nicht dazu, eine Gliederungsstruktur festzuhalten, sondern Assoziationsketten zu notieren.

Datenvisualisierung (↗ Kapitel 5, Seite 79)

Diagonales Lesen (↗ Lesetechniken)

Digitale Präsentation (↗ Kapitel 3, Seite 48 f.)

Diskussionsformen

Bei der **Plenumsdiskussion** haben alle Anwesenden Rederecht (z. B. Unterrichtsdiskussionen). Eine Moderatorin/ein Moderator lenkt dabei die Beiträge.

In einer **Podiumsdiskussion** hingegen diskutiert nur eine bestimmte Personengruppe (z. B. Expertinnen und Experten). Während des von einer Moderatorin/einem Moderator geleiteten Gesprächs werden Gegensätze herausgearbeitet und Möglichkeiten der Annäherung gesucht. Die Zuhörerinnen und Zuhörer erhalten im Verlauf der Diskussion Gelegenheit, sich mit ihren Fragen und Gegenargumenten in das Gespräch einzuschalten.

Die **Fishbowl-Diskussion** ist eine alternative Methode der Diskussionsführung, bei der eine kleinere Gruppe in einem Innenkreis diskutiert, während die übrigen Teilnehmerinnen und Teilnehmer in einem Außenkreis sitzen und die Diskussion beobachten, ohne sich einzumischen. Eine Teilnehmerin/ein Teilnehmer kann als Moderatorin/Moderator fungieren, nachfragen und sicherstellen, dass alle die Möglichkeit bekommen, ihre Meinung zu äußern.

Dokumentation des Textverständnisses

Um Gelesenes weiterzuverarbeiten, ist es wichtig, gezielt unterschiedliche Methoden der Dokumentation des Textverständnisses anwenden zu können:

- Schlüsselwörter unterstreichen
- Randkommentare verfassen
- Sinnzusammenhänge und Argumentationsschritte kennzeichnen

Methoden und Arbeitstechniken

- Exzerpte schreiben
- Stichpunktartige Zusammenfassungen schreiben
- Basissätze formulieren
- Gliederungen aufzeigen
- Personenkonstellationen aufzeichnen

Bei Grafiken und Statistiken sollte man die wichtigsten Informationen ebenfalls verschriftlichen.

Expertenaustausch

Beim Expertenaustausch werden reale Personen zu einem Thema befragt, interviewt oder auch zu einer Diskussionsrunde eingeladen. Die so erhaltenen Beiträge dienen dazu, sich eine Meinung bilden zu können.

Expertenkarussell

Für ein Expertenkarussell benötigt man drei Gruppen (A, B und C) mit je drei (bis fünf) Schülerinnen und Schülern. Jede Gruppe bereitet ein Thema vor und nacheinander präsentiert je ein Gruppenmitglied die Ergebnisse den anderen beiden Gruppen. In größeren Klassen können mehrere Expertenkarusselle parallel durchgeführt werden.

Beispiel Gruppe A: In der ersten Runde informiert Schüler 1 die Gruppe B über die Ergebnisse von Gruppe A und kehrt zurück. In der zweiten Runde informiert Schüler 2 die Gruppe C über die Ergebnisse und kehrt zurück. In der dritten Runde empfängt Schüler 3 diejenigen Schüler aus Gruppe B und C, die selbst präsentiert haben, während ihre Gruppe informiert wurde, und stellt diesen die Ergebnisse der Gruppe A vor.

Exzerpieren / Texte zusammenfassen

Wenn man einen Text auf eine bestimmte Fragestellung hin untersucht, kann man die relevanten Textstellen exzerpieren, d. h., man gibt den Text auszugsweise in kurzen Sätzen und/oder Stichpunkten wieder.

Ein Exzerpt hat den Vorteil, dass nur die Textpassagen notiert werden, die für das eigene Thema von Bedeutung sind. So kann man später auf wichtige Informationen zurückgreifen, ohne den Text nochmals zu lesen. Außerdem haftet ein „abgespeckter" und selbst verfasster Text besser im Gedächtnis.

Ein Exzerpt kann bei entsprechender Berücksichtigung der einschlägigen Zitierregeln in Teilen in andere Texte übernommen werden.

Man kann zwei **Methoden** anwenden:

1. Texte kürzen: Textstellen, die für das eigene Thema nicht wichtig sind, werden weggelassen.
2. Texte verdichten: Informationen werden so zusammengefasst, dass der Text übersichtlicher wird.

Vorgehen: Man unterteilt den zu bearbeitenden Text in Sinnabschnitte und formuliert die Kernaussage des jeweiligen Abschnitts. Definitionen, Schlüsselwörter und wichtige Thesen zitiert man wörtlich (Zitate müssen als solche kenntlich gemacht werden). Beispiele und ausführliche Argumentationen werden stichwortartig zusammengefasst.

Tipp: Man teilt den oberen Teil einer DIN-A5-Karteikarte in zwei Hälften. Auf der linken Seite werden alle Angaben zu Autor und Werk, auf der rechten Seite wird die dem Exzerpt zugrunde liegende Fragestellung notiert. Darunter wird das Exzerpt aufgeschrieben.

Methoden und Arbeitstechniken

Feedbackregeln

Feedback geben

- Zu Beginn werden immer positive Bemerkungen geäußert *(„Mir hat gefallen, dass ...“, „Besonders gelungen fand ich ...“, „Sehr verständlich war für mich ...“).*
- Wertende Begriffe werden vermieden (nicht: *„Die Schrift auf dem Plakat ist krakelig“, sondern z. B. „Die Schrift ist schwer zu lesen“*).
- Ich-Botschaften werden verwendet *(„Mir ist aufgefallen ...“, „Ich habe beobachtet ...“).*
- Man äußert sich konstruktiv, konkret und sachlich *(„Die Präsentation war zu lang ...“).*
- Verbesserungsvorschläge können angeboten werden, wenn die Feedback annehmende Person einverstanden ist *(„Man könnte ...“, „Ich schlage vor ...“).*
- Feedback bezieht sich nicht auf die Person, sondern nur auf den Sachverhalt.

Feedback annehmen

- Die Feedback gebende Person lässt man ungehindert aussprechen.
- Man nimmt eine offene, aktiv zuhörende Haltung ein.
- Man vermeidet Rechtfertigungen oder Diskussionen.
- Man bedankt sich für das Feedback, auch wenn man nicht allen geäußerten Punkten zustimmen kann.
- Ob und wie man das Feedback annimmt, kann man in einem zweiten Schritt überlegen. Zum Beispiel ist eine kurze Rückmeldung in Form einer Ich-Botschaft möglich (z. B.: *„Zunächst möchte ich mich für die Rückmeldung bedanken. Die Tipps zur Gestaltung des Plakats fand ich sehr hilfreich. Unangemessen und unangenehm waren für mich die Aussagen ...“*).

Fortlaufendes Lesen (↗ Lesetechniken)

Fünf-Schritt-Lesemethode (↗ Kapitel 4, Seite 61 und Lesetechniken)

Gallery Walk (↗ Kapitel 4, Seite 71)

Gedankensprint (↗ Kapitel 21, Seite 308)

Methoden und Arbeitstechniken

Gruppenpuzzle

Diese kooperative Lernform ermöglicht eine gezielte Bearbeitung einer Aufgabe in mehreren Schritten. Die Aufgabenstellung kann der Informationserarbeitung dienen, sie ist aber auch sinnvoll bei Recherchen oder Experimenten. In einer doppelten Gruppenstruktur (Stammgruppe und Expertengruppe) werden wiederholt Informationen gesammelt und getauscht.

Ablauf

1. Phase: Stammgruppe

- Erstinformation erarbeiten (mehrere Minuten Lesen des Materials in Einzelarbeit)
- Untersuchungsfrage/Problemstellung (Frage(n) analysieren, evtl. Schlüsselwörter markieren, ↗ Texte sinnvoll markieren)

2. Phase: Expertengruppen

- Aus jeder einzelnen Gruppe treffen die Experten zusammen, klären ihren Wissensstand sowie Begriffe ab und tauschen Informationen aus.
- Zusammen bearbeiten sie ihr spezifisches Thema anhand der vorher durchgelesenen Texte/Materialien.

3. Phase: zurück in den Stammgruppen

- Jeder Experte informiert in seiner Stammgruppe über die Ergebnisse aus der jeweiligen Expertengruppe.
- Gemeinsam bearbeiten sie die gestellte(n) Aufgabe(n) und erarbeiten ein präsentierbares Ergebnis.

Ideen- und Stoffsammlungen anlegen

Um erste Ideen- und Stoffsammlungen anzulegen, eignen sich neben der Mindmap und dem Cluster auch andere grafische Visualisierungsmethoden:

Bei einem **Assoziogramm** ordnet man einem vorgegebenen Oberbegriff verschiedene Ideen, Begriffe etc. (Assoziationen) zu, ohne diese zu strukturieren. Diese Methode hilft, Vorwissen zu einem Thema zu aktivieren. Ein Assoziogramm eignet sich z. B. bei der Vorbereitung einer Interpretation.

Mit einem **Strukturbild** kann man die in einem Text thematisierten Sachverhalte, Ereignisse etc. darstellen; Bildelemente können eingefügt werden.

Methoden und Arbeitstechniken

If-then-so-Technik (↗ Kapitel 20, Seite 299)

Intensives Lesen (↗ Lesetechniken)

Internetrecherche (↗ Kapitel 6, Seite 86)

Interview (↗ Kapitel 18, Seite 262; Kapitel 21, Seite 313)

Kaffeehaus-Methode

Bei dieser Methode werden die Tische wie in einem Café gestellt und mit weißen Papiertischdecken bedeckt. Darauf können die Gesprächspartner/-innen ihre wichtigsten Ergebnisse kreuz und quer aufschreiben. Eine Gastgeberin/ein Gastgeber fasst anschließend das Wesentliche der Tischgespräche mithilfe der „Tischdecke" zusammen.

Karteikarten anlegen

Auf einer Karteikarte werden zu lernende Inhalte notiert, z. B. schwierige Wörter. Diese werden in einen Kasten mit drei Fächern einsortiert, je nach Wissensstand. Die Karten wandern weiter, sobald ihr Inhalt bewusst bzw. nicht mehr gewusst wird. Für eine Wiederholung zu einem späteren Zeitpunkt kann ein weiteres Fach angelegt werden.

Kugellager

Setzen Sie sich in einem **Außen-** und einem **Innenkreis** einander gegenüber. Jeder hat dabei eine Gesprächspartnerin bzw. einen Gesprächspartner. Erläutern Sie Ihrem Gegenüber Ihre Überlegungen anhand Ihrer Notizen. Nach einer vorher festgelegten Zeit **drehen sich Innen- und Außenkreis in gegensätzlicher Richtung** einen Platz weiter. So kommen neue Paare zustande. Erklären Sie Ihrem neuen Gegenüber wieder Ihre Überlegungen anhand Ihrer Notizen und Ihrer Erkenntnisse aus dem vorherigen Gespräch. Fahren Sie fort, bis Sie sich mit mehreren Gesprächspartnerinnen/-partnern ausgetauscht haben.

Lernplakat

Wichtige Ergebnisse kann man auf einem Plakatpapier festhalten und einprägsam visualisieren. Die Darstellung muss sachlich richtig und ansprechend sein. Bei einem gut gestalteten Plakat werden wenige Farben gezielt eingesetzt, die Schrift ist lesbar. Es zeigt Überschrift und Aufbau, worum es geht.

Lerntagebuch (↗ Kapitel 4, Seite 57)

Lerntempoduett

Beim Lerntempoduett arbeiten zunächst alle für sich allein in ihrem eigenen Lerntempo. Wer den Arbeitsauftrag beendet hat, steht auf und wartet, bis jemand anderes fertig ist. Nun arbeiten diese beiden in Partnerarbeit. Die Lerntempo-Partner/-innen tauschen sich über ihre Arbeitsergebnisse aus und ergänzen sie. Eventuell bearbeiten sie gemeinsam weitere Arbeitsaufträge. Am Ende werden die Ergebnisse in der Gruppe besprochen.

Methoden und Arbeitstechniken

Lernvideo

In einem Lernvideo werden Inhalte komprimiert und anschaulich zur Verfügung gestellt. Zur Erstellung eines Lernvideos benötigen Sie ein Skript zu allen inhaltlichen Schwerpunkten und geeignete Technik für die Aufnahme. Machen Sie ggf. Probeaufnahmen, um Licht und Ton zu überprüfen. Achten Sie während der Aufnahme auf möglich Hintergrundgeräusche (↗ Kapitel 18) und eine ruhige Kameraführung. Verwenden Sie am besten ein Stativ. Alternativ können Sie eine Präsentation als Basis für Ihr Lernvideo nutzen. Diese vertonen Sie, indem die Folien erläutern wie bei einem Vortrag.

Lesbarkeitsindex (↗ Kapitel 10, Seite 154)

Leserbrief

Achten Sie beim Verfassen eines Leserbriefs auf folgende Formalien:
- Ein Leserbrief ist wie ein Brief an bestimmte Personen gerichtet. Formulieren Sie daher eine Anrede.
- Beenden Sie den Brief mit einer Höflichkeitsbekundung, einem Gruß und Ihrer Signatur sowie Datum und Ort.
- Nennen Sie im ersten Satz den Artikel, auf den Sie sich beziehen.

Neben den Formalien müssen Sie folgende inhaltliche Aspekte beachten:
- Der Leserbrief soll überzeugen - arbeiten Sie mit einer argumentativen Struktur (These - Argument - Entfaltung des Arguments - Folgerung).
- Dabei können Sie der Autorin / dem Autor des Ausgangstextes entweder in Teilen zustimmen oder die Gegenposition einnehmen.
- Ihr wichtigstes Argument formulieren Sie am Ende des Hauptteiles.

Lesetechniken

In Beruf und Alltag muss man oft den Inhalt umfangreicher und schwieriger Texte verstehen und wiedergeben können. Es gibt verschiedene Techniken, die das Lesen erleichtern, z. B.:

Fünf-Schritt-Lesemethode: Wenn man sich Informationen aus einem Text für eine Klassenarbeit oder Prüfung merken oder diese in ein Referat einbauen möchte, kann man die Informationen mithilfe der Fünf-Schritt-Lesemethode in eigene Worte fassen:
1. *Überfliegen:* Man überfliegt den Text zuerst grob und achtet dabei auf Titel, Untertitel, Hervorhebungen, Inhaltsverzeichnis, Autor oder Autorin. So erhält man einen Eindruck vom Aufbau und Inhalt des Textes und findet heraus, welche Abschnitte für den eigenen Zweck relevant sind.
2. *Fragen:* Beim ersten Lesen entstandene Fragen werden formuliert. Dies können reine Verständnisfragen sein, sie können sich aber auch auf alle Unklarheiten des Textes beziehen. Gut geeignet sind die W-Fragen.
3. *Lesen:* Der Text wird gründlich gelesen und dabei wird versucht, auf die zuvor formulierten Fragen Antworten zu finden. Wichtige Textstellen können markiert (↗ Texte sinnvoll markieren), unbekannte Wörter in einem Wörterbuch nachgeschlagen werden. Schwierige Passagen sollten mehrmals gelesen werden.
4. *Schreiben:* Schlüsselbegriffe und die wichtigsten Gedanken des Textes werden notiert. Komplizierte Sätze, die wichtig für das Verständnis des Textes sind, können in eigene Worte gefasst werden (Exzerpieren).
5. *Wiederholen:* Der Inhalt des Textes wird anhand der Notizen wiedergegeben, Fehlendes wird ergänzt.

Methoden und Arbeitstechniken

Zielorientierte Lesetechniken

Wenn man liest, hat man unterschiedliche Ziele, z. B. sucht man in einem Text nach Details oder man möchte sich einen Gesamtüberblick verschaffen. Je nach Leseabsicht kann man zwischen folgenden Lesetechniken wählen:

Lesetechnik	Vorgehen	Ziel
Punktuelles/ selektives Lesen	Der Text wird nach speziellen Begriffen durchsucht, dabei orientiert man sich an den Überschriften und liest nur relevante Abschnitte gründlich.	Es sollen Detailinformationen gefunden werden.
Diagonales Lesen	Der Text wird überflogen, dabei werden einzelne Passagen, hervorgehobene Textstellen und Überschriften gelesen, Sprünge beim Lesen sind sinnvoll.	Man möchte sich einen Überblick über den Text verschaffen und eine Entscheidung über die weitere Beschäftigung mit dem Text treffen.
Fortlaufendes Lesen	Der Text wird gründlich gelesen, wichtige Stellen werden markiert (↗ Texte sinnvoll markieren), Notizen werden gemacht.	Man möchte sich umfassend informieren.
Intensives Lesen	Der Text wird gründlich gelesen. Man konzentriert sich auf die Lösung einer vorgegebenen Aufgabe. Dazu werden Notizen gemacht, es wird markiert und unterstrichen (↗ Texte sinnvoll markieren).	Man möchte den gesamten Text vollständig erfassen, um sich ein Urteil über Autoren und Absicht bilden zu können.

Meinungslinie

Es wird eine Linie auf ein Blatt Papier oder in ein Heft gezogen. Alternativ positionieren Sie sich auf einer Linie am Boden. Die beiden Enden stehen für gegensätzliche Positionen (z. B. stimme zu – stimme gar nicht zu). Zunächst positionieren Sie sich spontan auf der Linie. Am Ende der Unterrichtseinheit positionieren Sie sich erneut, um zu sehen, ob und wie sich Ihre Meinung verändert hat.

Mindmap

Textinhalte können mithilfe grafischer Elemente dargestellt und zusammengefasst werden. Neben Diagrammen eignen sich dafür besonders Mindmaps:

Mithilfe einer Mindmap können Schlüssel- bzw. Oberbegriffen Detailinformationen in Form von Unterbegriffen zugeordnet werden. Das zentrale Thema wird in die Mitte eines Blattes geschrieben und eingekreist. Um das Thema herum werden Hauptäste angeordnet, auf denen die Hauptgedanken (Schlüsselbegriffe) stichwortartig festgehalten werden. Für jeden neuen Aspekt wird ein weiterer Ast eingerichtet. Zur weiteren Differenzierung werden Nebenäste angelegt, auf denen weitere Teilaspekte (Unterbegriffe) notiert werden. Mit Symbolen oder Bildern kann man die Begriffe ergänzen.

Methoden und Arbeitstechniken

Moderationstechniken

Blitzlicht: In einem Blitzlicht äußert sich jeder Teilnehmer zu seiner aktuellen Stimmungslage. Es gibt keine Diskussionen während des Blitzlichts. Die Moderatorin/der Moderator kann ein Blitzlicht nutzen, um z. B. latent vorhandenen Unmut, der die Arbeit beeinträchtigt, ins Bewusstsein aller zu rücken. Die Blitzlicht-Methode kann auch zur Abfrage aktueller Themen herangezogen werden, um ein rasches Meinungsbild einzuholen.

Brainstorming: Beim Brainstorming geht es darum, in kurzer Zeit möglichst viele Ideen/Lösungsvorschläge zu einem Thema zu sammeln.
Ablauf: Die Gruppenmitglieder äußern nacheinander Ideen zu einem Stichwort, ohne dass diese bewertet werden. Die Äußerungen werden von zuvor ausgewählten Mitschülern an der Tafel, auf Folien etc. notiert. Erst nach Abschluss des Brainstormings wird die Sammlung strukturiert und bewertet.

Kartenabfrage: Diese Methode eignet sich, um zu Beginn einer Diskussion, Unterrichtsreihe oder Projektplanung Vorkenntnisse, Erwartungen oder Lösungsansätze von den Teilnehmern abzufragen.
Ablauf: Die Teilnehmer notieren ihre Ideen auf vorbereitete Karten. Es genügen Stichworte. Erste Strukturierungsmöglichkeiten ergeben sich durch unterschiedlich farbige Karten (doppelte Kartenabfrage).
Beispiel: Bei der Planung des Tagesablaufs stehen rote Karten für die Frage: „Was sollten wir heute auf jeden Fall schaffen?“, gelbe Karten für Aussagen zu: „Das hat Zeit bis morgen.“

Achten Sie darauf, Ihre Moderation mit unterschiedlichen **Visualisierungstechniken** zu unterstützen: Auf Flipcharts können Aussagen der Teilnehmer festgehalten und Ergebnisse notiert werden. Nichts geht verloren. Auch Moderations- bzw. Metaplanwände eignen sich. Auf ihnen arbeitet man mit unterschiedlichen Formen von Karten und mit Linien, die Zusammenhänge verdeutlichen (Präsentationsmedien).

Murmelrunde/Murmelphase

Die Schülerinnen und Schüler erhalten für wenige Minuten Gelegenheit, sich leise über eine im Unterricht aufgetretene Fragestellung mündlich auszutauschen.

Partnerdiskussion

Das Verfahren eignet sich zur Einführung in ein neues Thema. Ziel der Methode ist, dass sich zufällig ausgewählte Partner in freier Rede üben und sich möglichst viele Teilnehmerinnen/Teilnehmer an der Diskussion beteiligen. Durch häufigen Wechsel kommen verschiedene Personen ins Gespräch und überwinden mögliche Hemmschwellen zu aktiver Teilnahme.

Placemat

Jede Gruppe erhält ein DIN-A3-Blatt mit fünf Feldern, das sogenannte **Placemat.** Jedes Gruppenmitglied schreibt die eigenen **Ideen zu einem Thema** in eines der äußeren Felder. Die Mitte bleibt zunächst frei. Die Ideen werden vorgelesen und die Gruppe entscheidet, welche Ideen ausgewählt und in die Mitte des Placemats geschrieben werden.

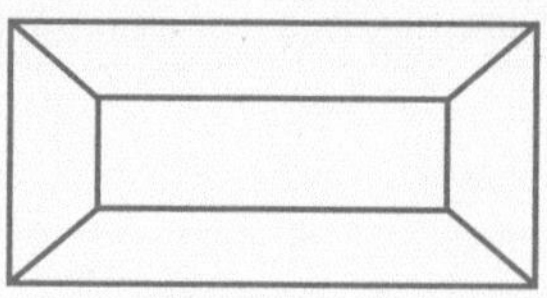

Methoden und Arbeitstechniken

Präsentieren

Präsentieren kann man mit vielen Medien, u. a. mit:

1 Flipchart

- Vorteile: ist einfach zu handhaben und zu transportieren
- Nachteile: Flipchartblock ist teuer / nicht geeignet für große Räume (auf hinteren Plätzen nicht zu sehen)
- Tipps: dicken Filzer verwenden / in Druckbuchstaben schreiben

2 Folien (analog und digital)

- Vorteile: analoge Folien (Folie und Overheadprojektor): sind gut transportierbar und verschiebbar, Folien können vorbereitet werden
  digitale Folien (Folien mit digitaler Präsentationstechnik erstellt): können schnell geändert werden
- Nachteile: analoge Folien (Folie und Overheadprojektor): weiße Projektionsfläche muss vorhanden sein, Sonnenlicht kann blenden, zu viele Folien / zu schneller Folienwechsel können verwirren, Folien sind häufig überladen
  digitale Folien (Folien mit digitaler Präsentationstechnik erstellt): Laptop mit Beamer muss vorhanden sein
- Tipps: nicht mit der Wand sprechen oder im Licht stehen, nicht hinter dem OHP/Beamer verschanzen, bei längeren Pausen abschalten, Folien durchnummerieren, Zeigehilfen verwenden, Blickkontakt zum Publikum suchen

3 Laptop mit Beamer

- Vorteile: ist transportierbar, DVDs und MP3-Musikformat sind abspielbar, eigene Aufnahmen können gezeigt werden, Grafiken, Abbildungen, Bilder usw. können professionell und schnell gestaltet werden, digitale Präsentationsprogramme sind sinnvoll einsetzbar
- Nachteile: gute Software- und Hardwarekenntnisse sind erforderlich, die/der Präsentierende gerät in den Hintergrund, eine zu große Bilderflut kann zu Reizüberflutung führen, es kann monoton wirken
- Tipps: andere Medien einbauen, z. B. Flipchart, max. 15 Minuten präsentieren, ausreichend Redepausen machen

4 Metaplanwand und Karten

- Vorteile: Metaplankarten sind flexibel einsetzbar (verschieben und neu anordnen), Übersicht wird gewährleistet durch unterschiedliche Formate/Formen/Farben der Karten, Clustern (Haufenbildung nach Sinnzusammenhängen) und die Bildung von Oberbegriffen ist leicht, Teilnehmer/-innen werden aktiv beteiligt
- Nachteile: Moderationsregeln (Moderationstechniken) müssen beherrscht werden, der Umgang mit Karten und Wand erfordert Routine
- Tipps: nur ein Aspekt auf eine Karte / nur Stichworte notieren, höchstens drei Zeilen pro Karte / in Druckbuchstaben schreiben, Kartenfragen sorgfältig und zielführend formulieren

5 Wandtafel

- Vorteile: ist einfach zu handhaben / bietet große Schreibfläche, Veränderung ist durch Abwischen jederzeit möglich
- Nachteile: gleichzeitiges Sprechen und Schreiben ist schwierig, große Gefahr, mit der Tafel zu sprechen, Tafelbilder können nicht gesichert werden
- Tipp: auf gut lesbare Schrift und auf Raumaufteilung achten, kontrastierende Kreidefarben benutzen

Methoden und Arbeitstechniken

Punktabfrage

Die Punktabfrage ist eine Einstiegsmethode, die nur geringen Aufwand erfordert. Das Ergebnis der Punktabfrage dient später als Grundlage für das Unterrichtsgespräch. An der Tafel oder auf einem Plakat werden eine oder mehrere Aussagen notiert. Dazu werden verschiedene Beurteilungsmöglichkeiten vorgegeben, z. B. ja – nein, ich stimme zu, ich stimme teils zu, ich stimme nicht zu o. Ä. Die Schülerinnen/Schüler kleben ihren Punkt oder ihre Punkte an der für sie zutreffenden Aussage auf. Die Abfrage sollte möglichst verdeckt von der Klasse durchgeführt werden, um Beeinflussung durch Klassenkameraden zu vermeiden.

Punktuelles/selektives Lesen (↗ Lesetechniken)

Quellenangaben bibliografieren (↗ Kapitel 6, Seite 91 f.)

Rechtschreibhelfer (Kapitel 9, Seite 126)

Rollenspiel (↗ Szenisches Interpretieren)

Schreibkonferenz

Eine Schreibkonferenz ist ein Beratungsgespräch, das sich mit einem Textentwurf beschäftigt. Die Verfasserin / der Verfasser eines Textes benötigt eine bis maximal drei Personen, die den Text lesen und ihn prüfen.

Möglicher Ablauf einer Schreibkonferenz:

1. Der Text wird vorgelesen.
2. Alle äußern sich spontan zum Inhalt, ggf. werden im Anschluss Fragen dazu gestellt.
3. Gemeinsam gehen alle den Text durch und besprechen sprachliche wie inhaltliche Aspekte. Die Verfasserin / der Verfasser markiert Stellen, die sie/er ändern will, und notiert Vorschläge (↗ Texte sinnvoll markieren).
4. Der Text wird in Bezug auf die Rechtschreibung überprüft.
5. Anschließend überarbeitet die Verfasserin / der Verfasser den Text inhaltlich, sprachlich und orthografisch.

Schreibplan (↗ Kapitel 12, Seite 184)

Sortieraufgabe

Mithilfe einer Sortieraufgabe kann Vorwissen überprüft werden. Begriffe aus einem bestimmten Wissensgebiet werden nach „verstanden“ und „nicht verstanden“ sortiert. Ein Begriff gilt als verstanden, wenn mindestens ein erklärender Satz dazu formuliert werden kann. Im Anschluss sollen die nicht verstandenen Begriffe besprochen und geklärt werden.

Stichwortzettel (↗ Kapitel 3, Seite 51)

Strukturbild (↗ Ideen- und Stoffsammlungen anlegen)

Methoden und Arbeitstechniken

Strukturierte Kontroverse

Die strukturierte Kontroverse dient dazu, für eine umstrittene Fragestellung Argumente für beide Standpunkte zu sammeln und zu beurteilen.

Der in der Methode enthaltene Perspektivwechsel führt dazu, dass die Schülerinnen und Schüler sich mit dem kontroversen Thema strukturiert auseinandersetzen.

Ablauf:

1. Es werden in Einzelarbeit Argumente für oder gegen die vorgegebene Fragestellung gesammelt.
2. Die Argumente werden einem Partner vorgestellt, der die Gegenposition vertritt.
3. Die Positionen werden zu zweit diskutiert.
4. Danach werden die Positionen getauscht und es wird erneut eine Diskussion zur Ausgangsfrage durchgeführt.
5. Die Ergebnisse der Diskussion werden der gesamten Klasse vorgestellt.

Hinweis: Man kann die Methode dahingehend modifizieren, dass unter Punkt 1 bereits ein Schülertandem gemeinsam Argumente für oder gegen eine Fragestellung sammelt und das Tandem danach auf ein zweites Tandem trifft, das die Gegenposition vertritt.

Szenisches Interpretieren (↗ Kapitel 15, Seite 221)

Unterschiedliche Möglichkeiten des szenischen Darstellens dienen der Interpretation von Texten aller Art.

Das **Rollenspiel** ermöglicht durch den Rollentausch, auf spielerische Art eine Situation nachzuempfinden und in dieser als eine fremde Person zu agieren, um Handlungsabläufe und Verhaltensweisen besser nachvollziehen zu können. Rollenspiele können folglich auch als Trainingseinheiten genutzt werden (z. B. im Falle von Bewerbungen, zur Aufarbeitung von Konflikten, zum Erlernen von Gesprächsstrategien). Damit sich die Teilnehmerinnen und Teilnehmer besser in ihre Rollen einfinden, kann mit Rollenkarten gearbeitet werden.

Nach Beendigung des Spiels ist es erforderlich, dass die Teilnehmerinnen und Teilnehmer aus ihren Rollen entlassen werden, um z. B. im Rollenspiel ausgetragene Konflikte nicht in die Wirklichkeit zu übertragen. Die Reflexion der Ereignisse des Rollenspiels kann im freien Gespräch der Rollenspielteilnehmer und des Auditoriums erfolgen. Die Auswertung kann jedoch auch auf der Grundlage von Beobachtungsbögen geschehen, die z. B. durch die Zuschauerinnen und Zuschauer erstellt werden.

Standbilder bauen: So lassen sich die Beziehungen zwischen Figuren visualisieren.

Szenische Präsentationen: Während des Sprechens sollte auch auf Mimik, Gestik und Haltung geachtet werden.

Rezitationtechniken ausprobieren: Variationen in Modulation, Lautstärke und Sprechtempo ermöglichen neue Zugänge zu einzelnen Figuren oder Szenen.

Rollenbiografie schreiben: Zu einer Figurencharakteristik kann in der Ich-Form eine Rollenbiografie erstellt werden, um so die Komplexität einer Figur zu erfassen.

Texte sinnvoll markieren (↗ Kapitel 4, Seite 63)

Texte zusammenfassen (↗ Exzerpieren)

Methoden und Arbeitstechniken

Think-Pair-Share

Think-Pair-Share (denken, teilen, austauschen) ermöglicht auf einfache Weise kooperatives Lernen.

Phase 1: Think – Jeder arbeitet für sich allein, setzt sich mit der Aufgabenstellung auseinander, entwickelt Lösungswege etc.

Phase 2: Pair – Die Ergebnisse werden in Partner- oder Gruppenarbeit besprochen und vertieft.

Phase 3: Share – Die Ergebnisse aus Phase 2 werden im Plenum vorgestellt und im Austausch mit anderen Gruppen weiter vertieft.

Überarbeitung eigener Texte (↗ Kapitel 9, Seite 138)

Umfrage

Die Umfrage ist eine Methode, um zu einer bestimmten Fragestellung Informationen über Menschen zu sammeln.

Zielgruppe bestimmen: Bevor eine Umfrage zu einem Thema durchgeführt werden kann, muss zunächst der Personenkreis bestimmt werden, der befragt werden soll. Man kann entweder einen repräsentativen Personenkreis befragen oder nach dem Zufallsprinzip auswählen, wen man befragt.

Repräsentativumfrage: Hier wird eine überschaubare Anzahl von Personen befragt, die in ihrer Zusammensetzung (Alter, Berufsstand, Geschlecht, Interessen etc.) ein möglichst genaues Abbild der Zielgruppe darstellen. Die Ergebnisse der Befragung werden auf die Gesamtgruppe hochgerechnet.

Auswahl nach dem Zufallsprinzip: Eine Befragung nach dem Zufallsprinzip ist wesentlich einfacher durchzuführen, die Fehlerquote ist aber auch erheblich höher als bei einer Repräsentativumfrage.

Die Erhebungsmethode bestimmen: Die geeignete Erhebungsmethode hängt von den eigenen organisatorischen und zeitlichen Möglichkeiten ab. Man kann:

- Fragebögen verteilen oder verschicken,
- eine Telefonumfrage starten,
- geeignete Personen in einem Interview befragen,
- einen Fragebogen ins Internet stellen.

Fragen formulieren: Grundsätzlich sollten alle Fragen standardisiert sein, d. h. in der Reihenfolge und Wortwahl immer gleich sein. Es empfiehlt sich, Fragen möglichst eindeutig, präzise und leicht verständlich zu formulieren und mit einfachen Fragen („Eisbrechern") zu starten. Je nach Zielstellung kann zwischen offenen und geschlossenen Fragen gewählt werden.

Geschlossene Fragen: Bei geschlossenen Fragen muss der Befragte zwischen zwei Alternativantworten auswählen (Ja/Nein, Richtig/Falsch oder A/B). Es können auch mehrere Antworten zur Auswahl gestellt werden wie bei einer Multiple-Choice-Frage. Als Sonderform kann man die Skalenfrage verwenden, bei der die Umfrageteilnehmer durch Ankreuzen auf einer Skala eine These bewerten.

Offene Fragen: Bei offenen Fragen können die Teilnehmer/-innen die Antworten frei formulieren. Vermeiden sollte man Suggestivfragen (dabei werden der/dem Befragten die Antworten in den Mund gelegt, z. B. „Sind Sie auch der Meinung, dass ...?"). Geschlossene Fragen lassen sich leichter auswerten als offene Fragen, da bei offenen Fragen ein Vergleich der Antworten oft schwierig ist.

Methoden und Arbeitstechniken

Validität und Reliabilität einer Umfrage: Die Ergebnisse einer Umfrage sollten dem Anspruch an Validität und Reliabilität genügen. Valide oder gültig sind die Ergebnisse, wenn die Fragen eindeutige Antworten liefern und Fehldeutungen unmöglich sind. Reliabel oder zuverlässig sind die Forschungsergebnisse, wenn die Antworten der Gruppe der Befragten möglichst repräsentativ die Ansichten der Zielgruppe wiedergeben, d. h., wenn die Fehlerquote sehr gering ist.

Präsentation der Umfrage: Für die Präsentation oder Visualisierung von Ergebnissen eignen sich Schaubilder und Diagramme.

Visualisierung der Figurenkonstellation

Um **Beziehungen zwischen Figuren** in einem literarischen Text zu untersuchen, ist es hilfreich, sie grafisch zu veranschaulichen. Hierzu notiert man die Namen und veranschaulicht ihre Beziehungen durch Linien, Pfeile oder Symbole wie Herz (= Liebe), Ring (= miteinander verheiratet), Fragezeichen (= unklare Beziehung), Blitz (= Streit), Smiley (= Sympathie) usw.

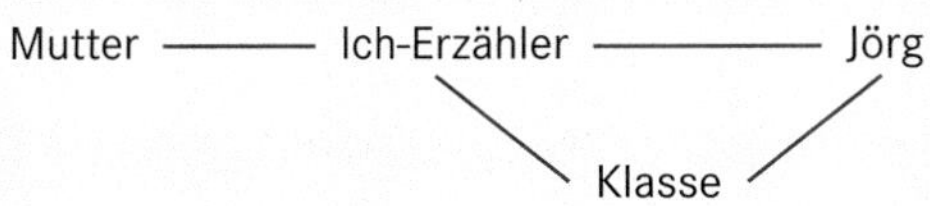

Vorwissen aktivieren (↗ Kapitel 12, Seite 174)

Zitieren

Mit Zitaten verweist man in textbasierten Aufsätzen und wissenschaftlichen Arbeiten auf bestimmte, wichtige Textstellen. In argumentativen Texten werden so die eigenen Behauptungen belegt. In Erörterungen stützen gut gewählte Zitate die Beweisführung. Auch in Auseinandersetzung mit literarischen Texten belegt man mit Zitaten die Gedankenführung des eigenen Interpretationsansatzes oder nennt Beispiele im Rahmen einer Sprachanalyse.

Wörtliches Zitieren

- Wörtliche Zitate sollten nicht zu lang sein. Verwenden Sie sie nur, wenn Sie eine wichtige Aussage belegen.
- Wörtliche Zitate sind kein Ersatz für Ihre eigenen Gedankengänge, sie untermauern diese nur.
- Für alle Zitate sind Quellenangaben mit Seitenangabe in runden Klammern direkt hinter dem Zitat (oder bei Seminararbeiten auch als Fußnoten) nötig.
- Wörtliche Zitate dürfen im Wortlaut nicht verändert werden. Sie können gekürzt werden. Dann ist die Kürzung durch drei Punkte in eckigen Klammern zu kennzeichnen: [...].
- Zitate, die in den eigenen Satzbau eingepasst werden, müssen grammatikalisch angepasst werden. Diese Veränderungen müssen in eckigen Klammern kenntlich gemacht werden.
- Kürzere wörtliche Zitate werden in den laufenden Text eingebaut und mit doppelten Anführungszeichen versehen.
- Längere wörtliche Zitate stehen ohne Anführungszeichen in einem eigenen Abschnitt, der eingerückt werden sollte.
- Wenn die Textstelle bereits eine direkte Rede mit Anführungszeichen enthält, so erscheint diese im Zitat mit einfachen Anführungszeichen.

Methoden und Arbeitstechniken

Sinngemäßes (indirektes) Zitieren

- Bei sinngemäßen Zitaten (Paraphrasen) dürfen Sie frei formulieren, ohne jedoch den Sinn zu verfälschen.
- Verwenden Sie dabei die indirekte Rede und formulieren Sie im Konjunktiv.
- Zur Kenntlichmachung des fremden Gedankens formulieren Sie einen Einleitungssatz, der sich auf den Autor/Text bezieht (z. B. Der Autor meint, dass ...).
- Auch sinngemäße Zitate brauchen eine Quellenangabe. Diese beginnt mit „vgl." und ist in runden Klammern direkt hinter dem Zitat (oder bei Seminararbeiten auch als Fußnote) anzubringen.

Zukunftswerkstatt

Mithilfe einer Zukunftswerkstatt entwickeln Sie eine Vorstellung von einer möglichen Zukunft. Dafür stellen Sie sich eine Frage, zu der eine Lösung gefunden werden soll. Anschließend beginnt eine Diskussion, in der frei die Gedanken geäußert werden. Ein Moderator / eine Moderatorin leitet die Diskussion, stellt Nachfragen oder sammelt mögliche Kritik. In Gruppenarbeit werden nun Lösungen für die Fragestellung entwickelt. Der Fantasie ist dabei keine Grenzen gesetzt. Im Plenum werden alle Vorschläge zusammengetragen und sortiert. Es bleiben diejenigen übrig, die realisiert werden können. Diese werden im Hinblick auf die äußeren Rahmenbedingungen angepasst.

Kapitel 24

Nachschlagen

Barock (1600–1700)

Der Begriff „Barock“ (der oder das) lässt sich zurückführen auf den portugiesischen Begriff „barocco“, was „unregelmäßige, schiefe Perle“ bedeutet. Zunächst wurde die Bezeichnung „barock“ abwertend im Sinn von „absonderlich“, „schwülstig“ verwendet, im 20. Jahrhundert etablierte sich die Bezeichnung als Epochenbegriff.

Der Barock ist eine Zeit mit großem Zwiespalt: Besonders zur Zeit des **Dreißigjährigen Krieges (1618–1648)** sind sich die Menschen der Kürze des Lebens und ihrer **Vergänglichkeit** sehr bewusst. Die alltägliche Erfahrung großen Leids bewirkt aber auch eine starke Sehnsucht nach Liebe und **Sinnlichkeit**. Bedrückende Gedanken, wie **Vanitas** (Vergeblichkeit, Eitelkeit) und **Memento mori** („Bedenke, dass du sterben musst“), sowie der frohe Aufruf **Carpe diem** („Genieße den Tag“) werden zu zentralen Motiven der Kunst.

Die Lyrik folgt strengen poetischen Regeln. Häufig wird in Gedichten über **das Wesen und die Rolle des Menschen** nachgedacht: Kann ich, unabhängig von Gott oder einer höheren Macht, die Welt verstehen? Erkenne ich sie nur, indem ich meine körperlichen Sinne benutze, oder auch durch mein Denken? Kann ich die Welt aus eigener Kraft verändern, besser machen? Kurz: Wer bin ich, wie bin ich, was sind die Aufgaben des Menschen in der Welt?

Ein Gegengewicht zum Memento mori bilden die Wanderbühnen, auf denen die Commedia dell'Arte Einzug hält. In Form von Stegreifspielen werden hier heitere zwischenmenschliche Verwicklungen präsentiert. Mit der **Schäferdichtung** wird die Utopie eines friedlichen Lebens auf dem Lande - gleichsam als Zufluchtsort vor der harten Realität - entworfen. Nicht zuletzt reiht sich hier auch der **Schelmenroman** ein, in dessen Mittelpunkt ein Schelm steht, der alle Attribute eines Helden bewusst negiert und sich am Rand der gesellschaftlichen und menschlichen Existenz bewegt. Der berühmteste Schelmenroman, „Der Abenteuerliche Simplicissimus Teutsch“ von Hans Jakob Christoffel von Grimmelshausen, wirft einen satirischen Blick auf die gesellschaftlichen Verhältnisse in Deutschland vor dem Hintergrund des Dreißigjährigen Krieges.

Die Epoche des Barock ist auch gekennzeichnet durch die Anstrengungen im Bereich der Poetologie, dem Bemühen, die Dichtkunst zu kategorisieren, ein formales Regelwerk für die gängigen literarischen Gattungen zu erstellen und die sprachliche Gestaltung zu reglementieren. Von zentraler Bedeutung war dabei Martin Opitz, der mit seinem „Buch von der Deutschen Poeterey“ eine Anleitung für das regelgerechte Verfassen von Literatur entwickelte. Er entwarf u. a. eine Übersicht von klar definierten literarischen Gattungen. Vor allem seine berühmte Ständeklausel sollte bis ins 18. Jahrhundert das literarische Schaffen maßgeblich beeinflussen.

Vom Barock bis zur Gegenwartsliteratur

Aufklärung (1720–1800)

Der Begriff „Aufklärung" ist die Bezeichnung für eine geistesgeschichtliche Epoche, die sich im 18. Jahrhundert in ganz Europa und Nordamerika ausbreitete. Es entstanden **literarische Werke**, die Adel und Kirche **kritisierten**. Weil Kritik an der Obrigkeit zu dieser Zeit unter Strafe stand, versuchten die Autoren, sie zu verdecken. Als besonders geeignet erwies sich die Fabel, denn mithilfe von Tiergeschichten konnte menschliches Verhalten maskiert und entlarvt werden. Die **Fabel** war auch wegen ihres lehrhaften Charakters beliebt, denn die **„Aufklärer"** wollten mit ihren Texten **belehren**.

Die Kant'sche Forderung „Habe Mut, dich deines eigenen Verstandes zu bedienen" unterstreicht das Emanzipationsbestreben der Aufklärer: Der aufgeklärte Mensch soll sich aus der **Bevormundung durch staatliche und kirchliche Autorität befreien** und **autonom** werden.

Als geistige Bewegung setzt sich die Aufklärung in allen Bereichen des kulturellen Lebens durch und verbreitet sich in ganz Europa. Während sie in **Frankreich zur Revolution** führt, verläuft sie in Deutschland weitgehend friedlich. Hierfür sind zwei entscheidende Gründe verantwortlich: Zum einen ist Deutschland kein Staat im eigentlichen Sinn, sondern eher **ein Herrschaftsverband mit unzählig vielen Kleinstaaten**. Es besteht kein einheitliches Rechts- und Herrschaftssystem, sodass es sehr unterschiedliche Ausprägungen des Absolutismus gibt. Zum anderen erkennt der Adel die Sprengkraft des aufklärerischen Gedankenguts und macht sich zentrale Ideen zu eigen. Im Schlagwort des **„aufgeklärten Absolutismus"**, der vor allem mit Friedrich II. von Preußen verbunden ist, findet die neue Legitimation der adligen Herrschaft ihren Ausdruck: Nicht der göttliche Wille etabliert die weltliche Macht, sondern ein ungeschriebener Vertrag zwischen Fürst und Untertanen; in diesem verpflichtet sich der Fürst, dem Staat und der Gesellschaft zu dienen. Im Gegenzug darf er dafür Gehorsam und Treue der Untertanen erwarten.

In allen politisch relevanten Bereichen des öffentlichen Lebens dominiert **der Adel**; er besetzt die einflussreichen Stellen in der Verwaltung und übernimmt repräsentative Funktionen an den fürstlichen Residenzen. **Das Bürgertum** genießt zwar wirtschaftliche Freiräume und bringt es nicht selten zu finanziellem Wohlstand, hat aber sonst kaum politischen Einfluss. **Bauern und einfache Handwerker** leiden zunehmend unter den feudalistischen Herrschaftsstrukturen und drohen unter dem enormen Druck von Steuern und Abgaben zu verelenden.

Das **Bürgertum als die treibende Kraft der Aufklärung** entfaltet sich im Verlauf des 18. Jahrhunderts in einem **aufblühenden literarischen Austausch**, der sich in umfangreichen Briefwechseln, Zeitschriften und literarischen Zirkeln manifestiert. Da die Zahl der Lesekundigen rasant zunimmt, entstehen **erste Verlage**, die einen Markt für schöne Literatur erschließen. Die damit verbundene Unabhängigkeit der Autoren von einem Fürsten, der das literarische Wirken finanziell unterstützt, schafft Freiräume, die die Aufklärer für ihre **Kritik an Adel und Klerus** nutzen. Zu den großen bürgerlichen Vertretern der Aufklärung gehören u. a. **Johann Friedrich Gottsched, Immanuel Kant, Gotthold Ephraim Lessing** und **Georg Christoph Lichtenberg**.

Im Zuge der Aufklärung entsteht das **bürgerliche Trauerspiel** als Ausdruck der Emanzipation des aufstrebenden Bürgertums. Im Mittelpunkt stehen hier nicht mehr Figuren der Adelswelt, sondern Vertreter des Bürgertums. Der Zuschauer identifiziert sich mit dem **bürgerlichen Helden**. Durch diese Nähe soll Leidenschaft und Mitleid erregt werden. Im Gegensatz zum aristotelischen Drama gelten Verstand und Gefühl dabei nicht mehr als Gegensatz. Die bürgerlichen Figuren handeln **rational** und **emotional**. Die Vertreter der Adelswelt sind die Gegenspieler der positiv besetzten bürgerlichen Figuren. Sie nutzen oft ihre Macht skrupellos aus und stürzen so die bürgerlichen Figuren ins Verderben. An den adligen Figuren wird der sittlich-moralische Verfall der Aristokratie im Zeitalter der Aufklärung dokumentiert. **Bürgerlich** steht zumeist als Synonym für **menschlich**. Die Auseinandersetzung mit unterschiedlichen Wertvorstellungen sowie Familien- bzw. Generationenkonflikte lassen sich ebenfalls im bürgerlichen Trauerspiel finden.

Vom Barock bis zur Gegenwartsliteratur

Sturm und Drang (1770–1785)

Die Bezeichnung „Sturm und Drang“ ist auf das gleichnamige Drama (1776) von Friedrich Maximilian von Klinger zurückzuführen.

Der Sturm und Drang war eine Bewegung **junger Autoren**, deren Grundhaltung die des **Protestes** ist – gegen überkommene **kleinbürgerliche Moralvorstellungen**, gegen **Ausbeutungspraktiken des Adels**, gegen die **Enge der bürgerlichen Welt**, aber auch gegen Reglementierungen das literarische Schaffen betreffend. Mehrere Zirkel junger Poeten bildeten die Zentren des Sturm und Drang: um Goethe in Straßburg, Frankfurt am Main und Darmstadt, um Friedrich Schiller in Schwaben und um Johann Kaspar Lavater in der Schweiz.

Zentraler Ausdruck des neuen Selbstbewusstseins jener jungen Autorengruppe war der **Genie-Begriff**, der gegen den der Lehre und des angelernten Wissens gestellt wird. **Begabung, Inspiration, Kreativität** waren die neuen Quellen des literarischen Schaffens. Diese Hervorhebung des Genius, des Typus des genialen Künstlers, ging mit dem Anspruch auf künstlerische und finanzielle Unabhängigkeit einher. Der vorherrschende künstlerische Enthusiasmus spiegelte sich sowohl in der literarischen Experimentierfreude als auch in der Wahl der Themen wider.

Das bürgerliche Trauerspiel, der Briefroman, Parodien, Grotesken, Satiren – die Gattungsvielfalt dokumentiert die Offenheit und Begeisterung der Stürmer und Dränger, sich aus dem Korsett der Regelwerke die literarische Arbeit betreffend zu befreien.

Im **Drama**, einer der vorherrschenden Gattungen des Sturm und Drang, wendet sich der Held gegen bestehende **Gesellschaftsordnungen** und tritt dabei als **naturverbundenes Genie** auf. Er ist angelehnt an antike Helden wie Prometheus aus der griechischen Mythologie, der sich gegen die Götter auflehnt und seine individuelle Autonomie gegenüber deren Anspruch auf Allmacht behauptet. Auch die tragischen Helden aus den Dramen Shakespeares (z. B. Hamlet) dienten den Stürmern und Drängern als Leitfiguren. Zentrale **Motive** im Drama des Sturm und Drang sind **Selbsterfahrung** und die Befreiung des Individuums aus gesellschaftlichen Zwängen. Emotionen stehen im Vordergrund, der aufklärerische Rationalismus tritt in den Schatten.

Trotz aller starken Impulse blieb die Bewegung des Sturm und Drang eine **zeitlich begrenze Episode der Literaturgeschichte**, die im Verlauf von ungefähr fünfzehn Jahren (ca. 1770–1785) Europa ergriff und eine Woge der Begeisterung entfachte, dann jedoch relativ schnell verebbte. Dichter wie Goethe und Schiller etablierten sich in der bürgerlichen Welt, erhielten Ämter, die sie ernährten. Andere Künstler wie Jakob Michael Reinhold Lenz scheiterten, weil ihnen die finanzielle Basis fehlte, um als freie Dichterexistenz zu leben.

Bekannte Werke des Sturm und Drang sind „Die Leiden des jungen Werther“ (1774) von Goethe, „Die Soldaten“ (1776) von Lenz und „Kabale und Liebe“ (1784) von Schiller.

Weimarer Klassik (1786–1805)

Als „klassisch“ bezeichnet man im Allgemeinen Werke, die als **vorbildlich und mustergültig** gelten. Die „Weimarer Klassik“, die ihr Zentrum in Weimar hatte und deren bedeutendste Vertreter Johann Wolfgang Goethe und Friedrich Schiller sind, gilt als „vorbildliche“ Epoche. Zeitlich begrenzt wurde die „Weimarer Klassik“ durch Goethes Reise nach Italien (1786–1788) und Schillers Tod (1805).

Die „Weimarer Klassik“ fiel in eine **Zeit gesellschaftlicher Umbrüche und politischer Instabilität**. Das gewaltsame Ende der Französischen Revolution und der europaweite Kampf des Bürgertums gegen die Ständegesellschaft veranlassten die Dichter, sich in ihren Werken in eine Idealwelt zurückzuziehen. Die gereiften Schriftsteller wandten sich vom gefühlsbetonten Sturm und Drang ab, überbordende Gefühle erfuhren Mäßigung. An ihre Stelle trat eine **Erhöhung von Menschheitsidealen**. Die neuen **Leitgedanken** waren **Humanität und Harmonie**: Die Dichter

Vom Barock bis zur Gegenwartsliteratur

strebten nach Anerkennung des Einzelnen in seiner Individualität und Andersartigkeit sowie nach Achtung fremder Nationen und Kulturen; ein harmonisches Miteinander konnte ihrer Ansicht nach nur durch die **„ästhetische" Erziehung mittels Kunst und Literatur** erreicht werden, welche die religiös-moralische Erziehung ablösen sollte. Die griechische Antike diente den Dichtern als ideales Vorbild und so verarbeiteten sie - insbesondere Goethe - antike Stoffe; aber auch andere europäische Stoffe erregten ihr Interesse und fanden Eingang in ihre Werke. Als „klassisch" wird diese Epoche aber nicht nur wegen ihrer Inhalte, sondern auch wegen ihrer **vorbildhaften Sprachgestaltung** bezeichnet. Die Dichter vermieden (nun wieder) Umgangssprache und Dialekt und verwendeten in den Dramen eine gebundene Sprache. Ihnen gelang es, die deutsche Sprache auf hohem Niveau zu vereinheitlichen und damit maßgeblich den Sprachgebrauch breiter Bevölkerungsschichten im Laufe des 19. Jahrhunderts zu beeinflussen.

Romantik (1795 – 1835) (↗ Kapitel 14, S. 211)

Der Begriff „Romantik" ist zurückzuführen auf das Wort „Roman" (romanhaft, fantastisch, abenteuerlich). Die Romantik ist zu verstehen als **Abkehr vom Vernunftdenken der Spätaufklärung,** aber auch von der Formenwelt und dem Weltverständnis der Klassik.

Die Zeit der Romantik ist geprägt von den Revolutions- und den napoleonischen Kriegen, ab 1815 (Wiener Kongress) von der Rückkehr zum Absolutismus und der einsetzenden Industrialisierung. Die Romantiker wandten sich gegen die arbeitsteilige Spezialisierung, die dem Menschen ihrer Ansicht nach seine ursprüngliche „Ganzheit" raubte. Die Romantiker sahen diese Veränderung der Welt zwiespältig. Sie flohen in die **„heile" Welt der Literatur,** die es ihnen ermöglichte, ihre Idealwelt darzustellen. Bei der Gestaltung literarischer Werke vertraten die Romantiker die Einstellung, der **Dichter habe absolute Freiheit.** Mystische, fantastische und märchenhafte Themen fanden Einzug in die Literatur; es entstand die Gattung des **Kunstmärchens,** in dem Fantasie und Realität vereint wurden. Der Begeisterung für überliefertes Volksgut ist es zu verdanken, dass viele Sammlungen volkstümlicher Märchen, Lieder ... entstanden (beispielsweise Brüder Grimm).

Die Literatur der Romantik zeichnet sich durch die Entdeckung der Subjektivität aus und durch die Vereinigung von **Gegensätzen, die bisher als unvereinbar galten** (Geist und Natur, Endlichkeit und Unendlichkeit, Vergangenheit und Gegenwart). Ziel des Dichters war es, im **Einklang mit dem Universum** zu existieren. Die Romantiker bevorzugten neben dem Roman die **Lyrik,** die es ihnen erlaubte, Gefühle auszudrücken. Zur Zeit der Romantik entstanden in einigen Städten Freundes- oder Gesprächskreise, sogenannte **Salons.** Diese wurden oft von Frauen geführt, wie z. B. der Salon der Rahel Varnhagen in Berlin.

Die Romantik lässt sich in drei Phasen aufteilen, die auch jeweils wechselnde literarische Zentren hatte:

- **Frühromantik oder Jenaer Romantik (ca. 1796 - 1804)**
  Hauptvertreter: die Brüder August Wilhelm und Friedrich Schlegel, Novalis, Ludwig Tieck u. a.
- **Hochromantik oder Heidelberger Romantik (ca. 1805 – 1818)**
  Hauptvertreter: Joseph v. Eichendorff, Achim v. Arnim, Clemens Brentano, Wilhelm u. Jakob Grimm u. a.
- **Spätromantik oder Berliner Romantik (ca. 1818 – 1835)**
  Hauptvertreter: Ludwig Tieck, E. T. A. Hoffmann, Eduard Mörike, Bettina v. Arnim und Friedrich de la Motte Fouqué, Ludwig Uhland u. a.

Ähnlich wie der Barock zeigt auch die Romantik ambivalente Züge: Der **Lebenslust und Lebensfreude,** dem Gefühl der unbeschwerten Jugend und der Sehnsucht nach Weite und Ferne (bei Eichendorff) stehen ein Rückzug von der als elend empfundenen Welt und eine **tiefe Todessehnsucht** (bei Novalis) gegenüber. Im politisch-gesellschaftlichen Bereich wird anknüpfend an die Verherrlichung des Mittelalters eine Überbetonung des Nationalgefühls deutlich, die nationalistische Züge in sich trägt.

Junges Deutschland / Vormärz (1815 – 1848)

Nach dem politischen Niedergang Napoleons wurde auf dem Wiener Kongress (1814/15) eine Neuordnung Europas beschlossen mit dem Ziel, flächendeckend die Monarchie wieder einzuführen. Anstatt den Bürgern mehr Rechte einzuräumen, wie von den Fürsten im Krieg gegen Napoleon zugesichert, verschärfte man die Pressezensur, entließ liberal eingestellte Lehrkräfte an Universitäten, verhaftete Studenten national gesinnter Studentenvereinigungen und erließ ein Schreibverbot gegen antimonarchische Schriftsteller. Grundlage für die **Unterdrückung aller liberalen und nationalen Bestrebungen** waren die 1819 verabschiedeten Karlsbader Beschlüsse.

Aus dieser Unterdrückung heraus entstand zwischen 1815 und der Märzrevolution 1848 eine **Bewegung von oppositionellen Schriftstellern.** Sie setzten sich für die Einheit Deutschlands, die Aufhebung der Pressezensur, das Respektieren der Grundrechte aller Menschen, eine gerechte Verteilung der materiellen Güter, aber auch für die Rechte der Frauen ein. Neben **essayistischen und journalistischen Texten** bevorzugten die jungen Schriftsteller des Vormärz die Gattung **Lyrik.** Viele dieser Autoren mussten aus Deutschland fliehen und ins Exil gehen. Einer davon war Heinrich Heine (1797 – 1856), der 1831 ins Exil nach Paris ging. Andere wichtige Schriftsteller dieser Zeit waren Georg Büchner, Georg Herwegh und Hermann Ferdinand Freiligrath.

Die nationale Begeisterung des Vormärz warf aber bereits die Schatten eines hemmungslosen Nationalismus und eines irrationalen Antisemitismus voraus.

Bürgerlicher Realismus (1848 – 1890)

Mitte des 19. Jahrhunderts strebten zahlreiche **Dichter aus dem Bürgertum** danach, in ihren Werken die **reale Welt** zu zeigen. Dieser Anspruch der **wirklichkeitsgetreuen Darstellung der Dinge** gab der Epoche ihren Namen. Zeitlich wurde der Realismus von der Märzrevolution 1848 und dem Naturalismus (ab 1880) begrenzt. Beide Strömungen, Realismus und Naturalismus, existierten eine Zeit lang nebeneinander.

Die Dichter des Realismus wandten sich von den politischen Zielen des Vormärz ab. Zu enttäuschend war für sie die politische Realität nach der niedergeschlagenen Revolution 1848. Auch die Ideale der Romantik lehnten sie ab. In die Zeit des Realismus fielen **tiefgreifende gesellschaftliche und wirtschaftliche Veränderungen.** Die zunehmende Industrialisierung führte zur Verelendung der stetig wachsenden Stadtbevölkerung, aber auch zu einem Aufstieg des wirtschaftlich erfolgreichen Bürgertums. In der Mitte des 19. Jahrhunderts wuchs der **Glaube an die Allmacht der Naturwissenschaften.** Wichtige wissenschaftliche Entdeckungen und Theorien sowie technische Erfindungen fielen in diese Zeit.

Naturalismus (ca. 1880 – 1900)

Die sich dem Naturalismus verbunden fühlenden Schriftsteller wollten die **Wirklichkeit ungeschönt** in ihre literarischen Werke übertragen. Die Grundlage dafür bildete die **genaue Beobachtung der Natur.** Damit standen die Naturalisten im Gegensatz zu der verklärenden Wirklichkeitsdarstellung der Realisten.

Vom Barock bis zur Gegenwartsliteratur

Das Leben des ausgehenden 19. Jahrhunderts war geprägt vom Wachstum der Großstädte, der Beschleunigung des Lebens und den immer mehr an Bedeutung gewinnenden Naturwissenschaften. Dem Fortschrittsoptimismus stand die Kritik am Verlust überlieferter Werte entgegen. Mittelpunkt naturalistischer Darstellungen waren die einfachen Leute: die leidenden Armen, die Geknechteten - sie repräsentierten die Schattenseiten der Industrialisierung und Technisierung. Durch die **Fokussierung auf gesellschaftliche Missstände** und das soziale Elend (Mietskasernen, Elendsviertel, Ausbeutung der Fabrikarbeiter) ergriffen die Naturalisten für die armen Leute Partei. Sie bildeten schonungslos das Hässliche und Schockierende, das moralische wie materielle Elend ab.

Die Naturalisten revolutionierten nicht nur die Themen ihrer literarischen Werke, sondern auch deren Sprache. Sie verwendeten in ihren Dramen beispielsweise **Jargon und Dialekt.** Neben Gerhart Hauptmann sind wichtige Vertreter des Naturalismus beispielsweise Arno Holz, Johannes Schlaf, Wilhelm Bölsche und Hermann Sudermann.

Expressionismus (ca. 1910–1925)

Der Begriff „Expressionismus“ (lat. „ex“ = aus; „premere“ = drücken) bedeutet **„Ausdruckskunst“** und bezeichnet eine literarische Strömung in der Zeit von etwa 1910 bis 1925.

Die Expressionisten wollten **neue, revolutionäre Ausdrucksformen** schaffen und wandten sich gegen bestehende Normen und Konventionen. Das Leben in der Großstadt und die Verkümmerung des Menschen (körperlicher und psychischer Verfall, Verelendung) inspirierten die Expressionisten. Sie lehnten die Nachahmung der Natur, wie die Naturalisten sie anstrebten, ab. Ihre Werke drückten **innerlich gesehene Wahrheiten und Erlebnisse** aus. Der Erste Weltkrieg (1914–1918), eine bis dahin noch nie erlebte Welle der Vernichtung von Menschen, wurde ebenfalls Gegenstand der expressionistischen Kunst. Viele Expressionisten begrüßten den Krieg, da sie Sehnsucht nach dem Neuen Menschen hatten, der so entstehen würde. Neben **schockierenden Inhalten** zeichneten auch **freie Sprachexperimente** die expressionistischen Werke aus. In rauschhaften, explosiven Sprachfantasien durchbrachen sie das Realistische, sie lösten grammatische Strukturen auf und zerstörten damit die „normale“ Raum-Zeit-Vorstellung, auch Wortneuschöpfungen und eine auffällige Farbsymbolik kennzeichnen ihre Werke.

Es entstanden Werke, die heute noch Geltung haben und deren Einfluss seither spürbar ist. Auch auf Schöpfungen bekannter Autoren späterer Zeit hat der Expressionismus Einfluss genommen. Wichtige Vertreter des literarischen Expressionismus sind neben Alfred Döblin und Gottfried Benn beispielsweise Georg Trakl, Jakob van Hoddis (eigentlich: Hans Davidsohn), Georg Heym und Franz Kafka.

Exilliteratur (1933–1945)

Mit der Machtübernahme der Nationalsozialisten am 30. Januar 1933 veränderte sich nicht nur das politische Leben, sondern auch das Leben der Künstler und Schriftsteller in Deutschland. Am 10. Mai 1933 fand auf dem Vorplatz der Berliner Universität eine öffentliche **Bücherverbrennung** statt. Betroffen waren vor allem Autoren und Schriftsteller jüdischer Herkunft, mit anderen politischen Überzeugungen, aber auch Autoren, die mit Literatur experimentierten und in den Augen der Nationalsozialisten „entartet“ waren. Da während der Weimarer Republik (1919–1933) zahlreiche unterschiedliche schriftstellerische Richtungen entstanden waren, wurde sehr schnell deutlich, dass diese im „Dritten Reich“ in Deutschland keinen Platz mehr hatten. Die Künstler wurden durch die neuen Machthaber gnadenlos verfolgt. So blieben ihnen nur zwei Möglichkeiten: Einige Autoren blieben in Deutschland, zogen sich zurück und gingen in die sogenannte **„innere Emigration“**, das heißt, sie arrangierten sich mit dem System, wählten unpolitische Themen für ihre literarischen Werke oder schrieben gar nicht mehr.

Vom Barock bis zur Gegenwartsliteratur

Für die meisten Autoren jedoch wurde die Situation von 1933 an so unerträglich, dass sie ihre **Heimat aufgaben** und das Land verließen. Die neuen Lebensbedingungen wurden ganz besonders intensiv in Form zahlreicher **Gedichte** aufgearbeitet. Die Autoren der Exilliteratur verfolgten kein einheitliches Programm, ihre politischen Ansichten waren sehr unterschiedlich. Allen gemeinsam war die Ablehnung des Nationalsozialismus. Wichtige Vertreter der Exilliteratur sind beispielsweise die Brüder Thomas und Heinrich Mann, Bertolt Brecht, Anna Seghers, Erich Fried, Kurt Tucholsky und Nelly Sachs.

Literatur nach 1945–heute

In dem zerstörten und in Besatzungszonen aufgeteilten Deutschland gab es nach dem Ende des Zweiten Weltkriegs in allen Bereichen des Lebens einen Neuanfang. Die Teilung Deutschlands führte dazu, dass sich in beiden Teilen **eigenständige literarische Strömungen** entwickelten.

Die westdeutsche Literatur zwischen 1945 und 1975 war eng mit der Gründung der **Gruppe 47** verknüpft. Aus der Gruppe 47 gingen Autoren wie Günter Grass, Heinrich Böll und Siegfried Lenz, aber auch die wichtigsten Vertreter der Schweiz, Max Frisch und Friedrich Dürrenmatt, sowie aus Österreich, Ingeborg Bachmann und Thomas Bernhard, hervor. Zentrales Thema der Literatur war es, das **Nazi-Regime** und seine Folgen in diesen drei deutschsprachigen Staaten kritisch **aufzuarbeiten.**

Die DDR-Literatur thematisierte zwischen 1949 und 1989 neben der **Auseinandersetzung mit dem Faschismus** den Aufbau des Sozialismus als Staatsform. Im Sinne des sozialistischen Realismus sollte der **„Bitterfelder Weg"** – benannt nach dem Tagungsort der ersten Konferenz 1959 – zur „Verherrlichung" des sozialistischen Menschen in der DDR beitragen. Die Kulturschaffenden waren demnach verpflichtet, die Wirklichkeit in Übereinstimmung mit den Zielen des Sozialismus darzustellen. Somit war der sozialistische Realismus in den Dienst der Erziehung des Menschen zu einer sozialistischen Persönlichkeit gestellt. Herausragende Vertreter der DDR-Literatur sind unter anderem Johannes R. Becher, Christa Wolf und Anna Seghers. Viele der renommierten Autoren, beispielsweise Günter Kunert, Reiner Kunze und Sarah Kirsch, verließen die DDR, um in der Bundesrepublik ohne Zensur ihrem Beruf nachgehen zu können. Der Liedermacher Wolf Biermann wurde aufgrund politischer Kontroversen aus der DDR ausgebürgert.

Zwischen 1975 und der Wiedervereinigung dominierten zwei literarische Strömungen. Zum einen setzten sich sowohl west- als auch ostdeutsche Autoren zunehmend kritisch mit dem geteilten Deutschland auseinander. Zu nennen sind hier u. a. Martin Walser und Volker Braun. Zum anderen kam in den 1980er-Jahren der Begriff **„Postmoderne"** auf. Kennzeichnend für diese Literatur ist das Spiel mit traditionellen Erzählmustern und Motiven.

Die Literatur nach der Wiedervereinigung 1990 zeichnet sich durch große Vielfalt aus. Eine einheitliche literarische Strömung ist in der neuesten deutschen Literatur nicht feststellbar. Schlagworte, die schon früher auftauchten, Postmoderne, Neorealismus und Popliteratur, scheinen sich zu verfestigen.

Als ein auffälliges Merkmal des Literaturbetriebs kann angeführt werden, dass die großen Verlage vermehrt auf junge literarische Nachwuchstalente setzen und in den letzten Jahren zahlreiche gefeierte junge Autorinnen und Autoren hervorgebracht haben. Auch international erwarben sich deutschsprachige Schriftstellerinnen und Schriftsteller Ansehen: Michael Ende schreibt 1979 „Die unendliche Geschichte", Patrick Süskind veröffentlicht 1985 „Das Parfum" – beide Bücher sind Weltbestseller, die auch verfilmt wurden. Der Nobelpreis für Literatur geht 2004 an Elfriede Jelinek, 2009 an Herta Müller und 2019 an Peter Handke.

Die Fülle der Publikationen spiegelt auch die Fülle der literarischen Themen, die in den letzten Jahren im Vordergrund stehen: Erinnerungsliteratur, interkulturelle Literatur und digitale Literatur.

Epochenüberblick

Beginn und Ende literarischer Epochen und Strömungen lassen sich nur selten konkreten Jahreszahlen zuordnen, die chronologische Einteilung dient aber der Orientierung. Die folgende Übersicht gibt daher einen groben Überblick über die gängige Einteilung der Literaturgeschichte.

750 · 1470 · Epochenumbruch 1500

Anfänge der deutschen Literatur – Mittelalter (750–1470)
- religiöse Dichtung: Legende, Mystik
- höfische Dichtung: Minnesang, Epos, z. B. **Walther von der Vogelweide**

Frühe Neuzeit (1450–1600)
- Volksbuch und Schwank, z. B. „Till Eulenspiegel"
- Fastnachtsspiel, z. B. **Sachs**
- Kirchenlied, z. B. **Luther**

1740 · 1720 · 1600

Aufklärung (1720–1800)
- Epik: Fabel, Parabel, z. B. **Lessing**
- Drama, z. B. **Lessing**
- Philosophische Schriften, z. B. **Kant**

Barock (1600–1750)
- Epik: Roman, z. B. **Grimmelshausen**
- Lyrik: Bildgedicht und Emblem, Sonett, z. B. **Gryphius**
- Poetik, z. B. **Opitz**: „Buch von der Deutschen Poeterey"

1750 · 1770 · 1780 · 1785 · Epochenumbruch 1800

Empfindsamkeit (1740–1780)
- Epik: Brief- und Bildungsroman, z. B. **La Roche**: „Geschichte des Fräuleins von Sternheim"
- Lyrik: Naturlyrik, z. B. **Klopstock, Claudius**

Sturm und Drang (1770–1785)
- Drama: Bürgerliches Trauerspiel, z. B. **Schiller**
- Lyrik: Hymne, z. B. **Goethe**, politische Lyrik, z. B. **Bürger**

1820 · 1805 · 1800 · 1795 · Epochenumbruch 1800

Romantik (1795–1835)
- Epik: Roman, z. B. **Tieck**
- Novelle/Erzählung, z. B. **E. T. A. Hoffmann**
- Kunstmärchen, z. B. **Hauff**
- Lyrik, z. B. **Novalis, Brentano, Eichendorff**
- Sammlungen von Volksliedern und Volksmärchen, z. B. **Brüder Grimm**

Weimarer Klassik (1786–1805)
- Dramen von **Goethe** und **Schiller**
- Lyrik: Distichen, Ideenlyrik, Balladen von **Goethe** und **Schiller**

1830 · 1835 · 1848 · 1850 · Frührealismus

Biedermeier (1820–1850)
- Epik: Novelle, Erzählung, z. B. **Mörike, Stifter**
- Lyrik, z. B. **Droste-Hülshoff**

Vormärz (1830–1848)
- Lyrik: politische Lyrik, z. B. **Heine**
- Flugblatt, journalistische Schriften, z. B. **Büchner, Heine**

Epochenüberblick

1880 · 1890

Moderne / Epochenumbruch 1900

Poetischer/bürgerlicher Realismus
(1850–1890)
- Epik: Roman, Novelle, z. B. **Keller, Fontane**

Naturalismus
(1880–1900)
- Epik: Novelle, Roman, z. B. **Holz/Schlaf**
- Drama, z. B. **Hauptmann**

1910 · 1900

Moderne / Epochenumbruch 1900 · Moderne / Epochenumbruch 1900

Expressionismus
(1910–1925)
- Drama, z. B. G. Kaiser: „Die Bürger von Calais“
- Lyrik, z. B. **Benn, Heym, Trakl**

Wichtiger Autor zur Zeit des Expressionismus: **Kafka**

Ästhetizismus – Fin de Siècle
(1890–1920): Impressionismus, Jugendstil, Décadence, Sezession, Neoromantik, Surrealismus
- Epik: Roman, z. B. **Musil**, Erzählung, Novelle, z. B. **Th. Mann**
- Lyrik, z. B. **Rilke**

1920 · 1925 · 1933 · 1945

Literatur der Weimarer Republik
(1919–1933): z. B. Neue Sachlichkeit
- Epik: Roman, z. B. **Keun**
- Drama: episches Theater, z. B. **Brecht**: „Die Dreigroschenoper“
- Lyrik: Gebrauchslyrik
- Journalistische Texte: Reportagen, z. B. **Kisch**

Exilliteratur
(1933–1945)
- Epik: Roman, z. B. **Seghers, K. Mann**
- Drama: episches Theater, z. B. **Brecht**
- Lyrik: Gebrauchslyrik
- Journalistische Texte, z. B. **Tucholsky, E. Mann**

1989 · 1980 · 1960

Vielfalt der Stile

Literatur der BRD und der DDR zwischen 1960 und 1989
- Epik: postmoderner Roman, z. B. **Süskind**
- Drama: politisches Dokumentartheater, z. B. **Weiss**
- Lyrik: politische Lyrik, z. B. **Enzensberger, Rühmkorf, Biermann**

Nachkriegsliteratur
(1945–1960)
- Epik: Kurzgeschichte, z. B. Borchert, Böll
- Lyrik: konkrete Poesie, z. B. **Gomringer, Rühm**

Vielfalt der Stile · Vielfalt der Stile · Vielfalt der Stile

Vielfalt der Stile / Postmoderne, Neorealismus, Popliteratur (1989 bis zur Gegenwart)
- Epik: postmoderne Erzählliteratur, z. B. **B. Strauß, Ransmayr, Zeh**, neorealistische Erzählliteratur, z. B. **Grass, M. Walser**, Popliteratur, z. B. **Berg, R. Goetz**

Rhetorische Stilmittel

Mit rhetorischen Stilmitteln werden Sätze und Texte sprachlich eindringlicher und interessanter. Es gibt sie sowohl auf der **Laut- und Buchstabenebene** als auch auf der **Satzbauebene** und der **Bedeutungsebene**. Rhetorische Stilmittel kommen in allen Textsorten zum Einsatz. Diese zu erkennen, hilft Ihnen bei der Analyse und Interpretation von Texten und Gedichten. Rhetorische Stilmittel in eigene Texte bewusst einzubauen, erhöht die Qualität Ihrer Texte.

Stilmittel	Beschreibung	Beispiel	Wirkung
die Alliteration	aneinandergereihte Begriffe mit gleichen Anfangslauten	*Kunst und Krempel*	betonend, einprägsam
das Anagramm	durch Umstellung von Buchstaben oder Silben eines Wortes entstandenes neues Wort	*Glasrand – Grasland*	einprägsam, anschaulich
die Assonanz	mehrere Wörter mit Vokalen mit dem gleichen Klang auf betonten Silben	*Geben und Nehmen*	atmosphärisch, einprägsam
die Onomatopoesie/ Lautmalerei	Geräusche werden in Worte gefasst	*Dingdong/knarren/ knurren*	veranschaulichend, lädt direkt ein, dabei zu sein
das Palindrom	ein Text (Wort, Wortgruppe, Satz), der vorwärts und rückwärts gelesen werden kann	*Otto/Anna/Rentner/ Reittier*	klingt oft melodisch, dient der Verschlüsselung
das Wortspiel	Verwendung von gleich oder ähnlich klingenden Wörtern, um z. B. auf Zusatzbedeutungen hinzuweisen	*Wer rastet, der rostet.*	einprägsam, unterhaltend, prägnant
die Akkumulation	Reihung von Begriffen zu einem genannten oder nicht genannten Oberbegriff	*die Schwarzen, die Roten, die Grünen*	verstärkend, veranschaulichend
die Anapher	Wortwiederholung am Satz-/ Versanfang oder am Anfang von Satzteilen	*Wir wissen ..., wir müssen ..., wir fordern ...*	etwas besonders hervorhebend, einen Rhythmus erzeugend
das Asyndeton	Wort- oder Satzreihe ohne Bindungswörter	*Kleinkinder, Jugendliche, Schutzbedürftige aller Art – ewig werden wir uns vor diesen rechtfertigen müssen.*	schafft Plastizität
der Chiasmus	spiegelartig über Kreuz angeordnete Stellung einzelner Wörter/ Satzglieder	*Eng ist die Welt und das Gehirn ist weit.*	veranschaulichend, kontrastierend

Rhetorische Stilmittel

Stilmittel	Beschreibung	Beispiel	Wirkung
die Ellipse	unvollständiger Satz	*Je mehr, desto besser.*	verknappend, Impulse setzend
das Enjambement	Zeilensprung; Fortführung eines Satzes über das Zeilen-/Versende hinaus	*Die Farbe / der Tinte ist königsblau*	fließend und fortlaufend oder stockend und die Struktur durchbrechend
die Enumeratio/Aufzählung	erschöpfende Aufzählung der Teile eines übergeordneten Ganzen	*Sie finden es in Romanen, Erzählungen, Gedichten.*	vermittelt ein hohes Maß an Anschaulichkeit
die Epipher	Wortwiederholung am Satz-/Versende oder am Ende von Satzteilen	*Das ist nicht erlaubt. Das ist nirgendwo erlaubt.*	hervorhebend, einen Rhythmus erzeugend
die Exclamatio / der Ausruf	affektgeladener Ausruf	*O tempora, o mores! (Oh Zeiten, oh Sitten!)*	bekundet z. B. Schrecken oder Erschütterung
die Hypotaxe	Unterordnung von Nebensätzen unter Hauptsätze („Bandwurmsatz“)	*Ich sammle Worte und Sätze genau so wie Frederick, die Maus aus dem gleichnamigen Buch von Leo Lionni, durch dessen Lektüre ich schon als Kind zum Dichter berufen wurde.*	erklärend, informativ
der Imperativ	Aufforderung	*Sapere aude!*	zum Nachdenken/Handeln auffordernd
die Inversion	Umstellung der gängigen Satzreihenfolge	*Ein Versager ist er, weiter nichts!*	hervorhebend, der Hörgewohnheit widersprechend
der Parallelismus	Sätze oder Teilsätze in symmetrischem Aufbau	*Das Wasser fließt, der Wind weht, die Blumen blühen.*	einprägsam, rhythmisch, harmonisierend
die Paraphrase	erklärende Umschreibung	*Fische, die stummen Meeresbewohner*	persönlich wertend
die Parataxe	das Aneinanderreihen einfacher Hauptsätze (Gegenstück zur Hypotaxe)	*Hier stehe ich, ich kann nicht anders.*	veranschaulichend, verknappend, einfach strukturiert
die Parenthese	Satzeinschub	*Alle – die Alten wie die Jungen – sind von diesem Problem betroffen.*	liefert zusätzliche Informationen, sorgt für Betonung

Rhetorische Stilmittel

Stilmittel	Beschreibung	Beispiel	Wirkung
die Repetitio/ Wiederholung	Wiederholung eines Worts oder Satzteils	*Sehn Sie, Herr Hauptmann, Geld, Geld.*	verstärkend, unterstreichend, intensivierend
die rhetorische Frage	eine (Schein-)Frage, die Meinung der Autorin / des Autors ausdrückend	*Wer ist schon perfekt?*	verstärkend, eindringlich, manipulierend
das Trikolon / die Trias	Dreierfigur	*Veni, vidi, vici.*	schafft Plastizität
das Adynaton	Vergleich mit Unmöglichem	*Eher geht die Welt unter, als dass ich mich darauf einließe.*	veranschaulichend
die Allegorie	konkrete Darstellung abstrakter Begriffe, oft durch Personifikation	*weiße Taube (für Frieden)*	verbildlichend, veranschaulichend
die Antithese	Entgegenstellung von Gedanken oder Begriffen	*Himmel und Hölle*	kontrastierend, macht auf Probleme aufmerksam
das Diminutiv	Verniedlichungs- oder Verkleinerungsform	*Zerbrich dir darüber nicht dein hübsches Köpfchen.*	verniedlichend, ggf. auch nicht für voll nehmend, abwertend
der Euphemismus	Beschönigung	*entschlafen (statt sterben)*	poetisch, künstlich harmonisierend
die Hyperbel	Übertreibung	*Sie wartete eine Ewigkeit.*	Aufmerksamkeit weckend, den eigenen Standpunkt verstärkend
die Ironie	Behauptung, die erkennen lässt, dass das Gegenteil gemeint ist	*Das ist ja eine schöne Bescherung.*	Abstand schaffend, wertend
die Klimax	Steigerung vom Schwächeren zum Stärkeren (bei der Antiklimax ist es umgekehrt)	*Ich sage es euch, der Stadt, dem ganzen Land.*	sehr eindringlich, betonend
die Litotes	Bejahung durch doppelte Verneinung	*nicht schlecht / gar nicht übel*	fördert die Einprägsamkeit
die Metapher	Bedeutungsübertragung; sprachliche Verknüpfung zweier semantischer Bereiche, die gewöhnlich unverbunden sind	*Ein Klangteppich wird ausgerollt.*	veranschaulichend

Rhetorische Stilmittel

Stilmittel	Beschreibung	Beispiel	Wirkung
die Metonymie	ein Begriff wird durch einen anderen, unmittelbar verwandten ersetzt	*Sie hat den ganzen Goethe gelesen.*	veranschaulichend, Bilder und Assoziationen erzeugend
der Neologismus	Wortneuschöpfung, oft Zusammensetzung zweier Begriffe	*Gendersternchen*	Aufmerksamkeit weckend
das Oxymoron	Kombination aus zwei sich widersprechenden Begriffen	*offenes Geheimnis / bittersüß*	verschärfend, Aufmerksamkeit weckend
das Paradoxon	scheinbare Widersprüchlichkeit	*Ich weiß, dass ich nichts weiß.*	Verrätselung, zum Nachdenken anregend
das Pars pro Toto	ein Teil wird für ein Ganzes gesetzt	*Nun hatte er wieder ein Dach über dem Kopf.*	veranschaulichend, ein Bild erzeugend
die Personifikation	Vermenschlichung einer Sache	*Die Zeit rennt.*	veranschaulichend, plastisch
der Pleonasmus	Aneinanderreihen sinngleicher Wörter	*rabenschwarz / runde Kugel / weißer Schimmel*	hervorhebend, verstärkend, verdeutlichend, aber ggf. auch redundant (Stilblüte)
das Symbol	Darstellung eines abstrakten Begriffs oder Zusammenhangs durch ein konkretes Bild (oft kulturell bedingt)	*Rose (für Liebe)*	einprägsam durch konkretes Bild
die Synästhesie	gleichzeitige Wahrnehmung	*Golden weh'n die Töne nieder.*	intensiviert den Eindruck durch die Aktivierung mehrerer Sinne
die Verdinglichung	Übertragung nicht menschlicher Eigenschaften auf Personen	*Sein Blick war eisern.*	wirkt veranschaulichend, dramatisch
der Vergleich	Verknüpfung zweier semantischer Bereiche durch ein Vergleichswort	*schlau wie ein Fuchs*	anschaulich, betonend, erzeugt Assoziationen
das Zeugma	syntaktisch korrekte Verbindung semantisch nicht zusammengehöriger Satzglieder	*Nicht nur meine Mutter, auch der Ofen war ausgegangen.*	bewusst verwirrend, überraschend

Arbeitsanweisungen verstehen – Operatoren kennen

Operatoren sind Arbeitsanweisungen. Sie sind wesentlicher Bestandteil jeder Aufgabenstellung, denn sie benennen die Handlungen, die zum Lösen von Aufgaben notwendig sind. Die Anforderungen der einzelnen Operatoren können pro Bundesland leicht voneinander abweichen. Vergewissern Sie sich daher bei Ihrer Lehrkraft zu den Operatoren. Je höher der Zahlenwert, desto höher der Schwierigkeitsgrad einer Aufgabe.

Verb	Anforderung (erwartete Tätigkeit)	Anforderungsbereich
analysieren	Sie erschließen einen Text als Ganzes oder unter einer bestimmten Fragestellung. Dabei beachten Sie den Zusammenhang von Inhalt, Form und Sprache.	1, 2, 3
anwenden	Sie beziehen einen bekannten Sachverhalt oder eine bekannte Methode auf eine neue Problemstellung.	2
begründen	Sie stellen einen Zusammenhang zwischen Ursachen und Folgen oder Wirkungen her. Sie untermauern eine Aussage oder These durch Sach- und Fachkenntnisse, d. h. mit nachvollziehbaren Argumenten (z. B. mit Beispielen, Belegen).	2, 3
belegen	Sie stützen eine Aussage durch ein ausgewiesenes Zitat oder einen Verweis.	2
berücksichtigen	Sie stellen Zusammenhänge her, indem Sie Bekanntes und Neues einbeziehen.	2
beschreiben	Sie stellen vorgegebene Situationen, Texte, Sachverhalte, grafische Darstellungen, Personen, Vorgänge sachlich genau dar, ohne sie zu bewerten.	1, 2
bestimmen	Sie stellen Sachverhalte und Inhalte prägnant (= auf den Punkt gebracht) und kriteriengeleitet fest.	1
beurteilen	Sie schätzen einen Sachverhalt, eine Aussage, eine Figur auf Basis von Kriterien oder begründeten Wertmaßstäben ein.	2, 3
bewerten	Die Bewertung erfordert zunächst die Beurteilung von Sachverhalten, Problemstellungen usw. Diese Beurteilung ergänzen Sie allerdings durch Ihre persönliche Sichtweise auf der Grundlage Ihrer Wertmaßstäbe, die Sie dabei offenlegen.	3
charakterisieren	Sie erfassen die wesentlichen Merkmale, Eigenschaften, Erscheinungsformen von Personen, Sachverhalten oder Zuständen und beschreiben diese.	2, 3
darstellen/vorstellen	Sie formulieren Ergebnisse, z. B. einer Informationsrecherche, einer Befragung, einer Diskussion, einer Gruppenarbeit, zusammenfassend oder unter einer bestimmten Fragestellung.	1, 2
deuten	Sie entschlüsseln sprachliche Bilder (z. B. Metaphern, Vergleiche, Personifikationen), Textteile oder Texte in ihrer übertragenen Bedeutung und beschreiben diese.	2
entwickeln	Sie werten einzelne Materialien aus, um Wissen, Analyseergebnisse und eigene Ideen zusammenzuführen. Sie gelangen dabei zu einem eigenständigen Konzept, Deutungsergebnis oder Verfahren.	3

Arbeitsanweisungen verstehen – Operatoren kennen

Verb	Anforderung (erwartete Tätigkeit)	Anforderungsbereich
erkennen	Sie erfassen durch Nachdenken und Untersuchen Voraussetzungen, Zusammenhänge und Bedeutungen und ordnen diese ein.	3
erläutern	Sie stellen Sachverhalte, Aussagen, Hintergründe, Einsichten in einem Begründungszusammenhang dar und veranschaulichen diesen mit zusätzlichen Informationen und Beispielen.	2, 3
erschließen	Sie erarbeiten den Sinngehalt oder die Problemstellung eines Textes oder Textteils. Gemäß den vorgegebenen Gesichtspunkten beziehen Sie Bekanntes und Neues ein, um Zusammenhänge herzustellen.	2
erstellen/ gestalten/ verfassen	Sie fertigen unter Beachtung von Vorgaben einen Text an.	3
in Beziehung setzen	Sie stellen auf der Grundlage einer vorgegebenen Betrachtung Sachverhalte, Aussagen oder Problemstellungen in einen Zusammenhang.	2, 3
interpretieren	Auf der Basis der Analyse eines Textes deuten Sie Sinnzusammenhänge. Sie beziehen die Wechselwirkung von Inhalt, Form und Sprache eines Textes in Ihre Betrachtungen ein und gelangen so zu einer schlüssigen Deutung.	1, 2, 3
nennen, aufschreiben/herausschreiben, notieren, bestimmen	Sie tragen die wesentlichen Informationen (Kernaussagen) eines Textes oder eines Sachverhaltes zusammen (Sie zählen sie auf), ohne dass Sie diese kommentieren.	1
nutzen	Sie verwenden gezielt Informationen aus verschiedenen Quellen/Texten.	1
planen, entwerfen	Sie zerlegen einen Arbeitsprozess in einzelne funktionale Handlungsschritte.	2
sich auseinandersetzen mit	Sie wägen eine Aussage oder Problemstellung argumentativ und urteilend ab.	2, 3
überarbeiten	Sie analysieren ein (Text-)Produkt unter Berücksichtigung bestimmter Kriterien mit dem Ziel, es zu verbessern.	1, 2
unterscheiden	Sie ermitteln Unterschiede, Ähnlichkeiten und Gemeinsamkeiten.	2
vergleichen	Sie arbeiten Gemeinsames und Unterschiedliches heraus und stellen diese gegenüber. Sie formulieren gewichtend ein Ergebnis.	2
wiedergeben	Sie formulieren den Inhalt eines Textes mit eigenen Worten. Sie verknappen Inhalte, Aussagen, Zusammenhänge auf das Wesentliche und geben dies strukturiert in wenigen Sätzen wieder.	1, 2
zusammenfassen	Sie geben Inhalte oder Aussagen komprimiert wieder.	1, 2

Nachschlageliste: unregelmäßige Verben

In der Liste finden Sie die Formen der unregelmäßigen Grundverben. Wenn das Verb eine Vorsilbe hat, sind die Formen genauso:

denken	*denkt*	*dachte*	*hat gedacht*
bedenken	*bedenkt*	*bedachte*	*hat bedacht*

Die meisten Verben bilden das Perfekt mit *haben*. Viele Bewegungsverben und Verben, die den Übergang von einem Zustand in einen anderen ausdrücken, bilden das Perfekt häufig mit *sein*.

bekommen	*bekommt*	*bekam*	*hat bekommen*
kommen	*kommt*	*kam*	*ist gekommen*

Infinitiv	3. Person Singular Präsens (er/es/sie/man)	3. Person Singular Präteritum (er/es/sie/man)	3. Person Singular Perfekt (er/es/sie/man)
backen	bäckt/backt	backte/buk *(veraltet)*	hat gebacken
beginnen	beginnt	begann	hat begonnen
beißen	beißt	biss	hat gebissen
bergen	birgt	barg	hat geborgen
sich besinnen	besinnt sich	besann sich	hat sich besonnen
betrügen	betrügt	betrog	hat betrogen
bewegen	bewegt	bewog *(das bewog sie dazu, ...)* bewegte *(sich körperlich bewegen)*	hat bewogen hat bewegt
beweisen	beweist	bewies	hat bewiesen
bieten	bietet	bot	hat geboten
binden	bindet	band	hat gebunden
bitten	bittet	bat	hat gebeten
bleiben	bleibt	blieb	ist geblieben
braten	brät	briet	hat gebraten
brechen	bricht	brach	hat/ist gebrochen
brennen	brennt	brannte	hat gebrannt
bringen	bringt	brachte	hat gebracht
denken	denkt	dachte	hat gedacht
dringen	dringt	drang	hat/ist gedrungen
empfehlen	empfiehlt	empfahl	hat empfohlen
entscheiden	entscheidet	entschied	hat entschieden
erschrecken	erschrickt *(aber:* ich erschrecke)	erschrak *(sich selbst)* erschreckte *(eine andere Person)*	ist erschrocken hat erschreckt
essen	isst	aß	hat gegessen
fahren	fährt	fuhr	hat/ist gefahren
fallen	fällt	fiel	ist gefallen
fangen	fängt	fing	hat gefangen
finden	findet	fand	hat gefunden
fliegen	fliegt	flog	ist geflogen
fliehen	flieht	floh	ist geflohen

Nachschlageliste: unregelmäßige Verben

Infinitiv	3. Person Singular Präsens (er/es/sie/man)	3. Person Singular Präteritum (er/es/sie/man)	3. Person Singular Perfekt (er/es/sie/man)
fließen	fließt	floss	ist geflossen
fressen	frisst	fraß	hat gefressen
frieren	friert	fror	hat/ist gefroren
geben	gibt	gab	hat gegeben
gehen	geht	ging	ist gegangen
gelingen	gelingt	gelang	ist gelungen
gelten	gilt	galt	hat gegolten
genießen	genießt	genoss	hat genossen
geschehen	geschieht	geschah	ist geschehen
gewinnen	gewinnt	gewann	hat gewonnen
gleichen	gleicht	glich	hat geglichen
greifen	greift	griff	hat gegriffen
halten	hält	hielt	hat gehalten
hängen	hängt	hing *(ohne Akkusativobjekt)* hängte *(den Mantel)*	hat gehangen hat gehängt
heben	hebt	hob	hat gehoben
heißen	heißt	hieß	hat geheißen
helfen	hilft	half	hat geholfen
kennen	kennt	kannte	hat gekannt
klingen	klingt	klang	hat geklungen
kommen	kommt	kam	ist gekommen
kriechen	kriecht	kroch	ist gekrochen
laden	lädt	lud	hat geladen
lassen	lässt	ließ	hat gelassen
laufen	läuft	lief	ist gelaufen
leiden	leidet	litt	hat gelitten
leihen	leiht	lieh	hat geliehen
lesen	liest	las	hat gelesen
liegen	liegt	lag	hat gelegen
lügen	lügt	log	hat gelogen
meiden	meidet	mied	hat gemieden
mögen	mag	mochte	hat gemocht
nehmen	nimmt	nahm	hat genommen
nennen	nennt	nannte	hat genannt
raten	rät	riet	hat geraten
reiben	reibt	rieb	hat gerieben
reißen	reißt	riss	hat/ist gerissen
reiten	reitet	ritt	ist geritten
rennen	rennt	rannte	ist gerannt

Nachschlageliste: unregelmäßige Verben

Infinitiv	3. Person Singular Präsens (er/es/sie/man)	3. Person Singular Präteritum (er/es/sie/man)	3. Person Singular Perfekt (er/es/sie/man)
riechen	riecht	roch	hat gerochen
ringen	ringt	rang	hat gerungen
rufen	ruft	rief	hat gerufen
schaffen	schafft	schuf *(ein Kunstwerk)* schaffte *(einen Rekord)*	hat geschaffen hat geschafft
scheinen	scheint	schien	hat geschienen
schieben	schiebt	schob	hat geschoben
schlafen	schläft	schlief	hat geschlafen
schlagen	schlägt	schlug	hat geschlagen
schleichen	schleicht	schlich	ist geschlichen
schleifen	schleift	schliff	hat geschliffen
schließen	schließt	schloss	hat geschlossen
schlingen	schlingt	schlang	hat geschlungen
schmeißen	schmeißt	schmiss	hat geschmissen
schmelzen	schmilzt	schmolz	hat/ist geschmolzen
schneiden	schneidet	schnitt	hat geschnitten
schreiben	schreibt	schrieb	hat geschrieben
schreien	schreit	schrie	hat geschrien
schreiten	schreitet	schritt	ist geschritten
schweigen	schweigt	schwieg	hat geschwiegen
schwellen	schwillt	schwoll	ist geschwollen
schwimmen	schwimmt	schwamm	hat/ist geschwommen
schwingen	schwingt	schwang	hat/ist geschwungen
schwören	schwört	schwor	hat geschworen
sehen	sieht	sah	hat gesehen
senden	sendet	sandte/sendete *(einen Brief)* sendete *(eine Fernsehsendung)*	hat gesandt/ gesendet hat gesendet
singen	singt	sang	hat gesungen
sinken	sinkt	sank	ist gesunken
sitzen	sitzt	saß	hat gesessen
spinnen	spinnt	spann	hat gesponnen
sprechen	spricht	sprach	hat gesprochen
springen	springt	sprang	ist/ hat gesprungen
stechen	sticht	stach	hat gestochen
stehen	steht	stand	hat gestanden
stehlen	stiehlt	stahl	hat gestohlen
steigen	steigt	stieg	ist gestiegen
sterben	stirbt	starb	ist gestorben
stoßen	stößt	stieß	ist/hat gestoßen

Nachschlageliste: unregelmäßige Verben

Infinitiv	3. Person Singular Präsens (er/es/sie/man)	3. Person Singular Präteritum (er/es/sie/man)	3. Person Singular Perfekt (er/es/sie/man)
streichen	streicht	strich	hat gestrichen
streiten	streitet	stritt	hat gestritten
tragen	trägt	trug	hat getragen
treffen	trifft	traf	hat getroffen
treiben	treibt	trieb	hat getrieben
treten	tritt	trat	hat getreten
trinken	trinkt	trank	hat getrunken
tun	tut	tat	hat getan
überwinden	überwindet	überwand	hat überwunden
unterscheiden	unterscheidet	unterschied	hat unterschieden
verderben	verdirbt	verdarb	ist/hat verdorben
vergessen	vergisst	vergaß	hat vergessen
verlieren	verliert	verlor	hat verloren
verschwinden	verschwindet	verschwand	ist verschwunden
verzeihen	verzeiht	verzieh	hat verziehen
wachsen	wächst	wuchs	ist gewachsen
waschen	wäscht	wusch	hat gewaschen
weichen	weicht	wich	ist gewichen
weisen	weist	wies	hat gewiesen
sich wenden	wendet sich	wandte sich *(an jemanden)*	hat sich gewandt
wenden	wendet	wendete *(das Auto)*	hat gewendet
werben	wirbt	warb	hat geworben
werfen	wirft	warf	hat geworfen
wiegen	wiegt	wiegte *(ein Baby)*	hat gewiegt
		wog *(das Gewicht)*	hat gewogen
wissen	weiß	wusste	hat gewusst
ziehen	zieht	zog	hat/ist gezogen
zwingen	zwingt	zwang	hat gezwungen
Hilfsverben			
haben	hat	hatte	hat gehabt
sein	ist	war	ist gewesen
werden	wird	wurde	ist geworden
Modalverben			
dürfen	darf	durfte	hat gedurft / hat ... dürfen
können	kann	konnte	hat gekonnt / hat ... können
müssen	muss	musste	hat gemusst / hat ... müssen
sollen	soll	sollte	hat gesollt / hat ... sollen
wollen	will	wollte	hat gewollt / hat ... wollen

Cornelsen Lernen App Übersicht

Interaktive Übungen, Audios, Erklärvideos

Textsortenverzeichnis

Textsortenverzeichnis

Textquellenverzeichnis

Texte, die mit (*) gekennzeichnet sind, wurden aus didaktischen Gründen verändert und/oder gekürzt.

Ahrenholz, Bernd: *Deutsch als Fremdsprache – Deutsch als Zweitsprache. Orientierungen, S. 311.* In: Ahrenholz, Bernd; Oomen-Welke, Ingelore (Hrsg.): Deutsch als Fremdsprache. (Deutschunterricht in Theorie und Praxis 10). Baltmannsweiler: Schneider Verlag Hohengehren 2013, S. 3–4 (*)

Au, Caspar von: *Berühmt oder gemobbt in 15 Sekunden, S. 319.* Süddeutsche Zeitung, 12.02.2019. Online unter https://www.sueddeutsche.de/digital/tiktok-video-app-tipps-1.43265400 [13.21.2022]

Auer, Claudius: *Jugend und Zukunft, S. 142–143.* SWR, 21.01.2020. Online unter https://www.planet-wissen.de/gesellschaft/politik/jugend_und_zukunft/index.html [13. 12. 2022]

Bahr, Anna: *Jugendkultur - Warum Abgrenzung wichtig ist, S. 151–152.* Online unter: www.lernando.de/magazin/381/Jugendkultur-Warum-Abgrenzung-wichtig-ist [20.03.2022]

Bauer, Karin: *Faule Jugendliche: Wenn das Gegenteil wahr ist, S. 149.* Der Standard, 08. 02. 2022. Online unter https://www.derstandard.at/story/2000133177343/wenn-das-gegenteil-wahr-ist [13. 12. 2022]

Bechmann, Sascha: *Chat-Kommunikation und mediale Einflüsse, S. 275.* In: Sprachwandel-Bedeutungswandel. Eine Einführung, Tübingen: Narr Francke Attempto Verlag 2016, S. 142–143 (*); *Sprachwandel-Bedeutungswandel. Eine Einführung, S. 279.* Tübingen: Narr Francke Attempto Verlag 2016, S. 9, 126–127 (*)

Böttcher, Bas: *Die Macht der Sprache, S. 204.* In: Die Poetry Slam Expedition. Herausgegeben von Peter Bekes, Volker Frederking. Braunschweig: Schroedel 2009; *Freiheit im Quadrat, S. 206.* Online unter http://www.basboettcher.de/?page=Die_Macht_der_Sprache [13.12.2022] (*)

Brecht, Bertolt: *Leben des Galilei (Auszug aus dem ersten Bild), S. 222–223.* Aus: Bertolt Brecht. Gesammelte Werke 3. Stücke 3. Werkausgabe. Frankfurt a. M.: Edition Suhrkamp 1967; *Leben des Galilei (Auszug aus dem vierten Bild), S. 225.* Aus: ebd., S. 1265–1266; *Leben des Galilei (Auszug aus dem 6. Bild), S. 227–228.* Aus: ebd. S. 1281–1283; *Leben des Galilei, Auszug aus dem 13. Bild, S. 338–339.* Aus: ebd., S. 1325.

Brentano, Clemens von: *Geheime Liebe,* S. 210. Aus: Gesammelte Gedichte. Herausgegeben von Karl-Maria Guth. Berlin: Hofenberg 2017, S. 253

Busch, Wilhelm: *Max und Moritz – Fünfter Streich, S. 205.* Online unter https://www.wilhelm-busch.de/werke/max-und-moritz/alle-streiche/fuenfter-streich/ [30.03.2023] (*)

Capus, Alex: *Baby, S. 188.* Aus: Mein Nachbar Urs. München: Hanser 2014, S. 91f.

Cords, Suzanne: Krass oder cringe? Entwicklung der Jugendsprache, S. 272–273. Online unter: https://www.dw.com/de/500-jahre-jugendsprache/a-57531302 [05.04.2023] (*)

Dignös, Eva: *So poliert man Sprachkenntnisse wieder auf. Keine App ist so gut wie ein Gespräch, S. 238.* dpa-Deutsche Presse Agentur Hamburg (*)

Dingeldey, Irene: *Arbeit: Beschäftigung im Wandel, S. 74–75.* Heinrich Böll Stiftung, 02.03.2022. Online unter https://www.boell.de/de/2022/03/02/arbeit-beschaeftigung-im-wandel [13.12.2022] (*)

Dörrie, Doris: *Ohne Gepäck, S. 189–191.* Aus: Was wollen Sie von mir? Zürich: @ Diogenes Verlag AG 1989, S. 73–78

Dürscheid, Christa; Schneider, Jan Georg: *Standardsprache und Variation, S. 270.* Tübingen: Narr Francke Attempto Verlag 2019, S. 9–12 (*)

Ebner, Christian; Güttel, Irena: *Kaum Bewerbung, viele freie Stellen, S. 64–65.* dpa-Deutsche Presse Agentur Hamburg (*)

Eichendorff, Joseph von: *An Luise, S. 205.* Online unter: www.zgedichte.de/gedichte/joseph-von-eichendorff/an-luise.html [20.03.2023] (*)

Eisenberg, Peter: *Grundriss der deutschen Grammatik I: Das Wort, S. 135.* Stuttgart 2006, S. 332 (*)

Fratzscher, Marcel: *Eine Verpflichtung zu einem sozialen Jahr ist falsch, S. 164–166.* Die Zeit, 17.06.2022. Online unter https://www.zeit.de/wirtschaft/2022-06/soziales-pflichtjahr-pflichtdienst-frank-walter-steinmeier/komplettansicht [13.12.2022] (*)

Fries, Teresa: *Ehrlich gesagt: Warum ich immer noch keine faire Mode trage, S. 176–178.* Bayerischer Rundfunk 19.04.2016. Online unter https://www.br.de/puls/themen/leben/warum-ich-keine-faire-mode-trage-100.html [13.12.2022] (*)

Gantefort, Christoph; Maahs, Ina-Maria: *Translanguaging. Mehrsprachige Kompetenzen von Lernenden im Unterricht aktivieren und wertschätzen, S. 315.* In: Kompetenzzentrum ProDaZ, 2020. Online unter https://www.uni-due.de/imperia/md/content/prodaz/gantefort_maahs_translanguaging.pdf [13.12.2022] (*)

Goethe, Johann Wolfgang von: *Willkommen und Abschied, S. 208–214. In: Iris. Vierteljahresschrift für Frauenzimmer, 2. Band 1775,* S. 244

Gordon, Thomas: *Die neue Familienkonferenz. Kinder erziehen ohne zu strafen, S. 37.* Aus dem Amerikanischen von Annette Charpentier, 1. Auflage, Hamburg:

Textquellenverzeichnis

Hoffman und Campe Verlag 1993, S. 163–164 (*)

Gürsoy, Erkan: *Language Awareness und Mehrsprachigkeit, S. 314.* In: Kompetenzzentrum ProDaZ, 2010. Online unter https://www.uni-due.de/imperia/md/content/prodaz/la.pdf [13.12.2022] (*)

Hacke, Axel: *Sommerfest bei T, S. 198.* Aus: Daniel Kampa (Hrsg.): Balkonlesebuch. Erzählungen und zwei Gedichte. Zürich: Diogenes AG 2010, S. 37–40

Heine, Matthias: *Immer wieder krass, S. 322–323.* Aus: ders.: Krass. 500 Jahre deutsche Jugendsprache. Duden Verlag, 2021, S. 10–13. (*)

Hermann, Judith: *Kohlen,* S. 333–334. Aus: Lettipark. Erzählungen. Frankfurt am Main: S. Fischer 2016, S. 7 ff.

Hesse, Jürgen; Schrader, Hans Christian: *Beispiele für Testaufgaben Eignungstests, S. 119–120.* Aus: Testaufgaben. Das Übungsprogramm Banken, öffentlicher Dienst, Pilotentest. Frankfurt: Eichborn 2005, S. 41, 110, 139 (*)

Hock, Andreas: *I Think I Spider, S. 280.* Berlin: Bibliographisches Institut 2019, S.7, 124–125, 169–170. (*)

Junior, Theo; Karbasschi, Human: *Herz in der Hand, S. 274.* 31.03.2022 (*)

Kläsgen, Michael: *Nachhaltig einkaufen ist hart, macht aber glücklich, S. 181–182.* Süddeutsche Zeitung, 11.06.2019. Online unter https://www.sueddeutsche.de/wirtschaft/nachhaltigkeit-einkaufen-1.4512955 [13.12.2022] (*)

Kolbe, Corina: *Historische Zeitungsenten, S. 253.* Der Spiegel, 23.10.2017. Online unter https://www.spiegel.de/fotostrecke/historische-fake-news-die-groessten-zeitungsenten-fotostrecke-151939.html [13.12.2022] (*)

Kraft, Hans: *Watzlawick, die 5 Axiome, S. 19–20.* Aus: Rhetorik und Gesprächsführung. Stuttgart: Verlag W. Kohlhammer 2016, S. 132–134 (*)

Kreitling, Holger: *Ein Pflichtjahr versklavt niemanden – es macht reifer, S. 158–160.* Welt, 06.08.2018. Online unter https://www.welt.de/debatte/kommentare/article180688244/Dienst-am-Gemeinwesen-Ein-Pflichtjahr-macht-reifer.html [13.12.2022] (*)

Langosch, Nele: *Das Leben leicht machen, S. 62–63.* In: Psychologie Heute 4/2022, Weinheim: Beltz Verlag 2022 (*)

Lehr, Ursula: *Zitat zu Fachsprachen, S. 278.* Online unter: https://gutezitate.com/zitat/214162

Leitzmann, Claus; Keller, Markus: Vegetarische und vegane Ernährung, Stuttgart: UTB 2020, S. 97–98 (*)

Lessing, Gotthold Ephraim: *Emilia Galotti, S. 220–221.* Bearbeitet von Maren Rennoch und Stephanie Sellier. Hrsg. von Florian Radvan und Anne Steiner. Berlin: Cornelsen 2014, S. 38–40 (*)

Lüder, Almut; Metz, Johanna: *Bilder in unseren Köpfen, S. 293.* In: Das Parlament 35–36/2021. Online unter https://www.das-parlament.de/2021/35_36/themenausgaben/856018-856018 [13.12.2022] (*)

Malanowski, Norbert u. a.: *Arbeitswelt: Was auf Beschäftigte zukommt, S. 59–61.* In: Böckler Impuls 5/2022, Düsseldorf 2022, S. 3. Online unter https://www.boeckler.de/de/boeckler-impuls-was-auf-beschaftigte-zukommt-39747.htm [13.12.2022]

Markert, Sandra: *„Du bischd de 007 mit ner Lizenz zum Schrauwe" – Wie viel Dialekt verträgt die Berufskarriere? S. 284.* Südkurier, 18.07.2022. Online unter https://www.suedkurier.de/ueberregional/wirtschaft/du-bischd-de-007-mit-ner-lizenz-zum-schrauwe-wie-viel-dialekt-vertraegt-die-berufskarriere;art416,10562609 [13.12.2022] (*)

Menkens, Sabine: *Die deutsche Jugend muss auch mal was Neues wagen, S. 146.* Welt, 22.01.2020. Online unter https://www.welt.de/debatte/kommentare/article205264539/Berufswahl-Die-Jugend-muss-auch-mal-was-Neues-wagen.html [13.12.2022]

Eduart Mörike: *Früh im Wagen, S. 205.* Online unter https://www.deutschelyrik.de/frueh-im-wagen-1846.html (*)

Muliar, Sophia: *The Kids are alright, S. 168–169.* Newsletter von Bent Freiwald (Gastbeitrag), Krautreporter, 2022. Online unter https://mailchi.mp/krautreporter/sophia?e=4fed17262d [13.12.2022] (*)

Prüfer, Tillmann: *Wir wollen nur ein bisschen chillen, S. 144.* Die Zeit, 12.01.2022. Online unter https://www.zeit.de/zeit-magazin/2022/03/freunde-einladen-alter-pruefers-toechter [13.12.2022] (*)

Riethmüller, Heinrich: *Lesekultur im Wandel, S. 249–250.* In: Aus Politik und Zeitgeschichte 12/2019. Online unter: www.bpb.de/shop/zeitschriften/apuz/287319/lesekultur-im-wandel-essay (*)

Schulz von Thun, Friedemann: *Das Kommunikationsquadrat, S. 29–30.* Schulz von Thun Institut. Online unter www.schulz-von-thun.de/die-modelle/das-kommunikationsquadrat [13.12.2022] (*)

Sentker, Andreas: *Mehr Zukunft auf dem Acker, S. 327–329.* Zeitverlag Gerd Bucerius GmbH. Online unter: https://www.zeit.de/2020/03/landwirtschaft-agrarwende-nachhaltigkeit-ackerbau-konsum-tierhaltung?utm_referrer=https%3A%2F%2Fwww.google.de%2F [20.03.2023] (*)

Smiljanic, Mirko: *Zur Lage der deutschen Sprache: Dialekte, Jugendsprache,*

Textquellenverzeichnis

Hochdeutsch, S. 269. Deutschlandfunk, 23.11.2017. Online unter: https://www.deutschlandfunk.de/zur-lage-der-deutschen-sprache-dialekte-jugendsprache-100.html [13.12.2022] (*)

Storrer, Angelika: *Internetbasierte Kommunikation, S. 276.* Aus: **Smiljanic, Mirko:** *Zur Lage der deutschen Sprache: Dialekte, Jugendsprache, Hochdeutsch.* Deutschlandfunk, 23.11. 2017. Online unter: https:// www.deutschlandfunk.de/zur-lage-der-deutschen-sprache-dialekte-jugendsprache-100.html [13.12. 2022] (*)

Storm, Theodor: *Die Stadt, S. 336.* Aus: Sämtliche Werke. Band 1. Aufbau Verlag, Berlin und Weimar 1982, S. 112

Trakl, Georg: *Die schöne Stadt, S. 336.* Aus: Sämtliche Gedichte. Berlin: Insel Verlag 2014, S. 14–15

Wagner, David: *Badeschlappen, S. 193.* Aus: Was alles fehlt. Zwölf Geschichten. München, Zürich: Piper 2002

Walser, Robert: *Eine verflixte Geschichte, S. 195–196.* Aus: Liebesgeschichten, zusammengestellt und mit einem Nachwort versehen von Volker Michels. suhrkamp Taschenbuch 2318, 1. Auflage 1994, mit Genehmigung der Inhaberin der Rechte, der Carl-Seelig-Stiftung Zürich. @ dieser Zusammenstellung: Zürich: Suhrkamp Verlag 1978

Wehling, Elisabeth: *Politisches Framing. Wie eine Nation sich ihr Denken einredet – und daraus Politik macht, S. 290, 292.* Köln: Halem 2016, S. 40–41 (*)

Weßling, Kathrin: *Wer noch ins Flugzeug steigt, ist ein Klimasünder, S. 330–331.* Die Zeit, 05.05.2019. Online unter https://www.zeit.de/die-antwort/2019-04/flugreisen-klimawandel-co2-emissionen-flugzeuge-konsumverhalten-verantwortung [13.12.2022] (*)

Wirag, Lino: *Zeitgenössische Formen informeller Literaturvermittlung, S. 212.* In: KULTURELLE BILDUNG ONLINE, 2012. Online unter https://www.kubi-online.de/artikel/zeitgenoessische-formen-informeller-literaturvermittlung [13.12.2022] (*)

Zierer, Klaus: *Die Wichtigkeit von Wiederholungsschleifen – das Tablet ist eine zweischneidige Bildungsrevolution, S. 240–241.* Neue Züricher Zeitung, 02.07.2021. Online unter https://www.nzz.ch/meinung/das-tablet-eine-zweischneidige-bildungsrevolution-ld.1632342 [13.12.2022] (*)

Unbekannte und ungenannte Verfasserinnen und Verfasser

Das kleine Glück namens Fika, S. 67–68. dpa-Deutsche Presse-Agentur, Hamburg (*)

Das Motivationsschreiben, S. 115 Originalbeitrag

Definition von Kommunikation 1, S. 15. Online unter https://www.duden.de/rechtschreibung/Kommunikation [17.03.2023]

Definition von Kommunikation 2, S. 15. Online unter: https://wirtschaftslexikon.gabler.de/definition/kommunikation-37167 [20.03.2023]

Definition von Kommunikation 3, S. 15. Online unter: https://www.abiweb.de/deutsch-methoden/archiv/thematisches-vorwissen/*kommunikation/kommunikation-definition.html [20.03.2023]*

Der Blick in die Zukunft, S. 255, Originalbeitrag

Die Medienlandschaft im Wandel, S. 235 Originalbeitrag

Fairtrade Factsheet: Baumwolle und Textilien, S. 175–176. Fairtrade Deutschland. Online unter: https://www.fairtrade-deutschland.de/fileadmin/DE/02_produkte/textilien/fairtrade_baumwolle_factsheet.pdf [13.12.2022] (*)

Florence Nightingale, Wegbegleiterin der modernen Krankenpflege, S. 89, Originalbeitrag

Gesundheitliche Aspekte einer vegetarischen Ernährung, S. 325–326, Originalbeitrag

Inhaltliche Zusammenfassung des Dramas „Leben des Galilei“ von Bertolt Brecht, S. 224 Originalbeitrag

Inhaltsangabe Emilia Galotti, S. 218–219 Originalbeitrag

Innere, äußere und gesellschaftlich bedingte Mehrsprachigkeit, S. 309. Originalbeitrag

Legasdänie, S. 124. Stupidedia. Online unter https://www.stupidedia.org/stupi/Legasd%C3%A4nie [13.12.2022]

Mimos Praktikumsnotizen, S. 45–46 Originalbeitrag

Politisches Framing hat eine moralische Komponente, S. 294, Originalbeitrag

Risiken bei TikTok, S. 321. Klicksafe, 17.10.2022. https://www.klicksafe.de/apps/tiktok/risiken-bei-tiktok/ [13.12.2022] (*)

Shell Jugendstudie 2019. Zusammenfassung, S. 246. Online unter https://www.shell.de/about-us/initiatives/shell-youth-study/about-the-shell-youth-study/_jcr_content/root/main/containersection-0/simple/simple/call_to_action_copy/links/item0.stream/1642665739154/4a002dff58a7a9540cb9e83ee0a37a0ed8a0fd55/shell-youth-study-summary-2019-de.pdf [13.12.2022] (*)

Urheberrecht in der digitalen Welt, S. 264. Online auf: https://www.bmj.de/DE/Themen/FokusThemen/Urheberrecht/Urheberrecht_node.html

Was ist ein Podcast? S. 258. Originalbeitrag

Welche Faktoren beeinflussen Kommunikation? S. 22 Originalbeitrag

Zensur auf Youtube, S. 251. Originalbeitrag

Bildquellenverzeichnis

Cover: stock.adobe.com/lucadp

S. 12: Shutterstock.com/Dean Drobot; **S. 15:** interfoto e.k./CLASSICSTOCK/H. ARMSTRONG ROBERTS; **S. 17:** stock.adobe.com/contrastwerkstatt; **S. 19:** Bridgeman Images/SZ Photo/Teutopress; **S. 20:** stock.adobe.com/simona; **S. 21:** Shutterstock.com/Studio Romantic; **S. 22:** Shutterstock.com/Naeblys; **S. 23:** Cornelsen/Hans Wunderlich; **S. 24:** mauritius images/alamy stock photo/Kittipong Jirasukhanont; **S. 26:** Shutterstock.com/Trueffelpix; **S. 28:** Cornelsen/Schulz von Thun; **S. 29:** stock.adobe.com/2006 Adobe Systems, Inc. All Rights Reserved./Copyright©2000; **S. 30:** stock.adobe.com/fidaolga; **S. 32.1+2:** Shutterstock.com/Krakenimages.com; **S. 34:** Shutterstock.com/New Africa; **S. 35:** Shutterstock.com/Krakenimages.com; **S. 37:** mauritius images/Stockbroker RF; **S. 38:** stock.adobe.com/Antonioguillem; **S. 39:** Shutterstock.com/Krakenimages.com; **S. 40:** Imago Stock & People GmbH/Westend61; **S. 42:** mauritius images/Stockbroker RF; **S. 45:** stock.adobe.com/spotmatikphoto; **S. 48:** stock.adobe.com/contrastwerkstatt; **S. 52:** Shutterstock.com/mentatdgt; **S. 54:** Imago Stock & People GmbH/Shotshop; **S. 56:** Shutterstock.com/NDAB Creativity; **S. 59:** Shutterstock.com/DC Studio; **S. 60:** Shutterstock.com/Zapp2Photo; **S. 63:** Imago Stock & People GmbH/Kai Koehler\r; **S. 64:** Panther Media GmbH/Fabrice Michaudeau; **S. 65/66:** Cornelsen/Uwe Rogal; **S. 67:** Imago Stock & People GmbH/Touchston; **S. 68:** Shutterstock.com/sebra; **S. 70:** Panther Media GmbH/Ron Sumners; **S. 72:** Shutterstock.com/Master1305; **S. 74/75:** Heinrich-Böll-Stiftung e.V., Berlin (Grafik: Sozialatlas, plan p GmbH, CC BY 4.0); **S. 76.1+2:** dpa Picture-Alliance/dpa-infografik GmbH; **S. 77:** dpa Picture-Alliance/dpa-infografik GmbH; **S. 78:** Cornelsen/Uwe Rogal; **S. 80:** Cornelsen/Uwe Rogal; **S. 81:** dpa Picture-Alliance/dpa-infografik GmbH; **S. 84:** Imago Stock & People GmbH/photothek/xUtexGrabowskyx\r\n\r; **S. 85:** bpk/Germin; **S. 86:** Shutterstock.com; **S. 88:** stock.adobe.com/Joachim/Nitschmann, Hans/nmann77; **S. 89:** bpk/National Portrait Gallery, London/Henry Hering; Elliott & Fry; **S. 90:** Stadt Köln_Stadtbibliothek; **S. 91:** stock.adobe.com/Joachim/Nitschmann, Hans/nmann77; **S. 93:** Shutterstock.com/BrAt82; **S. 94:** Shutterstock.com/Hadrian; **S. 97:** Shutterstock.com/Lightspring; **S. 98:** Statista 2022; **S. 99:** Roger Schmidt, Brunsbüttel/www.karikatur-cartoon.de; **S. 101:** Cornelsen/Uwe Rogal; **S. 104:** Shutterstock.com/RONEDYA; **S. 107:** Shutterstock.com/GO DESIGN; **S. 108:** stock.adobe.com; **S. 109:** Shutterstock.com/Nomad_Soul; **S. 110:** Cornelsen/Uwe Rogal; **S. 111:** mauritius images/TPG RF; **S. 113:** Cornelsen/Uwe Rogal; **S. 115:** stock.adobe.com/MandicJovan/Mediteraneo; **S. 121:** Shutterstock.com; **S. 122:** Shutterstock.com; **S. 128:** Shutterstock.com/M. Schuppich; **S. 136:** stock.adobe.com/Konstantin Kolosov/kkolosov; **S. 140:** Panther Media GmbH/Antonio Guillen Fernández/Antonio Guillen Fernández; **S. 146:** Shutterstock.com/Robert Kneschke; **S. 150:** Shutterstock.com; **S. 153:** Shutterstock.com/Jacob Lund; **S. 156:** stock.adobe.com/photokozyr; **S. 158:** Shutterstock.com/Arthimedes; **S. 159:** Shutterstock.com/cigdem; **S. 162:** stock.adobe.com/vegefox.com; **S. 165:** Panther Media GmbH/Andriy Popov; **S. 171:** mauritius images/Pitopia; **S. 172:** stock.adobe.com/Drobot Dean; **S. 173:** mauritius images/alamy stock photo/Chris Redan; **S. 177:** Panther Media GmbH/Arne Trautmann; **S. 179:** Statista; **S. 181:** stock.adobe.com/Agnor Mark.agnormark@gmail.com 89834352535 for contact/agnormark; **S. 182:** Shutterstock.com; **S. 185:** Shutterstock.com/HollyHarry; **S. 186:** Shutterstock.com/jannoon028; **S. 190:** Shutterstock.com/Natee Meepian; **S. 193:** Shutterstock.com; **S. 195:** Shutterstock.com; **S. 202:** Shutterstock.com/n_defender; **S. 204:** Shutterstock.com/Anton Vierietin; **S. 206:** Shutterstock.com/wacomka; **S. 210:** Shutterstock.com/Malivan_Iuliia; **S. 212:** mauritius images/Caia Image; **S. 216:** Shutterstock.com; **S. 222:** Imago Stock & People GmbH/Lars Reimann\r; **S. 224:** Imago Stock & People GmbH/Lars Reimann\r; **S. 232:** Shutterstock.com/mangpor2004; **S. 233:** Shutterstock.com/archideaphoto; **S. 234:** Cornelsen/VDL/shutterstock.com/IhorZigor(1) shutterstock/Prokopenko Oleg(2) FaberrInk(3)Sudowoodo(4); **S. 235:** Shutterstock.com/archideaphoto; **S. 236:** dpa Picture-Alliance/Copyright©2000-2006 Adobe Systems, Inc. All Rights Reserved./dpa-infografik GmbH; **S. 237:** stock.adobe.com/Jmanita; **S. 242:** Cornelsen/Uwe Rogal; **S. 244:** Imago Stock & People GmbH/Westend61; **S. 247:** ARD-ZDF- Onlinestudie 2022, i.A. der ARD/ZDF-Forschungskommission; **S. 252:** Shutterstock.com; **S. 256:** stock.adobe.com/StockPhotoPro; **S. 257:** Shutterstock.com; **S. 260:** Depositphotos/Antonio Guillem Fernández; **S. 261:** stock.adobe.com/Luis; **S. 262:** stock.adobe.com/WavebreakMediaMicro; **S. 263:** Shutterstock.com; **S. 265:** Shutterstock.com/Deliris; **S. 266:** Shutterstock.com/Yummyphotos; **S. 268:** Shutterstock.com/VH-studio; **S. 272:** Jan Tomaschoff/toonpool.com; **S. 275:** stock.adobe.com/oatawa; **S. 276:** Shutterstock.com; **S. 277:** Cornelsen/Uwe Rogal; **S. 278:** Shutterstock.com/Roman Chazov; **S. 279:** Narr Francke Attempto Verlag GmbH, Tuebingen/Sascha Bechmann; **S. 280:** Shutterstock.com/Roman Samborskyi; **S. 283:** Michael Hüter, Bochum; **S. 285.1:** stock.adobe.com/industrieblick; **S. 285.2:** stock.adobe.com/VadimGuzhva; **S. 285.3:** Shutterstock.com/Dragana Gordic; **S. 288:** Shutterstock.com; **S. 290:** Shutterstock.com/Salivanchuk Semen; **S. 294:** Shutterstock.com; **S. 296:** Statista; **S. 297.1:** Shutterstock.com/Hitra; **S. 297.2:** Cornelsen/Uwe Rogal; **S. 298:** Cornelsen/Uwe Rogal; **S. 300: Cornelsen;** **S. 304:** Shutterstock.com; **S. 306:** Depositphotos/Maksim Shmeljov; **S. 308:** Imago Stock & People GmbH/Imaginechina-Tuchong; **S. 309:** stock.adobe.com/Cybrain; **S. 311:** stock.adobe.com/studio/Prostock/Prostock-studio; **S. 312:** dpa Picture-Alliance/Copyright©2000-2006 Adobe Systems, Inc. All Rights Reserved./dpa-infografik GmbH; **S. 315:** Panther Media GmbH/Olivier Le Moal; **S. 316:** stock.adobe.com/2006 Adobe Systems, Inc. All Rights Reserved./Copyright©2000; **S. 317:** Cornelsen/Uwe Rogal; **S. 318:** Statista; **S. 326:** stock.adobe.com/annekaffeekanne; **S. 328:** Statista; **S. 340:** stock.adobe.com/PureSolution; **S. 355:** stock.adobe.com/Knut

Sachwortverzeichnis

Sachwortverzeichnis

Sachwortverzeichnis